経験の裂け目

経験の裂け目

B. ヴァルデンフェルス 著　　山口一郎 監訳

訳者／三村尚彦・稲垣 諭・村田憲郎・吉川 孝・中山純一

知泉書館

Bruchlinien der Erfahrung

by

Bernhard Waldenfels

Copyright © Suhrkamp Verlag Frankfurt am Main 2002
Japanese translation rights arranged with Suhrkamp Verlag
through The Sakai Agency, Inc.

凡　例

1. 原文でイタリックによる強調は，文字上の強調符・・・で示す。
2. 原文の（　）は，訳文でも（　）とした。
3. 原文の » « は，訳文では「　」とした。
4. 原文の ＞　＜ は，訳文では〈　〉とした。
5. 原文の［　］は，訳文で【　】とした。
6. 訳文の《　》は，意味を明確にするために訳者の施した括弧
7. 訳文の〔　〕は，訳者の補足
8. 1) 2),…　原文注
9. ＊（訳注を脚注にほどこした。1頁に二つの訳注の場合，二番目を＊＊）として区別した。
10. 原注と文献表で，邦訳のあるものは，〔　〕内でできるだけ挿入することに努めたが，諸制約のため十分なものとはならなかったことをお断りしておきたい。

目　次

　凡　例　　　　　　　　　　　　　　　　　　　　v
　序　文　　　　　　　　　　　　　　　　　　　　3

Ⅰ　パトス的な背景における意義作用と欲望　　　9
　1．パトス，情感，および感情　　　　　　　　10
　2．志向的感情作用と気分性　　　　　　　　　15
　3．意義作用と欲望との相互内在としての志向　　19
　4．何かが何かとして現出すること　　　　　　24
　5．固定化，阻害，混乱　　　　　　　　　　　27
　6．代〔理〕表象〔再現前化〕と脱現前　　　　32
　7．目標の循環における努力　　　　　　　　　40
　8．法の圏域における意志　　　　　　　　　　45
　9．欠如と欲求　　　　　　　　　　　　　　　48
　10．あらかじめ当事者であること　　　　　　55
　11．傷害とトラウマ化　　　　　　　　　　　62

Ⅱ　遠くから触れること　　　　　　　　　　　67
　1．触ることと触ること以上のこと　　　　　　68
　2．印象と強さの段階　　　　　　　　　　　　75
　3．接触と隣接性　　　　　　　　　　　　　　80
　4．心を打つと感じること　　　　　　　　　　84
　5．肌の近さと遠さ　　　　　　　　　　　　　87
　6．離れと再接近　　　　　　　　　　　　　　91
　7．触れうるものと触れえないもの　　　　　　95
　8．手出しすることと厚かましさ　　　　　　101

Ⅲ　触発からアピール〔訴え〕へ　　107
1．私たちを触発する《何か》のない触発　　108
2．《何か》への要請　　112
3．誰かに宛てられた要請と宛てられていない要請　　119
4．アピールとなる触発　　125
5．触発とアピールの不可避性　　134
6．命法の二義性とパラドクス　　142
7．禁止された暴力，妨げられた暴力，そして被った暴力　　155
8．中立化による無関心性　　165
9．観察，根拠づけ，そして間接的証言　　170

Ⅳ　経験のズレ　　181
1．綜合的な秩序のひな型　　182
2．底なしの多様性　　187
3．分割と差異　　191
4．時空的ズレ　　194
5．分割的な諸次元と諸審級　　199

Ⅴ　自らの外へ，私たちの間で　　207
1．異他なるもののスキャンダル　　207
2．牽引力　　210
3．退去，惹きつけること，突き離すこと　　213
4．区分け，分割，そして分散　　222
5．分割した自己と区分けされた自己　　227
6．他なるものにおける自己二重化　　233
7．休止と区切り　　242
8．かき乱された均整　　251
9．条件づけられた非対称性，対称性，超-対称性　　259

Ⅵ　秩序の内部と外部で　　263
1．作動する秩序　　264
2．開かれた連結　　265

3．秩序の境界の踏み越え　　　　　　　　　　　270
　4．踏み越えのバリエーション　　　　　　　　274
　5．規則の第三の審級　　　　　　　　　　　　282
　6．侵犯の二義性　　　　　　　　　　　　　　290
　7．秩序への再編入　　　　　　　　　　　　　297
　8．秩序の敷居の下をいくこと　　　　　　　　306
　9．秩序とカオス　　　　　　　　　　　　　　309

VII　精神分析上の経験の炸裂　　　　　　　　321
　1．精神分析の哲学上の不快さ　　　　　　　　322
　2．意識の自己別離　　　　　　　　　　　　　329
　3．歪曲，抑圧，そして断念　　　　　　　　　338
　4．意味形成と願望充足の彼方　　　　　　　　347
　5．不可能な補償としての症候　　　　　　　　354
　6．トラウマ的な影響　　　　　　　　　　　　363
　7．他者の中に自己を求めるナルチス　　　　　375
　8．超-自我の他なる声　　　　　　　　　　　387
　9．自己自身との抗争における生　　　　　　　396

VIII　経験への技術の介入　　　　　　　　　　403
　1．テクノロジーのパラダイム，統合され，支配され，
　　解き放たれた技術　　　　　　　　　　　　406
　2．技術論的還元と現象工学の挑発　　　　　　420
　3．志向性，シンボル的表象，規制回路　　　　423
　4．意味地平，連合パターン，神経のネットワーク　431
　5．テクノロジー的アプリオリ性という記号における自己産出　438
　6．自己関係，自己退去，自己言及的システム　445
　7．自然の発展と技術の発展との間に開かれた鋏　453
　8．他人の脳の神経生物学的な観察　　　　　　457
　9．他者の物[的身]体の医学的治療　　　　　　472
　10．生命工学の生命実体への侵入　　　　　　　477
　11．胎児から人格へ　　　　　　　　　　　　　483

12. 誕生と死の薄明のなかで	492
13. 代理の経験	498
14. 技術から逃れていくもの	507

解　説	513
監訳者あとがき	535
文　献　表	537
人名索引	550
事項索引	555

経験の裂け目

序　文

　私たちの経験は，鋳造された継ぎ目のないものではない。それは，「ここがロドスだ，ここで跳べ！」〔ヘーゲルの『法哲学』で使用〕というように，跳んでみるべき場所であるだけのものでもない。このような古典的な本性とちがって，私たちの経験は，それ自身継ぎ目があるのであり，ひび割れたグラスのように，そこには，裂け目が走っている。この裂け目は，グラスのひび割れのように，特定の目的に即して取り除いたり，そうあるべき規則に即して，あるいは，物の因果性で取り除かれたりすることはないのである。このことこそ，この研究が示すべき課題である。この研究は，探求にあたり，現象学的に，経験の源泉から上手に汲み取ろうとする。とはいっても，この経験は，壊れやすい経験であることが判明する。経験は，折れ曲がる折れ線のように，岩を砕く波のように，何か別のものに映える光，陰りを見せる色，と切れと切れの声，文字と文字の間隔で際立ちをもつ旧式ゴチック風のひげ文字，初心者のとつとつとしたドイツ語のように，また，立ち消えることのない端数のようにある。こうした経験には裂け目が走っており，その裂け目の運動は，始まっては途絶え，新たな運動が突発したりしながら，割れ目を見せており，その割れ目は陥没であったり，突出であったり，峡谷であったりしながら，大地が途絶え，崩壊する土地へと迷い込んでしまう[1]。たえず，経験の統一や一致や持続性，あるいは，経験の堅固な地盤性に訴えるという事実は，〔かえって，〕経験そのものに備わるもろさを示唆するものであり，すべての経験の秩序に対して壊れ易

---

　1) 〈破壊〔Brechen〕〉，〈崩壊〔Bruch〕〉に区分けされる語の領野を調べ上げ，それを継続することがここで意図されているわけではない。ここに潜む豊かなニュアンスについては，〈もろい〔fragil〕〉や〈断片的〔fragmentarisch〕〉や〈ひげ文字のように明瞭に〔fraktural〕〉といった繊細な違いもみられる。

さの刻印を押しているといえる。経験そのものが，自己のもろさを解決ずみのこととみなすのであれば，そのような経験は，自己自身を否定することとなる。

　崩れた経験の現象学は，二つの先導的モチーフに区分けされる。それは，パトス〔Pathos〕と分割〔Diastase〕と呼ぶことができる。古い言葉であるパトスが指し示しているのは，遭遇〔Widerfahrnisse〕であり，それは私たちに襲い掛かり，いつも先立ち，接触して傷つけるものであるが，根底の層というのではなく，むしろ出来事であり，私たちは，善し悪しにかかわらず，また常に，その出来事に巻き込まれている。稀にしか使われない言葉である分割〔Diastase〕は，経験の形態化する力を意味しており，この力は，それが分かれ，分散し，分裂することで，何かあるいは，誰かを生み出すのである。崩れた経験が根源ないし，現存の形而上学に陥ることがないのは，根源そのものが分裂しているからである。この二つの先導するモチーフは，最終的につなぎ目を欠く秩序を仮定することに抵抗するだけでなく，近世哲学の決まりきった真理とされるものにも対立している。パトスは，自律と自己定立と個人の行為において自己の自由を求める主観の立場の足元を突き崩す。分割は，総合と組成においてのみその秩序づける力を発揮するような理性による思惟に対する対立点を形成している。また，このことは，次のことを意味している。すなわち，超越論的端緒が，私たちが経験において出会うすべてのものを，超越論的可能性の諸条件と普遍的妥当性の諸規則に服従させることで達成しうるのは，あまりに僅かなものであるということである。このような形而上学を半ば転覆するといったことが，決して〔それだけで〕十分でないことは，単に経験に由来するものを問題にするということだけでなく，経験そのものの発生を問題にするやいなや明らかになる。すべてのパトスは，不可能という特徴，可能とされなかったものという特徴を示す。しかしながら，このような徹底した経験は，私たちが経験の諸条件に先行するとする何かに依拠しようとするとき，端的な経験論に退化してしまう。何かが経験に先行するとすれば，それはまさに経験そのものに他ならない。それによって，分割は，ズレ〔Verschiebung〕という傑出した時間的-空間的意味を獲得する。諸経験というものは，私たちに触発してくるものの先行性という形式において，また，私たちがそれに向けて答えるものの事後性という形式において，そ

序　文

れ自身に対してズレているのである。私たちがそう呼ぶことになるこの原分割は，あらゆるさらなる差異の運動においてすでに働いている。この原分割は，曲がりくねったものが固有の諸前提を止揚することによって，そしてあらゆる亀裂が癒えることで，弁証法的に閉ざされてしまうことを妨げるのである。

　これによって，私たちの現象学的探索を方向づける関心と緊張の領域が素描されたことになる。これは，初めの第Ⅰ章から第Ⅵ章の内容を形成している。第Ⅰ章は，志向的意味と努力にパトス的な背景を取り戻し，通常の現象学的座標〔系〕をより経験に近づけることから始める。感情と情感と情動が，近世の主観化や私生活化や感情中心化という囲いの檻から解放される。パトス的なものが頂点に達するのは，すべての意味付与と目標設定を超えている異他的なものによる《当事者であること［Getroffensein］》においてである。現象学的感性論が部分的に展開される第Ⅱ章においては，独特な近さにおける遠さや，触れることができるはずなのに触れることができないといった身体的‐感性的接触の領域において，この感性論が発議されている。第Ⅲ章で問題にされるのは，私たちが受け止める情感が，それに答えるとされる訴え〔アピール〕へと転換するその転換である。それによってパトスは，あらゆる規範化に先行するエトスを背負い込むことになる。第Ⅳ章は，方法論的な中間的考察をなしている。後続する探求の歩みの基準を決める分割的性格が，はっきりと解明され，その特質が明らかにされる。それに続く第Ⅴ章と第Ⅵ章では，異他性のモチーフが取り上げられる。このモチーフは，経験のパトス的先‐開始［Voranfängen］に由来するのであり，様々に異なった諸次元に分岐している。それは，自分自身の身体的自己の分裂として，また，他者における間身体的な二重化として，また同様に，あらゆる秩序の境界の乗り越えや潜り抜けとして分岐している。

　明確に強調されるべきであるのは，このような分析において，私の以前の試みが，さらに新たに継続されていることである。『応答の索引』(1994)[2]で展開された応答性は，ここで，パトス的な反対方向への力点を獲得することになり，感性が寄与するものも，さらに，言語的な先導的方

---

[2] ARと略されて引用される。

向づけに対して強まっている。異他性は，『他者の棘』（1990年）と1997年から1999年に渡る他者の現象学に関する諸研究において，現代思潮とその限界について熟慮するための試金石の役割を果たしており，特殊な諸形態においてその輪郭をもつのである。とはいっても，それは，事柄として不適切なシステム化という意味でではなく，経験の様々に異なった裂け目へと関係づけることにおいて，その輪郭が明瞭になるのである。『自己の身体性』[*]もまた，ここで心-身-関係論をはるかに超えて広がる意義を獲得することになる。身体は，主観の新たな内面性にとってあるのではなく，それ自身，徹頭徹尾，明瞭に記載されているのである。『薄明のなかの秩序』（1987年）としての秩序は，開かれた結びつきや境界を踏み越えることで，完全な正常化に対して抵抗するのであるが，最終的にこの秩序も，異他的なものについての，まったく新たな，細かな差異に即した考察にもたらされることになる。異他性は，他者との関係における私たちだけに深く関わるのではなく，まさに，私たちの生きる世界に割れ目を作っているのである。

　言語分析で中心になるのは，絶えず，代表的なテキストへの指摘がそこに組み込まれてくることだが，その多くは，発見を促がす意図によるものだ。書き手にとって，このことは，事柄に即した言語を求めるとき助けになるものであり，読み手は，そのなかで，思惟の歩みが馴染みのことからそれるようなときにも手助けになるような結びつきの可能性を発見できる。現象に即した作業，ないし現象の言語に即した作業を，テキストと歴史的状況に関する作業とを反目させる，あるいは，後者を前者と反目させようとする成果を生まない悪習に対して，両方向へのドアは，可能な限り開いたままにさせて置かれる。これがなされるのは，歴史的な刻印を露呈するという，自称，純粋とされるシステム系に対して，それが歴史的刻印を否定すればするほど，明確な対立関係において遂行されるのであり，また，同時に，テキストの縁の外をほとんど見ようとしない，一面的に歴史的，ないし歴史化する処置との対立関係においても遂行される。脱構築的なテキストへの執着は，デリダ自身と違って，経験の現象学を経験についてのテキストの脱構築と置き換えることができると信じているが，現象とテキ

---

[*]　邦訳『講義・身体の現象学—身体という自己』知泉書館，2004年

序　文　　　　　　　　　　　　　　　　　　　　　　　　　　　　7

ストの作業に関して決して優れているとはいえない。事象とテキストが交差して関連しあう複数の軌条をもってはいても，自己自身と合致することのないといった取り扱いが，すべてにとって優れているとはいえないのではないか。最終的に思考を思惟の技術へと還元することに関して，この還元が導くのは，〈野生の〉経験が回路に導かれ，哲学的な問いの神経が，時につれ鈍化していくことである。このことが，すでに私たちを，最後の諸章に導くことになる。

　第Ⅶ章と第Ⅷ章は，ある異なった活動に専念することになる。この行程は，精神分析の領野とテクノロジー〔技術学〕の領野を経ることで，哲学的観点のもとで付属物としてみられるかもしれないような問題系を取り扱う。しかしそのような憶測は，この付属物が物的エネルギーの単位そのものに属するということを見込んだ場合である。精神分析とテクノロジーは，第二の哲学ないし，第二の現象学の地位以上に至ることはないであろうとされるのは，両者が事象そのものにおいてその痕跡を残すことができない場合である。痕跡を残すというのであれば，このことが，まずは，精神分析において，次に技術学的に生じている，現象学的考察の屈折において証示されることになる。ここで展開する問題群を前にして，厳格な選択が必要とされる。私たちは，現象学的考察方法と精神分析的，そして技術学的考察法とが触れあい，また，論戦するような破損個所や交差個所に集中するつもりである。精神分析の側から，また，テクノロジーの側からも同様に，現象学，ないし，一般的に哲学への単純な編成を阻止するような挑発的な言及がなされている。経験の崩れは，いよいよもって高まる。精神分析は，その掘り返す活動を経験のただ中に据えることで，挑発的な働きをもつ。その決定的な橋渡しのモチーフは，無意識的なものを作り上げている。この無意識的なものが《退去》の現象として理解されれば，経験の異他性にさらなる推進力を与えることになる。テクノロジーの場合，事情は異なっている。というのも，現象工学〔Phänomenotecnik〕とは，現れるものそれ自身が，ある意味で作り出されるということを意味しているからである。このことが，どのように，またどのぐらい生起するのかが，決定的な問いであることが判明する。私たちの現象学的な考察は，自然的な生成と人為的な製作との両極性を巡っている。暫定的な消尽点を形成するのは，システムの自己生産と自己組織化というオートポイエーシスの形式で

ある。パトスからオートポイエーシスへの道ということになるのであろうか。自然への回帰，しかも技術以前の自然へというのではなく，技術としての自然への回帰なのだろうか。バイオ技術的介入の新たな諸可能性において暗示されるのは，実は別のことである。というのも，生そのものが，テクノロジーの介入と攻撃の対象にされるとき，振り子が逆向きに振れるからである。見かけ上，欠けたところのない技術上の発展のただ中において，非技術的なものの空虚な個所への問いが立てられる。

　私たちは，普通，何かを作りだすときはいつも，どのようにそれを受け止めたのかを語るのが常である。この受けとめ〔Rezeption〕という言葉は，入院や受付といった受け入れというニュアンスをもつとするべきであろう。そういった意味で，私は，数年に渡り，問いかけや非難や賞賛とともに，参画しつつさらに展開されるに至る考察によって，私を受けとめ，歓待してくださったすべての方々に，序文の終わりにあたり，心から御礼申し上げたい。その方々の中で，特に名前を挙げて謝意を表したいのは，レグラ・ジュリアーニ氏であり，原稿を仕上げる際に，氏の助手であるクラウディア・ルップ氏とともに，多大な協力をお受けすることになった。

　2001年10月　ミュンヘンにて

I
パトス的な背景における意義作用と欲望

───────

このⅠにおいて問題になる問いは，異他的なものが，侵入あるいは潜入する経験の場所に関する問いである。以前の諸テキストにおいて，私が繰り返し，考察の出発点にしたのは，異他的なものが習慣的連関を突破するような不安定化あるいは阻害であった。また，答えることが向かうその当のものとして，諸々の意義のネットワークから，そして，諸々の目標のもつ経済性からも逃れていくようなすべてのものを捉えようと試みた。ところで今，私は，パトス的なものの領分から出発することによって，異他的なものの場所を判明に確定するために，新たなスタートを切ろうと思う。パトス的なものは，様々に，認識的および実践的な努力の陰に隠れているが，こうした努力は──伝統的に言えば──，真なるものと善なるものへと定位しており，今日では解釈のシステムと規範的な規則化──技術的な道具とその特殊な《ノウハウ》は言わずもがなである──のうちに捕らわれている。パトスが認知的および実践的な振舞いよりも，より規則化され，コード化されにくいと想定することが許されるとすれば，そこから私たちの介入をすり抜けていく異他的なものに対する自然発生的な近隣性が帰結する。もっとも，パトス的なものがそれほど簡単に，自身の固有性格を弱めることなく，その陰に潜むあり方から現れ出てくることがきるかどうかは，問われるところである。なるほどパトス的な体験も人為性から自由であるとはいえないが，多くの事例が語るのは，そうした体験は，意義の範型，目標の提示，実践および技術を頼りとして，ただ副次的にのみ言表されるにすぎないということである。したがって，私たちは以下では，間接的な道を選ぶことにする。つまり最初に感情の領域へと入っていく方向をとっ

た後，回り道して意義作用と欲望を通過し，最後に異他的なものに見舞われた当事者性〔Getroffensein〕とともに，異他的なものをつねにすでに背後にもつ経験の核心部へと入り込もうと思う。

1．パトス，情感，および感情

感情についての近代的な評価は，希薄化と過熱化の間を揺れ動いている。あるとき，感情は「第三の心的状態」に属しているように思われ，またあるときは，全一性の感情へと高められ，「感情がすべてである…」といわれる。これは，いつもそうだったというわけでもないが，そのいくつかは近代の命運に属しているのである。古代の概念史を一瞥するだけで，すでに，ときに多義的な，ときに多様な語彙リストのうちに，出発点となる複雑な事情を発見することになる。

　動詞パスケイン〔πάσχειν〕から派生している，パトス〔πάθος〕およびパテーマ〔πάθημα〕という語の基本的な意義は，遭遇という意義である。つまり，私たち自身とは無関係に私たちに降りかかり，出会われるようなあるもの，ということである。その背景には，受動態，つまり能動形から区別される受動形という文法的形式が存している。これら二つの形式はアリストテレスのカテゴリー論に再び見出される。作用することから被るという中性的形式は，アリストテレスの場合には，言語的に伝達された認識のうちにその場所を占めている。パテーマタ・テース・プシュケース〔παθήματα τῆς ψυχῆς〕によって，つまり，慣習的記号を表明する際に出現する「心の遭遇」によって，諸事物が再現され，模造化されるのだが，それはたとえば近代の意識理論のような意味で表象され，措定されるのではない[1]。この遭遇は，認識が知〔ἐπιστήμη〕において定位置を占める限りで，「状態」となってしまう[2]。『霊魂論』の冒頭には，心の本性および本質的存在に対して，特殊な状態〔ἴδια πάθη〕が対峙させられている。

---

1) 『命題論』I，および H. ヴァイデマンによる翻訳と注解（AK.-Ausgabe, Bd. I/III, 137頁）。
2) この語源学は，すでに『クラテュロス』437a および『分析論後論』II，19に見出されうる。上に引用した注釈参照。

1．パトス，情感，および感情

この概念の生理学的および認識的な用法に対して，実践的および修辞的な用法は脇におかれている。快と不快を引き起こす判断にとって重要な情感〔Affekte, $πάθη$〕（『弁論術』1378a, 19-21）は，演説者によって生み出され，（同上，1356a, 14f），この情感を和らげることが，倫理学の中心的なテーマとなっている。

とはいえ，こうした中立的な規定でことが済んだわけではない。行うことと被ることとの二分化は，活動する理性（後のいわゆる能動知性，intellectus agens）が，受動的に受け入れる理性よりも神的なものの近みに存する限り，ある階層化へと移行する。伝統的な性のヒエラルキーもまた，有機的な存在にいたるまで，自身のためにこの階層化を利用している。

さらには，〈パトス〉の意義が，不快なものという相貌を帯びてしまうのは，あるものが，自分がする，しないにかかわらず，予想に反して現れるのみならず，私たちの願望に反してさえ現れることがありえ，そのうえ，もはや私たちが状況の支配者ではないような状況において生じる限りにおいてである。そういうわけでアリストテレスにとって，気前よく自由に与えることが，依存性を作り出す，受け取ることよりも優位に置かれていたこと（『ニコマコス倫理学』IV, I）が説明される。この不快なものという観点が，不幸な受苦という強調された形式にまで高まる。受苦ということに即して，格言めいたパトス・マトス〔$πάθος\ μάθος$, 受苦の教え〕が一つの意味を獲得するのだが，それは後になってはじめてそうなるのである。受苦は，受けた者自身あるいは他の者がそこから何を学ぼうとも，やはり受苦に留まるのである。

最後に〈パトス〉は，完全に，激情の両義的な最高の形式を表している。激情は，身も心も一挙に忘れはてた者に現れるのであり，盲目的に虐殺しながら牛の群れに飛び込んでいったアイアース[*]のように怒りにおける場合もあれば，愛するものを愛されたものの視点から摑み取ってしまうようなエロスにおける場合もある。「しかし彼らは，十分に見通すことができないために，何が自身を遭遇した〔$τὸ\ πάθος$〕のかを知らない」（『パイド

---

[*] アイアースはアキレウスに次ぐトロヤ戦争の将で，アキレウスの死後彼の亡骸を敵軍から死守した。ギリシャ帰国後，彼の鎧をめぐってオデュッセウスと弁舌を戦わせたが判定負けし，逆上のあまり発狂して，牛（諸説あり，羊とされる場合もある）の群れをギリシャ市民と思い込み虐殺した。正気にかえったのち，自身の行為を恥じて自殺したとされる。

ロス』250a)。天上のエロスをかきたてる神的な狂気に対して，プラトンは地上的な狂気という頽落形式を区別し除外する。ここでは激情的な諸状態であるパテーマタ〔παθήματα〕は病的なあり方，ノセーマタ〔νοσήματα〕に近くなっている（『国家』439d 参照）。

　ラテン語においては，〈パトス〉はさまざまな概念語によって再現される。アフェクトゥス〔affectus〕あるいはアフェクチオ〔affectio〕は，のちに感情状態と呼ばれるものを意味し，エモーチオ〔emotio〕は心情運動を表し，その一方でパッシオ〔passio〕は，それらに加えてなお，受苦という強い意味を受け継いでいる。情動とは，プラトンの場合と同様，さまざまに妨害として，静かな考察にとって有害なペルトゥルバチオネス・アニミ〔perturbationes animi，心の混乱〕として概念把握される。なによりまずエピクロス的あるいはストア的な思惟の善によって刻印された語彙が，近代の，パッシオネス・アニマエ〔passiones animae〕に関わる論考へと移行していく。とりわけ意味深長なのは情-感〔Af-fekt〕という表現であり，これは字義通りにはそそのかし〔afficere〕を示し，たとえどんなにわずかであれ，道徳上の欲情と悟性に関わる触発との間に細い繋がりを維持している。

　わたしたちが古代の情動説の多くの個別的な事柄を度外視するにしても，その意義の射程のみならず，さまざまな文脈へと導く間接的な論じ方もまた注目に値する。パトスの諸形式を私たちは，知覚がそれらでもって始まるような感官の諸感覚のうちに，あるいは努力，つまり快いものを求め，不快なものを避ける努力の領分のうちに，あるいは最後に，実践的な結果をもたらす語りかけや説得のうちに見出す。さらにはパトス的なものは行動の背景に属しており，この行動は行動の状況に応じて調整されたり，あらゆる慣れ親しんだものを越えて，エロスの脱自において，しかしまた悲劇を登場させるような測りがたい苦しみにおいて，ある豊穣さや過剰に至ることもある。プラトンのもとでは，すべてがエロスを通じて自分自身のうちに結びつけられている（『饗宴』202e）だけでなく，ポリスもまた，その市民が同じことについて喜び，同じことについて悲しむような共同体として現れる（『国家』462b）のであり，あるいは，より穏健となったアリストテレス的な把握においては，共生〔συζῆν〕という形式において，異邦人の幸福と受苦に参与しているのである。団体の和〔concordia〕あ

1. パトス，情感，および感情

るいは，また，常識〔consensus〕といった語は，かつては，明確に，感性的な響きをもっていた。この同時に宇宙的であり，心-身的〔psycho-somatisch〕であり，また政治的でもある秩序，そこへとあらゆるパトスとあらゆる情動〔affectus〕とが究極的には帰着するようなこの秩序に関しては，一つの自分にのみ固有な感情世界を語ることは困難なのである。というのは，共感という同情が，少なくとも，プラトン的およびアリストテレス的な模範にしたがうならば，世界に浸透しているからである。

しかし，こうした考えは，いくつかの問題を私たちに残している。そこには，ある感情の持つ揺らぎ，すなわち，快適なものあるいは脅かすものとして現出する諸事物の対象性と，心およびそれに結びついた身体の状態性，ないし，快の感覚あるいは恐れにおいて，さまざまな濃淡をもつ状態性との間を揺動する感情のもつ揺らぎが属している。諸感情が「触発的パースペクティヴ〔遠近法〕」を形成し，あるいは「触発的レリーフ」を作り上げている[3]，すなわち，ある《間の形式〔Zwischenform〕》を形成していること，したがって，諸事物の世界のうちにも，また心の世界のうちにも場所をもたないような一つの《間の形式》を形成しているといったことは，すべてを覆い包むコスモスという考えの内部では，考えられにくいのである。さらに，パトスを一般的に，決まり文句的に盲目の情熱とまではいわなくても，ロゴスに敵対するもの〔Alogon〕としてロゴスに対置する傾向がある。感官を貶める傾向は，これらの感官にロゴスの声を聞き取ることが許されるとされ，それが父親に耳を傾けることに比せられる（『ニコマコス倫理学』I, 13, 1103a3）ときにも，ただ少し，穏やかになるだけなのだ。結局，世界市民主義〔コスモポリティーク〕がその限界を示すのは，プラトンが，ギリシャの友どうしの間に，自然に与えられた共感を認め，それに対して，同様に自然に与えられたとする敵どうしの間の，つまりはギリシャ人たちと野蛮人たちとの間の反感を，並存させるときである（『国家』470c）。このことが，ある抑圧された異他性の影の部分に属しており，このような異他性とともに，遭遇は，あらかじめ与えられた二元的な秩序に服したままに留まるのである。熱狂が，神的な狂気と人間的

---

[3] すでにニーチェが「感情の角度」について語っている（『書簡集』KGBII, 5, S.5）。視覚の言語が最初の接近を可能にするものでしかないということを私は度外視している。接触点とは何ら観点や見地ではない。

な狂気に二分されていることにも，同様のことが妥当するのだ。

　ここで，一跳びに近代へと身を移すと，文化的な光景は一変する。ここではじめて私たちが出会うのが，きっぱりした感情の主観化であり，これがそもそも個人的な感情世界や主観的な感情表現といったものを現れさせることになったのだ。この意味転換を，フッサールが『危機』でたどりなおしたように，生活世界の裸の自然への変容と関連させてみることができる。理論的に規定される諸対象や，実践的に実現されるべき目標の領層に配属できないものは，内側へとさまよい入り，心理的な実在性という内的世界を形成することとなり，物理的な抽象化はそれに対立する心理的な抽象化によって埋め合わせられているのである。残余物はその故郷を芸術のうちに見出し，それ以来，芸術は単なる表現技術への矮小化と戦わなければならない。この内的な諸感情の構成，近代的主観の形成に本質的に属しているこの構成は，一連の帰結をもつことになる。主観主義について，私はすでに語った。「私は感情をもつ」という言い回しは，字義通りには，私が私に帰属させる諸状態を意味する。ここに要素的な諸感覚の原子論が加わり，強められた非合理主義が加わるが，この後者は「粗い」，つまり形態化されない，規則を欠いた感情が，諸規則によって規律化されることを要求する。そしてプラトンがかつてなしたよりも厳格に，心的な感情と物〔的身〕体的な感情とを区別する二元論が加わり，最後には，各自に自身固有の感情を帰属させる私物化が加わる。この自身に固有の感情は，社会的あるいは利他主義的に他者へと向けられている場合でも，私固有の感情にとどまっている。特徴的なのは，ヒュームにおいて色彩感覚と痛みの感覚とが互いに同化されていることである。要するに，感情の主観化は，脱世界化および脱共同体化へと導くのである。「所有的個人主義」は感情の前でもとどまることを知らない。それらの感情は私のものなのである。テオドール・リップスは，19世紀末から20世紀初頭にかけて大いに注目された哲学的心理学者であり，彼の著作は，フッサールやシェーラー，またフロイトにも読まれたが，彼においても，なお，すっぱい，あまい，温かいあるいは冷たいといった感性的諸感覚は物理的な外界の諸事物の質として数え上げられ，快，不快，悲しみや驚きといった諸感情は，心理的な自我の諸性質あるいは自我の状態性として対置させられているのである。「これらにおいて私は直接，私を体験する」と，基礎的著作である『感じるこ

と，欲すること，思惟することについて』（1926年3刷）の冒頭で言われている。これらすべてはもちろん，同時に多くのものが日常において冬眠状態にある，ということを排除するわけではない。このことは，とりわけ，近代化の進展にともなう文学，ジェイン・オースティンの『分別と多感』からローレンス・スターンの『センチメンタル・ジャーニー』にいたる文学のうちに把握可能である。後者の徹頭徹尾世俗的で社会的な多感性は，私たちがハンドブックから知識を得るのとは別のロックや別のヒュームを垣間見させている。フッサールのみならず，ジェイムズやベルクソン，ドゥルーズもまた，高められた経験に，それを〈怠惰な経験主義〉で終わらせることなく，場所を与えようと試みたのである。

2．志向的感情作用と気分性

20世紀においては，感情の世界性を再獲得し，その心の内なる地下牢から解放しようとする哲学的試みにこと欠くことはなく，しかもそれは，だからといって近代の主観理論の豊かな成果を放棄することのない試みであった。これとともに，「共に-苦しむこと〔Mit-leiden〕」と，「共に-感じること〔Mit-fühlen〕」への新たな道が拓かれ，しかも，この《共に》は，後から取り付けられるわけではないのである。

　フッサールは，すでに彼の『論理学研究』（15節）において，ブレンターノの方途において発見した志向性を感情世界にも役立つものとしているが，それは，彼が志向的な感情作用を導入し，そのことによって，主にテオドール・リップスによって刻印づけられている経験主義的な感情理論を乗り越えているのである。私たちは，あるものについて確信するのと同様に，あるものについて喜び，あるものが気に入るのである。しかしこれらの感情作用は，全体的な感情領域をカバーしているわけではない。非-志向的な感情感覚が残されている。たとえば私が火傷したときの痛みや，バラのよい香りや，料理の味などである。これは身体的-心的な感情状態であり，諸対象の属性として統握されうるものではない。「気に入るもの」，つまり私にとって気に入るようなあるものは存在するが，しかし同じ仕方で「痛むもの」が事物の側に存在するわけではない。だからといって，感

情感覚があらゆる感覚と同様に，対象と身体との両方に関係づけられること，例えば火傷した身体部位と燃えている客観とに関係づけられることがありえないわけではない。「例えば，接触感覚は触れている身体部位と触れられている事物とに関係づけられるのと同様に」，「焼けるような，刺すような，突き刺すような痛み」は，はじめから接触感覚と融合しているが，これが経験的-対象的な解釈にとっての「拠所」となる（『フッサール全集』第19巻の1，407頁）。このことを私たちはすでにデカルトから教わっている。彼は疑いえない痛みの感覚を，そのまったく疑わしいとされる局所性と区別している。しかしフッサールはさらに一歩踏み出している。感情作用と感情感覚との複合物には，私たちがそれについて喜びあるいは悲しむような，喜ばしいあるいは悲しい出来事だけでなく，その出来事が「快の色合いをおびて」あるいは「悲しみに包まれて」登場するということが属している。やや美辞麗句的な言い方ではあるが，「出来事はバラ色の微光に包まれているかのように現出し，快は出来事に即したあるものとして現出する」（同上408頁，強調 B. W.）[4]。いわゆるドクサ的作用とその対象性の基づける性格は，当然，保持されている。このことが自明でないとすれば，そのことは感情感覚の「非-志向的」という否定的な特徴づけには，なおさら当てはまることになる。というのもその否定性は言語分析的には「非-命題的」とする規定において確定されるからである。フッサールはこの排除を，感覚することと感覚されたものとが一つであるということによって説明している。しかしそれらがまったく一つであるとすれば，すなわち，両者の間になんら分裂が存しないとすれば，感覚することは感覚する者を無言語性の中へと陥らせ，パトスに影のように付きまとっているあの反・ロゴス（Alogon）へと縛り付けてしまうだろう。しかしフッサールは，彼の後の触発論が示しているように，ここで立ち止まっていたわけではない。感情の志向性は最初の一歩を意味するにすぎないが，実際それは重要な一歩であった。

　ジョン・サールが彼の著書『志向性』で行ったように，この地点に立ち止まるならば，不安，消沈あるいは昂揚した気分にとっては，「非-向的〔undirected〕」であるという情報があるにすぎない。このことは不安と恐

　4）　文章の後半部は，第2版では，削除されている。

2. 志向的感情作用と気分性

れとの単純な区別へと導くことになる。「不安の場合には，不安の経験と不安とは同一であるが，ヘビに対する恐れとヘビとは同一ではない」(1983，2頁)。この非-志向的な領域をそれそのものとして存立させておけば，許容される志向的感情は，他のいくつかのものと同様に，含蓄的な命題的内実へと制限される。注意していただきたいが，感情に価値づけの相や真理内実を認めないということが問題なのではなく，ただ，パトス的なものの特殊な性格が，このことでまさしく取り逃がされてしまわないかが，問われているのだ。

さらに一歩踏み出そう。感情の現象学はいくつかマックス・シェーラーに負うところがあり，彼は自分の現象学的な諸分析において，アウグスティヌス・パスカル的な心の論理のモチーフの影響を受けているだけではなく，フロイトの衝動説に始めに注目した者の一人でもある。重要な言語上の刷新は，なにより心理学的な積木モデルによくなじむ，感覚という名詞が，感覚するという動詞に取り替えられたことのうちにある（『形式主義』，77頁，169頁以降）。同時に，特殊な「応答の反応」を提示する感情の生（同上，118頁，124頁から126頁）は，その知性主義的理解の繁茂から解放されることになる。あるものについての表象に先行する，あるものへの切迫〔Drang〕が存在する。それはこのあるものが表象のうちに切迫の分節化と特殊化とを見出し，想像表象によって賦活される場合でさえ，それが先行している。触発的な占有は，それが占有するものにとって構成的であり，占有は単に「そのとき占有されているものに即して」立ち現れるだけではない。

感覚することを経験主義的な感覚言語から解放することは，エルヴィン・シュトラウスの感官理論における中心的なモチーフをなしている。『諸感官の意味』ではこう言われている。「感覚することの今は，客観性の一方にも主観性の一方にも属するものではなく，必然的に不断に両者にともに属する。感覚することにおいて，体験する者にとって自我と世界とが同時に展開するのであり，感覚することにおいて感覚するものは自らと世界を体験し，世界において自らを，世界とともに自らを体験するのである」。これには霊知的〔gnostisch〕な「自らを…へと方向づける」とパトス的な「…に見舞われる」との両極性が対応し（同上，372頁），この両極性があらゆる可能な重点の配置と陰影化を許容するのだが，感じることに

こそ，その中心が置かれている[5]。メルロ＝ポンティはこれらの洞察を利用した。『知覚の現象学』のこれに対応する章は，感覚する者と感覚されたものとの秩序づけが，ある種の問いと答えの遊戯として記述されているが，同様に「感じること」という表題をもっている。

　最後に，ハイデガーの『存在と時間』が参照されるべきである。ハイデガーは，彼の初期の著作においてしばしばそうであるように，アリストテレス，およびそれとともに彼のパトス論に倣ってはいるが，世界内存在のうちに情動と感情の場所を取り戻すために，彼独自の言語を展開している。感覚することはこのことによって情態性〔Befindlichkeit〕となる。つまり，そのつど気分づけられていること〔Gestimmtsein〕において特定の色合いと音調とを帯びるような，世界において自身を見出すこととなるのである。退屈あるいは不安といった気分は，現存在の「純粋な〈あること〔dass es gibt〕〉」およびその「世界への開き」（137頁）を端的に告知しているが，これらの気分はあらゆる行動の背景，すなわち，あれこれのものが特殊な仕方で私たちに出会われるような特定の情感にとっての背景をもなしている。とはいえ，感情のこの存在論的な拡張は，世界の開けが力能の遊動空間の開放ないし発掘において，われわれに遭遇するものの異他性を弱め，鈍らせるという帰結をもたらしている。現存在の脱自性〔Ekstatik〕が可能な対在性〔Diastatik〕に対して優位性を持っているのである[6]。

　5）パトス的なものとグノーシス（霊知）的なものとの区別は，ハンス・リップスのような著者が受け入れたものだが，当然ながらルードヴィッヒ・クラーゲスを思い出させる。しかしこれらの古い語の新たな用法に彼の影響があるはずだとしても，それは上述の両極性がロゴスとパトスというアンチテーゼや，ロゴスの価値の切り下げなどを含意しているということではない。この問題状況に関しては『哲学史辞典〔Historischen Wörterbuch der Philosopie〕』の「パトス的，パトス学」の項目を参照。そこでは精神と生との間でさまざまな色合いを見せる，ヴィクトール・ヴォン・ヴァイツゼッカーの「パトソフィー」にも言及している。言語的な注意深さが，どんな語でもさしあたり一度は贋金として受け取られるという言語の嫌疑へと堕落してしまうとしたら，好ましくないことである。クラーゲスの思想の差異化されたもろもろの考察様式に関しては，ミヒャエル・グロースハイムが彼の研究『ルードヴィッヒ・クラーゲスと現象学』で取り組んでいる。この研究は「新しい現象学」と距離をとっている人々にも，さまざまな発見をもたらすだろう。事象そのものに関する限り，著名な感情心理学者クラウス・シェーラーが，十分な理由から『情緒の合理性』（1986）を主張しており，それにしたがえば，合理主義的なおよび非合理主義的な両極端の形成や，ラチオとパシオを対立させることなどは避けられるのである。

ここで補足が必要とされるような概観を行うと，それだけですでにある特定の方向が示唆されることになる[7]。パトス的なものの力の刷新は，認知的および実践的な努力と規則化に関する志向性に，いわば第三の力として提供されるような触発的な志向性に対して期待されるべきではない。むしろ期待されるべきなのは，パトス的なものが特別な様相としてきわだたされること，つまり，私たちが思念し努力するもの，私たちが理解し行為するものへと私たちが語りかける，その仕方とあり方として，際立たされることである。したがって，すでに告げられた間接的な手続きが推奨されるのである。

3．意義作用と欲望との相互内在としての志向

フッサールの志向性論の卓越性の一つは，志向性が諸体験のあらゆるあり方に拡張されていることである。これまでの感情作用の取り扱いに，すでに前もって，どのような問題であるのかが示唆されているが，それはまた，いくつかの諸問題をはっきりさせている。フッサールはさしあたり何の困難もなく，志向的諸作用のリストを継続し，それを欲求や意志の領域にまで拡張している（『フッサール全集』第19巻のⅠ，409頁）。後者が表象作用に基づけられているということは，認知的な，あるいは後に言われるよう

6）ここではギュンター・フィガールによる『存在と時間』の解釈を参照。この解釈者は気分を「被った状態」とする解釈と，それに対応するアリストテレスの情動論への近さへと立ち返って示唆している（フィガール，1988，S.162）。このことは少なくとも初期のハイデガーの解釈としては腑に落ちるものではあろうが，事象的な懸念がそのことで払拭されるわけではない。こうした懸念は，ミッシェル・ヴァンニがハイデガーのテクストに取り組むときの「応答的な」読み方によってもなお強められる。『応答の焦燥』第三章参照。

7）従って私たちにとっては，特定の，先鋭化された問題設定をすることが肝要なのであり，広く設定された感情，情動や気分の哲学が問題なのではない。今日の議論のためには，生の哲学あるいは実存哲学的なモチーフと，分析哲学の近年の新たな知見に制限しているものの，ヒンリッヒ・フィンク＝アイテルとゲオルグ・ローマン編集の『感情の哲学について』（1993）が参考になる。また加えてエミール・アンゲールンとベルナルド・バエッチ編集の『情動と理性』（2000）をも参照。昨今の現象学研究の分野では，重要な雑誌『Alter』の，「情動と触発性」という主要テーマをもつ No. 7（1997）に注目すべきである。心理学における「情動研究の盛況」に関しては，クラウス・シェーラーの研究報告『情動研究の諸理論と現在の問題』（1990）および同じ著者の夥しい個別研究を参照されたい。

に，ドクサ的な諸作用にある種の優先性を与えることである。しかしそのことを度外視しても，ドクサ的な，価値評価する，実践的な諸志向にも同様の本源性が認容されている。志向そのものは，注意することとも目指すこととも等置できず，また，活動とも等置できない（同上，392頁及び次頁）。このことによってフッサールは古典的な存在と当為との区別に甘んじているように思われる。志向性の差異化は，近代の特徴として数えられるように，合理性の差異化に対応する，というわけである。ジョン・サールはこの区別を，理論と実践とを二重の一方通行路に確定することによって，扱いやすい定式へともたらした。一方では諸々の語が世界に，他方では世界が諸々の語に適応するのだ。このことは二重のインプット〔入力〕とアウトプット〔出力〕と比較したくなる事態である。

　志向性の役割分担がどれほどもっともに思われようと，それは事象にとって，またフッサールの事象にとっても適切なものではない。正確に見れば，意義作用と欲望とは相互搾入しあっている。ナートルプのような新カント派が，論理学的観点と心理学的観点との混合物のように見えるもの——フッサールはこれに対して表立って抗議している（『フッサール全集』第19巻のⅠ，393頁）——について不安を覚えたのは，意味のないことではない。しかしここで問題になっているのは，論理と心理といった二つの学問分野の分離よりも，はるかに大きなことである。知そのものが実践の形式を呈示し，実践的な知において，努力する理性〔オレクティコス・ヌース ὀρεκτικός νοῦς〕と理性的な努力〔オレクシス・ディアノエーティケー，ὄρεξις διανοητική〕とが相互搾入しあうということ（『ニコマコス倫理学』Ⅵ，2，1139b4f 参照）は，古い洞察であるが，新たに考え抜かれなければならないのである。意義作用と欲望とが互いに切り離されるべきだとしても，それは人為的な切断によってにすぎないのだ。

　プラトンが，私たちが今日，志向性と呼ぶ特異な現象に近づいている箇所がある。彼は「あるものを目指していること〔Auf-etwas-aus-sein〕」，エイナイ・ティノス〔εἶναι τινος〕について語っており，その場合，ギリシャ語の属格が示唆するのは，空腹や渇きのような欲望においてであれ，また，認識においてであれ，あるものが問題になるということなのだ。英語ではときおり端的に《について〔aboutness〕》と語る。この原現象のもつ特異な点は，あるものを目指している認識ないし欲望が，あたかも健常

3．意義作用と欲望との相互内在としての志向   21

者の認識は，それ自身健康であり，病人の認識は，それ自身病気である（『国家』438e）かのように，向かっている当のものと同様に性質づけられてはいない〔客観性が保証されていない〕という点にあるが，しかしやはり一方は他方に関わるのであり，それは建築術〔オイコドミケー，οἰκοδομική〕が家〔オイコス，οἶκος〕に関わるのと同様なのである。後に，四原因の教説によって正当な軌道へと統制されていくものは，さしあたり，まずもって，切迫あるいは衝動（〔ホルメー，ὁρμή〕）という形式において，あるものが開示する（〔ホルマスタイ，ὁρμᾶσθαι〕）という事実のうちに存するのである。ギリシャ人たちはこのことを生の決定的な徴表とみなしていた。あるものが自身の原動力から，〔ヘクーシオン，ἑκούσιον〕として生起するのであり，異他的な強制に服従する〔アクーシオン ἀκούσιον〕と対立する（『ニコマコス倫理学』III, I）。注目に値するのは，プラトンが，この《あるものを目指していること》，あるいは《あるものが問題になること〔Sich-um-etwas-drehen〕》が，あることを言うだけではなく，〔ロゴス・ティノス，λόγος τινός〕としてあることについて語る（『ソフィステース』262e）というような語り〔Rede〕にも拡張されていることである。

　ところで，フッサールおよび彼以前のブレンターノに関する限り，体験の志向的解釈をめぐる彼らの労苦は，体験を心の独房の狭さから全面的に解放し，体験にその生動性と世界性を取り戻そうとする試み，しかも，心理-宇宙論へと沈没してしまうことなく，近代的な主観理論の諸洞察を単純に捨て去ってしまうことなく，そうする試みであるとみなすことができる。すでに初期のフッサールが，「あらゆる形而上学以前において，認識論の門前に」（『フッサール全集』第19巻の1, 401頁）あって，努力していた諸々の区別立ての取り扱いにくさは，生の哲学の波がより高く打ちつけていた――くりかえし生じてくることではあるが――時代には，もっともな正当性をもっていた。それゆえ私は，まっすぐにフッサール後期の衝動志向性，すなわち，ロゴスと並んで，感性的世界とそのパトスに，新たな空間を保証する志向性へと向かっていきたくはない。私にとってより重要だと思えるのは，志向性ははじめからある種の欠損を示しているということである。志向性とは一方では，意味へと方向づけられていること，つまり，その意味において，あるものがあるものとして分節化され，あるいはそのようなものとして構築されるような，ある機構を受け取り，この意味

で〈構成されて〉いる。後期の構成論においては、意味は、自身の素材に浸透する形式となる。ギリシャ語の術語〈モルフェー〉と〈ヒュレー〉がそこに現れないとしても、ここで形相因と質料因との二元性が意識理論に即して転用されているのは明らかであろう。建築材となるのは、感覚することの素材に由来する諸要素〔エレメント〕である。どの意味もその指示地平をもっているのは、事象の意義が点的な所与性のうちに固定されてはいないからである。志向性とは初期における意味では意義志向性のことである。あるものがあるものであるのが、そのようなものとしてある限りで、つまりは一般的な形態あるいは一般的な構造において反復される限りにおいてであってみれば、志向性は一つの規則構造を受け取るのである。志向はあるものへと方向づけられるだけではなく、あるものにしたがって、つまり、その規則が規則として定式化され措定される以前に、経験の歩みに内在し、私たちの予期を制御しているような規則にしたがって、方向づけられている。一連の規範化において、感性的なものは、正当な感性〔Orthoästhesie〕の形式を受け取り、ロゴスは正当性〔Orthologie〕の形式をもつ[8]。

　このことは志向性の一側面であり、もう一つの側面は、方向づけられていることが運動の方向に従うということのうちにある。再びアリストテレス風に言えば、《何〔Was〕》とは《何に向けて〔Woraufhin〕》ということであり、それは努力の目標として自らを証示する。フッサールは、この力動性を、意義志向に意義充実化を並べ置くことによって顧慮している。志向的な生起は充実と空虚との間で働く。とはいっても、意識が分節化の働きにあとから付け足されて、経験で溢れかえるかのような誤解を避けるために、フッサールははっきりと、充実化それ自身、志向的作用であることを強調している（『フッサール全集』第19巻の1、93頁）。これはつまり、諸志向は諸志向によって充実化されるということを意味するようである。志向の質的な変動には、質的に変動をみせる諸充実化が対応し、これに属するのが、直観による充実化や、願望の充実化、命令の遂行、あるいは企ての実践的な達成などである。理論的および実践的な経験のあり方は相互に搾入しており、それはたとえば問いに答える場合のように、「理論的な

　8）　フッサールのもとでますます地盤を獲得するようになったこの問題系に関しては、『フッサール全集』第4巻、18節および『フッサール全集』第13巻、テクスト14参照。

3. 意義作用と欲望との相互内在としての志向

問い」も，そこに基づけられている「願望の要求」も，同様に充たされている。問うことは，理論的なそれもまた，努力と願望という形式を受け取るのである（『論現学研究』V, 25頁, 附論）。しかしここには，不整合なものがみられる。欲望が充実と空虚とに関連づけられることは，ある古い想定，すなわち，曖昧さがないとはいえない想定に基づいている。誰かが努力するのは，現にそこになく，彼が持っていないあるもの，彼が求めたり，産出するあるもの，そしてプラトン的なエロスの場合のように，可能な限りどこまでも彼が保持しようとするあるものに向けて努力するのである。しかし空虚と充実は二重に理解されうる。つまり規定性に関する空虚と充実として，あるいは満足度，ないし不在性と現前性との交互性としての空虚と充実である。後者の場合，不在性は不満足という単なる一時的状態として，あるいは，構成的な不在性として理解されうる。ところで，空虚と充実とのこの二重の性格を，成就された現在を完全な規定性と等置することによって，統一へと移行させることが試みられよう。志向に内属する緊張は，その際，意味-衝動〔Sinntrieb〕の潜在的なもの以上のものではないことになろう。欲望はまるで貝殻の中にあるように意義のうちに捕らわれることになろう。五感の意味は五感における純粋な意味に還元されてしまうだろう。われわれの出発点となる遭遇は，意味形成という一つのプロセスを起こすきっかけ以上のものではないことになろう。

一瞥すると，この一面的な狭隘化に対して異議を唱える事柄が，いくつか見出されよう。好奇心を培う，分かりきったことに対するあのうんざり感などは，どうなるのだろうか。このことを，知の存立への情動の侵入としてのみ解釈することが，できるだろうか。あるいは，哲学そのものを表すオランダ語のwijsbegeerte〔知-欲望〕のうちに存しているような知の欲望は，知の獲得という力動性のうちに属しているのではないのだろうか。そして，フッサールにとっても決して終わりに至ることのない経験の歩みは，——というのも不断にさらなる地平が開かれたままなのだから——どうなるのだろうか。知覚は，フッサール自身が想定しているように，相対的な最適化に頼ることができない（『フッサール全集』第4巻, 67頁）とすれば，「不幸な知覚」に転化し，悪無限を追いかけることになるだろう。しかし最適とは，やはり優先と重要性の基準とを前提するものであり，これらは，完全さへと努力する知識のかき集めから取り出すことはできない

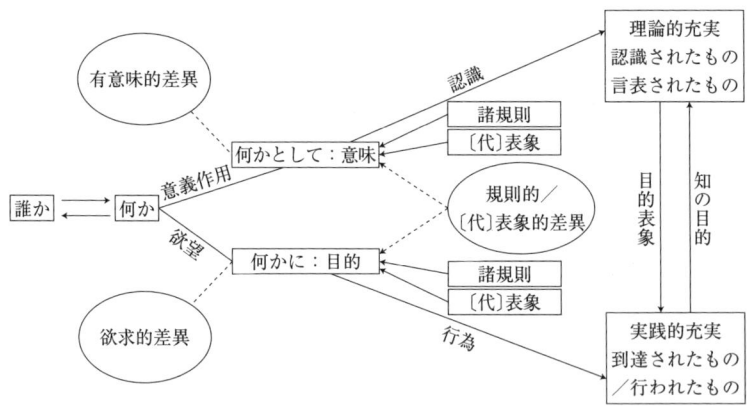

図1 意義作用と欲望

ものである。最後に，享受が提供する充実化は，意味の経済性と統合しうるのかという問いが立てられる[9]。満足させられうるのは，欠如状態，純粋な欲求として定義される欲望のみである。この点には，もう一度，戻ってくることにしよう。しかしこのように一瞥しただけで示されることは，より正確に，一つ一つ検証されるのでなければならない。こうした検証は私たちの主導テーマに即して展開され，認知的および実践的な行為のパトス的な関与へと収斂していくだろう。上の図式において，私たちが進もうとする道が示唆されている。

4．何かが何かとして現出すること

意義作用を，私たちは志向性の構造的な側面と呼ぶことができる。意義作用が，単なる意義の関係を超えるようなプロセスとして遂行され，形態化

---

[9] 古ドイツ語の語法においては〈享受する〔Genießen〕〉はなお属格をとる。このことによって〈享受する〔Genießen〕〉は〈或るものによって滋養をとる〉としてのラテン語の frui に近づいていく。プラトンのもとでは，イデアそのものが魂の滋養の役目をしている（『パイドロス』247d-e における動詞 τρέφειν を参照）。ラカンとレヴィナスのもとで，異なる仕方で新たに名誉回復した享受〔jouissance〕の，由来となるラテン語の gaudere もまた，さしあたり〈享受する〔Genießen〕〉を意味しているが，そこにはまた真理の享受（gaudium de veritate）も含まれている。

4．何かが何かとして現出すること

と構造化のプロセスが確固とした形態と構造のもとにとどまらないような場合でさえ，それらのプロセスそのものは，自身の力動性をもろもろの意義や形態や構造から引き出すのではない。「私がある構造のうちで決して把握できないものは，その構造が閉じないゆえんのものである」（『エクリチュールと差異』237頁）というデリダの言明は，次のような命題に変容させることができよう。すなわち，「私が意義の格子の内部で決して把握しえないものは，意義をもつものが，有意義であるゆえんのものである」。

意義志向のうちに内属する意義は，何かとしての何かという最小の定式において捉えられる。何かは何かとして思念され，あるいは与えられ，それは何かとして現出のうちに現れる。この中立的な定式は，はじめから，あまりに狭い意識理論あるいは言語理論的な前提，つまり，意識作用あるいは言語行為から出発して，これら諸作用を個別的な「担い手」に割り当てるという前提を，被ってはいない[10]。この定式は，純粋な別様に意義することへと還元されるようなシニフィアン〔記号表現〕の形式的差異とも等置されない。この定式においては，むしろ，それにしたがって何かがある規定された意義において把握される，有意味的差異が告知されているのである。私たちの文脈において関心を引くのは，意義や意味という，多くの面から大いに考慮に値するものとして記述されてきたことなのではなく，むしろこの，意義を受け取る些細な〈何か〉であり，そして同様に，この意義の生起ないし，意味形成の指標となる些細な〈として〉なのである。この差異は，私たちが問題にする分割〔Diastase〕についての最初の例示であるだろう。志向性は，作用と対象との実有的な関係ではないように，意義と対象との実有的な関係ではなおさらない。《何かが何かとして》立ち現れるのは，その《何か》がそのものとして立ち現れることによってなのであり，反対に，たとえ背理的な意義であっても，空虚な意義は直接あるいは間接に《何か》へと関係づけられている。志向的作用が言語ゲームの中に埋め込まれてあることは，この《として》が言語の用法とそれに対応する行為連関において解読されうるという帰結へと導くが，このことは私たちの以下の諸考察とまったく統合可能といってよい。何かがそれとともに現出するところの意味は，諸々のさらなる意味地平に組み込まれ，こ

---

10) これに関してはゴットロープ・フレーゲの『思想について』（『論理学諸研究』1966, 41頁）参照。「諸表象は所有される」のであり，「諸表象はある担い手を必要とする」。

れらの地平は一つの世界へと結合される。ここには意味のあらゆる現象学と解釈学との根本的な想定が属しているのであり，私たちは，ここでそれをさらに論及する必要はない。

　上述の差異定式において浮かび上がってくる特異な《として》は，事物と意義との間に押し込まれるような中間物をなしているのではないし，二つの関係項を前提しているような関係をなしているのでもなく，また二つの量を調整するような，関数的な等式の不変項をなしているのでもない。この《として》が，存在するものと，それがそういうものとして存在するところのものとの間の蝶番として機能するのは，同時に両者間の裂け目を開くことによってなのである。この移行を特徴づける様相副詞は，さまざまな含意をもつ。ギリシャ語の ᾗ（すなわち ὁδῷ），あるいはラテン語の qua（すなわち via）は，道を，つまり，あるものが登場するその仕方を指示しているし，フランス語の comme は，英語の as と同様，〈のように〉と〈として〉の間で揺らいでいる。ドイツ語の als はより一義的であるが，これは単なる役割として，代理するものの形式――今日息を吹き返している考えであるが――というように誤解されうる。拒否しえない現前にこだわるフッサールの基本的な洞察は，――あらゆる不平，不評にもかかわらず，――肝に命ずべきものであり続けている。なお，この洞察は，提案されるたいていの代替案より，複雑な構えをもっている。フッサールが知覚との関係で「有体的な現在」や，「それ自らの現在」について語るときには，彼はあたかも，あるものとして再現前される以前に，純粋に現前的なものが存在するかのように，いわば再現前的媒介をゼロ点に対立させているわけではない。そのような直観主義的な理解は――そう理解させる言表も少なくないのではあるが――，次のようなフッサールの想定に反している。すなわち，純粋な現在というもっとも極端な場合でさえ，あるものが，《それ自身として》現出しているのであり，――すでに述べたように――充実化は，それ自身，決して志向ではないにしても，志向の充実化であるという想定である。この〈として〉は，したがって，純粋な存在そのもの〔ipsum esse〕において消滅するわけではない。しかし私たちは，現前的な契機がすべての再現前にも存在する，つまり，あるものではなく，しかしとはいえやはり無ではないようなあるものが存在する，と想定してもよいだろう[11]。有意味的差異は徹頭徹尾，本源的なズレあるいは置き換えと

して解釈されうる。何かが自分自身とは別様であるのは，あれこれのものとして立ち現れることによってである。しかしこのあるものは，それ自身とは別の何かなのではなく，たとえば単なる像や記号のようなものなのではない。そのような端的な何かの代わりの何か〔quid pro quo〕，つまり根本的に一つの現実性が別の現実性に対して，諸事物の世界が諸表象や諸記号の世界に対して交換されるにすぎないものに対しては，フッサールは依然として間違っていない。構築されたもの以外には何ものも存在しないと主張することは，これらの構築物を最終的な現実性——それはかつて形而上学と呼ばれたものであるが——と偽称することである。あるいはむしろ，解釈しかないと言うべきなのだろうか，〔そうではない〕。ギュンター・アーベルは，「解釈哲学」への道ならしをした彼のニーチェ書において，次のように確定している。「あるものがそのように存在するならば，それは実際に〔ipso facto〕解釈可能なあるものなのだ」(1998, Ⅶ頁，より詳しくは，162頁以降)。このことに異論を唱えるべきではないとしても，それでも，《何か》は単純にそのように存在するのだろうか。この問いを立てるためには，「純粋な所与性」という理念にこだわるには及ばないのである。

5．固定化，阻害，混乱

この《として》は，それをめぐって経験の分節化が問題とされるのであり，また，現出するものと，それが現出し，統握され，解釈されるそのあり方との間に，裂け目を開くものであるが，この《として》はいまやさまざまな仕方で作動しており，このことは，私たちを志向性のパトス的な構成要素に関する問いへと立ち戻らせる。人間を，確定していない，発明せざ

---

11) ここではタニヤ・エデンの『生活世界と言語』(1999) とりわけ233頁から237頁における，表象主義の今日的な変種に対する，フッサール出自の穏当な現前主義の精緻な擁護を参照。現前化と再現前化との区別は，ベルクソン，ハイデガーによっても，カッシーラー派においても堅持されている。この区別が消滅するのは，デリダがパースにならって行っているように（『グラマトロジーについて』72頁），事物そのものを記号あるいは再現前化されたものとして把握する場合である。認知主義の凱旋行進は，また，分析哲学，解釈学および記号学の入り乱れた殺到も，いくつかのより繊細な区別をぼやけさせてしまったのだ。

をえない動物とするニーチェの特徴づけは、このことに対応して、変容することができる。私たちがあるものをどのように、《何か》として経験するかというその仕方は、多かれ少なかれ確定されてありうる。このことに対応するのが、経験というものの強いヴァージョンと弱いヴァージョンである。強いヴァージョンが意味するのは、私たちが、私たちと私たちの世界とを変化させるような経験をなし、経験を遂行しつくすことであり、他方弱いヴァージョンとは、私たちの前もっての想定や先行的投企を確認したり、弱めるような経験与件が、眼前にあったり、なかったりすることに制限される。これに加えて、経験の両極化、すなわち慣れと驚きの間を動くような両極化がある。強い経験の構想は、現実性の構造化と構造の変容に際して、驚きと生産的な偶然とに、比較的大きな重要性を容認するようなものとなろう。両極化は極限にまで至りうるのであり、私たちは一方で紋切り型やステレオタイプに、他方で妨害、混乱、ショックの経験に対面するというまでになる。今やここで、このことが経験の《として-構造》にとって何を意味するのかが問われるのである。

　経験の弱まりから始めると、それは、積極的には習慣化、正常化、そして最後にはプログラム化として理解される。そのような弱まりはすでに意義作用の欲望からの分裂において準備されてはいるが、この分裂は欲望をどこにも痕跡を残さないように解消してしまうわけではない。経験が第一次的に、現実性がそこにおいて築き上げられる構成プロセスとして把握されるならば、経験に先行するものは、それによって〔ἐξ οὗ〕何かが築き上げられ、この構築がそこから出来上がる〔ὅδεν〕質料に制限される。それはより複雑な形成体へと組み込まれる、単純な礎石に制限されるのである。事象がさらに希薄になるのは、単なる未規定の X のみ存続し、留まることのない合理化のプロセスの内部にある非合理的な残余、ないし、生理学的に見れば、あらゆる特殊化と質化を、心理的または文化的な加工に委ねてしまうような、特徴のない電気的刺激のみ、取り残されるのである。触発、つまりカントの用語では「われわれの感官に触れる」(『純粋理性批判』B1)対象が存在するという事実は、単なる弾み——理神論者たちが神になおも認めていた「小突き」の世俗化された残余物へと縮減される。

　経験の弱体化が極端にまで高まるのは、この《として》が、決まり文句やひな型のうちに凍結してしまう場合であり、それらが本に挟まれるカッ

5. 固定化，阻害，混乱

トや，複写のための原本のように使用され，ステレオタイプに，すなわち確固とした類型に変容する場合である。こうした用語において示唆されている経験の技術化は，次のように特徴づけうる。つまり，《何かとして》は，準備されるものと準備される形式との間の差異が消滅するや否や，それ自身一つの《何か》へと固着してしまう，ということである。小型サイズの紋切り型とステレオタイプにおいて遂行されるものが，大がかりなステレオタイプ化のための核を形成する。「鋼鉄のように硬い建物」であれ，柔軟なネットワークであれ，世界は一つの「世界像」へと変容する。そこからはいかなる脱却の道もないのは，何であるかが，自身の表象されてあることと制作されてあることとが一緒になっているときであり，おのれを示すものが，自身の意味と合致しているときである。そこでは，カントの怪しげな物自体は，限界概念としてその意義と権利を保持している。ただその際，英知的な背後世界に突進していかないような限界経験とはどんなふうにありうるのか，ということだけが，ひとえに問われることになる。

ここから興味深い，現在の脳科学技術と心理技術とが交叉するある結びつきが帰結してくる。認知主義，神経科学およびコンピュータ科学の凱旋行進は，何かについての単純な表象と何かの制作ということを根本的に一掃してしまった。この《として》は，確かに，モデル，コード，ネットワークの平面で再び見出されうるが，しかしこのことも，やはり先に言及した二義性を帯びたままである。私たちの問題連関で注目に値するのは，意義作用と欲望との相対的な分離が，志向性をコンピュータに適したものにしているということである。この分離は，記号学を象徴的記号の操作へと還元することよりも重大なことのように思われる。情感と欲動とに十分な重みを与えられるならば，決定的な問いはもはや，「コンピュータは何ができるのか，あるいはできないのか」ではなく，「コンピュータには何が遭遇しうるのか，あるいは遭遇しえないのか」ということになる。人工知能研究が生物学的および医学的な領域へと接近することは，それが形式的な規則のシステムに定位することほど，そのような問いを回避しやすくするものとは思われない。その際には，病理学と生理学がどのように共同作業するのかという新たな問いが立てられるわけである。この他に，経験概念を強めることを促すような，神経生理学的な所見が存在する。刺激の影響が変転する注意の方向づけとともに変更され，馴染みぶかい母語の発音

と，外国語のよそよそしい発音とが，異なる脳のエリアに対応し，あるいは知覚の段階づけられたニューロン組織にもとづいて，受容，方位づけ，およびカテゴリー化の能力が階層をなしているのであれば，このことは，認知的な能力が，古典的な精神物理学が推測させるよりも，また，古典的な超越論的哲学が推測させるよりも，より強い程度において，触発の関与に貫かれていることを証拠立てることになる。単なるヒュレー，単純な与件，あるいは，なまの感覚は，経験の力動性にいかなるあり方であれ，適していないようなフィクションとして，証示されることになる。このことについてはⅧで詳しく議論されるだろう。

　私たちは今や，《として》の確定が弱まり，あるいはまったく崩壊してしまうような別の側面へと転回してみよう。規則化された諸経験の縫い目は，妨害，障害，異常なもの，混乱などが，もっとも極端な場合には，破滅的な崩壊がひしめいている。最も単純な場合は，妨害，たとえば私の気をそらせる騒音のようなものである。妨害とは，いくつかの諸志向が互いに抗争のうちにあり，いわば解釈の闘争を演じているといったことのうちにあるのではない。妨害になるものはむしろ，私たちの諸志向に割り込んでくるものであり，それは私たちの邪魔をする障害物に似ていて，目標をめぐる争いと混同されてはならない。妨害は諸経験のただなかにも登場しうる。たとえば明るすぎる光のもとで見えなくなること，強い物音ゆえに聞こえなくなること，熱い対象に触れることによって火傷することなどとしてである。ここでは強度の程度差が，許容しうる中間値を指示する役割を果たしている。あるものがうるさすぎるとか熱すぎると感覚されるということは，妨害に対する虚弱性と防御可能性に照らして，あるものが耐えられなくなるということである。そうした耐えがたい結果は，意図的に生じさせることもできる。たとえばそれは，拷問において，単調な雫が垂れる音から，くすぐりを超えて，感覚の限界までもたらし，さらに侵害を及ばす場合である。ここに異常なもの，つまり通常の予期と折り合わないような現象がやってくる。最後に衝撃的な作用があり，私たちを麻痺させる突然の叫び声，落雷，暴力的な介入や猛烈な寒さなどがある。これらすべての場合において立ち現れるのは，私たちを襲い，降りかかるものであり，それらは，《何か》として統握され，理解され，あるいは防御される以前に浮かび上がる。妨害の経験は，あとから妨害として解釈することとは混

5. 固定化，阻害，混乱

同されてはならないし，あとから自分の構えをとりもどす，それに対応する防御措置とも混同されてはならない。パトスとして私たちに降りかかり，極端な場合には，圧倒し，私たちを麻痺させ，無となすあるものは，没-意義的（bedeutungs-los）なものとして，ないし脱-関与的（belang-los）（『存在と時間』187頁参照）なもの，あるいは，超-意義的（über-bedeutend）なものとして自身を証示する。このことは，しかし，あたかもここに，あらゆる「理念の衣」を脱ぎ捨て，あらゆる文化のワニスを剝ぎ取った裸の実在性があるかのように理解されてはならない。そうではなく，この《何かとして》現出することの《ない》何かは，周知となっている意味の予期や諸規則をのがれ，それらの拘束力をこえて，私たちにとって一つの世界が崩壊するような点にまで高まっていくのである。志向的に方向づけられ，規則化された生起のただ中で，野生の存在〔être sauvage〕として立ち現れるパトスは，あるものとして統握され意義づけられるあるものが，多かれ少なかれ，そのようなものとして統握され意義づけられていることを示している。そのあるものはそのつど，それが言いうるよりも以上のこと，あるいは別のこととして現れる。遭遇として理解されうるパトスは，志向的には把握されていない。カントが超越論的な秩序の周縁に文字通りの非物〔Unding〕として立ち現れるのを見ている「感覚の混乱」は，限界経験に属しており，それは，混乱と妨害において，伝統的な心の動揺〔perturbationes animi〕において述べられており，また，かの混乱〔ταραχή〕において，古代後期的なあり方に対して，カントもまた，アタラクシア〔ἀταραξία, 平穏さ〕あるいはアパテイア〔ἀπάθεια, 平静さ〕に訴えて対抗しているのである。このような逃げ道は，プラトンとともに次のように想定することが許されるならば，疑わしいものとなる。つまり，哲学自身が，パトスから派生し，その生成が，めまいの感情をともなうものであること，また，哲学が，私たちを諸事物に馴染んだ常道から引き離すものである限り，私たちに狂気の一つの形式を呈示するということである。何かが何かとして現出するということは，この現出それ自身が一つの意味をもつということなのではない。意味と非-意味とは，互いに切り離しえない。まさしく私たちが，もっとも極端な場合において，泣いたり笑ったりしてそれに答えるような限界経験は，ただ単に「非-意味のずらすことのできる限界」にではなく，「原理的な種類の限界」へと導くのであ

る[12]。

6．代〔理〕表象〔再現前化〕と脱現前

何かが何かとして現出することを通して，それが何であるかということと，それ自身とを切り離すような裂け目が開かれる。このことが意味するのは，何かが端的に表象されたり制作されたりするのではなく，描写されるということであり，現出に，そして，眼差しのうちへと，また，言語へともたらされることである。しかし，現前化されるものは，自身の代〔理〕表象〔再現前〕の様相によって汲み尽くされることなくして，描写されるのである。まさしく，それだからこそ，代〔理〕表象〔再現前〕的差異の形式において，自分自身から距離をとることのうちにその本義がある原媒介は，一連の代〔理〕表象のうちで継続されるのである。

　代〔理〕表象〔Repräsentation〕という概念を取り上げてみよう。この概念は近年いわゆる文化論において特別に愛好されるところとなっている。この場合にも，いくつもの代〔理〕表象の様相が区別されうる。しばしば代〔理〕表象は，フランス語および英語の言語用法に対応して，表象〔Vorstellung〕（1）することと理解されている。この様相には，何かの制作〔Herstellung〕のうちにその作成〔ポイエーシス〕するという対の側面がみとめられ，また，しばしばそれと混ざり合っているものであり，この様相が，もっぱら単純化された形式において，私が「何かが何かとして現出する」という定式において把握したものを描写しているだけであるとする限り，それは，真正ではありえない様相なのである。第二の様相は，より狭い意味での描写〔Darstellung〕（2），つまり像，記号，言語といった媒体における描写に対応している。さらに代〔理〕表象という術語は，フッサールのもとで準現在化〔Vergegenwärtigung〕と言われるもの（3）に当てはめられており，これはつまり時間的-空間的な隔たりを越え

　12）　ヘルムート・プレスナー『哲学的人間学』170頁。意味と非-意味との一般的な相関については，メルロ＝ポンティの『知覚の現象学』489頁から492頁，独語，487頁から489頁。この著者は，理由もなく自身の初期の論文集に『意味と無意味』という題名を付けたわけではない。

6．代〔理〕表象〔再現前化〕と脱現前

て再-現前させることである。最後の可能性として，ある者が別の者の代わりに登場する代理〔Vertretung〕（４）としての代〔理〕表象が残されている。こうした類型は，さまざまな諸機能が互いに交差することを排除するわけではない。それは例えば，過ぎ去ったものが痕跡のうちで，そして文書において準現在化される場合，あるいは支配者の像が，あたかも彼自身がそこにいるかのように，敬意の証しを要求する場合などである。私にとって重要なのは，ここでは機能的な細部なのではなく，遅延させる契機，つまり意義作用のプロセスを保持し，単なる意義の相違を通じては達成されえないような緊張を産み出すような契機である。

　まず描写ということから始めよう。あるものがそのものとして，心像，記号，言語といった媒体において現出する。まずもって，これは，あるものが与えられていて，それに加えて，そこにおいて描写されるようなあるものが与えられる，ということなのではない。《何かが何かの代わりにある〔Aliquid stat pro aliquo〕》という記号の古い定義は，それが記号なしの実在性，あるいは同様に心像，ないしは言語のない実在性——そうした実在性はあとからはじめて二重化されるものである——を想定している限り，誤解を招くものである。《何かの代わりにある〔Stehen-für-etwas〕》ということには，《何かにおいて出会う〔Begegnen-in-etwas〕》ということが先行するのであり，それは心像における凝縮，スケッチにおける予描であって，こうしたものは示唆されるものを確固とした境界線のうちに囲い込むことなく示唆するのである[13]。像性と記号性は，経験の領分内で，何かが他のもののうちに反映し，空間的時間的に隣接するものを示唆することによって始まる。経験主義の水脈において，諸与件の単なる寄せ集めと解される古くからの連合は，むしろ意味形成に寄与しているのである。あるものが他のものと一緒になって立ち現れることが，反復される諸配置のために地盤を準備するのであり，そうした諸配置から，何かがそのものとして結晶してくる[14]。連合〔Assoziation〕とは解離〔Dissoziation〕に伴われているのであり，仲間に入れるということは，非

　　13）　ここにはフッサールにおける「先行描出」のモチーフが当てはまるだけではなく，ベルクソンにおけるイマージュもまた当てはまる。それは一切の単なる代替機能から程遠いものであり，ミリャーナ・ウルンクは彼女の研究『像と現実性』（2002年）において，そこに新たな光を投げかけた。

社交性という陰を伴うものなのであり，それというのも，特定の結合は他の可能な結合を排除するからなのである。連合とは出来合いのパズルの断片ではなく，それは習慣によって滑らかに磨き上げられてはいるが，凹凸を完全には失っていない破片に喩えられる。連合に保証を与えることはできない。まさしくそれゆえに，連合は精神分析において，あのような背信的で意のままにならない役割を演じているのである。換喩的な統辞性と隠喩的な範列性との二つの可能性があり，この両者は言語の二つの側面として考察することができ（ヤーコブソン 1974，117頁以降参照），言語学や詩学においてだけでなく，精神分析や言語病理学において，大きな注意を引いているのも理由がないことではないのだ。二つの可能性のうち，換喩は，類似のものを見るという形式において特定の観点へと帰着する隠喩よりも，より偶然的なものとして，しかしまたより驚かせるものとして現れる。問われなければならないのは，隠喩は，その生動性をポール・リクールがあれほど強調してはいるが，自身に属していないものによって，つまり異他的なものによって不安定になるのでなければ，その固有の生動性を受け取ることができないのではないか，という問いである。換喩と隠喩との関係はアレゴリー性とシンボル性との関係にたとえられる。前者はどちらの関係においても，後者よりも異他的なものにより近い。最後に第三の連合形式，つまり因果性が，別の意義を獲得する。それは，経験された因果性としての遭遇と引き合わせられ，単なる関数方程式の適用に制限されていない場合である。

　経験の媒体性が強くなるのは，像媒体や記号的媒体が自立するときである。しかしここでさえ注意しなければならないのは，原像ないし原本として立ち現れる原媒体とは，私たちの身体物体〔Leibkörper〕であるということである。この事態を考察するならば，ニューロンの発火や心的な像でさえ，経験のメディア理論のうちに関係づけることができるのであり，それも，現実性を代〔理〕表象するものによって二重化し，あるいは場合によっては，現実性を代〔理〕表象するものととり替えてしまうような古い

　14）　連合論の現象学的な刷新については，エルマー・ホーレンシュタインの『連合の現象学』（1972年）および，文学—理論的に裏打ちされたものでは，エックハルト・ロープジェン『連合の技術』（1999年），またドゥルーズに関係づけたものではマルク・レリ『超越論的経験論』（ボッフム大学2002年の博士論文）を参照。

6. 代〔理〕表象〔再現前化〕と脱現前

表象主義に堕落することなくできるのである。私たちはこのことによって指示対象の消失という黙示録的な言い方から身を守るのであるが，そうした言い方は，自身の否定的な現実主義において，否定神学の特定の諸特徴を想起させるものである。そこにおいて何かが何かとして現出するところのものは，その機能から切り離すとき，第二の何かとなってしまう。しかしこのことはすでに伝統的な板に描かれた絵にも当てはまる。私はそうした絵を壁に掛け，あるいは売ることができるが，しかし私がそこにおいてあるものを見る像は，壁にかかっているわけでもなければ，売ることができるわけでもない。ここにおいては像事物〔Bildding〕は，その機能があらゆる主題化と物象化においてすでに前提されている，身体物体にたとえられる。

　第三の代〔理〕表象形式，つまり時間的および空間的に遠ざかったものについての準現在化も同様に，現在が過ぎ去った現在，あるいは来るべき現在によって，性急に多重化することから免れているのでなければならず，また，過去がその古文書館，ないし博物館的な代理物と取り違えられるといったことからも免れているのでなければならない。過去は，過ぎ去ったものがそのものとして想起される以前に，現在のうちで働いている。過ぎ去ったものは，それが過ぎ去ったものとして準現在化される以前に，私たちを襲い，私たちを解き放ち，重荷を負わせ，あるいは軽やかな気分にさせる。その過ぎ去ったものは，それ自身，かの遭遇の領分に属しているのであり，遭遇は，いかなる志向的統握，あるいはいかなる再現前的再現，ないし再活性化によっても汲み尽くされることはない。私たちが予見し，予定を立て，前もって配慮することによって形作っていく以前に，予期の中で，希望の中で，そして恐れの中で出くわす未来にも，同じことが当てはまる。去って-行くことと到-来することとにおいて，現在は自分自身をずらしていく。生の博物館化とは，すでにニーチェが嘆いていたことであるが，現在そのものが，自分自身の早きに過ぎる先祖として，時代のギャラリーへと押し込められることのうちに存するという。技術の信奉者は，過ぎ去ったものが喪失することなく回帰するような，操作的なループを示唆するかもしれない。しかしここで問われるのは，過去の経験とは何かということである。記憶されあるいは抹消されるデータが問題であるのなら，過去とは実際，技術的な諸可能性の境界内で表象可能，かつ制作可能なも

のであろう。こうした諸可能性は，私たちが，あらゆる明確な準現在化を超えて，時間の諸作用にさらされている限り，私たちには阻止されている。空間的な遠さを架橋することにも同様のことが当てはまる。遠さとは，私たちがここにいる一方で，別のどこかにいるということだとしたら，それゆえ，すでに局所的現前が，異他的な場所をもっているとしたら，グローバルな偏在性とは単なる想像物であることが，証示されることになる。

　最後に，最終的な代〔理〕表象形式として代理ということが残っている。それはさまざまな形態において私たちが出くわすものであり，後見人において，また職務や民族の代表といった形式においてある。前者の場合には，誰かが前もって擁護する意味で，あるいはまた帰責能力を喪失した場合には，事後的に，代理するということになるが，後の二つの場合には，特定の権利や義務の代理を任せることによって，自分自身を代理させることができる。代〔理〕表象のこの形式の場合には，あるものが単に別のものにおいて媒介的に描写されるというだけではなく，また，単にあるものが想起によって，あるいは予期によって準現在化されるというだけではなく，むしろ特定の機能が引き継がれ，ないしは譲り渡されるのである。このような意味で，誰かがある他人の代わりに語り，あるいは行為しているのである。単なる機能のずらしにとどまる限り，代理もまた自動化される。すべての代〔理〕表象の形式と同様，この形式もまた，予期されうるものが多すぎるか，あるいは少なすぎるのである。予期が多すぎるのは，代理，つまり〈……の代わりに〉ということが，単なる場所あるいは機能の交代としか理解されない場合である。代理はその際，等価性の法則にしたがう単なる代替に移行してしまう。この代替可能性はいかなる原理的制限にも突き当たることはない。そのような普遍的な機能化に対しては，特定の価値や価値の担い手に代替不可能性を認めることによって抵抗するのが常である。代替不可能性は，人格が機能の担い手以上のものである限り，また，人格が尊厳を持ち，価格をもたないという限り，人格について通常言われる属性である。問題なのは，この見方が，特定の像理論ないし記号理論が行うのとまったく同じように，代理を何か事後的なものとして扱ってしまうことである。しかし，やはり像，記号や痕跡の場合においてと同様，人は自分がそうであるところのものであるのは，同時に他の人々あるいは他のものの代わりとなることによってであると主張することもできよう。こ

6．代〔理〕表象〔再現前化〕と脱現前

のような重ね合わせが，一つの自己そのものを獲得する本質という存在のあり方に属しているが，このあり方は，他者と同一化し，生来の融合という形式において，固有のものと固有のものにおける異他的なものとを見出しているのである（後述232頁）。転移や逆転移といった現象もまた，ある関係が別の関係の上に重なっていくということである。ある誰かあるいはグループが，越権して他者の代わりに語るという，強奪された代理というものも存在する。最後に想起されるべきは，レヴィナスにおける倫理的な代理ということであり，それにしたがえば，私が望もうと望むまいと，私は私の単なる実存を通して，他者に対して責任をもっているのである。そのことによっても，自己存在が廃棄されることはないが，その自己存在は底なしの奈落にいたるまで異他的なものとなる。

　あるものがあるものとして，一つの媒体において，遠くから，あるいは他者によって代理されて現出してくるにいたるという，そうした代〔理〕表象とは，その裏面として，脱現前化，つまり時間空間的な遠さへと制限されていないような，より広い意味での脱現在化の特定の形式をもっている（『フッサール全集』第6巻，189頁参照）。何かがそのものとして立ち現れるのは，自分自身をずらしていき，端的に現にそこにあるのではなく，単純理解〔simplex apprehensio〕によって接近可能になることによってである。問題はただ，この発展を現実化の内部でどのように考えるべきか，ということである。

　言語化という中心的な問題を取り上げれば，再びさまざまな諸可能性が示されてくる。事物と語の間に連続体を，事物それ自身が語り始めるように設定するような，緩やかなヴァージョンがある。この《として》は，ある方向において始まり，妨げられることなく反対方向において続行されうるような，妨げられることのない交通の掛け橋となる。像化，準現在化，および代理にも同じことが当てはまるといえよう。諸事物はそれに相応した形態を見出し，代理人はその諸事物が代理する人々のメガホンとなり，現在は，迂回路や特定の限界においてではあれ，どこでも再び自らを見出すことになる。このヴィジョンが破滅するのは，この〈何かが何かとして〉が，切り離すことによって結びつける純然たる分割〔Diastase〕を意味するとき，したがって，この《として》と代〔理〕表象の彗星の尾が端的な所与性において，いかなる確実な，壊れることのない足がかりを見出

すことなく，このあるものがそのつど別のものとして現出するときである。
　ところでここには，純粋な現前を信用せず，事物と語の間の破綻から出発するような，強固なヴァージョンもある。この劇的で，近代にとって近しいヴァージョンは，その力強い表現がすでにヘーゲルに見出される。彼は上級クラスのためにニュルンベルクのエンチュクロペディーに次のように書いている。「言語は人間たちのもとでもっとも高次の力である。──アダムはあらゆる事物（動物）にその名前を与えた，と言われる。──言語はその直接的な現実存在における感性的世界の撲滅であり，その世界が一つの現実存在へと止揚されることであり，この現実存在が，あらゆる表象する本質〔存在〕において反響する呼びかけとなる」（著作集4，52）。精神は，直接的な形態を破壊し，死を通過することによって，生動的なものとする。しかし，この死を待つのは弁証法的な復活であって，これが〈止揚〉と呼ばれる。諸事物の世界を貫く亀裂は否定できないが，しかし，逆に，その亀裂は，再び見出されるべき統一が引き裂かれたものとしてその正体をあらわすのである。互いにばらばらとなったものが，互いを見出すならば，もはや掛け橋は必要ない。灰から立ち上がる不死鳥への信頼が揺らいでいくにしても，不在，忘却および死から発する玉虫色の契約によって担われるような，暴力，無化の契機は残されている。ヘーゲルの熱心な読者であるマラルメにおいては，事物の不在は，純粋詩において終結している。『詩の危機』の有名な箇所では次のように言われる。「私は〈花〉と言い，私の声は，はっきりした輪郭を何もあとにのこさず，すぐに忘れられてしまう。しかし同時に，われわれの知っている花とはちがった，現実のどんな花束にもない，におやかな，花の観念そのものが，言葉のもつ音楽の働きによって立ちのぼるのである」（G. ゲーベルの訳による）。このモチーフはコジェーヴのヘーゲル入門に引き継がれ，サルトルの無化としての想像力の理論に，またラカンの無意識についての議論に引き継がれる。「諸事物の世界を創造するのは，語の世界である」。このような創造行為はここでも事物そのものに対するとどめの一撃を意味している。この系列はフーコーや他の人々とともに引き継がれたが，私はここでただブランショのみを引用しよう。この文学的触媒は，明確に先に言及したマラルメの一節を引き合いに出しており，1949年に『焔の文学』（312頁）において次のように書いている。「私は〈この女〉と言う。ヘルダーリン，マラルメ，

6. 代〔理〕表象〔再現前化〕と脱現前　　　　　　　　　　　　　　39

そして総じてその詩が詩の本質を主題としている人々の誰もが，名づける作用のうちに，ある不安にさせる不思議を見た。語は私に，それが名ざすものを渡す。しかし語が名ざすものを，語はさしあたり取り除けてしまう（*supprime*）。私が〈この女〉と言うことができるためには，私は彼女から，なんらかの仕方で，その現実性を，肉や血からなる現実性を取りあげ，彼女を不在のうちに置き入れ，彼女を無化しなければならない」。ここにすでに言及したヘーゲルの引用が続く。この箇所はすべて，詳細で厳密な解釈を必要とする[15]。

しかし私にとって疑問であるのは，語で表すことと取り除く廃棄，不在と死の無化とをこのように一つにしてしまうことによって，あたかもここに全面的な破綻が存在するかのように，諸事物と言語との破綻した関係を特徴づけられるものなのか，ということである。「自然的なコミュニケーション的態度」の自然発生的な了解と縁を切り（『フッサール全集』第8巻，59頁），白い紙片によって魅了されうるような（メルロ＝ポンティ，1968，201頁参照），純粋詩の創造は，信頼性の内部で異他性を自由に開放し，意義の世界の内部で意義の萎縮を引き起こす。しかし異他化とは無化を意味するものではないし，不在とは非存在を意味するものではない。さもなければ，純粋な不在からなる，凝縮した，隙間のない存在を前提することになってしまう。いなかる存在と無の弁証法も，《何か》ではなく，そしてこの意味での《非-何か〔nicht-etwas〕》でもないようなものに対して，何かを対置させることはできない。ここには弁証法の循環から抜け出す脇道が開かれている。メルロ＝ポンティが表現のパラドクスと呼んだものは，言語の内にも言語の外にも場所を見出せないようなあるものを形式上「言語へともたらす」という，不可能なことをなしえているのである。あるものをあるものと言うことは，一つの裂け目を，架橋することなく超えて横切るということである。夜を超えると溶けてしまうような「雪の掛け橋」（1968，202頁）を渡っていくというのなら別のことだが。しかし，やはり，どこか別の場所で始まりつつ，そこに足場を据えることのない表現の逆説

---

15) 私はアンドレアス・ゲルハルトの『モーリス・ブランショとミシェル・フーコーにおける言語，時間，および外部性』（ボッフム大学での2002年の博士論文），とりわけ第三章を指示する。私は上述の諸テクストの連関についての知識をこの論文に負っている。私はブランショの引用のドイツ語訳でもこの論文にしたがっている。

の背後には,「忍耐強く寡黙な欲望の仕事」が存しているのである[16]。

7. 目標の循環における努力

直前の考察から，私たちは別の考察，志向性の力動的側面に移っていく。ここでも肝心なのは，私たちを——志向的および解釈学的循環を突破したあとに——新たな循環へと閉じ込めようと脅かす偏見を克服することである。伝統的に，知覚と認識とに対立するのは，努力することであり，それはギリシャ語においてはたいてい ἐπιθυμία〔衝動〕と ὄρεξις〔努力〕，ないしは動詞的に ἐφίεσθαι〔欲求する〕と言われ，ラテン語ではそれらの意味は，通常 appetitus, ないし desiderium と表される[17]。プラトン及び，とりわけアリストテレスは，人間的な努力が普遍的な目標への努力性のうちに埋め込まれていると見ている。目標は従属する努力と，そこから生じる行いに，《に向けて (Woraufhin)》(οὗ τινος)，すなわち，《のために (Worumwillen)》として内在している。目的〔テロス〕は，特定の方向をしめし，そこには同時に運動力が具身化されている。もっとも，運動は，自己運動するもののうちに自身の起源をもっているのではあるが。それでアルフレッド・シュッツは，《…のために》という動機と《…だから》という動機とを区別している。努力の実現に関しては，さらなる諸要因が働いている。このことは，さしあたり表象力に当てはまり，例えば想像〔φαντασία〕が私たちを脅かす悪を思い描かせるような逃亡という場合のそれに当てはまる（『詩学』1382a21）。それに加えて，快と不快も妥当す

---

16) メルロ゠ポンティ『見えるものと見えないもの』(189頁，独語189頁)。すでに以前の『世界の散文』(106頁，独語95頁) では，体験から絵画的表現への移行が倦むことのない表現の要求に帰属させられている。

17) これに関してはマルクス・リーデナウアー『オレクシスとエウプラクシア，アリストテレスにおける倫理学の努力への根拠づけ』(2000年) 参照。この研究はこれほど周到な構えを持ち，周到に近年のアリストテレス研究に基づいているが，以下で展開されうるような問題系についてはほとんど何の痕跡も含んでいない。これはアリストテレスの現代的なモチーフがさまざまに褒め称えられているにも関わらず，あるいはまさにそれゆえに，そうなのである。「存在を対話によって理解すること，答えを与えることとしての生，自然学からなる現実性における対応関係。身体的な，理性的な，世界的-状況的な，共同体的な，時間的なものとしての応答的な現実存在」(41頁)。

7. 目標の循環における努力

る。アリストテレスにとって快や不快は人間の活動の目標ではないが、しかし快や不快は、人間の活動を、「青春に喩えられるように、付け加えられる完全さとして」より完全なものにする（『ニコマコス倫理学』X, 1174b33）。そのつどの活動、実現態〔エネルゲイア，Energeia〕の遂行の成分として、また、すべての活動遂行の総体としての生の成分として、快はあらゆる存在〔Wesen〕によって努力されている（同1175a11-22）。単なる主観的な感情状態とははるかに異なったあり方で、快はその核心において生の快であり、生の快そのものである。私たちが選択するのは快を目指しての生なのか、生を目指しての快なのかという問いは、未決のままにされている。選択ということでは、ここに、その困難さがみられる。というのも、選択されるのは、アリストテレスによれば、目標へと導くものだけであり、目標そのものではない。生への肯定が語られているのであり、問いが生じるとすれば、それは、私たちがそのつどなすべきものは何か、という問いなのである。こうした目標秩序のなかに入っていく、さらなる諸要因が存在するのであり、例えば、私たちを特定の行為へと傾向づける持続的な態度や、幸運な状況や、枠組みの制度的な諸条件などが存在する。私は、私たちの問題設定にとって重要な価値をもつ視点を際立たせることで満足しよう。

　目標へと努力することは、個々には、求めることと避けること、実践的な真理について語ることを許すような実践的な然りと否との二進法的〔binären〕な図式にしたがっている。しかしすでに示唆されたように、このことは生という全体的努力にも同様に当てはまることなのではない。幸福になるようにと選択している者は誰もいない。したがって、然りと否よりも以前の統合的な然りが存在する。これはツァラトゥストラの教えを先取りする注目すべき響きであり、ツァラトゥストラはこの肯定をただ無-道徳としてのみ遡及的に見出しうるとしている。この根本的努力が導く事態とは、努力することそれ自身において、目標として努力され、あるいは目標への道ないし手段として選択されているところの何かと、この目標において求められているところの何かの間に、裂け目が開かれるということである。ここで示唆されているこの欲求的（appetitiv）差異は、のちに《善の相のもとで〔sub specie boni〕》努力するという言い方で表現され、これは徹底して、存在-神学的な背景的思想をともなっていく。裂け目の

線は，フロイトにおいて衝動の客体と衝動の目標とが，あるいは，快と快感原則とが区別されるとき，別の方向へと走っていく。ここでは何が区別されているのだろうか。アリストテレスの場合，快を対応する活動に依拠させることは，質的な差異化へと導いていく。すべての活動がその固有の快を持っている（οἰκεία ἡδονή『ニコマコス倫理学』X, 5, 1175a31）。諸々の快の量化する交換経済のほうは，プラトンがすでに『プロタゴラス』においてそれを名指しているように，遠くの背景に退く。

　決定的なのは，私たちにとってはあれほど根本的に叩き込まれている欲求の人間学にしたがうとき，特別に眼につくさらなる固有なあり方である。アリストテレスが執拗に拒絶するのは，努力することと，この欲求に随伴する快とを，欠如の除去へと帰結することである。快を単なる充足ないし再充足（ἀναπλήρωσις）と等置する人は，一面的に滋養の供給に向かっているわけである（『ニコマコス倫理学』X, 1173b14）が，この滋養供給は常にリビドー的に備給される飲食や，饗宴において同じ食卓に就くことなどと混同されてはならない。もちろんアリストテレスはここで，プラトンが精力的に関与していた論争を続けているわけである。すでに『プロタゴラス』において，人間を「欠如している存在」と把握するような一つの文化理論がはっきりと講じられ，『ゴルギアス』では，快という樽を終わりなく満たしては空にすることが，ひどく揶揄されている。それはたくさんのものを流し込み，流出していくアヒルの生に例えられているのである（『ゴルギアス』493a-494c）。最後にプラトンは『フィレボス』において，純粋な快という理念を展開しており，アリストテレスがそれを取り上げることになる。その例となるのは，認識の快，音楽の快，聴かれるもの，見られるもの，匂いなどの感性的な快，想起や予期の快である。例えば染み一つない白さに極まるような純化は，疑わしいものにとどまっていて，それは昇華と理解されることができても，自身を恥部から解放すると信じられているより高次の快の開放とも解される。完全さに定位しているこれらの理論の背景には，他でもない，神的な快が存している。「神は常に唯一の単純な快を楽しむものである。というのも運動の活動（ἐνέργεια）だけではなく，無運動の活動も存在するからであり，ここでは快は運動によりも，むしろ静止のうちに存している」（『ニコマコス倫理学』VII, 5, 1154b26-28）。この神学の基本的術語は〈実現態，エネルゲイア〔ἐνέργει

7. 目標の循環における努力

a]〉と言われているが，それはこのように，運動でも行為でもない。永劫回帰は人間的事象にとっての枠組みとなる生起を形成するが，このような諸事象の場合には，アリストテレスが付け加えているように，変化（μεταβολή）は実際，甘美なものであり，しかしやはりある種の悪さに基づいてのみそうしたものとなる。人間的領域においては実際，新しいものが気のぬけたものになるということが起こる。「というのも始めのうちは知性が呼びかけられ（παρακέκληται），集中して（語義どおりには，緊張して）諸事物に取り組むのであり，それは私たちの注意の眼があるものに向けられるのと同様であるが，次にはもはやそうではなくなり，活動は衰える」（同 X, 4, 1175a8-10）。事物からの「呼びかけ」，「緊張した」注意には，妨害が続くが，この妨害が立ち現れるのは，より快の多い活動が他の活動を領野から締め出す（ἐκκρούσι）場合であり，たとえば吹笛を愛する人が吹笛の音によって哲学的議論から気をそらされ，彼の哲学への愛好と競合するような場合である（同 X, 5, 1175b3-6）。この箇所や同様の箇所が示しているのは，努力はアリストテレスにおいても，単純に世界のプログラムに即して経過するような何かなのではないが，全体を見るならば，超人間的な完全性から出発して神的な静止へと向かうような努力が考えられている，ということである。しかし私たちは，欠如とともに過剰をも制裁してしまったということがありえないだろうか。すでにプラトンは，欠乏と過剰との間に移植された彼のエロス，つまり自分自身の執着力を展開するような中間的存在を持ち出すことができたのではなかったか。

アリストテレスにおける努力が，なおも成立していない最終状態から出発してではなく，その完全性から出発して構想されているということは，目標の努力性を封印してしまうような最終的帰結をもつことになる。目標に到達することは，確かに行為する者や努力する者が手中にしていない諸状況に依存する。それゆえに，守護神と同様，ダイモーンに委ねられているエウダイモニア〔真の幸福〕は，エウチュキア，つまり偶然の恩恵という契機を保持している。プラトンはさらに，神的に割り当てられている運命を θεία μοῖρα〔神の恵み〕という形態において引き合いに出す。ゲーテの根元語（Urworten）において，すべてが再び一語一句繰り返される。それは複数あって，諸力の複数性は，一つの組成を形成するが，体系〔システム〕を形成するのではない。決定的なのは，しかし，別のことである。

善き終わりに到達することは他のものに依存するのであり，完全性そのものではない。完成態〔エンテレキー〕という形式において，目標は心の活動としての実現態〔エネルゲイア〕に内属する。このことがすでに，その目標を自分自身のうちにもつ実践〔プラクシス〕を，作成〔ポイエーシス〕から区別するのであり，作成は，何にとって善いものであるか前もって決まっていないような諸作品の完成で終わるのである。最高次の実践である思考に特徴的なのは，それが異他的な媒体において，例えば自発的に財を分配することや他者の要求を考慮するといったことにおいて実現されるのではなく，むしろ おのれ自身のもとにとどまり，他のものへと移行しないことである（『政治学』VII, 3）。確かにプラトンとアリストテレスは，まずもって，自分固有のもの（οἰκεῖον）を探し，私たちにとって，しかも私たちの誰にとっても善であり，善に見えるものを探しているような諸存在から出発する。しかし努力は端的な善のもとで終わり，あらゆる考慮のもとで，いかなる存在者にとっても善であるようなもののもとで終わる。そのようにして，『饗宴』の眼を引く箇所で次のように言われている（205d）。「この人達めいめいが愛着するものは，思うに，必ずしも自己のもの（τὸ ἑαυτῶν）ではないからです——もとより善きものは自己に固有なるもの（οἰκεῖον），自己のもの，反対に悪しきものは自己に疎きもの（ἀλλότριον）と名づけるものがあれば別ですが」[18]。努力するものを外部へと踏みこえさせるエロスの脱自性も，先に述べたような，善と自分に固有のものとの最終的一致に，——それに付け加えることができるのが——共通のもの（κοινόν）との一致に依拠している。というのも，頻繁に使われることわざにあるように，友人たちにとってはすべてが共通のものだからである。好意的であること（εὔνοια），善良なことは，自分のしあわせのもとに留まることはない。目標においては，どんなものでもすべてが自身のもとに，そして他者，すなわち，その人とともに同じ目標に向けて努力する他の人々のもとにあるのであり，それは，アリストテレスがプラトンに対して強く強調しているように，誰もが自分なりのやり方で努力するにしても，そうなのである。この賞賛に値する人間の友愛は，アリストテレス自身によれば，旅に出てあちこちさまよう際に実証されるものである

---

18) すでに『リュシス』（222a）に見られる点だが，より詳しくは自著『ギリシャ古典哲学における異他的なものという現象とその痕跡』（Jostes/Trabant 2001年）参照。

が（『ニコマコス倫理学』VIII, 1155a21f），コスモポリタンの領域で，ストア派の習得〔オイケイオーシス〕論のうちに継承されている。段階的な習得が，一切を統御するロゴスへと方向づけられていることから，より強く生じてくる自己保存もまた普遍的な理性を養うことと調和するのである。私はこのことを欲求的循環と名づける。それは，それ自身，良き循環として理解されるあらゆる循環の原型である。すべての遭遇は，第一動因である思惟する思惟〔νόησις νοήσεως〕のうちにその最も高次の現実性をもつような，一切のものの自己保存においては，止揚されているように思われる。ヘーゲルが行ったことも，「我思う」の初めの確信を思惟する思惟において決定的に実現すること以外のことではない。

8．法の圏域における意志

異他的なものが押し入ってくる場合に，固有のものを再評価することが相伴ってくるのには，さほど時間はかからない。すでにプラトンとアリストテレスの周囲には，より多く所有しようと欲すること，より強くなろうと欲することへの抑えがたい切迫が立ち現れている。しかし，そのような切迫は，前もって与えられた目標の秩序に即していえば，自身の幸福への努力に矛盾するのであり，それは，他者たちが自分たちの権利を妥当させるより前にすでに，矛盾しているのである。従って，裁判官の背後には常に，医者が控えており，心の薬〔medicina animi〕を処方している。私たちが近代初期の思考において出会う，多くのより古いモチーフを新たに束ねたものは，それ以来とどまることのない影響力を展開してきたものとは，やや別のものである。すでにホッブズの政治的人間学は，そのことの生き生きとした証言となっているし，カントの道徳哲学においては，新たな思考がその成熟した形態を見出している。

　近代における宇宙の脱魔術化は，感情を内部へと，心理的な内部世界へと押し込み，活動を強める情動は，主観的な感情状態へと変容している。それとともに努力は，自分固有の諸条件へと押し戻されるのだが，それはその努力がもはや普遍的な目標への努力に参与していないからである。心理学の変形の背後には，変化した存在論が存する。ホッブズのもとで努力

は、その決定的な動機を、対応する欲求において表出される欠如から引き出している。自由な努力が目標それ自身を目指して行使される以前に、必然的な欲求が満足されなければならないということは、古典的な思考にも自明のこととして当てはまることであった。しかしいまや、物質的な欠乏と社会的な危険、極端な場合には物理的な死と殺人が、動機上、大きな比重を占めるようになる。とりわけ努力が個別的な個別意志へと分散し、こうしたもろもろの意志は、もはや共通の善によって結合されてはいないのである。「私は意志する」から「われわれは意志する」への移行が問題となるが、それは、そもそも意志が自由意志として、目的論的な生と世界の把握に疎遠なものとなったドラマ的なものを展開させたことと同様である。なぜ私は道徳的な善を意志するべきなのかという問いは、なぜ私は幸福に向けて努力すべきなのか、という問いが持っていなかった意味を獲得する。目標が前もって与えられていない場合、目標を設定するような審級が必要となる。アリストテレスにおいては、ただ自由市民としてのみ自由なものであった人間が、人間としての自由を要求する。この人間的努力の組み立てにおけるズレが、帰結として、遭遇が第一次的に対抗する出来事として立ち現れ、ホッブズのもとでは、特別な厳格さのもとで、善の総体〔summum bonum〕が見えなくなると、苦痛に満ちた死が悪の総体〔summum malum〕へと立ち上がってくる。

　カントは、近代におけるアリストテレスの対極をなし、後者の実践哲学は洗練された多様性と偏りのなさという点で前者に匹敵するものであるが、カントのもとでは伝統的な諸要素が、まったく新たな枠組みにおいて回帰してくる。すでにホッブズやルソーがそうであったように、カントも自然的な社交性から出発するのではなく、「未開人」の「粗野な自由」から出発する[19]。努力は欲望能力として把握されているが、この定式化のうちには、隷属的意志がもつ欲望的なものが、努力の中立的な概念においてよりも、より強く共鳴している。人間的な欲望はその対象の表象を介して定義されているが、この表象は伝統的なロゴスとの共同の働きに敬意を払うものである。快と不快とは、生の状態性の指標となる。「享受は生の促進の感情であり、痛みは生の障害の感情である」（ヴァイシェデル（編）、

---

19) 『世界公民的見地における一般史の構想』第七命題参照。

VI.551頁)。感官の寄与するものは，状態性と対象性との両極性へと引き入れられる。「感官が，自分に対して生起する影響がちょうど同程度である場合，より強く触発されると感じれば感じるほど，感官が教えてくれることは少なくなる。その反対に，それらが多くを教えるものであるならば，感官は適切に触発するものでなければならない」(同上，452頁)。その純粋さの程度に応じた感官の古い階層性は，ここでは人間学的な兆候のもとで再び浮かび上がり，そこにはパトスが，そして異他的な影響を受けたパトスもまた，ロゴスへの近さの大小に応じて測定される，という帰結がともなう。それは修辞学の場合も同様であり，修辞学は「悪知恵のある」弁論家の技術を自分自身から分離している (『判断力批判』B218頁参照)。理性的動物〔animal rationale〕は，そのつど多かれ少なかれ理性的なのである。最後に，幸福への願望が充たされるのは，幸福の品位をなす最高善に，完全な善が付け加わることによってであり，この完全な善は幸福それ自身が現実化するのを助けるのである。ここではすでに，伝統的な媒介ではもはや治されえないような破綻が暗示されている。この破綻は意志それ自身を，自身の動機を利己的な嗜好や利害関心から引き出す恣意の意志と，無条件な法則から発する理性意志とに分裂させる。「私は意志する」は「汝なすべし」へと転換する。いかなる賢者も，自分の感官を純化することによっては，一方から他方へと移行することはできない。彼は自身の固有意志を，まったくもって普遍的な法則へと従属させ，亀裂の向こう側に足場を固めなければならないとされるのである。カントはこの限界可能性を聖人の理想形と結びつける。道徳法則は，聖なるものではない意志に関わるので，第一次的には禁止として，異議として現れるのであって，励ましとして現れるのではなく，《否》において表明される《然り》として現れる。私が善のうちで自分自身を見出しうる欲求的循環は，いまや道徳的な分割へと変容する。人間の意志とは折れた意志であり，人間とは分裂した存在であって，アリストテレスにおけるようにただ組み立てられた ($σύνθετον$) 存在であるだけではない。彼のもとでは人間は，自分が神的な関与を自身のうちで増大させ，自身を可能な限り不死のものとしている(『ニコマコス倫理学』X, 7 1177b33)。したがって，諸感官の弱められた遭遇には，いまや法則の強い遭遇が対置され，この遭遇が尊敬において私たちを触発するのである。しかしこの遭遇は，それ以後，「われわれにと

っての」，つまり私たちが感官をもつ存在である限りでの，単なるパトスなのである。理性的存在としての私たちに帰属する自己立法は，法則に対する尊敬の感情をも自己尊敬へと変容させる。善による触発は，単に自己触発に随伴されているにすぎないのではなく，要するに，全体として，一つの自己触発を意味しているのである。法則の声が結局は，普遍的な妥当へと還元され，「汝なすべし」が「すべての理性存在のなすべし」へと翻訳されるならば，この遭遇も一つの循環のうちに組み込まれる。努力が捉われている目標の圏域は，ひとえに義務の圏域によって代替され，意志はそこに絡めとられる[20]。しかし自己における裂け目は，私たちが法則の侵入を真剣に，すなわち，いずれにしても，近年の何人かのカント主義者たちが通常受け止めているよりも真剣に，受けとめるならば，そのままに留まるのである。

9．欠如と欲求

近代において努力が欠如から出発して考えられ，それに対応して個別化されるとき，このことはまったくの二義性を含んでいるのである。私たちは，このことを，対応する単なる堕落の歴史の諸傾向に帰属させることのないようにしよう。ガリレイの例だけではなく，ホッブズやデカルトの場合でも，発見と隠蔽とが相並んでいるのである。欠如の契機は，もう一度，それとして考察するに値する。

　一見すると事情は単純に見える。欠如の基本的な規定によれば，それはあるxにあるyが欠けているということであり，その場合yは基準値もしくは目標値にしたがい，要求されるもの，あるいは望まれるものとして性格づけられる。yの欠如がxに帰される場合には，欠如は必要と呼ばれうるし，yの欠如がxそれ自身によって欠如として体験される場合には，欠如は欲求と呼ばれうる。努力はその際，欠如という開始状態から，欠如の減少あるいは除去という目標状態へと移行していくという傾向のうちにあることになる。努力は，必要ないし欲求の満足という状態が，適切なプ

---

[20] この循環構造は，問いと答え〔応答〕との相互関係から展開しうる。『応答の索引』第1章，16-17を参照。

9．欠如と欲求

ロセス，あるいは適切な行いによって実現するときに，充たされることになる。私はここで，可能な限り中立的な記述の言葉を選んだが，それはさまざまな意義や用法の可能性を，開かれたままにしておくためである。単純な例は，すでにプラトンが『国家』IV 巻の，先に言及した箇所で引き合いに出しているように，飢えと渇きであろう。生物は飲み物への渇きをもつが，その際，渇きは，例えばワインへの渇きのように，さらに特殊化されうる。渇きは渇きをもつものを動物のように飲むことへと駆り立てる（『国家』439b）。飲むことそのものは満足を提供する一つの行いであり，それは満たされるという心地よい感情を伴っている。必要と欲求との区別が重要になるのは，身体感情と肉体の知が互いに乖離している場合であるが，後者は，通常すぐれて，医者が意のままにしているものである。医者は，私が何ら渇きを感じていなくても，私の肉体がより液体を必要としているということを，主張することができる。

　私たちは否定の力について多くのことを聞いてきた。もちろん欠如は，あるものが現に存していないような否定的な状態を呈示する。しかしその逆に，すべての否定が剥奪であるわけではない。否定とはあるものが与えられていないということであり，剥奪とはあるものが取りあげられているということである。不溶性の材料や，無声音や，不可視の光波などには何も欠けるところはない。不死のものには，否定でもって，まさしく可死性という欠陥が否認されている。とりわけ単なる否定的な特徴づけどうしは，互いに対称的な関係にある。a が b でないならば，b もまた a ではない。ここで私たちは単なる差異に関係している。剥奪の場合には事情は別である[21]。非理性と非社交性とは，理性や社交性が欠如しているような状態，

---

21) 欠如〔στέρησις〕に関するハイデガーの詳論を参照。その議論は強調点を，現前化と不在化との相互対立に置いている。「或るものが【例えば自転車が】欠けているならば，その場合に欠けているものは確かに離れ去っているが，しかし，その離れ去ってということそれ自身が，つまり欠けていることが，まさしくわれわれを捕えて，しかもわれわれを落ち着かせないのである。なぜかと言えば，〈欠けていること〉それ自身が〈現に〉あり，すなわち有り，すなわち或る有を成している場合，その場合にのみ〈欠けていること〉はそもそも，このこと〈すなわち，われわれを捕えてしかもわれわれを落ち着かせないということ〉を，成しうるのである。欠如〔στέρησις〕は不現前することとして，単に不在であるのではなくして，現前することであり，すなわち，まさしく不現前することが——何か不現前するものがではなく——現前するという現前することである」「フュシスの本質と概念」『道標』S.296f（創文社版ハイデガー全集第9巻，辻村公一，ハルトムート・ブーフナー訳，374頁）

ないし関係性である。二つの関係項の一方が、積極的な評価を見出し、それは単なる差異を超えるような優位の担い手となる。そのことによって、二つの規定は互いに非対称的となる。二つの項のどちらが積極的なアクセントをおびるかは、前もって確定してはいない。提供されるその顕著な事例は、多忙を暇がないこと（ἀσχολία）と特徴づけるギリシャのやり方である。貧困、未婚、無関心などは同様に、その評価は揺らいでいる。フロイトが死の衝動を導入するとき、緊張の弱まりや無関心が、何ら快の緊張の高まりに対立する単なる剥奪を呈示していない、ということなのであり、そこでは少なくともある種の両義性が、働いているのである。

　このように考察すると、私たちは、どこに優位は存し、欠如をそれに即して測る基準値ないし目標値は、どこに由来するのか、という問いの前に立たされる。ここでも私たちは、重大な区別に突き当たる。動物には根本において目標値が書き込まれており、だからこそ、私たちは動物に、自然的な、本能的に制御された欲求を帰属させるのである。人間の欲求は、それに対して遊動空間をもっている。プラトンやエピクロスといった哲学者が、繰り返し、必然的でない諸欲求の遮断や抑制という考えに惹かれているとすれば、このことは、あらゆる人間の活動の人為性に対する洞察が欠如していることを示している。しかしいずれにしても、人間は自身の衝動に《否》を言うすべを知っているのであって、すでにプラトンが想定するように、渇きをもつ者に飲むことを要求する欲望能力に、それを妨げる一つの審級を対置するのである（『国家』439c）。私たちはここで、禁止のかすかな残余を認識するが、しかしそれは残余にすぎない。というのも命令するものは、究極的には、追求される目標のうちに存するのであり、この場合は、健康な身体の具合のうちにあり、この目標が命令されることはありえず、またその必要もないのは、ただ放縦な快や不安が押し寄せたとき、目標が少し暗くなるだけだからである。そこには、単なる目標への努力性に基づけられた欠如の第一の意義がある。欠如（ἔνδεια）においては、ἀτελές〔目的を欠く〕として、自身の完全な目標にまだ到達していなかったものの非完全性が表現されている。したがって、尺度を提供するのは、完結した全体であり、それは幸福が完結したもの（τέλειον）および自己充足したもの（αὐταρκές）として規定される（『ニコマコス倫理学』I, 5）のと同様である。この完結した全体はいまや、私たちが見たように、無限

9. 欠如と欲求

の完成可能性の目標点ではなく、たとえ瞬間的であれ、すでに今うまくいっている活動において実現されている。したがって、動因としての欠如は、それなしには善き自由な生がおくれないような、生にとって必然的な諸事物に制限されている。欠如する存在とはアリストテレスにとって、自分自身の意志のために生きることのできない奴隷だけである。こうした奴隷たちが存在したということは、一つの事実である。そこから、彼らが存在しなければならないということは帰結しない。何かがそれにとって欠如しているような存在と、何かを欠いている当の存在とが、何か、あるいは誰かであるのか、したがって、一つの欲望が他の欲望へと関わるのが疑わしいといった場合、この問いは、全体性というヴィジョンの内部では決定的な役割を演じてはいない。友人もまた、生と幸福の財産に属しているのであり、全面的な関与は鋭い区切りを無効にしている。この事情が変化したのは、人格と物件が判明に区別される近代においてである。

　近代において重心が移動するのは、欠如がますます不在性から由来するようになるときであり、このことは、何か、あるいは誰かを失って寂しがる自己、何か、あるいは誰かを欠いている自己を明白に強調しつつ行われる。この欠如が少なからず寄与しているのは、その後、主観に、あるいは私の好む言い方では、自己に洗礼を施すことにおいてである。欠如から生じる自己は、自己意識あるいは自己措定に基づいているわけではなく、それらは、その反省的形式に付帯しているあらゆるアポリアをもっている。欠如は、そのものとして、あらゆる「何であるか」の問いを超えた「誰」の問いを生じさせうるのである。すでに古典的なギリシャのテキストにおいて、欠如は何が問題であるかがそこで示されるような属格（τινός）とのみ結合するのではなく、与格（τινί）とも結合している。私たちが見てきたように、欠如は、観察者や考察者が対象に帰属させる、単に否定的な特徴や否定的な状態に還元されるものではない。剥奪としての欠如は、あるものが単にあるとかないとかいうだけではなく、それがあるべきだということを前提しており、そしてこの《あるべき》ということは、存在するものがそれ自体に即して測られるということであり、別のものにどれだけ触られようとも、無傷であることを示しており、渦巻きのように自分自身の周囲を巡り、単に特定の規則に服しているだけではないことを意味している。このことから、努力は何ら、現に存する欠如という状態に外的に付

け加わる過程ではない。というのも欠如とは，何かがそれがあるがままより以上であり，あるがままとは別のものであることを前提するからである。努力が欠如と重なるのは，その欠如が取り除かれる状態においてであり，ただ回顧においてのみ，飢えや愛の欲求は，適切な状況のもとで活性化される性向として現出するのである。何かの欠如は，すなわち，その欠如を通じて，その何かが，単に同一のそれ自身だけでなく，それ自体として証示されるような欠如は，まさしく，何かを何かとして統握するというような原現象を描写するのであり，そしてこのことは，そうした統握を疑うことが，その統握を前提するといった意味で行われるのである。どのように問うことも，何かを何かへと向かって問うだけではなく，すでに知への努力を，知への意志を含んでおり，問うことは，決して欠如についての知と一致することのない，知の欠如から出発する。まさしくそれだからこそ，意義は決して積極的な所与性ではないのだ。他方，そのときには，意義作用と欲望という二つの原現象がいかにして関連するか，という問題が立てられる。しかしそれよりも，もっと驚くべきなのは，何かが，私たちに言わせれば，それが自分自身の周りを回る場合でさえ，ある別のものを目指して存在するという事実である。

　私たちがもう一度，古典的なギリシャの目的論を振り返るならば，私たちはそこにもこの自己を見出す。それは間接的に，しかし卓越した箇所，すなわち，生あるいは心を自分自身を動かすもの（αὐτὸ κινοῦν）と規定する箇所において，したがって，すでに『パイドロス』（245c）において示されており，また，当然ながら，自己運動が自然的なものを，人工的な生産物から区別するための基準として使われている，アリストテレスの『自然学』においても，示されている。古典的な自然学，および形而上学の決定的な想定は，目的因に関係づけられてはいない。そこから出発すれば，もっぱら作動因のみが存在する機械論的な世界把握に対する反対物として機能するような，目的論的な世界像へと簡単に入っていくことになる。古典的な宇宙論で決定的なことは，むしろ，努力という原事実のうちに，飢えや渇きをもつ存在が存在するという単純な現象のうちに存する。いわゆる目的論は根本的には，エピチュモロギー（Epithymologie），つまり努力の教説である。何かに向かって努力するような存在が存在するという驚きは，『パイドン』や『国家』VII において記述されている，個々のどん

9．欠如と欲求

な変転のもとでも，何かが同じものとして現出するということ，あるいはその逆にそれ自身は成長することも萎むこともないのに，他のものと比較すると，より大きなものあるいはより小さなものとして現出するということに対する驚きに，とても類似している。これらすべてが正当だとしても，なぜ自己はそれほどまでに，自己運動という運動のうちへと引きずり込まれ，ついには運動を欠いて自分自身のうちに留まってしまうまでに至るのか，という問いが提起される。より簡単に言えば，立てられる問いは，なぜ，古典的な古代において，近代において〈主観〉が〈私〉と言うことによって占めるような場所が，ほとんど空いたままになっているのか，という問いである。私は可能な答えを次のことのうちに見出す。つまり，個々の本質を自分自身へと投げ返し，まさしくそのことによって個々の本質を構成するような欠如が，単なる非完全性として解釈され，すべての不在が完全でない現在に組み入れられている，ということにである。自身の外に存在するものは，全体において，再び，自身を部分として見出す。ヘーゲルの弁証法が古代と近代との混合物として，自身を露呈し，否定と剥奪とが互いに融合するのは，実体そのものが，自分自身を超えて努力し，それが自分自身についてもつ概念において，自分自身に即して自分を測定し，――すべての中にすべてがそれ自身としてあるような点に至るまで測定するような何かとして概念化され，把握されるときである。最終的には概念が事象に，事象が概念に等しくなるだけではなく，意義と欲望とが同時的に「運動の全体」において収斂し，そのような全体が静止として把握されるのであり，『精神現象学』の緒言で言われているのは，そのようなことである（著作集 3，46）。にもかかわらず反対の契機もまた，すでにプラトンにおけるエロス論のうちに存在し，そこでは心は自身の外へ踏み出してきて，全体から追放されているのみならず，異他的なもの，馴染みないもの，不在のもののもつ遠さからも，駆り立てられている。とはいうものの，やはりこの心の外出は，心がその出自とする心の故郷へと再び帰還することで終わる。ともかく，ここや類似の箇所で，一切を自己と同様に貫いている裂け目が開かれている。

　私たちがこう回顧したのちに，もう一度近代の欠如の構想を考察するとき，私たちはここでも，現在に至るまで影響を与えている深い二義性を発見する。欠如は単なる主観的な欲求の表現と理解されうる。欠如はこの場

合，事実上の願望充足と完全な願望充足との差異にしたがって測られる。幸福の追求〔pursuit of happiness〕*⁾は，依然としてすべての基準なのだが，それは主観的なありかたに軽減されたすべてということであり，そのため誰もが自身のやり方で幸福になれるのである。欲求に方向づけられた努力は，もはやそれ以上は問われない自己保存，自己措定，自己拡張の衝動のうちに支えを求めるのであり，この衝動は，より利己主義的あるいはより利他主義的な仕方で満足され，功利的な計算において自身の合理的な形態を見出す。すでにホッブスは，無限の進歩〔progressio infinita〕の悪無限を名指しにしており（『人間論』第二章），カントは，大変明瞭に，主観的あるいは部分的に限界づけられた幸福の希求という，変容しうる主導的表象が，法秩序や道徳秩序の基礎となる場合に現れる大きな災いを示唆している。ただしカントにおいて明瞭でないのは，この幸福〔happiness〕が，どれほどギリシャ的な幸福〔Eudaimonia〕よりも後退したものであるかということであり，前者は，善を私や私たちの幾人かや，あるいは一つの伝統に属する者にとって善きものとして現れているものへと還元しているのである[22]。結局，フロイトが彼の，文化における不快なことの分析において，「人間が〈幸福〉であれ，という意図が，〔神の〕〈創造〉の計画のうちに含まれているわけではない」（『フロイト全集』第14巻434頁）と早急に確定するとき，彼が理解させようとしているのは，完全な欲求の満足という状態は，幼児の目ざす想像物であるということである。このことが含蓄しているのは，想像表象は快や不快を惹起する客観の規定に関与し，それとともに努力の分節化に関与しているだけではなく，この想像表象は，まったくそんなものはありえない一つの全体を思い込ませているだけだ，ということである。

　ここではただ示唆するにとどめたい別の選択肢は，欠如が他者の不在として捉えられることを本義とするものとなろう。不在の他者へと方向づけられている，努力の強められた形式が，私たちの眼前に浮かび上がるのは，私たちが——ラカンやレヴィナスが行ったのと同様に——主観的な欲求から根本的に区別される欲望について語る場合である。この欲望は，したが

---

　　*⁾　アメリカ独立宣言の文言などに見られる決まり文句。
　　22）　アリストテレスは，周知のように，善（ἀγαθόν）と父祖伝来のもの（πάτριον）との間を区別する（『政治学』第二巻第八章）

って，古典的なギリシャ人たちの幸福への努力のように全体へと向かうのでも，主観的な欲求の満足へと制限されるのでもない。ここで告げられている別の選択肢とは，それ自身さらなる問いへのきっかけを与えるものである。根本的であるのは，すでにヘーゲルのもとで準備されている，欲望が欲望の欲望へと二重化されるという想定である。あるものの欠如に苦しんでいる者は，自身がある種の分身に対面するのを見る。その際，この欠如がどこから結果したものであるかが問われる。それは「存在における穴」として登場し，存在を引き裂き，脱-全体化する個別者の自由であるのか。それは，欠如を「存在せしめる」主観であるのか。それは他者への欲望を阻止し，同時にそうした欲望を構成する，一つの法であるのか。それは私に責任をとらせ，つねにすでに責任を取らせてしまっている異他的な顔の掟なのか。それは他者経験のさまざまな次元においてその接近不可能性が告知されるような，異他的な要求なのか。これらは私たちのさらなる考察に伴うであろう問いである。

10. あらかじめ当事者であること

パトス的なものの探求に向けて，私たちは志向性についての現代の理論から出発した。同時に私たちが示そうと試みたのは，志向性において意義作用と欲望とが互いに結び合わされているということであった。両者がどのように相互に干渉しあっているのか，という問いを，さらに追究していくこともできよう。そのような干渉が起こっているのは明らかなことである。私たちがそれへと努力するところのものは，善きもの，あるいは快に満ちたものとして明示化され，これらの性質は対応する表象から湧出することはない。《〜へ向けて》は，《何》ではないが，しかしそのようなものとして考察することができる。その反対に，私たちが認識しようと試みているものは，知の努力の目標として作動しており，認識の妥当性は，好奇心や利益の計算から導き出されうるのではない。その限りで，知の禁止はいかなる意味ももっていないが，しかしおそらく知の獲得の禁止には意味があるだろう。同様に誤った快というものは，存在しえないが，しかし快の前提と帰結の誤った評価というものは存在しえよう。ここで私たちの関心を

引くのは別のことである。私たちにとって問題なのは，私たちがそこから出発した二つのモチーフの軌条を，緊密に引き絞ることであり，両者がどこで出会うかを問うことである。その背後には，私たちが意義作用と欲望とにおいて遭遇するものについての中心的な問いが控えている。

　二つのモチーフの軌条の交差が存在とすれば，このことが期待されうるのは，意義作用と欲望とが自分自身を超えて，以下のように規定されうる余剰という形式において指示する場合である。《何か》として志向されている何かは，この志向から湧出する意味の担い手より以上のことを呈示している。その限りでその何かは，それ自身において意義から脱して〔bedeutungs-los〕いる。このことは，何かが前もって与えられている意義の枠組みを離れるような妨害や混乱において示される。何かを何かとして立ち現させる意義的差異は，したがって，一つの綜合に逆らうのである。似たようなことを，私たちは欲望の側でも見出す。目標とする客観において求められる何かは，それ自身として受け取れば目標から脱した〔ziel-los〕ものとして証示される。このことは，目標への努力が滞り，目標としての秩序が阻まれる場合にも示される。極端な例を提供するのは，サルトルが『嘔吐』で記述しているような，実践的な無意味性の状況である。裸の木の根がその純粋な〈こと〔daß〕〉においてそこにあるのは，何もののためでもない。どんな経験も，意味を奪うそのような諸形式に対する抵抗力をもたない。欲求的差異は，何かがある別のものにおいて求められ，あるいは避けられるということであるが，この差異は意義的差異と同じように，一つの綜合には移行されえない。この意味では古い命題は変更されなければならないだろう。つまり，《存在と真／善は，全面的には言い換えられない〔ens et verum/bonum non totaliter convertuntur〕》[*]と。これは，あらゆる認識可能性，ないし努力可能性の彼岸にあるものがある，ということなのではない。そのような想定は，合理性に非合理性を，意志の自由に依存性を従属させることになるだろうし，あたかも情感の下部世界が，意志と表象との此岸に存在するかのようであるのだ。全面的ではない〔non totaliter〕とはむしろ，あらゆる理論的および実践的な秩序の内部での裂け目を示唆している。一つの秩序が存在するという事実は，それ自身

---

[*]　トマスなどに見られる命題「存在と真とは言い換えられる」のもじり。

10. あらかじめ当事者であること　　　　　　　　　　　　　　　　57

意義と欲望との秩序への入り口を何ら見出すことはないのである。ただその発生を見誤り，生成したことを一つの存在へと変容してしまわないというのなら，別だか。

　二重の余剰が消滅するのは，意義と欲望との生起を開いたままにしておく意義的差異および欲求的差異が，分割〔Diastase〕から，単なる弁別へと，次のような型式で変容してしまう場合である。つまり，特定の意義において立ち現れるものは，そのように意義するものであり，あるいは，他のものにおいて努力されるものは，努力されるものであるといった型どおりの言い方によって，変容する場合である。フロイトとともに言えば，衝動の客観と衝動の目標とが収縮してしまうだろう。それによって，意義作用と欲望との遊動を開いておく隙間が閉じられてしまうだろう。欠如は存在論化され，心理学化され，併合されるだろう。つまり，客観的な欠陥として，主観的な欲求，あるいは全体の中の断片としてである。欠如を技術的に支配することが，この萎縮をより強めるだろう。欲望の力動性から切り離された純粋な欲求は，あらゆる欲望から純化された意義構造と同様に，機械的に複製されうる。欠如を，あるべき状態に達していないこと――サーモスタットの場合のように――人工的な自動機械のうちに組み込まれるような，あるいは――体温の調整の場合のように――自動機械のように構築された有機体に帰属されるような――あるべき状態に達していないこととして定義するならば，実際はただ，「現実に欠けていること」[23]という意味での欲求が後に残されるだけである。そのような欲求が存するのかどうかということを確かめるためには，さらに制御的審級としての装置を設置すれば十分であるということになる。

　いまや問われるのは，いかなる秩序も役だたないこの余剰が，いかにして捉えられなければならないのか，ということである。私たちは妨害の現象や破局を示唆したが，しかしこれは明らかに消極的な規定でしかない。

---

[23] ディートリッヒ・デルナー（1994, 142頁）参照。私はここではこの著者が彼の感情機械 EMO に結び付けている展望を批判することは省いておく。これに関しては『正常化の境界』所収の私の詳論（112及び次頁，247及び次頁）を参照。人間的な肉体と精神との関数的連関のシミュレーション的検証に対して批判が向けられるわけではないが，しかしおそらく肉体の自動機構と身体的な経験との間の媒介性を機構的に塗り固めてしまうことに対しては批判が向けられることになる。もちろんどんな拒絶であれ，例えば断食でも，電気抵抗の組み込みのように記述することは可能であるが，しかしそうすることで決定的な力学を端的に前提することになる。

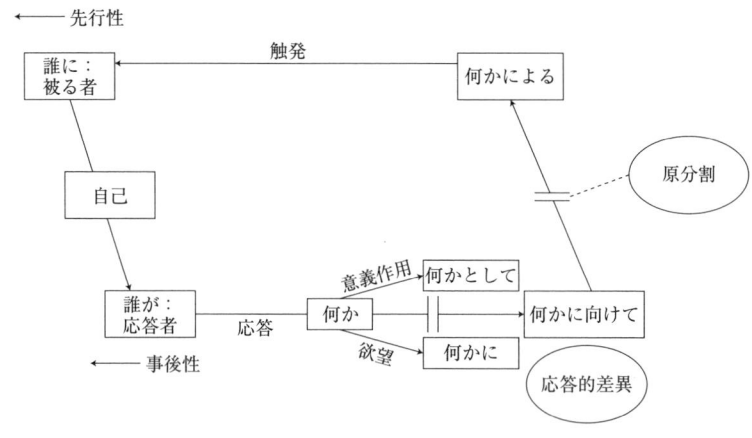

```
       ←―― 先行性
   ┌─────────┐          触発        ┌─────────┐
   │ 誰に：   │←────────────────────│何かによる│
   │ 被る者   │                     └─────────┘
   └─────────┘                          │
        │                               │      ╭──────╮
        ↓                               ┊      │原分割│
   ┌─────┐                             ┊      ╰──────╯
   │ 自己 │                            ┊
   └─────┘                              
        │                        意義作用┌────────┐
        ↓                        ┌──────│何かとして│
   ┌─────────┐    応答   ┌────┐ │      └────────┘      ┌────────┐
   │ 誰が：   │──────────│何か│─┤                       │何かに向けて│
   │ 応答者   │          └────┘ │      ┌────────┐      └────────┘
   └─────────┘                  └──────│ 何かに │
      ←―― 事後性             欲望      └────────┘       ╭──────────╮
                                                       │ 応答的差異│
                                                       ╰──────────╯
```

図2　触発と応答

余剰という想定それ自身が，何かがそのつどの秩序の内部で，何ら場所を見出せない，ということしか意味していない。私たちはここで否定弁証法のそれと同様の問題に突き当たる。つまり，否定弁証法は，足元の地盤を取り去るのだが，そこを足場にしてはじめてそれを行うことができるような新たな地盤を見出すことなく，取り去ってしまうのである。軸足と浮き足とを絶えず交替させるならば，それは，その固有の問題を避ける〈まずい弁証法〉に陥ることになる。終わりのない媒介という苦境から逃れようと，あらゆる媒介を打ち捨てて，あたかも〈染みひとつない認識〉とともに始めることができるかのように──そして，その認識が〈経験〉とか〈現実の経験〉などと呼ばれようとも──してみても，それはできない。主張されるような無媒介性は，無媒介性ではなく，力ずくの無媒介性はなおさら，無媒介性ではない。私たちは，自分の眼をくもらせ，誤魔化したくないのなら，間接的な道を省略することはできないのだ。しかし私たちが〈遭遇〉と呼ぶものは，私たちを特別な種類の道へと連れて行く。この道が開かれるのは，私たちが遭遇というパトス的な出来事を当事者であ・る・こ・と・として考えようと試みるときである。

　当事者で・あ・る・ことのうちには，現在完了的な契機，つまり時間的な先行性の契機が含まれている。私たちに突きかかるもの，あるいは，降りかかるものは，私たちがそれに答えるときには，つねにすでに起こってしまったものである。まさにそれだからこそ，すべての遭遇への関わりは，間接

10. あらかじめ当事者であること

的な性格を持つのであり，そうした関係は時間的な隔たりから生起してくるのである[24]。遭遇は何ら，私たちがいざないつつ，あるいは警告しつつ指で指し示すことのできるような，不可思議な出来事ではない。いざないや警告であれば，それは，早すぎたり，遅すぎるということになろう。遭遇は，私たちがそれを見せるときには，すでに受けている傷にたとえられる。遭遇は言語的に考察すれば，「アプリオリな現在完了」（『存在と時間』，85頁）である。まさしくこのことが，プラトン的な驚きを，私たちが例えば方法的懐疑へと決断することによってなす開始から区別するのである。それだからこそ，プラトンは，驚きをエロスと同様に記述して，エロスはパトスとして，自発的な傾向を持っている。不安における自己動揺にも，驚きにおける世界の動揺と同じようなことが当てはまる。静かな時代とは，常軌を逸したものが潜在性の位相に押し込められるような時代である。しかし切迫した，そして単に卓越しているだけではない存在として，そうしたものが秩序のうちに内属するのである。すべての秩序は，逸脱や違反，特殊な種類の秩序づける暴力に基づいており，これはつまり，そうした秩序が，何ら安定した基盤に基づいているのではない，ということである。破棄することのできない時間的な先行物〔Prius〕，この隔時性が，私自身と他者との非対称性をも説明している。というのも，私たちの間の対称性の第一の前提は，固有のものと異他的なものとの共時化のうちにあるだろう。そうした共時化が，私に他者の立つ場所を占めることを可能にする。そのような共時化は《当事者であること》をある現下における出会いへと変容するであろう。モットーとして自由に作り変えれば，Es〔エス〕がそうあったところのものをわれわれたらしめよ[*]，ということになる。

　当事者であることのうちでは，特有の受動性が表現されているが，しかし――とくにレヴィナスが私たちに厳密に教示しているが――それは能動性の単純な反対物というわけではない。フッサールが『イデーン II』で行っているように，入射と放射との両極性から出発して，あらゆる能動性に原受動性の背景を組み込むことができ，「能動的な受動性」として中間的

---

24) ここには影響作用史のモチーフの真理が存しているが，しかしそれは影響の介入が，歴史的意味の「閉じた回路」を遮断する場合のみである。
 *) フロイトのモットー，「エスのあったところ，そこに自我をあらしめよ」"Wo Es war, soll Ich werden"のもじり。ラカンがこの「エス」主体Sを引っかけたことで知られる。

位置を占めるような，欲望傾向を許容することができるし（『フッサール全集』第4巻，337頁），そうすれば最終的に「受動的志向」にまで突き進むことになる（『フッサール全集』第11巻，76頁）。霊知的な「自身を…へと方向づける」ことは，エルヴィン・シュトラウスが彼の感官論で行ったように（1956年，394頁），パトス的な「…に出くわす〔Getroffen-sein-durch〕」によって埋め合わせることができる。これらすべては重要なことであるが，しかしそれでは十分ではない。私たちが「何かに苦しむ」，「受動的にあるものに規定されて，それに能動的に反応する」（『フッサール全集』第4巻，217頁），という考えは依然として持たれたままである。よく見ると，何かを被っている誰かが存在している，という印象が，依然として残る[25]。

しかし「…の当事者であること」は，決定的に，より徹底して，先行性として，つまり，その原因に先行する結果の先行性として考えられるべきである。〔これに対して〕異義申し立てがありえよう。つまり，この優位性は，当事者に当てはまっても，観察者には当てはまらない。この優位性は被った結果にのみ当てはまるもので，因果的に説明されうる結果には当てはまらず，それは自然的な説明に従おうと，特殊な行為の説明に従おうと，まったく同じことであると。しかしそうすることで人は遭遇を観察するのであり，つねにそれが付帯する誰かにとっての遭遇であるはずの遭遇を，最終的には，やはり自然的なあるいは社会的な世界において起こる単なる事例として観察するのである。したがって，《…の当事者であること》を，志向的な目標づけと《的中すること》の単なる逆転として解釈することが問題であるのではありえない（『フッサール全集』第19巻の1，393頁参照）。《当時者であること》は，遡ってその歴史を産み出すのであり，過ぎ去ったものへと遡って放射するのである（『フッサール全集』第10巻，54頁参照）。問われている原因は，カント的な物自体にたとえられるが，それは，再び規定された可能性の条件に服することはない。しかしこの注目すべき物自体は，触発するあるものをもたない触発を要求する。この《何

---

[25] フッサールの粘り強い，しかし最終的には無益に終わった，彼が「先-自我」「先-存在」あるいは「先-時間」と呼んだものに暫定的地位より以上の地位を認めようとする労苦については，近年の，遺稿からのたくさんの資料を踏まえたアンヌ・モンタヴォンの研究『フッサールの現象学における受動性について』（1999年）の教示による。

10. あらかじめ当事者であること

か》は，すでに生起への解釈する答えに属している。《当事者であること》は，襲われていることと同様に理解されるべきであり，何かに《的中すること》に先行するのである。

　何かの当事者であることへの答えにおいて始めて，私たちに的中するものが，そのものとして明るみに出る。かくして，ヴァレリーのもとでは次のように言われる。「あるものが実在的〔real〕であると言うことは，ひとつの答えであり，それは抵抗あるいは，このあるものを呼び出した困難によって呼び起こされる答えである。」（『カイエ』第一巻 766, 独訳第2巻, 311翻訳を少し変更した）。この答えることは，まったくもって，《当事者であること》から出発して考えられなければならないのであり，自分自身のもとでではなく，他のもののもとで始まる行いの事後性において，自身の原因を受け継ぐ結果として，考えられなければならないのである。答える者は第一次的には，何かがその者に遭遇し，あるいは遭遇してしまった者として立ち現れる。この遅延は決して取り戻されえず，それを取り戻すためには，私は自分固有の「先-存在〔Vor-Sein〕」を取り戻さなければならないだろう。ただしこの先-存在は，異他的なものが及ぼす解消しがたい影響と結びついている。ここにこそ，答えることが何ら答えの可能性へと遡及されないこと，たとえば適切な受容の諸条件を調達するような受容性に遡及することはできない，ということの根拠があるのである。遭遇は，そのつど被った結果が，自身の諸可能性を超えているということによって特徴づけられる。人間を「確定されていない動物」として把握するならば，このことはまた，私たちに遭遇するものを，仕度の整えられ，選択され，プログラムされたデータと取り違えることはできない，ということでもある。もろもろの選択はすでに人間の〈確定〉に属しており，そうした選択は確定には先行しないのである。その限りで人間は単に特殊なロゴスをもつだけではなく，特殊なパトスをも持つ一つの生物である。すでにこのパトスは，単に動物的なものなどでは，まったくない。

　このことともに，私たちは，パトス的な余剰がいかにして捉えられうるかという問いへと立ち戻ることになる。そのとき，以下の諸区別が与えられてくる。何かとして志向された，ないし，何かにおいて努力されるその何かは，それを超えて，何によって〔wovon〕的中され，何に向けて〔worauf〕答えるような何かでもある。それがそうあるのは，私たちがあ

れこれの仕方でそれを思念し努力することによってである。応答性を論じる際には，私は応答的差異，すなわち，私たちが何に向けて答えるのかということと，何に私たちが答えるのか，との間の差異について語った。何に向けて〔Worauf〕の答えか，ということは，遭遇の何に〔Wovon〕遭遇するのか，ということにおいて，パトス的な色合いを受け取るのである。

私は，〔ここで〕《何に向けて（Worauf）》と《何による（Wovon）》の二重の観点を，再び差異として把握することは避けたい。その代わり私は，原分割〔Urdiastase〕，純然たる分離について語る。生起のただ中に裂け目が口をあける。この裂け目から，世界と他者，そして私自身が生じてくる。この分割的性格に注意が払われないと，私たちは，支離滅裂さの中に巻き込まれてしまい，二つの属性を備え，あるいは二つの観点のもとに登場する一つの指示対象 X を想定することになる。つまり，あるものがそれによって生起するような能動者であると同時に，そこへと生起が向けられているような受動者であるような指示対象を想定することになるのである。なるほど，私たちは的中されるものへと答え，それへと答えるものに私たちは的中されているのではあるが，しかし，両者は一つになって生起するのであり，たとえそれが，まさしく答えから事後的な出来事を，遭遇から先行する出来事を作り出すような時間的なズレにおいてであろうと，一つになって生起する。分離はこのズレにおいて遂行され，この分離が，答えることが自分自身へと依拠し，まさしくそこにおいて答えることが，自身の自由な自発性を展開するということを説明する[26]。ズレは同時に，すべての意味付与や目標設定を免れて，なにか言うべき，行うべきことがあるということに仕向ける，かの欠如の場所を形成するのである。

11. 傷害とトラウマ化

当事者であることは，なお，〈該当者であること〔Betroffensein〕〉ないし〈該当者性〔Betroffenheit〕〉という馴染み深い，残念ながらかなり擦り切れた語においてはあまり現れてこない，補足的な意義のニュアンスを含ん

---

26) レヴィナスは『存在の彼方へ』において繰り返し「回帰」について語っており，これは純粋に操作的な意味でも反省的な意味でもない。ドイツ語版の訳注（227頁）を参照。

11. 傷害とトラウマ化

でいる。私が考えているのは，稲妻によって，矢によって，フェンシングの切っ先，すなわち「一本！」〔touché〕などによって的中されるということである[27]。《当事者であること》ということは，したがって，害のないものではなく，傷つけるものであるということである。いやなものという特徴は，〈遭遇〉という語に付着しており，こうした仕方でこの語は，〈経験〉という悪意のない平和な語と対照をなしている。最後に，〈パトス〉というギリシャ語が，中立的な被ることと痛みを伴う苦しみとの間で，さまざまな色合いもつという事実は，いずれにせよ，私たちの考察の出発点をなしている。なお，ギリシャ語〈トラウマ〔精神的外傷〕〉を付け加えれば，この語は，他の多くのギリシャ語（例えば，自閉，躁病，偏執病，あるいは統合失調症）と同様に，臨床的な分野に入ってきた語であるが，どんな問題がここで私たちを待ち受けているのかが，認められる。私はこの地雷原に，ほんの少しだけ踏み込み，二つの極端を遠ざけておきたい。一方で，正常性と病理学との間に厳密な境界線を引き，このような仕方で異常なものや病理学的なものの侵入に対して免疫をつけておくとすれば，それはあまりに手軽なやり方であろう。病理学的なものはこのような仕方で軽視され，隔離され，苦痛の専門家の管轄に委ねられる。コミュニケーションはそのとき「歪められることなく」さらに続けられていく。私たちを触発する〔affizieren〕ものは，私たちに感染する〔infizieren〕ものから，念入りに区別されていくのだろう。しかしまた，病理学的な諸特質を，無頓着に，日常的語彙の中に入り込ませるとすると，それはあまりに安易といわねばならない。私たちの場合，誰もが自分のトラウマを，より洗練された歯痛のように取り扱うことができることになる。また，トラウマが単刀直入に文化の語彙に受け入れられるのも，あまりに安易な取り扱いで

---

27) これに関してはF. J. J. ボイテンディクに倣っているヘルベルト・プリュッゲ『人間とその身体』（1967年），19及び次頁参照。ハイデガーは現存在の情状性との関連で，「当惑させられること〔Betroffenwerden〕」「当惑性〔Betroffenheit〕」（『存在と時間』137頁）について語っている。ヘルマン・シュミッツの場合はそこから，固有の身体を働かせる「触発的に当惑させられること」が，しかし感じられた身体および知覚可能な肉体から切り離すことによって，主観的当惑という保護区へと送り返される（『雰囲気としての感情と内部からの触発的当惑性』フィンク―アイテル／ローマン，1993年）。当惑性が結局のところ，被害者の側での請求可能な共同決定権へと還元されるならば，不意打ちにするものや侵入するものの性格が，均等な配分的正義に都合よく薄められてしまうのであり，このような配分的正義も正しいものではあるが，しかしそれはまさしく制限された正しさである。

ある。トラウマ的な経験の犠牲が要求しているのは，その傷害があいまいにされずに，人間に一般的なものや，文化に一般的なもののうちにかすんでしまわない，ということである。第三の可能性は，哲学者は，経験のもつ特定の凹凸性や無底性に近づくために，臨床的語彙を使用するのだが，このような経験を，いわゆる人間の良識やその哲学的な受益者が好んで平板に磨きあげてしまうことにある。プラトンの神的狂気と人間的狂気に関する教説は，この境界領域に属している。現在においては，幾重にも臨床的表現を用い，まさしくトラウマやトラウマ化に遡るレヴィナスの倫理学が，言及されねばならない。この遡及もまた，そのうち示すように，問題がないわけではない仕方でなされている。私自身は，これまで獲得した諸洞察から出発して，〔この領域に〕数歩，歩み寄ることで満足する。〈傷〉について私が語ることになるのは，第一次的にはパトス的な現象が問題である場合であり，〈トラウマ〉について語るのは，病理学的な視点が優位を占める場合である。

　私たちが《当事者であること》と呼んだものが，一般的に傷つく者の契機と，暴力的なことそれ自体の契機をももつのは，物事の標準的な進行から離れていくすべての遭遇が，慣れ親しんだ生き方を侵害していき，流布している行動の仕方を問いに付し，一定の統合性を侵害する限りにおいてである。このことはすでに感性的な，および運動上の妨害の領層で始まり，言語的およびコミュニケーション的な領層においても継続されるのであり，たとえばニュースが私たちを驚かし，狼狽させるような場合である。意味もなく私たちは凶報について語っているわけではない。私たちをそのようにして予期せず襲うもの，私たちを驚かし，私たちを無防備と思わせるものは，明らかに二面的な性格をもっている。この性格は身体的な反応においても把握可能であり，私たちが喜びに泣き，提供された人生のチャンスに震えるような場合である。そのような〈的中するもの〉が一義的な幸運や不幸といったものであることはまれである。そのように，私たちはポリュクラテスが指輪を犠牲に捧げるように，「妬みの神」から逃れようとする傾向をひそかに持っている。身体が曝されているということは，単にあれこれのものが与えられ，あれこれのものが私たちを惹きつけたり，反発させるといった状況ではなく，あるものが脅かしているような状況を示しているのであり，これは〈迫ってくる〉と〈脅迫する〉という二重の意味

11. 傷害とトラウマ化

で，脅かしているのである。私たちを脅かすものは，つねに外側と内側とを持っている。あるものを恐れるとは同時に，自分自身を〔um sich〕，自分と自分の身の回りのものとを案じるということである。

　この一般的な傷つきやすさは，どんな反応にも当てはまる《当事者であること》との関連において了解可能となる。異他的なものの影響はそれがもっぱら，私たちが突き当たり，私たちを向かえ，私たちが出会い，私たちがそこに向かうような何かであるわけではなく，これではすべてが奇麗事に聞こえる。私たちに押し入ってくるような影響から目をそむけてはならない。自我に疎遠なものとして，印象は，異他的なものの痕跡を私たちのうちに残すのであり，それは，私たちが生起したものを，目の前に‐表象し〔vor-stellen〕，必要とあれば予防措置を講じる以前に，そうするのである。異他性は自己先行性〔Selbstvorgängigkeit〕とともに始まり，それに対してまずもって，私たちは，距離を獲得するのでなければならない。異他性は，テュケー〔運命〕として始まり，快いとされる同じものの回帰となおも結びついているアウトマトン〔自動物〕の彼方で始まる（ラカン『セミネール』XI, 53頁）。

　傷つけるものが，侵害するもの，押し付けがましいものを超えて，新たな段階へと到達するのは，避けて予防することができずに，それが嫌悪すべきものになってしまうときである。嫌悪すべきものが傷つけるものとなるのは，私たちの力を超え，それが耐えがたいものとなり，私たちを最終的には破壊するときである。この嫌悪すべきことが始まるのは，私たちを朦朧とさせる雑音や，私たちの眼をくらます閃光や，私たちをひっくり返す衝突や，私たちをさらっていく波や，私たちを青ざめさせる侮辱や，私たちを麻痺させる損害などとともにである。

　最後に残っているのが，トラウマ化の極端な段階であり，それは，トラウマを耐え抜いている者に，単に予期せず，無防備に的中するだけではなく，彼を過去に縛り付け，彼をどんな答えも口にできないようにしてしまう。たとえば，自分の父親の殺害を共に体験し，それ以後，文字通り「激情に赤らんで見る」ことなく赤いおもちゃを見ることができなくなったボスニアの子供や，いわゆる信頼のおける人による性的虐待において，自己の身体を異他的な肉体として知るようになる多くの子供たちのことを考えられたい。自分たちの想起の十字架に打ち付けられ，煙の出るどの煙突を

見ても，通り過ぎていくどの鉄道車両を見ても，そのたびにぎくりとしてしまう死の収容所，死の行進の生存者のことを考えられたい。パトス的経験のこうした，あるいは類似の限界事例は，私たちの経験に完全に浸透し，それら経験を特別な試練にさらす，身体的接触を示唆しているのである。

Ⅱ

遠くから触れること

―――――

　Ⅰでは私たちは，志向的に方向づけられ規則に即した経験を，その経験が《当事者であること》において自己自身に驚き，傷において完全に平静さを失うような点にまでつきつめて行ったが，私たちは，今や，感覚的なつながりや運動，および触発のつながりが交わっている経験生起としての《触れること》へと向かう。同時にここでは特殊な種類の遠近〔Fernnähe〕が生じる。この主題系とともに，私たちは身体的に起草された意味の王国に踏み込む。五つの感官のクラシック・コンサートにおいて，まずもって特別に際立つのは触覚であり，それは伝統において幾重にも過小に，あるいは過大に評価されてきた感官である。過小評価されたのは，その物質的な粗野さが理由であり，過大評価されたのは現実性の試金石としてであった。現実性が私たちに手につかめるように，〔mani-fest, ラテン語 manus（手）を分離して強調〕，手にとるように〔hand-greiflich〕，出迎えるように接近する以上に，より現実性へと接近することができようか。しかし，認識上の，および実践上の貨物超過から解放されて，経験のパトス的な生起へと入り込んでいくと，触れることは，より多様な別の像を示してくれる。触覚的経験は，単に特殊な現象ではなく，多様な仕方で過剰に規定されている。特に身体的接触において立ち現れるものが，別の諸感官へと放射し，私たちの全体的経験を貫いていくのであり，特にそれが明かすのは，私たちが他者とともにする経験を貫いているのである。どこにおいても現れる《近さの中の遠さ》は，ついには，触れることができないという不可触性というより特別な形式へと高められ，この不可触性は，触れることの禁止から生じるのではなく，この禁止をはじめに呼び起こす

のである。触れることは、したがって、異他的感性論と異他的実践論とが集合する異他的身体性の中心的な存続部分をなしている。私たちが伝統に即して触覚について語るとすれば、この感官は特殊な種類の異他性の感官として考察されるべきであろう[1]。

1. 触ることと触ること以上のこと

すでに示唆されたように、私たちが出会っているのは、特殊な種類の感官としての触覚である。このことはすでにその段階性と評価とともに始まる。つまり、私たちが触ることを純粋に認知的な働きとして考察するならば、この感官は基礎的なものとして現れるが、それはこの感官が、いわゆるより高次の諸感官によって前提されている働きを実行するからである。あるいはこの感官は原始的なものとして現れるが、それは他の諸感官よりもより未発達な能作をもつからである。こうした考察とともに、私たちはすでに、伝統的な諸感官の発展段階に足を掛けていることになる。これに対して、触わることが、それに対応する運動性とともに人間の全体的生のうちに埋め込まれ、「触覚世界」を生じさせている、全体的な感覚体において考察されるならば[2]、これはエルヴィン・シュトラウスにおいてそうあるように、「諸感官のスペクトル」の中心に位置することになる。着想豊かな著作『諸感官の意味』において、彼はカントの『人間学』に結びつけながら考察しているが、カントの感覚主義的な遺産の重みから解放されているわけではない。「触覚を自然な中心として、その周りに【諸感官の】諸様相が秩序づけられていると考えるならば、スペクトルの一つの端への方向には、対象的なものが、反対の方向には状態的なものが支配している。見ることにおいてわれわれは、見える諸事物の見かけにおいて、他のもののかなたに失われて、われわれ自身を忘れることができる。痛みにおいて

---

  1) ここで私は「身体的な応答性」についての以前の考察（『応答の索引』第三章参照）を引き続き行うが、あらかじめ私たちの身体のうちに刻み込まれ、対応する答えを挑発するようなものを強調したい。

  2) 依然として読まれるに値する著作『触覚世界の構造』（1926年）（邦訳『触覚の世界——実験現象学の地平』東山篤規・岩切絹代訳、新曜社、2003年）を参照。この著作は、フッサールに近いゲシュタルト心理学者ダーヴィット・カッツが著した。

1．触ることと触ること以上のこと　　　　　　　　　　　　　　　69

われわれは，われわれの身体的な現存在の孤立のうちへと投げ返され，痛みに圧倒されて聞くことと見ることとが消失するまでにいたる」（1956年，396頁及び次頁）。問われるべきは，この中心が自然的であるというのはどういうことなのかである。というのも特定の感官が優勢になるのは，まったくもって，その文化的な構成要素をもっているからである。しかし私たちにとってより重要なのは，シュトラウスが彼の感官理論において「霊知的な〔gnostisch〕」契機を「パトス的な」契機から区別しているということである（同上，394頁）。なるほど二つの契機は，いずれの感官様相においても生じている。一方では活動的な観察することや聴取することの可能性について，他方では，色や音の領域にひたることについて考えることができよう。しかし触ることが一つの縫い目を形成しているのは，この二つの契機が互いに緊密に結合されており，両極をなして相互に関係しているだけではないからである。その際，したがって，経験の遭遇的な性格がとりわけ集中的に現れることになる。触ること，つかむことから触れることへの移行がいかに滑らかなものであるかは，すでに言葉のうちに示唆されている[3]。tangere/attingere/contingere/toucher/to touch といった諸表現は，いずれのあり方でも使用されるが，その一方でギリシャ語は，$ἅπτειν$（ドイツ語の「付着する haften」に近い）と $θιγγάνειν$ というように，ドイツ語と同様，二つの区別された表現をもっており，両者ともに哲学においても使用される語であるが，後者は，特に，直接，ものをつかむ場合に使用される。経験の二つのニュアンスの間の隣接性はすでに，触覚のいくつかの特殊性のうちにうかがわれるので，私たちは次にそのうちのいくつかを挙げてみよう。

　まず触覚の諸性質に関わる，硬い／柔らかい，滑らかな／ざらざらした，湿った／乾いた，べたべたした／つるつるしたなどには，さまざまなスカラー〔度合い〕が帰属しており，そのスカラーは，触覚運動への関係づけがなければ区別されえない。硬さは手を出すことに対して特別な抵抗を対

　3）　動詞「……に触れる（berühren）」には基礎語「触れる（rühren）」が含まれており（古高ドイツ語〈ruaran〉，〈hriran〉参照），この後者の語は「或るものを引っ掻き回す（in etwas herumrühren）」，「或るものが動く（etwas rührt sich）」などの表現において，明白に運動の側面を認識させるものである。この面が，ダーヴィト・カッツが詳細に叙述しているように，つかむことや手で触ること（Betasten）の場合でも役割を果たしている。

峙させ，ざらざらしていることは運動を引き止め，その一方で，滑らかさは運動の自由な経過を可能にする．べたべたしたものの上では運動は停滞するが，つるつるしたものでは運動は滑りつづける．アイステーシス〔Aisthesis 感覚〕とキネーシス〔Kinesis 運動〕の統合は，キネステーシス〔運動感覚〕としてあらゆる感官のもとでおこるが，ここでは格別に親密な形式を取る．温かさと冷たさという質の場合，事情は，異なっている．温かい／冷たいという対立は，徹底して，触ることとの関係にある．私は石がどれほど暖まっているかを感じ，水がどれほど私を凍えさせるかを感じる．そういった場合，私は諸事物にその特徴を帰属させる．調理用の鉄板は熱いし，風は冷たい．しかしアリストテレスも述べているように，温かさと冷たさの感覚は，そのつど，事物や外気と自身の身体との間にある温度差に関係している．あるものが温かいものとして感覚されるのは，それがはっきりわかるように，自身の身体よりも温かい場合であり，過剰〔$\upsilon\pi\varepsilon\rho\beta o\lambda\acute{\eta}$〕として標準値を超えてしまう場合である（『霊魂論』II, II, 424a4）．このことは細分化した身体経験，たとえば両手が触れ合う場合にも当てはまる．感官の感覚は，同時に「感覚態〔Empfindnisse〕」として把握される（『フッサール全集』第4巻，146頁参照）．感官知覚が直接，それに固有な運動へと移行することで事が済んだわけではなく，感官知覚は共通感覚〔Koinaisthesis〕という形式において，それに固有な感情のうちにも移行するのである．嫌悪すべきものにぶつかると，人は，不快な，あるいは，いやな感じを受ける．感覚することは，快感や不快感へと拡大するのであり，それは，火傷や衝撃的な冷たさの場合のように瞬間的であってもそうである．

　触覚の性質は特別な物質性を指示している．この物質性は，一般的に考察すれば，あらゆる感性的な形態のもとに見出される．色のコントラストや，描線，メロディーは何ら理念的な意義ではなく，物質的な実在化に結びついた，受肉化した意義である．それでもやはり区別はある．視覚的あるいは聴覚的な諸形態はその周囲から簡単に遊離し，より自由に変形されたり，歪曲されたりし，想像のうちでは浮遊したりする．精神あるいは魂の眼や耳といった言い方がすでにプラトンに現れるが，そうした言い方は物質的な係留を緩め，触覚的質から離れていくことを予想させる．私たちが滑らかさを表象する場合，氷の表面のことを思い，ざらざらしたものを

1. 触ることと触ること以上のこと　　　　　　　　　　　　　　　71

　表象する場合には，指を絨毯や布の上に置いてずらし，硬さや柔らかさといった性質の場合には，鉄の硬さや皮膚のしなやかさが念頭に浮かぶ。硬さのスカラーを使うときの度合いの移行は，月や車輪の丸さのような前幾何学的な形態と比較しうるような，対応する硬さの形態によって準備されるものではない。したがって，硬さと滑らかさは，私たちが，けたたましい音，間違ったメロディー，まずく描かれた円や曲がった直線について知っているのと同じような仕方で歪曲されうるものではない。

　もっとも，触覚の質が感性的な質料により大きく組み入れられると，もろもろの重大な誤解へと至りがちであり，その第一のものは，一面的な物質化のうちにある。私がタンスにぶつかり瘤ができたとすると，それがタンスであるか，特別にビーダーマイヤー様式のタンスであるのかは，重要ではない。後者はすでに，そう考えられるのももっともであるが，視覚上の把握に属しているのであり，私がぶつかったものに，タンス，ないし，特別な種類のタンスを再認するのである。純粋な硬さはしたがって，私がぶつかる何かに，この何かがすでにタンスとして把握されていなくても，付帯することになろう。この物質化は，触ることの運動的なおよび実践的な構成要素を考慮することによって，もっと強められるだろう。触覚対象において，対応する力があらわれ，この力は，自分固有の力の発揮に抵抗を対置させる。私たちは本来的にはなにかあるものを経験するのではなく，自分固有の行いがそれに対して向かい，あるいはぶつかるものを経験することになろう。それとともに私たちが向かう実在的なあるものには，私たちが何かを，そのような何かとして見なし，扱うような象徴的な解釈が対立するだろう。象徴的性格は，いわゆるより高次の感官に留保され，いわゆる低次の感官には，ただ感じられた何か，例えば私が，そのようなものとして把握するのではなく，被るだけの圧力感や痛感といったものだけが残されるだろう。そこでは人間の触ることは，動物の触ることに比せられよう。諸事物の側での物質化には，身体的主観の側での動物化が対応することになろう[4]。味と匂いは，視覚や聴覚よりも，端的に生命プロセスの

---

　4) ヴォルフガング・ヴェルシュは自身のアリストテレスの感覚論の叙述において，正当にも，生の必然性と過剰との両極性が，異なる感官を互いに区別するのではなく，同一の感官の，最終的に触覚も含めて，さまざまな機能のあり方の区別であることを強調している。『アイステーシス』（1987年），63頁から68頁参照。これは，コンラート・フィードラーとアロイス・リーグルの，手の眼との相関における，触覚的なものの視覚的なものへの相関にお

近くに存しているので，このことがなおさら当てはまることになる。とも かく触感覚は，合理的な規定を待ち受けているかの X への関係を創設す るのに適したものといえよう。触覚経験そのものは，一方では実在的およ び霊知的な諸要素へと，他方ではパトス的に感じられた諸要素へと細分さ れるだろう。このような見方の背後には，半ば真であるものが隠されてい るように思われる。何かが残らず，没状況的に何かとして把握されえない という事実は，私たちの自発的創出に先行する遭遇を探求する際に，私た ちの足がかりとして役立つ。この発見物が無駄にされるのは，私たちが意 義作用と欲望を超えるものを，外部に向けて，なまの実在性という形式へ と移し変え，また，内部に向けて，おぼろげな感情という形式に移し変え る場合である。触覚的質は，徹底して，質であり，ただ，私たちは触りつ つ何かに，つまり「事物の地肌」に触れるのであり，それを事物の特性と して統握する以前に触れているのである。

　さらに，問いは，触ることの媒体に関わる。昔からいわゆる遠隔感官に は媒体，一つの間（μεταξύ）が割り当てられ，見ることと見られること の間には太陽の光が，聞くことと聞かれることとの間には，音響を運ぶ空 気が割り当てられている。原端緒をなす，プラトンの『国家』においてあ れほどの輝きと熱狂をもって展開されている思想，つまり，見ることはそ こにおいて見られる何かを要求するという思想は，さまざまな方向性にお いて受け取られうる。「第三の種族」（『国家』507e）は，見る光線を束ね る媒体，あるいはそこにおいて光線が屈折する媒体として理解されうる。 人は，太陽を見つめることで，太陽それ自身を見ることができるという向 こう見ずな考えに陥ることもありうるし，あるいはこの試みこそがまさし く眼を眩まし，あるいは眼を潰してしまうものだということを示唆するこ ともできる。この「光の形而上学」の二義性は，見ることの「命運」に属 しているが，ただ見ることのそれにのみ属しているわけではない。しかし

───────────

ける感性的な評価に応じるものである。この新たな評価には，すでに近代初頭において， そしてヘルダーのもとで完全に道が開かれたのである。これに関し，ウルリーケ・ツォイヒ 『感官のヒエラルキーの転回』（2000年）を参照。表立って「触覚的な接近に代えて，視覚的 知覚が延びてくること」が，固有の感覚的なおよび美学的な衝撃を発生させているのは，触 覚的接近が形式と諸事物の再認識を困難にしていることによるということを，マリア・ペー タースは思慮深く案出された芸術教授法上の疎外を活用した戦略において示している。『ま なざし-語-触れること』（1996年），158頁参照。

1．触ることと触ること以上のこと　　　　　　　　　　　　　　　　　　　73

触ることはどうなのだろうか，ここにも同様に第三のものが存在するのだろうか。アリストテレスの場合には肉（σάρξ）が，したがって，自分の身体の物質性と物体性が，「癒着した間」（『霊魂論』第二巻第十一章，423a16以下）[5]として作動している。これはつまり，触ることと触られたものとの間であっても，純粋な直接性が支配しているわけではないのであり，あたかも私たちが純粋なショック，単なる衝突に関わっているのではない，ということであろう。私たちが周知のビリヤードの玉を比較のために引き合いに出すとすると，それで私たちは触覚経験の領分を離れ去り，純粋な観察の立場へと移ってしまうことになる。これに対して，私たちが，アリストテレスの謎めいた提案に倣うとすれば，それは注目すべき帰結をもたらすことになろう。身体的な生起は，そのような《間》を形成するために，自分自身を分割させ，中断するだろう。すでにサルトルのもとで，そしてメルロ＝ポンティのもとで完全に，chair として注目される肉は，それ自身からして間身体性を形成するだろう[6]。この中心的な点に私たちはさらに，幾重にも取り組むことになる。

　最後に，特殊な触覚器官に関する問いが残されている。そのようなものが存在するとすれば，ただ皮膚のみが名指されるべきであろう。しかし皮膚は環境と身体的な内的世界との一般的な接触区域を形成している。ある意味で，皮膚はすべての身体的な経験に関与している。皮膚は防御器官として，温かさの制御装置として作動しており，そして同時に，皮膚のうちに埋め込まれている内器官が存在する。皮膚上に不均等に配分され，唇，舌および成人の場合には指先に最も密集しているマイスナー小体が，接触感覚を伝達する。冷点と温点とに分散するクラウゼ小体は，温度感覚が管轄である。自由神経終末では，組織破壊の際に分解物質によって呼び起こされて，痛みの感覚が現れる。神経学的な研究によれば，視覚中枢，聴覚

　5）　なぜ，アリストテレスは肉を触ることの媒体として考察し，触覚器官としては考察しなかったかという問いに関しては，ヴェルシュ（1987年），311頁参照。その背後に隠れている事象的な問いに関しては，註9で言及するエディト・ヴィショグロットの論稿（1980年，193頁から199頁）およびアンティエ・カプスト（1999年，309頁から312頁）参照。
　6）　サルトルのもとでは「肉」は，自分の肉体と異他的な肉体とを包括するだけではなく，「対象の肉」として事物へと延長していき，不可能な第三者として主体─客体の弁証法へと挟み込まれるが（『存在と無』458頁から463頁），他方，晩年のメルロ＝ポンティは固有な間の次元を開いている。

中枢および嗅覚中枢などに比較しえ，類比において確定されるような触覚中枢といったものは存在しないとされる。中心後回の諸区域には明白に体表面のさまざまな領域が対応しているが，特殊な触覚器官は対応していない。確かに私たちは，肉体についての生理学や神経学による知識を，単純に身体的な経験とすり替えてはならないが，しかしそうした知識は対応する経験の「指標」として役立てることができる（『フッサール全集』第4巻，276頁）。広く分散し，身体全体の上に広がった触覚感覚性のために，私たちが目を閉じたり，耳に栓をしたりするのと同じようなやり方で，触ることを中断することはできない。身体的存在として，つまり環境世界に対して自身を境界づけることによってのみ生命を維持するものとして，私たちはいつも触覚的諸感覚に曝されている。私たちの傷つきやすさは，ここでその身体的な基盤を見出している。私たちは触覚的感覚に対して，衣服や類似の防御措置によって，わが身を保護している。しかし衣服は，さらに可能な皮膚の層をもつ第二の皮膚のように身に着けているものではあっても，触覚感覚を遮断するものではない。遮断されうるのは，ただ局所麻酔や全身麻酔によってのみであり，したがって，私たちの生命機能を減退させる人為的な介入によってのみである。

　ところで次のように異議を唱えることもできよう。つまり，皮膚はなるほど，眼を開いたり，耳を澄ませたりする場合のように，その目標のために使われる触覚器官ではない。しかしやはりそうした器官としてはすでに言及された四肢があって，それを使って触りながら動かし，そこに特殊な触覚小体が備っているのは，それなりの理由があるのである。したがって，私たちには手は，文字通り「手先に」ある器用さを備えたものであり続けるのだという異議である。しかしこの大いに賞賛される「道具の道具」，同様に「玩具の玩具」として考察されたりもする手は，皮膚と同様，触覚器官とは見なされない。鋭い刃先に触ってみたり，衣服の生地を撫でてみたり，脈を感知したり，あるいは暗闇の中を手探りで歩きまわることによって，手を，触りつつ活動させることはできるが，しかしたいていの場合，触ることは，感性を通して生じる制御された活動の構成要素であり，私たちはこの活動において道具を使ったり，ある物へと手を伸ばしたり，ある物を手渡したり，殴りあったり，あるいはキーボードを操作したりするのであり，ただ，キーボードに触わるのではない。その他の感官の活動の場

合のように，触ることがそのものとして現れるのは，なにかしているときに，なにかが際立ったり，しっくりこなかったり，あるいは，特に好奇心が覚起される場合に，触ることに気づくのである。

　それゆえ触覚の特殊な役割を綿密に調べることで，触ることは常にすでに触ること以上のものであることが示されるのであり，これはただ単に，触ることが私たちの身体的な全体的行動の部分を提示しているからだけではなく，触ることが別の感官の活動に移行しているからなのである。そこで示唆されている事態を，私たちは一つ一つ追求していき，触ることが接触することとして，その正体を明かす点にまで到達することになるだろう。

2．印象と強さの段階

経験において，気づくことが働きかけることへと移行し，この働きかけることが気づくことへと遡及的に影響を及ぼすということ，したがって，感覚性と運動性とが円環をなして連携していること，これはヤーコブ・フォン・ユクスキュルの時代からますます浸透してきている洞察である。フッサールもまたこの洞察を考慮に入れており，それは彼が伝統的な仕方でキネステーゼと呼ぶものにおいて，アイステーシス〔感覚〕とキネーシス〔運動〕とを嚙み合わせることによってである。〈私は知覚する〉は一般的に〈私は動く〉を含蓄している。私たちが触覚に特殊な役割を認めるとしても，このことは決して，触覚に他の感官に，とりわけ，いわゆる遠隔感覚にはまったく欠けている何かを帰属させるということなのではない。このことが意味するのは，触ることと触れることとがそのあり方において〔互いに〕原型的であり，そして，少なくとも同程度には原型的であるのが，伝統的にその認識の役割ゆえに優位に置かれてきた視覚である。触覚が何か原型的なものを持っているのならば，触覚は全体的な感覚性へと陰影をなして浸透するものでなければならないだろう。このことは私たちが行ってきた最初の考察において見出された特別な触覚の特殊性に，つまり，触覚質において直接的に捉えうる諸効果に当てはまる。見ることそのものが見られるものを変化させることはない。もっとも，社会理論的に解釈されうる悪意あるまなざしを引き合いに出すならば別であるが。見ることは

もっぱら諸事物との活動的な関わりから出発し，反射的にあるいは中枢的な制御を受けて，諸事物に戻ってくる。聞くことにも似たことが妥当する。しかし，触ることは，事情が別である。ここでも認識的，実践的，およびパトス的な観点が区別されなければならないが，見ることや聞くことの場合のようには，それらを切り離すことができない。私があるものにじかに-触れる〔be-rühre〕ことによって，私はあるものを動かし，それに働きかける。私が押すことで，触られた対象の表面の形態と温度が変化する。変化が最小である場合でさえ，持続的に見れば摩滅という現象が見られるのであり，たとえばつるつるに磨かれた箇所などがそうであり，崇拝される像に「手を触れる」ことなどの例がよく知られている。「手を触れないで下さい」という禁止の標識が掛けられるのは，〔どんな感じがするのか〕触覚データを守るためではなく，触れることが及ぼす結果を防ぐためである。

　この考察は，私たちを難しい地域へと導いていく。感性的経験における諸結果について語る者は，因果的考察の道へと入っていくことになる。古代の著作家たちにとっては，そこからどんな特別な問題も生じなかった。というのは，結果の連関から出発し，目的因と作用因，形相因と質料因とが互いに結合されていたし，しかも前方への力〔vis a fronte〕が，背後からの力〔vis a tergo〕を排除することなく，指導的な地位にとどまっていたからである。コスモスの脱目的論化とともに状況が変化する。つまり，力と反発力だけしか包摂しない機械論的な因果性が，人間や動物の行動の目標への方向づけと自発性に対する抗争において現れる。諸領域の混同を前もって防ぐような，新たな禁止の標識が掛けられる。超越論的に考察すれば，次のようなことが妥当する。すなわち，その内部で因果的関係と因果的プロセスとが決定的な役割を演じる経験の，その諸条件は，それ自身いかなる因果的な影響にも服することはなく，あるいは超越論的-現象学的に言えば，因果的な結果もそこに属するような経験の意味の，その構成は，なんら因果的な影響，ないし，共に働く影響へと遡ることはないのである。因果性は経験的世界において生じているが，経験するものと経験されるものとの間で生じているのではない。私たちが経験するものはすべて，つまり私たちを遭遇するものもまた，このような仕方でカテゴリー上の，意義に結びついている，ないしテキストに関わる〔議論の〕繁茂に従属するのである。結果というカテゴリーが生き延びているとすれば，それは昇

2. 印象と強さの段階

華された形式においてであって、自由の結果として、社会的なあるいは修辞的な結果として、あるいは影響作用史を動機づけるものとしてである。これらの昇華された形式は、自然的な因果的作用とは、深淵によって隔てられており、この因果作用には物体的な機械論が含まれている。これらの機械論は、舞台の袖で、あるいは地下において演じられるのである。純粋であるのは、いかなる因果的作用をも混入していない理性や意味である。

　今や、法則や意味を単刀直入に因果的作用と関係づけることには、あまり意味がないであろう。そのような混同は、一方か他方の犠牲を伴うことになる。因果的な説明が要求されているところに、意味が密輸入されたり、事象の意味と意義が問題になっているところに、因果的な理由が立てられたりすることになる。フッサールが『イデーンⅠ』(『フッサール全集』第3巻、205頁)において、「樹木自体は、丸焼けになったり〔…〕することがある。ところが意味というものは——すなわち、この知覚の意味〔…〕は、丸焼けになることができないし、またそれは、何らの化学的要素をも、何らの力をも、何らの実在的特質をも、もってはいないのである」と確認するとき——彼にこの水準で、自分自身の矛盾を、無化する炎に委ねてしまうことなしに、一体誰が、彼に反論しようとするだろうか。問われているのはただ、「樹木自体」が一つの観点以上のものを意味するのか、どうかということであり、そしてその内部でこの観点が妥当なものとされるような、全体的な生起とはどのようなものなのか、である。現に私たちは、古典的な著作家たちのもとにあっても、厳密な限界設定があやふやになるような箇所があることを認められている。悟性の触発を情動的触発と結びつけるか細いつながりについては、すでに示唆されており、未規定のXに規定された諸結果を帰属させることが問題なのではないことは、明らかである。しかし感覚性の障害というよく知られた現象がすでに、普遍的な物自体に留まっているカントの境界的考察を超えてしまっている。そこが明るすぎるとか、暗すぎるということ、また、あるものがうるさすぎるとか、静かすぎるということが、端的な形態図式、あるいは意味図式を破砕している。この過剰は音量や明るさの程度に、したがって、自身の強度によって知覚可能なものの標準的な尺度を踏み越えるようなあるものに関わるのである。しかし同様に、障害がみられるのは、ある特定の現象への集中力が、より強い程度で迫ってくる別の現象によって、そちらに振り向け

られる場合である。ここで私たちが関与しているのは，力の競い合いであって，純粋な形態や意義の変換といったものなのではなく，あたかも，もっぱらあるプログラムが別のプログラムに対して交換されるかのようなことなのではない。標準的な経験経過のそのような障害や形態変換が示すのは，志向と因果性，意味と力とは，決して深遠によって互いに切り離されているのではないということである[7]。

　もう一度触覚を取り上げるとき気づくのは，どのように，意味と結果との連関が単に副次的にではなく，触る現象のただ中に浮かび上がってくるか，ということである。硬さと柔らかさは押すことと押し返すことという形式，したがって，諸力が働き合う，諸力の測定という形式において告知されている。私はどのように「靴が私を圧迫する」かを，文字通り，ないし，広義の意味で経験している。そういった力の働きは，何かが何かとして立ち現れることを説明するのではなく，そのあるものが，どちらに力点が置かれようと，立ち現れること〔そのもの〕，そして，どのように立ち現れるかということを説明するのである。何かは，強い印象を後に残すことも，弱い印象を後に残すこともあり，また，強い表現を呼び起こすことも，弱い表現を呼び起こすこともある。ドイツ語の印象〔Ein-，内に，*druck*，圧す〕や英語の印象〔Im-，内に *pression* 圧すこと〕や私たちを運動にもたらす興奮〔Er-，得る *regung*，動き〕そして，感官の刺激〔Sinnes，感官の，*reiz*（刺激）〕も，文字通り，動作主を表す名詞（nomina agentis）として受け取られるべきである。感官の刺激は何ら，感官の与件〔daten〕なのではなく，登録し，解読し，貯蔵し，必要に応じて呼び出しうるような単なる与件ではない。そうした刺激はソフトウェアにもハードウェアにも入らない。このテクノロジー上の対立組も，依然として触知可能性のかすかな痕跡をとどめているのであり，そうでなければ語が端的に取り換えられてもいいはずである。感性的な諸印象は，一つの経験がただ再生されるだけのものならば別として，自らを押し付けるものであ

---

[7]　私はこの考えを最初に，「志向性と因果性」という表題のもとに（『行動の遊動空間』（1980年）に再録〔『行動の空間』新田義弘他訳，白水社，1987年〕）展開したが，その考えをさらに追求することはなかった。フッサールもまたさまざまな仕方で純粋な意味の領分の境界を超えているということは，彼の遺稿において示されている。これに関してはウルリッヒ・カイザーの研究『フッサール現象学における阻害のモチーフ』（1997年）参照。

2. 印象と強さの段階

る。滑らかなものとざらざらしたもの，あるいは，粒子状のものといった諸質にも同様のことが当てはまる。それらにおいて表明されるのは，手や足の運動が引き止められ，遅らされ，あるいは速められるということであり，そしてべたべたするものは特有の粘着力を発揮して，「ある人のペテンにかかる〔ある人の Leim とりもち，に引っかかる〕」というように，どこかにくっ付いてしまう。こうして力動的観点を強調したからといって，これらの質がそうした観点に汲み尽くされるということではない。過剰に規定されたものは，幾重もの読解を必要とするのである。

結果に特定の力が帰属するならば，その際には，さまざまな観点が区別されるべきである。力はさしあたり特定の力の方向に流れる。力の働きを被る者に関しては，惹きつける力と反発する力，引力と斥力とが区別されうる。このことによって，力学的な領層においては，求める運動と逃げる運動とに分割される努力の二重の性格が示唆されている。いくつもの力の中心が互いに関係するならば，力の場が生じ，原型にしたがって秩序づけられる。

決定的であるのは力の程度，私たちがあるものに出くわすその強度である。それによって，経験の指示対象としては，私たちが自分の感覚の根本で，特定の固有性を付加する未規定のXしか許容されないとしたら，特殊な困難が生じることになる。ヒュームは，経験の増強性を諸観念のより大きな生動性として理解しようとして，不幸にも，知覚と想像との区別と混同してしまった。そして，この経験の増強性は，対象的な拠り所を欠いて，内面へとずらされてしまい，移動し，増強性を貫く主観的な諸状態のスカラーに行き着くのである。こうしてカントは，感覚を，直観の空間―時間形態が秩序づけられる外延量〔extensive Größe〕と，触発それ自体に該当する内包量〔intensive Größe〕とに分割している。主観的な触発が依然として，単一的なあるものへと関係しうるような多様性をもっていないことから，多様性は「否定＝０への接近を通して」しか，表象されえない（『純粋理性批判』B210頁）。感覚の生はそれにしたがえば，諸差異のうちに存するのであり，限界事例をなすのは，無差異性の状態であるが，これはライプニッツによれば，意識の眠り，あるいはフッサールとともに「ゼロ覚起」（『フッサール全集』第11巻，155頁），「無区別性のゼロ」と呼ばれうるようなものであろう。私たちはこの量が，『純粋理性批判』

の埒内では数学的量として提示されていることは度外視しても，このことはカントにとって，客観的な経験判断が重要なのであって，単なる主観的な知覚判断が重要なのではないということと関連している[8]。私たちが，それ自身そのものとして経験するものの影響下にあるような触覚経験から出発するならば，ある中間の道が，すなわち，状態の量と対象の質との分裂を回避するような中間の道が開かれる。同時に考えられうるのは，力の増強と力の減少であり，それらは，身体的な正常感覚〔Orthästhesie〕のゼロ点に定位しているといえよう。力の働き合いにおいて明らかになる，より多いことやより少ないことは，相対的な量を提示しており，習性や触発的関与といったさまざまな要因に左右される。他者とともに世界において自身を感覚するということに対応するのは，異他的な力に即して自身の力を測定することだが，その測定は，克服だけが目的にされているのではなく，譲歩することをも許すような力の測定である。この力動的に解される影響の働きも同じく，自我に疎遠なものの一つの形式なのであり，自我に疎遠なものは，私たちがそれに現実性を帰属させる以前に，その有効性において経験されているのである。

3．接触と隣接性

触覚質を露呈させる触ることと，私たちに作用の力と対面させる影響の働

---

8) ヘルマン・コーエン，それからドゥルーズにおけるこの問題系への導入としては，マルク・レリ『超越論的経験論』第二章，第二節，4参照。決定的であるのは，強度が純粋な測定可能性へと遡及させられ，志向性に対する厳密な対立へともたらされるのを，いかにして回避できるかという問いである。フッサールに関する限り，彼は「意識の生動性」の「ゼロ」，つまり「もっぱら触発的な力に関しての無」と，「質的な徴標の強度のゼロ」，たとえば音を聴取すること（『フッサール全集』第11巻，165頁）とを，明確に区別している。このことは意識生において対応する差異化へと導いていく。これに関しては，フッサールのニュアンスづけの技量がはっきりと表れている遺稿のある一節がある。「ゼロ刺激は自我にとっての際立ち，つまり，注意の否定的様態をなすという自我的な意味での「際立ち」をもっていない。もしそうだとすればこのことは，それはそれで「答え」（純然たる意味での意識）としての自我の作用のための前提（呼びかけ，要求として）であろう。自我的な際立ちはその前提をもち，対象的な際立ちのうちにその相関者をもつ。事象的な際立ちのなさ（内容的なぼやけ）における，自我的な際立ちのなさ（自身にとって「無意識的に」そこにあること）」（草稿C10/8a，モタバ〔Montavant〕1999年，233頁による引用）。

3. 接触と隣接性

きの後に，残されているのは，触れることである。この触れることは，私たちを再びパトス的な生起へと導くが，この生起は認知的-知覚的な経験のあり方からも，実践的-運動的な経験のあり方からも，区別されるだけでなく，恒常的にこうした経験のあり方の地塗りとなり，裏地をなしている。触ることより以上のこと，すなわち，触覚世界を打ち破るこの過剰は，触れることにおいて告知されるのである[9]。このことは稀な種類の触れる働きとともに始まる。「世界全体のなかで，人は，小さな諸対象の操作の繰り返しにぶつかるのであり，それは，瞑想の状態や穏やかな夢想にともなう。〔…〕その例はキリスト教の，また，イスラム教，および仏教の繰り返される祈祷の際，指の間を行き来する穀物や翡翠の欠片，あるいは根気強く捏ねられる柔らかいもの」。そのようにして，古生物学者アンドレ・ルロワ=グーランは，ここにとりわけ，触覚的な美学が働いているのを見つつ，「その彼方には物（的身）体の静けさが支配しているような，狭く限界づけられた領野」（『身振りと言葉』369頁）に制限している。触れることはしたがって，触れることの特殊な感性に対する格別な近さを扶養しているが，しかしそれを超えて，《触れること》には，謎めいたものが宿っているのであり，それがこの親近性を遥かに超えていくのである。エルヴィン・シュトラウスは，さまざまな感官を「私-と-他なる-もの〔Ich-und-das-Andere〕」という根本主題へと調和させるが，彼は，「相互的なもの」を触覚領圏における支配的なモチーフとして考察している（1956年，402頁）。彼は触ることと触れることとの間に特別な区別を設けることはないが，後者の《触れること》を「直接的な相互性」（同上，396

9）触ることと接触することとの間の移行が見えにくくなるのは，この過剰を直に一つの対立へと転化するときである。それはたとえばエディット・ヴィショグロットが，レヴィナスに倣って倫理的なものにおける touch〔触れること〕と tacility〔接触〕に解消させることによって行っていることである。彼女の論文「聞く以前に行うこと。触れることの優位性」の結論は，これにしたがって次のように述べている。「触れることはまったく感覚ではない。それは実際，全体としての世界が主観性へと侵害することの隠喩である」（1980年，198頁）。私にはアンティエ・カプストの試みのほうがより説得的なものに思われる。彼女の規模の大きい，豊かな哲学史的資料を盛り込んだ研究，『接触することなく接触すること』（1999年）において，彼女が，メルロ=ポンティとともに，そしてレヴィナスとは一線を画しつつ示そうと企てたのは，接触できないものは単に外側から侵入するのではなく，『見えるものと見えないもの』（308頁）で言われているような「接触することのもつ接触不可能なもの（l'intouchable du toucher）」として，触れることを拒む，ということである。この著作は大いに参照されたい。

頁）と把握している。しかしここでは，いくつかの区別が必要とされ，それは，触覚的に産み出されたぬくもりという一面的な印象を避けるため，つまり，ラカンが「触-発-的-接-触〔con-tact af-fec-tif〕」などとして揶揄しているもの（『エクリ』, 413頁）が，あたかも事物それ自体に付着しているかのような印象を回避するためである。この騒々しい連結符は，同時に切断符としても解読されうるのであり，それによって示唆される距離が，もっぱら言語上での接触を拒む仕切りに帰着しうるというわけではない。

したがって，私たちはもう少し触ることのもとに留まることにしよう。この触ることは触れてみることによって始まり，触ってみるにつれて，しかるべく経過していく。私たちはいつでも次の問いを立てることができる。誰が何にあるいは誰に触るのか。あるいはまた，誰が何に働きかけるのか。触るものと触られたものとは，なおも互いに密接に絡み合っていることもあろうが，それらは，区別されうるのであり，私の右手が左手に触ってみたり，私の身体がそれ自身触るものと触られるものとに分裂する場合でさえ，そうである。この点では近接感官は依然として遠隔感官になぞらえられる。見ることと聞くこととは「あるもの-を-目指している-こと〔Auf-etwas-aus-sein〕」, εἶναί τινος として，眼が緑のものを見るとき，眼それ自身が緑色ではないこと，耳が物音を聞くとき，耳それ自身が物音をたてたりはしない，ということになっている。またその逆に，見られた色はそれ自身見るものではなく，聞かれた音はそれ自身聞くものではない。このことはいわば，知覚する認識の眼目であり，この認識は，あるものへと方向づけられているのであり，ビリヤードの玉のように他の玉とぶつかって共にあるということはないのである[10]。他の面できわめて問題の多い心の「白紙状態〔拭われた石版, tabula rasa〕」もまた，その真理を主張するのは，まさに白い平面を，つまりそこに知覚が生起する空虚な場所を示唆することのうちにあるのであり，そこへと像が現実性を告げる使者のように流れ込むような場所を示唆するのではない。知覚の滞在する場所は，知覚されるべきものに空間を与える一つの控えることに基づいている。同様のことが触ることにも当てはまる。滑らかさや凸凹を感じる指先は，触

---

[10] 諸事物もまた私たちを見ているという逆説的に思われる主張は，見るものと見えるものとが端的に同じなのであれば，その主張の効力を失うであろう。

3. 接触と隣接性

るものとして，それ自身滑らかでもざらざらでもないのであり，ガラス製になったり木製になったりしないのである。手と身体全体とを事物として把握してもよいが，しかしその場合でも「特殊なあり方の事物」（『フッサール全集』第4巻，158頁）が問題になっているのであり，それなくしては私たちにとってどんな事物も存在しないような事物が問題なのである。しかし，触覚を遠隔感官になぞらえることには，明確な限界がある。触覚の固有なあり方には，私たちが触ることをほとんど気づかずに触れることへと滑らせているということが属しているのである。

　触れることは，実際，触れることにおいて触れるものと触れられるものとが相互に触れるということ，私たちが言い慣れているように，それらが触れ合う〔sich berühren〕ということによって際立たせられる。この相互的な《触れること》は，触れるものが同時に触れられるものであるという，相互的な眼差しや握手に比較しうるような相互作用より以上のことを意味している。明らかに，触れるという出来事はさまざまな方向へと放射するのであり，しかも連続的に恒常性というあり方にしたがっており，それは触れることにおいて温かくなることと冷たくなることとが温度の均一化へと導き，押すことと押し返すこととが力の働き合いを生み出し，あるいは一方が他方と衝突する場合などと同様なのである。運動の方向は拡散するのであり，さもなければ一方が他方と触れることはないだろう。しかし触れることそのものは分割されない。XがYに触れながら，Yが同時にXに触れないということは不可能である。触れることは対称的な関係を提示する。その関係は隣人関係に似ているが，しかし一方的にも現れうる友人関係や知人関係とは似ていない。この《触れること》の相互性は，接触〔Kontakt〕のうちに該当する表現を見出す。これは語義どおりには共に触れる〔Mitberühren〕ということである（同情〔Mitleid〕，共生〔Mitleben〕，共在〔Mitsein〕をも参照）。注目されるべきは，同じ語が人間関係にも電流の供給にも適用されるということである。どちらにおいても，「火花が飛び散る」ことがありえるのは，プラトンが『第七書簡』で語っていた煌めく洞察に似ている。医学的な表現である感染は，病原体による物（的身）体への伝染を表すものであり，接触が無害なものではなく，触発〔*Affektion*〕と感染〔*Infektion*〕とが単に言葉の上で類縁的であるだけではないということを思い起こさせる。正教会の聖歌の形式であるコン

タクチオン〔Kontaktion〕とともに，すでに接触の至高の形式が示唆されている。最後に言及されるべきなのは隣接性〔Kontiguität〕，つまり空間—時間的な隣人関係であり，共に出現することではあるが，すでに内的な共属性によってあらかじめ描かれているわけではない（『フッサール全集』第19巻の1，36頁）。隣接性は周知のように古典的な連合形式に属する。そこから遠からず，持続〔Kontinuum, συνεχές〕，一つの結合があるが，これは一つのものが中断することなくもう一つのものへと移行するということのうちにある。数学は私たちにとりわけ接線〔Tangent〕をもたらしており，曲線に一つの点において「触れる」一つの直線である。

4．心を打つと感じること

私は慎重に，可能な限り，事物の言語の方へと移行していった。そうすれば，触れることを性急に，《…について知ること》，および《……について語ること》の領分に付け加えることが容易に回避されうるものであるからである。触れることにおいては，あるものが明るみに出ること，あるいは言語へともたらされること以上のことが生じる。私たちが何かに〔an etwas〕触れるのは，何かとして〔als etwas〕それを理解し，何かに向かう〔auf etwas〕以前である。私たちがこの接触する経験を真摯に遭遇の形式として，したがって，誰かに突き当たる経験として受け取るならば，持続は非連続によって，恒常性は分割によってこじ開けられることになる。この接-触（Kon-takt）を中断させる離-触〔Dis-takt〕は，私たちの間で，諸事物と他者たちとの間で生じる生起に属する。遭遇の〈反して〔Wider〕〉は，〈間〔Zwischen〕〉から区別されるべきであるが，しかし，分離されるべきではない。その限りで私たちは，触れることにおいて，互いに関係に入る二つの存在者に関わっているわけでもなければ，分散してあるただ一つの存在者に関わっているわけでもない。《触れること》の相互性は二元論的にも一元論的にも捉えられない。それは源-泉〔Ursprung〕から由来するのである。

触れることの分割的性格を私たちが根本的に誤認するのは，私たちが触れることを，共通の空間の内部に立ち現れ，その際，互いに限界づけあい，

4．心を打つと感じること

ないしは，互いに働き合うような諸事物へと関係づける場合である。二つの事物が互いに触れ合うのは，それらが非連続の空間位置を取り，その際，空間点，空間線，あるいは空間面を共通にもつ場合であって，例えば互いに接するビリヤードの球，境界線によって互いに分離されている二つの競技フロア，あるいは防火壁を共有する二つの家などがそうである。簡単にいうと，二つの事物が互いに触れるのは，それらの間に場所がない場合である。厳密に受け取れば，このことはその隔たりがゼロに近づいていく数学的形態にしか当てはまらない。物理的な境界設定の場合には正確さの尺度に応じて最小限の隔たりが許容される。相互的な触れあいが相互触れ合いへと移行するのは，一つの物体が他の物体にぶつかり，運動の衝撃が二つの方向に伝播し，相殺される場合であり，二つのビリヤードの球が転がってぶつかり，近接した働きを起こす場合などがそれである。この種の《触れること》は，諸事物が空間において単なる境界内部性〔Binnengrenzen〕によって互いに境界づけあい，単なる内的作用〔Binnenwirkung〕を互いに及ぼしあっているということに制限されている。というのも，この《触れること》は，前もって，統一的な空間体系によって，ないしは「宇宙のセメント」を形成する因果性によって結合されているからである。厳密にみれば，ここには《互いに〔Einander〕》というものはない。というのも，触れることが触れる相手方の一人の視点から考察されるのではなく，第三者の立場から考察されているからである。この第三者にとっては，ＡがＢに触れようと，ＢがＡに触れようと，ＡがＢに作用を及ぼそうと，ＢがＡの作用を被ろうと，同じことである。観察者にとっては一方が他方と同様に妥当するのは，割れ目がすでに架橋されており，観察者はこの架橋を両方向に利用しうるからである。根本的には何ものも〈自身に〉接触することがないのは，一般的なプロセスから際立つようないかなる〈自身〉というものもなく，また，いかなる〈自身〉もないのであれば，非―自己以上のものであるような他者もまた存在しないからである。

　自身に接触することは，私たちに再び触覚の特殊性を思い出させる。《触れること》が，自分自身に触れるとは，触れることが反省的な知という形式で，あるいは共に知ること，共に知覚することという形式で（『ニコマコス倫理学』第九巻第九章参照）自分自身に関係することなのではな

い。触れることに内在し、触れることの主要をなすパトス的性格は、触れるもの、ないし一般にまさに当のものであるものが、私たちが何に触れているのか、ということに先行している、という事情を伴っている。触れているものは、《何か》と《誰か》とが、触れることから湧出する限り、触れる何かにだけではなく、触れる誰かにも先行する。それだからこそ、私は、触れることの自身に、触れるということについて語っているのであって、触れる者について、語っているのではない。ある主-観〔Sub-jekt〕は、遭遇の《当事者であること》に由来し、前もって、自分に何がどのように生起するかを知っているのではないのであるから、自己を意識し自己を支配する主観と混同されるべきではない。自身に触れることのこの自身とは、源泉や放射の中心を意味するのではなく、むしろ触れることの運動の内部で、一般的な作用の流れや語りと行為の流れを中断するような一つの渦を形成している。この自身とは、自身を自身に関係づけるものではなく、自身へと引き下がり、自身へと後戻りしており、自身に触れて、当事者と感じることによって、一つの自己へと生成するのである。その限りで触れることの固有なものと異他的なものとの間に、不整合が生じるのである。接頭辞 An-は宛て先へと向かう経過を表しており、この経過は答えを呼び起こすと同時に、その余地を残しておくのであり、結果を目標とする決定を促す生起に対立している。このことによって、触れること〔Anrühren〕は、語りかけること〔Anreden〕や害を加えること〔Antun〕などと一つの系列に並ぶことになる。触れること、あるいは、手で触ること〔Anfassen, (*attingere*)〕は、把握すること〔Erfassen〕、あるいは、包括すること〔Umfassen〕(*comprehendere*) とは、対照をなし、関すること〔Angehen〕ないし、着手すること〔In-Angriff-nehmen〕(*aggredi*) は、遂行すること〔Ausführung, (*exsequi*)〕と対照をなす。その際、決定的であるのは、他者によって触れられることが、自分が自分に触れることに先行するということである。伝統的に言えばこのことは、自己触発が一連の異他触発の中で立ち現れるのであって、異他触発に先行するのではない、ということを意味する。自身に触れることは触れられることの裏面をなしているのであって、いわばその前提条件のようなものではない。同様のことをジャン゠リュック・ナンシーは次のように言明している。「触れるとは、触れることの瞬間であり、そして、異他性

の経験の瞬間である。私たちに感じさせるもの（本当に感じているもの）が，私たちを感じさせている。遠さ，内なる近さへの努力」[11]。

5．肌の近さと遠さ

近接感官と遠隔感官とに区分する伝統的な区分の仕方を，私たちは，繰り返し思い起こしてきたが，これは，根本的な検証を要するものである。遠隔感官として妥当するのは，その諸対象が，知覚する物〔的身〕体と，多少の差はあれ，大きな隔たりをもっている感官であり，近接感官とはこのことがあてはまらない感官である。近さと遠さの極在的関係は，二つに分離されてある。そのとき，ただ，「遠さなき近さ」と「近さなき遠さ」（シュトラウス，1956年，406頁）が存在するだけである。触覚はその際，味覚と同様，近接感官に数えいれられることになろう。この近さはまったく明らかであるようにみえる。私がある事象，あるいは，人格に近寄ることができるのは，ある事象や人格に〔直接〕触れ，あたかもそれらと緊密な接触にあり〔Tuchfühlung〕，なにかを「手で摑める〔mit Händen greife〕」，《触れること》が肌の近さで〔hautnah〕形成されているときなのだろうか。映像絵画メディアの過剰な消費は，手で摑める諸事物や諸人格への憧れをはぐくんでいる。現実との直接的な接触に新たな確証を期待する，旧来の認識論の夢は，日常の中に再び見出されるのであり，以前の日常では，そのようなことは，ただ無理解による疑念の振舞いを呼び起こすだけであった。手仕事に関わる人は，実在性の証明には悩まないのが常である。近さへの新たな狂信は，ニーチェが推奨している，かの最も近しい事物とのよき隣人関係（『人間的な，あまりに人間的な』第二部断章16）へのパロディーとなる。近さと隔たりの次元は確かに人間学的な定数であるが，しかしその形態には著しい数のヴァリエーションがある。

エルヴィン・シュトラウスや彼に近しい著者達によって発展させられてきた感官の現象学的人間学は，ここで，あることが根本的に誤りだという

---

11) 『ミューズたち』（1999年），32頁。この著者はデリダを引き合いに出しているが，デリダは彼の近刊のテキスト『触覚』（2000年）においてナンシーの刺激を受け止めている。この著作は，ここおよびすでに『応答の索引』で私が企てた試論と交差している。

ことを私たちに教えてくれる。感官知覚が常に自己運動と密接に結びついているのであれば、私たちは《触れること》もまた接近として把握しなければならない。「触る運動は空虚からの接近によって始まり、空虚のうちへさらに手を伸ばすことによって終わる」（シュトラウス、1956年、406頁）。私が摑み取ることができるのは、私が手中にしっかり持っていないものだけであり、それはいつも、私の手をすり抜けるものであり、背景から際立っているものである。そこから帰結するのは、「遠さと近さとの対立は、接触においても解消しない」（同上、407頁）ということである。

　しかし近さと遠さとの対立を、なお別様に捉えることもできる。つまり客観的な空間設定と測定可能な空間的隔たりからではなく、諸事物や人間との私の関わり方の、より大きな、あるいはより小さな射程としてである。触覚はその際、近接感官であろうことは、触れることのできる対象は直接手に摑むことを許容し、操作可能なものであるからである。ある意味でこのことは社会的な接触にも当てはまる。身体間での触れあいが社会的接触の一つの部分をなすものでしかないとしても、抱擁や摑み合いはいつでも可能なのである。このことがアルフレッド・シュッツに、対面接触を備えた働きかけの世界、ないしは社会的な環境世界に、社会的および文化的世界の構築に際して、一つの優位を与えるよう促した。この場合でも接近は一つの最適さへと向かって努力するものであるが、ただこのことは、もはや事物と物〔的身〕体との間の最も小さな隔たりと解されることはなく、主観的に意のままにできる最高の度合いと解されるのであり、その際、もちろん、妨害が可能なことも考慮されるべきではある。最大限の近さが、到達されるのは、何か、あるいは誰かが直接的な射程のうちにある場合に、共有する《ここ》に属する場合であり、それは工場にも、事務所にも、住居にもありうるだろう。全面的に包括する専門職業化が、接触の世話を専門にするような触れ合いの専門家をも作り上げているのである。

　しかし私たちが近づくことと遠ざかることを遭遇から出発して考え、単に意のままになる諸データや実現可能なプロジェクトから考えるのでないならば、別の像が生じてくる。示されるのは、逃れゆく近さ、つまり、近づくことによって減じられるのではなく、なお高じてくる遠さであり、しかも、経験があらゆる不可避的で不可欠な規範化に抗して、何か異常なもの、何か驚かすものを保持する、その規模に応じてそうなる遠さである。

5．肌の近さと遠さ

サルトルのもとでは，愛撫は欲望の表現として，他者の物〔的身〕体が，自分の物〔的身〕体と同様に，その媒体的な性格を失い，肉となり，「受肉化する」ことに貢献している（1943年，458頁から462頁）とされる。サルトルの場合，相互的な肉化は個別者の自由のうちにその限界を見出すが，エルヴィン・シュトラウスは，「接近の限界なき運動」の例として愛撫に言及し，愛撫が「欲望の解消」とともに終わると見ている（1956年，407頁及び次頁）。レヴィナスが一歩先に進むのは，欲望が空虚と充実とのサイクルから遊離し，そこから特有の《遠い近さ》へと至ると見ていることにおいてである。愛撫という現象が繰り返し現れてくる『存在の彼方へ』においては，次のように言われる。「愛撫においては，そこにあるものは，そこにないかのように求められ，あたかも皮膚が自身の固有の退却の痕跡であるかのようである。憧れは，それをあたかも不在であるかのように，そうでしかありえないように，そこにある当のものを，さらに求めるのである。愛撫とは触れることにおける不一致であり，決して十分に露出されることのない露出である。最も近いものが接近を充実するわけではない」（1974年，114頁）。理由なしに，ここで裸性と露出というモチーフが現れきたっているのではない。身体から衣服を取り去る以上に，近い接触を実現することができるだろうか。しかしやはり裸の真理が目をそらすことができないのは，異他的な身体が裸である以上に裸なのであり，自分自身の背後に退却してしまっているということである。無限に接近すること，自身の目標をどこまでも，どこか他のところに求めて近づいていくことは，無限の近さ，その場での接近をそれてしまう。このことは異他的な遭遇を努力の目標へと，あるいは欲求の単なる対象にまで退化させてしまうことの断念を意味するが，これは，そのような傾向が共に働いていないという意味なのではない。私たちは触れることにおいて触れることのできないものに近づいているのである。

触れることは，単に表面において起こっているだけではなく，単に諸事物の表面や身体の皮膚を撫でるだけではなく，深みへと入っていく。その際に内―存在〔In-sein〕と周囲―存在〔Um-sein〕とが出会うのである。自身に触れるものは，自身のうちに入れ子になってズレ込むことがあり，包み込みつつ，自身を包み込みうる，つまり，突入しつつ，くるみ込みつつ，入り口を求め，認めつつ，入り込むことを強いつつ，迂回を妨げつつ

包み込みうるのである。玩具に近づいて，それをばらばらにし，引き裂いて，〈どうなっているか突き詰めよう〉として，そのものに〈入り込もう〉と試みないような子供はいない。見極めよう〔Ein-sicht〕と，解明と発見，および深化に努める成人の場合，発見の情熱と破壊の快楽とが結びついており，認識論として，なおも繭を紡ぎだそうとするいかなる純粋認識からも遠ざかっている。暴力と憎悪もまた近さを産み出しうる。人はあるものに，あるいは互いに〈噛み付く〉ことができる。触れることは，強く浸透する〔Unter die Haut gehen, 皮膚の下に入る〕こともある。触れることがあまりにも一面的に平面的な空間表象と結びつき，嵩の大きさが疎んじられる場合，このことは，視覚への一面的な定位から帰結しているのである。触れることは常に嵩のある空間において行われるが，これはつまり，私たちを取り巻く空間において行われるということである。《触れること》が疎遠な空間への敷居で立ち止まる場合でさえ，それは，敷居の上を動いているのであり，単に特定の境界線の此方に局所化されているわけではないのである。触れることは，ただ触ることや働きかけることを意味するだけではなく，疎遠な空間に踏み入ること〔Betreten〕，開くこと，開示することをも意味する。フロイトが徹底して示したことは，〈客観の発見〉の際に，諸事物への関係と身体的に把握可能な他者への関係とがどれほど相互のうちで働き合っているかということであった。夢分析と身体的兆候の解読とが示すように，諸事物の世界とはエロチックかつ性的に彩られ，音調づけられている。性的に興奮する身体部分の形成と多様な身体の開口部での遊戯は，《触れること》にエロチックなオーラを与える。異他的な身体を私たちはカンバスのように眼差すわけではなく，私たちはそうした身体のうちに，異他的な領土のように入っていくのである。覗き魔でさえそれを行うのである。

　ここで性的差異とそれに対応する性の発生とを妥当なものとするならば（ゼーヴァルト，1992年，222頁から224頁），注意されるべきは，身体の間での相互陥入は性のいずれの側でも，それに固有な魅惑とそれに固有な姦計をもっているということである。女性と家ないし洞窟との隠喩的な近さは，フロイトが繰り返し強調したものであり，男を闖入者とするものであるが，誰も測り尽くせない，女性的身体空間の取り込み，巻きつき，深淵のうちにその裏面をもっている。対応する童話のモチーフを考察すれば，

あらゆる扉を開く英雄と，犠牲者を奈落へとおびき寄せる水の精や犠牲者を網の中に引っ張り込む老女と，どちらがより強いかは決して定かではない。運動は外側から内側へと進むだけではなく，同様に内側から外側へも進む。侵入と反発とは互いに入れ替わるだけではなく，相互に重なり合うこともある。近さと遠さは徹底して，両義的な性格をもつ。この広く分散した空間の象徴学がなおざりにされるならば，近さと遠さも，あまりに精密に測定された形式を獲得し，それはあたかもカフカの測量技師が城の測量士として引き続き活動したように，二次元性がただ第三の次元によって拡張されただけになってしまうだろう。

6．離れと再接近

私たちが遠ざかることと近づくこととを反対方向の運動として考察するならば，持続的に優勢であるのはどちらの運動方向なのかということが問われる。私たちは自己の発展を，結びつきと離れの二拍子で解釈することに慣れており，たとえば母からの離れ，両親からの，教師からの，故郷からの離れ行くこととして，したがって，プロセスとして，すなわち，生を規定する新たな誕生を伴って繰り返されるプロセスとして解釈することに慣れている。その場合再び接近することの本義は，遠さから出発する近さへの希求のうちにあることになろう。しかし私たちが考察したところによれば，遠ざかりによる離れによっても，また新たな結びつきと再接近においても，同様に近さと遠さとが互いに干渉し合うことが予想されうる。子供が自分の両親から最初に離れることは，アリストテレスによって彼の友愛論の枠内で記述されており，それもさまざまなあり方の情動的結びつきから出発してである（『ニコマコス倫理学』VIII.14）。親について，そしてとりわけ母親についてそこでは，彼女たちは自分の子供を「自分たち自身によって存在する何か【＝自分たちに属するもの】」として愛すると言われ，子供たちは自分の親を「彼らによって存在するもの【＝彼らから生まれ出たもの】として愛する，と言われる（1161, b, 19f）[12]。親たちからみて，

---

12) ギリシャ語の「両親」という表現（γονεῖς, γίγνεσθαι の類縁語），および「子供」（τέκνα, τίκτειν の類縁語）という表現は，生み出す過程，産出する過程を強調している。

子供は「別の自己たち（ἕτεροι αὑτοί）」なのである。子供が別の自己であるのは，親たちから生まれ出たからであり，別の自己であるのは，彼が分離されていることに基づく（τῷ κεχωρίσθαι）(1161b28)。家族的な共属性は，兄弟愛やさらなる類縁関係において広がるものであるが，それはアリストテレスによって生物学的な生産の理論へと押しやられている。原分離が起こるのは，生産者からの生産物の分離においてであり，それ以上のことはすべて，教育の事柄であり，この教育が個別者たちを，自分固有の洞察と自分固有の選択によって行為するよう導くのである。しかし，やはり単なる産出物以上のものである自己が，いかにして産出されうるのかという謎は，謎にとどまっている。事情が別様であるように見えるのは，レヴィナスの場合であり，彼は『全体性と無限』では次のように書いている（245頁）。「私の子供は，異他的な者である（イザヤ49）が，しかし彼は私に属するだけではない。なぜなら，彼は私であるのだから。私である私の子供は，私にとって異他的な私である」[13]。

　遠ざかることと近づくこととの二重の運動のうちには二義性がある。一般に流布している発展的見地にしたがえば，《原近さ〔Urnähe〕》を仮定する傾向があり，この《原近さ》は，遠さへと変容して，改めて近さへと遡及的に変容するのである。しかしこのことによって，核心において自身のもとにあるような自己を密かに前提にすることになり，その自己が他者と結合していると感じていても，そのような自己であるのだ。このことを行っているのが，感情移入の理論家であるテオドール・リップスであり，彼はあっさりと，直接的な自己価値感情から出発している。「私が直ちに言えることは，私は触れることの特有な近さと内密さにおいて自身を把握していることである。私は私自身にこそ，もっとも近い者である」（リップス，1926年，230頁）。別の選択肢は，本来の遠さの近さ〔Fernnähe〕つまり自己の内なる非-自己の契機，根源的な分割のうちにあり，この分割が導くのは，私が一つの自己へと覚醒するとき，私は，原初的なあり方ですでに，私と他者とから分離しているということへと導くのである。原初的なナルシズムもまた，壊れたナルシズムということになるだろうし，オイディプス・コンプレックスは，異他的物〔的身〕体へと同様，共生の楽園

---

13)　テクストの原文は次の通り。"Mon enfant est un étranger [...], mais qui n'est pas seulement à moi, car il *est* moi. C'est moi *étranger* à soi."

6. 離れと再接近

に押し入ることはないであろう。

もし事態がそうであるなら，再接近とは，想像的な自己反映の領層において，つまり，願望の近さを産出し「統一への狂気」(カストリアディス，1975年，403頁) をはぐくむ願望の像の産出において行われるのでない限り，なんら《原近さ》への漸次的な回帰のことではない。《遠さの近さ》はむしろ，遠ざかりのうちで，近さと遠さとの同時的な高まりとして，欲望における欲望の増強として生じるのである。本来の《遠さの近さ》には，反復された近さの遠さ〔Naheferne〕が対応する。私たちが〈最も近いもの〉について語る場合，私たちは注目すべき最高級，文法的な最高単数〔singulare tantum〕に比較しうるある種の最高最上級〔superlativus tantus〕を使用している。というのも，最も近いものへのこの近さは，すでにニーチェのもとで，またレヴィナスのもとではなおさら，最も遠いものと混入しているのであるからである。この近さは，いかなる漸次的な近似化，つまり，私の可能性の領野を拡大し増大する射程の中に他者をもたらすような，いかなる漸次的な近似化に由来するのでもない。この近さは，むしろ，本来の異他性の印であり，現存における不在の印であり，その不在において現存が射映するのではなく，空洞をうがつのである。ラカンの見地からみて，この近さは想像界ではなく，象徴界に属する。媒介されていない近さへの願望は，エロティックな，ときにはまた宗教的な幼稚症へと導くことになろう。レヴィナスによって要求された「大人のための宗教」には，「大人のためのエロス」が対応するだろう。このことは，いっさいの子供っぽさが追放されるのではなく，追放されるのは，あらゆるものが意のままになると思い込み，オイディプス的な願望を恒存化させようとする，無邪気な子供っぽい全能という誤った夢である。根源的な遠さはしかし，解消しえないものであり，あるいは，もっぱら意味の場を拡大するにすぎない理解によって緩和することしかできない。この遠さは同様に，分有的あるいは物語的な共同性に立脚する共通の領域と交換することもできない。近さと遠さとの対立する働きは，《遠さなき近さ》を追求する幼稚症に逆らうだけではなく，《近さなき遠さ》に適合する成人主義にも同様に逆らうのである。

《遠さにおける近さ》とは，諸事物の間での最小限の隔たりのことでも，私にとっての最大限の到達可能性のことでもなければ，われわれ-領域

〔Wir-Sphäre〕への関係づけでもなく，むしろそれは，何かがここにともにありかつ遠くにあるということであって，ここにあることから，同時に他のどこかにあることが分割することなのである。当初の遠さの近さと繰り返された近さの遠さとは，歴史を単線的に，近さから遠さをへて新たな近さへといたる道として読むことを排除するものである。近さと遠さとはむしろ形象と形態のように，相互のうちにズレ込み，しかも決して合致に至ることはないのである。

　こうしたすべてのことは，触れることとどのような関係があるのだろうか。触れることにおいて近さから遠さへの，遠さから近さへの転換が遂行されるのであり，この転換は別離と挨拶との二拍子に対応する二重の方向で行われる。遠ざかることにおいて私たちは，私たち自身に依然として近いのであり，近づくことにおいて私たちは私たち自身に依然として遠い。このことは，想起に由来するのではない原的な過去，および予期に由来するのではない原的な未来に対応する。触れることは一方で，過渡的なものとして描写されるが，それはその関係がどちらの側でも，固有に定着したものとはならないからである。触れることは，すがりつくことと手放すこととの間を，つまりそれが現実化すれば触れることを廃棄してしまうような二つの極端の間を，振動しているのである。純粋な手放すことにおいて，接触は失われるだろう。また，同様に接触が失われてしまうのは，触れることと触れられたものとが，二つの項のように溶接されてしまう場合である。触れることは，典型的な移行の現象である。他方で，触れることは，変転的〔metabolisch〕な性格を示す。触れることは，いつでも，遠さから近さへ，もしくは近さから遠さへと，一方から他方の方向へと転換しうるのであり，この転換は，触れることが所有のうちに固定化されるのを防ぐのである。私たちが近接感官と遠隔感官との古い区別を受け入れるにしても，触れることにおいて働く触覚は，近-遠-感官〔Nah-Fern-Sinn〕と見なされるべきであって，したがって，感官のスペクトルの単なる中間としてではなく，特殊なあり方の振動の領野とみなされるべきであろう。となると，徹底的に考えられた《触れること》があらゆる別の感官へと放射し，私たちに遭遇するあらゆるものにとって，決定的な基準を与えるのではないのか，と問われてくるのである。

7．触れうるものと触れえないもの

触れるという現象は，段階的に内容豊かになっていったのであり，単にあるものを触ることやある物に働きかけることから，疎遠なものによって突き動かされたり，抱擁されることにいたっている。しかし，それによって，身体物体的な領域が後にされているのではない。触れることは触ることや働きかけること以上のことを意味するのであり，私たちに触れてくるものは，触りうるといったことや効果を及ぼしうることという契機ですまされるものではない。ある現象が過剰に規定されることは，この場合でも，特定の意義の核を前提としている。触れることは曖昧な雰囲気のうちに始まるものではない。そうだとすると，この意義の核がどこに存するか，他のものへの放射がいかにして起こるのかが，問われることになる。触れうるものが存在する場合には，触れえないものも存在する。しかし，この対の対立は二様の仕方で考えられうる。触れうるものに，否定としての触れえないものを対立させることによって，この対立を緩和できるが，それは，本来的な触れうるものと，転用された意味での触れうるものとを区別することによってである。そのような古典的な隠喩法の背景には，手では摑めない多くのものがあるという想定がある。色，分子，数，あるいは理念などの想定である。もし感性の世界と思惟の世界とを結合する架け橋があるとすれば，それは見るという架橋，すなわち，「うまく転用するとは，類似のものを見るということである」(1459a)と述べるアリストテレスの『詩学』からの周知の定義であり，そこにポール・リクールは隠喩の賦活力を依拠させた。この語義通りの見方は，私たちが，何かによって突き動かされ，はじめて事後的にそれが何かとして統握されるとした場合には，あまりに簡単にものごとを捉えすぎることにはならないだろうか。トラウマの効力が誰かに，類似したものとみえるとでもいうのだろうか。これは，むしろ後から〔prius posterius〕その責任を負わせるようなひねくれた問いである。私たちのいままでの考察は別の方向を示している。私たちの考察が肯定するのは，触れられることにおける触れられないこと，すなわち，触れうるものに対立させられるのではなく，触れるものから退くことによ

って触れることに空洞をうがつことである。

　私たちがさしあたり，感性的経験の領域にとどまるならば，触れられないことは二様のことを意味しうる。触れることのできないものとは，非触覚的な感覚質であり，異なった諸感官の様相に属している。色，音，匂いあるいは味覚を私たちは，固さや滑らかさのように触知することはできない。それだからこそ，私たちは特殊な諸感覚質について語るのである。しかしこの接触できないことは，経験の一つの視点に関するだけであり，孤立化した領域に関するのではない。私たちが感官のスペクトル上で，まず，増大する対象性と増大する〈霊知的な〉行動の方向へと移動すれば，私たちは単なる諸性質と関わっているのではなく，見えるもの，ないし聞こえるものに関わっており，それは，世界のうちで，また世界から発して出会われ，そこにおいて世界が濃密になっているのである。見える形態や聞こえる形態は，それらに，見えるものや聞こえるもの，世界のうちでわが道を行き，居場所を見つけるようなものが，何も対応していない場合には，純粋な幻影であることになろうし，また，さらには，そうしたものへと向き合い，あるいは背を向ける者，それに近づき，あるいはそれから遠ざかる者が誰もいない場合にも，純粋な幻影となろう。このキネステーゼにおいて，触れうることが構成的な役割を演じている。空の月といった遠隔-事物あるいは超-事物は，私たちにとって届くことのできないところにあるものの事実的な接触不可能さに還元される。近さと遠さを比べることにまだ慣れていない子供は，月をつまもうとする。空中に浮かんだボールを摑むように。そして，月が半分欠けた場合，修理してくれるようにせがむ。月が摑みえず踏み込めないものであるとしても，それは，私たちにとって，ただ，蜃気楼や影法師に関わっているかのようにみなす。プラトンの洞窟の住人にとって，像の王国の幻覚に類する性格が高められるのは，通常の動的-感覚性〔キネステーゼ〕が静的-感覚性に場所を譲ることによってである。観察者はある場所に拘束されて，彼らの目の前にあるものへと手を伸ばすことができない。すでにバークリが書き留めているように，月の大きさが観察者の位置と観察者との距離に関係づけずに測定されえないのは，上下という空間の違いが触覚的な地面との接触と直立の姿勢とを前提にしているのと同様である。眼差しが単に特定の諸形式を反映するものではなく，世界を偵察しつつ歩き回ることから，メルロ＝ポンティは，見えるも

7．触れうるものと触れえないもの

のは，触ることのできるもの／触れうるものから彫りあげられていると主張できるのである（1964年，177頁）。私たちは，私たちが触れることができるものを見るのであり，そこで，見えるものと触われるものとが，事後的な綜合によって統一されねばならないわけではない。いわゆる共感覚はここにその根源をもつ。聞きうるものはもちろん，同じような仕方で世界に適合しているのではない。響きや騒音は特定の方向から私たちへと到来し，それらは到来しては過ぎ去り，ただ間接的にのみ，音がそこから送られ，音源として把握しうるような何かに結びついている。私たちは私たちが触れうる何かを聞くのではなく，私たちに触れさせるようにする何かしか聞かないのである。聞くこととはむしろ聞き取ること〔Vernehmen〕であって，気がつくこと〔Gewahren〕ではない。最後に私たち感官のスカラーを雰囲気のように広がっている感性からパトス的に増強する体験という反対方向に向かうとき，私たちは味や匂いに誘惑され，つきまとわれていると感じるのであり，また，それらには何かに触ることができるということも欠けているのである。もっとも，だからといって，触れうることがそれで終わりになるわけではない。

　私たちの感覚論的考察は決定的な点に近づいた。問うことができるのは，触覚的経験がやはり不可欠であるということが証示されているとき，視覚的な経験が，いったいどこから，その信望をなおも受け取るのか，という問いであろう。他でもない，この不可欠性がはっきり現れるのは，目の見えないあるいは耳の聞こえない者が，標準的な経験という正常感覚論的な諸前提に対応して，異種の諸感覚を形成し，その諸感覚の内部で，特定の損失が埋め合わせられることになるのに対して，触る，ないし触れることのできない者は，無感覚症に近づいている[14]。視覚の伝統的な根本的特長は，明らかに，生命の必要性よりも認識にとっての，その意義に依拠している。視覚は，最も認識に寄与する感覚であり，すべての感官の中で最も知的である。光は，ある媒体を，すなわち，そこであらゆるものが現れを獲得し〔er-scheint〕日の光に立ち現れ〔zu-tage tritt〕自己を開きにも

---

14) もっとも私たちは，そのような損失を純粋に主観的に，単なる石の固有性であるとか，単なる植物的生命，あるいは今日より近しくなっている，単なる脳の除去と理解しないように用心しなければならない。感覚のどんな損失も特殊な生の有機的組織化へと働きかけるのであり，無感覚症が無感情と合致することは決してない。

たらし〔offen-bart〕，しかも，可能な限り最大の明晰判明性においてそうするような媒体を描写している．見ることのこの一面的な価値評価がその輝きを失うのは，触れることにおいて原型的にあらわれる，感性的な経験のパトス的側面を私たちが考慮に入れるときである．ここで私たちは構成的な触れられないことに出会うのであり，これは，特殊な感官の色合いや私たちの射程の限界へと還元されることはなく，触れることのただ中で，触れることから退去するものによって突き動かされることとして，登場する．私たちは，触れることのうちで，触れられないものに突き当たる．見ることの認知的な要求があらゆる感官を独り占めにするのに似て，触れられることのパトス的な命運は，逆に，あらゆる感官へと効力を及ぼし，私たちの眼にとびこむ光線にも，私たちの耳に入ってくる騒音にも働きかけるのである．私たちは『応答の索引』において，身体的な応答系〔Responsorium〕について語ったが，これは感官のさまざまな索引を包括している．感官のこの応答性は，身体的な触発系〔Affektorium〕の形態において，同様にもろもろの感官領野を交差しているような身体的なパトス系を裏面としてもっている．それによって，共-感覚〔Syn-ästhesie〕は，接触から成長する共-感〔Sym-pathie〕の諸特徴を獲得する．眼差しの覇権を打ち破るために，眼差しを悪く言う必要はない．諸感官の比重と各々の感官内部での重点を変更して，経験と理性の一面的な視覚化から免れればそれで十分なのである．

　接触の生起は，私たちが感覚論的考察から精神論的〔noologisch〕考察に移行し，いわゆる精神的なプロセスを考慮に入れるならば，その射程を拡張することになる．精神的なものは二元論的な見方においては，触れることのできないものである．すでにプラトンは，かの「地上に生まれたもの」がすべてを石や木のように手で触わることのできると信じている粗野な実在論に対向して，理念の喜びに助けを求めている（『ソフィステース』246a）．しかし私たちがフッサールとともに，ロゴスは「感性的世界のロゴス」として「経験の実り豊かなパトス」の中で活動すると想定してもよいとすれば，私たちはその逆に，「精神論的世界のパトス」も存在し，それゆえパトス的なものが論理的なものと同様に，経験のあらゆる有機的組織化の諸段階，あらゆる有機的組織化のあり方において回帰すると期待してもよいだろう．

7. 触れうるものと触れえないもの

　私たちが指標としての言語の多層性を取り上げるならば、《触れること》は、しかも、手で摑みうる触れられることとパトス的な触れられることという二重の観点において、いわゆるより高次の行動においても、さまざまな仕方で言葉にもたらされることが示される。事象に単に〈触れること〉、あるいは事象を単に〈撫ぜる〉というのは、私たちが事象を詳細に取り扱わず、深く突入することがないときである。触れることは、その際、研究の単なる初期位相に限定される。それが大変大きな重みをもつことになるのは、私たちが、〈把握する〉、あるいは、〈包括する〉、理解作用を拒むような〈把握不可能な〉、あるいは〈摑みえない〉何かに突き当たるときである。この意味でアウグスティヌスとデカルトは神の認識の場合に、不可能な包括的理解〔comprehendere〕に可能な接触〔attingere〕を対置させるのであり、後者はそれはそれでプロチノス的な一者が触れること〔θιγγάνειν〕へと遡る。この場合に、触れることは、認識のもっとも高次の形式としてあり、そこではこの認識が自分固有の限界に〈突き当たる〉。もっとも、そのような合理主義の克服が、ある種の非合理主義に転換してしまうのは、〈触れられないもの〉が、理解するのではない、好んで、単なる感情に委ねるような何かとして理解されるときである。私たちはヘーゲルによって存分に利用し尽くされた、何かについて語りながら、なおやはりその何かついて語ることはできないと主張するような語り、そして自分固有の媒介を拒絶することによって、直接性を不当にこっそり手に入れるような語りの諸矛盾へと巻き込まれるのである。このような争い、つまり、あらゆる思考上の浪費にも関わらず、あまりに単純な諸前提に依拠するこの争いに見切りをつけるのは、私たちが触れることをパトス、遭遇として、したがって、突き当たっていると感じることとして、そして、私たちの摑むことおよび把握に取り戻すことが決してできないように先行する《心を打たれること》として理解する場合である。その仄かな名残が、アリストテレスのもとにさえ見出されるのは[15]、彼が知覚することを「触れること」から、すなわち単純な覚知〔simplex apprehnsio〕から立ち上げようとして、のちに言われるように、いまだあるものをあるものとして統握し、解釈し、言表するものではないゆえに、また、二者択一的な然りと

---

15)　『形而上学』IX, 10, 1051, b24, もしくは、自己自身に思考において「接触する」ヌースに関して、『形而上学』XII, 7, 1072, b24を参照。

否，認定と否認との対立が働いていないゆえに，〈端的〉と言われる把握から始めている場合である。この触れることは，あらゆる立場の決定に先行する。しかし，このことが愚鈍なことに留まってしまうのは，その触れることが，知覚の単なる端緒として捉えられ，その知覚が反復を通じて一つの習慣的な態度へと変容するとされる場合である。その鋭さをこの《触れること》が獲得するのは，それが私たちの習慣を，プラトンにおける驚きやエロスのように，打ち破り，震動させる場合である。ここで異他的なものの経験のパラドックスが，触れられないものに触れること，あらゆる可能化に先行する現実性と有効性に触れることとして，告げられているのである。

　私たち固有の可能性を踏み越える異他的なものをほのめかすことによって，私たちは倫理的なものの領域，望もうと望むまいと私たちが曝されている諸要求の領域へと踏み入る。再度，言葉が示唆しているのは，触れること，および触ることでさえ，その過剰な規定性において，経験のあらゆる高さと深さをくまなく測り尽くしているだけでなく，固有のものと異他的なものとの区別に明瞭な刻印をも与えているということである。私たちが語るのは，人間の尊厳の不可触性，より具体的には，人間の顔の不可触性，あるいは最大の近さにおける不可触性，つまり，巧妙に「最も適切な接触を選ぶこと」（シュトラウス，1956年，395頁）についてなのである。ここで，物理的な接触を心理的あるいは社会的なものに転移する単なる隠喩が問題になっているのではまったくないことが，示されるのは，接触を恥じること，接触の不安，および接触の禁止といった計り知れない大きな問題領野であり，それは，人間の個体発生および系統発生の早期の位相にまで広がり，また，文化人類学の観察が示すように，動物の行動の問題にも疎遠ではない領野である。

　ところで，事欠かないのは，諸々の試み，すなわち，この触発を飼いならすことで，この接触からパトス的な経験の棘を奪うような試みである。原始時代のタブーは非合理的で権威の失墜した防御装置として把握され，この防御装置は宗教的な規則や拘束の世俗化の増大とともに言語化され，例えば身体，住居，所有，外見，確信などに関わる私的領域の契約上の保証といったあり方において，部分的には法律化されている。情報保護は，古代の接触禁止が，契約上，保証される法的で道徳的な保護区域の設立へ

と変容したその技術的な帰結であろう。問われるのは,《触れられるもの》の徹底した《触れられなさ》が最終的に,何らかの形で残存しているかどうかである。

　厳密に受け取れば,何も残されていないということになろう。他者の身体,生,所有,名誉,および確信に手を触れてはならないとする禁止は,暗黙裡に,私が事実上手を触れるもの,つまり私が影響を与え,傷つけ,極端な場合には無に帰することができるようなものに,手をつけてはならないということを含んでいる。しかもそれは,私が法治国家の国家市民として,ないしは理性的存在として,自己自身に矛盾することなく,このことを欲することはできないからなのである。私たちに遭遇するものは,できる,ならない,欲するという三項関係によってあらかじめ統制されている。法の法則,ないしは人倫の法則は,もし私たちがどんな倫理や習慣性に従うべきかという問いが立てられるときに,制御の審級として機能する。カントの理性の事実は,理性の秘密の内部で,法則の声を聞くこととともに,遭遇の契機を堅持するのであるが,それは,自分自身の由来を否定するような設定された秩序においては,消滅してしまう。

8．手出しすることと厚かましさ

経験のパトス的側面が原型的に,触れることによって表出されるとき,このことが意味するのは,《当事者であること》と結びついているかの《傷つきやすさ》が,《触れられること》においてとりわけ純然と現れてくるということでもある。再度,皮膚が,つまり,内的世界と外的世界との間の,固有世界と異他世界との間の接触ゾーンとしての皮膚が,不快な働きかけに対して,特有な攻撃の平面を提供している。傷とは外的な傷害に制限されるものではなく,脳震盪や血栓のような内的な傷も存在するが,しかしやはり皮膚の防御層に特殊な意義が当てはまるのは,自己保存の場合であって,この自己は,環境との交換が特定の境界を越えて遂行されるときにのみ,存立できるのである。身体的自己はただ単にではなく,決定的なまでに,ディディエ・アンジウの呼ぶ皮膚-自己なのである。このような自己に触れることになる身体的な傷は,単なる肉体的な傷と人格的な傷

との区別，すなわち，あまりにも早急に権利と義務の損傷と等置される区別の有効性が妥当することなく，免れているのである。〈皮膚の中で〉快く感じたり感じなかったりする者は，何かがその人に害をもたらし，傷つくのである。〈皮膚の下を〉走る痛みは，〔機械の〕運転の故障以上のものである。痛みにも身体と似たことが当てはまり，私は，痛みに距離をもって対応し，痛みを持つが，その同一の痛みであるのが私でもある。まさしくそれだからこそ，私たちは，痛いと振舞う行為者について語るように，端的に痛みを被る患者について語るのである。

　《触れうること》と融合している《傷つきやすさ》という特殊な性格が，明らかになるのは，私たちが再び，《遠い近さ》を視野に入れる場合である。私たちに触れ，心を打つものに手を出すことが，厚かましさへと悪化するのは，遠さのオーラが色あせ，誰かが〈近づきすぎる〉ときであり，あたかも異他的なものを手で摑みうるかのように，〈距離のパトス〉が距離のなさへと転換するときである。有名な《我に触れるなかれ〔noli me tangere〕》は，これに対して，手に取る何かがなにもなければ，意味をなさないであろう。ここにはタブーの両義性があり，このタブーは誘惑しつつ，また禁止しつつ，一つになって登場し，このような仕方で触れうるものが触れえないものと結びついているのである。接触による傷の特殊性は，いまや，パトス的ものが，それ以外の感官領域では生じないような仕方で，病理的なものへと横滑りすることがありうる，ということのうちにある。

　見ることと聞くこととは，いつも障害によって中断されうるのであり，この障害は見られたものと聞かれたものとの外部で働くのではなく，見られたものと聞かれたものそのもののただ中で働く。突然光るヘッドライトのぎらつく光や，鉄道のレールやタイヤがきしむけたたましい騒音は，私たちから全感覚を奪いうるものである。このことが起こるのは，私たちにとって〈見ることも聞くことも止んでしまう〔気を失う〕〉という仕方においてである。眼が眩むことには，極端な場合，鼓膜の破裂や突発性難聴のような生理学的な損傷のうちに現れる難聴が対応する。ところで，極度に強い感性的刺激が痛みを呼び起こすだけではなく，単調な雫の音や時計のチクタクという音もまた，人を狂気の淵にまで追い詰めることができる。パトスを阻害するようなパトスの規制は，常に，そして正確に，予期するものが登場する——現在がいわば足踏みしているために，私たちがもはや

8. 手出しすることと厚かましさ

何ものも予期しないような点に至るまで——ということへと導く。感性のボーダーラインとなる事例は、さまざまな仕方で利用されうるのであり、犠牲者を特定の感性へと釘付けにしておくような拷問の手法として、また世界が区別のない無へと神秘的に沈潜する道として利用されうる。すでにアリストテレスが語っていたように（『政治学』第二巻第五章を参照）、私たちが一本調子、あるいは単調さについて語るときには、私たちはそのことによって、無が何かでないこと〔Nicht-Etwas〕として聴き取り可能になるような、感覚的なものの自己止揚を表しているのである。見える、あるいは聞こえるものに苛まれることは、視覚世界と聴覚世界との周縁で起こっているのである。

　触れられる場合には、苛まれることは、まさしく苦しむことと融合している。無傷のものの傷は、接触の周縁で始まるのではなく、接することそのものにおいて始まる。パスカルは、彼の『パンセ』（ブランシュヴィック版、断章366）の中で、理性の失われた哲学者の感覚的な働きかけに対する依存性を念頭において、次のように書く。「世界の最高次の裁定者の精神は、近くで起こるどんな喧騒も障害とならないといえるほど依存的でない、とはいえないだろう。彼の思考を妨げるのに、大砲を撃つ必要はない。風見鶏や滑車のきしむ音で十分である。君たちがいまや誤った推論をしてしまうことに驚かないでほしい。蠅が彼の耳の周りでぶんぶん音をたて、これで正しい判断をできなくするのに十分である」。私たちは音がうるさいだけの蠅の代わりに、蚊、たとえば、小うるさいかむ者（culex pipiens）というぴったりした名前をもつ蚊を取り上げよう。この蚊は刺すことで自身に気づかせるが、この刺すことは私たちが勝ち誇った羽音を聴き取る以前に、私たちを眠りから目覚めさせる。私たちの皮膚に穴をあける針は、私たちに触れるものによって、私たちを苛むだけではなく、触れられることと傷つけられることとは、むしろ一つになっている。私たちが身にまとったり、匂いのベールからできているような防御の膜は、光をろ過するサングラスに例えられ、前者は蚊が刺さないように、後者は刺すような光から、保護してくれる。光の強さに苛まれることなく色を見ることができるが、瞬間的に蚊が刺したことにピクッとすることなしに、刺されたと感じることはできない。そのような種類の痛みは、いわゆる〈事象そのもの〉、すなわち〈感覚の事象〉に属するのである。そこには触れるこ

と〔touché〕の両義性，つまり認知的な要素や運動的，触発的な要素とまた，傷に関わる要素などに分解できない両義性が存在する。同じような両義性が，パトスや情動にも内属しているのは，私たちが身体的な接触の領層におもむくときである。手出しすることが，傷つける押し付けがましさにまで高まると，傷は触れることの単なる副次的結果ではなく，この接触そのものが傷つけるように働く。プラトンの感官のカタルシスが，純粋な色，音，匂いのもとに立ち止まるのは，それらの場合には快が不快と混じり合わないからである（『フィレボス』51b-e）。どうして純粋な触覚質が存在しないのであろうか。地の模様のように素材的な柔らかさから仄かに現れる，絹の生地の滑らかさや皮膚の柔らかさのことを考えていただきたい。あるいはむしろ逆に想定して，感覚質の純粋性が，同様に，その地上的な残余と動物的な身体物体性への近さを，決して完全に放棄することがないような昇華から生じる，とすべきではないだろうか[16]。

　触れることの特殊な性格は，なお別の仕方で，つまりある種の極在化あるいはスペクトル化〔分光化〕において現れて出てくる。この結果，触れることの苦しさは決して，光の強さや音量が大きすぎることと比較しうるような過剰さに制限されたままに留まらない。接触に関わる傷のスカラーは，内容豊富である。ここで傷害と拷問のカタログ――ところでこれは接触による傷害に制限されてはならないのだが――を提示することはせずに，過酷な暴力行使，洗練された暴力行使，および柔軟な暴力行使を区別したい。

　過酷な暴力行使のヴァリエーションは，私たちにとって，中世の，および近代の暗闇の幻想で恐怖を呼び起こす拷問室からだけでなく，また医術用の手術器具のレパートリーからも周知のものである。伝統的に医者の職業上の活動は切ることおよび焼くことと結びつけられている。のちに葬儀における死体解剖において受け継がれる，切ること，切開，切断することは，皮膚を切り離し，肉体空間へ侵入することに制限されるわけではないが，それとともに始まる物理的な側面を形成している。焼くことは，物質変化，組織の解体や類似のことに関わる化学的な側面として考察することができる。この過酷な暴力のヴァリエーションの地平には，生物の内的世

---

16) 匂いの刺激が文明化に応じて価値低下することについては，『文化における不気味なもの』のフロイトの有名な注釈を参照。

8. 手出しすることと厚かましさ

界と周囲世界を区分する境界の廃棄としての死が位置する。死はさまざまに規定されるが，中でも《触れられなさ》の特殊な形式を伴って生じる脱-皮膚化の形式としても規定されうる。この意味でプラトンのカリクレスは，私たちが生ける死人として近づきうるような，石が欲求をもたない状態について語るのである（『ゴルギアス』492e）。

　洗練されたものと私たちが呼ぶのは，弱い箇所や隙間をうまく利用する点で，巧緻に近いような傷つけ方である。これは大きな破壊を残さずに皮膚に侵入するような，刺すことに当てはまる。このためには特殊な手練が必要である。すでに蚊は，血の吸えそうな皮膚の箇所を探し出すという点で，特に巧みであるといえる。技巧は医学的手腕の技術にまで高まり，注射をしたり，鍼を打つまでになる。しかしこの手練は，致命的な一撃を与え，絶命的な注射をする者の手腕にも見出される。そういった洗練さが無害といえないのは，過酷な暴力行使の場合と同様である。こうした洗練さは，私たちがいやみを繰り返したり，辛辣な政治と呼ぶ社会的行動の基礎目録を形成しているといえる。

　最後に，厚かましさの柔軟な働きかけの仕方は，皮膚を撫ぜたり，軽く触れることに結びつく。撫ぜることにおいては，皮膚は手や撫ぜる道具が皮膚の下にもぐり込むことなく，ただ表面的にのみ接触している。私たちが慣れているのは，撫ぜることを，触れつつ心を向ける思いやりのあるあり方としての愛撫と結びつけることである。しかし，エロチックな《触れること》もまた攻撃的な要素から解放されてはおらず，接吻が噛むことに移行したり，手で摑むことがつねることへと移行しうることを度外視してみると，撫ぜることは，くすぐることに近づいているのであり，私たちはまずは笑うというぎこちない身振りでくすぐりに答えるが，このくすぐりは苦痛に満ちたものにまで高まることもある。「破局的な反応」として，笑うことと泣くこととは，互いに隣り合っている[17]。ここに，過敏性が現れ，特殊な皮膚の近さ，あるいは皮膚の過剰な近さから生じる。アレルギーの痒みの刺激もこれに加えられ，私たちはこれに対して，自然に掻いてしまったりして，自己破壊の緩和された形式でもって答える。プラトンが

---

17)「破局的な」振舞いに関してはクルト・ゴルドシュタインの『有機体の構造』，および笑うことと泣くことのきっかけに関しては，ヘルムート・プレスナーの有名な著作を参照。

快楽主義者たちを，彼らの快の喜びが皮膚を掻くときの快にまで拡張されているといってからかうとき，彼はその裏面を見落としている。つまり，その他に並ぶもののない，皮膚の全面的な敏感性を見落としているのである。痒みの刺激は，身体的なネッソスの衣服[*]であり，そこからはいかなる自発的な脱却も存在しないのである[18]。

　触ることと触れることの過剰な規定は，身体的自己の傷つきやすさに特別な鋭さを与える。身体的な自己の傷のない完全性は，身体的な《触れること》の領域に錨を下ろしている。しかしこの無傷の完全性という語は，二義的な響きをもっており，不可触性という形式において，あらゆる遭遇に対立するような自給自足性を信じこませようとすることもありえよう。私たちを触発し，私たちに遭遇するものにつながっている糸が保持されるのは，私たちが身体的に傷つけることを，第一次的に，統合性を損傷させるあるものによる傷害，あるいは破壊として考えるのではなく，厚かましさとして，強制された近さとして，つまり，破壊が試みられる場合でさえも，何かに向けられた行動という契機を保っているような，危害を加えるという形式として考える場合である。触れることは，不断に自己接触と触れられることを含んでいるが，形式上は，私たちに，異他的なものの触発と自己触発とが，互いに融合することなく，互いに浸透しているという想定を押し付けてくる。《…に触れること》は，純粋な相互性の圏域を爆破している。

---

　[*]　ケンタウロスであるネッソスが，英雄ヘラクレスを目撃し，残されたヘラクレスの妻ディアネイラを連れ去ろうとするが，それに気付いたヘラクレスが，ヒュドラの毒を塗った矢でネッソスを射ち，瀕死のネッソスが己の衣服をディアネイラに与えようとするという逸話。
　18）　これに関しては，ヘルベルト・プリュッゲの医学に基づいた記述，『人間とその身体』（17頁から22頁）を参照。

Ⅲ

触発からアピール〔訴え〕へ

───────

　遭遇における経験への沈潜とは,《触れること》のうちで,その原型的な表現が見出されるようなパトスと遡及的に結びつくことであるが,このこと自体がさらなる諸問題を提示することとなる。遭遇するものを,意味することや努力することを超えた無意味で無目的な過剰として理解したとき,触発されるものに対して,諸々の志向や努力で応答することが前提にされている。その際,この何に遭遇するのかから,何に向けて応答するのかへの移行についての問いがたてられる。仮にこうした移行が無いとするなら,私たちは遭遇に盲目的かつ無力に引き渡されることになろう。また,何かに出くわした者は,この者が何かに出くわしたと言いうる可能性を持たないことにもなろう。私たちが出くわしたものと,何へと応答するのかということの間の連関が最も容易に理解されうるのは,遭遇することから生じる要請を顧慮して,こうしたアピール〔Ap-pel〕が単なる効果〔Effekt〕から触-発〔Af-fektion〕を生じさせ,事実〔factum〕を相貌〔Faciendum〕へ変化させることにおいてである。アピールは,『応答の索引』で,要-求〔An-spruch〕として応答に対置していたものを想い起こさせるが,応答的な生起のパトス的な性格のように,私たちの心に触れ,私たちを動かす固有の重みを,今やより鮮明に際立たせようと思う。私たちのうちの各自が,各自が行う事柄の内で開始しているだけなのではない。他の場所で,私たちとともに,他のあり方で開始されているものがある。依然として立てられたままであるさらなる問いは,私を何かへと突き動かす要請と,はっきりと私〔そのもの〕に向けられた要請との間の区別に関係する。そこで問題になるのは,《何か》と《誰か》の間の区別であり,

この誰かとは，遭遇や要請，応答に際して重要な意味をもつ。こうした区別をたてないならば，受動性の大海へ私たちが沈み込む危険に晒されることになろう。しかし，確固とした区別という岸辺へ避難し，物件〔事象〕と人格の間の差異にたやすく依拠してしまえば，私たちは遭遇の固有性格を誤認してしまうことになる。最終的にこの問題の背景には，単なる感性学〔Ästhesiologie〕や運用論〔プラグマティク〕，情動論や戒律的道徳をも超出した，経験の倫理的次元への問いと感性的経験への問いが潜んでいる。パトスに刻まれたエートスの諸痕跡に，とりわけ，遭遇が傷害へと移行し，《触れること》が社会的関係という形式を引き受けるところで私たちは繰り返し出会っている。これらのことすべてが新たに考慮されるべきである。その際は，異他的な要求における諸規則が，あらゆる妥当要求に先立って共同要求を引き起こす範囲において規範的次元が考慮される。

1．私たちを触発する《何か》のない触発

受苦や，〈患者〉の関与する視点から遭遇が考察されると[1]，原因に先行する結果としての遭遇という問題が現れる。この関係において，遭遇は応答に対応している。《何か》に出くわす出来事や，そこで私たちが《何か》へと応答する出来事が，《何か》として立ち現れる出来事の背景に属するのは，回顧や後から記述されることを除けば，その出来事そのものが《何か》でない限りにおいてである。まさにそれゆえ遭遇という働きかける現実性は，いかなる可能化〔Ermöglichung〕にも先行するのだ。触発されること，すなわち，驚愕したり喜びで驚かされたり，ある苦痛に打ち負かされたりする時に生き抜くことがここで，「稲妻が光る〔es blitzt〕」，「花

---

[1] ここで「患者」は「エージェント」や「役者」のように，広い意味で理解されている。ブランショは同様に，他者を通じて出くわし，一人称の優位が奪われるラディカルな受動性を考慮して，自らを「患者」と呼んでいる（『惨禍のエクリチュール』1980年，35頁）。病気に苦しむ人という意味の限定は，苦しむことに不十分で独断的なスタンプを押すといった，行為の一般的な優遇によって説明される。フランス語の「スジェ〔sujet〕」という言葉の二義性も考慮すべきだろう。この言葉は「患者」や「臣民」を意味すると同時に，自己を統制する「主体」をも意味する。ラカンとレヴィナスは「スジェ」のこうした二義性を，主体概念の再解釈に用いた。

1. 私たちを触発する《何か》のない触発

盛りである〔es blüht〕」，「燃える〔es brennt〕」といった非人称的に理解可能な出来事に比較対応できる。神話的解釈においてのみ，稲妻を投ずるゼウスのような製作者がこのエス〔es〕の背後におかれ，因果的説明においてのみ，このエス〔es〕の背後に原因がおかれる。遭遇は，因果的制御にあって，デカルトの『情念論』における情念〔Passion〕同様，逆向きの記号が付された逆転された行為〔Aktion〕に他ならないだろう。さらに遭遇が，事物の通常の進行を中断する観察可能な出来事に他ならないなら，単なる異常から区別されることもないだろう。正常化を待つには及ばないのであり，反復された諸経験，適切な諸観察，正確な計算が要求されるだけである。どのような火災保険も火事のリスクを予め考慮しているのだ。

　確かに正常化は，諸々の遭遇にあってその進行を停止することはない。ロベルト・ムージルは『特性のない男』の導入部で，大都市の通行人の視点から，致死的な交通事故がいかにして他の事件の中の単なる事例に変わってしまうか，予期しない突然の出来事が，いかにして日常の決まり切った事柄へ転化するのかを示している。そこでは，通りに残された血痕が，交通事故の当事者である車のブレーキ痕のように，一つの状況証拠へと変化してしまう。しかしながら，さまざまな下層体系にあってそのコードを縦横に働かせてこうした正常化が行われるにもかかわらず，遭遇は以下の点で，規則に即した事例から区別される。遭遇は，私やあなたにふりかかるのであり，誰かの家が燃やされたり火をつけられたりするのであり，誰かの着ているものに火がつき，誰かが火傷した子供になるのである。こうした遭遇は，他の諸々の出来事と結び付けられる単なる出来事でも，他の類似した出来事と比較され，必要があれば「ローター」という名前をつけられる嵐のように，同じ名前で呼ばれるようなものではない。また遭遇は，主観に対して，すなわち，名を持って挨拶したり，身を退けたりする主観に対して，関係する客観として立ち現れるのでもない。誰かにふりかかる遭遇は，むしろ，背後に第三の審級を持たない分割〔Diastase〕という形式のうちで，自分自身から自分を区別している。微笑みが容貌から切り離せず，痛みが苦痛を覚える人から切り離せないように，誰かに遭遇するものと，その当事者であることは切り離されない。パトスにおいては，二つに分離された個別的本質〔存在〕が相互の関係に立つことはない。何かに

ふりかかることなしに，苦痛を受ける者が苦痛を受ける者とは言えないように，遭遇は，それに襲われる誰か無くして遭遇でありえない。当事者であることと《何の》当事者であるかということが，相互に切り離されることはない。したがって，感じられることと感じることを一つのこととする立場も，ある意味で正しいかもしれない。しかしながら，その立場が行き過ぎと言えるのは，自我的なものと自我に異他的なものを分離する間隙を無視し，こうした仕方で失われたものを，心理的な内的世界に物理的な外的世界を対置させることで埋め合わせとするときである。《触れること》に示されたように，分離は事象それ自身に属すのだ。遭遇は内在的出来事にも，超越的出来事にも還元されえない。むしろ遭遇は間隙を，それを閉じることなく横断する。この意味で，触発に際して，自己触発と異他的触発が相互に絡み合っている。

　したがって，私たちに遭遇する《何か》を遭遇に密かに潜入させないようにして，《何による》触発であるかを，予め規定された《何か》に変容させないようにしたとしても，依然として問われることがある。それは，触発されたものを特定のパトスとして捉えるようにさせ，先々そのようなものとして求めたり，避けたり防御するようにさせるものはいったい何かという問いである。〔そのとき，〕パトスそのものから学びうるものはなにもない。私が感じる熱さと，私たちが共に同一化できる火事の火元，ないし放火犯との間に何の関連もないとしたら，私たちは奇妙な偶因論に陥ってしまう。パトスはそこで，自分勝手な意味形成や目的設定への単なるきっかけにすぎなくなるだろう。

　同様の問題に，私たちはすでに応答性の領域で出会っている。そこで私たちは，私たちが応答する《何へ》と，応答の《何》との間を区別していた。ここにもまた，関連があるに違いない。応答の《何へ》がまったく未規定なままであれば，あらゆる応答が適切か不適切か，ということになろう。応答のこの次元で，このような困難さからの出口が示されるのは，言表することは言表されたもの以上の過剰の形態をもつということにおいてである。私たちが他者の要求に応答するのは，この要求が意味することに私たちが結びつくことによってである。私たちが他者の要求に関わるのは，他者が要求することを行うことによってである。他者の要求はどこか別のところから起こるが，しかし，どこでもいいところから起こるのではない。

1. 私たちを触発する《何か》のない触発

というのも、他者の要求は、それが超え出てしまうか、あるいは、妨害するような意味連関を前提しているからである。この限りで、応答することは、前もって差異の内部で、すなわち、応答的な差異と名づけた差異の内部で動いているのだ。完全に規定を欠いた触発というジレンマから私たちを救出しうる触発的差異と、パトス的差異を類比的に述べることは、果たして意味のあることなのだろうか。私はこうした考え方に最初は惹かれたが、後にこれを放棄した。応答する場合と同様、ここにはある間接的な道が提供されているのだ。私たちは遭遇に、完全に埋没することなく、常に特定の意味づけと欲求においてのみ生じるひそかな〈何か〉と関連させながら、事後的に意味づけることと欲求することを通して近づいた。解釈学的循環と欲求に関する循環は、決して閉じることはない。しかしながら、これらすべてが正しいとしても、私たちに遭遇するものと、それによって遭遇にもたらされるものとの間に差異を設けるいかなる理由もない。というのも、もしそうすれば、私たちが事象にそぐわないとして排除した、まさにそのことを行ってしまうことになるからだ。つまり、触発に《何か》をこっそり忍ばせ、異他的な動因という視点から触発を考察してしまい、それはまるでスポーツ競技の審判が相対峙するチーム双方に、交互に視線を動かすようなことになってしまうのだ。

遭遇の《何によって》と、応答の《何へ》との間に中間項があるとするならば、私たちはこの中間項を別の箇所に求めるのでなければならない。ヘルムホルツの知覚生理学に由来する不特定の電気刺激仮説は、刺激自身の細分化をもっぱら諸感官による処理に負っている。物自体の物理学的解釈は実際のところ、なんら異なる結果へ導くことはないのだ。こうした経験の資質の低下は、デカルトとロックにまで遡る。過激な構成主義においても、このモチーフが「差異をもたないコード化の原理」[2]として再び現れてきている。「私たちの諸感官に触れる」諸事物は希薄化して、その規定がもっぱら構築的操作に遡及するような未規定的Xになってしまう。それによって、触発はあらゆるアピール〔訴える力〕を喪失し、色彩や他の大まかな感覚単位が情動と関わりを持たないように、情動との関わりを持た

---

2) これに関して、ハインツ v. フェスター（1993年、31頁）、エルンスト v. グラザースフェルト（1996年、190頁）を参照。ゲアハルト・ロスは同様のことを、「ニューロン神経コードの中立性」（1996年、39頁）と表現している。

なくなる。というのも，こうした感覚単位もまた構築されるからである。こうした場面で明らかになるのは，触発とアピールへの問いは単なる心理学的な問いではなく，完全に，存在論的な問いであることだ。問題になるのは諸事物の秩序であり，単に心理学的-生理学的メカニズムが問題になっているのではない。

したがって，経験を構築することからではなく，経験から出発することで，今や以下のことに関して幾つかのことを述べることができる。それは，触発は本来，不特定的かつ無差異に立ち現れることは決してなく，むしろ質的色合いを示し，さまざまな方向を先行描出するということだ。このことが起こるのは，私たちが当事者となる《何によって》が《何かへ》のきっかけを与え，それどころか，私たちに向かうときである。こうしたことは，私たちを触発からアピールへ向かう道へ赴かせるが，この道には幾つかの障害物もまた含まれている。

2.《何か》への要請

触発の《何によって》と応答の《何に向けて》の間に，すなわち，私に遭遇するものと私が応答することの間に，一方の次元にも他方の次元にも帰属しえない《何か》が生じる。ここで起きていることこそ，《何によって》から《何に向けて》の変転であり，被る自己から応答する自己への変転である。〈患者〉から一人の応答する者が，つまり，どこか別のところから語り行為するが，まさにそれをする当事者である者が生成する。こうした変転は，事物や自己の一度きりの発生に制限されず，むしろ私たちが新たな経験をし，単に完成済みの経験を繰り返すのではないときに絶えず生じている。遭遇の先行性と応答の事後性は，時間系列上の二つの出来事のように，相前後して秩序づけられてはおらず，私たちがなす経験のうちで出会われている。こうした出会いは，融合や時間のズレを純粋な現在へ止揚することに導くことはない。むしろ出会いが意味するのは，恒常的な振動〔Oszillation〕という形式において，このズレそれ自身がそれとして気づかれるようになるということだ。

こうした間の生起を分節化するために，要請という現象に立ち戻って考

2.《何か》への要請

察してみようと思う。要請が意味するのは，誰かによって何かがなされるべきであるということである。この表現に，ラテン語の受動的形容動詞の《私になされてあらねばならぬ〔mihi faciendum est〕》という文法形式が対応している。ここで表現されている与格は，文法では創始者の与格 (Dativus auctoris) と呼ばれる。したがってここで，何かが，誰かに対して，私たちがそれを単なる遭遇によっては知りえない仕方で，対置されて立ち現れる。しかしながら，客観と主観といった固定された審級を要請に紛れ込ませないよう気をつけねばならない。何かが初めて要請するものとして立ち現れるのは，要請されたり，語りかけられたりするのを感じるような誰かとして，初めて誰かが立ち現れるのと同様である。これによって，接頭辞 An- の次元（ラテン語で ad, ギリシャ語で πρός プロース）が開かれる*)。この接頭辞は日常的には，促し〔Anreiz〕，励まし〔Anregung〕，関わり〔Angehen〕，その気にさせること〔Anmutung〕，電話〔Anruf〕，呼びかけ〔Anrede〕，害を加えること〔Antun〕，アピール〔Appell〕，教皇説話〔Allokution〕，宛名書き〔Adressieren〕といった言葉の中に表現されている。二つの審級〔主観と客観〕が関与することで，両者は等価なのか，あるいは一方が他方に優先するのか否かという問いに私たちは直面する。遭遇からの要請の由来は，私たちに出される要請が，私たち自身が出した要請に先行することを明確に支持している。呼びかけにおけるように，接頭辞 An- の方向が私に近づいたり遠ざかったりしうることで，両者が完全に交換可能であることが意味されてはいない。要請の審級と返答の審級の間の不定振動が確かに受け入れられねばならないのも，間の生起が，異他的な遭遇により近づき，あるいは自己の応答により近づきうるからである。経験は開かれた諸力の戯れとしても形態化しているのだ。

このことがより明瞭になるのは，要請という生起の実現を考察するときである。言語によって方向づけられた論法は，要請文と命令法の文法的形式から出発することを説く。リヒャルト・ハレ（1972年，5頁）によれば，命令文は，誰かに「何かが，ある状況にあるようにもたらされるべきである」ことを伝える機能をもつ一方，直説法の文は，「何かが，その状況であること」を伝えることに制限されているという。こうした厳密な分割は，

---

*) いずれの接頭辞も「接触」を原義とし，接触を通じて遭遇される者（物）を必要とする。

すでに実生活のレベルで終始一貫しうるものではない。すべての伝達は，それが単なる事実の報告であっても，聴く者が聴くように仕向けられ，その事象や話し相手に注意を向けることが前提されている。それゆえ修辞学は，聴く者の情動に注意を向け，それをリードすることに価値を置く。

そのことを別にしても，要請を言語的表現のみに制限し，それを相互に交換する軌道へ直ちに向けさせるのが問題ではない。私たちを《何か》に仕向ける要請は，要求してくるパートナーを前提にすることなく，特定の要請諸性格に基づいてそれに相応した態度をもつよう仕向ける諸事物からも発せられうる。すでに諸事物は，「何かに向けて，誰かにとっての何か」（『応答の索引』482頁）という構造をもっている。誘発したり，誘惑的で促したりする諸々の要請や，あるいは反感を起こすような要請に相応するのが，対向と離反〔Zu-und Abwendung〕という態度である。このことがフッサールによって，自我の原初的活動とみなされるのも不適切とは言えない。自我の関与に対する基準は，可能な防御や回避のうちに見出され，それらはプラトンによって抑制〔Hemmung〕として把握されていた。感性的に駆り立てること（ágον アーロン）に，魂のもつ勇気に属す阻止すること（κωλύον コーリオン）が対置される（『国家』439b-c）。対向と離反は，伝統的には注意によるものだとされてきた。ラテン語の attentio〔注意〕は，ギリシア語の προσέχειν τόν νουν プロセーヒン・トン・ヌンと同様，「～へ向かうこと」の意味を強調する。表現の質が諸事物の客観的固有性ではないように，注意することは主観的作用ではないのであって，〔そこで，〕せいぜい問題にされるのは，志向的作用の注意に関する諸変容ぐらいである（『フッサール全集』第3巻，92節）。要請の諸性質と注意の諸変容はみずからの場所を，あの《間の野》，すなわち，遭遇と自己の応答が結びつく野にもっている。そのどちらが優位なのかという問いがまったく不必要になるのは，アロン・ギュルヴィッチとモーリス・メルロ＝ポンティとともに，注意を経験野の組織化とみなし，この野のなかで，誰かに際立ち関わるような《何か》が立ち現れる，とする場合である。クワインのような自然主義的認識理論でさえ，こうした「際立ち」を指示している（エデン，1999年，191頁以下，266頁以下参照）。形成される重要性の基準が前提するのは，あれではなくまさにこれが触発的に彩られること，そして背景から《何か》が出現し，特別な重要さを獲得することである。意

2. 《何か》への要請

味づけることと欲求することの相互内属は，私たちが志向性に認めたものだが，注意性をも特徴づけるものである。志向〔Intention〕と注意〔Attention〕に内在するテンション〔Tention〕が阻止しようとするのは，通常の注意の能作，ないしプログラム化された注意の能作のうちに，注意の生起が消沈することである。要請は要請と抗争し，遭遇に育まれる経験には，撤回できない抗争の影が刻まれている。不安的で衝突しあう経験をアパテイア〔無関心〕やアタラクシア〔平穏心〕によって対処しようとする試みは実り少ない。アパテイアは，パトスから自由になることを意味しない。アパテイアが意味するのは，要求の可能性を調整し，ないし要求の可能性の程度差を，無関心というゼロ価値に傾かせることであり，あるいは，パトス的体験の領域が分裂して，抑圧された諸触発に対して強固な力の作用で対抗することである。意味と規則に一面的に添う主知主義，また，目的設定と決断を一面的に行う主意主義，そして，前二者に欠けているものを，主観的感情へ遡及することで競合する情動主義，これらは，異他的な要請と自己の応答の間で演じられる生起が崩壊した後の遺物にすぎない。

　一般的に要請が，何かが誰かになすべきこととしてある，ということを意味するなら，要請の仕方のうちにさまざまな意義の区別が示される。私たちは要請の階級について語ることができ，そこにさまざまな「要求の様相」が配分されうる（『応答の索引』243頁）。要請はまずもって，促しや励ましとして気づかれうるようになるが，その際何かが刺激や誘発〔Inzitament〕として働くか，あるいは逆の方向に転ずることもありうる。何かは快適なもの，あるいは，不快なものとして現出し，その何かは私たちの欲求を目覚めさせ，好意，あるいは反感と一致し，それらのうちで欲求が習慣化する。ここに，さらなる紛糾や変様が付け加わるが，それについては言及するだけにとどめる。欲求の価値を表象するのに寄与する想像，ならびに以前の経験を保持する記憶が働いて，何かが快や不快を約束することをもたらす。ここに自己や他者の錯覚の源泉がある。快に満ちたものは，抵抗する傾向や禁止に対して，自分の思い通りに働き，誘惑的なものとして立ち現れうる。強制的な性格を獲得するのは，なんらかの中毒〔病的欲望〕の場合であり，欲求する者はそこに〔いわば〕引き渡されてしまっている。快に満ちたものが，有益なものや害になるものに結びつくのも，

それが獲得努力の到達や阻止に間接的な仕方で寄与することによる。というのも，獲得に努力される当のものは，そこで獲得が目指されている目的対象と一致しないからである。換言すれば，願望の目的と願望の対象が欲求の差異の形式のうちで相互に分割されているので，その促しが，ある目的対象から別の目的対象へと移行したり，あるいは，ある特定の客観に物象化しうるのだ。これに相応しているのが，精神分析学がその錯綜した小道を探究している衝動の経済学である。このことが同時に意味するのは，促しが願望充足の循環を開かれたものにし，要請として欲求の循環運動を乗り越えることである。私たちがそれに応答する以前に，私たちに出会われる遭遇へと促しが遡行する限りで，異他的なものによって不安定にされることのない〈自立的な願望システム〉は存在しないのだ。「永遠を求める」快楽は，私たちの願望を反映するだけの単なる快楽以上のものである。しかしながらこの《より以上》は，「幸運の果実」として，約束したこと以上のことを（保）持する〔(ent) halten（離れた）ままである〕約束として，謎にとどまる。

　要請は，挑戦と請求という形式で同時に立ち現れることで，そのドイツ語での名称が尊重される。促しによって動き出す《努力すること》，つまり語義上，励まされることである努力は，自己の運動へ，すなわち「行いうること」（シェラー，1966年，140頁），「私はできる」（『フッサール全集』第4巻，60節）をうちに含む行為へと移行する。先に言及されたラテン語の動詞形容詞〔なされうる faciendum est〕も，なされるべき何かと，なされうる何かという二重の意味を持っている。「行いにかかわるもの〔Tunliche〕」（シェラー，上掲箇所，ギリシア語で πρακτόν プラクトン）は，諸事物についての快や不快のように，諸々の行為へ移行する知覚の形態として読み取られうる。これに関してアンリ・ベルクソンは，生まれつつなる行為〔actions naissantes〕について（『物質と記憶』80頁，独訳1964年，94頁），カール・ビューラーは「行為の先導〔Handlungsinitien〕」（1993年，196頁）について語る。行為は，諸事物の先導性の力によって利益を受け，自らを事物の進展に伴いつつ自己運動を展開させる。その限りで自己運動は，共振や共音における音響の前進と比較可能な共運動と名づけられうる。挑戦は今や私たちの諸力，私たちの能力に訴えることにその本質をもつ一方で，要請の程度差で私たちの諸力を試している。要請性格がこうした

2．《何か》への要請　　　　　　　　　　　　　　　　　　117

〈要求されてあること〉を含む限りで，要請性格は鼓舞したり，威嚇したりしつつ働きかけ，さらに，より容易であったり，困難であることが判明するような諸々の課題において結晶化するといえる。経験の進行にあって可能な妨害に相応するのが，目的追求の際の障害である。快と不快はこの領域にも波及し，困難の克服はそれ自身，不快の原因ともなりうるし，逆に機能の快感や，自分ができることに伴う喜びを呼び起こすこともある。それにもかかわらず，挑戦と請求は単なる促しを超出する。すでに子供の万能という想像は有力か無力に関わり，単に快を求め不快を避けることに関わるのではない。私たちが単なる願望について語るのは，私たちが行いたいことや達成したいことが私たちの能力を超えているときである。もっとも，《救いのなさ》のこうした状況が間接的に取り除かれるのは，自分自身では実現できないことを，他者に望み懇願することを通してである。

　このことが，私たちが呼びかけやアピールと名づけた要請のさらなる可能性を示している。それゆえ私たちは，困難な地域に踏み込むことになる。呼びかけという言葉と，それに相応するラテン語の表現 invocatio〔呼びかけ〕を取り上げると，これらの言葉は，呼称の形式や呼格において固有の文法的形式を見出す声（vox）を示唆する。

　これら言語上，提示されることを取り上げると，以下の三つの根本的な視点が区別される。

(1) 呼びかけが，召喚〔Aufruf〕，懇願〔Anrufung〕，呼び覚まし〔Weckruf〕，警告〔Warnruf〕，緊急の呼び出し〔Notruf〕と類縁関係にあるのは，呼びかけが，顕現的で増強された，場合によっては特別に声高な語りかけの形式を描写することにおいてである。この点で呼びかけは，含蓄的で，目立つことのない語りかけの形式と，動詞の単なる二人称の形式，あるいは，語り合う中での非言語的な仕方で表現される形式と区別される。感嘆符がピリオドと区別されるように，呼びかけは，通常の語りかけと区別される。電話の呼びかけについての語りと関連をもつのは，遠くから呼びかけることで接触を作り上げ，保持したり，あるいは終結したりすることが，唯一言語を手段にしてもたらされることであり，また，電話の話し相手に形式的に呼びかけねばならないこと，その人を突然の電話で驚かせたり〔coup de téléphone〕*'，不意打ちすることである。こうしたことは，電話が来

ると予測されていてさえ起こる。この語りかけの増強の形式に適合するのが，人生経路の開幕としての「名声」や「招聘〔職業〕」といった強調された〔言語〕使用である。〔しかし，〕この人生経路はもちろん，単に規格化された経歴に落ち込むこともある。ここに付け加えられるべきは，呼びかけが，言語的表現に制限されるだけでなく，眼差しやウインク，ジェスチャア，さらには警報装置でさえ十分であることだ。

(2) 呼びかけがどのような形式をもつかは重要ではなく，独自の方向性によって際立っている。開かれたドアや，テーブルの上のりんごやナイフから生じる刺激とは異なり，また，急な上り坂や判読の難解なテキストが提示するような挑戦とも異なり，呼びかけは誰かに向けられている。呼びかけは誰かに宛てられている。呼びかけは何かをすることを要請するだけでなく，私に，あるいは，他の誰かにそれをなすことを要請している。

(3) 最終的に呼びかけに結びついているのは，何かへの要求である。つまり，私が何らかのことを言ったり，行うだけでなく，この呼びかけに返事をし，応答しつつそれに応じるという要求である。誰かへ向けて要求することと，何かに向けた要求の関連を，語の二重の意味における《～への要求〔An-spruch〕》という概念を『応答の索引』の中心点に置いた時，私はすでに目にしていた。触発にアピールを対置する際に，私はいつもこの点に結び付けている。

ここでの議論を締めくくるにあたって，要請の諸形式が要請のスカラー〔度合い〕にいかに秩序づけられるかという問いに関して，若干の注記を行いたい。呼びかけ，ないしアピールと私たちが名づける要請の直接的形式が統合的役割を果たすのは，すべての呼びかけが諸々の刺激や請求を含む限りであり，それは，すべての応答が，努力することとできることによって担われているのと同様である。まさにそれゆえ，語ることは決して純粋に訴えかけるものではなく，常に同時に誘惑的，あるいは威嚇的であったり，熱狂させたり，あるいは麻痺させたりしつつ増強させたり，萎縮させたりしながら行われる。したがって周知の言語行為論は，発話行為論へ

---

*) デリダで多用される事例の表現。

と作り直されるべきであろう。この発話行為論は、すでに伝統的修辞学が教皇演説の働きのうちに含めてきたものであり、発話の媒介行為の事後的効力に満足するものではない。それに加えて呼びかけがある特権的役割も演じているのは、異他的な要求を妥当なものとする呼びかけにおいては、遭遇の性格が特に強く現れ、自分固有の願望とできるという能力が、無制限に活発化する場合よりも強く現れるからである。請求のレベルは、純然な触発、すなわち、何にも関係せず、関係させないような《触られてあること〔Angerührtwerden〕》を通じて下降する。妥当する権利主張、あるいは、誰にも向かうことなく何かをするよう命じたり、禁止したりする法形式にしたがった道徳の要求によって、このレベルは上昇し度を越えてしまう（ハーバーマス、1981年、第一巻、427頁参照）。こうした限界的な事例に相応するのは、一部は限界的経験であり、一部は要請の具体的な形式や、先行する遭遇と事後的応答をも度外視した〔単なる〕構築の場合である。

　以下では二つの複合的問いが取り上げられる。つまり、最も不可欠なあり方で問う価値のある「誰か」と「何か」の区別の問いと、当為と存在の区別の問いである。これらの区別は、二つないし三つの呼びかけの視点と結びついている。

3．誰かに宛てられた要請と宛てられていない要請

呼びかけ、ないしアピールを、私たちは典型的な要請の連鎖から個別的に分離して考察したが、その理由は、ことの他この場合に、何かが誰かにとって問題にされるだけでなく、この何かそのものが誰かへ向けられていることにある。フッサールはコミュニケーションの関連において、「〔誰かに〕宛てられた志向」（『フッサール全集』第9巻、484頁）について述べている。しかし、ある「伝達共同体」がここですでに前提にされていることは別にしても、こうした定式化では、語りかけが、何かについて語ることと混合されているといえる。誰かに向かうこと、すなわち、誰かに宛てることは、何かへと方向づけることから、志向することから区別すべきである。それは、ビューラーの記号モデルにおいて、アピールの機能と呈示の

機能が分けられているのと同様である。さまざまな記号機能とさまざまな経験次元のこうした区別に，とりわけ西洋の思惟において習慣となっている存在論的な，法律学にまで波及している人格と物件の区別を単純に置き入れてはならない。もちろん，私たちが誰かを注視するのではなく，ただ見ることができるのは明らかであり，また，誰かに呼びかけるだけでなく，誰かについて語れることも明らかである。また逆に，月に語りかけたり，「多くの人たちの中の異邦の者」*)や木に話しかけたりする可能性や，あるいは，自分のパソコンに誓ったり，呪ったりする可能性は最初から除外されておらず，物件と人格の間のどこかに位置する動物に対しては言うまでもない。人格と物件の純粋な分離は，経験からのその由来が暗闇に放置されたままである限り，まさに数学の公式のような「基礎」を呈示する〔だけである〕。

　私たちが問うことのできる問いは，差出人と受取人を組み込んでいる宛名を書くことの可能性が，なぜ遭遇の段階ではなく，要請の段階で初めて私たちに出会われるのか，というものである。私たちの以前の議論を内に含む回答は，ただ次のような回答になるだろう。触発の背後，私の身に降りかかるものの背後に何ら触発してくるものが存在しないとき，触発してくる原-事象〔Ur-sache, 原因〕と触発してくる原-担い手〔Ur-heber, 首謀者〕との間，またそれに応じて，〔誰かに〕宛てられた遭遇と宛てられない遭遇との間を，前もって区別する可能性が消失するだろうということである――これら先行する生起に事後的に遡行することを除けばではあるが。触発は《～に―触れられること〔An-gerührtwerden〕》として，《何か》が降りかかる《誰か》を前提にするが，触発それ自体はこうした《誰か》を決して前提しない。この接頭辞 An-が，目指された運動の方向とその到着場所を指示することは，いまだ当面の問題とはなっていない。この接頭辞 An-は，何かに触るという《〔～に―〕接触すること〔An-tasten〕》に制限され，逆に傷害はいわば，単に何かから損傷を受けることとは異なり，そのまま完全に触れられる《〔～に〕傷害を受ける〔An-verletzung〕》をすでに意味している。被られた働きとしてのパトスが，異他的な志向の目的地点と取り違えられてはならない。最終目的という地

---

*)　ヘルダーリンの詩『夜』より，「かくれ家に富む影たちよ，これはよくこそ」(『ヘルダーリン全集』1，生野幸吉訳，河出書房新社，2007年，5頁以下参照)。

3. 誰かに宛てられた要請と宛てられていない要請

点からは，その人が目的に達したのかどうか，飛ぶ矢が標的に達したのかどうか，あるいは，標的の中心に当たったかどうかが問われる。〔しかし，〕これは誤謬推理である。しかしながら，結果が原因に先行する当の当てられたものの観点からすれば，すべての〈射撃〉は当の「場所をもつ」的中である。トラウマが《誰か》に的中したのかどうかという問いは無意味である。というのも，パトスはいまだ何ら志向を含まないからであり，したがって，宛てられる《誰か》と宛てられることのない《何か》の此岸で運動しているからである。

　レヴィナスによって強調された私と他者の間の非対称性の根源は，遭遇の受動（passio）が，反転されただけの能動（actio）を何ら描写しないことにある。遭遇は面と向かって〔face a face〕起こらない。ここには，無関心性とはなんの関係もない受苦することの顔の無さと無名性がある。〈患者〉としての自己は，受取人ではない。受取人になるのは，応答すること，すなわち，自らの行為を要請し，要請において顔を獲得するものに対して応答することを通してである。触発がアピールになる変転を，より詳細に探究せねばならない。

　突然起こった出火という単純な事例から始めよう。自らの身体，ないし財産，近親者，周囲世界という形態で差し迫ってくる危険に見舞われ，最終的にはその危険に襲われるという観点から始めると，そこには最初に増強する熱火があり，それは周りを炎で包み，やけどし，極端な場合には死で終わるという状態がある。放火犯はこの家の住人を狙いたかったのかもしれないが，放火の際の火付け棒がそうしたかったわけではない。火付け棒は，それが当たる《どこ》と《いかに》と《何に》において当たったのであり，誰かを捕らえたわけではなく，火事は蔓延し，その危険で危うくする力は防御する行為と逃走行為を引き起こす。私たちが選んだ言葉で，このことを以下のように言うことができよう。すなわち火は，自らの純粋な現出を通して，それに関わるものを防御する行為と逃走行為へと要請する，あるいはまた，パニックを引き起こしてしまうのは，実践的な熟慮や技術的な装置が作動されることなしに，応答が直接自らの目的を目指そうとするときである。犠牲者がみられる火事という出来事から火災報知が区別されるのは，後者が火事を告知する，あるいは，火災を警告することにある。「火事だ」という単なる叫び声は，たいていの場合，無駄に消え去

るだけで，警報サイレンが，出火した火事や接近する爆撃隊の警告の際に使用される。言葉で表現された警告だけでなく，機械から出る警報機も何かを要請し，誰かに向かっており，この誰かはこの警報を聞き，理解し，行為しつつこの要請に応じる。受取人と差出人の匿名性の程度差は，この場合には何の役割も演じていない。というのも，全体的にあらゆる可能な関与者に向けた警告，例えば市民や国民に向けた警告でさえ，ただ生じることで結果するような誰にも宛てられていない出来事から区別されるべきだからである。このことは，コンピュータが発する技術的な〈命令〉にも妥当する。こうした〈命令〉は潜在的な使用者に妥当するのであって，あてもなく部屋を歩き回る来客に妥当するわけではない。当然のことながら〈命令を受ける者〉の決定は，彼自身の側で自動化されうるし，〈命令の連鎖〉が任意に延長されたりもしうる。しかしながら「命令」が，誰にも宛てられていない自発的出来事になるのは，その出来事に即しながら，同時にそれを要請として理解する《誰か》なしに，何かがその出来事に従属する場合である。自動化の可能性はさらなる区別を促すことになる。警告の表明は，それが言われたことや名指されたことへ還元されうることとして，適度にまた適切な範囲でのみ，自動化された警告装置によって代替される。差出人と受取人はこの場合，特定の役割に固定され，差出人は何を要請するかによって，そして受取人は何を応答するかによって規定される。何かを言うことという出来事，すなわち要請のうちでたてられる請求，そして応答することのうちで与えられる応答は，単なる情報の交換，思考の交換，意志の交換を超へ出ている。この《言うこと》から，つまり，その要求が《言われたこと》を越えているような，そのような《言うこと》から分離することで，要請は結局のところ，要請の伝達に還元されてしまう。まさにそれゆえ，従うことをコンピュータに拒否しても無意味なのであり，コンピュータはスイッチを切ったり，破壊することも傷つけることもできるが，その名誉を傷つけることはできないのだ。誰かに宛てられた要請の際に，どれほど多くのことが関わっているかは，フロイトによって記録されている夢の反復に示されている。「お父さん，僕が焼けちゃうのが見えないの」[3]という発言とともに亡くなった子供が夢の中で再び蘇ることは，こ

---

[3] 『夢解釈』（『フロイト全集』II/III，513頁）。これにかんして，ラカン『セミナール XI』でのコメントを参照。

3. 誰かに宛てられた要請と宛てられていない要請　　　　　　　　　　123

の言葉がリビドーに関するトラウマの生起を指示しており，この生起の遭遇の性格は，すべての単なる活動の阻害といった問題を超えてしまっている。要請もまた，それが過剰規定されたものであるのは，それが「衝動の運命」を，したがって遭遇を遡及的に指示しているからである。最終的には以下のことが指摘されうるだろう。それは，遭遇のみが要請のうちに自らの分節化を見出すだけでなく，この分節化がそれとして，すでに，遭遇に沈み込んでしまうのは，──〔例えば〕自らの好奇心に駆られて──ヴェスヴィオス山の噴火を観察し，降灰によって亡くなったプリニウスの場合に似ているのである。

　先取りと立ち戻り，ならびに交互の干渉によって描かれる要請の生起と応答という生起の発生的連関は，人格と物件という単純な分離をそれに宛がおうとすると不明瞭になってしまう。その場合，要請に応じることは二様の報告者を持つことになろう。一つは，その要請が宛名なしに立ち現れる単なる物件の場合であり，もう一つは，その要請が誰かに宛てられる人格の場合である。「平原と木々は私に何も語ろうとしない」こうソクラテスは，木の葉と巻物を交互に見せることで，冷ややかに語っている。(『パイドロス』230d)。プラトンは確かに，蟬をさらに歌うにまかせたが，幻想的で魅惑するセイレンの歌声を疎んじ，対話そのものが基づけられるのは，それについて私たちが了解する物件と，そのものと同等に交われる理性に恵まれた本質存在との完全な二分割の上であるとしている。私が何か〔事物〕に方向づけられるのは，それが反転して私へ向かいえないかぎりであり，私が誰か〔人格〕に方向づけられるのは，彼や彼女が反転して私へ向かうことができるかぎりにおいてである。このような二分割から出発すると，私たちは独特のジレンマに終着することになろう。〔そのジレンマとは〕何が分割されるのか，そしていかにして，この分割にもかかわらず結合されているのかを提示することもできずに，この二者性を単純に前提にするか，あるいはこの二者性を克服する，すなわち，諸事物にも声を与える，つまり，あたかも諸事物が話すかのように──話すといっても転用された意味で──という留保つきで声を与えて克服するか，というジレンマである。それ以上を主張することは，フィクションを本物の硬貨とみなし，比喩を言葉どおり受け取るアニミズムにまで逆行することを意味する。

このジレンマが慣例的な思考のうちでほとんど表に出ないのは，原初のパトスが未規定なままに留まっていることによる。目的論的な見方において，遭遇の《何によって》と応答の《何に向けて》が，目的を目指す《何へ向けて〔Woraufhin〕》の影に隠れているとき，理性的存在，生物，諸事物の間の差異が共通の目的によって捕らえられてしまい，その目的追求のために異他的なものの助けが必要とされても，何ら求められた要請は必要とされないのだ。努力と欲求は覚醒されても，命令されたものではない。内部から湧き上がる本来的な危険は，感性的動因の目録の中に働き，そこから誘惑する力を発揮するペテンや詭弁にある。現代的に言えば，プロパガンダと誇大広告は外的な強制として，より効果的な吸引力を持つのである。したがって，《何をなすべきか》という洞察が，相応した要請を聞くことに先行する。近代の自由な理性的存在の自立性とは異なり，ここではある自己目的〔Autotelie〕*)について語りうるかもしれない。近代の規則論的〔nomologisch〕見方は，〔古代の目的論と〕同様の統合力を持ち合わせてはいない。ここでは，遭遇の《何によって》と応答の《何に向けて》が，規則法則による《何に従って》の背後に隠れる。しかしながらこの規則はそれ自体，何かがそこに支配される理論的規則と，誰かがそれに従う実践的規則に分割する。実践的な観点では，諸事物は（動物も含め）手段になり，他方で人格には自己目的が承認される。定言命法は要請の形式として確かに中心的な役割を演じているが，誰もが己自身に与える法の内声が，その背後に控えているのだ。要請が実践的意義以上のものを獲得し，自らをそのようなものとして差出人の身分へ置き換える場合，自己要請が最終的に問題になる[4]。目的論的見方と規則論的見方という両者

---

*) カントによれば，人間は一方で欲求や感性的傾向性に従うものであるが（意志の他律），他方で自らが理性的存在者として英知界に属することから，命法や義務の形式はとるものの，意欲の対象の諸性質に依存せずに，意欲の主体である意志が自己に対して普遍的法則になることができる（意志の自律〔Autonomie des Willens〕）。これに対して自己目的〔Autoteile〕に関係する目的論的観点においてカントは，機械論との対比で目的論の発見法的機能を重要視し，これを悟性と理性の自律と区別して，快不快の感情における反省的判断力の自律，自己自律（Heautpnomie）と名づけた（『人倫の形而上学の基礎づけ』，『判断力批判』参照）。また，現代アメリカの心理学者 M. チクセントミハイは，それをなすことそれ自体が報酬をもたらす活動である自己目的的活動を「フロー活動」と名づけ，意識の統制を通じた経験の質の統制を提起している（M. チクセントミハイ『フロー体験 喜びの現象学』，今村浩明訳，世界思想社，1996年）。

4) こうした内声に固有な，他の諸可能性にかんしては，第Ⅵ章の5を参照。

の場合，「何か」と「誰か」の区別が，目的に向かわず特定の規則にも従わない，あの自発的な遭遇から乖離して獲得される。こうした区別が存在することは疑いえない。民事法に目を注げば，この多くの場合がみられる。とはいえ民事法のうちには，諸前提それ自身をその由来へさらに問いうるような，多くの沈澱化した哲学が潜んでいるのであるが。

4．アピールとなる触発

私たちに遭遇するものの鋭さを，はじめから殺ぐことのない他の可能性が依拠しうるのは，ただ，誰かに宛てられた要請と，宛てられていない要請との間の差異化が，この要請という出来事そのもののうちで起こることにおいてのみである。何かと誰かの間のより微妙な差異が認められる区別は，差異化の出来事の結果したものということになり，この出来事には私自身と同様，他者や生き物，そして諸事物が参与している。このことを私たちはどのようにイメージすべきだろうか。

　自己に目覚めた子供が母親に挨拶する際の微笑と関係させてみようと思う。ホラーツによって，《人間の表情は，笑いであれ涙であれ，人間の表情から借りてくる》[5]というように一般的なものに転化された，ウェルギルスの《微笑で母親を認めること》はたびたび注目されてきた。この〈ほほえむこと〉と〈泣き始めること〉は，微笑と泣くことの応答する性格を強調しており，それは太陽の光のように，単に放射し雨粒のように流れ去ってしまうのではなく，誰かへと向けられている。ウェルギルスの詩句が問題にすることが，ルネ・スピッツによって幼児の微笑の探究（スピッツ，1967年，第5章）のモットーとして用いられている。ウェルギルスの述べた〈認めること〉がここでは，幼児の人見知りとの関連，つまり，見知らぬ容姿から顔を背けることとの関連で，母親の見慣れた容姿に顔を向けることの裏面として理解されるべきである。D. W. ウィニコット，J. ボールビィ，そしてD. アンジウといった著者たちの諸探究は，——これら諸探究に，〔アナ〕フロイトの他に，メラニィ・クラインが決定的な寄与をな

5）　ヒュームはこの文言を，『詩学』から彼の『道徳原理の探究』（2部6節）に引用し，次のように続けている。「人間の表情は…（中略）…微笑や涙を表情から借りてくる」。

したが——多くのより細かな問いを投げかけているが、これに関してここでは詳述できないし、しようとも思わない。したがって以下のことは問わないことにする。それは、母親の声の判別が人間の表情の判別に先行しないのか否かという問い、慣れ親しんだものと異他的なものの際立ちの方が、自分と他者の身体区分やそれらの箇所に相応した接触の禁止よりも、強く関係させられているとせねばならないのではないか、といった問いである（参照。アンジウ、1992年、263頁以下、227頁）。私にとっては誰かに宛てられるという態度の発生こそが重要であり、この発生は、決して私たちを後にするということはないのだ。型どおりの関係や規範化された関係を超えて深く知り合うことは、すべて不安定性を伴っている。その理由は、誰がその特定の他者であるのか前もって分からないからであり、また、誰が《私たちそのもの》になりかけているのかさえ分からないからである。友情や愛、あるいは今日、有り余るほど抽象的に語られるのが常である、いわゆる〈人間関係〉は、上述の問いがたてられなければ、それほど大きな意味をもたないのだ。

　私たちはここで微笑を事例として選ぼうと思う。微笑が起こらなかったり、遅れたりしうるということは、微笑はおのずと成熟する果実のように期限に即して生じるのではないことを示している。経験が〔私たちに〕教えるのは、微笑が、微笑みかけや笑いかけになることであり、この笑いかけは、母親の側の要請、ないしそれに似た関わり合いの人物の要請に応答する。微笑は「眼差しで応答する微笑」（スピッツ、1967年、106頁）として生じ、「叫びの通知」（『フロイト全集』補巻、457頁）を発信する叫びも同様の機能を持つ[6]。それによって与えられる解釈が、私たちのジレンマという岩礁をきわめて優雅に迂回するのだ。まずもって前提されるのは、関係する人格としての母親が、養育し、揺すって眠らせ、清潔にするという活動のなかで行動し、ある特定の信号を発信し、単に目的を意識した道具的態度ではない誰かに宛てる態度を示すことである。スピッツのような著者は、母親と乳児の間の対話について語ることを躊躇しない。それによって当然のことながら、単なる事物の関連は、この相互主観的関係から除

---

[6] これにかんして、ディディエ・アンジウによる非常に詳細な諸観察（『皮膚-自我』1992年、213頁から219頁）、ならびにユルゲン・ゼーヴァルトによる、幼児のさまざまな声の表現の区別（『身体と象徴』1992年、383頁から385頁）参照。

4. アピールとなる触発

外されねばならない。ただ問題になるのは，このことであまりに過大の主張がなされていないかということである。多くの著者が一致するのは，母親からのアピールは，ほとんど意図せず，制御なしに遂行されているということである。しかしながら，こうした先意識的関与は無意識的な関与を通して強化されるのであり，この無意識的関与は，すべてのアピールに，誰もが完全には責任のもてない遭遇が付随していることに基づいている。差出人は自分が何を要請し，誰にこの要請を向けているのかを一度も完全に知ることがない。このことは，精神分析が依拠する転移と対置転移との揺らぎがはじめて包括するのではなく，あらゆる性的関係に記入されている「原誘惑」（ラプランシュ，1996年，83頁参照。）がすでに包括している。アピールが遭遇に発するということから帰結するのは，アピールが自己自身から分離されていること，私に話しかけるあなたの中に《エス〔Es〕》が共に語っていることである。このことは，私たちを妨げ，状況に囚われずに，誰かないし差出人から考察を開始しようとすることを阻止する。これに一致する事実は，たとえ「人工的な母親」であっても，状況によっては，ある金網で作った人形のような置物が，皮膚のような外皮で覆われて哺乳瓶を乳児に渡すことで，代役を果たすということである[7]。さらに思い起こすべきは，クッションやぬいぐるみといった，いわば「移行的客体」である。これらは，特定の人相学上の諸特徴が諸事物へと入り込み，逆に人格的な振舞いへと特定の事物的な特徴が入り込むことなしに，その機能は知覚されえないだろう。最後に指摘されるべきは，動物がいわば生きた「移行的本質存在」の代役を務めるということであり，ロムルスとレムスに乳を与える都市の狼〔の像〕[*]にこのことが永遠に象られている。このことは，人間の人格が動物という類縁族から堀によって分け隔てられ，多層的な近さや遠さといったものが存在しないとすれば不可能なものとなろう。したがって，誰かとしての母親が主観的な能作をもち，子供の微笑を誘発させるということを，単純に前提にしてはならない。

　母親のアピールと子供の応答がフィードバックによって結合されている

---

[7] アンジウ，1992年，43頁。著者はここでチンパンジーの実験と関連させているが，人間の子供と模造品の実験にも関連させている。

[*] ロムルスとレムスはローマ建国神話における，伝説上のローマの建国王。狼に育てられたとされ，ローマ市庁舎の脇に像が建てられている。

という前提も，問題にしなければならない。この前提が該当する限りで，母親の声と顔の表情が，子供における微笑やそれと比較可能な反応を惹起する刺激として作用することになる。反応に割り当てられた返答は，状況次第で強くあるいは弱く働く。返答は同時に，目的づけられたフィードバックを通して，応答する存在と応答を欠き推測させる存在を幼児が区別できるようにする。こうして人間存在は，人間に近い存在や非生命的存在から区分され，その際には，文化解釈のシステムの細分化された境界設定が条件とされている。行動のシステムを留保しておき，経験する者の相互作用に多額の負債を与える，こうした規則循環モデルが多様なものを解明するのは疑いないが，しかしながら疑うべきは，規則循環モデルが，私たちに関わる人間の経験の決定的なアスペクトを理解にもたらしうるとすることそのものである。

　先行する触発と事後的な応答の間の時間的ズレから開始するなら，蓄積的でかつ段階的な習得過程のうちにあって，その開始が止揚されてしまうような逆行的運動はありえないことになる。こうした背景のもとで，子供と母親の間で，比較可能な経験の連続のさなかで起こることを考察するなら，ある別様のモデルが結果として生じる。子供が晒されている諸触発は，子供がそれを生きる限りでアピールとなり，この新たな時期，時代へ移行すること〔μετάβασις εις αλλο γένος メタバシス イス アロ イエヌス〕は，固有なものと異他的なものの注目すべき交差を介して生じてくる。異他的なアピールにほほえみながら，ないし何らかの仕方であれ，応答する子供にとってこのアピールが何かを思念するアピールになるのは，子供に与えられ，あるいは，与えられないままにありもする返答を通してである。というのも，この与えられたものは消費や所有にもたらされるのであり，そのまま与えるということではないからである。異他的なアピールは，このアピールによって惹起された私固有の応答への応答としてその効力を現す。異他的なアピールは異他的なアピール自身へと遡及することで初めて，事後的にその効力を現す。このことが先取された願望から区別されるのは，願望が〔特定の〕充実に向けられ，非-所持から育っているからである。触発がアピールへ転換することで，以下のことが結果する。それは，例えば子供に母乳を与える母親の乳房が，同時に食物提供者でもあるということである。けれども乳房は，〈部分的対象〉として，後のすべての部分的

4. アピールとなる触発

諸対象のように，何かと誰かがそこで一致しつつも脈絡なく混同しているのではない。また，食物を授ける母親は，単なる食物の生産者や分配者よりも多くのものを表現している[8]。このことは，助けの必要なときに子供に与えられるすべての援助に際して繰り返されるのであり，この援助は，与えられた助けとして，単なる欲求充足や扶助以上のものである。母親は何かを与えるのではなく，自己を与えるのでもなく，母親は自分の何かを犠牲にして与え，したがって，自分を同時に与えないままにしておくような誰かである。問われるべきは，否という禁止は，あらゆる供与することに内在する自己退去において先行描出されているのではないか，そして自我と超自我の分割は，自我とエスの分割のように，それらがさまざまな役割へと固定化される前に，遭遇の〈運命〉に由来しているのではないかということである。この分割のプロセスは，その沈殿物を，受け取り手として呼びかけられたと感じることによって，被る者から応答する者へと変転する自己に残している。注目すべき事後性がみられるのは，アピールが返答において初めてそれとして確証されるということにあり，この事後性が成人の生において繰り返されるのは，何かが慣れ親しんだ解釈や目的設定を崩すときである。見知らぬ人や半ば知り合いの人の挨拶のことを考えてみればよい。この挨拶は，私が返礼という応対において初めてそれとしての意味をもつ。驚いた相手の視線によって私たちに明らかになるのは，私たちが，本来挨拶が起こらないところに挨拶を予想していたということである。カール・ビューラーに準拠して名づけうるような，成人達の間で生じる〈会話をリードすること〉が子供のそれと区別されるのは，相互に話を聞き，応答し，お互いへと歩み寄り，ないしはお互いの傍らを通り過ぎる時に，成人はすでにある社会的な活動領域にいるということである。たとえ挨拶をしない人であっても，ある公共的な場所や公共的な交流の場にいる限りで，彼は挨拶の慣習に則って挨拶をしているといえる（ゴフマン，1974年参照）。しかし，幼児の経験が私たちに注意を向けさせるのは，子

---

[8] アンジウによる乳房の過剰な象徴的規定（1992年，63頁），ならびにメラニィ・クラインの部分対象の理論，また，その身体現象学的含意についてのジョン・オニール（1986年）とユルゲン・ゼーヴァルトのコメント（1989年，第3章）を参照。ジャン・ラプランシュは，まさに他者に関係し，単に食物摂取に依らない乳房の性感的性格を，ある範囲で強調している（1996年，30頁以下，137頁参照）。

供の活動領域は反社会的な空白やくぼみを持つということ，また，眼差しや言葉は単に交わされるだけでなく，繰り返し新たに自発的に発せられるということである。子供の経験への考慮が欠けることから，化石化したようなまじめさから現れ出る，場合によって幼児症を通して補充されたりする〔子供の発する〕大人のジャゴンによって，その報復を受ける。

　触発からアピールへの変換が到達するのは，《何かに向けて》答えることが，《誰に》と《何に》に分割されるように，《何かの》当事者になることが，《誰によって》と《何によって》に分類されることだ。この《誰か》が，誰かに宛てられた要請のための場所を特徴づけ，《何であるか》は，誰にも宛てられていない要請のための場所を特徴づけている。

　私たちにより提案された，要請と応答の出来事への分岐に対する懸念が生じてくる。それは，単一的な，すべての秩序に関する要求を超えるような彼，ないし彼女という他者（フランス語で autrui）が結局のところ，選択項としてそれが立ち現れるや否や，二極的な枠組みに再び従属してしまうのではないのか，という懸念である。また，異他的な応答という構成的役割に依拠したとしても，異他的な要請が，自分に固有なものの欠如や，この欠如を除去する努力から再度考察されてしまわないかという懸念でもある。ここで問題になるのは，彼や彼女という他者の徹底した他者性である。この他者性は，本書後半での倫理的考察を予め示唆している。これについて言及すべきは，次のようなことになろう。差出人は，他者が何者であり，何に役立つのかを決めるのに役立つような基準に貶められることはない。というのも，そうすることによって私たちは，すでに意義づけと欲求の軌道上にいることになってしまうからである。むしろ差出人は，実在性が試されることに似た差出人の査定〔Adresantenerprobung〕に晒されている。経験のうちで，したがって子供の経験における「フィードバック」において試されるのは，その誰かは，私にアピールする誰かであるかどうかである。もしそこにそのような人が《誰も》いないのならば，損なわれうるような要求も生じないことになる。他方，他者の返答が，私固有の「応答の欲求」を満たすような《何か》でないこともまた，他者の返答が，私に固有な，他者のアピールへの応答を前提にしているからこそなのである。この返答が，私自身に，この語り方の二重の意味で〈贈られて〉いるわけではない。自己の一次的ナルシズムは，自分固有の身体的自己へ

4. アピールとなる触発

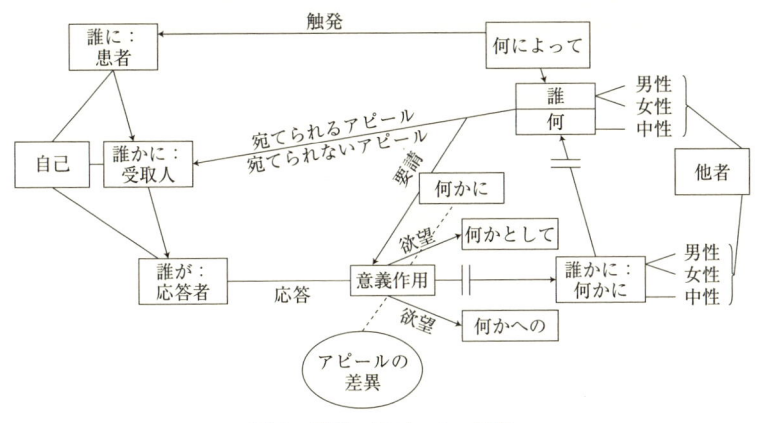

図3 触発―アピール―応答

の固執という根源的パトスの一面しか形成していないが、このナルシシズムは、単に何かに向けて要請する〔*auf* fordern〕だけでなく、同時にさらに、何かに向けて要請する〔auf *fordern*〕ようなすべてのアピールによって粉砕される。他者のアピールと自己の応答という分類に何かが先行するとすれば、それは、自己への固執ではなく、《触れられること》と《触れること》との密接な交差、すなわち、自己の遭遇と他者の遭遇との密接な交差であり、これは、ある「共通の皮膚」という幻影にその表現を見出している。こう語るのが、ディディエ・アンジウの根本思想の一つ、皮膚-自我である。このような幻影を通して、皮膚のひび割れやすさと傷つきやすさが、想像によって上塗りされると理解される。

　私たちの発生的素描に対する反論が、逆の方向に展開するのは、諸事物の純粋に否定的な規定に対抗して論及する場合である。私たちが事物を、私へと向けられることがなく、何の要求を発することもなく、何の返答も与えることのないものとして理解するならば、諸事物は単なる剥奪性として現出することになる。その場合諸事物は、サルトルとともに「愛撫するに値しないもの」（1943年, 462頁。独版686頁）と名づけうる単なる非-生物となり、動物は単なる非-人間となり、さらに続いて、人間は非-神々ということになる。ただ、ヘーゲルとともに、実体それ自体が主体として理解され、精神がすべてのもののうちにあると語る場合にのみ、否定は二重否定のうちで止揚されていることになろう。こうした膨大な前提がなけれ

ば，石の無感覚性〔Apathie〕が生きるものへの共感に対置されることになり，この石は，例えばアナクサゴラスにとってはアゼビエの審判〔Asebie-Prozess〕の際の抗争点となった，あの赤い石としての太陽のように*)，すべてを触れることなく，耐え忍んでいることになる。その場合「諸事物のアピール」は単なる言い回しの問題となり，私たち人間がそれら諸事物に言葉を貸与し，この言葉によって諸事物が私たちに語りかけてくることになる。──これに対して応酬されるのは，フランシス・ポンジュによって擁護された「諸事物の先入見〔Patri pris des choses〕」[9]に属する事柄である。例えばろうそくは「自らが食べたものの中で溺れ死ぬ」とされ，春の木々は「自らの言葉を解き放つ，木々のうねり，緑の嘔吐」となり，揺らめく火は「アメーバのようにあり，同時にキリンのように首をぐっと伸ばし，四つん這いで這い回る」になる。諸事物の沈黙，さらには「無限空間の永遠の沈黙」も，あらゆる沈黙がそうであるように，語りに対するアンチテーゼを形成することはない。むしろ沈黙は，情態性と情緒性のうちで変転する調子を帯びた背景を形成する。当然のことながら，こうした沈黙は，語ることのできる《誰か》に対してのみ存在するのであり，〔沈黙する〕石は子供であるわけではない。それにもかかわらず，以下のように考えてもよい。事物は，最も広い意味で，私たちを包む雰囲気や声や暖かさ，味や匂いや，ディディエ・アンジウが述べたように，私たちを包む痛みに埋め込まれつつ，たとえ自発的に私たちにアピールすることがなくとも，アピールを伴っている。──ウィニコットの言う移行客体〔Übergangsobjekte〕は，単に事物と人格の間の妥協の産物ではなく，死せる事物が，生ける本質存在，ならびに自己責任のある人格から明確に区別される大人の世界への行軍への前もっての備えを形成している。諸事物は，誰かと何かの間を絶えず行き交う身体の中間領域に属しており，さきほど言及された母親の乳房は，こうした領域に属し，リビドー的身体の項目全体，性欲的代謝が行われている皮膚，口腔，肛門，生殖器も同様である。身体的関係性から免れているような単なる事物は，ある限界状況かある構築物，すなわち，自分自身にしか遭遇することのない純粋な精神に似たも

---

*) アナクサゴラスがアテナイを去るきっかけとなった審判。太陽を灼熱の石と主張した彼は，太陽神アポロンへの不敬罪に問われた。

9) 『諸事物の名において』(1973年)

4．アピールとなる触発

のを形成しているだけなのだ。——これらの他になお考量すべきこととして，私たちへ向けられた要求が次のように拡大しているのではないか，ということがある。すなわち，全能の要求という子供の幻想を括弧にいれることなしに，むしろその要求に即しつつ，まさに母親〔母性そのもの〕や父親〔父性そのもの〕が魅惑的に引き付けたり，あるいは，突き放したりしながら，すべての事物を通して語りかけているのではないか，ということである。諸事物が私たちを眺めたり私たちに語りかけるということは，自然の固有な諸形態や固有な諸力が開放され，それらが諸事物の実利的な利用と技術的利用を超えて，私たちの活動なしに遭遇してくる《何か》に関わるのだ

　この先対象的経験は，また同時に，規範的経験という枠組みを乗り越える現実性の芸術的形態化，神話学的—宗教的形態化，そして思想の形態化を培養する温床である。直接的な生の有意義性に配慮しない学問的探究の厳格な節制でさえ，事物にその固有な重要さ，すなわち，単なる利用や占有にとどまることのない重要さをそのまま容認している。《できるということ》のための予見は，それが知の獲得の論じ尽くされた定義と解されるならば，学問論上の決まり文句になるだろう。見るべき何か，ないしは聴くべき何かがあるということが意味するのは，できあがっているものにとっての剰余である。ここに，知の実用化を超えているギリシア語のテオリアという真理がある。宗教的解釈に対して留保されているのは，隣人や生き物，諸事物や諸力からの偏在するアピールと一体となっている，プラトンが古代の生の様式に帰属させた乳幼児の融合（『政治学』272b-c 参照）を，反省化されたあり方で繰り返すことである。すなわち，「兄弟のような太陽」についての歌として，「父なるエーテル」の呼び声やあらゆる被造物から語る「永遠の汝」への関わりとして，また，すべての人間の顔から見つめられる全き他者の要求として。その際，子供のアニミズムという幻想は，すべてを活性化する働きを神的なエンターテーナーに帰属させる潜在的なアニミズムへ移されることになるのだろうか。このとき，簡単に否定できない考えがある。それは，全き母親や全き父親という幻想は，前者が〈最初に接触する者〉としての母親を遡及的に示し，後者が〈最初の支配者〉としての父親を指示するとするのは，実は成人の願望にすぎない，という考えである。しかしながらこうした考えも，いたる所で投射を嗅ぎ

つける月並みな宗教批判になりかねない。宗教的解釈が疑わしいものとなるのは，すべての遭遇の二義性を変容させ，他者のアピールとあらゆる《触れること》に内在する遠さを，望みの近さに変転させるときである。

　触発からアピールへの移行は最終的に，遅延，障害，そして病理学的な崩壊によって特徴づけられる。アピールは，自己の中心部に広がるパトスの発生に伴って発生する。異他的なもののアピールが返答によって確かめられず，ないしは十分な力で確かめられないとき，そしてアピールが相互に抗争し，共在できない諸感情が惹起されるとき，さらには自己が自らのパトス的体験に投げ返されるとき，触発はアピールへの変形に失敗してしまう。ルネ・スピッツが看護要員の絶え間ない交代にその原因を帰している病院病は，触発からアピールへの道，受苦することから自分で応答することへの道を塞ぐさまざまな障害の中の一つである。子供が学ばねばならないのは，返答が長引くことがあり，応答の周りに沈黙の区域が広がっていること，また，返答は強要すべきでなく，所有せねばならないものでもない，ということである。

5．触発とアピールの不可避性

触発からアピールへの移行に際して私たちが区別したのは，《誰か》に向けられた要求と，要求において掲げられた《何か》への要求であった。アピールは，その誰かに宛てた性格と要請することの僭越的な性格によって区別され，その諸要請は単なる刺激，あるいは，請求に限定されている。アピールの要求性格は，存在と当為という近世の区別を導くことになる。存在しうる何か，したがってそうあり，また，受け手が実際に望み，することのできるものが要請される。しかしまた要請は，そうあるべき何かを要請することもできる。これには，受け手の意志に結びつき，理性によって根拠づけられる意志へと恣意性を変化させる審級が前提されている。他者の要求は，要求を秩序化する共通の規則に基づいて合法的な要求になる。これは，あれこれをせよという要請それ自身が，一般的な規則から演繹されるべきだということではなく，要請の内実が，一般的かつ法的拘束力を持った法と矛盾すべきでないことを述べている。主観的恣意性の遊動空間

5. 触発とアピールの不可避性

を制限し，なおかつ個々人の欲求や関心を前提する法は，第一に禁止の性格を持つ。

　このことにおいて，法の規制と諸要請は区別されている。何かをせよという要請はある運動の力を展開し，それによって，要請が私たちの努力や力を喚起したり，少なくともそれらをアピールすることになる。何かをしてはならないと私たちが要請されるとき，他のより恒常的でより高次の目的，ないし包括的な目的が考慮されている。鼓舞する性格をもつ諸要請は，それが断念ないし回避を訴えるものであっても，まず第一に肯定的である。他方で，禁止をその核とする法的規制は，助成することなく，阻害しつつ介入して，抑制する性格を帯びる。禁止されるのは私たちがしようと欲すること，私たちが意志しかつできるが，すべきでないことである。また，現実に私たちがなすべきでないことは，それが現実の法秩序にかかわる限りにおいてであり，私たちが断じてすべきでないこととは，それが普遍的な道徳秩序に関わる限りにおいてである。こうしたあり方で禁止されていることは，相対的財といった，より高次の目的に達することと秤にかけることはできない。私たちがその本性からして，なすべきことを欲するのであれば，禁止のみならず，戒律もまた余計なものとなろう。当為が，欲求と意志そのものを支配するのであれば，規制は強制的性格をもつことになり，要請を受け取る人を一つの生産物に変化させる傾向性をもつことによって，規制は，それ自身の規制というあり方を放棄してしまうだろう。欲求が打ち消され，戒律を殺人禁止として取り扱うことから出発するのであれば，それはまるで，食事を空腹禁止として，飲むことを渇きの禁止として定義することになろう。法の第一次的な禁止性格は，それを通して義務の分配が行われたり，特定の行為の実行が制御されたりする戒律の多くを法秩序が内に含むことを排除しない。私的権利と公的権利は，それに相応するような諸規定に満ちている。しかしながら，こうした事実上の秩序は，その妥当がまさに禁止性格をもつような反事実的根本秩序に結びついている。とりわけこの禁止性格は，衝突が起きている場面で，道徳的ないし基本的権利が要請されることに見て取れる。したがってこうした場面では，常に一方的な断定は禁止されている。要請と，戒律ないし禁止の区別がそのまま許容するのは，両者が同時に生ずること，また，疑問の残る混合物とはいえ，両者の混合形式が形成されること，ないしは要請が禁止の衣を

身にまとい，禁止が要請の衣を身にまとうことなどである。しかしながら，このことで区別が無効になるわけではない。こうして，存在と当為という近代の対立は自らの明確な輪郭を獲得するのだ。この対立は，物件と人格というすでに検討された対立に結びついている。というのも，後者の人格は，道徳的―実践的観点のもとで，諸権利と諸義務の担い手として理解されるからである。しかしながら，先に論究された衝突に際しての対照の対の場合と同様，ここでも差異を単純に仮定してはならず，経験を二項対立的思考パターンへ従属させてはならない。むしろ問題となるのは，その結果として経験それ自身が，いかなる拡がりのうちにこうした対置を許容するのかを問うことである。このように問うことで，私たちは道徳の系譜学の領土へ踏み込んでいる。

　以下の考察では，ある不可避性から出発することが説かれる。すなわち私にとって選択の余地がないあり方で私に出会われ，襲いかかるような《何か》が起こる状況から出発することが説かれる。こうした仕方で私たちに出会われるものは，存在と当為の分離に含まれることはない。不可避性は，様相論理学的には，あらゆる必然性と同様，反対の不‐可能性として定式化可能な実践的必然性として理解されうる。そこでは私が何かを行わないということがありえないのだ。

　不可避性は，まずもって，自発性に先行する遭遇の範囲で出会われる。私たちはこのパトスを，私たちを《触発するもののない触発》として規定した。パトスのうちで私たちは《何か》を経験するのではない。そうではなく，パトスは遭遇という形式における経験そのものである。私たちに出会われ，触れられるすべてのものは，善と悪，正と不正，肯定と否定の此岸で運動している。ある考えの閃きや予期せぬ贈り物，光線や針のようなものによる負傷に突然出くわす人は，この遭遇に肯定や否定で応答し，それを迎え入れ，ないし，はねのけるには遅すぎるのだ。このことは，ゆっくりと効果を発揮する毒物や，生命力の回復の経過のような，じっくり染み込んだり，新たに開拓される作用効果の場合さえ当てはまる。私たちが出くわすものは，必ずしも準備なしに出くわすというわけではないが，十分に準備されていることは決してありえない。そのつど生じた出来事をうれしく喜ばしいものとして，あるいは，不快で有害なものとして性格づけることがこの出来事に直結したとしても，この性格づけは出来事に後続す

5. 触発とアピールの不可避性

る。さらに加味されるべきは，すでに諸要素〔Element〕から始まる一貫した二面性であり，例えば火の場合，〔われわれを〕暖めもするが，破壊するものでもあり，雨の場合，田畑山林を豊饒にすることもあれば，洪水になったりもする。性格づけは事後的に生じるのであり，それは，求めることと避けることという対立に区別される欲求に駆り立てられて生じ，ファンタジーによって舞い上がった解釈，すなわち，世界を喜ばしい出来事と恐ろしい出来事で満たす解釈を通して，明るみにもたらされたりしている。事後的な性格づけは，危険をはらんだものを回避することを可能にし，自己の身を守り，同様の出来事に対して万一に備えることを可能にする。火傷をした子供は火を恐れるが，火傷の跡はそれ以前に生じているのだ。遭遇は善と悪の此岸で出会われるだけでなく，自然的起源と社会的起源の此岸で，したがって，宛名書きされていないと名づけうる自然の暴力と，誰かが誰かに向けた〔宛名書きした〕暴力の行使との此岸で出会われてもいる。大火事と放火，感電と電気拷問は，責任の所在によって相互に区別される。しかしながらまずもって，《何か》がその人にふりかかる《誰か》がいるのであり，それはいまだその出来事に対して，感謝や憤慨，ないし恭順をもって応答する特定の誰かではない。トラウマの経験は，即座に，心の抵抗や非難に置き換えられるのではない。それを被る《誰か》を，それほど強くその人の受苦へと差し戻すことのないパトス的経験もまた，〔即座に〕責任の所在や正当化の問いと一致するものではない。パトスに対して身を守ろうとする者は，生それ自体に対して身を守ろうとするようなものである。もちろんそれは可能ではあっても，周知のように，生の断念や生の抹消という犠牲を対価にしてのみ可能である。ニーチェが呼び込んだ運命愛は，——可能なあらゆる諦観や，不可能とされるあらゆる正当化からかけ離れているのであり，——私たちに厳しい教訓をつきつけている。

　不可避性は，私たちが為すことなく襲ってくる遭遇に限定されるわけではない。それに対して同意したり，あるいは拒否したり，回避したりして応答する要請もまた，不可避性の契機をもっている。しかしながら要請のさまざまな変様に応じて，不可避性のさまざまな形式が区別されねばならない。私にとって好都合であろうとなかろうと，要請がその諸可能性を使い尽くしてしまう場合には，不可避性について語ることさえできない。と

いうのもそうした可能性の提示に応じたり，他の提示を退けさせる《何か》が，私を強要しないからである。選択の自由は，決して無限に多くの道を開くものではないが，少なくとも多くの道を開く諸可能性の遊動空間によって定義される。今やこの遊動空間は，ゼロへと向かう地点にまで縮小することもありうるのだ。

　不可避性とは，唯一の可能性のみが存する地点に私たちが近づくことを意味し，しかも，置かれた状況に逃げ道はないのだ。こうした状況を窮地と名づけたい。ゼロ地点に陥った場合，要請は遭遇へ転覆させられることになり，ここではもはや何をすることもありえない。自己の行為からの離別とは，人が諸事物を手放し，自由にそれが経過するに任せることである。こうした状況へ陥る人は，自分の固有な力が萎えていき，萎縮させられる。行動する者の無力さは，生の消滅へと接近するような，字義どおりの無力さへ移行しうる。別の側面として「必要は発明の母」という格言がある。遊動空間が狭まることは，自然災害や生の諸可能性の持続する制約や障害の場合のように，予想もしなかった，したがって，今までそこに備わっていたのではないような諸力を目覚めさせることがありうる。「確定化されていない動物」*)はこの閉塞性を挑戦とみなすことで，強制に対して発明で応じる。機知はアポリア〔袋小路状態〕をオイポリア〔一時的陶酔〕へ，困難の克服へと変化させ，ないしそれに加えて，パントポリア〔準備が整えられた状態〕へ，そして人間を文化創造の中心的身分としてソポクレスが褒め称えた多面的処理へ変化させる。死のうちにのみ，人は自分の師を見出すのである（『アンチゴネ』5巻，360頁）。

　私たちの自己の諸可能性に即して測られるこうした不可避性から，異他的な要求から始まる強制から生成する不可避性が区別される[10]。レヴィナスが『時間と他者』においてハイデッガーに抗して擁護した区別に従えば，この後者の不可避性はもはや単なる「不可能性の可能性」を意味せず，む

---

　　*）　プレスナーに代表される現代の哲学的人間学では，人間を動物のように，生存本能に即応して，ほぼ完成されて誕生するのに対して，養育者の下に長い養育期間が必要とされる，不確定的生誕をその特徴とするとしている。

　　10）　これにかんして，カントがバウムガルテンから受け継いだスコラ哲学の「necessitas」と「necessitudo」の区別を参照〔カントにおいては，前者が理論哲学における自然必然性を表すのに対して，後者は実践哲学における必然性，つまり道徳法則に従う叡智的存在者の行為にかんする必然性を表す〕。

5. 触発とアピールの不可避性

しろ「可能性の不可能性」を意味する。つまり、あらゆる他の可能性を可能にするような可能性を意味するのである。しかしながら、こうしたストア派的解釈の余地を依然として残す定式化でさえ、実は不充分である。死は私固有の可能性をすべて打ち砕き、死は私の諸可能性の外部に存するとサルトルも言うが、そこから道徳的な結果を導き出すことはない（1943年、621頁、独訳版923頁）。リオタールが『抗争』における連鎖の必然性という形式に結び付ける単なる「為す」ということは、二義的なままにとどまる。存在論的諸可能性と諸不可能性が、倫理的な重荷を背負わされているが、それがいかなる仕方でなのかは不明のままである[11]。異他的な要求が問題になる不可能性は、諸可能性の破棄以上を意味する。こうした不可能性は、いわば挑発的で発生的な不-可能性として、私から応答を要求することで、私の口から言葉を奪い取るような出来事として生じる。私は受取人として、それを望むか否かにかかわらず、要-求（An-spruch）に、すなわち、要求を起こすような語りかけ（Ansprechen）に出くわされているのである[12]。訴えを聴くことは、行為に先行する。要請されたことを拒む人でさえ、また、要請を許容できない不当な要求と感じる人、ないし後で後悔するようなことをそそのかされる人でさえ、その要請をすでに聞き取っている。何かに触れて、はっとして身を引く人も、触れられていると感じている。幻覚に近似するようなものを見てしまうということは、自己自身がそこに取り込まれる以前に、それをじっくりと仔細に観察することができたかもしれないとは言えないことを意味する。このことは、聴くことと触れることにおいて不可能であることとして修正される。ここには、自分固有の視線に先行するような、出来事のうちへと沈み込む以前に私たちが出くわしている視線がある。しかしながら、——電光の光のような極

11）　私はこのことを、『ドイツとフランスの思考経路』16章での批判的注記で指摘している。脱構築が義務と正義に結びつく際、事実的な義務と規範的当為の間にある道筋をみつけようとする場面で、ジャック・デリダもこうしたことを、適切に事象を回避しつつも時折表明している。例えば、「義務のようなものや、『何か』がなければならない場合に、これはそうあるべきなのだ」（『省略符』283頁）、あるいは、「法の外部、ないし彼岸に正義があるならば、正義が脱構築されることはない」（『法の力』34頁）。これらは、定言命法の仮説のように聞こえるかもしれないが、仮説は空疎でない。

12）　これにかんして、エディット・ウィショグロ『聴くこと以前のなすこと』（1980年）参照。著者はレヴィナスを叙述することで、現象学的分析とタルムードのモチーフを結びつけている。

端な状況は別として——目に見えるものは，聴覚に迫ってくるものや，触れつつ身体に押し付けてくるものよりも，せっついたり押し付けがましいことは少ないように思える。例えば空間の配置や時間のリズム，ないし反復可能性といった例にみられるように，また，感覚上の媒介変数が異なっているように，パトス的性格もまた感覚から感覚へ変異するよう思われる。こうしたことと，以前に言及された事実，すなわち，子供はまずもって，母親の声を馴染みのないものという背景から分けることが，迫ってくる音響上の特性が特別な的確さで際立っている点で一致しているのだ。私たちがこの観点を強調するのは，私たちへ向けられる訴えが聴くことと密接に結びつけられているからである。

　訴えの不可避性は，ここでも，要請されたものを善悪や，要請の可否に即して区分する分岐点に先行している。要求が，誰かから要求されることと何かを要求することに分岐するのだが，戒律と禁止を計る目盛は，私たちにあれこれの具体的なものを要求する以前に，すでにその命令する要請の影に隠れている。言表の領域と同様，ここでも要請の内実と要請の出来事とが区別されねばならない。後者の要請の出来事は，たとえ要請されることが自発的かつ過激な拒絶に突き当たったとしても，私は出来事そのものを回避することはできない。要求をかかげることは，単なる意志の表明を絶えず超えており，要求することそれ自身のうちに起こっているのであり，しかも法の「共同要求」という形式のうちで生じている[13]。法の適法性が——神の声として，あるいは自然の声や市民の声として——法を設定

---

13) これにかんして，『応答の索引』第2章14と第3章12.5を参照。解説すると，共同要求の〈共〉はある二重の方向を示している。三人称の文法は他者の要求に示され，また他者の要求は三人称の文法に示される。〈共〉は開かれた結びつきを意味しており，綜合や調和を意味するわけではない。したがって，抗争は常に起こりうるのであり，ラズロ・テンゲィはこのことを正当に指摘している（『生の歴史の中間概念』，1998年，364頁以下）。レヴィナスが注意を喚起している彼の「アナーキー的なるもの」を，もちろん彼はそのように理解したわけではないが，パトスと情動への遡及として，より強調して評価したい。私が時折用いる「応答可能倫理」という表現は，短縮形式としてのみ理解されたい。私がこの表現で理解していることは，具体的・感覚的に応答することが，まさしく倫理的アスペクトに無関係ではないということ，逆に言うと，あらゆる倫理が応答可能な展開を見せることである。しかしこのことで，エートスと応答が完全に等しいと言いたいわけではない。パトスとエートスにもこうしたことが当てはまる。道徳の系譜学は，こうした混成なくして考えられない。この意味で，テンゲィがここに引き寄せた〈交代〉という〈区別〉モデルは，十分に意義がある。

5．触発とアピールの不可避性

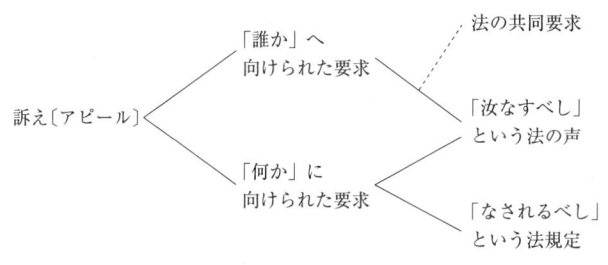

```
                    ┌─「誰か」へ──── 法の共同要求
                    │  向けられた要求 ＼
訴え〔アピール〕──┤                    「汝なすべし」
                    │                   という法の声
                    └─「何か」に
                       向けられた要求── 「なされるべし」
                                        という法規定
```

図4　訴え〔アピール〕と法

する審級に帰せられるに先立って表明される「法の声」は，一般的法規定と一致することはなく，その法規定の妥当性は，権限の活動範囲に即して査定され，当該者によって批判的に査証されうる[14]。まさにそれゆえに，異他的な要求の拘束力への問いは，異他的な要求の妥当性を仮定して，その要求を一般化の資格をもつか査定することによって返答されるのではない。法の要求が存在し，そしてそれが法の名のもとに代行の職務を語る意味を持つとしても，それが意味するのは，ただ，受取人がある特定の規則の適法性を仮定する以前に，法に従属しているということだけである。だからこそ道徳の発生学があるのであり，それは，その道徳の正当化と取り違えられてはならず，まさにそれゆえ，配-置〔An-ordnung〕の諸観点を担う要-求〔An-spruch〕の発生への問いがたてられる。善が仮定される〔hypokritisch〕次元で起こるこの発生は，他者の発生と固有な自己の発生から分離することはできない[15]。

以上の結果からして，若干の問いをたてようと思う。それは訴えが，要求と権利主張とに分岐する地点の問いであり，要請の内実が，存在する「何か」と存在せねばならない「何か」に二分割化することの問いであり，また，訴えと触発の透過性に関する問いである。こうした考察が首尾よくいけば，倫理的なものと道徳との間が区別されることになろう。その形容詞の形式が，経験について一貫した観点に関わり，何らかの分離した領域

---

14) このことが，ラカンの法の二重化を導く。超-自我の「小さな法」は一般的禁止を通じて共同化され，他者の「大きな法」は共同体への吸収を禁ずる。これにかんしては，本書Ⅶ章注記51を参照。

15) 私はここで，ジョン・リウェーリンの『見せかけの想像　カントとレヴィナスの間で』（2000年）での基本的立場に関連づけている。

に関わらないことを暗示するように，倫理的なものは私たちの願望や能力を超出しているがいまだ現行の拘束力の地位には達していない出来事よりも，むしろ自分自身と異他的なものの間の結合や分離に関係する。身についた徳や，道徳的秩序へ統合される格率と妥当する法則が問題になる場合に，道徳が語られるべきである。自己査定をすでに前提する現行の道徳には，したがって発生の状態からして〔in statu nascendi〕，多様な仕方で身体的―世界的経験，ならびにそのパトス的背景に編み込まれたエトスが対峙している。そうしたエトス〔習慣的倫理〕は，思惟や芸術の創造の手前でもその歩みを留めることはない[16]。

6．命法の二義性とパラドクス

存在と当為という伝統的図式が，異他的な訴えの応答にほとんど対応しきれないことがはっきりするのは，諸要請に私たちが直面する諸経験へ立ち戻るときであり，その際，文法的形式と言語論理的形式のいいなりになることを控えるときである。

　リヒャルト・ハレは，ヒュームの軌道の上を動き，何らかの事実を示す直説法命題と，事実が存在するために使用されるべきことを示す命令法命題を区別する（上掲書103頁以下参照）。この図式はさらに展開されて，アンソニー・ケニーとエルンスト・トゥーゲントハット（1976年，第7講義と第28講義）の場合に，アリストテレスの哲学の区分により緊密に添うとともに，断言的判断命題を，目的命題，命法命題，願望命題へと分かれる実践的命題と対置させている。自分の行動を導く目的命題においては，意志が表現され，他者へ向かう命法命題においては当為が表現され，特定の受取人を持たない願望命題においては願望が表現される。これから示されることになるのは，言語に方向づけられた哲学の多様な端緒における諸変様を伴うこうした図式を通じて，要請と応答の間で起こるすべてのものが過小規定され，したがってまた簡略化されていることである。異他的な要

16）ドゥルーズが注記したように，諸感覚や義務の命令から叙述を開始する，プルーストの再発見的叙述を参照。これにかんして私の『ドイツとフランスの思考経路』での解説を参照（359頁から399頁）。

6. 命法の二義性とパラドクス

求の起源の歴史が、いわば、対話の出来事へと吸収されてしまっている。まさにこのことは、ある意味で非-対話〔Adialog〕のうちで表面化するパトス的背景にこそ妥当している。

　命法は、権威的な命令権の表現（＝「われ、欲す〔ich will〕」）として、数倍、高みに置かれており、その命令権に対して反抗しない限り、私たちはその権力に引き渡されてしまっている。また、命法は、規範的規則（＝「されねばならない、あるいは、されるべきである〔man muß oder soll〕」）の適用として、あまりにも低くみられており、その適用の共通性は、すべての命令の執行を相対化している。ある一般的な法に依拠する人は命令しない。なぜなら命令を与える者は、命令を受ける者でもあり、命令を受けた者は命令を与える者であるからである。ここで生じた差異が相対的であるのは、既存の制度的役割分担に関係づけられているからであり、この分担自身、再度、すべての参与者の同意に基づくのだ[17]。全体的に命法は非常に偏った仕方で行われており、要請が呼びかけとして最小限の役割しか果たさないような二様の問いの複合によって、余計な負担を負うことになっている。第一の複合は妥当性の範囲に関係する。命法はある一つの状況に関係して、「これをせよ（するな）！」と言いうるし、あるいは無規定的な一般性に関係づけて、「そういうことは、いつも、しろ（するな）！」と言い通すこともできる。ある個別的な命法は、個別的状況に関係し、ある一般的な命法は、想定可能なすべての状況に関係する。第二の複合は拘束力の程度を確定する。ある命法は「何か」を定言的に命令し、ないし禁止し、すべてのそれに反対する行動は違反になる。ドイツ語ではこの様相は、ねばならない〔Müssen〕、ないし、してはいけない〔Nicht-Dürfen〕」として表現される。例えば、「当局には従わねばならない」や「嘘をついてはいけない」のように。厳格な要請は、既存の義務を想い起こさせるような警告の間接的な形式をとることもある。こうした絶対的な命令と禁止は、諸命令が単なる勧めへと和らげられる緩和された当為の規制とは区別される（フランス語の命令〔commande〕に対する勧め〔recom-

---

17）ハーバーマスは命法を、単なる権力欲に限定される「真の命法」と、規範的要求を「調整された言語行為」とする要求に分ける（『コミュニケイション的行為の理論』（中）、13頁参照）。また、彼に対して繰り返された『応答の索引』74-77頁、162頁、416頁での私の批判を参照。

mendation〕を参照）。こうした場合，状況に応じて使用できる自由な裁量の余地が，規則を受け取る側に認められている。助言は，勧めに似ているが，もう一歩踏み込んでおり，全面的に助言された事柄に決定が委ねられている。最終的に要請が単なる許可に留まることもありえ，「してもよい〔Dürfen〕」や「する必要はない〔Nicht-Müssen〕」のような助動詞によって表現され，「かまわずに煙草をすってもいいよ」や「急ぐ必要はない」と表現される。この場合要請は，単なる容−認〔Ein-räumen〕や許−容〔Ge-statten〕のうちにあり，他者を鼓舞したり，要求しないと約束して励ますことで，他者の意向に〔許容〕空間を与える。確かに，「禁止されていなければ，何でも許される」といった規則を立てられるかもしれないが，こうした非干渉の条項は適法性への問いに限定される。他方，日常的な容認や招待は，行為の動機のうちに入り込んでいる。寛容な雰囲気というものがあり，過剰な戒律や禁止に対して反対の働きを向けるが，戒律と禁止の欠如のみによっては説明不可能な真空状態が，同時に開かれることもある。

　こうした二つの問いの複合にとどまると，直説法の表現と命令法の表現とが，平行関係に置かれる。命題もまた変化する一般性の度合いをもち，様相論理的に定式化されうる拘束力の様相が，義務論的論理学のように，断言判断的論理学に見出される。主張は要請と同様，多少の差はあれ根拠を自らに対して有し，理論的な必然性に実践的な必然性が，すなわち「してはならない，ことはない〔Nicht-Nichttundürfen〕」に変形された「ねばならない」が対応している。

　この命法の論理は，二つの明確な欠陥を示している。第一の欠陥は，可能的受け手の範囲に関係し，第二の欠陥は，拘束力の審級に関係する。両者において，理論的諸命題と実践的諸命題を平行関係にみることはできない。命法においては，各々の要請に際してのように，《誰に》向かうのかが問題にされうる。状況によってきまる要請の場合，ことがらは比較的単純である。その要請はある誰かへ向かいうるが，他の多くの人へも向かいうる。「これを私の思い出にしなさい！」といった言葉が儀式化された遺言で語られる。こうした場合に前提にされているのは，受け手がこの状況の領野を送り手とともに共有していることだけである。要請はまた，分散した多数の人たちにも向かい，大衆に向けられる演説の場合のように，匿

名的な公衆に向かうこともありうる。ここではしかし，一つのことが排除されている。それは全-受け手であり，すべてのベルリン市民，すべての女性たち，物理学者たち，すべての信心深いイスラム教徒たち，そして最終的にすべての人間が含まれるような受け手の団体である。受け手の審級を集団化することができないことは，可能な受け手の量に依存しない。量は，技術的な媒体を通じてどこまでも増大されうる。根拠は別のところ，すなわち，向けられたすべての要請の選択性のうちにある。累積された要請は，累積された注意に類似しているだろう。すべてのものに同時に注意を向けている人は，何にも注意していないに等しく，すべての人に同時に語りかける人は，誰にも語りかけていない。すべての呼びかけは，呼び出しを意味しており，それは，すべての注意が，何かを際立たせることを含んでいるのと同様である。ゲシュタルト理論の語り方では，受け手は，優先された相手と名づけられよう。グループの全体性は，その極限が人間一般のまとまりだが，代理を介してのみ語りうるのであり，モーゼがイスラエルの民を代理して，律法の石版を受け取るようなものである。誰にでも関わる，また，誰もが個人的に関わる要請は，痛みがそうであるように，個別的に働く。このような状況を超えるものは，匿名的でヴァーチャルな要請の諸機構であり，交通システムや，パソコンのコマンド表示，また電話においても現実のものになっている。停止信号にしたがう者が交通標識に応答したりしないように，テレビを見ている人は，アナウンサーの眼差しやその言葉に応答するわけではない。その眼差しは幻想の鏡像に絡めとられており，多くの報いを約束するものの，何の義務も負ってはいないのだ。この問題が覆い隠されてしまうのは，伝達道徳の立場にたつ者が，「汝なすべし」ないし「汝らなすべし」から，「すべての者なすべし」へと直接的に移行するとき，つまり，二人称のうちで定式化された要請が，三人称のうちで定式化された全命題へと変形されるときである。要請の特殊な性格が，理論的規則命題へと適応することによって消失し，すべての個別的なものが特定の種類に類別される規則の要請へと還元されることで消失してしまう。

　他の欠陥は，要請の拘束力が依拠する審級に関係する。誰かが「こうしろ！」と言うとき，「なんの権利で君はそう言うのか」と反問することは常に可能である。こうした権利の正当化の問題は，理論的言表においては

生じない。物件は物件そのものを語っているのであり，物件の真理はいまだ議論の余地はあるとはいえ，この真理はそれを表現する者がどう思おうと，それに依存はしない。命法的表現において事情が異なるのは，要請する者の意志が，要請された者の意志と衝突するリスクを常に冒しているからである。こうした潜在的抗争が巧みに隠蔽されるのは，要請において《誰か》に向けられた要求が，要請された者がただちに服従する，規則の要求と等しくみなされるときである。規則の要求が誰にも向かわないのは，規則の要求は，そのつどの人格を考慮することなく主張されるからである。「旅人よ　汝スパルタへ行くならば，そこで告知せよ（＝受け手が規定されていない要請），法が命じるごとく私たちがここに横たわっているのを汝は見たか（＝内声と規則の内容が融合された，ある法，ないし，特定の告知された法の命令）」[18]。こうした引用句は，その謎解きに役立つ以上に，多くの謎をかけるものになっている。

　まずもって，決して自明といえないのは，命法がその実践的選択として直説法に対置されるか，ということである。ギリシャ哲学を一瞥すれば，上記とは別様の可能性が示される。「あらゆるものは善に向けて努力する」ないし，「すべての人間は幸運に向けて努力する」と書かれているならば，そこでは，すべてに向けた命法のもつ困難さは回避されている。というのも個々人の努力は，その努力にあって，全体の目的に向けて止揚されているからである。命法の拘束力の程度差に関していえば，善や幸運に向かう一般的な努力を背景として，すべての命法は仮言的である。「もし，幸運になりたいと思うなら，こうしたことをすべきで，そうしたことを避けねばならない」というのであるから，それを欲するか否かは，はっきりしていないのだ。不都合な結果を指摘することと，法の制定を強い調子で述べる処罰で脅かすことを取り違えてはならない。制裁は強化する働きだけもつ。というのも結局のところ，不正な行いをした者は自分自身に罰を与えることになってしまい，彼はその不正行為の犠牲者よりもさらなる不幸に陥るからである。分別をもたない犯罪人は，どうしようもないものではあるが，罪人なのではない。プラトンの『ゴルギアス』での全体の議論はこ

　　18）　シラーによって引用された格言は，逐語的に次のように訳されている。「異邦人よ，わたしたちはあなたがたの規則に従っていると，ラケモニアの人々に告げ知らせよ」（ヘロドトス『歴史』下，144頁）。

6. 命法の二義性とパラドクス

の基本性に沿って展開されている。ここでは，特別な種類の不可避性が示されている。この不可避性は，私が抗いうる以前に起こる遭遇から生じるのではない。またこの不可避性は，私が逃れられえない訴えから生じるものでもない。むしろこの不可避性は，私が本性〔Natur〕からそうあるものから生じている。この本性の脱魔術化が，存在に対する当為に上記のような重点をはじめて置くのだ。こうした脱存在論化された義務論に備わる先述の欠陥は，いくつかの重要な細部が認識されれば，明確になるだろう。

依頼〔Bitte〕という言葉から始めてみよう。「すみませんが，…〔Sag mir bitte ...! あるいは，Gib mir bitte ...!〕」のような表現は，明らかに，誰かが誰かに何かをすることが要請されている文の事例である。この Bitte という表現は，日常語のストックに深く浸透しているので，さまざまな言語で Bitte のような定型句が形成されている。例えば，please, s'il vous plaît あるいは per favore 等々である。私たちはこうした言葉を敬語の用法とみなし，この言葉の意味を軽視しがちになってしまうのは，それを用いるとき，いい加減に考えることで，往々にみられる無思慮を固定化してしまうことによる。その際こうした言葉は，エルヴィン・ゴフマンの言う意味で，欠くことのできない「相互作用儀式〔Interaktionsritualen〕」に属する。しかし，ここで問題になるのは，単に依頼の定型句の軽視ではなく，依頼それ自身の誤認である。この不十分な判断は二通りの仕方で生じる。一つには，依頼が願望の表現として解釈される場合である。依頼によって，道徳的なことを装うことはできない。陳情者達は，自分たちの願望のうちに囚われており，彼らは他の人の命令や一般的規則によって初めて，自分たちの願望から引きはなされる。依頼のこうした理解は，願望法〔接続法Ⅱ式〕の文法的形式に，すなわち，ギリシャ語の εὐκτική エフクティケーに対応している[19]。その動詞形 εὔχεσθαι エフィエスセは，〈自慢する，誠実を誓う，祈りをささげる〉を意味し，最終的には，〈自分の願望を表現する〉，〈感謝する〉を意味する。ここにより広範な地平が際立ってくるのであり，この地平は宗教的儀式をもともに含み，貧困で闘争的なギリシア語の προστάττειν プロスターティンと対立しており，このギリシア語は語義的には〈そのかたわらに置く，配置する，命じる〉を意味し，ここか

---

[19] 軽減された主張という願望法の文法上の形式は除外する。

ら命令法（προσταττκή プロスターティキ）が導かれる[20]。ここから私たちは解釈の第二のあり方に行き着く。ここでは依頼が援助の叫びとして理解される。この叫びは他者へと向け変えられてはいるが，一方的に自分の無力さから発せられるものでもある。こうしたことは，いまだ自分の諸力が備わっていない早期の発達段階に関係したり，自己に責任があろうとなかろうと生じてしまう危機的状態に関係する。このような次元が完全に遮蔽されてしまうのは――エルンスト・トゥーゲントハットがかつて行ったように（1976年，511頁）――，願望文から特定の受け手を取り除いてしまう場合である。しかし，要請の性格を考慮したとしても，この依頼に残るのは，子供の無力さから生じる低次の要請の性格でしかない。このひ弱さが戦略的に組み込まれるとき，それは強さへと変換されえ，ひ弱さは全能のファンタジーによって，引き起こされえないようなものをも望みうる。成人の場合ここから，幼稚症が生じ，祈りの実践や祈りの儀式といった形式において，願望の成就を祈願するために，懇願者が神の権威にすがる。玉座と祭壇の近さがもたらすのは，依頼の振舞いが現世の支配者に対して継続するということである。機能的に展開している社会はこうしたことは無用になっており，残余として偶発性があるからこそ，そこに依頼が育つ。その偶発性を克服するといったことが，そこに残っているだけである。

　こうした，馴染み深い道徳の展開の歴史病としか言いようのないものは，他者の他者性，そして自分自身の他者性を体系的に回避することにみられる。これに対して他者の依頼に依拠し，それが法外な仕方や普通の仕方で表現されるのをみれば，命法の論理がいかに混沌と振り回されているかがわかる。私が受け取る依頼は，私の願望にも，無力さにも起因しない。むしろ他者の依頼は，要求同様，私の能力を問う。他者の依頼は，私のできることを越えて発せられるのであり，できることの背後にとどまるのではない。また逆に依頼は，拘束力の等級内に居場所をもつのでもない。依頼の背後に，それを正当化しうる一般化可能な戒律があるのではない。とは

---

20) 軍隊の編成や，一般的には秩序を意味する ταξις タクシスがここ入り込んでいる。『形而上学』第12巻第10章，1075a11-16（『アリストテレス全集』12，430頁以下）という荘重なテキストで証言されているように，秩序がもともと戦闘隊形や殺害行動の意味を持っていたことは，歴史的に振り返れば納得すべきことであり，ギリシャ的コスモスの素朴な美化を思いとどまらせる。

6．命法の二義性とパラドクス　　　　　　　　　　　　　　149

いえ，計測や自分の意のままに利用できる単なる許可が問題になっているのでもない。依頼は，権利証明を欠いた命法の限定された形式でないばかりか，厳密で一般的な形式でもない。ここに，応答せずにはおけない要求の不可避性と無条件性が示される。依頼は，それが拒絶されたとしても，無かったことにはできない。これは，語られることのなかった依頼にも妥当する。助けを必要とする人がはっきりと要請しなかったとしても，控えられた援助は以然として不履行のままにとどまる。招待は，それがたとえ拒否されても，招待である。一般的な権利要求や道徳の要求に遡及させることはないが，それでも，どうでもよいとはされえない諸要求が問題になる。私たちに届く他者のあらゆる依頼について詳しく論じえず，またその必要がないとしても，依頼は常に，私たちが好きに書き連ねる事実以上のものである。「ありがとう結構です〔Nein danke〕」や「あいにくですが〔Es tut mir leid〕」といった定型句が表現するのは，他者の依頼や提案は煩わしい蠅のように振り払われず，また，たとえ煩わしくとも，蠅を振り払うようにはできないことである。他者の依頼は都合の悪いこともあり，厚かましく陰険であり，不可能なことや規則に反することを求めることもある。しかしその人の依頼は，単なる事例のようなものでは決してない。すでに言及されたように，ギリシア語で依頼と感謝が緊密な関係にあることが，「何か」をすることを与える〔geben〕依頼のうちに，贈り物〔Gabe〕のようなものが潜んでいることもまた示している。このように感謝は，老子の書物に伝承されてきた知恵にふさわしく，「それについて収税吏は感謝される／彼は老子に依頼したのだ」と，賢者を書き留めるよう引き留めた収税吏にもふさわしい。援助と，援助を受け取ることは，当為と所持のように相殺されない。というのも，与えることは与えられたものに汲み尽くされず，受け取ることが受け取られたものに汲み尽くされないからである。

　二番目の試みとして，「聞きなさい！　見てごらん！　おいで！　行きなさい！　…それじゃだめ！」（ラテン語の ecce〔見よ！〕，ギリシア語の ἰδού や ἴθι〔見よ！〕，フランス語の voici〔ここにある〕を参照）のような要請の定型句を取り上げてみよう。この要請の出来事を，意味の単なる現実化や適法性を要求する内実へ還元してしまうなら，少なからぬアポリアに陥る。いかにしてこうした定型句は理解されえ，査定されうるのだろう

か。こうした定型句を単に空虚な定型句として解釈することは問題外である。何かに注意して聴くことなく要請を聞くといったことは，空虚な要請といったものになり，空虚な約束と比較されうるだろう。空虚な要請は命題の内実を欠いた言語行為のようなものである。別の可能性は，オースティン，サールそしてハーバーマスとともに，この短い表現をコミュニケーション的出来事への再帰的関連づけと釈明的な関連づけとして理解することにあろう（『応答の索引』77頁参照）。言われたことに注意して聴くよう要請することは，あらゆるコミュニケーション的表現のうちに含まれている。ここで，はっきりと際立ちをもって生じ，遡及的に，そして予期的に表現される「聞きなさい！」という定型句が，「…を聞きなさい」に書き改められうる。ここで私たちが近づくのは，よどみのない会話の持続が課題として与えられている言語の接合的〔phatisch〕機能である。ここに属するのが，「分かった？」や，「…だよね？」のような，発話者が聞き手の理解や同意を確認する定型句である。要請の慣用句のこうしたコミュニケーション的解釈は，聞くべきことが要請それ自体にあることになってしまう要請の出来事と要請の内実が端的に合致することを回避しようとするものである。これは，行為遂行的なトートロジー〔同語反復〕ということになってしまい，聞くといった遂行的行為が要請を成就させることになる。しかしながらこうしたトートロジーの狭隘さを，コミュニケーション的解釈はそれほど簡単に免れない。というのも先に言及された定型句が再帰的説明として理解されうるのであれば，このことは，あらゆる行為が成功した行為となってしまうトートロジーが別の仕方で回避されねばならないことを意味することになるからである。しかしいったい，いかにして回避されるのだろうか。聞くことが単なる行為遂行的働きとみなされるなら，聞くことはコミュニケーション的規則からはずされることになろう。注意もまた，声高な叫びや，奇妙な抑揚によって引き起こされることになり，いずれにせよ，このように制御された働きは，成功した意志伝達の尺度からそれたものになってしまうだろう。他の極端に陥ってしまうのは，私たちが耳を傾けざるをえない純粋な要請と，それに相応した聞く行為それ自体が，妥当性にとって重要な表現や，合意に方向づけられた表現として理解されるときである。確かにこうした理解は可能かもしれないが，可能であるとしても，それは発話者の役割と聞き手の役割があらかじめ確定されて

6. 命法の二義性とパラドクス

いる制度化されたコミュニケーションの枠内のみである。実際，刑事被告人は，裁判官の言葉を注意して聴くよう義務づけられたり，記憶能力を要求されたりする。しかし，裁判官の「聴きなさい！」や，「思い出してみなさい！」という言葉は，厳密にみて，現行の義務の参照を指示する警告以上を意味せず，義務を生み出す命法ではない。

　場面が異なってくるのは，要請の常套句のうちで表現される言表されたものの言表を，単なる空虚な慣用句や，単なる説明，言表と言表されたもののトートロジーとして理解するのではなく，また，一方的制御として，合意に基づいた意志の疎通として理解するのでもなく，言表されたものにおける言表の余剰として，理解するときであり，このことには，聴かれたものにおける聴くことの余剰が対応している。こうした選択の可能性が切迫したものになるのは，誘引する表現としての「聞いて！」を，拒否的な「私の話しを聞くな！」や，「聞き耳を立てるな！」と交換するときである。こうした否定的なものに向けられた命法は，私に「何か」をしないよう，したがって「何か」を慎むよう要請するのだが，これは，そこから誰も逃れられないある逆説的な状況を導く[21]。このように話しかけられた聞き手は，あるダブル・バインド〔二重拘束〕に支配される。聞き手がそれを聞き流せば，それで，命令を聞き，それに従うことになり，それは聞き手がすべきことではなく，また，それを良く聞けば，命令を聞かず，それに従わないことになり，これも聞き手がすべきことではないのだ。多くの人が考えがちであるのは，このジレンマが，うそつきのパラドクスと同様の仕方で解消されるとする考えである。この逆説を類型を飛躍していることとして，つまり，客観言語とメタ言語という二つの言語の次元が区別されることで，クレタ人が「すべてのクレタ人はうそつきである」と言おうと，「すべてのクレタ人は真実を言う」と言おうと区別が無くなるというように解決できるとする。その場合，両命題は等しく許容できないのである。しかし，語用論的に考察すると，両命題は等価値ではない。二つ目の表現は間違いで，偽りで，証明不可能なものかもしれないが，矛盾する表現ではない。というのも，話し手が全称命題に含まれることは，その命題の妥

---

21)《控えること》は，それが《できること》を前提する限りで，単なる《しないこと》から区別される。

当性の要求を侵害するものではないからだ。第一の命題の場合，事情が異なるのは，すべてのクレタ人はうそつきであり，したがって話し手もまたうそつきであるという全称命題は，そこからこの確認がなされるような場所を残すことがないからだ。この命題はそれ自身が該当する命題であり，プラトンとアリストテレス以来，訓練された論争術ではよく知られた事柄であり，今日では〈行為遂行的矛盾〉という大仰な名前がつけられている。〈行為遂行的矛盾〉とは，誰かが明示的に言ったことが，言われたことに含蓄された諸前提に矛盾することである。行為遂行的矛盾の完全主義者の多くのもつ傾向は，こうした判定を「私の話を聞くな！」といった禁止の命令文にも宛がおうとする。こうした要請をする者は，事実，実践的矛盾に巻き込まれるように思われ，この矛盾は，実践的真理を掘り崩してしまう。その人は自己矛盾におちいり，不可能なことを要求することになり，聞き手は，聞くことと応答することの義務から免除される。

　しかし，こうした巧みな解決も頓挫することになるのは，命題の出来事，したがって要請の出来事もまた，含蓄的に述べられたことへと還元することができないということにおいてである。無論，言われたことに関して，そのことを言葉にもたらすという，出来事からするその由来を忘れる場合は別であるが。矛盾すると言えるのは，ただ，当の妥当の諸要求に従うような言表された内容だけなのである。言表することそのものが言表されたものに矛盾することがないのは，言表そのものが，真や偽，正当や不正であることを要求することはないからであり，存在の制約や当為の制約の下にないからである。そこで現実に存在するのは，言うことと言われたこととの間の抗争であり，言うことは，言われたことの背後に引き下がり，後見人であることを受け入れないのである（『パイドロス』275e 参照）。それに従えないような要請は，フッサールが言う意味での非合理的意義に比較され，その意義は，しかし，内的に矛盾することによって，意義の領域から放逐されることは決してない。服従できない要請は，丸い四角のような単なる音声の流れなのではない。その違いは，ただ，非合理的意義を，いわば論理的隔離のうちに放逐する可能性にだけあるが，これができるのも，言表の状況を度外視して，逆に，内的抗争を含むような要請が，その抗争性の指摘によっても，贋金のように流通停止されないときである。要請のうちに本来備わっている請求は拒否されうるが，それによって要請はまっ

6. 命法の二義性とパラドクス

たく無効になるわけではない。ダブル・バインドの病因論的理論家が，上記のことを単なる内容の次元や，単なる関係性の次元へ移行させることなく，抗争へと移行させるにはそれなりの理由がある。ここで言われている抗争が，内容と関係の両次元において起こり，言われたことを，どのように要求されたのかによって，また逆に，その内容によって否認するのであり，例えば，陰湿な「平気でやったら！〔Tu das ruhig〕」や，皮肉な「ごもっとも，仰せの通り！〔Wie recht du hast〕」といったふうである[22]。結局のところ，否定的に伝達された命法の逆説的特性は，要請のうちに備わっている他者の要求が，一般的規則や規制の妥当性要求と等値されえないということである。要請の送り手と受け手の間で起こることは，単なる因果的相互作用として処理されることはなく，また，合意にもとづいて規則だった交換として理解されることもない。

最後に，適切な問いとして残っているのは，自己関係性の逆説が，音響を通じた命法に固有なあり方なのではないか，という問いである。というのもそこでは，要請されるものが，要請の出来事それ自身と同一の媒体に該当するからである。「これを読むな！」や「それ以上読むな！」，あるいは，「触るな！」といった禁止はこうした困難さを免れている。しかし，見ることをこうした〔禁止を含んだ〕矛盾から防ごうとする限界は，まさにその本における「取りて読め！〔tolle, lege!〕」といった要請が生じて，読者が読むことを要請されるときには，砕かれてしまう。

ここでは，口頭による要請と同様の問題が生じるのであり，この問題は，テキストの彼方の声に依拠しようとして，テキストが単なる表現手段であるかのようにされるとき，単に包み隠されるだけである。しかし，聖書の復活の物語に現れているような「私に触れるな〔noli me tangere〕」といった禁止の場合はどうなのだろうか。この接触禁止は，直接的接触を阻止しているのだろうか。周知のように，接触禁止は精神分析の禁欲の規則に属していると言え，この規則によって精神分析は，催眠療法的接触やヒステリーの演技性とは隔たっている。フロイトは，彼の以前の女性患者について報告しており，彼女はフロイトに対して「静かに！何も話さないで！

---

22) ウァツラウィック（1969年，53頁から56頁，194頁から203頁）参照。彼は言語の両次元を，ラッセルの類型学に即して規定している。そこでは行為遂行的抗争〔Widerstreit〕が，またもや単なる矛盾〔Widerspruch〕の傾向を示してはいるのだが。

私に触れないでください！」と一生懸命頼もうとする。しかし，ディディエ・アンジウは，この箇所を引用して（1992年，230頁），接触禁止を母子の先言語的関係へと遡及することによって，この分析における言葉への偏った方向づけを修正する。この関係において，自我とエス〔Es〕の間，慣れ親しんだものと異他的なものとの間，そして，身体と世界との間に境界線が設けられることに役立っている（同書241頁から247頁）。このことが意味するのは，触れることのできないものは，触れることの彼岸で立ち現れるのではなく，触れることそれ自体のうちで，私たちが触れるものの退去〔Entzug〕において立ち現れているということだ。多くの絵画表現を通じて知られる，復活したキリストとマグダラのマリアとの出会いもまた，眼差しと身振りと言葉の野で起きており，拒否する身振りは，触れようとする試みをさえぎり，規則を伴う禁止は，他の世界から発せられているのではなく，この世界の空所を切り裂いている。亡霊であれば，接触を阻む必要はないであろう。アンジウはこの場面を解釈する際，以下のことに注目するよう示唆している。それは，接触の禁止は，マグダラのマリアの多様な姿とともに，接触の機能の多様性を活用させて，性的な誘惑から，身体の世話，身体の確認に関わっているのではなく，懐疑家であるトマスに，復活した身体に触れるようはっきりと要請していることにみられるように，聖書における接触禁止は一義的なものではないということである（アンジウ，1992年，234頁から240頁参照）。このことから私たちが結論づけるのは，自己関係的な禁止の逆説が，間身体的実存そのものを貫いていることである。改めて，余剰，すなわち，触れられてあることにおける触れることの余剰が示されている。狭い稜線，つまり，触れられていないものと触れられているものとを結びつけ，そして互いに引き離す稜線は，接触が膠着にあって固定化したり，関係づけへの怯えに逃れようとするとき，置き去りにされてしまう。触れることへの恐れには，すべての恐れと同様，自己防衛と異他的なものの防御と配慮の混合における二義性が付着している。この二義性は実り豊かな極化の地盤であり，病理学における極端な事例形成の地盤でもある。

7．禁止された暴力，妨げられた暴力，そして被った暴力

　存在と当為の此岸から考察を開始するとき，そして善と悪，正当と不正という対の尺度にいまだ支配されていない要請から考察を開始するとき，無関心という中立地帯，つまり，起こることすべてはどうでもよいといった無関心に達してしまう危険に私たちは晒されている。私たちが，少なくとも倫理的なものの最小限の意義として，あれをするよりはこれをする方がより善いということ[23]，あるいは，無関心でないこと〔Nicht-Indifferenz〕と特徴づけられる諸要求が立ち現れるのを堅持するなら，問題とすべきは，妥当する規則という意味で有効とはいえない〔nicht gültig〕にしても，どうでもいい〔nicht gleichgültig〕ものではないような諸要求について考察することである。こうした《無関心でないこと》の範例的な手がかりは，背景から出現し，変化のない単調さを打ち破る諸形態，あるいは，規範性の同一尺度を揺るがすような諸逸脱のうちに見出される。諸形態は優先的に取り扱われたり，諸逸脱は黙認されたりはするが，両者のうちには，肯定が否定に対峙するのとは異なる他者性が働いている。とすれば問われるのは，単なる無を超出することより以上がどこにあるのか，である。

　私たちがこの問いに接近するのは，鍵となる現象，つまり暴力という現象から再び考察を開始するときである。暴力もまた，それが特に強く言葉にもたらされる禁止という場合を考察に引き入れることで，触発と要請という視点から取り扱われうる。顔と他者の要求のもとで展開するレヴィナスの倫理学は，私たちに道を開いてくれるに違いない。ホッブスにおいてそうだったように，人間がお互いに加える暴力は道徳の地盤とはいえないが，道徳の入り口にまで導くような倫理学的考察へのきっかけとなっている。それに即せば，暴力の由来が前景に押し出され，暴力についての判定や阻止は背景に退く。

　レヴィナスが迫り来る殺害に関係づける核になる命題は，「汝はいかな

---

　23) 『パイドン』98d（『プラトン全集』1，287頁）「アテナイの人たちが，私に有罪の判決を下す方が…」を参照。

る殺害も犯さない」，より簡潔に述べれば，「汝は殺さない」というものである[24]。私たちがまずもって，こうした定式化の背景に想定するのは，否定的に活用された命法，すなわち，何かを，つまり殺すことの特殊形式としての殺害を差し控えようとする要請である。こうした，ここかしこで絶えず繰り返し言明される殺人の禁止は，すでに言及した接触の禁止と類比され，暗黙のうちに波及している文化的背景に関係してもいる。しかし，注意深く聞き分けてみると，注意をひきつける特殊性が見出される。二人称における言表の際の宛名を決めることは，宛名書きされた要請の固有なあり方，すなわち訴えの固有なあり方に属する。受け手が自らを可能な殺害の被害者として言及しなかったり，付随的にのみ言及するということは，その人が自分のためにだけ語るのではないことを暗示するだろう。受け手が自分のためだけに振舞うのであれば，「なぜ私は君だけ特別扱いしなければならないのか」といった反問が，亀裂のようにその人の前に開かれるであろう。他者の顔に輝いている要求は，他の人々の共同要求を，しかもすべての他者の共同要求を含んでいる。レヴィナスがはっきり断言しているように（1961年，188頁。独訳308頁），他者の顔のうちで，人間性が私たちを見つめている。他者が自分の属するグループのためにのみ語るのであれば，潜在的殺人者は，重ねて，「なぜ君たちは免除されると望むのか」と問いうるであろう。ここで暗示されるのが，一般的に妥当する規則，すなわち禁止の定式化への道であり，この禁止は人格の区別なく，潜在的殺人者にも，また，潜在的被害者にも妥当する。ある特定の人に向かわず，すべての理性的存在に妥当する殺人禁止の規則の妥当性は，一般的な規則に即して判断されうるような，特定の諸行為や行為の格率行動原則へその規則を適用することから区別されうるだろう。しかしそもそも，こうした命題において，特定の行為の不作為を規定する禁止が問題になっているのだろうか。

　レヴィナスは二人称における語りを，その問題になる命題が直説法未来で述べられる一般的法規定に編入させることなく，保持するだけではない。そのとき，反論として，他の諸言語同様ドイツ語においても，未来は命令の履行を，起こることとしてあらかじめ見越しているのであるから，未来

---

24) 『全体性と無限』137頁，独訳258頁を参照。また初期の著作である『フッサールとハイデッガーとともに実存を発見して』173頁，独訳『他者の痕跡』198頁を参照。

7. 禁止された暴力，妨げられた暴力，そして被った暴力

が命法の特に強調された形式を呈示するといえよう。「おまえは，これをすることはない！」という文は，適切な口調で述べられれば，予言とまったく異なることを意味する。命令の深部構造は，命法の文法形式に依存しない。付言すれば，ヘブライ語には否定的な命令の形式がなく，私たちには代用形式のように聞こえる諸形式が用いられることが指摘されよう。しかし，レヴィナスが自らの定式化で説明するやり方は，私たちから余計な文法的推測を無用なものとする。求めるに値するのは，通例の様相のうちにいかなる不明瞭な表現を見出すことのない真正の倫理的表現の仕方である。この文が通例の禁止のためにあるのであれば，受け手がしたかったり，やろうと思えばできることを禁止するということになろう。想定された殺人の試みがすでに自明なものではないということが，ここでの議論の対象にはなっているのではなく，できるという能為〔das Können〕がその対象である。レヴィナスが彼の核となる文で意図しているのは，すでに言及された自己の可能性の不可能性がこの文で表現されることである。それは，最も固有な能為に書き刻まれた不-可能性である。他者の顔のうちに倫理的抵抗が具身化しており，この抵抗は，暴力を阻止ししたり，禁止するというより，暴力を拒むのだ。この倫理的抵抗は，物理的抵抗とはズレた，ある理解しがたさから生じる。暴力が「ある人に降りかかり，それがはねつけられる」とよく言われる。私が他者を殺し，この世から葬り去ることができるのは，他者が世界のうちの何かであり，誰かである限りにおいてであり，私が他者を殺すことができないのは，その人が，そのような何か，誰か以上であることにより，私の世界を問いただす限りにおいてである。拷問するものは，拷問の被害者の目をえぐりだすことができるが，その眼差しをえぐりだすことはできない。目をつぶされる人や殺害される人も，拷問吏を見つめる。すでにサルトルが『存在と無』で言及したように (1943年, 47頁, 独訳70頁)，死刑執行人でさえ被執行者の眼差しに晒されたままである。

　ありえないことを自分に禁止する戒律とは，いったいいかなる戒律であろうか。《できること以上のことは誰も義務づけられない〔nemo ultra posse obligatur〕》いう文は，法律学の基礎に属する。このことを顧慮して納得できるといえるのは，レヴィナスが「汝（私を）殺すなかれ」という慣例的な定式化を回避していることである。こうした当為文は，どうし

ても，潜在的殺人者に対して言われる禁止という響きがある。それによって，その人は対話の地盤におのずと踏み込むことになり，そこでは諸々の表現が，殺人の脅迫や殺人の禁止が，必要とあれば正当化されうることになる。潜在的殺人者がこの対話に入り込んできて，この文に反論したとすれば，彼が行為遂行的矛盾を犯していることが証明されよう。彼は，自分が述べることを言明しつつ抹殺することによって，自分固有の語りから立論の地盤を取り去ることになろう。それはまるで，彼自身が潜在的な誰でもない者とした誰かに語りかけるようなものである。やっかいであるのは，もっぱら，殺人者は確かにその犠牲者に関して述べることはあるが，犠牲者と語ることはめったにないことであり，そして，殺人者は遅くとも悪行を犯すとき，犠牲者に関して述べるのを止めることである。なぜ殺人者は犠牲者と語らなければならないのか，また，なぜ殺人者は自己矛盾をなしてはならないのか。

　レヴィナスにとっては，深刻な事態がすでに背後のものとなっている対話の際の賛成と反対が問題になるのではなく，この深刻な事態そのものこそ問題なのだ。「おまえは私を殺さない」という命題は，他者が私に言える，また，命令することができ，禁止することができるよりも以前に，すでに響き渡っている。彼や彼女が何を言い，何を行おうとも，私に語りかけること，私を眼差すこと，私に触れることの自己表現がここですでに出来上がっている。言うという出来事，すなわち，戒律や禁止の内容を伴うすべての言われたことを無限に乗り越える出来事に，「語りかける顔」として他者は参与している。逆に，受け手は，何かを聞き，それに対して反応するような《誰か》なのではなく，その人は他者の要求に出くわすことで自己になる。殺人の禁止は，欲望それ自身が自己分裂している点で，近親相姦の禁止と比較されうる。他者の要求に出くわす者は，服従（sujetion）を被ることで，〈主観〉になる（レヴィナス，1974年，17頁，161頁。独訳49頁，280頁）。私たちはまたもや，単にあるものでも，そうあるべきものでもないものの不可避性に突き当たる。レヴィナスは熟慮して，核になる文として，先の殺人の不可能性を言表する文を選択した。他者の要求から逃れることのこの不可能性のうちで，私は自分を，この要求の受け手として，そしてそれに応答する応答者として見出す。「私は他者の要求に応答するべきか」という問いは，「私は生きるべきか」という問いに似て

7. 禁止された暴力，妨げられた暴力，そして被った暴力

おり，それに結びつく「なぜの問い」とは似ても似つかない。こうした問いを発する者は，良くも悪くも常にすでにその問いに応答しているからだ。かくして，核となる「汝は私を殺さない」という命題は，眼前の事実と妥当する規範という二者択一から距離をもちつつ抜け出ている。

レヴィナスが，さらに歩みを進めて示そうと試みるのは，私がいかに他者の要求に晒されてしまっているか，それも，その要求に対して立場をとることができる以前に，また，私がそもそも固有な立場を獲得することができる以前に晒されてしまっていることである。私自身の露呈〔Exposition〕は自分の立場〔Position〕に先行している。それゆえ当為は，存在同様，第一の言葉を持ちえない。「がある〔es ist〕」が「私は知っている」を前提しているように，「私はすべきである」は「私は意志する」を前提にしている。両者共に，あまりにも多くのことが，つまり自己の力をもつ主観が前提にされているのだ。しかし，私自身の暴力の行使に対する抵抗ということで，暴力は他者からも行われることを見過ごされてはならない。当然のことながら，このことはレヴィナスによって同様に，しかも徹底的に考慮されている。しかしそこでは，触発と訴え，ならびに呼びかけと選び出されることについて，問題を含む狭隘な取り扱いがみられる。つまり，パトス的なものと病理学的なものとの違い，異他的なものと敵対的なもの，顔のない暴力と顔のある暴力との間の違いがあいまいになる危険があるのだ。特に被られた暴力について考慮すれば，このことは明らかとなろう[25]。

殺人といった極端な場合を指示することで，これまではっきりと規定されてきただけの暴力において，訴えにおいて声高になり，法的根拠を有する正義の要求と道徳の要求のうちに結実し，解消される，要求を損なうことをも私は理解する。他者の要-求が法の要求へ遡及されえないように，損なうことは規則違反や禁止を破ることへと還元されえない。傷つけるこ

---

[25] 以下の諸考察は，暴力にかんする私の以前の詳論が背景となっている。「正当化の限界と暴力の問い」（ヴァルデンフェルス，1990年所収），「暴力の諸難問」（M. ダバク，A. カプスト，そして私によって編集された，同一テーマにかんするより広範な寄稿論文を含んだ『暴力』2000年，所収）。レヴィナスの暴力にかんしては，『暴力』に収録されたパスカル・デロムの寄稿論文「傷」，ならびに，ミシェル・ヴァニによるさまざまな暴力形式の批判的区別（『応答の焦燥，実践の危機に晒されたレヴィナス倫理学』博士論文，ローザンヌ，2001年）を参照。

との兆しは，物的ないし心的暴力，強固なあるいは，おだやかな暴力，習慣的，ないし制度化した暴力といったさまざまな暴力の様相を包括する身体的自己の，傷つく領域の傷つきやすさのうちに見出される。こうした広義の意味での暴力は，他者が単なる《誰か》や《何か》という身分へ還元されるいたるところでみられる。暴力は殺人において，その頂点にまで達する。というのもここでは，他者の要求を損なうことが抹消の試みにまで駆り立てられるからである。他者の諸要求に抗する意味での暴力から区別されねばならないのは，暴力性（Gewaltsamkeit）であり，その本質は，いかなる応答も他者の要求に完全に対応しないところにある。最後に述べられた区別は，さらにそこから生じる諸々の違いをふくめて，秩序の問題系との関連でより詳細に述べられる。

(1) 他者の暴力はまずもって，第三者に向かいうる。私自身，こうした暴力行使に巻き込まれるのは，まずもって他者に対する暴力，極端な場合には殺人の命令が私に要請されるときではなく，暴力に抗する私の諸可能性の限界が問題にされることがないとしても，第三者に対する暴力を，私が許容せざるをえないときである。無制限に「悪人に抵抗するな！」と言うことは，私がそれを望もうが望むまいが，「暴力」に関して，私を共犯者にしてしまう。次に述べられるような過激な仮定，すなわち，他者が行い，また，被るすべてのことに対して私に責任があるという過激な仮定は，私たちが第三者への暴力に対して戦わないことを結果としてもたらしうるのではない。こうした公に組織化されもする干渉は反暴力と名づけられうるだろうが，私たちはこうした干渉が，とりわけ，敵対者がこの干渉によりどころを求めた場合に，自分が暴力を行使する口実に役立つものであることを良く知っている。これによって，「倫理的抵抗」の防塁は結局のところ，対話による共在性の〔主張の〕影で起こる戦略的対立によって無効にされるのではないだろうか。こうした議論が終わることはないが，私たちや第三者に向けられた要請の出来事と，「何か」をするよう命じる要請の内実とが，殺人の命令といった場合でさえ区別されさえすれば，一定の方向づけは生じる。殺人の命令にあって，指令される内実は法に違反するのみならず，他者と第三者の共同要求において立ち向かおうとする倫理的抵抗にも抵触する。他者の無制約的要求が意味するのは，判決が下され，刑罰が施行されるべき悪行における殺人者でさえ，それですべて解消され

7. 禁止された暴力，妨げられた暴力，そして被った暴力

ていくのでないということであり，それは，ゲームから取り除くコマのようにその要求が消え去るのではないということである。

(2) しかしながら本来のテストケースは，他者の暴力が私自身へ向かい，私のそばにいる者を含めて私自身が受難者となるときに，真の意味のテストとなる。これがテストになるというのは，私に下される要求なしに，第三者の共同要求は意味をなさないからである。このような場面でレヴィナスは，すべての自己防衛から，その機先を制する。彼がこれを行うのは，代換〔Substitution〕というラディカルな理論によってである。他者は私の眼前に，誰かとして，面と向かって立っているのではない。つまり，私が向かい，接近し，その人に特定の態度をとるような誰かとして，しかも，絶えず，それらすべてをしないこともできるといった下心をもって向かう誰かとして立っているのではない。むしろ私は，他者の立場に立つのであり，代わりに立つ，すなわち，他者に対して責任を負うことで，実存するのだ。こうした「同一のものにおける他者」(1974年，31頁，独訳69頁)，あるいは，誤解を避ければ，「自己における他者」という尋常でない巻き添えの事態に言葉を与えようと試みるレヴィナスは，トラウマ，妄想，パラノイア，そして特殊な迫害妄想といった臨床的表現や，人質といった政治的な暴力の行使や，告訴や出頭命令のような司法上の過程に依拠しようとし，最終的には，「他者の罪による受苦」でさえ，「他者の罪のための受苦」へと変化させる忍耐を背負い込もうとする (1974年，161頁，独訳278頁)。忍耐 (patience) とは，私たちが行使し獲得する単なる美徳ではなく，原初的受苦と呼ばれる実存に相応する。憎しみに歪んだ迫害者の顔つきからでさえ，他者は私を見つめている。レヴィナスがこうした過剰な暴力を考慮することで何を排除したかったのかは明らかである。彼が妨げたかったのは，他者の要求が結局のところ，正義と非正義，悪行と報復の終わることのない交換に引きずり込まれてしまうことであり，また，他者の要求と自分に固有な要求が秤にかけられ，他者の要求が沈着し，倫理的なものが道徳規則によって覆われてしまうことである。

しかしながら，どれほどこうした動機が力強いものであれ，レヴィナスは極端に走ってしまい，もはや経験の事象が適合しなくなっている。彼には，遭遇と呼びかけの間の区別，触発と訴えの間の区別，また，〈患者〉，つまり要請の受取人と応答者の間の区別を曖昧にする傾向がある[26]。脅迫

観念やパラノイア，トラウマといった概念が厳密に臨床的意味で用いられないとしても，また，実際レヴィナスにおいてこうした兆候はないのであるが，これらの概念は，実は，私たちが遭遇と名づけた経験のあり方を言い表しているのだ[27]。諸観念，悪霊，ないし抑圧された衝動といった，それに取り付かれてしまう何かは，その人をとりこにしてしまい，これらに対して何らかの応答することさえ不可能にする。同じことが妥当するのは，顔をみることができず，直視されず特定もされず，引き留めることもできないような迫害者が，絶えず私の背後に立ち現れる場合である。迫害される者がたどる逃亡の運動は，狩り立てられる猟獣の逃亡の運動に似た，外から操られた自分の運動であり，観念妄想のように自分を所有し，占有し続ける。私を被告人にする告訴そのものでさえ，私が〔現に〕何かをしていないにもかかわらず，パラノイア的自責の念に落としいれる。しかし，そこから決して除外されてしまわないのは，夢に巣くっているその日の余剰に比較されうるように，こうした遭遇が，要請の残余，ないし応答の残余をなお含むことである。ただし，私たちに何かをさせる要請の出来事が，そこで問題になるのではない。苦しむ者はその遭遇に引き渡されてしまっており，遭遇するものの当事者となっている。その際，この遭遇がいまだ何の応答も見出されない始まったばかりの要請として生じるのか，あるいは，何の応答も許容しない触発の引き裂かれた範域として生じるのかに違いはない。この区別が重要になるのは，パトス的現象を病理学的現象から区別し，さらには通常の遭遇を異常な遭遇から区別するときである。

　レヴィナスにおける不十分な差異化が帰結するのは，重要な諸問題がまったく，あるいは，十分明確に表現されないということである。まず第一に，私たちが要請ということで探究してきた，《どこからの触発》から《何に向けての応答》への移行がどこにも問題にされていないが，ただ問

---

26) こうしたさまざまな経験の網の，容認できないほどに限局された導入を，リクールがレヴィナスを非難する際に行ったように（『他者のような自己自身』391頁，独訳407及び次頁），死刑の命令者と執行人の間の不完全な区別と混同してはならない。

27) トラウマや，同様の極端な経験にかんするレヴィナスの語り方の理解にかんしては，入念に選定されたハンス-ディーター・ゴンデクの論文「トラウマ──レヴィナスをめぐって」（エスクバス/ヴァルデンフェルス，2000年所収）を参照。同論文では，R. ベルネット，F. キャラメリ，S. クリッチリー，M. ハール，そして E. ウェーバーが言及される。問題となる事象そのものにかんしては，本書第Ⅶ章，6での詳論を参照。

7. 禁止された暴力，妨げられた暴力，そして被った暴力

題にされないだけでなく，応答することに，あらゆる遊動空間が認められないことで，この移行は遮断されてしまう（ヴァルデンフェルス，1995年，339頁参照）。

さらに，自分には禁じられた，他者に対する暴力に対して，自分自身が被る暴力が完全に背景に退いてしまう。そこには，暴力の差し引き勘定で始めて，それで終わらせようとはしない，という完全に納得できる試みがある。まさにそれでこそ，レヴィナスは他者の要求の比較不可能性と，他者への私の関係を特徴づける非対称性を強調したのだ。〔しかし，〕私は，立場の交代を通して，相手の側へ移動することはできない。というのも，私は最初から他者の「非-場所（Nicht-Ort）」と自己の外に足を踏まえているからである。しかしながら，私に向けられる遭遇と，私がそれに向けて応答する他者の要請との間が区別されるなら，比較不可能で，それに固有な非対称性という形式をもつ自己の受苦へ，私たちは遡及することになる。このことに相応するのが，誰かに対して掲げられた告訴と完全に区別される悲嘆の形式である。また同様に，そのつどなされるべきことがらのすべてより，より深い深みに達する喜ばしい興奮というものもある。レヴィナス後期の代換理論に特有な，遭遇と要請との差異化の不十分さは，前期の享受の理論はそれを免れているとはいえ，触発の過剰な公共化を導くことになる。『全体性と無限』でのデカルト主義を，レヴィナスは後期の著作であまりにも徹底して背後に押しやっているようにみえる。

さらにその上，問われるべきは，暴力の行使一般が，要請や訴えや応答と関係があるのかという問いである。ここにこそ，暴力を撤回できないような遭遇の範域へと，レヴィナスが押しやる追加となる理由があるのかもしれない。要請の性格は暴力の行為にも，当然，認められうる。他人の握りこぶしや，こちらにうなりをあげて向かってくる弾丸，そして，侮辱でさえ，私に対して，それらを回避したり受け流したりするように仕向けることができる。あらゆる打撃が運命的な打撃，ないし致死的な打撃であるわけではない。暴力が，私に何かをしないように，ないし控えるよう要請する訴えとして立ち現れることもあるのではないか。こういったことが，まるで存在しないのも，暴力作用が，誰かを，損傷すべき，利用すべき，ないし破壊すべき何かへと変化させる傾向をもつとするからである。犠牲者がvictimaと呼ばれるのも，可能的抵抗に対する闘争によって獲得され

た勝利〔victoria〕をもっぱら示唆している。それにもかかわらず，他者から被られた暴力は，単なる遭遇を意味せず，宛名書きされた遭遇のあり方を意味する。暴力はそれを受苦する者に加えられ，とどめの一撃や毒杯が与えられ——毒が混入された贈り物のように受け取られるのだ[28]。危害を加えられることに対応するのが反抗である。痛みに硬直して身構えるように暴力に人は抵抗する。こうした反抗の彼方で始まるのがマゾヒズムであり，それに即して，暴力の犠牲者は暴力の遂行者と同一化する。ソクラテスは『クリトン』で，正義を主張して処罰を執行する裁判官や権力の手先に単純に服従せず，自分が賛同者として振舞う法律に従うことで，この自己卑下から免れる。あらゆる暴力行使のうちにある陵辱に対する反抗は，まっすぐな直立歩行となんらかの関係がある。犠牲者は，暴力に対する自分からの暴力を控えることができ，法に基づき，無所属の第三者の眼にも明らかな償いの権利を放棄することもできる。しかし，被った暴力そのものの放棄は，自分自身であることと，他者としての他者であることを放棄することなしに，なしえない。犠牲者と刑吏との共犯関係は両者の尊厳を失うことになるのだ。

(3) 最後に，私たちを襲う自然の暴力と，《誰か》に宛てられた社会的暴力は，具体的には相互に融合しているのではないか，という問題が挙げられる。第一に，衝突や刺し傷や打撃の場合，これらが《誰》からのものか，あるは《何》にぶつかって生じたのか判然としないことがある。いずれにせよこうしたことは，驚くべきことに，顔の無さや名前の無さを付与する。さらには，顔と顔が向き合う直接的な暴力だけでなく，より広大で，絶えず増加する間接的暴力がある。間接的暴力は，事物や器具，メディアや社会的慣習を通して生じ，《誰か》に向けられている。あるいはそれが他者によって引き起こされたものであっても，意図的ではなく，原子炉の故障の際の放射線障害のように，仕方なしに背負い込む副作用として生じる。すべての暴力を人格的，ないし社会的審級の責任に帰せようとする傾向は，——オド・マルカードが彼の考察『原則的なものからの別れ』（1981年，39頁以下）で明確にしたように——ヨブの時代からくすぶってきた弁神論における神の判定を引き継ぐ，人間弁論と社会弁論の領域にみ

---

28) ジャック・デリダがエッセイ『死の贈与』で行ったように，他者への自己贈与や献身の死が，倫理的贈り物に変えられようとも，このことは堅持されねばならない。

られる。そのような受苦の合理化から離れたところに位置するレヴィナスは，憑依や迫害妄想が，他者を通じて存在の驚愕を透けて見させ，私たちに向けられることなく「ある〔es gibt〕」が起こる地点で，私たちの問題に近づいている[29]。

とはいえ境界線が，――宛名書きされていない要請と宛名書きされた要請との違いのように――まずは事後的に，決してナイフのようにするどく決定的に分かれることはないにしても，この多彩な現れが，私たちに単純に打ちかかるものと，他者によってなされ，少なくとも，他者によって働きかけられるものとの区別を解消しうるわけではない。こうした区別が不明瞭になると，二重に問題を含んだ結果をもたらす。第一の側面は，生命の躍動感に火をつけるような戦争の興奮のように，社会的暴力が，いわば自然のプロセスに適応されてしまうことである。雪崩や火災や嵐のように，暴力は私たちを超えて突進する。その後で，自分の目をこすっても，当事者であったことを誰も認めようとしないのだ。それゆえ，あらゆる不正は不運になってしまう。第二の側面は過剰な人格化への傾向であり，上述の社会弁論のように，至るところに罪人を探し，共謀の理論でもってパラノイア的特質をもつにいたる。暴力が存在すること，遭遇や傷害，訴え，そして暴力の命令と禁止など，これら索引を通じて鬼っ子のように走り回る暴力が存在することは確かに正しい。一方的な匿名化は，一方的な人格化と同様，到達しうるものが少ないのだ。繰り返しつかみ損ね，過剰のうちで本来的な魅惑を行使する暴力は，異他性の特殊な特徴をもつ。後に，このことについて詳細に語られることになろう。

8．中立化による無関心性

レヴィナスとともに《無関心でないこと》，つまり，倫理的なものを際立たせる《無関心でないこと》について述べてきた。この《無関心でないこ

---

[29] 他者の暴力と，il y a という無顔の驚愕の間の光彩には，すでに若干の解釈が行われている（ラノイ，1990年，クリッチリー，1992年，ならびに，注25で引用されたヴァニのテキストを参照）。これと関連したレヴィナスとブランショの親近性にかんしては，第Ⅰ章の注15で引用されたアンドレアス・ゲルハルトの仕事を参照。

と》は遭遇の次元に拡張されるべきなので，私たちに明白に関わるものと私たちがそれに応答しつつ応じねばならないことだけを包括するのではなく，私たちに触れ，襲いかかり，突き当たるものをも包括することになる。これに該当するのは，私たちや，一般的に生き物が不可避に出くわすものの全範囲である[30]。ここから《無関心でないこと》が，敏感でないことに対置する敏感さや，倫理的要求や拘束性と同一視されないことが結果する。私たちがこうした仕方で出くわして，語りかけられるか否か，あるいは，私たちがこうした不可避の出来事に，観察し判断しつつ，関係するか否かが区別される。破局的な大災害の規模の記録それ自体が，破局的なのでは決してない。同じことが暴力行為にもあてはまる。病理-学〔Pathologie〕はパトス的なものとも，また表現の不自然さ〔Pathetik〕とも重ならない。パトスとロゴスの違いが，人間の行為と受苦がまるで他の星から観察されるように増大する。あるいはパトスとロゴスの違いを解消してしまい，他者に同情できないことが，大言壮語の自分の行為と間違われる危険にさらされることになる。こうした問題は，私たちが行ってきた叙述の前ではもはや問題のままにとどまらない。その解明は，私たちがこの探求の三章までに取り組んだ事柄すべてに解明の光を投げかけることになる。私自身は，経験の中立化の可能性を探索することで，この問題にまずは取り組もうと思う。

　《誰か》に触れ関わるものを未決定のままに，つまり，態度決定を遠ざけるよう導くことになる自発的，ないし方法的に行使された経過を，中立化と名づける（『フッサール全集』第3巻，109節）。こうした経過は，ただ特定の観点からしてのみ，判断を差し控えるエポケーに類似する。というのも中立化は，言表や行動の提案に制限されずに私たちに降りかかるすべてに伸展し，何ものも手つかずのままにさせることがないからである。その限りで，心理分析家が推進する自由連想を用いた，「決定できない注意」に近似する。中立化は態度や見方，述べ方を交換するなかで，その効果を働かせることができる。こうした経過の際に問題になる区別は，領域存在

---

[30] ジョルジュ・カンギレムは，生はあらかじめ与えられた諸条件に無関心でなく対極性に基づくこと，そして自然的運動と強制的運動の間の差異の平準化によって，慣性の法則が運動の方向と制限に無関心であることを指摘している（『正常と病理』105頁以下参照）。

8. 中立化による無関心性

論的区別ではなく，機能的区別である。この区別はさまざまに規定されうる。例えば，作動する経験と主題化された経験の対立として，行為遂行的述定の仕方と断言的述定の仕方の対立として，また，権利要求と規範の言及の対立として，参加と無関心な観察として，そして最後に，フッサールが非常に単純に表現しているような共に為すことと，共に為さないことの対立として規定される。これらすべての対立は十分知られているが，しかし，これら対立する対の間の連関がいかに考えられるべきかが問題なのだ。

中立化はまずは，私たちが常にすでにその状態にある自然的態度から，意識的に取る人工的態度への移行を意味する。これに関するフッサールの表現は，しかし誤解を招きやすい。いわゆる自然的態度は，そのパトス的形式のうちで一度も根源的な立場として理解されえないすべての態度決定に先行するのでなく，説明されるべきものとして，すなわち，その無防備さに対して，防御の措置や遮蔽や，境界面の制限や形成，そして防御の皮膜を要する，晒されてあることとして理解される。自分の身体で経験し，身に染み入ることは，《誰か》が《何か》に対して態度を決めることからかけ離れている。すべてが説明され，解明される態度への移行が，カメラのショット変換や，望遠から近接への視点変更と混同されてはならない。こうした相互に交換され，補完される二つの態度が問題になるのでなく，視覚的な鏡を思い出させる〈反省〉という術語と絶えず誤解されて呼ばれ，考えられてきた変換が問題になる。

こうした変換が導くのは，さまざまな分割，すなわち経験内部でのさまざまな契機の分割の生起が，差別に変化してしまうことである。換言すれば，顕在的な分離プロセスという差異化が，すでに与えられている諸区別のうちに沈下していくだけのことになる。このように遭遇の《何によって》から，要請の《何を》と《誰に》から，そして応答の《何へ》から，私たちの記述言語が不可避に遡及していく《何であるか》への一連の諸規定が生じる。そこには，私たちを襲う《何か》，私たちに要請し，誘惑し，驚かせる《何か》，私たちに向けられた《何か》，そして私たちの応答のうちで思念された《何か》等々がある。繰り返し用いられる関係代名詞や疑問代名詞のような面倒な言語は，こうした名詞化に対抗した働きをし，記述言語と観察言語の見かけ上の自立性の土台を掘り崩そうとする。ここで示された困惑は避けられない。困惑が立ち現れるのは，過去的なものや未

来的なものについて，それらから成立するのは現在の一辺域，つまり過去の現在と未来の現在〔praesens de praeteritis, preaesens de futuris〕に過ぎないと語ることが問題にされるときである。

　変換はまた，経験に巻き込まれ，その糸を解こうとする人々の自己に関係する。この変化は人称代名詞の差異化を導く。《何か》に触発されることで自分に気づく私〔mir〕と，私を受取人にし，私の側から言うと，私が応答しつつ自分を向けるあなた〔dir〕から区別されるのが，彼〔er〕や彼女〔sie〕である。彼らの振舞いは観察され，それについて報告されもするが，彼や彼女自身もまた私〔ich〕という形式で私に向かうこともできる。そしてこれらからさらに区別されるのが，それ-的なもの〔es-hafte〕であり，無言の，目的づけられていない要請の可能性のみが残された非人称的事物や経過がある。こうした差異を完成したシステムとしてではなく，人称化と物象化の同時的プロセスとみなすなら，さまざまな相関性のうちで向き合う諸人格がある一方で，非人称的な仕方でこうした役割交換から外れている諸事物があるという仮定が無効になるだろう。むしろ自己は，さまざまな文化的相違に現れるこうした差異化のプロセスを経ることで，自己として構成される。三つの人称があるわけではなく，私とあなたの間で繰り広げられる経験，私たちとあなたたちの間や，三人称の人々のなかで生じる経験があり，人称システムの形成のなかで構成されてくる経験がある。そして自我，エス，超-自我といった類型とともに，自己は，直接的介入から逃れる演出に任せられていくのだ。

　問題となる中立化において，中性がある特別な意味を獲得する。語義上，〈一方でも他方でもない〉を意味する中性は，諸事物の無性別性や，未だ十分に成熟していない子供の性に特徴的な性差を指示する。注意すべきは，私たちの文法の彼〔er〕や彼女〔sie〕といった三人称が，それが観察の対象や，語りに際して関連づけられた対象を意味しうることから，非人称のそれ〔es〕に近似することだ。ここに，人格主義的態度と自然主義的態度の区別や，試合の相手と対象の区別，ないし同様の違いを通じて受け止められる一般的な物象化への抗し難い吸引力がある。いずれにせよ中立化が終結点として現れるのは，経験に巻き込まれている人の関係が未決定のままにされず，各人の生に対する有意義性が体系的に見渡されるときである。フッサールの言う意味でのこうした中立化が，法のシステム内部で人

8. 中立化による無関心性

格権と物権が区別されているように，すべての人称の性格を欠いた〈単なる物件〉を初めて導く。人格と物件の間の区別は，自己が始めから関与している，自己区別から結果として生じるのだ。

　中性〔Neuturm〕は，存在と当為の区別に際してもある役割を演じている。ここで示されたように，この区別それ自体が由来するのは，私たちの行為を裁定する際に一般的法に即して生じる裁判の視点からである。こうした裁定に際して，事実の問いと法の問いの区別，すなわち問題となる事柄の記述と，特定の行動をするよう命じ，禁止する諸規定への関連の区別が問題になる。その諸規定が諸人格の固有性と無関係に，裁判官の中立性に特有な仕方で具体化する，妥当する法の偏りのない中立性において，中立化が働いている。社会的諸規範の内的な妥当性の問いが括弧づけされ，現存する諸規範の事実的妥当のみが探求されるとき，私たちが提案した意義を中立化が獲得する。こうした経過がかなり効率的で相対的な効果をもたらすのも，それが事実的な生の諸関係へ関連づけられ，その可変性が尊重されるからである。ここでは妥当性そのものが未決定のままにされているので，相対主義とは無関係である。もちろん一般的な物象化への傾向はさらに進展し，規範システムが，生物学的プログラムや，サイバネティックに確定される当為の状態性に近似することになる。とはいえ〈単なる自然的規則性〉は，それが方法的抽象によって獲得されるという点で，〈単なる物件〉に等しくなる。これが生物の場合に意味するのは，全体のパトス的次元が快と苦に包含されて視野から欠落してしまうので，自然という機械のみが後に残されることである。自然の環境世界の実在的経過への還元にも同様のことが妥当する。規範的規則に力点を置く規則主義は，中立的に妥当する規範とともに働く機能主義を，対抗する抽象として生み出す。それゆえ規則主義は規範主義に接近する。この規範主義の限界については，他の個所で詳細に検討しておいた。ここで問題になるのは，規範的な次元だけでなく，訴えの次元，あるいは，パトスの次元が中立化の問題に関わることである。さもなければ，社会科学者や，特に多くの民族学者が使用している関与の観点が，単に中立化されるだけでなく，部分的プロセスに還元されてしまうだろう。

9．観察，根拠づけ，そして間接的証言

中立化の結果として生じる無関心は，単なる応急措置でも，好むと好まざるとにかかわらず私たちが背負い込まねばならないものでもない。中立化なくして主題化することはなく，自分を反映すること以上である経験の内実を問うこともないだろう。パトス的なものに直接結びつくパトス論は，いずれの支配力にも服することのないパトスとロゴスの混合を生み出す。自分自身の経験について語るとき，この経験がありのままに，偽りがないかのように語られる。語ることそのことに後悔の念と疑念を伴う良心の呵責は，雄弁であるかのような純粋な経験を気にかけ，経験に満ちた純粋な言葉と適合しようとする。表現すべきことと表現の間の差異から生じる表現のパラドクスは，解消されも飛び越えられもしない。とはいえ，どれほど中立化が避けられないとしても，それが切り開くさまざまな道が経験に正当でありうるのは，せいぜい一定の程度でしかないのだ。

　今日，システム論から提言されている，システム論的観察という冷静な操作から始めてみようと思う。観察者を前提し，その特定の位置をもつが，どこにも状況づけられない観察は，しかしながら厳密に言えば，いかなる中立化も遂行しない。というのも，私たちが経験と名づけるものが純粋な操作から成り立っているのであれば，中立化されうる何ものもそこにはないことになるからだ。G. スペンサー・ブラウンの論理学に関連して，ニコラス・ルーマンは，何かを特徴づけることでこのものを他のものから区別する観察に依拠する。何かが際立つ《そこから》は，触発の《そこから》や，応答が向かう《そこへ》とも異なる。というのも，操作において問題にされるのが，まさに秩序だった機能だからである。操作は何の目的も追求しないのであるから，操作に人が参入することは不可能だ。コードに人が参与することはできず，ただそこへ自分を組み込むことができるだけだ。コードは何の共同性も産出せず，もっぱら等価値的な操作を可能にする。区別されることで自己言及として立ち現れる自己は，私自身の自己でもなければ，他者の自己でもない。異他的なものは，時間上ずれた自己言及として現れるにすぎず，その限りで，観察が観察と名づけられるために，第

9. 観察，根拠づけ，そして間接的証言

一段階の観察が第二段階の観察を必要とするのだ。ここから結果するのは操作の連鎖であり，それは，多種多様な接続，連絡，挿入，環状接続等を許容するが，これらすべてが，亀裂を示すことのない可能性のネットワーク内に留まる。無関心という麻痺してしまった同等性から操作を防ぐものがあるとすれば，それはプログラムを横断する機能失調の障害であり，システムの開放性を保つものがあるとすれば，それは自己への完全な遡及を妨げる自己観察の事後性である。ある距離を作る留保は，結果によって自己を確証するプロセスの《自己-自身に-基づけること》に変化する。機械的機構に口を差し挟もうとする者は，およそ物笑いの種にされるだろう。倫理的なものはその結果，道徳の下層システムの単なる観察に還元されてしまう。当然のことながら，道徳のコードと行動様式の観察も道徳的な効果を生み出すが，とはいえそうした観察は，動物の行動様式に動物行動学者が関係しないように，道徳的要求や倫理的拘束力と関係しないのだ。システム理論家が自らの方法的限界を容認してもいいというのであれば，システム内部の不可能性に突き当たるシステム分析の盲点以上の意義をもつ，諸々の選択肢が開かれるだろう。

　システム的観察が中立化されるものを手元に残さない一方で，根拠づけの試みはあらゆる中立化を超えて突き進む。私たちの以前の分析で繰り返し述べられてきた根拠づけの二つの標準的類型が，ここで区別される。第一の類型は根拠づけの目的論的形式である。それは自らの根拠を，最終的な目的に収斂する諸目的の段階づけにおいて見出そうとし，私や私たちにとって真であり善であるものから出発し，これら真と善を即自的，ないし端的に真であり善であるものに即して評価する。何かが別のものより良いといった日常的な比較級が，一番良い，最高善という最上級を制約するが，それは，もし最上級がないとしたら，すべてのものはただ比較的良いだけになり，努力が空虚な無際限のうちに消失してしまうからである。研究のような行為に関連する努力は，《無関心でないこと》の生き生きした表現のように見える。無関心な事物，すなわちストア派の ἀδιάφορα アディアフォラ〔どちらでも良いこと〕は，善い生にそれは確かに必要だが，それ自身は善い生の享受を含んでいない資財に制限される。こうしたものはいわば合唱の準備に属し，合唱の演奏それじたいに属していない（ギリシャ語の χορηγία ホレギア，『アリストテレス全集』13, 345頁参照）。こうした

二次的中立化は，生のダイナミズムを静止させるより，むしろ解放するよう仕向ける。あれかこれかがどうでも良くなるのも，問題となっている善と比較すれば，まったく数えるまでもないか，僅かな値しかもたないからである。もっともここにみられる傾向は，既存の秩序の内部に保たれている意味づけと欲望のために，遭遇を抑圧しようとする。最終的な統一はすべての差異を自己に止揚し，超-差異といったあり方にまで上昇する。

　各人の努力がはめ込まれているすべての包括的秩序を疑問視する近代的な問いによって，すべての本質を相互に結合する〈偉大な連鎖〉が引きちぎられる。私に真や善と思われるものが，端的に真なる生の〈出現〉をそのまま含むことはもはやない。自己の幸福や苦悩を目指す〈快感原則〉と，私たちの幸福も不幸も文字通り一つのことでしかない外的世界の諸制約を考慮する〈現実性原則〉の間に間隙が開かれる。即自的存在が，観照者自身が自己をなお見出すような即自かつ対自的存在まで展開することはもはやない。まさに今や，カントが印象的な定式化にもたらしたあの問い，すなわち，私は何を知りうるのか，私は何をなすべきか，私は何を望むことが許されるかという問いが立てられる。そしてまさに今や，存在と当為，認識原則と行為の格率が二分割されるので，カントの第一の問いへの回答によって，第二の問いにもはや回答できない。そして第三の問いに関しては，この問いがいよいよもって，擬似-終末的付属物に還元されてしまうと言える。完成された生を目指して努力することは，各自が自分や他人に帰す諸作用やその固有の力が，もはや前に向かう力によって受け止められることのない自由と呼ばれる諸作用へ飛散する。私たちがすべきすべてを，それであることから導き出す不適切な試みや，現実性そのものに道徳的意図を滑り込ませる試みに対して，法理学的プログラム，特に超越論的根拠づけのプログラムが推奨される。私たちの認識や行為がカオスのうちへ沈み込むべきでない以上，このプログラムは従属すべき必然的諸条件を探索することで満足する。超越論的諸条件は，自然という宇宙的領界と同様，自由という実践的領界においてもカオスを避けるための諸条件である。超越論的諸条件は，事実的規則と事実的格率の批判的監査を認可する。これら規則と格率は，超越論的諸条件が理性の裁定の前で自らの身分を証明しえない限り，未決定のままに留まる。批判と呼ばれる裁判のプロセスは，デカルトの暫定道徳のように生涯に渡るとしても，暫定的性格を持つ中立

9．観察，根拠づけ，そして間接的証言

化へ導かれる。とはいえカントがルソーにならって示そうとしたように，「私は何をなすべきか」という問いは自己自身に回答する。この問いを発する者は，問う者の意のままにならない審級に支配されている。「精神がもはや主や神と名づけられない偉大な竜とはどんな竜か。〈汝なすべし〉がこの偉大な竜の名をもつ」(『ニーチェ全集』9，48頁)。包括的地平を開く追求された目的の《常に-すでに》は，最終的基礎を据える妥当的規則の《常に-すでに》に取って代わられるのだ。

とはいえこのことで，私たちがすでに何度も踏み込んだ地点に到達することになる。規則はそれ自体，一般的妥当と各人が耳にする内なる声との間を移ろうヤヌスの頭であることが分かる。いかに一般的であろうとも，妥当性では，「私はなぜその規則に従うべきなのか」という問いに回答することができない。とりわけ，規則のための道徳的行為と規則にしたがう単なる合法的行為の間の区別が，法と目的という狭まった行程で問題を投げかける目的論的軌道に引き戻される。とはいえ私たちのこれまでの考察が間違えていないなら，本来の問題は問いのたて方にこそある。「私は何をなすべきか」という問いは，状況解決を求めることとして実利主義的に理解されるのではなく，問う私である〈主体〉に依拠して，破ることのできない格率を求めることとして道徳的に理解される。この問いは法にまで，すなわち，このように問う他者と同様，私自身が従属する実践的ロゴスにまで及ぶ。こうした仕方で抑圧されるのは，訴えが育ってくるパトスが待ち望んでいないように，可能になることを待ち望んでいない他者の訴えに対する不可避性である。ルソーと共に語りかけ，良心の声から考察をはじめるとき，カントがこの次元に触れる。とはいえ，この語りかけが伝統の単なる表現や超-自我の内面化として理解されたとき，この次元が再び閉じられてしまう。ハイデッガーとともに，現存在の自己への呼びかけとしての良心が，内なる声，存在の呼びかけや語りかけへと上昇させられるとき，こうしたことが不明瞭になってしまうのだ[31]。

私がそれに従うべきかと問える以前，正常さや規範性に足場を求める以前に，他者の訴えが私に問いをもたらしているのではないだろうか。「なぜ私は他者の要請に（ないしは規則に）従うべきなのか」という問いは，

---

31) これにかんして，ジャン・フランソワ・クルティーヌによるテキストに即した解説（『ハイデッガーと現象学』1990年，305頁から353頁）を参照。

そのように問う人が諸前提をあまりに多く持つか，あるいは，あまりに僅かしか持たないことに患っている。自己の内面から発して，疑いなく妥当する風習や道徳的な妥当要求の基盤に立つとき，あまりに多くの前提がなされる。それによって，道徳の発生が飛び越えられてしまい，すでに〈信じられている〉ことのみが根拠づけられる。《信仰は見識を求める》というモットーは，ニーチェが『道徳の系譜』（『ニーチェ全集』11，411頁）で最も鋭く確定しているように，道徳信仰という形式で継続するかもしれない。これに対して，外から事柄に迫りまるで別の部屋へ入るかのように道徳の入り口や他者の要求への通路が求められるとき，あまりに僅かのことしか前提されていない。この場合，「なぜ私は…をすべきなのか」と問うことは，セザンヌが「なぜ私は絵を描くべきか」と問うかのような的外れの問いである。こうした問いは，情動から育つ行動によって，〈道徳的原光景〉に差し戻される〈作用〉によって応答される。デカルトの自我-論的に構想された懐疑の試みを引き合いに出せば，こうしたことが言える。疑念になお内在する自己の含蓄的前提を，他の自己に阻む根拠は微塵もない。「私は，あなたがいることを疑う」という文は，話しかける私だけでなく，話しかけられるあなたをも前提する。この文はさらに，他者に触れられる私と他者に話しかけられる私を前提する。というのも懐疑の行為は，パトス的な先歴史を完全に背後へ押しやる原創造ではないからである。懐疑と不信は，私たちがそれらに向かい意識して把握する以前に，すでに芽生えている。他者は自分自身と同様に到達不可能であり，私自身の実存と同様に，他者の実存を根拠づけることはできない。自分自身にのみ語りかけるモノローグやロゴスの内に，そして，単独のパトス，つまりただ自分自身のみに関わるパトスの内に立て籠もる場合は論外である。とはいえ，排他的な自分との対話や排他的な自己触発を仮定してみても，それは言われるやいなや，決まりが悪い当惑したものになる。無感動な無関心，他者の要求に関わらない無関心は，すべてを自己固有なものに即して計測する自閉的優位性がオート-パトスに引き戻されるのであり，オート-パトスを企てない中立化されたパトスであっても，本来的な無感覚ではない。失語症が言語欠乏でないように，無感覚は感情欠乏ではない。言語であろうとパトスであろうと，私が持っているもののみが奪われるのだ。

　観察が中立化に固執し，他方で根拠づけが高次の懐疑的な仕方で中立化

9．観察，根拠づけ，そして間接的証言

を克服するとき，遭遇と訴え，さらには他者の要求を含め，それらを《無関心でないこと》のうちで理解するいかなる可能性があるのかが問題にされる。私や他者に遭遇されることと，こうした遭遇を主題化することの間には間隙がある。この主題化それ自身が遭遇を意味し，それゆえ主題化はいかなる弁明の必要もないとされる場合か，あるいは逆に諸々の遭遇，要請，訴えが，潜在的な主題に他ならない，すなわち，ただ顕在化すればそれですむような含蓄的にすでに述べられたことに他ならないとされる場合，こうした間隙が橋渡しされてしまう。しかしながら，両者ともに正しくはない。受苦を受けるもの，受取人，応答する者としてはっきり言明できる何かを経験し，獲得しようと私自身が努力するわけではないので，通常の接近の仕方は役にたたない。諸々の遭遇に直接誓いを立てることも，諸々の訴えを直接引き合いに出すことも，道を先に進めるものではなく，私たちの経験を全体に編入し，全体をアプリオリな可能的諸条件に従わせるよう根拠づけることもまた，道を進めることはない。自らの傍らで始まらない経験が，全体や第一のもの，最終的なもののいかなる種類とも適合することはない。ここに無条件的なものがあるとすれば，まさに，これまで述べられてきた不可避性という形式においてある。私たちの経験の諸触発や訴えに添うものがあるとすれば，それは間接的な証示のみである。間接的な証示は，示されるもの，述べられるもの，努力して為されるものの内部で，遭遇の《何によって》，要請の《何のために》，また，応答の《何へ向けて》として理解しようとされたもの以上や，それとは別のものを形成する。こうした証示は，カントが〈詭弁〉と名づけた合理化をこの証示が拒否するときにのみ，いたって論争術的で討論的な側面をもつ。

　間接的手続きに従いながら，私たちに問題となっているものを，レヴィナスとともに，《無関心でないこと》と名づける[32]。この二重の Nicht〔無と非〕は，根源の差異に私たちを単に連れ戻す二重否定の表現として理解されてはならず，むしろさまざまな深層で生じる無関心の回避として理解されるべきである。ドイツ語の〈無関心な，どうでもよい〔gleichgültig〕〉という語が，すでに独特の意味の歴史を経てきている。この語が意

---

32)　『存在の彼方へ』160頁参照。差異と無関心というモチーフのさらなる示唆として，『ドイツとフランスの思考経路』(356頁のレヴィナスにかんする叙述，402頁から408頁のプルーストと類似した著者たちの叙述)参照。

味するのは，まずもって，〈同じ意味〔gleichbedeutend〕〉をもつとみなされるものであり（これに相応したギリシャ語とラテン語が，άδιάφορα アディアフォラと indifferentia である），次に意味するのが，そこには特に違いがないという〈重要でない〔bedeutungslos〕〉である。そして最後に〈妥当性〔Gültigkeit〕〉の形式が前提されて，ある道徳的な態度が〈無関心な〔gleichgültig〕〉と呼ばれる。こうした無関心のイメージは，小説やワトーによる絵画で知られている。その特徴は，ストア的な抑制と生の倦怠との間で，また関心の欠如と自己防衛の間を揺れ動き煌めいている。レヴィナスが用いた概念では，非-無区別性と，《無関心でないこと》の両者がともに考慮されねばならない。ここに，存在論による倫理的断絶の凝縮された表現が見出される。私自身はこの語を使用するにあたり，さらなる若干の精緻な区別，とりわけ遭遇と要請の間を区別する。

　さて，間接的な参加には，生きられた生の行為や受苦，諸目的や諸規範から完全に距離を保つことも，完全に同一化することもできないさまざまな形式がある。参加しつつ観察するといった移行的形式や，民俗学者が自分にとって不慣れなものを共に活動しつつ学ぶ形式，あるいは，精神分析における移行的形式のように，分析家に代理する役割を割り当てる形式がそこに属する。さらにここに，バフチンによって構想された多言語という意味で，自分の語りのうちに他者の語りを響かせるよう引用することが属する。私はここで考察を，ある特別な中間位置をもつ証言の可能性に制限する。Tri-stis〔第三-召喚する〕に由来するラテン語の証人〔testis〕という語では，証人はその場に居合わせる第三者とみなされる。彼は，事柄に関与しない観察者や，意識的に自制して憎しみと苦心なしに物事の歴史を観察する歴史家のようにも，また，必要のある場合に干渉し調停する秩序を維持する者のようにも振舞わない。ここで問題になるのは，パトス的な根源をもつ一過的で制限された参加の形式である。驚いて出くわす出来事や，幸運や不幸，あるいは犯罪に直面したときに，望もうが望むまいがその人は証人になる。これが証人を，その場に居合わせなくても出来事を報告するリポーターから区別し，出来事の痕跡をたどる探偵からも区別している。証人は証言を拒否することはできるが，証言台に立つことは拒否できない。《誰か》が証人になることが，その人が偶然に見，聞いた《何か》に尽きるならば，証言台に立つことは，実際にはなかった検証の単な

9. 観察，根拠づけ，そして間接的証言

る代理とみなされるだろう。人は伝聞（ἐξ ἀκοῆς エクサ アコイーサ）を通じて，その人自身が見なかったことを知る（『プラトン全集』2，368頁以下参照）。こうしたことは，大衆の面前で起こったわけでなく，また，実験によって試されない一度きりの出来事を証言する，裁判の証人にもあてはまる。さらには，より古い時代の証言や，体験したことを子孫に伝承するはるか以前の時期の時代証言にも，こうしたことがあてはまる。

とはいえ，今述べたことで尽くされてしまうのであれば，証言は仲介された伝達でしかない。こうした伝達は仲介された対話という形式で，空間－時間的隔たりを架橋し，モニターや隠しカメラ，盗聴器といった技術的器具によって，今日ますます馴染み深いものになっている。これに対して，《誰か》が触発された《何か》の，また要請された《何か》，応答の《何へ》の証人になることが考慮されるなら，証人は証言する《何か》によってすでに巻き添えになっていることが分かる。道徳的憤慨の場合のように，ともに喜び，悲しむことがここで起こるのであって，その二つは構想力のうちで，とりわけ，アリストテレスの詩学が企図していた芸術的構想力のうちで産出される[33]。したがって，証言台に立つことは真正の共－パトス，共－触発から由来し，このことからも，証人は録音機のようなものから区別される[34]。《あなたのことが審理されている》は，私たち自身が直接遭遇したことに制限されないのだ。

決定的な契機として最終的に残るのが，証言の信用性である。証人はたんに《何か》を確定し報告するだけでなく，何かを保証し，それを信用するよう要請する。その際，証人による認証と，証人を必要としない一般的根拠づけが取り違えられてはならない。宗教の護教論は，それが証言することを，自分の声と神の声の融合や言明する語りと言明された語りの融合によって，直接的に役立たせることでこうした区別を曖昧にする傾向がある[35]。いわゆる国民の声でもって，状況が変わるわけでもない。国民の声

---

33) これに関して，「Yo lo ví」を「戦争の悲惨さ」とするゴヤの説得力のある解釈を参照。ここからラインホルト・ゴーリンクは，電光の衝撃の証明を私たちに示している（ゴーリンク，2000年）。

34) 私はこの概念を以前，『対話の〈間〉の領域』（『現象学の展望』所収，138頁以降）で，フッサールが間－受動的綜合とでも名づけうるような術語を変転させる過程を，一般的に性格づけるために用いた。とはいえ今では，原触発の共－触発の共が他者によって穿たれるとも言えるだろう。

を疑おうとする人は，それに自分は属さないと証言すればよく，そしてこの証言はその人を国に馴染まない要素として，〔国民の〕資格を剥ぎ取るであろう。しかし，道徳を強調するのも，警告なしとはいかない。確信の信用性は行動を通して証明されるのであって，その一般的な妥当性によってではない。テロリストの確信のように，結局はどの確信もその殉教者をいまだなお見出している。こうした証明が証するのは，もっぱら，その《誰か》にとって真剣な問題になることだけである。証言そのものは何の妥当性も作り出さない。まさにこのことが証言を根拠づけから区別するのであって，証言が教義上の逃げ道を開いておくことはない。経験の審級として，証言という出来事は，実際に真か偽である証人の言明から区別される。述べることと述べられたことという区別が，証言することにも該当するのだ。

　しかしそうであっても，証言することは単に付随的で，その場限りのものではない。私たち自身の素性でさえ他者によって証言されることを考慮してみれば，証人になることが私たちの共存在にいかに深く係留されているかが示される。他者を保証する証言によって私たちは，生きられた証し，証言と理解されたレヴィナスの《代換》に近づく（『存在の彼方へ』第5章2，320頁以下参照）[36]。これに適合するのが，例えば出来事が疑われ忘れ去られてしまう前に，この出来事を保証する結婚の立会人や洗礼の立会人のように，重要な出来事に際して証人を立ち合わせる習慣である。遺言においても，先取りするものとはいえ，その人の最後の意志が保証されるのだ。

　出来事を観察可能な事実や根拠づけられた事実へと変化させることなく，活力のあるままにしておく証言は，直接的には把捉できない何かへと自己を間接的に関係づける可能性を開く。こうした手続きは，説明や分析，日

---

[35]　プラトンが『法律』第10巻（893b）（『プラトン全集』13, 604頁）で，神々が「自らを立証するため，自分の現存在を召喚する」のを示したとき，彼も同様の短絡的な推測に近づいている。ここにも，言うことと言われたことが自己言及のうちで提携しているのがみられるだろう。

[36]　良心のうちの現存在の「証言」を参照（『存在と時間』288頁）。ハイデッガーは同箇所で自己証言を優先してもいる。他方でリクールは，自己証明『他者のような自己自身』（33頁から35頁，独訳32頁から34頁）によって，正当には納得できない仕方で，自己証言と他者証言の間を調停する。

9. 観察，根拠づけ，そして間接的証言　　　　　　　　　　　　　　179

付の記入，評価や影響のすべての種類を排除するものではないが，私たちに示し，提供し，負わせ，要求してくるあらゆるものによって，経験の御し難さと無底性が一つの秩序へと停止するのを防ぐ。こうした証言は，自己自身の前で留まることはない。受苦する自己や応答する自己として，間隙を越えてのみ自らとかかわる自己は，自分自身に対しても距離というパトスを保つ自己証言を必要とする。第三者は外から初めてやってくるのではなく，私の家にすでに住み込んでいる。自己は告白に先立ち，自らを露呈している。自己は証人として特別な役割を受け取り，自己がまったくの別物であるかのようにこっそり退散することなく，直接的共犯関係を回避しているのだ。

Ⅳ

経験のズレ

―――――

　この第Ⅳ章は，方法的な間奏部として考えられている。この奇妙な表題は，奇妙な事象を指示することになる。問題になっているのは，二つもしくはそれ以上の審級の間で繰り広げられることであり，それら審級のうちでひとつのものが自己として優先され，際立たされる。そしてこのことは，単純に二つの審級が相互に区別されるというのではなく，そのつどあるものが他のものに対してズラされ，そのつど異他なるものから区別されることで初めて，その固有性を見出すという仕方で行われる。異他経験と単純に名づけられるものは，すでに私たちが行ってきた探求の背後に位置してきたのであり，遭遇することや触発，接触，要請，訴えといったさまざまな経験のモードが扇のように広げられることになった。このことに対応する自己というのが，〈患者〉ないし宛名人，応答するものというように，さまざまな自己生成の様態を駆けめぐる自己のことである。〈主観〉や〈間主観性〉という術語が明確に避けられているのは，探求される〈間〉への通路をさえぎるようなどんな形象もこうした出来事に潜入させないためである。私たちの方法的な間奏的考察は，第Ⅰ章で試された考え方を，特にくまなく照らし，すでに思惟されたことに明確な輪郭を与えるという目的を追求する。私が以前，応答の論理学〔Antwortlogik〕として展開したことが今や，それに相応しい病理-論理的〔patho-logisch〕な考察を通じて裏打ちされる。この差異的な，もしくはより正確にいえば，この分割的〔diastatisch〕分析は，カテゴリー的もしくは実存的分析として知られているものに似てくるが，この分析は，言明や実存様式のもとには留まらず，それらを超え出ていく。その分析の豊穣さは，これまで扱われたことを深

めることで証明される必要があるだけではなく，ある縫い目の露呈による証明，つまりそこで，その露呈に続いてさまざまな異他性の領域の覆いが剥がされ始めるような縫い目の証明である。いくつかのことはそれゆえ概略的に，また命題の提示にとどまり，後になって確証されねばならない発見法という意味に留まる。

1．綜合的な秩序のひな型

《間》から出発するのではなく，《間》に固執する思惟は，古典的な秩序のひな型，つまり，綜-合的なもの〔Syn-thetisches〕や体-系的なもの〔Sy-stematisches〕，それゆえ組み立てられたものや整理されたものをさまざまな仕方で優先させるひな型に対抗する主張をせねばならなくなる。もろもろの綜合的な秩序のひな型について語ることは，厳密に考えれば，冗語的なものだ。もしある連関を形成し，もしくは根拠づける統-合〔*syn-taxis*〕，もしくは合-成〔*com-positio*〕がないとすれば，いったい秩序とは何だというのだろうか。
　私は存在-精神論的〔onto-noologisch〕な思惟から出発するが，この思惟はパルメニデスの命題に忠実で，存在と思惟を一緒につなぐものであり，主体と客体の分裂からは遠く隔たっている。こうした思惟は，経験の近くにあって，感性的につかむことのできる何ものか〔τι〕，ないしこの-これ〔τόδε τι〕から始まり，「このこれ」は，ここと今において何々があるということ〔*Daß-sein*, ὅτι〕を現実的なものにしている。もし何かがいまだ存在しないとすれば，つまり他の何ものか，もしくは，そのつど何らかの他の状態が存在しなければ，そもそも同一の何ものかが存在することもないであろう。というのも，他性なしの自己性〔Selbigkeit〕は全くもって未規定的であるからである。すべての猫が灰色であるところでは，もはやどんな猫も存在しない。とはいえ，未規定的なもの，もしくは境界づけられていないもの〔ἄπειρον〕は，現在では，黒い影にとどまるヘシオドスのカオスを，つまり大きく口を開けるか，ぽっかり穴が開いているような無底を微かにしか思い起こさせない。さて今や，何らかのものが現れるということは，可能な連関への，つまり「統〔syn-〕」や「合〔cum-〕」への

1. 綜合的な秩序のひな型

問いを投げかけ，この連関は，〈～と一緒に〔zusammen mit〕〉および〈～とひとつに〔vereint zu〕〉という二義性のうちで，解離〔Dissoziation〕および分解〔Desintegration〕の隙間を空けたままにしておく。ただし，この《ともに〔Mit〕》ということが，その連関にしっかり根を下ろしているとすれば，話は別である。もしこの連関が，すべての組み合わせを可能にするようなものであれば，突然，カオスが任意性を伴って侵入してくることになろう。私たちは，あらゆることを計算せねばならず，したがって，規定的なものを無の上に築くことはできない。

ある媒体〔Medium〕，すなわち，何らかのものと別のものとを結びつける第三項〔Drittes〕を探し求めることは，個々のもの〔ἕκαστον〕として，私たちが今ここで出会っている《何-であること〔Was-sein〕》〔τί〕への問いに通じている。もはや分割されえない統一，つまり，そのさらなる分割は部分や断片だけを提供するような統一として，個体は，《何々であること〔Daß〕》と《何であること〔Was〕》の切断面を形成している。というのも，分割不可能な本質〔ἄτομον εἶδος〕として，もしくは第二実体〔δευτέρα οὐσία〕として，個々のものそれ自身は本質秩序に関与し，それによって個々のものはその規定を受け取るからである。ドイツ語の〈特殊性〔Besonderheit〕〉は，二つのことに対応する意味を示している。つまりそれは，別々の実存〔Existenz〕，および特別な固有性〔Eigenart〕を示している。語義的には，共有しているもの〔Teilhaftes〕を意味する，〈部分的なもの〔Partikulares〕〉としての個々のものの規定が，個々のものすべてを結びつける紐帯への問いに対する最初の解答を与えてくれる。ある全体のうちに，つまり《具体的な普遍性》のうちにある本質的なものは，宇宙および世界を意味し，その内部で個々のものすべてが部分として他の諸部分と規定し合っている。綜合は，個々のものを全体のうちへと統合することを成し遂げる。この統合は，ロゴスのおかげで，秩序をそれとして露呈することのできる人間において，自己統合へと成長する。私たちが経験において出会う最初の《私に対して〔Fürmich〕》は，すべての存在者の共同体に基づく中心的主体として，特にそこから浮き上がってしまうことなく，一般的な《自己に対して〔Fürsich〕》を含むこととなる。

この統一化する紐帯が狭められてしまうのは，存在と当為の秩序が別々

のものとなり，それにふさわしい諸法則が，つまり一方における自然の理論的法則と，他方における自由の実践的法則が，その統一化の機能を別々に引き受けるときである。因果性は，自然的世界の《セメント》になり，他方で道徳と法は実践的世界の接着剤になる。個々のものごととして生起し，また，行われることは，法則の一つの事例として考察され，扱われることで，他のものとの結合を獲得する。この連関は，包摂〔Subsumtion〕に由来する。それは，規則のもとに従属させ，服従させることを含んでいる。この法則論的に〔nomologisch〕作り出される紐帯は，存在‐宇宙論的な全体秩序に対する拘束力を失うことはないが，超越論的な秩序のひな型の究明のさいに示されるように，現実的な効力を失うことになる。

最後に残る可能性とは，生のプロセスから導きだす可能性であり，この紐帯を事物それ自身へと，内的形式もしくは形態論的な設計図として移し入れる可能性である。つまり，全体的な出来事を個々のプロセスへと分配し，それらを共働させる設計図として組み込むのである。この秩序づける力は，語の逐語的な意味で《内-形式化＝情報〔In-formation〕》として表される[1]。そうした秩序のひな型において，最終目的と機械的な構成要素とが結合される。初めはまだ神という世界の建築家によって導かれていた宇宙それ自身が，ますます工事現場のような様相を呈してくる。生命技術は，シミュレーションおよび再構築における自己組織化のプロセスを手本として追求することで，その技術的な潜在性を発揮しようとしている。〈総合的〉という言葉は，それ自身，繊維や色の人工的な産出に応用されることで，技術的な外見をもつことになる。隙間のない全体と例外なく妥当する法則を目指していた古来の思考形式に比べて，あるシステムの固有な組織が環境との交流において変化することを示す自己組織化は，新たな思惟の仕方のための空間を開く。この思惟の仕方において，個々のものを他のものととじ合わせるクリップがゆるめられたり，開かれたりするのである。

私たちが，生命体の成長や消滅に限定されない，生成の領域に立ち入る

---

[1] メルロ＝ポンティは，これと比較可能な意味で，多極的な知覚世界を文化的な《型に入れ込むこと〔Einformung〕》と，意図的に《型から脱すること〔Entformung〕》について語っている（『見えるものと見えないもの』265頁，独訳270頁以下〔邦訳『見えるものと見えないもの』滝浦静雄・木田元訳，みすず書房，1989年，305頁〕）。情報理論の存在論的進化については，以下を参照。Le nature〔『自然』1995〕210頁以下，独訳221頁以下。

1．綜合的な秩序のひな型

とき，ある展開の前後段階を重層的に一致させる，さらなる秩序の力が必要になる。すべての生成を，存在への生成〔γένεσις εἰς οὐσίαν〕（『ピレボス』26d）として把握しようと試みる古典的な目的論的思惟においては，何のために〔*Worumwillen*/οὗ ἕνεκα〕およびどこから〔Woher/ὅθεν〕という問いが，すべてのものにおいて立てられる。すべてのものが目指すテロスは，時間に即せば最後のものとして現れるが，事象に即せば，第一のもの，アルケー，始まりとして現れ，出来事のすべての位相を一貫して支配し，その展開を統一化する。《内-形式化＝情報》は，ダーウィンに先立つ進化理論が想定するような《先-形式化〔Prä-formation〕》として働く。出来事の統一は，その始まりにかかっているのであり，この始まりは，展開した形式において〔最終的に〕繰り返される。この始まりを私たちは根源と呼ぶのである。たとえ自然は決して飛躍しない〔*natura non facit saltus*〕としても，自然は最初の跳を行うように見える。物語ることのできる始まりを暗示している，このような擬似-神秘的な語り方に並んで，私たちは《根本-事象/原因〔Ur-sache/causa〕》について語る。その原因のうちで，ある種の第一のもの，そして，そのすべてを支配する高次なもの，すなわちギリシャ人のもとで神的なもの〔θεῖον〕と名づけられたものが思い起こされる。与えられ，把握され，生成する何ものかの形式における思惟は，そのことによって，《存在-神論的〔onto-theologische〕》形式を受け取る。新プラント的な思弁では世界の統一は一者〔ἕν〕に収斂するが，その一者とは，超存在者として一性と多性の対立を超えている。すべてのものが姿を現してくるその深淵は，すべてのものが消え去る無底／無根拠〔Ungrund〕に変化する。こうした統合化を超-総合〔Hyper-Synthesis〕として特徴づけることは，不適当とはいえない。というのも，その総合は自らの前に多様性をもつのではなく，それらを背後にするように追い抜いているからである。

　こうした思弁的な高揚は，思弁的な弱点をさらすことなしに，秩序づけられるべき多様性を前提することは許されず，また，それ自身神秘的な道程を想定することなしに，多様性を導出することもできないことに苦しむ。とはいえその高揚は，カント以来，超越論的思惟と名づけられるものによって穏健なものとされている。このことは，すでに言及された法則的思惟と結びついている[2]。カオスに対して抵抗力のない，与えられた多様性を

超越するすべてのものは，単なる形式的な総合をアプリオリに呈示する。こうした秩序の型のうちに，より古い一連の動機が，用心深く変化させられた形式として含まれている。アプリオリに私たちは第一のものを手にしているが，それはどんな原因でも，またどんな第一のないしは最高の存在者でもなく，単なる可能性の条件にすぎない。このアプリオリは，もろもろの法則性の組み立てを形成し，それら法則性は，個々のものを強制することなく，必然的な基本線を確定する。連関を打ち立てる総合は，その連関を見て取り，見出そうとする概観に対して優位をもつ。このテーゼは，思惟することの活動〔actus〕を通して，作動する自我の作用として遂行されるが，その自我は，その能作においてのみ自らを示したとしても，存在論的な全体のうちで再び見出されることはない。理論的には自我は，唯一のものとして把握され，何ものかを何ものかとして現出にもたらす遂行統一としてのみ把握される。他方で，総合に内在するこのテーゼは，ある自我の能作として遂行され，同時にその自我を従属させる法則を自らに与える。特にこの秩序能作が考察されるさいに問題になるのは，ある主観ないし《思惟する彼もしくはそれ（事物）》と呼ばれうる（『純粋理性批判』B版，404頁〔邦訳『純粋理性批判（中）』篠田英雄訳，岩波文庫，1961年，62頁〕）自我にその秩序が係留するということにとどまらず，秩序それ自身が様相化されてしまうということである。その力点は，秩序の〈何〉や秩序づける〈誰〉ということから，秩序づけそれ自身の〈いかに〉に移動する。その秩序能作は，何ものかを可能にするが，現実的にそうするのではないような必然的条件へと限定される。充足理由は一切の経験に先立って与えられてはいない。この総合的能作はしたがって，以下のことによって保証されている。つまり，おのおのの存在者は，その非-不可能性〔Nicht-Unmöglichkeit〕へと考察を移され，それゆえ，それなしにはありえない〔sine qua non〕という方法に委ねられることによってである[3]。目

---

2) 私たちはこの超越論的思惟に，他のヴァリエーションにおいても出会う。それゆえ以下の諸々の異論は，超越論的現象学には当てはまらない。

3) メルロ=ポンティ『知覚の現象学』（501, 506頁，独訳498, 503頁〔邦訳『知覚の現象学』2巻，竹内芳郎・木田元・宮本忠雄訳，みすず書房，1974年，349頁，355頁〕）参照。プラトン（『パイドン』99, b〔邦訳『プラトン全集1』田中美知太郎・藤沢令夫編集，岩波書店，1975, 288頁〕）にとってだけではなく，アリストテレス（『形而上学』XII, 7 1072b13〔邦訳『形而上学（下）』，出隆訳，岩波文庫，1961, 152頁〕）にとってもこの「そ

的論的な世界把握に対して，可能性というものは，まだ-ない-存在〔Noch-nicht-Sein〕として現実的なものに内在しており，展開していない現実性よりも多くのことについて述べている。問題になるのは，可能化の形式，ないしは可能にすることの形式であるが，そうはいってもそれは，輪郭の単なる構成もしくは投企であって，創造的な産出には及ばない。

　秩序の遊動空間をこのように注意深く境界づけることは，感性や悟性もしくは感性的傾向と理性的意志の〈間〉に，裂け目を開く。こうした裂け目はそれ自身，二義的なものである。それらが，人間の理性の限界から導き出された単なる秩序の欠損として考察されるのであれば，その裂け目を統制的に，もしくは要請として閉じることや，形式的な輪郭に欠けている全体をそうした仕方で取り戻すことが試みられるであろう。まったく異なる図式が生じるのは，こうした裂け目や別様な裂け目が経験それ自身に属する場合，もしくはそれらが主体を形成する場合であり，その主体はまさに綿密な境界設定のもとで組み立てられ，出現する。また，精神分析に即していえば，この組み立ては，自我とエス，超-自我の審級を包括するものであり，それゆえまったく接合部のない統一を形成するのではない。ヘーゲル的な弁証法の魔術がすぐに必要となるのは，実体を主体として証明し，超越論的な実体を，存在の再カテゴリー化において形而上学的な思惟様式と和解させるためである。

2．底なしの多様性

総合的に整備された思惟の内部では，「分-別〔Di-hairesis〕」および「分-析〔Ana-lysis〕」による分散的な力が抑制される。つまり，ある全体の分-割〔Zer-teilung〕もしくは概念的形式の分-解〔Zer-gliederung〕は，それらが分割し，分解するものを前提にしており，それらは連関を欠いた個々のものへと崩-壊〔Zer-fall〕することを阻止する。結びつけることと分解すること，すなわち総合と分別は，二重の運動を形成し，そのもとで

れなしにはありえない〔sine qua non〕」は，ただ副次的な説明原理だけを提示している。可能的なものをその非-不可能性へと還元することについては，ベルクソンの Œuvres〔『著作集』1959〕に所収の「可能的なものと実在的なもの（Le possible et le réel）」を参照。

全体性と統一〔単位〕が調和する。分離され，個別化していくものは，理性的な一般性の特殊化から成立するか，もしくは理性の一般的な判決のもとへと組み込まれることで成立する。その統一〔単位〕がある全体から生じる場合，私たちは諸々の円環の内の一つの円環のなかで運動し，そして個々のものが一般的な法則にゆだねられる場合は，私たちは垂直の軸上で運動する。

　問題が生じるのは，一方で全体秩序の思惟が，パラドクス的な自己言及に巻き込まれる場合であり，他方で根本秩序が統合的な力を失う場合である。物自体は限界概念として考え出されたが，むしろそれこそが仇になりかねないものである。そういった問題の系列は以下のように立てられている。つまり，経験に由来する多様性は，端的にそのまま与えられるものなのか，統一形成の形式は，ただ一つだけなのか，そして経験に先立つアプリオリなものには，唯一の形式しか存在しないのか〔というものである〕。ここにジレンマが現れる。諸々の条件が形式的に設定されればされるほど，それらの実効性が失われていき，〔逆に〕それら条件が質料化されればされるほど，条件づけるものと条件づけられるものの明確な分岐線があやふやになる。《経験的なものだけ》を際立たせることは，ますます経験の理論の防御姿勢を示すだけとなることが明らかになり，そのような理論から経験はまさに逃げてしまうのである。

　こうした問題状況は，カントがいわゆるイギリス経験論に対して行った議論の経過をもう一度，論じ直すきっかけとなる。実際，アンリ・ベルクソンやウィリアム・ジェームズ，アルフレッド・ノース・ホワイトヘッドといった思索家，さらにはエドムント・フッサールや最終的にはジル・ドゥルーズもその近くに至ろうとしていた。ただしそのさい，いくつか注意しておかねばならないことがある。カントによって初めてそれとして宣告された経験主義が，経験主義を基礎づけるという彼の周知の要求とどの程度うまく折り合いがつくのかという問いは，ここでは未解決にしておくのがよいだろう。批判する者が，定義による暴力を要求することで，彼らの批判をやり易いようにすることは，一度ならず繰り返されてきた。にもかかわらず，カントが批判したまさにそのことを，カントが批判したように擁護することが問題になっているのではない。総合という秩序づける力が，単なる連合的な機構に委ねられるとすれば，または自然的で，実践的な諸

2．底なしの多様性

規則が単なる習慣から導出されるとすれば，諸々の秩序は，秩序づけられたものと同じレベルにおいて扱われることになる。二つのものの間に連関を創設する第三項が，それ自身与えられる何ものかとして考察されてしまうと，それによって無限の媒介プロセスが働き始め，「それはそういうものである」という事実的なことによって作為的にのみ，その動きを停止することが可能になる。秩序を意識した理論が，諸々の統一性と全体性を不正に手にするという危険を冒すとすれば，ここでは，逆に多様性が不正に入手されることになる。まるで個別化されることなしに個別的なものが存在するかのように，また，解離というプロセスなしに離散した要素が存在するかのようにである。ここでも，多様性は統一に従属してしまうことになり，そのさい異なるのは，連合における結合が措定されるのではなく，単に事実的な出来事として登録されるという違いだけである。それに対してすでにベルクソンは，解離に優位を与えることで反論し（『著作集』305頁），エルヴィン・シュトラウスも同様に，端的に「問題であるのは区切ること（Zäsur）である」(1956, S.21) と断言している。

とはいえ，この経験主義的な思惟は別様にも理解されうるのであり，フッサールが『受動的綜合の分析』で行ったように，秩序を発生状態において〔in statu nascendi〕把握する試みとしても理解できる。このことが意味するであろうことは，そもそも連関とは，単に個々の与件や個々の力から導き出されるのでもなければ，また，一般的な全体もしくは一般的な法則からも，さらには根源的始原からも導出されえないということである。多様性は，秩序の確固とした地盤の上で運動するのではないような，秩序の多様化のプロセスに譲歩するのである。ここで分割〔Diastase〕の可能性が暗示されるが，それは間の可能性でもある。それはまた，第三項を通じて他のものとつなぎ合わされることから出発するのではなく，「分離すること」と「対決すること」から出発する。ジョン・ロックの熱心な読者であるローレンス・スターンのような著作家において，こうしたアイデアが文学的に実り豊かなものとなっている[4]。また，厳密な規則モデルから離反する神経学的な連結主義もまた開かれた結びつきの可能性へと遡及する。

---

[4] ここでは，現象学と美学〔Ästhetik〕の間を媒介する書物として，エックハルト・ロープジェン〔Eckhard Lobsien〕の *Kunst der Assoziation*〔『連想の芸術』〕(1999年) を参照。

私たちはもう一歩先に進むことで，経験主義の徹底化を視野に納めることができ，それ自身は，超越論的な条件の組み立てをいずれにしろ突き破っている。すでに以前から，そうした方向性を示している試みがあり，ウィリアム・ジェームズはすでに彼の『根本的経験主義における研究』(1912) において，ヒュームを超えて，孤立した諸感覚という基盤を放棄し，直接的経験それ自身にすでに関係的体制があることを認め，この宇宙を《多宇宙〔Pluriversum〕》へと多様化している。アンリ・ベルクソンの思惟も同様の方向性に進んでいる。彼は，『形而上学入門』において，現実性を考察し，それに耳をすますことで，生き生きとした本源的なものに依拠し，翻訳による諸要素で満足することのない真なる経験主義を要請している。「この真なる経験主義が，真なる形而上学である」(『著作集』1408頁，独訳20頁)。ヒュームやカント，ベルクソン，フッサールの動機を独自の総合へと統一化するジル・ドゥルーズにおいて，経験主義は，脱-教義化され，それと同様に，意味の生起が経験の分割と差異において生じるという指摘を通じて，超越論主義も脱-アプリオリ化される[5]。若き頃のレヴィナスも根本的経験主義を督促していた。つまりそこでは，他者の倫理学における形而上学的な欲求の理念と同様に，無限性の理念を展開させ，存在の全体性を，私たちの能力を無限に乗り越えていく外部性〔Exteriorität〕によって爆破させようとする。そこでいわれている《過激な経験主義》は，《外部性による教示》に依拠している。
　この経験主義は，理念の無限性から湧き出るものであり，それは，私たちのアプリオリな根拠には由来せず，それゆえ「卓越した経験〔Erfahrung par excellence〕」(『全体性と無限』170頁，独訳280頁〔邦訳『全体性と無限』合田正人訳，国文社，1989年，296頁〕) を呈示している。フランツ・ローゼンツヴァイクについての論文の中でレヴィナスは，「経験へと，それはつまり，還元されえないものへと」遡及する非-実証主義的な経験主義への賛意を表明している (『困難な自由』262頁以下，独訳137頁〔邦訳『困難な自由』内田樹訳，国文社，2008年，227頁以下〕)。ジャック・デリダはレヴィナスについてのエッセイにおいて明確に，「経験主義と形而上学の共犯関係」について詳論し，どのようにして経験主義が非-哲学として，

---

[5] すでに言及された，マーク・レリ〔Marc Rölli〕の *Transzendentaler Empirismus*〔『超越論的経験主義』〕を主題とした研究を参照。

哲学的ロゴスを問題化するかを示している（『エクリチュールと差異』224頁以下，独訳231頁以下〔邦訳『エクリチュールと差異（上）』若桑他訳，法政大学出版局，1997年，295頁以下〕）。私たち自身がこうした問題に突き当たったのは，私たちが，不-可能的な出来事としてのパトスから出発したときであり，この出来事は，その可能化に先行して生じ，その原因に先んずる結果として可能化を乗り越えている。パトスは，経験に由来したり，もしくは，経験の内部における特定の条件のもとで与えられる何ものかではなく，それは，それ自身から滑り落ちる限りにおいて，経験それ自身なのである。この底なしの多様性は，底なしの生起に由来し，その無底性〔Abgründigkeit〕は，上述の秩序のひな型によってただ覆い隠されている。この無底性は，私たちの経験の分割的な性格をより詳細に吟味するとき，明確に露呈されてくる。

3．分割と差異

《間〔Zwischen〕》という理念，すなわち，分-割と差-異の間からほのかに現れるこの理念は，新しいものではない。相互主観性や間文化性，間世界性，間身体性といった概念は，フッサールやメルロ=ポンティに負っているのだが，それらは，ブーバーやハイデッガーが明確に述べている《間》を指示しており，また，この《間》は，日本の精神科医である木村によって東洋の気〔Ki〕に近づけられてもいる（山口，1997〔邦訳『文化を生きる身体―間文化現象学試論』知泉書館，2004〕）。私自身は，上述の何人かの著作家から出発し，その対話を身体的に基づけられた《間の領域》として把握するよう試みてきた。この《間》というモチーフは，さまざまなヴァリエーションのうちで現れてくるが，すべてのものが十分な重要性を備えているというわけではない。相互主観性が，協調的な相互働きかけという馴染み深い理念に依拠する相互作用と結びつけられても，それだけで何らかの前進をするわけではない。同様なことは，インターネットに対しても当てはまり，インターネットの《間》の特性は，接続点と接続箇所に制限されたひとつのシステムを形成し，そこへ人が介入していくだけである。最終的に行われる区別は，フッサール的な原-自我（『フッサー

ル全集』第6巻，188頁〔邦訳『ヨーロッパ諸学の危機と超越論的現象学』細谷・木田訳，中公文庫，1995年，337頁参照）のように，この《間》を構成する統一的な審級を設定し，この《間》の対話領域で状況に煩わされずに動きまわるか，もしくは，思惟しつつ，この《間》へとかかわっていくかの区別である。この意味で私は，『薄明における秩序』の中で，〈間の出来事〉，すなわち，あらかじめ他なるものと結びつけられることなく，当の他なるものへと接続することで何かが立ち現れるような出来事について語った。こうした思索を私は今ここで，分割的な思惟の形態において進めていくつもりである。

　すでに以前から，現象学者は特殊な他者経験から出発することに慣れ親しんでいる。しかしその背後には，謎めいた経過が隠されていて，そこには認識的にも，実践的にも，ある種の不具合が含まれている。私と他者の間，私たちと他者との間，また固有なものと異他なるものの間で生じる何ものかは，個別的な諸個人やグループに，また，媒介する働きをする秩序の審級やコード化された規則には遡及されえない何ものかである。私たちの間で，私たちを驚かせ，揺り動かし，私たちに降りかかり，語りかけるものが，すなわち，私たちを分離しつつ結びつけ，結びつけつつ分離するものが生起する。この《間》の出来事のために私は，分割という表現を選ぶ。このギリシャ語であるディアスタシス〔διάστασις〕という言葉は，動名詞であり，それは字義的には，「離れて立つこと〔Auseinanderstehen〕」や「離れ出ること〔Auseinandertreten〕」を意味しており，言語表現上はエクスタシス〔ἔκστασις〕の「自分自身から出て行くこと〔Aussichherausgehen〕」に類縁的である。この分割は，その運動がある状-態〔Zu-stand〕へと移行すると，単なる間-隔〔Ab-stand〕に硬化してしまう。この〈間〉の出来事が停滞すると，何らかのもので満たされるような〈間〉の空間が後に残るだけである。いずれにせよ，上述の特徴づけが，その道を誤らせることになってしまうのは，それらを，あらかじめ見出されていたものを名指し，記述するために用いるときである。この《間》は別様に思惟されねばならない。すなわち，裂くものがない裂け目として，分割するものがない分割として，止むことなく，また再び始まることのない休止として，回避する何ものかを欠いた回避として，そしてまさに離れて行く何ものかを欠いた分割として思惟されねばならない。「〈分

3. 分割と差異

割〉は差異化のプロセスを特徴づけており，そこにおいて区別されるものが初めて成立する」(『応答の索引』335頁)。レヴィナスはこの言葉をめったに使わないが，はっきりした仕方で，感覚を「自分自身とズレる〔se déphasant〕」(『存在の彼方へもしくは存在することとは別の仕方で』43頁，独訳87頁〔邦訳『存在の彼方へ』合田正人訳，講談社学術文庫，1999年，92頁〕) ものとして特徴づけるために，もしくは自ら自身において「分割する同一性」が破綻する「自己」(同上147頁，独訳255頁〔邦訳同上，268頁〕) を記述するために用いている。

　この分割は，ドゥルーズとデリダの意味における差異〔différence〕もしくは差延〔différance〕に近いものでもある。問題になっているのは，あるものを他のものとは異なっているものとして分離するという，単なる区別の作用ではなく，区別のプロセスであり，それは別離や，孤立や死去といったものに親近的なものである。ハイデッガーにおいてδιαφορά〔ディアフォーラ〕は，定め〔Austrag〕として回帰する (『同一性と差異』)。差異化のプロセスの真正なる特性は，フッサールが『受動的綜合の分析』(『フッサール全集』第11巻，138頁〔邦訳『受動的綜合の分析』山口・田村訳，国文社，1997年，201頁〕) において対照〔コントラスト〕を原現象として特徴づけるさいに強調され，また，メルロ=ポンティが『見えるものと見えないもの』(270頁，独訳276頁〔邦訳『見えるものと見えないもの』滝浦・木田訳，みすず書房，1989年，288頁〕) において回避〔Abweichung／écart〕を原創設へと遡及させるさいにも同様に強調される。メルロ=ポンティは，ここでは図〔形態〕と地というゲシュタルト理論的な差異化について考えているだけではなく，ソシュールにおける記号の弁別的な〔diakritisch〕特性についても考えている[6]。そうした差異的な思惟は，ブロックのような，それ自身すでに何ものかであるものが，複雑な構築物へと組み合わされるという，そうした操作とは別のことである。私自身は，常に繰り返し，さまざまな差異を導入して，裂け目の位置を特徴づけよう

---

6) ラズロ・テンゲリが，弁別的方法として宣伝しているものの規定において，ここに結びつく。*Der Zwitterbegriff Lebensgeshichte*〔『両性概念　生の歴史』〕(1998年)，37頁から39頁参照。この διακρίνειν〔ディアクリネイン〕は，周知のように言語的記号の最も古い規定に属している。プラトン『クラテュロス』388b-c〔邦訳『プラトン全集2』田中美知太郎・藤沢令夫編集，岩波書店，1974年，19頁以下〕参照。

としてきた。その裂け目の位置においては，分割的な出来事が裂き開かれ，さまざまな諸次元へと拡張される。そのようにして意味的で，表象的で，欲求的かつ応答的な差異は，何ものかが何ものかとして現れ，何ものかが他のものに対して存立する場所，そして，何ものかが他のもののうちに探し求められ，何ものかへと応答させられる場所を指し示している。

　こうした思惟の動機について語ることすべては，私たちが分割として特徴づけるものが，こうした思惟の試みや同様の思惟の試みを区別なく覆ってしまうということを意味するのではない。この差異はさまざまな言語をもっている。にもかかわらず，それらの思惟の動機には，目立った類縁性が，つまり分割性〔Diastatik〕のこれらの様式は，弁証法や対話法といった伝統的な形式へと移行させられえないという類縁性が成立している。この「分〔Dia-〕」は，そこにおいてそれが言及されるロゴスさえ分割する。すなわち，それは思弁的にも止揚されず，解釈学的にも溶解させられることがなく，あるコードに変換されることもない。

4．時空的ズレ

これらさまざまな分割は，外部からつなぎ合わされるような個々の断片ではない。というのも，もしそうであれば，それら自身再び，その発生に先立つ何ものかになってしまうからである。それらは根本的な差異からも導出されえない。というのも，もしそうであれば，それら自身が再び体系的な全体の契機ということになってしまい，その全体は，すでに言及したアポリアに私たちを巻き込んでしまうからである。にもかかわらず，原-分割〔Ur-diastase〕について語りうるとすれば（53頁を参照），それは，まったく別様な仕方での語りになる。原分割ということで私は，語義どおり，根底の裂け目〔Grund-riß〕を理解しており，それはつまり，私たちの経験を厳しい試練にかける最大の拡張なのである。それは，逆方向に向けられた二重運動から成り立っており，統一的な源泉から湧き出るものでも，自ら自身へと遡及するのでもない。この原分割の二つの極は，遭遇における《何によって》と応答の《何へと》を形成している。つまり，私たちに襲いかかるものと，私たちがそれへと対応するものとを形成する。極と述

4．時空的ズレ

グローバルな秩序

ピラミッド型の秩序

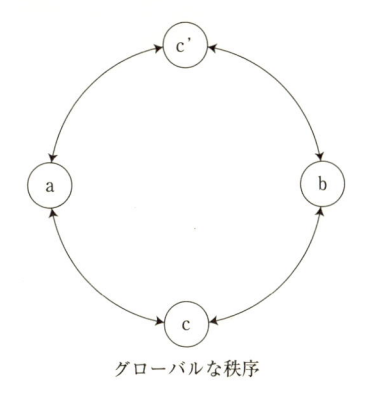

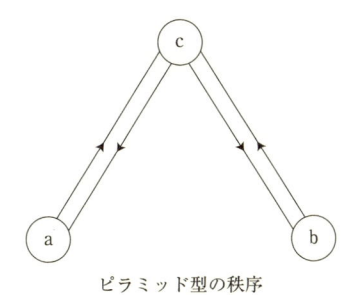

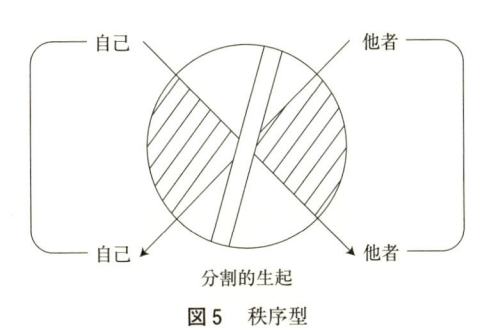

分割的生起

図5 秩序型

べる代わりに，おそらくより適切には，そこから動くことになる場所について語る方がよい。私たちは，私たちがそこから出発し，そこへと向かうところに居るわけではない[7]。それ自身において循環するグローバルな秩序および上から下へと進行するピラミッド型の秩序に対して，この二重運

動は，図5に示されているように提示される。

　この逆方向へと向かう運動は，三つの項目によって設定され，その運動が由来し，そこへと遡及する媒介的な第三項に関係づけられるのではなく，また，二つのビリアードの球が相互にぶつかり跳ね返るかのように，二項によって設定されているのでもない。むしろ，あるものは，他なるもののうちで接しているといえる。自己触発と異他触発は共に進行し，その運動は自己中心化されることも，他の側で中心化することもなく，さらには第三項によって操作されることもない。その代わりこの運動は，お互いに交差しあう二つの眼差しのように，また，相互に強め合う語ることと聞くことのように，相互に干渉している。メルロ＝ポンティとともに，キアスムもしくはキアスマについて，つまり自分の運動と他者の運動の交差について語ることができ，自分の苦しみ他人の行為，他人の苦しみと他人の行為について，すなわち自己に出会うことについても語ることができる。この自己との出会いは，「差異における合致」（『フッサール全集』第15巻，642頁参照）だけを，つまり「部分的な合致」，「遠隔的な合致」（メルロ＝ポンティ『見えるものと見えないもの』163，166頁，独訳163，165頁〔邦訳『見えるものと見えないもの』滝浦・木田訳，みすず書房，1989年，170頁，172頁〕）だけを容認し，この一致は，統一へと移行することで即座に萎縮してしまう[8]。

　この奇妙な経過は，それが時空的なズレとして把握されることで理解可能になる。フロイトにとっての圧縮と並ぶ，このズレ〔移動（Verschiebung）〕は，夢の仕事を処理する二人の「工作者」に帰属している。夢の思考はいわば夢の中に隠されており，その夢は「〈ズレた〉印象」を作り上げる（『夢判断』311頁〔邦訳『夢判断』高橋義孝訳，新潮文庫，1969年，

---

[7]　私がAntwortregister〔『応答の索引』〕で出発点とした，要求〔Anspruch〕と応答〔Antwort〕の間の隙間〔Hiatus〕は，先行するパトスへの決定的な遡及を通じて強められ，いわば引き伸ばされる〔zerdehnen〕。

[8]　〈合致〉という語りにおいては，フッサールが相互主観的な〈対化〉において，《同等性の限界事例》（『フッサール全集』第1巻，142頁〔邦訳『デカルト的省察』浜渦辰二訳，岩波文庫，2001年，202ページ〕）とともに意味の《自己-隠蔽〔Sich-überdecken〕》について考えていることが当然留意されねばならない。メルロ＝ポンティは，彼のベルクソンについての論述において，場合によって生じる経験と経験されたものの融合へと方位づけられ，その不可能性を，割れ目，窪み，折り目，レリーフ，遠さといった概念で説明することで，そうした事象に近づいている。

4. 時空的ズレ

394頁以下］)。このズレという経過は，まるで単に接触の場が開かれていることや，コードナンバーが他のものと交換されるといった風に，二項的にもしくはデジタル的に理解することはできない。そのつど固有な規定性を指示する内密な要因は，圧縮された諸々の形成体から区別されており，それら形成体は過剰に規定されている。何重にも対立しあう規定に支配されていることとは，ちょうど，医学的，性的な観点において唯一の現象に圧縮されているイルマの感染*)のようなものである。ズレとは，何かが同時に他なるものであることを意味する。自と他の論理学は，経験内容の隠蔽が構成的になり，付随的にだけ生じるような場合，それは例えば，ある物が他の物の前へと押し出され，私たちのまなざしを欺くような場合に空回りし始める。このズレが，根本的に時間的な意味を獲得するのは，私たちが遭遇の先行性を，応答を生み出す働きの事後性とともに思惟する場合である（第Ⅰ章の10を参照)。応答は，応答の道がトラウマ的な固定化によって封鎖され，それによって立ち現れる応答の喪失が起きるときでさえも，遭遇するものへと関係づけられている。もしそうでなければ，どんな応答も存在せず，それは端的に新たなものの始まりになってしまう。その逆に，苦しむものに突き当たるということは，可能な応答を指示している。もしそうでなければ，遭遇は，単なる因果の働きとなり，ひとつの石によって引き起こされる雪崩のような，世界内部の変化にすぎなくなってしまう。にもかかわらず，ここで現れる連関は，砕かれた連関なのである。何ものかによって襲われるという，その《何によって》は，何ものかへと応答するさいの《何へ》と同一化されうることはない。苦しむ者が，端的に応答する者と同一者でないのと同様である。二つの限界極の間には，編み目が広がっており，それは要求と訴えから，そして志向と努力から成立している。その編み目のうちで，もろもろの事物の《何》や，《何のため》が，そして固有な自己と他者の他者性が形成される。このズレは，何かが，そして誰かが変化すること，またはその場所もしくは役割が変わることを意味するのではなく，何かが，そして誰かがこのズレの中で形成される結果，この「ズレた印象」が決して一義的な同一化を通じて統一化されえな

---

*) これは，フロイト自身が見た，彼の患者であるイルマが注射によって感染症にかかるという夢である。この夢は，フロイトが分析を試みた最初の夢であり，この夢を分析することで，「夢は願望充足である」という周知のテーゼが導かれる。

いということを意味している。

　このズレには，時間的特性があるだけではなく，時間それ自身に固有な刻印を与えている。先行性は過ぎ去った未来を含んでおり，事後性は未来の過去を含んでいる。そのさい問題になるのは，もはや現在ではない単なる相対的な過去でも，いまだ現実ではない相対的な未来でもない。むしろ私たちは，絶対的な過去と未来に，つまり決して現在になることのなかった過去と決して現在になることのない未来に突き当たる。先行的であるのは，到来しつつ在ったものであり，事後的であるのは，既在へと成り行くものである。さまざまな側面から結びつけられる，この第二の将来に相応するのが，過去完了形の拡張された過去である。このズレは，分離した，相互に外在的な今点から出発する直線的な時間把握と一致することはない。この直線的把握は，デカルトを連続的創造〔creatio cantinua〕の仮定に導いたり，もしくはホッブスのような著作家を，過去と未来の脱-実在化〔Derealisierung〕へと導くことになる[9]。フッサールが示したように，今点は理念的な極限値以外の何ものでもない。しかもこの時間のズレは，連続的な時間の流れ，すなわち，その流れにおいてすべてのものが，すべてを伴って流れ行き，そこにおいて現在は過去と未来を「遺産や使命」として〈担う〉といった，文学愛好的なヒューマニズムに多く見られる定式化とも一致しない。私たちの行為に先立つものの先行性，および行為すべきことに留まるものの事後性は，お互いに出会いはする。しかしそれらが出会うのは，時間的な分散から際立たせられる，とどまる今〔nunc stans〕においてではなく，すべての統一的な時間秩序を打ち砕き，間隔性〔Diatopie〕と結びつけられる隔たった今〔nunc distans〕，つまり隔時性〔Diachronie〕においてお互いに出会う。思い起こされえない先-過去〔Vor-vergangenheit〕や先取りすることのできない事後-未来〔Nach-zukunft〕として，私たちを時間的に遠ざけるその遠さは，ある別の場所を，つまりそこにおいて私は自我として決して存在したことがなく，決して存在するであろうこともないような場所を指し示している。異他なるも

　9）『リヴァイアサン』三章：《過去のものが記憶の中に存在しているように，ただ現在的なもののみ，世界の内に存在している。それに対して未来的なものは全くもって現存をもたず，先行する行為の系列を現在的な行為へと応用する精神の創造物に過ぎない》（J. P. マイヤーの翻訳，レクラム版，1980年，25頁）。

のに見舞われた〈患者〉として，他者によって語りかけられた受取人〔Adressat〕として，異他なる訴えに答える応答するもの〔Respondent〕として，私は，ある「非-場所〔Nicht-Ort〕」から出発する。決して現在に係留されることのない時間野が刻み込まれる。つまりそれ自身がその瞬間を破砕する特殊な様態の $\H{\alpha}\tau o\pi o\nu$〔アトポン/非場所〕(『パルメニデス』156d) から出発するのである。時間それ自身も具現化されるが，そのさい痕跡を残す他なるものがなければ，どんな更新もありえない。その具現化は，閉じこもり，裂けることもありうる暗闇の領域が形成されることを含んでいる。何であったかということは，他の時間に生起したということだけでなく，「他なる舞台」で生起したということであり，過去の宝物品に驚く博物館の訪問者のように，その舞台へとたやすく立ち入ることはできない。その他の点で諸々の博物館は，時間が空間へと登録された記憶の諸々の場所に属してもいる。

　隔時性と間隔性の統一において示唆されるこの時間-空間は，ベルクソンが正しくも批判した，あの時間の空間化とは何の関係もない。時空的なズレが意味しているのは，内的なものが外的なものへと立ち現れることではなく，内的なものが，したがって時間それ自身が，どんな瞬間にも《先-想起》もしくは《後-想起》されえない外部をもっているということである。私たちは，生きている限りで遡及することがあるとしても，私たちは決して私たちがあったところへと戻ることはできず，まさにそれゆえに将来的に常に何ものかが欠けているのである。

5．分割的な諸次元と諸審級

この隔絶は，上昇の度合いを，遭遇と応答の隙間〔Hiatus〕において最大の傾斜に達する原-隔絶にまで高めるだけではなく，諸々の分割の線は，さまざまな方向に引かれ，すべての《間の出来事》にさまざまな次元が組み込まれる。これら諸次元は，出来事それ自身の多関係性に対応している。分かれ行くプロセスとして隔絶が立ち現れる，この《間の出来事》は，その分割に先立つ純粋内面性として一元論的に把握されるのではなく，また，分割から生じる個々の断片の分散として，二元論的もしくは多元論的に理

解されるのでもない。このことから，ミシェル・アンリが彼の生の現象学の根幹に置いた，生の内在と純粋意識の脱自〔Ekstatik〕の対立は，はじめからその効力を失っている。離れ出ることが生起するということは，離れていること〔Auseinander〕が〈存在する〉ことであり，この〈存在する〉ことがなければ，隔絶について語ることは不可能となる。にもかかわらず，この〈存在する〉ことが，その条件や前提をめぐってさらなる問いを投げかける端的な事実に変化するということが排除されうるのだから，この必然的な差異は自己差異化のプロセスから生じなければならないことになる。このことによってまさに予告された諸々の次元が開示されるのである。

　この《間の出来事》を際立たせる最初の動向は，自己関係である。分割は，自己逸脱，すなわち自己分割という形式において現れる。まさにそこにおいて，自己関係にはその盲点，つまり反省が決して照らしだせない盲点がある。メルロ゠ポンティが妥当とみなす「意識の無意識的なもの」（『見えるものと見えないもの』308頁，独訳321頁〔邦訳『見えるものと見えないもの』滝浦・木田訳，みすず書房，1989年，374頁〕），すなわち，精神分析が自らに要求するように，それ自身知られない欲求や知覚，思惟，知という逆説は，ある自己退去〔Selbstentzug〕を示唆している。この自己退去は，観察されてはいないが，さらなる操作においていつでも観察可能となるシステムの自己言及以上のことを意味している。それゆえ，非‐知としての自己関係の性格づけは，単に表面的なものにすぎず，それは現れ来る退去を確かに名指してはいるが，決してそれを詳細に究明してはいない。

　ここに異他関係が付け加わる。これは，それによって自己が触発され，それによって自己が何ものかへと要請するよう促され，そして自己がそこへと応答するものへの関係である。この異他関係は，すべてのシステムが周囲世界によって境界づけられているという想定と混同されてはならない。むしろ異他関係は，ある種の自己二重化もしくは自己多様化の様式に対応する。すべての自己はそれとして，自分と同等のものと向き合ってはいるが，交互に承認しあうことで，その向き合い方が静止した状態にもたらされることはない。私たちは，どのようにして事象的な要請と，他なる要求が相互に配分しあっているのかという問いを前章において詳細に究明した。この問いはしかし，依然として感化力をもつものである。成立している諸秩序の背後へと遡及する真正な自己二重化と自己多様化は，絶えず多くの

5．分割的な諸次元と諸審級

可能性を開いたままにしておく。そうすることで，異他なる要求から出発し，両者の非対称性を扱う応答モデルには，力の中心と意志の中心の数多性を考慮に入れる闘争モデルが対置されるのである。

　最後に，秩序を具現化するか，もしくは代理する第三項への関係が残っている。たとえ私たちがこの分割的な生起を，総合する秩序の上に基礎づけることを避けるとしても，そして，まさに避けるからこそ，秩序の由来の問いがこの生起から立てられることになる。意味を創設したり，目的を創設したりする秩序がなければ，私たちの行動はカオス的になり，境界を定める法律の要求がなければ，誰もが他者の横暴にさらされることになる。しかし仮に秩序が成立するのであれば，論証的にも思弁的にも結論づけられたり，秩序づけられたりしていないものの深淵が開かれる。まさにそれゆえにこそ《間の出来事》は，確固たる地盤の上で生じることはないのである。

　これら一切のことが問題になるのは，さまざまな関係や次元，もしくはそれらが結晶化する個々の審級も同様に，それらの間の緊張を維持しつづけるという仕方で区別することによってである。《間の出来事》の先行性は，可能性の超越論的条件や規範的な規則によっては回収しえないのだが，そうした先行性への遡及だけが，手続きへの還元主義から私たちを保護する。この還元主義は，固有な主観のもとで，また相互主観的な諸規則のもとで，背面からの援護をもとめることなしに，どんな遭遇も異他なるものの要求も妥当させようとはしない。

　私たちの方法的な《間》の考察は，ある発見的図式（図6）によって終結する。その図式において，以下の探求の出発点となる異他なるものの領域が方向づけられ，素描されている。

　—《間の出来事》（ZE〔*Zwischenereignisse*〕）:《間の出来事》もしくは事件ともいえるが，それらは地平的なものに割り当てられる。それらは他なるもの（A）と自己（S）との間で起こり，しかも，以前の章で述べられた，さまざまな仕方で登録記載されているものにおいて起こっている。地平的なものはある軸を形成し，その軸上で固有なものと異他なるものがキアスム〔交差配列〕的に絡み合い，分派的に相互に分別される。その軸は自己へと傾斜しているが，それは，この自己が他者から自らへと戻ってきて，決して対等に他者とは交流しないことを示唆するためである。こう

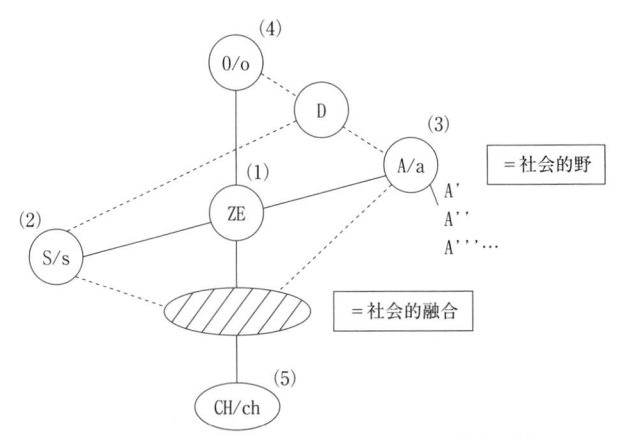

(1) 侵入的－退出的な異他性の領域　(2)　脱自的異他性の領域
(3) 二重の異他性の領域　(4)法外な異他性の領域
(5) 極限的な異他性の領域

図6　異他性の領域

した出来事の《間》の特性は，《間の出来事》がそれ以上の余計な審級に遡及的に導かれることなく，また〈存在する〉という出来事として，決して充足する理由を見出すことがないことのうちにその本質がある。この《間》の生起に付着し，そこから発する何らかのものは根拠づけられるが，この生起自身が根拠づけられることはない。《間の出来事》は，さまざまな審級の形成のうちで差異化し，分節化される。これらはすべて一緒に，二重の形式において立ち現れ，一方で，出来事の特性に関与しつつ現れ，他方でこの出来事から発現する諸々の秩序へと入り込むように立ち現れる。

　──他なるもの（A）：他なるものとは，自己がそれに見舞われ，自己がそれを通じて固有の行為へと促がされ，自己がそれへと応答する当のものである。〈他なるもの〔das Andere〕〉と述べるさいに私たちは，定冠詞を強要するドイツ語の拘束に従い，英語やフランス語においては未規定的な the Other や l'Autre ということでどうにか間に合わせる。〈他なるもの〔Das Andere〕〉は，性にかかわる語なしで読まれる必要があるが[*]，それは，まるで中性的で，性を欠いた，諸々の性の差異に先行している X が

---

　[*]　ドイツ語の名詞には，三つの性（男性，女性，中性）があり，das は男性でも女性でもない中性を示している。

5．分割的な諸次元と諸審級

存在するということではない。これら性の差異は他性〔Andersheit〕もしくは他者性〔Anderheit〕[10]の領域において立ち現れるのであり，外部からそこに押しつけられるのではない。このことは，他なるもの〔男性であれ女性であれ〕が，すべての他性に刻印を押すような強調された他性を具現化することを決して排除するものではない。〈他なるもの〉は，数多性における，A'，A"，A"'として現れ，他性の領野が成立するだけでなく，それが，小文字の他なるもの〔anderes〕(a) へと分裂し，その他なるものにおいて自己はみずからを映し，それとともに，自己はある共通な秩序へとつなぎ合わされる。そしてまた，他性の領野は，大文字の他者〔Anderes〕(A) へと分裂することもあるが，《間の出来事》の《何によって》と《何へ》として，一切の同一化や社会化から免れている。

——自己 (S)：この自己は，受身の自己から，挑発され，要求される自己を経て，応答する話し手と行為者に至るまでの自己生成のさまざまな位相を遍歴するだけでなく，語ること〔Sagen〕の自我（je, I）に相応する大文字の自己 (S) と，目的格の私（mich, moi, me）に対応する小文字の自己 (s) へと分裂する。S が s として示されることで，それは同一性を獲得し，同じものになるが，S への遡及的関係は，その同一化に諸々の限界を設ける。

——秩序 (O)／カオス (CH)：さまざまなものを一般的な基準に委ね，任意ではない仕方でそれらを結びつける諸々の秩序を私たちは，垂直線上に描く。それら垂直線は，一般的なものと特殊なものに即して段階づけられている。諸々の秩序は，「同等ではないものを同等に扱うこと」もしくは「比較できないものを比較すること」という形態化する力をもっている。この力は，《間の出来事》における重要なものとして，あるいは，求められうる目的として現れるものに，何者かの役割において，あるいは，それ以外の仕方で現れるすべてのものに行使される。諸々の秩序とは，理由づけ〔ratio〕と基礎づけ〔fundamentum〕という二重の意味における根拠の領域である。この秩序の対角線上に対置されるのが，秩序の形態化がそこから立ち現れてくる秩序づけられていないものと秩序づけられるべきものの深淵としてのカオスである。秩序もカオスも二重化され，このような

---

10) 『フッサール全集』第15巻，450頁参照。そこでフッサールは，他なるものとの合致を《他者性における合致》として特徴づけ，個有な自我にとっての他者性に対置している。

仕方でお互いを指示し合っている。この成立している秩序（o）に，生成する秩序や秩序の出来事，もしくは秩序の創設（O）が対置され，それらはそれ自身，諸々の秩序のうちに記載されるが，そこに〔あらかじめ〕含まれているのではない。この偶因性に基づいて，カオスの契機がすべての秩序のうちに立ち現れてくる。この契機は秩序における端的な無として主張されているわけではなく，特定の秩序形態への反動として，それ自身，形態化の最小でさまざまな形式（ch）を受け取る。その形式は，諸々の輪郭がぼやけてしまうことのうちに，または，個々のものの融合において，もしくは根底，マグマ，流れ，大きく口を開いた深淵として，さらには〈生きる〔es lebt〕〉ことの充溢，もしくは純粋に〈存在する〉ことの驚愕のうちにある。純粋な秩序と純粋なカオス，純粋な自己記述〔Autologie〕と純粋な異他記述〔Heterologie〕，多様性のない統一と統一のない多様性は，ただ極限値としてのみ思考可能である。この極限値が実体化されると，固有の限界を巧みに隠す形而上学のアポロン的な形式や，他方でディオニュソス的な形式へと辿り着く。その他にここではまた，超合理主義と非合理主義の極限同士が結びつき合っている。差異を欠いた秩序とは，すでにアリストテレスによって告発された純粋なカオスの無関心性〔Indifferenz〕という単調さと等しいものとなろう。そのカオスからは，統一形成の一切の痕跡が抹消されてしまう。このようなカオスに近づく秩序の単純な例として，77777…という数字の列や，ラララララ…といった音節の連なりが挙げられる。それらは終わりのない繰り返しのもとで，眠りにつかせるような，あるいは少なくとも落ち着かせる効果をもっている。限界経験としてみれば，子守唄は，連綿とした祈祷の形式にも似ている。中立化の結果としての無関心性に関する熟考はこの点に結びつく。無関心でないこと〔Nicht-Indifferenz〕，つまり，それなしには自己と他なるもの間にどんな取り上げるに値するものも生じえないかのような非-無関心性は，差異化された秩序を平板化する効果に，もしくは差異を欠いたカオス性を平等化する効果に，自己を剥奪されてしまうのである。上からの無関心性と下からの無関心性が存在している。

　——第三項（D）：この第三項（Drittes）は，フランス語の *tiers*〔第三者〕のように性の言葉なしに読まれる必要がある。これは移行の審級，つまり，他なるものの契機や秩序の契機，間接的にはカオスの契機もそれ自身のう

5. 分割的な諸次元と諸審級

ちで統一化してしまう審級を意味している。それは，すでに言及された妥当し（O），語る（A）法則の機能において，もしくは，ある秩序（O）の名前において語る他者（A）の形態において統一化されており，超-自我としてそれは自己（S）によって内化されている。

　この最後のものは，考えられる唯一の超-審級を形成しているのではないが，さしあたりは，これで充分だと思われる。隔時的な思惟様式を浮き彫りにするのに決定的なのは，この《間》の特定の形象，いわば，配置することに対するものとして名づけられうる間の形象化〔*Interfigurationen*〕である。それは，先に描かれた《間の出来事》の蝶番や要の働きにおいて立ち現れ，それらにおいてこの《間》が分節化される。諸々の裂け目や空所，すなわち，仲介されたり，仲介したりすることのない諸境界を越え，潜行することが，さまざまな異他性の生成する場所や領域を成立させるのであり，それら異他性の領域が私たちの探求のさらなる対象を形成する。そのさい，立てられる問いは，生起が崩壊することなく，どのように裂け目が生じるのか，という問いであり，また満たされることはないが，無でもない空所とはどのように作られているのか，どのようにして諸々の境界は，それらが止揚されることなく，超えられたり，潜行されたりしうるのか，さらには干渉し，介入しても，固有なものを異他なるものと決して完全に仲介することのない第三の審級にはどのようなものがあるのか，といった問いである。

V

自らの外へ，私たちの間で

―――――

　異他なるもののさまざまな領域を探査し，それらを《間》の特定の形象から開示する試みは，事象の核において，すなわち，固有な自己と他なるものとの《間》で繰り広げられる諸々の出来事のもとで始まる。この第一の探求の行程は，自己と他者の《間》に生じる，そして同時に自己と自己自身の《間》に成立する摩擦面を考慮することでもある。特に困難なことのひとつは，自己関係と異他関係の相互内属と，自己触発と異他触発の二重和音とを，正当に評価することのうちにある。問題になっているのは，それとともに自己が自らの外へ出て行く脱自的な異他性と，そこにおいて自己と他なるものが分離して現れる二重の異他性を正当な関係に置くことである。すでに第Ⅲ章で示されたように，私に対する固有の要求とともに現れる，異他なる自己における他者性の結晶化が，決定的な役割を演じている。そのさい，露呈されるこの《間》に関する導きの形態をキーワードでいうとすれば，退去〔Entzug〕，自己分割，自己二重化，中断，非対称性ということになる。それらは《間》の現象学の重要な部分要因を形成している。これらによって，私が以前の研究で取り組んだ異他性は，さらなるニュアンスと経験の《間》の特性におけるより強力な支えを獲得することになる。

1．異他なるもののスキャンダル

　異他なるものというモチーフが，どれほど新たな思惟様式を要請するのかということは，私たちがこのモチーフを近代の思惟の根本要請と対比させ

るときに明示される。啓蒙〔という運動〕の中で疑問の余地がないとはいえないが、明確な表現を見出した近代の思惟は、二つの根本的な支柱に基づいている。つまり、主観と名づけられる固有の自己と、私が理性存在の共同体に属している限りで、私自身が接近可能な一般的な理性に基づいている。「自分に固有な悟性を用いる勇気をもて！」。このモットー以上に簡単に、どのように主観の固有性が、理性の普遍性へと移行するかを表現することはできない。私が私の悟性に完全に依拠することが許されるのは、この悟性が、理性へとさらに展開することによって、単に私に固有な悟性であることを止めるからである。このことは、今日においても、以下の想定のもとに反響している。つまり、主観は、言語の意味と妥当性に深く関わる、もしくは、つねにすでに深く関わってしまっている限りで、その主観という〈固有な意味〉が保証されると同時に、乗り越えられてしまっているという想定である。そこにはヘーゲルの試みも反響しており、近代的な思惟と古典的な思惟の二重の遺産を保持し、思惟する主観の近代的な成果と、諸々の事物における古典的な秩序の遺産を和解させようとする試みなのである。個々の主観と普遍的な理性においてその二重の焦点をもつこの楕円が、ひとつの円環へと変転するのは、ヘーゲルが彼の『精神現象学』の序論で確定するように（Werk 3, 20〔邦訳『精神現象学（上）』平凡社、1997年、28頁〕)、「幾人かの秘教的な財産」が「全てのものにとっての所有物」に変転するときであり、またさらには、「真なるものを実体としてではなく、むしろ主観として把握し、表現する」（同上、23〔邦訳同上、32頁〕）ときである。ヘーゲルは、すでにフィヒテがそうしたように、デカルトのエゴ〔私〕の言質を取ることで、この異他なるものを発見している。私が私自身から出発すると、私は、私にとって異他的な非-我に突き当たる。この異他性は、何ものかから際立たされ、区別される、《何ものか-ではないもの〔Nicht-Etwas〕》という他性以上のことを意味する。自己自身から区別され、何らかのものとして明らかになるものの一切が、自己自身に異他的である限り、この異他性は、いたるところに拡張し、そしてこのプロセスの把握においてまさに自己脱皮を成し遂げる。この異他なるものを組み込むことは、それ自体、過激な何ものかをもってはいない。ただしそうであるのは、この異他性が、ただ相対的な異他性を呈示する限りであり、つまりは、何らかの存在するすべてのものが参加する精神の自

1. 異他なるもののスキャンダル

己自身へと至る，必然的な通路の位相として呈示される限りにおいてである。異他的なものとは，私と，私たちにとって，いまだ自分自身をそこに再確認しえないようなものである。こうした自我論のパースペクティブから考察すると，異他性は，すでにカントのモットーにあるように欠損として現れる。たとえそれが，進化論的に考察され，必然的であるとしてもである。この欠損は，未成年性，すなわち，自我が「異他なる理性」に依存していることとして現出し，同時に，自分の立場が勝つか，他者の立場が勝つかはどうでもよいような理性の分立化として現れる。この異他性をよりラディカルに，つまり全体の契機や全体的な展開の位相として把握するにとどまらない者は，避けがたく，以下のような言い方で，反-啓蒙的な転向という罪を着せられてしまう。つまり，自我でも主観でもなく，〔いったいそれは〕何なのだ，もしくは一般的な精神でも普遍的な妥当性でもなく，〔それは〕何なのだ，という具合にである。これは，啓蒙主義とロマン主義の間の反目が生じて以来，両者からの和平を求める多くの申し出にもかかわらず，常にくりかえし勃発する戦線である。固有なものや一般的なものへと還元できないだけではなく，それらの対立項と同一視することもできない異他なるものは，それゆえにこそスキャンダルなのだ。

いわば事象それ自身に属しているラディカルに異他なるものは，「接近不可能なものの接近」や「帰属不可能なものの帰属性」という定式化で表現されるパラドクスとしてのみ考えられている。そうしたパラドクスがその性格を失うのは，接近不可能性や帰属不可能性によって告げられている不可能性が，単なる知識や能力の限界へと還元されるときであり，同様に，それらの限界が，私たちの身体的な成り立ちや言語的な能力の偶然性，歴史的に状況づけられていること，もしくは社会文化的な秩序の選択性や規則づけられたシステム，さらには自らで規則づけるシステムの容量の限界性などに関連づけられる場合である。それに対して私は，異他性の経験を，どこか別のところで始まる応答として理解するように試みている。とはいえ，お互いに答え合うと述べても，また，お互いに聞きあうと述べても，異他性が今述べられたような仕方で低く評価されてしまうと，それは，ほとんどどうでもいい，害のない事柄に留まってしまう。行動の反応としての応答，また対話的な発言も，すでに自己を，つまり答えることができる，もしくはその用意のある主観や有機体を前提にしている。そのとき，私た

ちが引き渡されている異他なるものとは，破滅的な境界事例ないしは，病理学的な症候として現れる。異他なるものが，つまずきの石になりうるのは，パトスや裂け目，侵入が，自己を自ら自身に，しかし決して完全な仕方ではないが，自己自身の助けになることによって初めてそうなる。それらが，このような力をもっていることは，以下に示されることになろう。言及されたパラドクスがその効果を証明するのは，自己の他なるものへの関係と自己の自己自身への関係を刻印している《間》の形象が，両義性や極化によって特徴づけられ，すべての審級が，出発点で示唆された図式のように，それ自身のうちで分割することにおいてである。ニーチェとともに語るのであれば，存在するのは，複数の個別者〔Individuen〕なのではなく，相互に接触しあう〈分割しうるもの〔Dividuen〕〉なのだ。

2．牽 引 力

　私たちが遭遇し，それによって襲われる当のものは，単純に私たちの活動範囲や，能力の外部に存在しているのではなく，そこにおいて，それを受けて苦しむ自己が，自ら自身の外部になってしまうことのうちにある。何かが外部にあるのではなく，私自身が外部にある。このどこか別のところにというのは，単なる場所や立ち位置の交換によってもたらされるのではない。譲渡〔Ent-äußerung〕や疎外〔Ent-fremdung〕に基づくのではない外部関係は，退去〔Entzug〕として特徴づけられ，私たちはそれを《間》の第一の形象として，引力や斥力という反対方向の運動とともに導入する。

　私たちが日常の経験から知っているのは，何ものかが私たちの経験や知識，処理能力，想起，権限から除去されている状況であり，そのさい，絶えず特定の匿名的な経験様式や業務規定，技術が働いているということである。そうした仕方で私たちの活動範囲から外れているものを，私たちは見えないもの，触れえないもの，楽しめないもの，理解できないもの，使いきれないものとして特徴づけ，この「不〔un-〕」という接尾辞を付けることによって，不可能性が示唆される。このように，接近不可能もしくは帰属不可能に留まるものは，単なる相対的な異他性に従属しているだけ

2. 牽引力

であり，それらは，私たちの個別的，ないし集合的な固有領域の限界，もしくはそのつど存続している秩序の限界に由来している。こうした相対的な異他性を通じた自己とその共同体の秩序は，継続的に動揺にもたらされることはなく，根底から危ういものに変えられることもなく，私たちは私たちの有限性を思い起こせばそれだけで済んでしまうような話である。この有限性はここでも，近代の知恵の最後の結論として多様に現れてくる。にもかかわらず，遭遇ということで考慮していることは，これとは異なることを私たちに教えている。先行する遭遇を事後的な応答から分離する原分割は，私たちの経験を境界づけるだけではなく，この経験がそれ自身に対してズラされているように働きかける。私たちが遭遇するものは，アリストテレスにとって，知覚されるものと知覚が働きにおいて〔in actu〕一つであるのと同様に（『デ・アニマ』III，2参照），遭遇それ自身と一つであるが，別の仕方では，それらは一つではない。ここで告げられている，この《間》の経験を私たちは，退去のラディカルな形式として考えようと試みている。

　前もって言語上の思慮がなされねばならないのは，私たちが闇雲に「メタファーの大群」のうちへと飛び込むことを避けたいことによる。〈退去〉のうちに反響している，引っ張ることや引っ張られることといった事象は，動力学の領域へと通じている。そこで問題になるのは運動や，それに相応する運動力であり，運動の欠如の限界的事例である静止もそこに含まれている。この〈引くこと〔ziehen〕〉の微かな痕跡が，関係〔Be-zug〕や優先〔Vor-zug〕，遂行〔Voll-zug〕といった概念のうちに現れるさい，私たちはこのことを単なるメタファーとして処理してしまいがちである。このことは，〈置くこと〔setzen〕〉や〈立てること〔stellen〕〉，〈横たわっていること〔liegen〕〉といった場合も同様である。何ものかを〈優先する〔vorziehen〕〉人は，〔何かを引く ziehen〕滑車のようなものを考える必要はなく，あるテーゼを立てる〔上に立てる aufstellen〕人は，花瓶を机の上に立てることはなく，非-我を措定し，自ら自身を措定する〔置く setzen〕自我は，それに対応する基-盤〔Unter-lage〕を探し求めることもない。この基盤は他方で，存在するもののすべての〈基礎に-横たわっている〉実体に直接関係してもいない。これらの引用符〈 〉は，言及された概念語を文字通りに受け取ってはならないことを示しており，仮にそ

うしなければ無意味な語り口になってしまい，記述された事物の特性を記述言語の単語の意味と混同してしまうことになる。

　私はここで，メタファーの根源への問いを投げかけようとしているわけではない。そうではなく，置くこと〔setzen〕や立てること〔stellen〕，横たわる／横にさせること〔liegen/legen〕のメタファーが，古典的な西洋哲学において重要な位置を占め[1]，それに対して先述した引くこと〔ziehen〕が，僅かな位置しか占めていないことの原因を問いたいのである。単純な答えの一つは身近なところにある。機械的な出来事としての引くことや当たること〔stoßen〕，共に引くこと〔Mitsichziehen〕，突き飛ばすこと〔Wegstoßen〕は，思惟においてあまり多くのものを失うことがないように見える。しかしプラトンが，イデアに牽引力を，つまり「存在へと引っ張るもの〔ἑλκτικὸν πρὸς οὐσίαν〕」（『国家』523a）を認めるとき，もしくは彼が，神の手の中の操り人形のように，誰もが唯一の「動向〔Zug/ἕλξη〕」に従うことを，つまり「理性の金色で聖なる導きの道具〔Leitzeug〕」（『法律』, 644 e-645a）に従うことを勧めるさいに，より多くのことが暗示されている。つまり，惹き-つけること〔An-ziehung〕ないし魅力は，突き-離すこと〔Ab-stoßung〕や，自然哲学の歴史や哲学から解放された近代の自然科学における反発〔Repulsion〕と一つになって，完全にその地位を確保している。この地位はしかし，二義的なものである。〔一方では〕魅力や反発を，例えばいまだパラケルススのもとでは，秘密の力へと還元する傾向があり，この傾向は，化学的要素間の力の場や親和性を考慮させ，それらの力を結びつける物理学的，化学的な理論や，〈優先された〉状態を呼び寄せる熱力学的なプロセスの〈アトラクター〉といったものにまで及んでいる（プリコジン／シュテンガース『自然との対話』1986年, 129頁以下を参照。）。〔その他方で，〕こうした結びつける力は，魅力や反発が社会関係や，特に親族関係や恋人関係においてメタファー的な力を保持してきたことを妨げることもなく，この力は，〈置くこと〉や〈立てること〉の周りに配置される言葉の場と比べても遜色しない。ゲーテの親和力〔*Wahrverwandtschaften*〕は，当時の化学における電気的引

---
1) これに関して，エルマー・ヴァインマヤーの『態度〔Einstellung〕』（1991年）を参照。著者は，ハイデッガーから出発して，《立てること〔Stellen〕》のさらなる言語の場を，ドイツ語と日本語の言語対照を関連させつつ展開している。

力〔attractio electiva〕をモデルに取り上げられたものであるが，とりわけセンセーショナルな例の一つである。フランス語でMagnet〔磁石〕は今日でも魅力〔aimant〕を意味するということは，下層-機械的な〔submechanisch〕働きという力の歴史，すなわち私たちが遂行する作用や，私たちがそこにいる状態ほど明確に，理念と質料，精神や心と身体といった二元論へと分類されない働く力の歴史があることを思い起こさせる。哲学的な思惟が，そうした力の理念をこの先，適切に活用しないとすれば，このことは，異他なるものが排除され，無害化されることと関連することになるであろう。

3．退去，惹きつけること，突き離すこと

こうして私は，退去の現象へと立ち返ることになる。〈退去すること〔Sichentziehen〕〉は，さまざまなテクストで，またさまざまな思索家のもとで散見されるが，ほとんどそれ以上の詳細な説明なしに用いられている。他者や存在，まなざし，無意識といったものは〈退去する〉といわれるが，このことでいったい何が理解されるべきなのか。言語について，前もって考えてみれば分かるように，問題になっているのは，特殊な仕方で語る言葉であり，このことは，さまざまに変化する含意を伴った他の言語にも妥当する。ドイツ語の〈奪う〔rauben〕〉と近しいフランス語の動詞である se dérober は，引いて取り除くこと〔Wegziehen〕を強調しており，軍隊的な含意ももっている。他方で，英語の逃れること to escape と同様な動詞 s'echapper は，マント〔Cape〕をするっと脱ぐことを字義的に意味している。英語の引き出すこと〔to withdraw〕では，自ら身を引く〔Sich-Zurückziehen〕という意味が優位になり（英語の【with-】drawing-room）を参照)*)，他方，うまく逃れること〔to evade〕は，立ち去ることや回避することを強調している。

　何か（誰か）が私から逃れ去ることを本質とする現象は，さまざまなアスペクトのもとで考察されうる。その中心点には，〈自ら退く〉という出

---

*)　食堂から引き下がって歓談する部屋という意味。

来事が位置しており，それは例えば，別離にみられるようなものである。それが《間の出来事》として証示されるのは，それが二つの場所の間で，つまり何ものかがそこから消滅する退却領域〔Abzugsbereich〕と何ものかがそこへと消え失せる退去領域〔Entzugsbereich〕との間で生じるからである。とはいえ，この《どこから》と，《どこへ》以外に何も存在しないとすれば，私たちは単に場所の変化にかかわっているだけになってしまう。しかし，この退去の《間》の特性には，補足的ではあるが，二つの審級，つまり《何ものか〔was〕》が，《誰かにとって〔wem〕》退去するということが属している。この両審級は，同等の価値をもっているのではない。この〈～から離れて〔weg von…〕〉には，どんな〈そこへ〔hin zu…〕〉も対応しておらず，この退去は目的づけられた運動であるかのように存在してはいない。むしろ近さは遠さへと，現存〔Anwesenheit〕は不在〔Abwesenheit〕へと変転する。退去することに内在するこの遠ざかることは，襲いかかる遭遇や，すでに聞き取られた要請と同様に非対称的な特性をもっている。このことは，退去することが，ある第三項の立場から観察されるような相互に距離をとることとは異なることを明確にする。退去するものは，退去する地点へと動くのであり，その地点は，固有の立場とは交換されえない。この退去を相互関係へと変化させてしまうと，この現象それ自身が止揚されることになるだろう。

　今や問われるのは，この《間の出来事》において離れて現れる二つの審級にかかわるものは何かということである。差し当たり問われることになるのは，この退去するものとは何かということである。〔しかし〕すでにこの問いの問い方が誤った方向へと導くものになっている。もし私たちが，同一化可能な何ものか，ないしは誰かに関係しているのであれば，そこではこの退去は単なる相対的なものになってしまい，そこで告げられている異他性も同様に相対的なものにすぎなくなる。不在は，部屋の中にたまたまタンスがないという意味での不在になり，もしくは，去っていく乗り物の不在と同様になる。そしてこの乗り物とは，まなざしや望遠鏡，追跡する乗り物，監視所や無線局の助け，迎撃ミサイルなどによって常にすでに追い付くことができるものにすぎないのである。こうしたこととは異なるのが，私たちがそれによって触発され，そこへと何らかの仕方で答えることである。ここでは退去する何かがあるのではなく，退去することでのみ，

3. 退去，惹きつけること，突き離すこと

退去するものが存在するのである。そうしたことは，私たちが何ものかによって襲われるすべてのところに見出され，それは，私たちがそれを何ものかとして理解し，目的に適うように処理することに先立ってそこにある。例えばそれは，異他なるまなざしであったり，呼びかけや傷を負わせる一撃，驚くべき着想，えぐるような痛み，容赦ない嫉妬であったりする。この退去のもとでの〔再帰代名詞としての〕自己〔Sich〕は，別れを告げ，立ち去ってしまう誰かというように，固有な運動を遂行し，自ら自身で遠ざかる自己運動をするものとは何の関係もない。こうした仕方では，私たちは固有な遭遇を，伝統的仕方において，異他なる活動と同一視される情念〔Passion〕として解釈することになってしまう。〔こうした捉え方において〕異なるのは，まなざしという単なる視点の違いであり，この視点の違いは，生起するものを，一方でそれが生起するところの主体〔sujet auquel il arrive〕に帰属させるか，他方でそれを生起させるところの主体〔sujet qui fait qu'il arrive〕に帰属させるかの違いにすぎない（デカルト『情念論』I，1）。因果的な割り当ては，固有なものと異他なるものの分割を，それが開かれるやいなや閉塞してしまう。すべてのことは，因果的に堅固に固められた宇宙の中で生じるというのである。しかしでは，この自己〔das Sich〕が自存的な何らかの記号ではないとすれば，どのようにしてそれを理解できるであろうか。それは出来事そのものに関係づけられるのであり，際立つこと〔Sichabheben〕や現れること〔Sichzeigen〕，一般的に生じること〔Sichereignen〕と同様とみなすことができる。したがってこの自己とは，他者のまなざしのもとではまさにパトスであり，つまりは退去する自らを突然感じること〔Sichertapptfühlen〕，私たちに危害が加えられ，突き刺されるとき，自己とはまさに事後的に意識にもたらされる痛みをともなう，刺されてあること〔Gestochensein〕そのものである。私たちが遭遇と名づけるこの経験の先端は，厳密な意味では無意識であり，知からは遠ざけられている。

　退去する〈何か〉に対応するのが，自己であり，その自己に対して〈何らかのもの〉が退去する。ここでも警戒する必要があるのは，この退去に主観をこっそりと押しつけ，その主観に何ものかが欠けていたり，その主観がある損失を被り，この損失をその後処理するというように考えがちであるということだ。こうした確定はそもそも事後性に属しており，私たち

が後に立ち返ることになる諸経験には，この事後性が伴っている。私たちがカール・ビューラーとともに「宛名の与格〔Adressendativ〕」（『言語理論』§15）と特徴づけることのできる，この《誰に〔Wem〕》は，傷害を被る《誰か〔Wer〕》の問いに先立ち，したがって主格としての自我にも先立っている。何ものかが《彼に〔dem〕》生じるその彼は，それへと応答する何者か，もしくは応答することができない何者かになるのであり，彼が応答するのは，いつも事後になってのことである。その限りで，私たちが何ものかによって襲われるときの，異他的なものの退去と，襲われるものの自己退去とは，手を携えて進行する。遭遇は，何ものかと誰か（客観と主観）の間で生じるのではなく，誰かと誰か（主観と主観）の間で生じるのでもない。そうではなく，他なるものと固有の自己が，それ自身から滑り落ちる，切迫しつつ侵入する〔ein-dringend〕出来事に由来するのである[2]。自ら固定することなく，また引き留められもしないこの切迫しつつ侵入することを私たちは，侵入的-退出的な異他性〔invasiv-evasive Fremdheit〕と特徴づけることができる。そこにおいてパトスは，誰か特定の人格に帰属可能な作用から区別されることになる。

最終的にこの退去が特殊化され，差異化されるのは，どのような仕方でこの自己が襲われることになるのかに対応している。すなわち，第一次的なものとは，感じる自己としてか，もしくは知覚する，欲求する，理解する，活動する，制御する自己としてか，に応じるのである。こうした〔自己の〕経験の一切が，特定の諸秩序に従属するかぎり，この異他なるものは，過剰さや逸脱の形式においても現れ，この形式において，存続する意味や規則が乗り越えられたり，崩れてしまったりする。この退去は，関係の野に応じて特殊化される。この異他性の法外な形式に私は，次章においてもう一度立ち戻ることになる。

とはいえ本来的な謎というのは，この退去が，破られる関係を前提していることにあり，または近さから生じる遠ざかりを前提し，そして，結びつけ，かつその結びを解く絆を前提していることのうちにある（ハイデガー『言葉への途上』，262頁〔邦訳『ハイデッガー全集12 言葉への途上』

---

[2] これに関する印象深い研究が，*Der Endringling*（独訳2000年，〔邦訳『侵入者』西谷修訳編，以文社，2000年〕）である。そこにおいてジャン=リュック・ナンシーは，困惑させられつつ，〈他者の心臓〉をもった〈自分の身体〉において経験される生を記述している。

3．退去，惹きつけること，突き離すこと

亀山健吉，ヘルムート・グロス訳，創文社，1996年，325頁〕参照）。いかなる欠損も，それを必要とし，欠けていることとしてそれを求めるような本質存在なしには，存在しない。それと同様に，いかなる退去も，遠ざかっていくもののある種の近さなしには，存在しないのである。この中断された関係に対応するのが，範例的なあり方でいえば，接触において出現する最も近くにある遠さである。そのさい，欲求することはまるで，かけがえのない重要性をもっているかのように見える。つまり，視覚的な欲求や知の欲求，奪い取るという努力をも含んだすべての形式において，プラント的なエロスのように「善なるものが常にそのもとに存在する」（『饗宴』206a）ことを欲する欲求としてあるかのように見える。人間的な努力の人格化であるこのエロスも同様に，与格において現れる。すなわち，エロス自身に（αὐτῷ）こそ，追い求められるものが与えられる。たとえ異他なるパトスが，私たちが追い求める善よりも多くのことを意味しているとしても，またそれが，持続的に占有することからは逃れ行くとしても，やはりこのような不可能性は，挫折しつつも，同時にそそのかされているような，この欲求なしには何ものでもない。それがただ挫折するだけのものであるならば，私たちは引き続き，達成することのできない目的に関係し，したがって，私の「できる」ということをただ限定するだけで，自らを越えていくことのない努力，毎年枯れては育つ多年草的な努力に関係することになってしまう。この退-去〔Ent-zug〕には，魅-惑〔An-ziehung〕という反対運動が内在している。この接頭辞の Ent は，免れること〔Ent-kommen〕や滑り落ちること〔Entgleiten〕，消えうせること〔Entschwinden〕といった造語からも見知っており，そしてハイデッガーのもとでは，存在の出来事に〈脱-固有化〔Enteignis〕〉の刻印を押している（『思惟とは何の謂いか』23頁〔邦訳『ハイデッガー全集 別巻3 思惟とは何の謂いか』四日谷敬子，ハルムート・ブフナー訳，創文社，1986年，34頁以下〕参照）。この接頭辞は，接頭辞の An に対置されるものであり，それは，促し〔Anreiz〕や見つめること〔Anblick〕，語りかけ〔Anrede〕，要求〔Anspruch〕，関わること〔Angehen〕といった言葉の系列とともに固有の次元に属している。私たちは，この次元にすでに何度もくりかえし取り組んできた。

前もって行われる言語史的，概念史的な説明は，退去と魅惑の連関をよ

り詳細に把握するための助けとなるだろう。この魅力は，周知の諸概念の配置に拮抗する動機を形成している。それは，私たちが把握するどんな形態のうちにも具象化されることなく，せいぜい真なる輝き〔*splendor veri*〕としてただ真であることを照らし出す，輝きを放つきらめき〔λαμπρόν〕（『パイドロス』249b）としての美しい形態から出発できるだけである。しかもこの魅力は，私たちが追求する目的と一致することはなく，私たちの努力を突き動かす《何のために〔Worumwillen〕》と一致することもない。というのも，諸々の目的はそもそも魅力がないこともあり，かつ，単に役に立つからといって，苦い薬を飲んだり，課せられる煩わしい職務に携わることもあるからである。魅力は私たちが摑みとる形態ではなく，私たちが追求する目的でもない。それは力である。とはいえその力は，背後から〔*a tergo*〕私たちに影響を及ぼす作用因によって，私たちが単にその効果を被るといった力ではなく，奇妙な前方から引く力〔*vis a fronte*〕であり，それは，私たちを駆り立て，そそのかし，熱狂させ，ともに引き込むことで私たちのうちに運動を引き起こし，強化させるのである。伝統的な概念を引き合いに出そうとすれば，快と不快の原動力ということもできるが，それは行動主義的な刺激のような客観的な原因とも，計算可能な快楽の量的数値とも，また，主観的な感情の状態とも同一視することはできない。これに相応するのが，傾きであり，愛好であり，嫌悪である。それは傾向性〔*clinamina*〕であり，いわば傾斜によって運動するものであり，必然性なき傾向〔*inclinat, non necessitat*〕が妥当する運動力によって駆り立てられる。こうした触発的に効果のある隔たりにおける活動のうちで私たちは，ある遠さに関係している。しかもこの遠さは，潜在的に先取りされた近さでも，潜在的に再獲得された近さでもなく，まさに近さにおける遠さを具現化する。このことは，ある自己を前提しており，この自己は，完全に自ら自身から動くのではなく，また，単純に異他なるものによって動かされるのでもなく，自ら自身に先立ち，同時に自らを背後に取り残して，すべての潜在的な固有の働きを乗り越えていくような遠隔的な働きにさらされている。まさにこのことのうちに《間の運動》の謎，すなわち，複数の運動の謎があり，この運動は，通常の運動の原因から逃れている。この《間の運動》は，純粋な異他なる運動性へと吸引されてしまうこともあり，その純粋で固有の運動のうちに，その拠り所を探すこと

3. 退去，惹きつけること，突き離すこと

もできる。しかし，こういったことは極限的なものであり，そこではパトス的なものとパトス的なものへの反動が，病理学的なものへと近づいているといえる。

　魅力と触発の連関を解明するさまざまな試みが着手されてきた。宇宙論的に基礎づけられた親和性をもちだすこともでき，そうした試みは，化学元素の親和力において今でも垣間見られるものである。後期のハイデッガーが好んだように，退去〔Entzug〕や関わること〔Angehen〕，要求〔Anspruch〕を，広範囲にわたる存在の生起および言語の生起に委ねることも可能である。この牽引力はしかし，元素的次元の意味形成のミクロな領域においても探し出されうるものであり，それは，フッサールが『受動的綜合の分析』(『フッサール全集』第11巻〔邦訳『受動的綜合の分析』山口・田村訳，国文社，1997年〕) で展開した触発理論において行われている。触発の刺激の働きはそのさい，意識的な対象が自我へと行使する「固有の動向」のうちにその本質があり，「この動向は，自我の対向によって緩和され，さらにそれを出発点として自己所与する直観への努力において進展する」(148頁以下〔邦訳同上，215頁〕)。経験のうちで際立ってくるものは，「触発の優位」(150頁以下〔邦訳同上，216頁以下〕) を享受し，しかもこのことを他なる力の働きとの絶えざる抗争において享受する。この触発の高まりは，触発に「自我が出会い，それにより興奮させられ，いわば行動へと呼びかけられ，覚起させられ，場合によっては現実的に目覚める」ところにまで至る。したがって自我は最終的に「対応する動向」とともに応答し，「対象的な刺激に答える傾向」を展開させる (166頁〔邦訳同上，237頁以下〕)。私は，これと似たような言葉でも補足できるような文章を詳細に引用したが[3]，それというのも確かにフッサールは，彼の意識現象学の伝統的な語彙に固執してはいても，それと同時に意識の枠組みを打ち砕くような力動的な言語を展開させようと試みていることを示すためだからである。彼は最終的に，すべての志向的な作用の此岸に衝動志向性を設定するが，それは，彼が志向の概念を「受動的志向性」を承認するまでに拡張し (76頁〔邦訳同上，114頁〕)，ほとんど根本的に変革させることによってである。とはいえ，何ものか〔衝動〕によって駆り立てられていることと

---

[3] 第Ⅰ章の脚注25で引用された，フッサールの触発理論が中心的な役割を演じているアネ・モタバ〔Anne Montavont〕の研究を参照。

「ある方向性への綜合が生じること」（同上），ないし，何ものかへと方向づけられていることと，何が共通しているというのだろうか。単純ではあっても，決定的な観点が，こういった仕方では再び失われてしまう。パトスとは，私たちが関わる何ものかなのではなく，関わること，ないし，関わりを受けることそのものであり，その〈非-無関心〔Nicht-Indifferenz〕〉を具現化するのであり，それなしには端的に何ものも存在しえない。

「触発的なレリーフ」（『フッサール全集』第11巻，168頁〔邦訳同上，239頁〕）を成立させる，何ものかによる触発的な占有は，触発的な自己占有を含んでおり，フロイトはこれを原初的なナルシシズムとして解釈しようと試みている。さまざまな強度を伴って現れ，感情の爆発において最大に達し，無関心さや退屈において最小となる，この惹きつけることそのものが，パトスの力動的なアスペクトとして特徴づけられるであろう。この魅力のうちで，触発はその牽引力を獲得する。一切の魅力を失ってしまうような触発というものがあるとすれば，それは，硬直性の痙攣が引き起こされるときのように，麻痺した働きをもつことになろう。「もはやどうしてよいか分からなくなってしまう」ような状況とは，触発的な硬直化の予兆であり，この硬直化はもはやどんな状況にも対応できないことを意味する。

しかしでは，魅力と反発の双極性とは，どのようなものなのだろうか。私たちを魅惑する善なるもの，もしくは真なるものに方向づけられるとき，私たちは，その対極にあるものを見過ごしてしまったとでもいうのだろうか。この異論は，正当なものに思えるだけにいっそう道を誤らせるものになる。一切の選択に先立つパトスは，プラス極とマイナス極をもつ人工的に設定された電気の回線が問題であるかのような，二項的な選択にあらかじめ従属しているのではない。この比較はすでに的外れとなっている。というのも〈マイナス極〉は，それに逆らう対立する何ものももってはおらず，それ自体，カントの意味での負の大きさに関する何ものももってはいないからである。そうした双極性において問題になっているのは，構造的な差異であり，そこでは対立項のどちらかが優位を享受するということもない。たとえ私たちが惹きつけることと反発することを，生に役立つことと，それとは逆に生に対立するものとに関係づけ，カントとともに快感を《促進する感情》，痛みを「生を阻止するもの」という感情として把握する

3．退去，惹きつけること，突き離すこと

としても（『人間学』B170頁〔邦訳『カント全集15 人間学』渋谷治美訳，岩波書店，2003年，176頁〕），私たちはこの区別を，出来上がり済みの生命のプログラムのように経験にこっそりと押しつけてはならない。こうした対立に先立っているのが，両面価値感情〔アンビヴァレンス〕であり，それは，惹きつける契機と突き放す契機が，ひとつの同じパトス的な出来事のうちで共働することに基づいている。この両面価値感情はすでに以前から気づかれており，例えば愛の詩では，〔ギリシャの詩人〕サッポー〔Sappho〕のもとでの苦くて甘いもの〔Bittersüßes/γλυκυπικρόν〕や，〔古代ローマの詩人〕カトゥッルス〔Catull〕のもとでの憎みかつ愛する同時性のことである。プラトンもまたそうした両面価値感情に近づいている。魂の内的な戦いの記述にさいして，彼は死体への愛着〔Nekrophilie〕の事例について言及している。ある者が，複数の死体が横たわる光景に強く惹きつけられ，「それを見ることによる快の獲得〔ἐπιθυμοῖ〕と，嫌悪感〔δυσχεραίνοι〕，身をそむける思い〔ἀποτρέποι ἑαυτόν〕とを同時にもつ」。この魂の戦いは，見る欲求の勝利によって終わり，それに魅惑されたものは，「見るという欲求によって打ち負かされ，見開いた眼で[4]その遺体へと向かい，こう叫ぶ。あなたたち，不幸なるものよ，この美しき光景を堪能するまで味わうがよい！」（『国家』439e，シュライエルマッハー訳，440a）。しかし，この物語が始まるのは，その見物人がその町の前を散歩していて，〔死体に〕実際に目を向ける〔ὁρᾶν〕前に，死体に気づく〔αἰσθάνεσθαι〕ことによる。初めに気づくのは，何ものかが目立ってきて，まなざしに迫ってくることであり，それはいまだ，〔触発の〕戦いから生じてくる，見るという作用ではなく，両-触発〔Bi-affektion〕である。プラトンが，「駆り立てるものと惹きつけるもの〔τὰ ἄγοντα καὶ ἕλκοντα〕」を，「苦しみつつある病的な状態〔διὰ παθημάτων καὶ νοσημάτων〕」と結び付け，それに対して，理性的な熟慮は「それを妨害するもの」としての特性を発揮して，阻止しようとする（同上，439d）。しかしこのことはすでに，経験を道徳的に処理することに属しており，非道徳的なパトス〔amoralisches Pathos〕はこの処理に先行している。

注目すべきは，ここで，理性は対抗する力として現れるのであって，単

---

4) ギリシャ語では，διελκύσας τοὺς ὀφθαλμούς となっており，文字通りには《両目を引き離しつつ（auseinander*ziehend*）》といえる。

なる洞察もしくは妥当性の審級として現れるのではないということである。この力動的な理解とともにプラトンは，フロイトの精神分析に見出されるように，魂の生を力動的にすることに近づいている。それだけではなく，ここで問われているのは，阻止する法則そのものは，どの程度，禁止されたものの魅力そのものに貢献しているのかということである。触発の両面価値感情は，理性的なものと非理性的なもの，善なるものと悪なるものへの極化を通じて取り除かれることはなく，それは，法則に法則力〔Gesetzkraft〕が内在する限りで，その法則のレヴェルに現れ出てくる。にもかかわらず，この極化は，触発のレヴェルで，すでに生じていると仮定することが許されよう。この意味で，メラニー・クラインもすでに，乳児が母の乳房に触れるとき，想像上の〈客体の分裂〉が働いていることを認めており，〔母乳を〕与える「善い乳房」と〔母乳を〕拒む「悪い乳房」に由来する母性的な供与するものが，それ自身「善い母」と「悪い母」へと分裂するとしている[5]。このことは私たちを，自己の分割と他なるものにおける自己の二重化についての一般的な問いへと導いていく。

4．区分け，分割，そして分散

自己と他なるものの《間の出来事》において起こることを，私たちは，退くこと，惹きつけること，そして突き離すことの複合体として記述した。この複合体は，侵入的-退出的異他性の固有な形式を成立させる。何かが誰かから退くことについての問いは，二つの審級を生じさせることになる。これらの審級に固有の身分を与えるようなその発生が，さらに究明されるよう要求されている。私たちの考察は，まず自己の側から始まる。以前の章においてすでに示されたように，自己のうちで端的な統一や完全な全体

---

[5] メラニー・クライン『児童の精神分析』（1971年，163頁，216頁以下〔邦訳『メラニー・クライン著作集2 児童の精神分析』衣笠隆幸訳，誠信書房，1997，155頁，246頁以下〕参照）。この分裂の仕方と時期は，議論の余地がないわけではないが，たとえマルティン・ドルネス（*Der kompetente Säugling*〔『資格をもつ乳児』〕1993年，97頁）の仮定に即して，自己の感情と客観の知覚は初めから，これまで認められていたよりも本質的に統一的で，統合的であることを認めるとしても，統一化と統合化を待ち望む何ものかが明らかに残り続けているといえる。

4. 区分け，分割，そして分散

性が具象化されることはなく，この自己は，自らをそれ自身において分割し，分配するような諸の《間の形象》を告げ知らせている。退去の場合においてと同様に，ここでもあらかじめ概念的な説明が役立ち，それによって，自己分割と自己区分の特殊な特性がより明確に際立たせられることになる。

自己の身分の観点からいって，特に分割と区分けと分散のプロセスが留意されねばならない。プラトンは，ここでも先行的な仕事をしている。『国家』の四巻で，一者〔Einer/εἷς〕とも名づけられる（『国家』435b9）個々の魂は，ポリスと同様に，さまざまな部分〔μέρη〕もしくはさまざまな形態や様式〔εἴδη〕へと分けられる。すでに言及された魂の戦いが示しているように，魂の統一と単純さは，調停され，戦いの末に得られたものであることが判明する。その統一と単純さは，不和と崩壊によって脅かされているのである。この論争主義的な〔polemologisch〕モデルは，アリストテレスの対話的モデルとの顕著な対照のうちにあり，この対話的モデルでは，支配する理性と従属する感性との関係においてうまく説得できることが約束されている（『ニコマコス倫理学』I, 13）。魂の統一だけではなく，その死に関する魂の無傷性が問題になる『パイドン』においてプラトンは，彼以前の思想家の原因論を批判するさいに，大きくなることや小さくなること，また多くなることや少なくなることについて，話題にしている。そのさい，彼は，一なるものに他なるものを付け加えること〔πρόσθεσις〕で二つになる，あるいは，一つの分割〔σχίσις〕を通じて，二つになるという可能性を批判的に取り上げている。というのも，二つの対立する経過が，つまりあるときは結びつけることと付け加えることが，またあるときは，取り除くことと分けることが，二つになるという一つの同一のことの原因になっているからである。これは一つのアポリア〔難題〕であり，プラトンは周知のように，このアポリアを，二つになることを二つ性〔Zweiheit/δυάς〕への関与に帰属させることによって解消しようとしている（『パイドン』96e-97b, 101b-c）。

他のテクストによっても容易に補完されうるこの二つのテクスト〔『国家』と『パイドン』〕は，それらが述べていることにおいて，また，それらが述べてはいなくても，少なくとも示唆しているその仕方において，多くの学ぶべきことを含んでいる。二つのテクストのうち第一のテクストの

中心に位置する区分けのプロセスは，ある全体へと方向づけられており，この全体は，量がその要素を包括するようにその部分を含んでいるだけではなく，それらの部分を調整している。この全体が存在論的な優位を享受するのは，それら部分へと分節化される全体がなければ，いかなる部分も存在しえないからである。私たちは再度，概-観〔syn-opsis〕と総-合〔Syn-thesis〕，すなわち，すべての分-別〔Dihairesis〕にその行き先を指示するような概観と総合の軌道の上を動いていることになる。この区分けの究極の限界は，一方で，すべてである宇宙のように，それ自身が再び包括的な全体の部分ではない全体によって特徴づけられるか，他方で，さらにもう一度区分けされたり，切り分けられたりすることのない不可分なもの〔ἄτμητον〕（『パイドロス』276b 参照），つまり〈アトム〉もしくは〈個体〔Individuum〕〉によって特徴づけられる。〔しかし〕この全体の連関は決して保証されたものではない。つまり全体は，公共的なもの全体に対する部分的なものの反乱のように「魂の全体に対する部分の反乱」（『国家』444b）によって脅かされるということが，多いにありうる。しかし，全体のこの断片化は，区分けされることとは何の関係もなく，むしろそれは，全体の崩壊に至るのである。

　こうした全体主義的な考察は，第二のテクストでは弱められてはいるが，放棄されているわけではない。プラトンは，量的なレヴェルへと移行し，加法によって増やされ，減法によって減らされる諸々の単位から出発している。この場合，その上位の限界は，無限に多くの要素の総数のうちに成立し，低位の限界は，唯一の要素だけを含むか，もしくは完全に空虚な量を形成する数において成立することになる。〔とはいえ〕プラトンのもとでの量化は，彼が，それ自身構造化しつつ働くモナドやダイアド〔二項関係〕のような意味での数から出発することにより緩和されている。あらかじめ与えられている全体への先行的なまなざしからは，一定の計算操作を前提する量化が帰結することはない。しかし，数え上げることができることとは，経験が非独立的で個体的な与件の集合として成立している限りで，そこに与えられている。この数的な秩序思考と構造的な秩序思考の間で燃え上がる争いは，周知のように，今日にまで続く争いへと展開している。ただしこのことはここでは，単に間接的に私たちの興味を惹くにすぎない。より重要なのは，プラトンにおいても区分けとは混同されえない分割とい

4．区分け，分割，そして分散

うモチーフである。プラトンは上記の例の中で，何者かがある全体を区分けするのではなく，「何者かがある全体を分割させる」と語っている[6]。数学的には，二等分することが考えられるが，プラトンは人間と事物の変化を十分に念頭において語っており，純粋な数の単なる操作を念頭においているのではない。となると，そこで生じる問いとは，いかにして統一的な何ものかが分割されうるのか，しかもその核が区分されるようなあり方で，その実存を損なうことなく，どのように分割されうるのかという問いが焦点となる。

フッサールは，彼の『論理学研究』の第三研究で，部分と全体の古典的な問いを引き受け，それを表象された諸対象という媒介において新たに定式化した。彼はそこで，複雑な全体性に関して，色と延長のような非独立的な部分と，窓や頭のような独立的な断片を区別する。しかし，理論的ないしは実践的な断片化は，分割化と同じことを意味するのであろうか。そもそも断片化とは何を意味するのか。フッサールが，馬肉屋の家の壁に飾られていた馬の頭を例に取るさいに，彼は，そうした対象が，対象的な背景なしに，いわば，全体の馬の身体の背景なしに実在すると考えていたのではない。プラトンのホリケイン〔χωρίζειν〕（『パイドン』97 b 3）の言及においても現れる「分離可能性」と，いわゆるホリスタ〔χωριστά〕を特徴づけるアリストテレスにとっての独立的な個々の事物が，フッサールにとって意味しているのは，「ともに結合され，ともに与えられている表象における内容が，（恣意的で，その内容の本質に基づくいかなる法則によっても妨げられることなく）無制限に変化したとしても，同一的なものとして確定できる」（『論理学研究』第三研究，5節〔邦訳『論理学研究3』立松・松井訳，みすず書房，1999，21頁〕）ということである。それを越えて，分割が意味していると思われるのは，何ものかが，その分離するものと本質的に結びついているにもかかわらず，分離されて現れるということである。フッサールは，反省のうちで前提されている自我分割についてくりかえし語るようになることで，そうした可能性それ自身を示唆している[7]。

---

6) Ἐάν τις ἓν διασχίοη（『パイドン』97a）。

7) この概念の医学診療上の使用法について，フッサールは明らかに，1910年に出版された T. K. エスターライヒの *Die Phänomenologie des Ich und seine Grundprobleme*〔『自我の現象学とその根本問題』〕という本の講読を通じて熟知していた。

『第一哲学』(『フッサール全集』第 8 巻, 90 頁) の講義では以下のように述べられている。「私たちが分割という比喩を用いることができたのはどういうことによるのか。統一的なものの分断を，場合によってはある種の統一性を維持しながら，指示するものは何なのか。例えば，真っ二つに割かれた樹の幹は，完全に分離された横並びの断片へと分割させられているのに，そうではないと言わねばならないのではないか」。しかし分割とは，ちょうど反省による自我の場合のように，途中で働きを止め，対応する対抗措置によって食い止められるような断片化を意味するに他ならないのだろうか。あるいは，極限へと駆り立てられた分割であって，すべての個別的な断片において再び全体を復元させられるような分割なのだろうか。それは，外的な継ぎはぎの手当てを必要とせずに，裂け目を癒すような自己の分裂性を体験し尽くすこと，もしくはその分裂性を考え抜くことなのだろうか[8]。あるいは，分割ないし自己の分裂性の背後には，すでに統一根拠を含んでいる区別以外の何ものも隠されてはおらず，周知の主観-客観の分割といった場合のように，精神の分割や統合失調症について思惟することの一切が，禁じられているのだろうか。

　最後に分散について述べる必要がある。これは，多様化を超えるものであり，それは分散されるものの側面と，分散されたもの〔粒子〕を受け取る側に対応するような，統一的な焦点を失わせることになる。この分散は，収集することに対置され，再-集〔Re-kollektion〕に対置される非-牽引力／気が散ること〔Dis-traktion〕であり，危険にさらされているものの全体性と統一を脅かすだけではなく，それを超えて，《どこかからどこかへ》と経過するといった方向を欠いた運動を産出する。この危険もまたプラトンのもとで示唆されており，彼は，すぐに成長し，すぐに枯れてしまうアドニスガルトの鉢植えを添えた宛名のない手紙に対して，「それに相応しい大地へと種をまく」(『パイドロス』276b) 農業を営む人の技能を比喩的に対置させている。

　精神の精子は，Dia-spora，つまりデリダが翻訳したように散-種〔Dis-semination〕の形式において気化され，その形式のうちで，《間》が誇張されているように見える。この分散と近い関係にある別のモチーフとして，

---

8) ヘーゲルの周知の以下の発言を参照。「継ぎはぎされた靴下は，破れた靴下よりも良い。しかし自己意識はそうある〔継ぎはぎされている〕のではない」。

その効果が確実とはいえない放射や個々のものが見渡せないぐらいに充満する破砕といったものが挙げられる。分散はまた，その不可能性の形式を呼び起こす。つまり，結合されていない個々の要素の単なる多数から成り立つのではない多様性を引き起こす。それはまた，統一的な，それ自身のうちに折り込まれた根源から成り立つ，含蓄〔Implikation〕と顕現化〔Explikation〕についての語りを思わせ，根源から由来するのではないような多様性を引き起こすのである。

5．分割した自己と区分けされた自己

分割や区分けや分散の問題は，私たちが，分割され，区分され，分散させられる何ものかから出発するのではなく，これらのプロセスを甘受する自己から出発するとき，先鋭化する。この問題は，〔しかし，〕私たちがこの自己を再び，レス・コギタンス，つまり思惟する何ものかとして考えることで，弱められてしまう。自己意識によって特徴づけられる自己というものは，自ら自身について解明しようとする事物の意識〔Dingbewußtsein〕以外の何ものでもないからである。何ものかについての意識において，思惟するものと思惟されるもの，主観と客観は，一方でそれぞれ離れ離れに開かれるが，他方で主観と客観は，自己意識においてひとつの同一のものとなり，思惟する主観と思惟される客観の分割が閉じられる。この分割の閉鎖は，さまざまな道を承認することになる。弁証論者は，私が根本においてすでに思惟するものであり，したがって分割は，自己の一時的な疎外化と異他化以外の何ものでもないことを意味すると考えている。

反省哲学者は反省的な主題化の場面で，何ものかについての意識に，それとして現れてくる作動する自己意識が随伴することを証示することで満足する。この常に可能な反省が，「総合的な同一化」によって「遂行自我の多様化」を食い止めることを可能にし，その結果，私は自分自身を，——反省一切がそれ自身に隠しもっている時間的なズレに気づくことなく——絶えず同一の自我として明らかにする。「私は以下のことを見て取る。つまり，活動性における自我生とは，完全に，絶えず-活動的な-行動-における-自己-分割以外の何ものでもなく，つねに繰り返し，一切を

見渡す自我を確立することが可能であり，その自我はすべての〈作用と作用主観〉を同一化する〈一なるもの〉である…」（『フッサール全集』Ⅶ巻，91頁）。自我分割はここでは，一時的なものとして現れるのではなく，常にくりかえし新たに改められる分割として現れる。それは，体験の時間性に織物を与えるペネロペの反省の仕事[*]であり，自己の統一化という目的を固守する中で，自己分割を，自己欠如もしくは存在の欠如として現出させる（サルトル『存在と無』129頁，独訳183頁〔邦訳『存在と無』松浪信三郎訳，人文書院，新装版，1999年，179頁〕参照）。この自己は，それがそうではありえないことを望む。弁証論者は，このような反省に捕らわれたものにその不幸さを突き付けるが，反省論者は逆に，弁証論者を不正に手に入れた幸福のかどで非難する。これらすべてのことは，近代の哲学的な作り話に属している。

　私たちが常にただ事後的にのみ応答する先行的な遭遇という出発点は，こうしたこととは異なるということ，つまり，自己のズレを通じた自己形成ということを教えている。何ものかが遭遇する，その誰かにということと，ある要請が到達する誰かにということ，その要請が向けられる誰かへということ，そして答える誰かは，したがって，受苦する自己，要請された自己，また応答する自己といったこのすべての審級は，お互いに同一ではなく，また非同一なのでもない。観察者の外的な見方は，多くの自己が存在するか，〈患者〉や宛先人，あるいは応答する人といったさまざまな役割を演じる中心的な自己が存在するかのような印象を与える。単なる多数化は，自己多数化によってのみ証示されるような自己を取り逃がしてしまう。中心的な自己の仮定は，反省的な内的視点と概観することとを前提にしており，したがって，まさに解明せねばならない当のことを前提してしまっている。私は誰なのかという問いは，外的考察においては一度も立てられたことはなく，内的考察においては常にすでに解答済みになっている。部分的諸主観に全体主観が対置され，この両者においては，初めてそうしたものへと生成するような自己については，語られることがないのである。

---

[*]　ギリシャ神話のオデュッセウスの妻であるペネロペは，夫の不在の間に現れる求婚者に対して，織物が織り終わったさいに誰を選ぶかの結論を出すと述べ，昼には織物を織り，夜にはそれを解くことで結論を先延ばしにしていた。

5. 分割した自己と区分けされた自己

　諸々の遭遇について語る人は誰でも，また，それらともめ事を起こし，それらを嘆いたり，歓迎したりする人は誰でも，単に損害を被るものという身分をすでに捨て去っているということに疑いがない。とはいえ，そこから，遭遇してきたものを完全に済んだことにしている，もしくは〈処理済み〉としているということが帰結する訳でもない。私たちの固有な自己とその過去の触発へと遡及するとき，私たちは，自己優位を含み，そして触発的な自己依存性ないし「原初的なナルシシズム」に基づく自己関係を基礎に置いている。この優位関係は，自分自身によって区別することを，単なる区別とは異なったものとして際立たせる真正な特徴づけとして，他なるものに対する差異のうちにすでに書き込まれている。〈a ¬ b〉〔「a は b ではない」〕という純粋に構造的な差異は，〈b ¬ a〉〔「b は a ではない」〕というように逆転させられるが，優位関係のある差異である〈ā ¬ b〉〔「a でないもの（a の補集合）は b ではない」〕は，単純に逆転させることができない。〈S（自己）¬ A（他なるもの）〔「自己は他なるものではない」〕〉という差異は，その人が自らを逆転させる場合，例えば他人の目で自分を考察するような場合にのみ逆転させられる。この自己の特徴づけは，作用における〔in actu〕特徴づけであり，大統領に任命されるといったような副次的なレッテルではない。自己を自己とする，この優位性は同様に，一切の評価や価値づけにも先行する。それは他なるものに媒介されることなく，ましてや他なるものによって相殺されることもない。この自己は，同一化可能で統一的な何か，もしくは何者かではなく，それ自身のうちで自らと他なるものとを区分けするような全体の一部分でもない。何ものかはつねに，この自己のもとにのみ同一化されうるのであり，この自己によって統合されうる。この自己は，すべての全体が，部分の全体であるように働きかける。自己関係と自己退去を通じて構成されるこの自己は，単に可分可能性の限界を特徴づける個人〔Individuum〕としては把握されえず，また，一般的な諸規定の結晶化の核として役立つ「このこれ（Diesda）」としても把握されえない。

　この自己は，そのつどの自己分割と自己区分を通じて特定の自己へと生成するのであり，まさにこの分割と区分こそが，私たちにとってここで問題になっている当のものなのである。それを通じて自己は，単なる何ものかとは異なり，自ら自身との距離を獲得し，分節化される。そのさい，出

発点になるのは，自らの背後にさらなる諸分割の彗星の尾を描いている原分割である。この遭遇の《誰に》ということは，要請の《誰に》と呼びかけの《誰へ》とに変転し，最終的に答えるものの《誰が》へと変転する。ただしこの変転は，自己を苦しめるものの先行性が，自己が行為することの事後性のうちに止揚されてしまうことなしに生じる変転である。経験それ自身において，分割と割れ目が開かれるのであり，それらのうちで自己は，自ら自身から疎隔される。この自己のズレに対応するのが，部分的自己における自己圧縮〔Selbstverdichtung〕である。この自己は，物（的身）体の特定領域や身振り，目的，理念といった特定の〈部分的対象〉の触発的な優先に基づいている。このようにしてリビドー的な身体は，その特殊な形成のうちで「生の紋章」になりうるのである（メルロ＝ポンティ『ソルボンヌ講義レジュメ』349頁，独訳361頁）。したがって，私たちが自己分割と自己区分について語るとき，このことは，自己分割と自己表示のプロセスにおいて，この自己の自身（das Sich）が前提されているのではないこと，すなわち，一切のものの根底に同一的な自己があるかのように，前提されてはいないことを意味する。そうではなく，自己はそれが分割し，区分されることによって生成する。この自己分割の継続は，自己が，それが統合し，欲求するもの一切のうちで，三人称の観点に従属することから帰結されるのだが，この継続について私たちは，特定の秩序への帰属性と非帰属性を語るとき，扱うことになる。

　今や，何によってこの自己分割と自己区分が，完全な断片化と完全な崩壊から守られるのかと問うとき，私たちはもう一度，自己触発に，つまりサルトルが稀にではあるが定式化する（『意識と自己認識』45頁），自己-存在〔s'être〕へと突き当たる。〔そのさい，〕私とのつながりを産出するためにどんな反省的な努力も必要ではなく，中立的な存在に価値を付加するようなどんな評価も必要ではない。自己自身にそれが関わるのかどうか，あるいは，自分のことを気にかけねばならないのかという問いは，デカルト的な懐疑と同様に，自らで答えられているのだ。この懐疑は，周知のように，デカルトにおいてでさえ，感覚すること〔sentio〕と欲求すること〔desidero〕とを内に含んでいる。そのさい，あるときは自己接触が，またあるときは自己距離化が優位になり，この優位は自己を危険にさらす極限にまで至る。そしてそこにおいて自己触発は，完全な融合，あるいはそ

5. 分割した自己と区分けされた自己　　231

の逆に完全な断片化の危機に近づく。したがって，ここで決定的なこととして関係してくる唯一の問いとは，どのようにして私は自ら自身を気にかけるべきなのか，また，どのようにして途絶えてしまった自己接触が再び産出されうるのか，あるいは，自己固定化が突破されうるのかというものである。一つの自己というものは，ただ何ものか，もしくは誰かが欠けている本質存在といったものでは決してなく，自ら自身を欠いているのであり，しかも道徳以前の，道徳に先行する意味で，自らを取り逃している本質存在のことなのである。

　しかしながら，この自己触発は，異他触発から切り離されえない。自己を苦しめるもの，自己がそれへと要請されるもの，自己がそこへと応えるものには，完全に異他なるものが浸透している。というのも，触発の《何によって》と要請の《何のために》，また，誰かに宛てられたものと訴えにおける《何のために》との間の裂け目は，苦しまされ，要請され，宛てられ，応答したりする自己の間の分割において，繰り返されているからである。異他なるものも異他なるものの経験も，一塊の岩のようなブロックではなく，岩にみえる裂け目が異他なるものを異他なるものとしているのである。すべての異他性がそうであるように自己の異他性も，退去によって，つまり自己退去によって性格づけられる。ただし，私自身のこの退去は，他なるものの退去と入り混じっている。私が，他なるものに触発され，要求されることでのみ，私が私自身であるとすれば，私は，私自身を外れることで私であるのであり，私は私自身にとって異他なるものなのである。この自己の中心部で露呈する異他性を，私は，脱自的異他性〔ekstatische Fremdheit〕と名づける。この表現もまた誤解を招くものではある。ここで考えられているのは，他者を訪れるために自分の家を去るかのような，外へと歩み出る自己ではなく，また自己の投企の《何ものかへと(Woraufhin)》における現存在でもない[9]。遭遇から生じる自己として，もしくは異他触発それ自身において自らを触発し，その自己触発に先立って触発するのではない自己として，私は初めから，私自身に対して退去している。私が私自身において，その固有な身体において経験するもののアルケーや始原，根源は，私のうちにも，私の外にも存在せず[10]，原-裂け目〔Ur-sprung〕として，それ自身のうちで分割され，自己に結びついている。この自己は，他なるものに基づいて，他なるもののうちで生きること

により，自己自身に先行しているのである。

　媒介されえないものを端的に提示するこの分割は，《全体を欲すること》に対して，《全体でありえないこと》を対置させる。この《自ら-自身-から-外へ〔Heraus-aus-sich-selbst〕》とは，この自己のうちに，すなわち「自分の家」に他なるものの関与が存在することを意味し，しかもそのさい，他なるものがそれとして，すでに存在することなしにそうなのである。レヴィナスが，過度に，そしてあまりにも性急に他者に向かうのは，彼がこの自己を身代わりであると言明し，他なるものによる憑依から，また，この自己へと向けられた告発から出発するときである。さらにはこの自己が，告発された対格としての「誰か」を驚愕させ，青天の霹靂のように，他者とともに打ちのめされ，他者を通して選択されるときである。パトスと顔，触発と訴えとの短絡的な統一化において，苦しみつつ，要請され，応答する自己を分離する分割，すなわち自ら自身から分離させる分割は，この自己と他なるものの間の大いなる分割へと寄せ合わされ，その異他性は，大いなる異他性へと溶け合わされてしまう。とはいえ，「私が生きているのではなく，他なるものが私の中で生きている」もしくは「私は私の中で生きるのではなく，私は他なるものの中で生きる」といったコントラストを強調する言い回しは，宗教的な回心の言い回しとして多用されるが，それらは，私が脱自的異他性として特徴づけるものに適合してはいない。これらが意味するのは，自己が，他なるものによって触発されることで，他なる自己として自らを体験することである。しかしながら，この区別でさえ，内的なものと外的なものにおける区別のように，事後的な区別であ

　9）　ハイデッガーの時間的な脱自は，レヴィナスによって脱自主義〔Ekstatismus〕として特徴づけられた。というのも，ここでは，存在から了解される実存の主観の固執〔In-sistenz〕ないし存続〔Sub-sistenz〕が犠牲にされているからである（『実存から実存者へ』138頁，独訳100頁以下〔邦訳『実存から実存者へ』西谷修訳，ちくま学芸文庫，2005年，160頁〕参照）。それに対して，私たちの場合に問題になっているのは，限界においてではあっても，意識に内在する「自己を外れていること〔Außersichsein〕」である。また，まったく根拠に乏しいのは，ギュンター・フィガールが彼の『存在と時間』の解釈（328頁以下）において行ったように（フィガール1988，290頁），逆に，「自己を-外れて」という表現に，実体的な思惟をこっそりと押しつけることである。特定の自己〔das Sich〕は自己〔ein Selbst〕を内含しているが，しかし自存的な何ものかを内含している訳ではない。

　10）　これに対応するアリストテレスの，意図的-意志的な行為と，非意図的-非意志的な行為の区別（『ニコマコス倫理学』III, I〔邦訳『ニコマコス倫理学　上』高田三郎訳，岩波文庫，1989年，83頁以下〕）を参照。

り，そこにおいては，自己を自ら自身から分離させる分割のこちら側とあちら側が区別されて現れているのである。自己は自ら自身のもとに存在しない限り，それが他なるものとしての他なるもののもとに存在することもない。トラウマ経験の分析において実在的な誘惑もしくは単に空想されただけの誘惑の問いを巡るフロイトの思索は，誘惑者がいない誘惑の問題に触れている。遭遇は，それとしてどんな主謀者ももってはいない。だからこそ遭遇は，端的に始原的な無名性を要求する単数化という効果を行使する。ゲーテによって神的な霊感に帰せられた，「私を苦しめるものといってもよい」という贈与は，いまだどんな名前も存在しない経験を前提にしている。だからこそ苦しむものは，自らがそれによって襲われているものに，ある仕方で引き渡されており，そのときには，私や他なるものに帰せられる作用が問題になるのではない。このパトス的な経験が，私たちのすべての志向や努力，語りや行為の土台となっているということは，この経験が単なる先行する時間〔Frühzeit〕に帰属していることを意味するのではない。フッサールにとって能動性に先立つ受動性と，能動性のうちにおける受動性が存在するように，私たちは，私たちの能動性に先立つパトスと，能動性のうちにおけるパトスについて語ることができる。このことは，過ぎ去ったことが後にまで働きかけるだけでなく，前もって働きかけていることを意味している。

6．他なるものにおける自己二重化

今や問われるのは，働きかけによって自己に遭遇してくるもののうちで，自ら自身の外部に存在する自己は，どのようにして他なるものによって自己として際立たされ，その結果，自己に異他なるものが即自的に出会うだけでなく，別の《どこかから》も出会うことになるのか，ということである。その人に何かが遭遇してくるその《誰〔wer〕》と，その人に向けられる要請のその《誰へ》の問いの答えは，他なるものの《誰》への問いにも有効である。間の形象の中に，自己と他なるものが別々に立ち現れ，私が他なるもののもとに存在し，つねにすでにその働きかけに従属することになるが，この間の形象は，二重化という固有の形式として規定される。

すでに，何らかのものの二重化は，謎を含んでおり，単なる計算の仕方以上のものである。差し当たり二重化は，乗法と関係づけられる。二重化においては，単に何かが付け加えられたり，少なくされたりするわけではなく，何かが重複されるという仕方で現れ，以前にあったものの二倍になる。この重複を，算術操作として考察するとき，初めに設定する数は，任意の数であり，$1 \times 2 = 2$，$2 \times 2 = 4$ というように計算される。重複の特殊事例としての二重化は，二分化と対立する例となり，それは区分の特殊例として，つまり $4 \div 2 = 2$，$2 \div 2 = 1$ という区分の特殊例として考察されうる。整数の閾下では，分数が始まり，$1 \div 2 = 1/2$ といった分数は，分割のプロセスを思い起こさせる。プラトンが，計算される事物において，計算が引き起こす変化について考察するとき，二重化と二分化の間の奇妙な対称性，つまり，前者は二つの単一体を生じさせ，後者は二つの半分を生じさせるという対称性が明らかになる。

それにもかかわらず，二重化と二分化の純粋に数学的な把握は，何ものかがもう一度現れるということについての驚きを失わせてしまう。このもう一度は，規則に適って生み出された数の系列の繰り返しの中で，失われてしまうのである。数え上げることができるようには端的に与えられていない経験の諸形態に依拠するとき，それとは異なった像が浮かび上がってくる[11]。

(1) 分割や二分化は，一つのものを二つにし，したがってそれは，ある単位を出発点にする。それに対して二重化は，ある単位を他のものに付け加える。分割の進行はそれゆえ，体系ないし構造に適合したものとして現れる。というのも，その進行は統一的な根源をもち，その単位への可能な遡及において統一的な目的をもっているからである。それに対して，「偶然的な付加」としての二重化は，原理的に閉じられえない経験へと私たちを導くように見える[12]。それゆえ，分割と二重

---

11) このことは，言語的な諸々の区別によってより強化される。フランス語，場合によっては他の外国語においてもこの二重化は，はっきりしたニュアンスをもっている。例えば，ビリヤードにおいて，クッションに当てて，球を間接的に動かすことを Doublé といい，制服の裏地や折り返しは Doublure といわれる。また，スペインの金貨や双身の拳銃は Dublone といわれ，二度，存在するものないし，二重の断片のことが Dubllete といわれる。最後の事例においてだけ，私たちは純粋に加算的な重複化に関係している。

12) 『純粋理性批判』における《純粋理性の建築術》を参照。特に B860 頁〔邦訳，カ

6. 他なるものにおける自己二重化　　　　　　　　　　　　　　235

性の間にある端的な対称性について語ることはできない。問われるのはただ，この二重化の「もう一度」が，純粋に経験的なものとして考察されうるかどうかである。

(2) この二重化は，対を作ることとして考察されるとき，乗法の表から突出することになる。この対とは，「数詞の形成体〔Numeral-gebilde〕」であり，それは相互に帰属しているものを包括するが，数字の2のように任意の事物を合計するのではない（コフカ『心的発達の基礎』252頁）。そのさい，考えられるものは，対という仕方で現れる身体器官，例えば目や手であり，対称的に配列される複葉機や双身の銃，コロン〔：〕のような二重記号や，発生的な起源が目立った同等性をもつ双子といったものである。

(3) 最後に，二つの形態のうちの一つが，原-形態として，もう一つが複-形態〔Nachgestalt〕として作動するときには，その対の項は，重要さという点で，一方が他方に従属することになる。範例的なものを挙げれば，事物とその影，原物と写し（これも Doppel といわれる），俳優と代役〔Double〕といった関係は，構成的な非対称性によって特徴づけられる。しかしこの非対称性は，産出がシミュレーションに移行し，モデルが最終的にただ自分自身を描出するときに，ぐらつくことになる（ボードリヤール『象徴交換と死』第二章〔邦訳『象徴交換と死』今村仁司・塚原史訳，ちくま学芸文庫，1992年，二章〕参照）。フッサールもまた対化のモチーフを活用することで，異他経験の構築を記述している（『フッサール全集』第1巻，§51〔邦訳『デカルト的省察』浜渦辰二訳，岩波文庫，2001年，第五一節〕参照）。この対化を彼は，「対として配置された出現」として考察するが，これは，経験の連合的な構成要素に属する数多性の始原的形式を意味する。一般的に考察すれば，それは受動的綜合の「原形式」として現れ，その綜合は，同一化の受動的綜合とは異なり，類似性に基づいている。特殊な様式の「対化」が異他経験において働いていることをフッサールは見て取り，そこでは自分の身［的物］体が絶えず，「原創設する原物」として作動し，その原物は，異他なる物体との類似性に基づいた「意味の転移」もしくは「意味の重なり合い」へと通じている。異他なる

ント『純粋理性批判（下）』篠田英雄訳，岩波文庫，1998年，122頁〕以下。

ものは最終的には,「固有なものの類比体」として現出し,他なる自我は「私の変様態」であること,「それにもかかわらず単純に私自身の写しではないもの」であることが判明する(同上,144頁から146頁〔邦訳同上,205頁から207頁〕)。フッサールの異他経験の理論に基づくこの類縁性〔Reminiszenz〕は,私たちをある可能な自己二重化への問いに接近させる。

とはいえ,自己二重化とは一体,何を意味しているのか。アリストテレスが『ニコマコス倫理学』の友情に関する論考において「他なる自己」について,つまり,ラテン語ではアルター エゴ〔alter ego〕としてくりかえされる,そのヘテロス アウトス〔ἕτερος αὐτός〕について語るさいに,彼にとって本来問題とはいえない一つの課題について示唆している。字義的にいえば,ヘテロス〔ἕτερος〕もしくはアルター〔alter〕は,二つのものの他方を意味する。しかし,ある人〔der eine〕,あるいは,一般的に男性形で語られるさい,考慮に入れられているだけの女性形のある人〔die eine〕とは,私自身のことであり,関係項を取り替え可能な何らかのものの二重化とは対立している。このことはしかし,相互の映し合いという動きが始まる以前に,まず私が,自分を他なるもののうちで二重化することを意味している。「他なる自己」としてのこうした出現が,単に数的な重複化と同一視できないことは,すでにさまざまな言語の固有な様式においても示唆されている。ただし,単なる複数の特殊例以上を意味するDual が用いられるギリシャ語のような言語は別にして,数詞の形成は特別な動向を指示している。ドイツ語とは異なり,ギリシャ語でもラテン語でも,初めの二つの序数,プロトス,デウテロス〔πρῶτος, δεύτερος〕,あるいはプリムス,セクンドゥス〔primus, secundus〕は,基数であるヘス,デュオ〔εἷς, δύο〕あるいはウヌス,デュオ〔unus, duo〕と同じ語幹から形成されたものではない。〈第二のもの〉という序列を強調する含意が示唆するのは,いわゆる序数がどれほど単なる合計を越え出たものであるかということだ。ラテン語の *secundus* が第二のものを〈後続する〉ものとして規定するのに対して,デウテロス〔δεύτερος〕は,ほぼ間違いなく,デヴォマイ〔δεύομαι〕(後々にはデオマイ〔δέομαι〕)へと遡る。これは,〈欠けていること〉もしくは〈何かを後に残しておくこと〉を意味し,ホメロスにおけるデウタトス〔δεύτατος〕という最上級は,〈最後のもの〉

6. 他なるものにおける自己二重化

を意味する。一つのものと他なるものの非対称性，第一のものと第二のものの非対称性がここでは明確に際立っているのだ。

それゆえ，アリストテレスが「他なる自己」について語るときには，異他なる自己との対決からその鋭さを抜き取り，単なる自己拡張〔Selbsterweiterung〕へと思考を向けている。原型として，共存在の最高の可能性を実現するはずの「友人」は，ことわざが述べるように「全てのものを共有している」。彼らは，善なるものへと共に努力することにおいて，お互いを見出すのである。そこでは諸々の自己の二重性や数多性は，部分的な諸々の差異があったとしても，最高の意味で止揚されている。

近代の個別化への推進は，こうした動向を遮断するか，あるいは，少なくとも阻害する。個別的な意見や関心をともなった自我を出発点にするということは，他なるものに身分証明を義務づけることになる。そのようにして，相互主観性もしくは他者の心というタイトルで扱われる問題が成立する。この問いへの精錬された解決の本質は，自己二重化を，自ら自身を通じた自己の二重化へと遡及させることのうちにある。異他なる意識は，客体意識と自己意識からの単なる編集物として現れる。私は，正常な意識において自分自身を客体にし (S-O)，また，自己意識において自分自身を客体にする (S-S) 一方で，私は異他なる意識のうちに他なる自己を客体にもつ場合もあり，そのとき，この他なる自己は，それはそれで，意識と自己意識を備えているため，私自身を含めて (S-S^f)，私が客体にするもの一切を客体にすることができる。この異他なる自己は，自己意識された思惟にとって特に問題となることはない。というのも，固有の自己と異他なる自己の隔たりは架橋されうるからである。この架橋されたものは，ますます野心を含んだものとなる。誰もがこの自己を，自己自身を与えるであろう理性法則のもとに委ねることができる。固有の自己が二重化されることはまったくなく，この自己は，自分の固有性を，ある普遍的な法則のために，あるいは普遍的な固有の人格における，異他なる人格のうちにも同様に現れる自己目的のために，引き戻し，弱めてしまう。異他なる自己はただ，それがまさに異他なるものではない限りで現れる。この自己が異他なるものであるのは，それが経験と権利の事実的条件の下に属す限りである。このことに関して，言語的もしくは社会的規則によってこの道徳法則が代替されたり，その基礎が固められたりしても，本質的になんら変

わることはない。もう一歩先に進み，自我としての固有な自己が，特定の自我として現れるためには，諸々の他なる自我や非我に依存していることを示すこともできる。にもかかわらず，ラディカルな意味での異他性がここにも存在していないのは，異他なるものが，固有な自我生成の条件に属している限りでのみ出現するからである。最終的に，その輪が閉じられるのは，私が自らを他なるもののうちにおける自ら自身として，ある共同性を根拠にして，すなわち，誰もが自己のうちに共同体を見出し，他なるものにおいても展開する共同性を根拠にして再認するからである。アリストテレスが好んだ自己拡張は，自己普遍化へと増長し，それはもはや愛〔Philia〕やポリス〔Polis〕とはいわれず，精神と名づけられる。異他性はここでも十分に出現するが，しかしそれはただ，精神が自らを異他化〔疎外化〕する限りにおいてである。他なるものの異他性を，固有性と普遍性を中心とする楕円へと組み入れようとする誘惑が存在する。これに関しては，経験主義がその正しさを維持している。というのも彼らは，他の精神や他なる身〔体物〕体が現に存在することを主張し，しかも，その他性を，アプリオリな規則や自由の諸条件に関する演繹を通して，あるいは，弁証法的に産出された普遍性を通じて乗り越えようとはしないからである。とはいえ，経験主義にとどまることになれば，他なるものの異他性は単なる事実の問題〔*matter of fact*〕へと還元されてしまうことになろう。ここで求められている自己二重化は，何ものかの二重化，ないし，何ものかの単なる多様化に近づくことになり，そこでは，自己二重化は，特定のタイプの何ものか，もしくは人物が何度も出現することに関係づけられることになってしまう。

　それに対して，私たちが異他退去と自己退去からなる相互内在，そして異他触発と自己触発からなる相互内在から出発するとすれば，私たちは，他なるものにおける自己二重化と名づける他動詞的な〔transitiv〕あり方の自己二重化に突き当たることになる。私が自己として私と同等なもの〔自己〕をもち，私たちの誰もがその者と同等のもの〔自己〕をもっているというこの驚くべき事実は，比較に基づいているのではなく，フッサールが異他経験と名づけ，二義的な仕方でのみ把握できたものの発見に由来している。この異他なるものはしかし，理性的に導出され，理性が染み込んだ自己経験に内含されたもの〔Implikation〕として内部から獲得され

ることはなく，また，他の諸事実の中で，多かれ少なかれ諸々の偶然的な事実として外部から獲得することもできない。私たちの自己意識はそうしたことで揺り動かされることはなく，その自己性において直接問題になることもない。したがって問題なのは，自らを自ら自身から二重化する一般的で，自己関係的な統一ではなく，また，任意に補完できるように与えられている諸統一でもない。むしろ私たちは，真正なる二重化に突き当たるのであり，それは，自己分割の場合と類似的に，二重化される何ものかを前提することなく，また，分散した個々のものがそこに纏められてくるようなどんな第三項も前提していない。

そうした《間の現象》を目の前にして，超越論的総合や連合的結合，あるいは，弁証法的媒介といった周知の秩序のひな型は，役に立たない。自己基礎づけの挫折から，自己の自由にはならない根拠に関係づけることで，異他性の問題を打破しようとする試みも，先に進展することはない。というのも，単なる無能力は私の能力を疑うことにはならず，単なる無力は弱さという手段を使った力のゲームを前に進めるだけだからである。後期観念論的な救済の努力が，濡れることなく水へと飛び込む訓練に喩えられることも稀ではない。しかし，私たちがもうすでに水の中を泳いでいることが示されるのであれば，一体，この努力はどうなってしまうのだろうか。

どのようにして私自身が他なるものへと至るのかという問いは，最初から〔ab ovo〕誤って立てられている。遭遇が存在するとすれば，それは，私自身から出発することのない受苦という働きとして存在する。このことが自己分割へと導くことになり[13]，この分割が，私自身のうちで異他なるものを遊離させるのは，私が，他なるものから直接関わりをもたれた自己自身として，私にとって異他的である限りにおいてである。私たちが《間》の新たな形象として導入しているこの自己二重化は，どのようにして私は，他なるものから私自身を隔たらせているのかという，その仕方に関わっている。このことは，他者化〔Veränderung/Othering〕のプロセスにおいて生じるが，このプロセスは，他なるものへと通じているのではなく，むしろ，他なるものをいわば創り出すのであり，その結果，私自身

---

13) わたしはこのことを以前のテクストで，単刀直入に，身体的に基づけられた自己二重化として扱った。今では，さらなる差異化が必要であると考えており，このような差異化はその言葉の選択においても明らかである。

が他なるもののもとに存在し，私は私自身を他なるものを通じてあらかじめすでに触発されていると感じることになる[14]。この二重化は，実際，他なるものから単なる写しを作るのではなく，フロイトが想定するように（『フロイト全集』XII巻，247頁），脅かされた自我の滅亡に対する単なる防御物でもない。そうではなく，具身的な分身〔Doppelgänger〕をなしている。ポール・ヴァレリーは，このような親密な異他経験のもつ無底的で魅了するような性格を際立たせて，以下のように描いている。「他者，私と同等である者，あるいは，恐らく，私の分身である者。それは最も強い磁力を秘めた無底——絶えず繰り返される問い，最も悪意に満ちた阻止であるもの，他のすべてのものが混乱に陥ることを阻み，その人が退去することを阻む唯一の阻止。模倣する者というよりは猿真似をする者。あなたに返答し，あなたに先んじ，あなたを唖然とさせる反射」（『カイエ』I巻，499頁，独訳2巻，38頁）。私の影絵と同様に，男性や女性である他者は，私がその人でありうるような誰かではないが，それにもかかわらず，その男性や女性の存在なしには私が私でありえないような誰かである。異他経験はそれゆえ，単に私が異他なるものを経験することを意味するのではなく，私が自ら自身に対して異他的になることを意味する。固有性と異他性の間を解き明かすことはできない。私は他なる者であり，そして他なる者ではない。ゲーテの銀杏の葉は，私は「一つであり，二つである」ことを私に教え，ツァラトゥストラの正午は，「突然だが，友よ！ 一つのものが二つになった」という移行の経験を指し示す。この移行の経験とは，私たちが時間の経験から知っているものであり，そこでは過去や現在，未来が相互に入り込み，相互に覆い合い，層をなしている。時間と同様に，異他性も移行のうちにある。自己と他なるものが相互に離れつつ出現することにおいて，異他性の特殊な形式が知られ，それを私たちは二重の異他性〔duplikative Fremdheit〕と名づけたいと思う[15]。

---

14) この場合〈他者化〔Veranderung〕〉は，超越論的な単独の自己〔solus ipse〕なしに考えられなければならず，他者化〔Othering〕は他なるものの経験を意味しており，単に他者性を構築することを意味するのではない。

15) これによって，私の著書『近代の異他化』（第二章）において選択した言葉から逸れることになる。そこでは私は，同じ文脈で，「分割的な異他性」について語っているが，この特徴づけは，分割の意味の広がりに対応づけると，その特殊性に固有とはいえないように思われる。

6．他なるものにおける自己二重化

　この異他性の二重の形式のうちで，固有な自己と異他なる自己は触れ合うが，それは遠さからの触れ合いである。自己経験と異他経験はキアスムやキアスマ〔交叉配列〕という仕方で重なり合う。精神分析によって探求された，取入れ〔Introjektion〕と投影〔Projektion〕，結合と解離，そして転移は，この《間の野》で起こっており，それと同様であるのが，私を挑発し，誘発する何か，私に向かって語りかける誰かへの「対象関係」という特殊化である。レヴィナスは『全体性と無限』で，他なるものからの分断とその関係の無関係さを，一面的に際立たせることで，あまりにも強く，社会的全体性と世界の全体性への方向づけを除去してしまい，私と他なるものの間で行き交う〔関係の〕糸を見失っている。とはいえ，自己分割が極端な方向へと展開し，間隔の消失や無限の間隔へと至りうるのと同様に，自己二重化も極限的なものの形成によって脅かされており，このことは，自己分割の極限形成に対応している。二なるものにおける一なるものが優勢になると，私たちは，この自己とともに他なるものをも失う，融合へと近づく。一なるものにおける二なるものが優勢になると，他なるものにおける自己二重化は，他なるものによる自己二重化へと転換し，迫害妄想においてその病理学的な表現を見出すことになる。《間》の他の諸形象と同様に，自己二重化もまた，いかなる理念結合によっても安定させられることなく，どうにかバランスを取ろうとする活動として遂行されている。ここに見られるのが精神分析の諸発見であり，不気味なものの影の力が，その場を占めることになる。

　ここで最後に立てられる問いは，どのようにしてこの分割的な形象が異性の異他性と関連づけて考えられうるのか，というものになる。この問いは大変複雑であるため，ここでついでに論じられるようなものではない。したがって私は，ここでは可能と思われる関連箇所を示すことで満足したい[16]。この性差は，ゲーテの銀杏の葉の詩とツァラトゥストラにおける正午の出会いにおいてすでに暗示されており，そしてまた，身体的接触の近

16）　このことに関し，詳細は，『正常化の限界』の第八章と『身体という自己』〔邦訳『講義・身体の現象学　身体という自己』知泉書館，2004年〕の七章を参照。もしくは，シルビア・シュトラーとヘルムート・フェッターによって編纂された『現象学と性差（Phänomenologie und Geschlechterdifferenz, hrsg. von Silvia Stoller/Helmut Vetter）』（1997年）も参照。

さと遠さに関する以前の考察において，また触発の訴えへの変転において
も，性に特殊な見方がそのつど現れ出ている。すでに語られてきた異他性
と同様に，この性に特殊な異他性も多様なあり方で見当違いとなることが
ある。問いとして残るのは，私たちが二重の異他性と名づけたものが性の
異他性とのどのような関係にあるのかという問いである。この異他性が，
一般的な異他性の単なる特殊事例として考察されると，それは経験的な変
形の一つに近づいてしまう。また，この異他性を二重の異他性と同じとみ
なすとすれば，この二重の異他性は不当に制限され，性の特性の一般的な
低奏音を主奏音へと高めるジェンダー主義の一種に陥ることになる。この
ことがなぜ適切ではないかということは，例えば，私たちが戦争犠牲者を
問題にするときにも明らかになる。というのも，戦時国際法的にみて特別
な，周知のように，ほとんど無力な防護だけでありがたいと信じている民
間人は，ただ女性である人間の中から選ばれるだけでなく，一般的に非-
戦闘民の中から選ばれているからである。

　私は，一方で性を軽視することと，他方で性がすべてとみなすこととの
ジレンマを免れる一つの道を，性差を異他性の紋章的な形式として把握す
ることのうちに見出している。この形式において性差は，具体的な仕方で
具身化される。性的な異他性のどちらかがそのつど優勢になることは，言
語や世代への帰属性，社会内のグループ，宗教的共同体といったように，
他方の観点を背景に押しやることはあっても，それを消去するということ
ではない。この意味で，男性という存在は女性という存在のうちで，後者
は前者のうちで，固有なあり方で二重化され，一方が女性の分身を見出し，
他方が男性の分身を見出す。こうした見方はしかし，身体的で，キアスム
的に相互内在して絡み合う異他性の形式を前提にしており，その形式は，
構築されたもののうちで語り尽くされることはないのである。機械の部品
のように性の器官を組み込むことができ，属性のように性の特性を分与す
ることができても，性の経験はこのこととはほとんど関係がないのである。

7．休止と区切り

私たちが示したのは，どのようにして自己が他なるもののもとで自らを外

7．休止と区切り 243

れ，そしてまさにそこにおいて自ら自身のもとにあるのかということである。このことは，それ自身から退去し，それによって自己関係と異他関係の相互内在のための空間を作り出す《間の出来事》を出発点にしている。私たちの間で，誰もが自分のものとして要求することのできない何かが生じる。にもかかわらず，この〈私たちの間で〉という表現，すなわちレヴィナスが本のタイトルとして選んだ *entre nous*〔『私たちの間で』〕は，非常に用心して使われねばならない。そのさい，この「私たちの間で」を，〈私たちだけの秘密〉とか，〈ここだけの話〉というように用いる場合，私たちはこっそりと「われわれ-領域」を用いている。このことが本当の意味で，こっそりと不当に「われわれ-領域」を用いることになるのは，このわれわれを，誰もが排除されることのない，純粋に包括的なわれわれとして把握する場合である。それによって私たちは，大いなる対話の大地に立つことになるが，この大地を構造的に見て，単に複数回の言説〔Diskurse〕と置き換えても，たいした変わりはないのである。ここで決定的な問いとして立てられるのは，この対-話〔Dia-log〕の Dia-〔対，ないし二〕，もしくは言説〔Dis-kurs〕の Dia-は，一つのロゴスから考えられているのか，つまり一つの共同の意味の領域，共同の目的，共同の規則，共同の実践的活動ないし共同の技術として考えられているのか，それとも逆に，そのつど複数のロゴスが，この Dia-から理解されるのか，つまり一切の総合的な秩序のひな型の基底を通底する分-割〔Diastase〕や分-別〔Dihairesis〕へと遡及的に結びつけられて理解されるのかということである。この問いは，私たちがさまざまな中断の形式を考察することで，その問いの内実を最も明らかに提示する。この《間》の新たな形象は，グローバルな対話をその内部から破砕することになり，グローバルな対話は，モーリス・ブランショの意味における終わりなき対話〔*entretien infini*〕へと変転する[17]。

　休止ということから始めよう。ギリシャ語のパウシス〔παῦσις〕に由来するこの言葉は，語源的には〈止むこと〉を意味するが[18]，この止むこと

---

17) *L'entretien infini*〔『終わりなき対話』〕（1969年），特に「中断」の章を参照。この詳細に関して，第Ⅰ章の注記15で言及されているアンドレア・ゲルハルトの仕事も参照。
18) 『パイドロス』（245c）参照。そこでは魂が常に動かされていることに対して，運動と生の「止むこと」が対置されている。

は，特殊な種類のものであり，そこでは何ものかが静止に至るのであって，終わりや目的に至るのではない。進行していた活動が，休止を通じて中断されはするが，それは断ち切られるのでも終了するのでもない。仕事の休憩や学校の休憩において，活動の中止が規則化され，制度化されている。この休憩がより長く持続するときには，私たちは，古代ローマの言語使用を継続しつつ，休暇〔Ferien〕として語る。英語の holidays〔休暇〕は，宗教儀式上の祝いの性格をいまだに認識させるが，この性格は，vacances〔休暇〕という空虚な空間の背後では，かすかに感じ取られるにすぎない。ある活動を中断する中休み〔Ruhepuse〕には，演劇などで意図的に作る間〔Kunstpause〕が対置される。語りや朗読，演奏の運動において休むことは，運動の経過を中断するのではなく，分節化し，韻律をつけ，リズムをつけることである。ラジオ放送における休止とは，ある番組から別の番組への移行を記しており，テレビ番組ではこの移行は，間が開くことの恐怖〔horror vacui〕に怯えるかのように，多くのコマーシャルで満たされている。特定の統合関係〔Syntagma〕，すなわち，字義的には，お互いを相互から際立たせる編成を意味する統合関係を成し遂げる意図的な間は，形式や意味の形成に役立つ。その自然に即した手本は，吸う息と吐く息とが相互に交代する息継ぎの中に見出される。中断が，妨げるという干渉の形式を取るのは，進行する何かが外から阻止される，例えばある人に最後まで話しをさせないというときである。休止がどちらかといえば，すき間や穴，空虚，合間を呈示する空洞の形を思い起こさせるのに対して，区切りにおいては，人工的でしかも暴力と結びついた，刻み目を入れるという出来事が強調される。刻み目が，切り抜きや章立てを成立させる。ひな型〔Muster〕は衣類の型紙〔Schnittmuster〕に変転し，区切り〔Zäsur〕は，検閲〔Zensur〕へと変転する。異他的な干渉がさらに進展すると，他人の言葉を遮ることになる。「それぞれを出来上がっている骨格に即して」切り刻まねばならず，下手な料理人のように，鶏肉用のハサミで適切に切り分けるべきものを即座に壊してしまってはならないというプラトンの促がしは（『パイドロス』265e），それ自身，強固な自然性がもつ反-技巧性の背後に隠された力の作用に関わる何ものかを意味している。

休止と区切りは，差し当たり考察した限りでは，語りや行動のスタイルないしは，意味と目的の意味論に組み込まれる運動のリズムや変調に属し

7．休止と区切り

ているが，それらは決して単純にそこに従属させられているのではない。言語学的に見れば，それらは，意味に方向づけられ，規則に導かれた私たちの言語を裏打ちすることもあれば，空洞になることもある「前言語〔Vorsprache〕」の領域に含まれる。この言語に先立つものが初めから阻止するのは，語ることが語られたことのうちに静止し，行為が行われたことのうちに静止し，そして生み出すことが作り出された作品のうちに静止してしまうことである（『応答の索引』第二章，12頁参照）。そのさい，特定の動機が浮かび上がり，その動機において，私と私の間の異他性と私たちの間の異他性が前もって告げられている。空虚と充実，沈黙と語り，留まることと進むことといった二者択一は，存在と非存在，肯定と否定の二極的な図式に従っているのではなく，地と図の差異的な際立ちからなる，ひな型に従っている。立ち現れるものは，背景あるいは根底，不在から立ち現れるのであり，その不在は，欲動に触れるのであって，単なる意義や妥当性に触れるのではない。他方で，休止や区切りは，意味がいわば伝播し，産出し続ける意味の連続性を中断させる。この休止は，期待されていたものへの移行と期待されていなかったものへの急変の間で輝いており，それは振動から回転へと変化しうる振り子と同様である。休止は，リズムの変化における一つの位相を意味するだけではなく，同時に閾値以下の潜伏期をも意味する。このことに関して，ポール・ヴァレリーは彼の『カイエ』（I巻，1009頁，独訳3巻，180頁）で，以下のように述べている。「中断すること，──これは，本質的に人間的な特性であるが──このことが告げているのは，多くの道が存在することの証明である」。ここで最終的に，休止と区切りというものの結合する力への問いが立てられる。休止はある位相を締めくくるのか，もしくは，それは新たな位相を開くのか。休止はある位相の部分，もしくは他の位相の部分なのか。こうした問いが的外れのものに見えるのは，休止と区切りは，砕かれた連関を構成するからである。

　この砕かれてあることが深淵へと深まるのは，私たちが触発と応答の間の原-分割へと突き進み，この分割から生成する異他性の領域を考察に引き入れ，そこから，対話の地底を照らし出そうとするときである。対話的もしくは言説的仲介には，非-仲介〔Un-Vermittelung〕の形象が対置される。すなわち，その形象は，中心を巡ることのない，自己と異他なるも

のの関連の形象である。何かが途絶えて，別のものが始まるのではなく，また，ある者が語り，別のものが沈黙するのではなく，心臓の鼓動が，心臓の間欠において〔intermittences du cœur〕止むのである。パウル・ツェランの言葉では，「しかし，私の心臓は／休止を通して歩み行く…」ということになる。詩の主題に立つ，ここでの「しかし」が区切りを置くのであり，そこには，見込みのある，「そう望まれるであろう」という意味でのコロン〔：〕が続いている*)。

　この中断の謎に近づいていくためには，直線運動のひな型とは別の運動のひな型が必要になる。直線によるひな型とは，矢のようにすばやく進んだり，上ったり，下がったりしたり，円環をえがいたり，もしくは，螺旋状の渦巻きにおいて進行と上昇がひとつになったり，またはフィードバックにおいて自分自身へと遡及したりするようなひな型である。ノヴァーリスにおいては，「曲線──規則を乗り越える自由な自然の勝利」と言われている（『ノヴァーリス全集』2巻，257頁）。しかし，曲がることだけでは，何かがなされたことにはならない。より多くのことがここで提示されている（図7参照）。

　私たちは，話にでる〔Zur-Sprache-kommen〕や眼にはいる〔In-den Blick-kommen〕，耳にはいる〔Zu-Ohren-kommen〕，「〜に触れる」〔An-rühren〕ということを出発点としよう。「〜ということになる〔Es kommt/ça arrive〕」は，ジャン＝フランソワ・リオタールにとっては，出来事を意味する。それは，そのものとしてどんな意味ももたず，規則に従いもせず，妥当性要求を掲げることもない。それゆえまさに，合意可能なものとはいえない。私たちは，古典的な方法の賛美を熟知している。何かを技巧的に取り扱う人は，盲人や聾唖者のように振舞ってはいけない。「盲人の徘徊」（『パイドロス』270d）は，盲人の杖と同様に，概念だけをもって手探りして歩き回ることにすぎない。これは，カントが『純粋理性批判』で述べていることである。しかし，もしすべての言葉が，単にくりかえされる言葉ではなく，新たな色や響きのすべての形態が暗闇や静寂からやってくるように，沈黙からやってくるとしたらどうだろう。単に口真似されるのではなく，話しつつある言葉として声高になるすべての言葉は，

---

*) 原文は Aber: mein Hrez/ging durch die Pause…となっており，区切りである Aber の後にコロンが挿入されている。

7. 休止と区切り

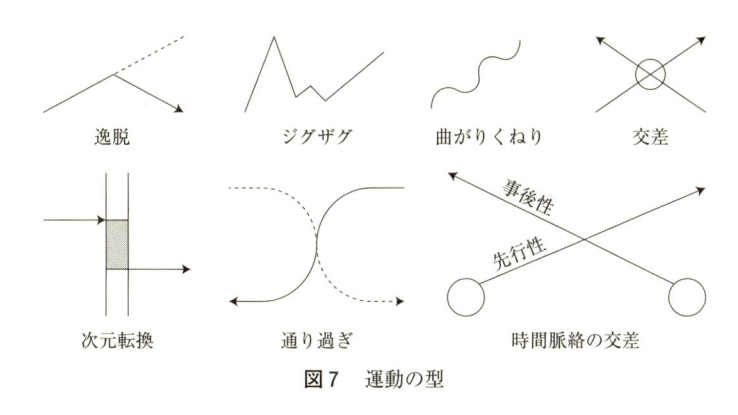

図7 運動の型

逸脱／ジグザグ／曲がりくねり／交差／次元転換／通り過ぎ／時間脈絡の交差（事後性／先行性）

　周知のように，沈黙を破ることになる。語ることのこの侵入は，潜在的な仕方で，ロゴスの固有なパトスとしてくりかえされるが，このパトスは，対話的な共通性や言説の規則によって中立化されえない。まさに，言葉が沈黙からやってくるからこそ，そしてそれが沈黙を破り，すべてが言われてしまったかのように，言い古された口調が続くのではないからこそ，すべての会話は，中断される会話なのである。会話が休止で始まり，休止で終わるのは，すべての会話が，その始まりを支配してはいないからだ。ここでは，前もって-立てる〔前-提する（Voraus-setzungen）〕ことは，すでに潜在的に取り消されているが，遭遇の場合はそうではなく，ある種の先-経験として，その《前もって》と融合している。

　言葉やまなざし，響きの到来は，思索の思いつきのように，匿名的な何ものかを宿している。私はある意味で，パトスとして私に的中し，私へとやってくる出来事と切り離されている。すでに以前に述べられた切り口や分割が，私を私自身から分離している。私たちはこの自らが自身の外部にあること〔Außersichsein〕を脱自的異他性と名づけた。この裂け目が露わになるのは，私がパトスへと応答しつつ遡及し，触発が訴えへと変化し，自己が他なるものにおいて，また，自分の語りが異他なるものの語りにおいて二重化するときである。異他なるものの要求と自分の応答の間の対-話〔Zwie-sprache〕において，また，すでに印象〔Ein-druck〕と表-現〔Aus-druck〕の間で，私たちが二重の異他性として理解する，固有な様式の隙間が口を開いている。要求と応答は，時間的にズレた二重の運動において干渉し合うが，私たちが共通に志向する一つの意味に収斂すること

はない。私たちの間で生起することは，事後的にはじめて，私たちに帰属するものとなる。パトスとしての異他なる要求は，自分の応答に先行し，応答としての自分の言葉は，それに遅れてやってくる。この隔-時性〔Dia-chronie〕において，対話の〈対 Dia-〉は，記憶の欠けた過去へと，また，期待を欠いた未来へと引き伸ばされる。この先過去は想起を呼び起こしはするものの，それは自ら自身を想起しつつ取り戻すことができるわけではなく，自らを想起において加工することもできない。この先過去において起こる未来は，期待を呼び起こすが，それはしかし，自ら自身をその期待の中で，恐れられるものや待望される何ものかとして先取りすることはできない。私を「私に疎遠なもの」と対面させる現在は，集結する場を形成するのではない。繭を作る昆虫のように，そこから自我が過去把持的もしくは未来予持的に，自らの触手を前後に伸ばすような場を形成するのではないのだ。現在はそれ自身，刻み目をつけられ，分節化されており，分散する諸運動の交差点であって，どんな貯水池でもない。話し合いが流れていくのは，私たちが好みに応じて，前に向かったり，後に向かったりして「泳ぎ通す」（『パイドロス』264a）統一的な語りの流れがあるからではない。諺で言われる淀みない弁舌の流れの波は，源泉と河口の間をそのまま流れゆくのではなく，流れを止める岩礁に砕け，渦を作り，その下では時間の渦が渦巻き，その渦の中で時間の系列が曲がったり，収縮したりしているのである。

　あるものが別のものへと飛び移る転回点や回帰線は，語りや行為が帰結するところへと多様なあり方で消え去っていく。そのようにして，語りや話し合いの真正なる時間は，時間要因と時間図表のレヴェルへと沈み込む。意味の産出や意味の受容が滞るそうした危機的な位置が，ことさら突出するとき，それは，待つこと〔Warten〕の形式において立ち現れる。この待つことは，何かを期待するのでも，期待しつつ何ものかが外に現れるのを待ち望むのでもなく（ラテン語の *expectatio*〔外を（ex）眺める（spectare）〕を参照），何かが生起することを待つのである。この待つことと類縁関係にあるのが，躊躇することであり，これは決意の弱さと同一視することはできない。またそれと同じ関係にあるのが，運動の速度を落としつつ休止すること〔*Innehalten*〕であり，それは，新たな推進力を解放する基本的な様式のエポケー〔判断停止〕でもある。弱々しい薄明かりに何重

7．休止と区切り

にもおおわれたこの《間の時間》，つまり過去と未来の間の煉獄は，前へと進みゆく多幸症や，以前へと遡るノスタルジーを根本的には信頼していない新たな文学のうちに，特別な関心事としてまさに見出されることになる。そしてこのことは，さまざまな音調のもとに見出され，その中には，キリストを待ち望む待降節の音調もみられる。想起されるべきは，ツゥラトゥストラの正午の語りである。「ここに私は坐っていた。待ちながら，待ちながら。しかし，何かを待つのではなく…」。また，ヴァージニア・ウルフの『幕間』やカフカの『掟の門』，ベケットの『ゴドーを待ちながら』，ナボコフの『断頭台への招待』（1999年，58頁）などもそうである。それは，有罪判決されたものがそこにいる，決して快適とはいえない状況のことであり，にもかかわらず，そこにはっきりと感じ取れるのは，「休止と不整合」であり，思いがけず訪れる，頑として動かない影にそこで直面し，「心臓がバネのように」高鳴る。強制された中断もまた，思いがけないものに対する感覚を鋭敏にする。

　休止や区切りとして，共同体を創設する媒体に書き込まれている中断は，最終的に，私たちが遠さからの接触と記述した，あの分離における結合に共に働きかけている。意味連関の中断は，そうした連関を前提にしており，このことは，接触の中断が接触を前提にするのと同様である。とはいえ，遭遇と応答の場合のように，一方のものと他方のものとを成立させる真正なる不整合が問題になるとき，中断が意味するのは，連関と接触が与えられているものとして前提されるのではなく，この連関が中断それ自身において砕かれたものとして存在することを意味する。それにもかかわらず，この中断は，断片化や破壊とは別様な何ものかである。対-話を貫き，固有な隔時性から生じるこの皮下の裂け目は，存在論的に作成される全体性と一つになった大きな裂け目からは区別される。ここでいう全体性とはレヴィナスによって中心へともたらされ，サルトルとの目だった近さにおいて，分離と離脱とを同一視するものである[19]。それに対して，中断は，些

---

19) そもそも問われるべきは，レヴィナスが，初めに行った存在論と倫理学の間のセンセーショナルな区別によって，現象学的な存在論の足跡のうちに過度に留まっているのではないかという問いである。この現象学的存在論は，サルトルが『存在と無』において，さらなる道徳的な反省をないがしろにしつつ展開させたものである。レヴィナスは，サルトルもそうしたように，重要な諸連関を暗闇にもたらす野蛮な読み〔lecture sauvage〕に専心している。

細なものかもしれないが，効果的なものでもありうる裂け目の位置の多様性において現れ，それはちょうど，ニーチェが愛好した文章を中断するダッシュ〔´〕のように現れる[20]。

《間》の他の形象と同様に，ここでも可能な極化がみられ，巧みな実験を通じて極限へともたらされたり，その病理学的な形式が取りだされることもある。内的なモノローグが休止なしに，一気に流れ出す『ユリシーズ』の最終章のような場合，区切りが上滑りする移行に屈服してしまうことがある。にもかかわらず，このような語りの連関も，夢の言語と同様に隙間がないことはありえない。フッサールの言い方に依拠すれば，受動的な中断について語ることができ，それは，人工的な照明よりもむしろ，太陽と月による光と影の遊びに比されるであろう。他方で，このことに対置されるのは，後期のヘルダーリンの抒情詩のように，漂流する言葉の固まりや個々の言語の島〔小言語域〕である。この抒情詩は，一切の直示的な〔deiktisch〕語り方を断念しつつ，詩作を会話から遠ざけ，極度に強く張り詰められた弦のように高められた緊張を産出する（ヤーコブソン『ヘルダーリン・クレー・ブレヒト』参照）。詩学的な実験と病理学的な逸脱の近さをロマーン・ヤーコブソンは，すでに言及された『言語の二側面についての研究』（1974年）で強調している。そこで彼は，一方で結合とコンテクスト形成を，他方で選択と代置との極性を出発点とすることで，後者を言語障害と結合障害に結び付ける。選択のない結合は，ある閉じたコンテクストにおける強制的な表出へと傾向づけられ，結合のない選択は，完全に開かれたコンテクストにおける恣意的な行動に通じている。私たちの言い方では，このことは，患者が結合を欠く分離，ないし，分離を欠く結合という極限に近づき，その結果，患者は，場合によって支離滅裂なスタッカート〔断音〕に傾くか，別の場合，すでに語られたことの網目に絡まってしまうことになる。どの接触も，絶え間なく続く無駄話，あるいは，孤独な沈黙における風刺漫画的な特質をもつ危険に満ちている。この両義性は，沈黙の休止にまで拡張され，そこにおいて語りは，その静止点に，し

---

[20] 例えば，ある手紙の箇所で「私自身にとっては，このダッシュとともに何ものかが始まるのです」（ニーチェ『往復書簡』III巻，53頁）と述べられている。トビアス・クラスはまさに，ニーチェにおける《ダッシュの政治学》について語っている。注の22で引用される著作を参照。

かも「死せる点」に達してしまう。そこでは，沈黙が最後の言葉となる。

「君は，決して，この井戸の深みから水をくみ出せないよ。」
「どんな水？　どんな井戸？」
「そう聞くのは，いったい誰？」
静寂
「どんな静寂？」[21]

8．かき乱された均整

　私たちの間で起こることは，他なるものから発し，私に関わるものと，私自身によって応酬されるものとの間の干渉を証示している。しかもそのさい，媒介的な審級がこの共演を制御したり，正当化したりすることはない。語ることや行うことのレヴェルではなく，語られたことや行われたことのレヴェルで初めて，私たちの間で起こることは，相互に分かち合ったり，抗争したりする共通の世界へと達することになる。どのようにしてこの社会化が行われ，どこにその限界があるのかという問いは，私たちを今一度，出発点の問いへと，つまり異他なるものの物騒な特性の問いへと連れ戻す。レヴィナスは，決定的な地点で，私と他なるものの間の関係に非対称性を導入し，古典的な対話の対称性の要請に対置させる。こうした動機は，以下に続く熟慮を導くものであるが，ただしそのさい，いくつか留意されるべきことがある。非対称性という言葉は，時に，あまりに軽率に用いられている。非対称性は，〔それを明らかにするための〕必要な光を対称性とのコントラストだけから受け取る。しかし，このコントラストはどのようなものなのだろうか。一見すると，原理的に非対称的なものは，自我と非我，あるいは主体と客体の間の関係であり，主体と主体の関係は，原理的な対称性のもとにあると思えるかもしれない。他人は，すべての部分において肯定すべき非同等性であるにもかかわらず，私と同じとみなされている。ここで問われるのは，この「私と同じということ」が，その起源を同

21）　カフカ，*Hochzeitsvorbereitungen auf dem Lande und andere Prosa aus dem Nachlaß*〔『田舎の結婚式の準備と遺稿に基づく他の散文』〕（1983年），244頁以下。

一化することのうちにもつのか，もしくは，私たちが異他経験と名づけた，一切の比較に先立つ自己の奇妙な二重化にその起源をもつのかということである。それにもかかわらず，すべての人間の同等性に，その欠如だけを表現にもたらすような非同等性を対置させることは，そもそも問題にならない。対称性の期待に応じて減退してしまうことのない意味での非対称性とは，ただ，この均衡の破裂もしくは阻害としてのみ考えられる。すなわち，他なるものへの関係において，一切の比較可能性や同一化にもかかわらず，より多くのもの〔Mehr〕として立ち現れるものとして考えられうるだけである。したがって問題になるのは，対称性と非対称性の間の緊張であり，それは，続く章において特に究明される諸々の秩序の敷居へと私たちを導くことになる。

　対話の威信はまずもって，対話が不都合なものの除去を約束することに基づいている。対話は，争いが支配し，より強いものがより弱いものに自分の意見を強いるような論争の収束を約束する。そして対話は，権力維持に役立つロゴスのすべての権威的な強奪をぐらつかせる。このことに結びつくのは，対話の内的な不可侵性に由来する固有の強さである。対話の基準に異議を唱え，その権利を制限するすべての者は，その根拠を挙げるように要求される。その人がどんな根拠も挙げられない場合，その人は対話から退去することになる。というのも，そのときその人は，事実として成り立ち，継続する対話に危害を与えることができたとしても，その内的な真理要求に関わることができないからである。その点に関して，対話の敵は，民主主義の敵と等しいものといえる。いずれにせよ，哲学者が対話を断念したいのであれば，孤独な預言者のいる山へと追放されることになる。そしてその予言者でさえ，彼を理解してくれる聞き手を必要とするのだ。これらすべてのことは，古くから知られた哲学の歌い文句のように聞こえるが，このことが間違っていたり，時代遅れであるといいたいのではない。そうではなく，対話のこの自己弁護は決定的なところで空虚なものになってしまうといいたいのである。

　私たちは，とりあえず対話の対称性の要求のもとに留まることにしよう。対称性が意味するのは，共通の尺度によって測られるということだけではない。何ものかが等しく分配されるということ，たとえば，等しい体温や，音楽における音の高低の等しい配置の仕方（『ピレボス』25e-26d），ある

8．かき乱された均整　　　　　　　　　　　　　　　　　　　　　　253

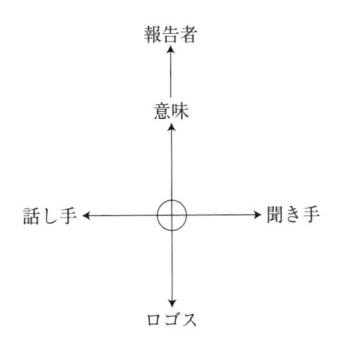

```
              報告者
               ↑
              意味
               │
    話し手 ←──⊕──→ 聞き手
               │
              ロゴス
```

図8　コミュニケーション図式

いは，すべてのものが数学的な対称性の基軸を中心に配置されることを意味している。この対-称〔Sym-metrie〕は，一般的に秩序の原-ひな型とみられる総合的なひな型に属している。対話は，それを巡ってすべてのものが配置される対称性の基軸を，つまり，共通のロゴスや公共心を，それらが支配的である限り，共通の世界を保証する共同精神のうちに見出す。三方向に放射する記号の図式もしくはコミュニケーションの図式は，図8のように補完される。

　リオタールは『文の抗争』の中でこの図式に関係するが，ただし，そのとき彼は，対話の同種性〔Homologie〕を論争秩序の異種性〔Heterologie〕によって置き換え，古典的な対話を異なる諸論争のもとにおける論争として把握する。しかし，私たちの熟慮は，これとは別の方向を目指している。まずもって，この対称性に留まることにしよう。そもそも対話のパートナーがパートナーといえるのは，彼らが，事象それ自身を理解可能で，真理に値する命題において事象を明確に打ち出すという同じ目的を追求する限りにおいてである。彼らが相互に平等であるのは，ひとつの同じロゴス（同じ規則体系や同じコード）が，すべての人にとって基準となるロゴスの言表である限りにおいてである。法の前では，誰もが平等であるように，ロゴスの前で人は平等なのである。対話の進行は，二つの方向に向かって進む。その立場は転換可能であり，その観点は相互性をもち，その言表は回帰的である。事象や真理に適ったものは，誰が語ろうと，どうでもよく〔gleich-gültig〕，語り手は同時に潜在的な聞き手の役割でもあり，聞き手は潜在的な語り手の役割を占めている。プラトン的なひな型

に即した哲学的対話には，結局のところ，すべての裁判官は同時に演説者でもあることが属している（『国家 I』348b）。というのも法は，権威に基づいて対話にその義務を課すのではなく，事象自身から，場合によっては事象に関する言表の妥当性要求から生じてくる課題を与えるからである。その限りで，対話は真理を目指すだけではなく，自らで自分の成功を判定する。

　このような権限の対称的な分与が対話の綱要に属している。排除されているのは，この均衡を中断させるすべての非対称的な関係，とりわけ，支配者と臣下など，安定した関係といった意味での役割の階層性である。排除されていないのは，諸々の非同一性であり，それらは，状況やコンテクスト，前史やそれに相応する背景的な確信，動機づけなどに即して変化する特殊な接近法に関わる。昨今の例でいえば，人権への尊厳は，この権利の妥当性だけが維持されさえすれば，啓蒙的な源泉からも，聖書的，儒教的な源泉からも供与されうるものであり，それは数学において，さまざまな証明のやり方が同じ結果に至ることができるのと同様である。結局のところ，エピソード的もしくは構造-習慣的な様式の条件づけられた非対称性が認可されている。異他なる者は，自らの固有な憶測よりも，土着のものの情報に委ねられることになる。同様のことが妥当するのは，苦境の場合とか，発展の程度によって条件づけられた不平等性や，プロと素人の間の一面的な知の分配，また，直接的な参加の枠を越えた，すべての制度に属する職位所有者のもつ権限の委譲である。対話の枠組みが保証されるのは，試験や監査の審級が存在する限りであり，それら審級は，対話的もしくは民主主義的に体制化された委員会や生活形式と，一面的に分配された，あるいは，組織的に整備された知識の在庫や決定プロセスとの間を架橋する。この対話の枠組みは，秘教的な知識や制御されえない権力が決定要因になるとき，決定的に越境されてしまう。匿名的なプロセスや自ら自身で組織化していくシステムを，対話形式的な生活領域や諸制度に結びつける糸が細くなればなるほど，対話は，統制的な理念により近づいていく。このことの実例となるのが，「崇高で，青白く，北欧的で，ケーニヒスベルク的に」生きつづけている理念[*]である。対話的-定言命法的な様式とし

---

　[*] これは，ニーチェがカントの要請的な理念を誤謬の歴史として皮肉った言い方である〔邦訳，ニーチェ『偶像の黄昏』原佑訳，ちくま学芸文庫，1994年，47頁〕。

8．かき乱された均整

て，一方で，首尾一貫性への要請が，つまり，「矛盾してはいけない！」ということが存続し，〔他方で〕合意への要請が，つまり，たとえ他の人と矛盾しようとも，「一致を探し求めなさい！」ということが存続する。筋道が通っていることだけが頼りにされる場合，矛盾から自由であることも自由と関係していることが忘却されてしまう危機に瀕する。とはいえ，このことは，私たちにとって第一に問題になるような問いではない。ここで問題になっているのは，この対称性が，たとえ目が粗く，迂回的で，細い糸のようであったとしても，最後の決定的な言葉であるかどうか，という問いである。

対話に対称性を保証する座標軸が回転し，対話が混乱しはじめるのは，私たちが訴えと応答の間の隙間を，つまり，同じこととして語られたものの中では汲み尽くされない《語る》という出来事を考察に引き入れるときである。そのさい問題になるのは，対-称性〔Sym-metrie〕の限定ではなく，不平等なものや差異を弁護することでもなく，むしろ韻律それ自身を問いに立てることである。賭けられているのは，均等性に内在している尺度であり，そしてすべての尺度から逃れていく異他なるものである。固有の言表と異他なるものの言表が，共通の目的および規則において調整されるような対話の平板さは，語るという形態におけるパトス的-応答的な深層次元を備えており，この語るということは，訴える者と応答する者との間で生じ，語られたものとその規則性から逃れている。この非対称性は，したがって，対称性の法則や要請のレヴェルにあるのではなく，それゆえ，対称性の法則や要請と争われたり，それによって決済されたりすることもない。対話のこの深化は，図9によって明確になる。

この新しい図式は，以下のように解読される。私たちが出発点にした二次元的な対話の図式は，深さという第三の次元によって補完され，その三次元の固有性を私たちは破線で示唆している。言表の軸は，訴える人と応答する人とを結びつけ，一方的に下降し，ないし，一方的に上昇しているといえる。このことは，訴える人と応答する人が，同等の立場で関わりあうのではなく，むしろ他なるものの声が，ある種の高み，レヴィナスの言う高み〔hauteur〕からやってくることを意味する。とはいえ，この高みである〈崇高さ〉は，早急に結論づけられるように，他なるものの神格化から帰結されるのではなく，原事実，すなわち，私たちに遭遇するものが

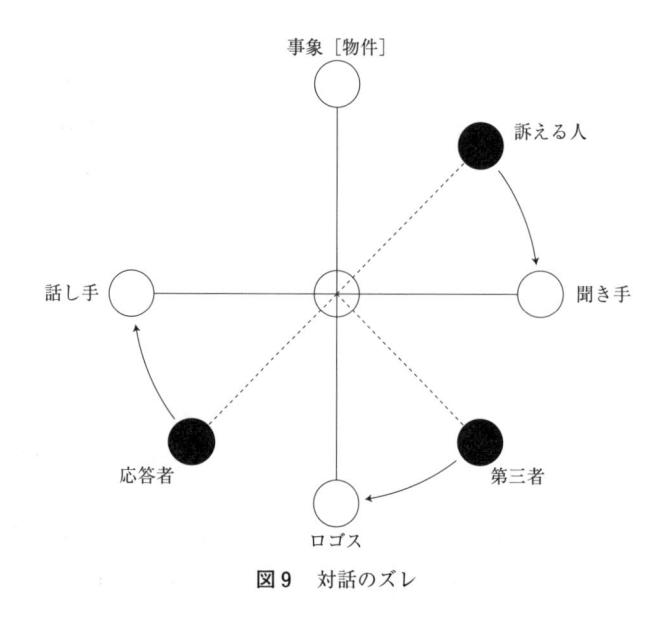

256　　　　　　　　　　　　　　　　　　　Ⅴ　自らの外へ，私たちの間で

```
             事象［物件］
                 ○
                              ● 訴える人
                              ↓
    話し手 ○―――――○―――――○ 聞き手
              ╱   ╲
          ● ╱     ╲
    ↑          ↓
    応答者          ● 第三者
                 ○
                ロゴス
```

図9　対話のズレ

　私たちを文字通り襲うという原事実から帰結する。とはいえ，このことが意味するのは，異性的であれ，同性的であれ他者が，私の上位に位置するということではない。もしそうであれば，そのことはすでに比較ないし比較の尺度を前提していることになる。異他なるものの要求はそれとして，むしろ系列から外れた〔hors de série〕，一切の比較から無縁な要求である。誰がそう語るのか。私である。このことは当然，あなたがちょうど私と同じように，私〔あなたにとっての私〕があなたに対して訴えるものとして現れることと，語ることとを，決して排除することはない。しかしこのことが露わになるのは，遭遇それ自身においてではなく，私が，私たちの間で起こることを，第三者の眼と予期において考察する限りにおいてのみ，また，このことをあなたも行う限りにおいてのみである。そこから帰結するのは，出発点の非対称性が対称性へと変化することではなく，単に，非対称性が二重化され，多様化されるということである。この「各自性〔Jemeinigkeit〕」に相応するのが，「各他性〔Jedeinigkeit〕」であり，この各他性は私の諸可能性に数え上げられることはない。そのことは，まるでこの〈私たちの間〉が，われわれ〔Wir〕をその担い手としてもち，各自がすべて〈われわれ〔wir〕〉という名前のもとで語ることができるか

8. かき乱された均整

のように，社会的に利用されることもない。各自が，おのおのの固有な仕方でそれを語るのである。異他なるものの要求と固有な応答において生じることは，〔双頭の鷲のように〕生と死が，並び立つ頭として総合されることはないのである。

　訴えるものとしての異他なる自己と，応答するものとしての固有な自己とを結びつける軸は，端的な結合線ではなく，消尽線として読まれねばならない。というのも，パトス，もしくは訴えや応答は，私たちが繰り返し示してきたように，先行性と事後性の形式において時間的に相互に対してズレているからであり，この形式を私たちは，レヴィナスとともに，隔時性〔*Diachronie*〕と名づける。この隔時性が意味するのは，私は，同時に他の場所にいる，すなわち，私が居ることのできないところ，つまり，そこから訴えがやってくるところ，そして，そこから訴えが私を襲うところに同時に居ることを意味する。このことにさらに含まれているのは，私がこの同時的な非同時性と，同時的な他の場所性の位置を決して離れることがないということである。第三者の位置から示される，あなたにおいてもそれは同様であるという言い方は，私はあなたの場所を占有できるということを意味してはいない。私たちはいわば，同時に，異なった時間と異なった場所において生きているのである。第三者の立ち位置が可能にする同期化は，非同時性の同時性を単に際立たせるだけであり，そのさい，諸々の非同時性を同時性へと変化させることはない。不慣れな場所や不慣れな時間が存在するのは，外国語が存在するのと同様である。諸々の言語が外国語〔*Fremdsprachen*〕として現れるという事実は，単にそれらが母国語と完全に異なっているわけではないことを単に意味するだけではない。〔そうであったとしても〕それらの言語は，不慣れな言語〔*Fremdsprachen*〕であることを止めることはないのである。

　出発点の図式において伝統的な仕方でスケッチされた対話は，新たな図式においては発生の産物として現れるのであり，無効になることのない前提として現れはしない。回転する矢印が示唆するのは，訴える人と応答する人が，語り手と聞き手の役割へと，また観点としての第三者が，媒介的なロゴスの審級へと変換〔*transformiert*〕されるということである。このようにしてのみ，私に語りかける者と私が聞き入る者が，私が語りかける者と同一となり，また，このようにしてのみ，語りかける私は，他なる者

に耳を傾ける者と同一になる。「同一化の綜合」が遂行される条件は，私たちの間で起こることが，語られたことから，そして語られたことへと向けて考察されるということであり，この語られたことというのは，私たちが共同に完成させるもののことである。これと類比的なことが妥当するのは，対話の感性的な土台であり，見ることと見られたもの，聞くことと聞かれたものの関係に，また，実際の行動と働きにおける対話の実践的な実現化にも妥当する。このことによって，同期が優位を獲得することになる。同時にここそこに居ることは，語ることと聞くことの代替性へと変化する。そのさい，すべての一面性は，役割交代によって原理的に解消され，すべての不均衡さは，原理的に合意する均衡へともたらされる。すべての共同的な思惟の運動が，思惟の交換へと傾向づけられるのは，共同的なロゴスが理念の互換可能性を保証するからである。言葉と貨幣との古くからの〔互換可能性をめぐる〕比較は，遠い類比以上のものを表現している。対話は対話という仕方で，すべての秩序が遂行することをやり遂げる。対話がもたらすのは，「同等ではないものを同等とすること」，もしくは「異種のものを同等とすること」である。この等しくすることは，対話的，ないし，コミュニケーション的な態度に基づいており，この態度が正当とされるのは，発生論的な前提が端的に見失われたままに留まる限りにおいてである。この態度が，幻惑させるような対話中心主義へと転化してしまうのは，対話のパトス的な由来や背景が忘却され，異他性と固有性の近さにおける遠さ〔Nahferne〕が，特殊性と普遍性の共演の犠牲となるときである。このことは，人称代名詞やそれに相応する言語機能の単なる多様化を通じて，対話の強制力から逃れることができると信じたとしても何の変わりもない。対話主義のそうした柔軟な形式も，単なる補足的なものとしての汝が，自我に対置される限りで，また，訴えも含めたさまざまな話し手の機能が，話し手の役割に中心化されたままに留まりつづける限りで，多くをもたらすことはない。その場所を私が占有できると考える汝というものは，結局のところ，私がそこにおいて自分を二重化するのではなく，自分を映し出す他なる自我〔*alter ego*〕に他ならない。この対話中心主義は，ラディカルな転回によって頓挫することになるが，この転回は，フッサールの自然的態度に対して現象学的還元が対抗するのと同様，コミュニケーション的な態度に対する転回となる。この転回が「反自然的」なもの

であるように(『フッサール全集』第19巻の1, 14頁〔邦訳『論理学研究2』立松他訳, みすず書房, 1999年, 17頁〕), 還元とは,「反コミュニケーション的」なものなのであり, この還元は, レヴィナスによれば, 語られたことの語ることへの還元として, また, モーリス・ブランショとともに無為〔désœuvrement〕として理解されうるものである。

9. 条件づけられた非対称性, 対称性, 超-対称性

対話と言説の領野を経過することで問われることになるのは, 私たちは初めから対話論者〔Dialogist〕に対してあまりに多くを譲歩してきたのではないかということだ。対話的で, コミュニケーション的な根本図式を出発点として受け入れることから帰結することとして, 非対称的な関係を宣告するすべての人は, 自己弁護せねばならないようになってしまっている。理性批判のレヴェルで, カントにとって, 知覚判断は, 経験判断と較べると, 単に主観的なものとして現れるのと同様に, たいていの日常的なコミュニケーションは, コミュニケーション論的批判論者の目には, 単に非対称的なものとして現れるといったことになる。このように目論まれた過小評価に対して私たちは, 対話の発生学をこの問題領野へと引き入れた。それが意味するのは, 対称性は絶えず対称化のプロセスに由来するということであり, そのプロセスは正常化の対話的な形式と名づけることができる。フッサールとともに語るのであれば, 正統論理学〔Orthologie〕が存在するだけでなく, 正統-対話学〔Ortho-Dialogik〕も存在するといえ, あまり美しい表現とはいえないが, 正統-コミュニケーションというものも存在する。とはいえ, 一般的な対称性が要請するのは, すべての種類の言語作用ないしコミュニケーション的行為が, 同じ法則によって生じるという前提である。この普遍化の端的な形式をまともに支持しようとする人は, 誰もいない。周知のように, さまざまな認識や語りの様式の差異化にとって決定的なポイントをすでに指摘していたアリストテレスは, 確かに, 認識の目的を考慮することで, 命題的な語りに優位を認めはしたが, 他方, 修辞学や詩学そして日常の語りといった形式のすべてにおいて, それらが自由に展開するのに任せている。そして, 哲学的な対話をある意味で発見

したプラトンは，この対話を多様な会話形式にとっての舞台として利用する。とはいっても彼は，真理探究に決定的な重要性を与えてもおり，〔それに対して〕現代的な言語理論家は，理論的な話し方の優位を決然と断ち切ってしまう。そうしたものの多くがすでに，二十年代のカール・ビューラーのもとに見出され，彼は，表明文〔Kundgabesätze〕や表出文〔Auslösungssätze〕，叙述文〔Darstellungssätze〕を区別し，彼の記号モデルをそれに適合させている。

　さてここで，規則拘束性や慣習，ないし妥当性要求という観点は，すべての諸差異にもかかわらず，首尾一貫していることに固執できるかもしれない。にもかかわらず，対称性の想定は，事実として初めから自明なわけではなく，逆にそれは，言語行為の豊富さが考察されるとき，極めて不適切になるように見える。大まかにいうと，二つの言語作用の系列が成立しうるが，その系列の諸項は，決定的な点で，相互に逸脱することがある。一方には，主張や証明，支持や価値づけ，日付を入れるといった言語行為があり，それらに理論的な命題を当てはめることができる。こうした場合，個々人は，他の人の想定や確信に賛同して「私たちは，～を確信している」と述べることで，《私の語り》から《私たちの語り》へと任意に転換でき，いかなる困難も感じない。性別にかかわらず他者は，真理の内実が多様化されることなく同じことを述べることができる。もちろん，ここで批判的な疑念をもち，こうした理論的な命題は，それ自身，その実践的な前提から切り離された抽象の産物ではないかと述べることもできるだろう。しかしここでは，それを問題にするのではなく，この問題へと私たちを近づけるために，典型的な区別を提示すれば充分である。次に他方へと目を向けると，そこには，実践的な命題，つまり希求命題や意図命題，要請命題といった諸命題に関わる言語作用の多彩さが見出される。こうした言明を直接的に対称化しようとする試みは破綻する。「お祝いします，呪います，挨拶します，忠告します，約束します，頼みます」といった命題は，《私たちの語り》に変換されることで，その意味と力を失ってしまう。とういうのも，これらの場合，その言明の内実に帰属するのは，一方的に私から，もしくはあなたから始まる宛名づけ〔Adressierung〕であるからである。定説に対して，誰がそれを立てたのかという問いは，その定説の妥当性を失わせることがないため，度外視されてもかまわないが，願望や

9. 条件づけられた非対称性，対称性，超-対称性　　　　　　　　　　261

侮辱，愛の告白，宣戦布告，あるいは約束は，受取人〔Adressat〕と差出人〔Adressant〕なしには空虚な言葉にすぎないことになろう。私があなたに与える助言とあなたが私に与える助言から結果するのは，統一的な目的へと向けられた共通の助言ではない。また，私の約束とあなたの約束が一致するとき，このことはある共通の約束へと至るのではなく，せいぜい，相互の契約へと至るだけであり，その契約のアキレス腱は，ホッブスの時代以来，充分良く知られている。約束は，時間的な予料と信頼の前払いを必要とし，それは両者によって，別々に調達されるのでなければならない。契約は対称性を成立させるが，対称性に基づいているのではない[22]。すべての一切の契約の根底にある固有なジレンマとは，以下のように定式化されうる。私たちがすでに一致しているのならば，約束をする必要はなく，なにも約束することはないことになる。そのような約束は，すでに存続する同意の表明に他ならないからである。〔しかし他方，〕私たちがすでに一致しているのでなければ，どのようにして私たちは，約束に信頼を見出すことができるのだろうか。一方の側からの理解に，相互の結びつきと安全性を求める者は，堂々巡りをすることになる。

　私たちがここで改めて突き当たることになるのは，すでに述べられた二重の非対称性である。確かに何かが私たちの間で生じるのだが，この生起は，遂行的な意味での《われわれ-形成〔Wir-Bildung〕》に対抗することになる。私は，祝辞を述べることに賛同することはできるが，私自身に妥当する祝辞に加わることはできず，また私は，ある証言を信じることはできても，このことが，私を共同証言者にすることはない。こうした止揚しえない非対称性の根底にある諸基準を展開させることもできる。それは，脱コンテクスト化に限界を設定する表明の触発的で，効果的な拘束性や，アドルフ・ライナハによって際立たせられる社会的諸作用の「尋問の必要性」，さらには，そもそも交換を通して完全に対称的になることのない，与えることと受け取ることへの言語上の出来事の埋め合わせによる均等化といった基準である。交換する客体の等価性は，交換する主体の等価性を自動的に招くことはない。ただし，交換するものをマーケットや株取引の

---

[22] このことについて，トビアス・クラスの *Das Versprechen*〔『約束』（ボッフム大学での博士論文，1999年）〕参照。この仕事は，上述の問題を先鋭化することにおいて，サールやヒューム，ニーチェにおける約束の身分を扱っている。

「付属物」にする「換金相殺」の意味においては別である。

　こうしたことが正しいとすれば，語り手と聞き手の間の対称的な役割分担とは，心もとない例外にすぎないことが露呈される。対称性の要請を擁護する者は，この対称性をメタ審級へと移行させることで，この困惑から救われるために対話へと逃れようとする。〔しかし〕その対話において，個人的な思いが形成されたり，決定が下されたりすることはなく，その普遍的な目的や前提が問われるだけである。もしくは，より貧困なあり方として，対立が生じる場合，普遍的な妥当性の基準を設定する言説へとこの対称性を移行させることで，自己を救おうとする。このメタレヴェルにおいては，単刀直入に，何ものかについて議論されるのではなく，何ものかへと関係づけられる思念や価値づけ，決定についての議論が行われ，すべての人に当然のこととして要求され，取り去られうる一般的な観点に即した議論がなされる。このようなメタレヴェルであえて，固有な立場に固執しようとする者は，不正に陥り，認可される趣向を認可しがたい特権や，議論のうえでは妥協しがたい特権へと改鋳してしまうことになる。

　こうしたことに異議を挟もうとしているのではない。〔とはいえ〕この問題の根は，そのような議論を行う対話主義者や言説理論家が正しくはないことにあるのではなく，彼らは正しいにすぎないということにある。厄介なことは，彼らが，限界的なものとして完全に容認する，条件づけられた非対称性を，無条件的な非対称性，つまり，いわば権利要求や道徳要求といったすべての要求に先行する超-対称性〔Hyper-metrie〕と取り違えてしまうことである。私たちが以前の関連から示そうと試みたのは，端的にそう見え，また，端的にそう思われる要請や懇願には不可避性が内在しており，その不可避性は，普遍化可能性に基づいているのではなく，他なる者の先-要求〔Voranspruch〕に基づいているということである。この先要求は，固有の偏愛や特権にも，また，普遍的な目的や規範にも遡及されえない。それに対応して，等しくないものや決して等しくならないものを同一視する対称性は，それはそれで条件づけられているのではあるが，それに対して超対称性は，まさにこの条件構造に疑問符を投げかけるのである。このことによって私たちは，すべての秩序の限界への問いへと近づくことになる。

VI

秩序の内部と外部で

───────

　パトスと応答のあいだに，そして触発とアピールのあいだに生起するあらゆるものの分節化を試みるさいに，私たちはさまざまな分割的次元や審級を区別してきた。出発点を形成した間の出来事は，主観と他者との間に生じ，出来事の自己退去や自己分割や他者における自己の二重化という形式において，さまざまな様式の異他化を立ち現せている。私たちはこのような出来事を，侵入的−退出的な異他性，忘我的かつ二重の異他性と特徴づけた。以下の主題は，さらに別の異他性の領域であり，それは，出来事と出来事のそのつどの秩序とのあいだの切断面に立ち現れてくる。その際，私たちが突き当たるのは，間のある新たな形象であり，それは超えていく運動として一般的に規定しうるのであり，そのつどの秩序の境界を越えていく運動である。それと同時に立ち現れるのが，第三者や超−自我のような移行形象であり，それらとともに，それらに関する一般的規則が，固有の自己と他の自己に具身化することになる。規則と要請の二義的な身分についての問いは，すでに第Ⅲ章で検討しているが，ここではさらにもう一度，新たな連関のもとで登場してくることになる。最終的には，秩序の逆説的な自己区分化が，秩序とカオスの境界設定に導くことになり，そこでは，秩序に十分に至らない可能性や異他性の付随的な形式が出現することになる。私たちが『薄明のなかの秩序』で詳細に展開した，秩序の問題系は，この章で，異他性の問題設定へと先鋭化され，ここでもまた，新たな強調点がみられることになる。

1. 作動する秩序

《間の出来事》がただ全体秩序に収束し，ないしは，根本秩序に従属するのでないのならば，すなわち，ただ諸々の秩序が存在するだけなのだとすれば，そのとき立てられてくる問いは，そこに秩序づけること〔Zu-Ordnenden〕(ordinandum) つまり，秩序を創設，変化，そして維持すること (ardinatio もしくは ordo ordinans) のプロセスとしての (みずからを) 秩序づけること〔(Sich-) Ordnen〕としての諸々の出来事と，そこから帰結する秩序の存続体 (ordo ordinatus) との間の縫い目への問いである。この秩序は，常に生成のうちにあるので，ただ繰り返されるときでさえ，作動する秩序と呼ぶことにする。この秩序は，現場で (in flagranti) 把握すべきであり，そのためには，諸々の構造についての単に静態的な考察を超える発生の現象学を遂行すべきである。私たちはすでにいくつかの決定的な切断面を，次のような諸差異という形態において特徴づけた。それらの諸差異が指し示すのは，何かが何かとして志向され，理解され，何かに向けて追求され，あるいは規則に応じて把握されることである。何からの触発かと何に向けての応答かということを分離する原分割は，そのような意味秩序，目的秩序，規則の秩序を交差し，それらを踏み越えている。パトスと応答はこれらの秩序に異他的ではないが，しかし，それらが別の土地に住み着いたときには，諸秩序のそれらの諸限界において異他性の特有な様式が立ち現れるのであり，私たちの視線はいまやそこに向かう。私たちが方法上の手引きとするのは，言うことと言われたことという，すでに別の諸連関で引き合いにだされた対立運動であり，とはいっても，これは単なる言語の領域をはるかに超えている。ノエシスとノエマというフッサールの区別や言語行為と命題的内容という言語行為論の区別は，たしかに同じ方向性を示しているが，ただし，そのように考えてよいのは，志向的作用や言語行為を出来事として受け取り，それらにあらかじめ目標への方向性や規則構造に従属させない限りにおいてのみである。このことから帰結するのは，言うことと言われたことの差異やすべてのそれに類比した差異は，自己差異化のプロセスとして，同じく分割的に把握されるべきこ

とである。語りや経験が，そのつど有意味に規則どおりに言われ，経験されたものに編入されてしまうのではないということは，話される事になることと現象に現れることという出来事が，経験の核心部で開かれる，かの侵入的-退出的異他性の形式において軌条を逸していくことを意味している。

2．開かれた連結

言うことと言われたこと，要求することと要求，答えるという出来事と答えの内容が連関することだけが問題ではなく，問題なのは，この連関がどのように作りあげられているのかということである。この連関を明晰にするために，わたしは結合〔verknüpfung〕と連結〔Anknüpfung〕の違いに戻ることにするが，この違いは以前には，私を「応答的合理性」と相応する秩序の限界という道にもたらすことになった（『薄明のなかの秩序』A, 8-10）。結合，つまりラテン語の conjunctio は，総合的な秩序の範型に属しているのであり，この秩序の範型は，球体であったり，ピラミッド状に出来上がっていたりする。それに対して連結は，間の出来事を開示する前綴り An〔接すること〕を示している（本書，Ⅲ，2 を参照）。開かれた連結は，話すことにあって開かれた問いとして顕かにすることができるが，この連結が許容するのは，期待されず，予見されず，前もって計画されず，あらかじめ規則づけられていなかった何かが立ち現れるということである。

　こうした開かれてあることには，何か根本的に二義的なことが付き纏っている。それは言われることの単なる可能性に，つまりまだ言われていないこと，ないし，沈黙や忘却のうちに沈降しているものに関係しうる。創造と反復，構成と再興は，密に居住しているといえる。だが，人々は開かれた意味地平や開かれた規則づけの領域にとどまり，それらの遊動空間が，構想力や判断力の助けをかりて利用され，拡張され，変化されたりすることもできる。カント，フッサール，ヴィトゲンシュタインは，開かれた意味形成のそうした理論の主たる証人であり，そうした意味形成の自由な性格を決しておろそかにはできない。にもかかわらず，言うことという間の出来事は，触発としては意味と規則のこちら側で起こり，応答としてはそ

うした親密さを超えて行くものであり，そのような開かれたあり方によっても抑圧されてしまう。そこでは，ある相対的に異他的なものに留まり，それは正当な場所がさらに探し求められるとした場合にも，あらかじめ設定された伝達共同体や理解共同体のなかに居場所を見出している。それでも，逆に他の極端に陥ってしまうのは，少なくとも含蓄的に言われていることに対して，純粋な要求から活力を得ている純粋な言うことという出来事〔Ereignis reinen Sagens〕を対置させるときである。こうした要求が倫理的な含意性の中にある限り，ある種の否定倫理学と性格づけられ，他者の要求を直ちに神の命令と等しいと見なすことを避けてはいるが，この否定倫理学は，否定神学とある種の特徴を共有することになる。道徳信仰にも信仰主義者がいて，その人々は，知と信仰の関係を逆転させて，みずからが疑問視する特定の理性に固執したままに留まる。

　しかし，開かれた連結は，自分固有の，あるいは共通の可能性の遊動空間を利用すること以外の何を意味しうるのだろうか。対話における意味の織物に絡み込まれることのない開かれた連結は，言われたことに連結されるだけではないということを意味するのではあっても，言われたことに連結しないということを意味するのではなく，むしろ，言われたことに連結することで，要請や要求に答えることになる。

　開かれた連結が成立するのは，そのつどの語りや行為がすでに言われたことやすでに為されたことを継続することを通してである。このことが，顕現的な形式において生じるのは，問いに返答したり，要求された行為を実行したりするときであり，その際，問いと答えや依頼され実行された行為は，ノエマ的ないし命題的な内実を証示している。私は問われたことに答え，要求されたことを行い，あなたが願望することを察知し，私は，あなたにとって善いもの，あるいはすくなくとも悪くはないものをあなたに与える。たとえ，他者の期待が充たされず，裏切られる場合でさえ，そのような総合的な連関は成り立っている。というのも，口実や話がかみ合わないことや願いが受け入れられない場合も，それに相応した連関が期待されていることを前提にしているからであり，そうでなければ，考えや行為の交換が失敗するということも，成功するということもありえないことになるだろう。さて，ここで私たちは，具体的なコミュニケーションを視野に入れるとき，若干の制限を設けなければならない。問いの内実と答えの

2. 開かれた連結

内実との，また，要請の内実と行為の内実との間の端的な合致は，かなり規格化され，標準化された会話の経過に制限されることになり，例えば，「いま何時ですか」「7時です」とかいった単なる情報交換となり，あるいは，「スプーンをとって」「はい，これ」というただの行為の遂行といったことになる。そのような経過は，たしかに接触上の失敗がなくはないが，前もってきちんと決めておいて，アンケートにし，自動化することもできる。他方では，比較的開かれた係わり合いがあり，例えば「最近どうですか」「あなたはわたしのことを思っていてくれますか」のような開かれた問いや「気をつけて！」とか，「急ぎなさい！」といった比較的ゆるやかな促がしがある。ここで，さらに多く〔この論点をめぐり〕，継続し，論述していくことができるのであり，その可能性は，妥当分析の出発点となる端的な「はい，いいえ」という態度決定とかけ離れた豊かさである。結局のところ，端的な会話や相互の働きかけ作用の内に消失されてしまうのが，含蓄的な，暗黙の，部分的には矛盾している諸前提であり，そうした諸前提は，おそくとも，薄氷のような会話が割れて崩れ，受け入れたい，あるいは受け入れたくないような驚くべき結果を伴うといったことが起こるとき，はっきり気づかれ，目につくものとなる。結局のところ，会話は，多様な生の諸関連や生の諸歴史に埋め込まれているのであり，そうした連関や歴史は全体として継続されることはなく，むしろそれらの内部において，選択的な仕方で共通の視点や対立する戦略が展開されるのである。

全体的に見て，開かれてあることには中間的状況が適応している。言うべきまた，為されるべきことから，実際に言われ，為されることへの移行が描いているのは，その内部であるものが別のものの後に生じるというただの結果でもなければ，その内部であるものが別のものから導出される厳密な帰結でもない。あらゆる可能なものを許容する任意性とある特定のものを強制する必然性との間で，また，即興的偶然性（Aleatorik）とアルゴリズムの間で，遊動空間が広がっており，拡張されるのであり，その遊動空間はただ単に発見を許容するだけでなく，それを必要としている。この遊動空間は隘路へと収縮してしまうこともあれば，測りがたいものへと増大したりすることもある。その病理学的な随伴現象を伴う両極性については，秩序の諸境界を解明する際，さらに検討されることになる。連結の成功や失敗を判定する手段になる基準を問うならば，適切−不適切といった

カテゴリーが提供されるのだが，それは真／偽や正当／不当とは異なり，デジタルではなくアナログで作成されており，したがって増加や減少が許容する。適切なものの領域から，とりわけ着想豊かなものや創意に富むものとして，あれこれのものが際立ち，傑出してくることがある。ここで問題になるのは，何が言われ，為されるのかだけではなく，正しい場所で，正しい時間にそうしたことが生じているかどうかである。あらかじめ規則づけられていないものが，その最適の時機を待っている。

　これまでの私たちは，対話の生じる通常の軌条の上を動いている。ここにとどまる場合，干渉性の要求という裏口を通って，ある全体的なるもの，すなわち，一般的な調和性として秩序づける力を発揮し，あらゆるものをあらゆるものと結びつけるものが，再度，入り込んでくる。しかし，対-話〔Dia-log(s)〕が途切れることや，前章で詳細に語られた，非対称的に横たわる対話の深さの次元は，そのような全体の先取りに反抗している。ハイデッガーの言い方によれば，翻訳は，自分に固有なものという媒体における意味に即した再現や一般的なものにおける止揚といったことより以上を，すなわち他の岸へと移し置くこと〔Über-setzen〕を意味する。それと同様に，贈り物を譲渡すること〔Über-gabe〕は，何かを受け渡すこと以上を意味し，共同に能力を形成することは，ある種の自己の断念なのである。また，あらゆる約-束〔Ver-sprechen〕は，未来の成果を確約すること以上のこと，すなわち自己の拘束であるように，すべての応答は，言葉と行いを通した意味形成の続行より以上を意味するばかりか，それが単なる規範の充実以上のことは当然のことである。このより以上は，〔しかし〕，再度，〈それ以上の何か〉が存在するかのように，積極的に把握されうるのではない。確かに，自分の語りは，歌や叫びのように方向性をもたないわけではなく，継続していくが，他の者が語ることが続行することはなく，言われたことが続行するのである。その接触は間接的なものに留まる。言うことが言われたことに完全に消失するのであれば，言うことと言うこととの間の総合に至ることになろう。かくしてここに，不整合が口を開ける。要請の出来事と応答の出来事の背後に，いかなる一般的な相応の規則もなければ，いかなる自発的で内密な相応関係〔Ent-sprechung〕もない。このことから，適切な答えや不適切な答えは存在しても，いかなる適切に答えることや不適切に答えることも存在しない。というのも，間

2. 開かれた連結

の出来事というのは，与えることと受けとることそのことそのものが問題になる場所であるからである。何かが言葉にされるということは，言葉の規則に従うことではない。それは，何かが働かされ，行為にもたらされることが，働きや行為の規則を超えているのと同様である。私たちが創造的な応答について語ることができるのは，連結という開かれた形式において答えることを発見する限りにおいてであり，答えることはいつでも準備できていることではなく，デリダがいうように，答えることは決定できないものをもっているのである。なぜ，そのように連結され，別様に接合されるのではないのかの理由はあるのだが，その十分な理由があるわけではない。反対に，私たちは応答する創造から出発せねばならず，その限りで，こうした創造や発見をどこか他のところで，つまりパトス的なものの領域で始めなければならず，このパトス的なものは，要請へと移行し，私たちが不可避性と呼んだ固有の強制を行使することになる。

諸々の自分固有の可能性の背後に留まることとしてのハイデッガーの「責めを負うこと」があるだけでなく，また，ニーチェの「意志の記憶」があるだけでもなく，答えることの記憶もあるのであり，それはいわばその未来に拘束されており，同時に力を解き放つような拘束である。認識や心情の力の「自由な働き」という考えは，プルーストがそれに「対して決して自由ではない」(『探求』Ⅲ, 88-Ⅰ頁，独訳Ⅶ, 305頁)と書いている芸術作品よりも，むしろ美学に属している。この自由な働きは，あらかじめ与えられた秩序の強制からの解放として意味をもつかもしれないが，秩序を超えていくことは，それ以上のこと，すなわち，発-明〔Er-findung〕や発-見〔In-vention〕といった，それらが発するところが問題になることがらを意味している。文字通り，自由のパトスが存在するのであり，それは恣意と規則との，また任意と盲従との対立よりも深くおよぶ[1]。

---

1) そうしたことから，神話化する宿命論に陥ることなく，「運命」や「天運」という古い語を新たに熟考すべきである。こうしたことは，ラズロ・テンゲリの著作『生の歴史の二重の概念』(1998年)のライトモチーフである

3. 秩序の境界の踏み越え

踏み越えることを運動の特殊な様式の働きとして考察することができ，私たちもそうしてみることにする。にもかかわらず，ここで，それ以上のことが問題になるのは，踏み越えにおいては，ただ秩序の境界が横断されるだけではなく，むしろ踏み越えにおいてはじめて，この秩序の境界がそうしたものとして立ち現れるからである。こうしたことは古いトポス〔言い方〕であり，その核心において決して異論の余地がないわけではない。このことが明らかになるのは，私たちが踏み越えを間や異他性のさらなる形象として，分割的思考の試みに関係づけるときである。

まず重要なのは，超え出る〔Über-hinaus〕という運動をその他の，そこに介在する形象から区別することである。踏み越えは限界を超えて行く。それは，ここからそこに移行し，遠くにあるものに近づくことで，空間を通過することだけではない。むしろ，踏み越えは，こちら側をあちら側から区別する境界を横切るのであり，こちら側とあちら側が人びとが留まる特定の領域を特徴づけている限り，この境界は，内部と外部との間を通っている。こことそこの場合のように，内部と外部の場合にも，一方の項が記され，他方の項が記されない非対称的関係が問題になっている。踏み越えは，出発点の領域から目標の領域へと行われており，それは，翻訳が出発点の言語から目標の言語へと導かれているのと同様である。上昇と下降，昇りと沈みという運動は，プラトン主義的-アウグスティヌス的伝統において，決定的な役割を果たしているが，そうした運動と区別されるのが，踏み越える運動であり，そうした運動は垂直に上がって，その眼差しやその領域の範囲を連続的に拡大し，パノラマの理想状態に至るというのではなく，むしろ，「〈可能性の条件〉への下降として」ではなく，「〈その位置での上昇〉として」（メルロ＝ポンティ，1964年，232頁，独訳229頁）繰り返し新たに始めることなのである。運動の高まりは，唯一の頂上に至る連続的な上昇と混同されるべきではない。含有と排斥は前面と背面のように相補的に関係し合っているのであって，同じ事象の二つの視点のようになってはいない。踏み越えが領域の境界に定位している一方で，ブレは方向

3. 秩序の境界の踏み越え

や領層の違いに関係している。標準や基準面のうち具体化されているのは，遵守されたり違反されたりする特定の規準である。踏み越えの形象は，とりわけ参加型の秩序形式と結びついている一方で，ブレ〔回避〕や違反は規範的な秩序形式のうちでそれに特有な位置を見出している。

ここでは，新しい異他性の形象が描かれてくる。これまで考察された異他性の様式の核を形成するのは，自己退去の出来事であり[2]，それは，自己の自己外在において，もしくは自己と他者が分離して立ち現れることにおいて，異他性の忘我的かつ二重の形式を浮き立たせる。こうした異他性が結びついているのは，伝統的に〈主観性〉や〈相互主観性〉と呼ばれるものである。完全で規準となるそこに居合わせていることに向けて整えられていることは，異他性によって中断される。秩序の境界の彼方と結びついている異他性は，伝統的に言えば，理性の限界に対応している。こうした異他性を私たちは，法外的な異他性と呼ぶことにする。自己と他者の分割において私たちは，意味の持続性を分断する諸々の中断と関わっている一方，今や私たちは，存在を脅かす侵害や爆発に関わっている。いくら強調しても足りないのは，さまざまな異他性の様式がたがいに依存し合い，強め合っていることである。私たちの間で生じるものは，自分自身から逸脱するという理由からだけでも，いかなる外をも知らない包括的で根底的な秩序に逆らっている。そして，私たちの間で生じるものは，休止や区切りを介して強調されるのであり，妨げられずに経過することがないという理由でのみ，諸々の裂けた箇所が生じ，そこにすでに成立している秩序のパターンを逃れる新たなものが入り込みうる。

いまや，内部と外部の境界がどのように構成されているのかという問いが立てられる。そうした境界が構成されるのは，外をともに生じさせるすべての秩序の導入と一緒になっている。というのも，どんな秩序づける営みも「等しくないものを同等とすること」を意味するならば，そのすべての現実化のもとで，特定の可能性が排除されており，例えば，母国語の習得それ自身，自らの理解に多かれ少なかれ閉ざされたままである外国語を生じさせてしまうのと同様である。秩序の境界の踏み越えは，私たちがい

---

[2] たしかに，何かが秩序の規則から退ぞくと言われることもあるが，私は，狭義の言語使用に即して，何かが誰に対して退ぞくといいたい。このことは，退去と踏み越えが多様な仕方で内属し合うということを排除するものではない。

かにしてそれが可能かと問うときにはすでに生じている。踏み越えられているのは，私たちが異他性の経験と呼ぶ，まさにそうした経験のなかでの境界である。この踏み越えは，不気味さ，恐れ，驚きという不特定の感情のなかで言い表されるのであり，言葉や行為のなかで好奇心をもって接近したり，用心深く避けたりすることとして表明されうる。境界が踏み越えられるのは，それぞれの人々が，みずからの振舞いの様式のうちで，外へ向けて自己を区切り，したがって，自らの秩序の内部で接近可能なものに対して態度を決めるだけでなく，同時にその秩序の内部では逃れ去るものへと態度をとる限りにおいてである。境界の踏み越えは境界を止揚することではない。というのも，止揚というのは，内／外の境界が内部の境界に変化し，それによって，大きな自己が自分を自分自身から区別することを意味するのであろうからである。もちろん，そのような内部境界が存在し，すべての秩序の内部で異他性の規範的形式を，すなわち，異他性の「通常の」形式を生じさせる。そうした表現は，英語の日常言語 (Ordinary Language) という言い方やフランス語で月並みのワイン (vin ordinaire) という皮肉を言うときに用いることができる[3]。そこに属するのは，私の知らない通行人，私にできない手の使い方，私に馴染みのない言葉，そして，地図上の多くの白い隙間であり，その隙間は，何らかの秩序の基準が置き換わることなく，いつでも充たされうるのである。問題になっているのは「空虚地平」であり，それはあらゆる有限な経験の組成に属していたのであり，また，そこで既知のものが未知のものに混入するように導くのである。私は通りの女性の通行人に話しかけることができ，いかなる柵も私をその通行人から隔てることはない——ちがうだろうか。ボードレールの『悪の華』[*]の女性の通行人や，私たちの街の夜の通りで有

---

[3] より古い言い方としては，例えばパスカル『パンセ』，ブランシュヴィック版352, "Ce que peut la vertu d'un homme ne se doit pas mesurer par ses efforts, mais par son ordinaire."〔「一人の人間の徳がどれほどのものであるかは，その人の努力によってではなく，その人の平常によって測られなければならない」〕を参照。習慣的なものの範囲内にある異他性の正常ないし日常的な形式を，わたしは以前に，異他性の構造的形式と過激な形式として対置させた（『他者のトポグラフィー』35頁から37頁）。正常な異他性と構造的異他性の差異は，わたしがこの章で秩序の内と外として主題化するものに対応する一方で，過激な異他性は他者のあらゆる次元を貫いている。それゆえ，〈徹底性〉は異他的なるものの機能様式ではなく，その還元不可能性であり，その測り知れない深みである。

[*] ボードレール『悪の華』堀口大學訳，新潮文庫，1951年。

3．秩序の境界の踏み越え

色人種の一人が感じうる不安について考えてみよう。正常性はいつでも崩れ，不気味なものの水門は開かれうる。しかし，こうしたことは，正常性が存在しないことを意味するわけではない。その正常性が及ぶ限り，異他性は，日常的ないし制度的な秩序の内部領域に属すものの相対的な異他性に制限される。そういったとき問われてくるのは，最終的にすべての限界が内側に移動するよう働きかける全体領域や根本規則が存在するかどうかである。

内部と外部とを区別することで，ただ隠喩としてのみ秩序全体へと拡張されうるにすぎない空間境界を導入することになってしまったという異議が生じるかもしれない。こうした異議を詳細にわたってもう一度，検討するつもりはない。接触に関する章が教えてくれたはずだが，肌や髪で境界づけられ，内と外の空間の区別のなかでそもそもはじめて自己を展開する身体的自己は，物〔的身〕体的-感性的な固有な空間性と，転用された概念的ないし規範的に作り出された秩序空間への区別が，事後的な構築物であることを暴いている。それに加えて明らかなのは，こうした伝統的な区別は，経験の時間的―空間的な実現において真正な隔時性やそうした間隔性を産出する過激な異他性を誤認するように仕向けていることである。異他性における別のどこかは，別の時と同様，まったくもって，比喩を描写しているのではない。こうした基本的な洞察がその力を発揮するときにだけ，異他性の逆説が最も明確に明示される。他者経験においては，関わりと退去，結合と分離が相互内属的に関わりあっているように，到達可能性と到達不可能性や帰属性と非帰属性もそのようにある。まさに異他的であるというのは，私たちが到達不可能なものとして経験する秩序であり，私たちをそこに帰属しないものとして経験する秩序である。こうした経験において，私たちは，別のどこかに到着することなしに，自分固有のものを越境する。過激な仕方で回避することは，まさに回避そのもの以外のどこにも見出されえないのと同じように，踏み越えがそこにいたるそのことも，踏み越えそのもののうちにしか見出されえない。デモクリトスのクリナメン〔clinamen〕*)と同じように，それは何かではないが，やはり無でもない（ラカン『ゼミナール』XI 巻，61頁以下，独訳70頁）。踏み越えはさしあた

---

*)　クリナメンとは，物質の傾斜運動を表す言葉。

り、〈受動的な〉踏み越えとして、すなわち、過-多〔Ex-zeß〕として、通常の尺度を超え出ることとして遂行されるのであり、それは、利用できる超過とはならないとしても、そこから華々しい作用が生じる以前である。私たちはすべての制御の外に、踏み越えの出来事に晒されていることから、すべての排除は同時に自己排除を意味している。壁を築く者は、他者に対してだけ築くのではなく、自分自身に対しても壁を築くことになる。こうしたことは、異他性の狭知と呼ぶことができ、これは、すべての異他的なものが、自己に固有なものの中に痕跡を残すことを本質としているといえよう。「ミニヨンの歌」においてゲーテが練り上げている、孤独と一人でいることの違いは、同様に、内と外との多彩にきらめく関係を明かしているのであり、この関係は、生きられ、実践される空間性に由来するのであり、あらゆる二元的な空間の意匠は、〔無効な〕背後のものとされているのである。異他性が意味するのは、人が、そこから排除されている、あるいは自分を排除するところにいるということである。つまり、異他性とは、スプリット〔前後開脚〕の形式で、しかも、決して同一歩調になることのないスプリットの形式で、こことそこにいるということである。

4．踏み越えのバリエーション

次のように問うことができるかもしれない。秩序の境界を踏み越えるという思想は、特殊な秩序形式に、すなわち確固とした、ないし、厳密な意味での境界を示す秩序形式に限定されるのではないかという問いである。商取引制限の撤廃が、密輸をなくすように、理念と価値の自由貿易は、意味や規則の境界を開放し、その結果、異他的なるものの侵害や爆発が最終的には古めかしいものに見えるようになるというのだ。現代的に語れば、私たちが問題にすべきは、文化的かつ機能的な内部の境界にすぎないだろうとして、それらの境界は、異他的なものからその棘を抜き取ることになるのだ。秩序の内部と外部のこうした同時性がその劇的な、ないし悲劇的でさえある性格を失ってしまうのは、私たち各自が、たえず、下位秩序から別の下位秩序に移り行き、あれこれ、どのような秩序の中でも、また、ここでもそこでも、〔自由に〕行き来する場合である。浸透可能な超システ

4．踏み越えのバリエーション

ム〔Supersystem〕，あるいは普遍的に妥当する諸規則といった極限の場合においては，誰もがその場所をいたるところにもちながら，どこにももたないということになるだろう。商品は思想のように自由に行き来し，思想は商品のように自由に行き来することになろう。

　私たちの秩序の構想に対する疑念の源泉となりうるこうした熟慮は，単純に否定することはできない。私たちに必要とされるのは，境界線を引くことと，それらの境界との関わり方を意味するものについての洗練された考察である。ここで活動しているのは，明らかに，数多くの文化的ないし個人的な歴史の豊富なバリエーションであり，それらの項目を細分することは，私たちの研究の枠組みを破壊することになろう。私は，いくつかの重要な観点をスケッチすれば満足であり，その際とりわけ，次の三つの観点，すなわち，相互の通過性，諸境界の耐久性，そしてその厳密さの度合いに集中することになる。開放性の概念は，開かれた接合の記述の際にすでに重要な役割を果たしたが，それは，二義的なものを含んでいる。それは一方では，多少なりとも大きな通過性を言い表しており，他方では，多少なりとも大きな未規定性を言い表している。ドアが開いているのは，ドアの図式あるいはドアの概念が開いているのとは異なった仕方で開いているのであり，前者の場合，開放性には閉鎖性が，後者の場合，開放性には完全な，ないし一義的な規定性が対置される。しかしながら，開放性の二つの形式が区別されるべきであることは，それらが単なる多義性の溝によってたがいに別れていることを意味せねばならないということではない。ここでも私たちは，空間性と非空間性との古典的な区別の間をさ迷ったり，空間的な関係に閉鎖性を，そして概念的図式論に規定性を留保するといったことは控えるべきである[4]。

　境界の通過性から始めよう。その通過性が秩序の包含するプロセスと排除するプロセスに対応するのは，私たちが開かれた社会と閉ざされた社会，解放的な道徳と閉鎖的な道徳について，また，率直な人と閉鎖的な人につ

---

4) 以下のスケッチは一連の詳細な細部の研究に依拠している。とくに『行動の遊動空間』第6章，第12章，『生活世界の網目のなかで』第4章，『他者の棘』第2章，『語りの多声性』第9章を示唆したい。そこでは，E. シュトラウス，H. プレスナー，M. メルロ＝ポンティ，L. ヴィトゲンシュタイン，J. ハーバーマス，N. ルーマンのような著者が繰り返し示唆されている。

いて語るときである。このことが，まずもって，直接関わるのは，境界をこえる境界の行き来の仕方であり，そうした往来は我慢を伴うものだったり，促進されたり，阻まれることがありうる。そのようにして，諸々の考え，価値，感情がさまざまな仕方で行き交っており，しかもそれは，諸々人格と諸々の社会の間だけではなく，自己固有の人格の中や自分達の社会の中でもそのように行き交っているのである。法外的な異他性がこの箇所で関係してくるのは，忘我的異他性と二重の異他性である。秩序を踏み越えるものは，自己や他者の退去と結びついており，さもなければ，それは，別の秩序の単なる可能性が問題になるにすぎないということになり，例えば，鳥が飛び，魚が潜るといった，ことさら私たちを不安がらせることのない可能性といったことになる。技術的発明でさえ，隠れた欲望や～のようになりたいという存在への意志によって担われている。まさにそれゆえに，技術は，ノウハウを超えたみずからの神話をもっている。イカルスはただの挫折したパイロットより以上を意味している。境界での行き来は，人が異他的なものをどのように近寄らせるか，遠ざからせるかに応じて異なるし，さまざまな形式をもつのであり，また，どの程度他者を視野に入れるか，どの程度ザイスの像のように覆いを被せたままにしておくのか，どの程度異他化の可能性を発動させるか，あるいは，避けるかに応じて，どの程度別の生活形式に踏み込むことが許されたり，罰せられたりするのかに応じて異なってくる。その場合に，遮蔽したり，隠蔽することは，二義的なものをもつ。覆うことの中で示されるのは，覆われて，眼差しから逃れるものである。眼差しの動きと眼差しの誘惑とは互いに挿入し合うのであり，似たようなことが生じるのは，禁止の命令において，また，思考の炎の場合である。障壁や障害を前提とする境界の行き来が抗争という特徴を帯びることになるのは，全体秩序や究極的な調停の審級が欠け，いかなる同質性も保証されなくなるときである。決定できないことが抗争を生み出す。この抗争はさまざまな仕方で対処される。つまり，異他的なものと戦って，それによって，固有のものと他なるものとの差異を互いを敵にするまで高めることがあるし，それらに対して寛容な態度で向かったりもする。しかし，それは，固有の秩序や生存を脅かす深刻な事態が生じない限りではあるが。境界の開放性と閉鎖性は，何が危険として立ち現れ，そうしたものとして感じ取られるかにもかかっている。危険は，コードが聞

き取れないといった単なる騒音より，より以上のものである。完全に制御できない，また，あらゆる対抗措置を対抗暴力と印づけることになるような暴力という深刻な事態は，秩序がどれだけ自分自身の内部で，また自分自身に基づいて成り立っているのではないことを示している。

　境界の安定化は，この境界に，秩序の図式や秩序の規則の習慣化に相応する特定の耐久性を与える。この秩序の制限がエピソードに因んで崩れるときがあり，例えば，旅で知り合った人との一時的な信頼関係とか，匿名性という防護服のもとでの親密さ，あるいは，単純に，暗闇という防護服のもとでの親密さにおいてである。フォンターネの『シュテヒリン湖〔Stechlin〕』では，伯爵夫人メルジーヌが結婚式のための旅行で通らねばならなかった大きなアペニントンネルをゾッとする思いで想いうかべる。「そしてトンネルを出たとき，わたしはどんな不幸に立ち向かって生きていくのか，はっきりわかった」。しかし，誰，知ろう！　この今述べた美しい女性旅行者の眼差しから光りだすものが，無言のままに告げ知らされる別様でありうることや別様であるべきことの可能性であるかもしれないのだ。このエピソードが，二義的なものとして現出するのは，縁取りにおいて立ち現れている秩序と同様である。単なる〔秩序の〕交換に留まる場合には，移行における浮き彫りに留まることもあるが，新たなものを生じさせる変換に際しては，ある新たなレリーフも生じうる。あらゆる秩序には，その側面の亀裂があり，その亀裂は，人がかつて居たところで終わっている。そして，あらゆる秩序は，亀裂を容認し，その亀裂は別のところで終っている。単独ではバラバラのままであるエピソード的な個々の出来事は，それに相応した頻度や密度に応じて，システムを変化させるように作用しうることを，私たちは知っている。大きく秩序を踏み越えることも，つねに大きなスタイルにおいて生じるわけではなく，目立たずに近づいてくることがよくある。そのような踏み越えは，突発的であったり，侵食的なあり方で働き，個人の生活様式や社会の仕組みにおける突然の破裂や漸次的なズレとして展開する。社会的―歴史的領域においても，火成説に即するとされるセンセーショナルな出来事の経過や，水成説に即するとされる長い持続〔longue durée〕*)の考察の経過も存在する。ずっとまえから大がか

---
*)　フランスの歴史学のアナール学派及び，F. ブローデルによって主張されている構造主義的歴史学の基礎概念。

りな侵略や突発は注目を集めていたが，それというのも，その場合には不慣れなものや新たなものがはっきりした形をもって眼に入ってくるからにほかならない。こうしたことは，秩序がさまざまな仕方で崩壊していき，古い秩序の崩れた断片が新たな建物の建設に役立ったり，あるいは単純に改築されたりすることを排除することはない。構築と脱構築の結合は決して新たなものではなく，むしろ規則を提示するのであり，その結果，古いものが新しいもののなかでその寿命を超えて生き延びることになる。このように超えて生き延びることも踏み越えの一形式を提示するものである。

　秩序の境界が多少の違いをともなう大きな開きと閉じや，その変化する耐久性と並んで，境界が引かれるときの厳しさの度合いも考察されるべきである。秩序の境界の踏み越えは，このことの影響外にあるとはいえないのである。境界の線引きは，あれかこれかを優先したり，あるいは多かれ少なかれというスライドするスカラーを優先したりしうる。そうしたスカラーは，数的なコードの助けでデジタル的に機能できるし，色のニュアンスの標本録や人相の再確認などの場合にはアナログ的に機能しうる。一方に私たちが見出すのは，きわめて鋭い輪郭であり，白黒のコントラストや肯定か否定の選択肢であり，他方では漸次的な移行やぼやけた輪郭や白黒のつかない領域を見出す。芸術はこのようなコントラストを必要としており，一方の木版画や石版画と他方の彩色やぼかしとのあいだで，ニュアンスをもった描線や着色の遊戯を展開している。諸々の図式や規則が使用されるかぎり，それらは，ときには明確な，そればかりか型どおりの形態において立ち現れるが，他のときには，むしろ含蓄的な形式で，規則性が見通されるというよりも感じ取られるように立ち現れる。こうしたことはさまざまな回避の技術に通じている。はっきり境界線を引くことは，スペースキーを押すときのように，自由にできる空虚な位置を生じさせるが，他方，漸次的な措置の場合には，幾つかの事柄を決定不可能性の薄明のままに留める未規定性の地平を生じさせる。このことが境界の踏み越えにとって意味するのは，自分がまだ境界のこちら側にいるのか，すでに向こう側にいるのか，確信をもてないことである。このことが該当するのは，すべての秩序の領域であり，ある場所や土地から別の場所や土地への空間的移動，ある現在野から別の現在野への移り変わり，ある時代から別の時代への歴史的な移行である。このことは，例えば楕円形から円形への変化とい

4. 踏み越えのバリエーション

った形態の変化にも該当し，人種の差や性の差などの社会的な境界にも，また，客と友，友と敵，難民と移民といった社会的地位や関係の違いにも，そして犯人，共犯者，犠牲者，目撃者などの規定における原因─結果関係からする責任や，言語上の類縁関係などにも該当する。両性動物や混血といった混合形態が形成され，それが複合的な同一性の固有な形式を証示している。ボスニア・ヘルツェゴヴィナは何パーセントがセルビア系で，クロアチア系で，イスラム系なのだろうか。ナボコフのような一人の著者はいったい，何パーセントぐらいロシア系，あるいはアメリカ系といえるのだろうか。そうした問いを言葉にしてみることが示すのは，そうした問いの不合理さである。すなわち，そうした問いが前提にしているのは，私たちが人格や民族について作りあげる像が，分離され，数えられる特徴から成立しているということである。二つの対立する秩序傾向の相違がはっきり視野に入ってくるのは，私たちが電話番号の一義性と見慣れない人の顔の陰影とを比較するときである。私たちは知らない顔の特徴は類推できるが，電話番号は，すべてか皆無か〔の問い〕に私たちを立たせる。暗示する画像のスケッチはあるが，数のスケッチは存在しないのであり，せいぜい開かれた数列や蓋然性の値があるだけである。境界線を引くことが最終的に限定するのは，意義や目標がその表現を見出す認知的，実践的諸図式の限定ではなく，間接的な操作や規則づけのもとにある情感の領域にまで遡及する。怒りや愛や憎しみにしても，目標づけられ，規則に即したパトスが存在するわけではないが，怒や愛や憎しみにおける行為の秩序は存在する。こうした間接的な仕方で，感情の噴出は感情の規則に参与しており，その結果，ここでも境界は踏み越えられるのであって，単に飛び越えられるわけではない。はっきりとした境界や曖昧な境界のどちらが優先されるのか，に関しては，こうした二つの傾向は，あたかも感情が空間形態や時間のリズムと同じく，数学化できるかのように，行為のすべての諸分野に任意に分配されるわけではない。私たちが触発的な当事者性の出来事に強く捕われたままであればあるほど，内部領域と外部領域とを互いに塞ぎ，密閉し合うことはより困難になる。例えば明治時代以前の日本幕府のような閉じた社会が厳格な鎖国を行っているのは，理由がないことではない。感情を洗い流すようなすべての試みにもかかわらず，人間同士の接触は理念や計画よりも抑制したり，濾過したりするのが困難である。

最初の予想とは違って，秩序の境界の可変性は，その可変性を廃棄することやその異他性の効果を和らげる方向へと向かうわけではない。しかし，境界との関わり方が変化してくるのは，そのつど作動する秩序がもはや全体の秩序へと成就することなく，もはや根本秩序によって押さえ込まれるといったことがないときである。そのときに，決定的な基準となる差異は，完全なる全体を見やるなかで，善い／悪いということではなく，統一的な規準を見やって，正しい／間違いということでもない。その規準となる差異はむしろ，秩序に即す（ordentlich）／法-外である（außer-ordentlich）ということであり，ないし，一般的な表現では正常／異常ということである。この差異によって特徴づけられる境界が，あらゆる話すという出来事を潜在的な仕方で一貫しているのは，話すという出来事を話されたことの意味や諸規則のうちに完全に捉えることができないからである。普通の案内や日常の約束でさえ，わざわざ問題にすることなく，その既存の秩序を守るときでさえ，まったく普通だったり，日常的であったりするわけではない。秩序の維持は，既存の秩序によって完全に保証されるわけではない。繰り返しいわれたように，自分の義務を行う者でさえ，自分の義務より以上のことを行っている。まさにこのことの内に，郵便配達人とベルトコンベアーとの違い，監視人とモニターとの，また，死刑執行人とギロチンとの違いがあるのだ。〔フィンターネの小説〕『エフィ・ブリースト〔Effi Briest〕』に書かれているように「日頃のことをゆっくりくつろいでやりこなす」といったとき，正常性は喜ばしいものとして体験されうる。戦場にいる者，重病人，社会的マフィア〔グループによる暴力〕に苦しめられる人は誰でも，そうした正常性に憧れるだろう。しかし，正常性は恐ろしい形式を取ることがありうるのであって，例えば，ハナ・アーレントがその裁判での報告書で「恐ろしいまでに正常」と記した，アイヒマンが病的にまで義務をこなしていた場合がそうである。

　ここで言及した規準となる差異は，あらゆるそうした差異と同様に，両極化する効果をもつこととなり，一方ではある側面が，他方では別の側面が支配的になる。極端なものに近づくとき，私たちは一方で，既存の秩序の内部に立場を置こうとする正常主義を見出し，他方では秩序の外のとっぴなことに救済を求める異常主義を見出す。秩序を踏み越えるものを断念することと，秩序を踏み越えることが妥当とされることとは，対照的位置

4. 踏み越えのバリエーション

関係にある。法-外なものなしの秩序のあるものと秩序的なものなしの法-外なものとの対立が，〈悪しき弁証法〉に合流することになるのは，踏み越えの《どこから》《どこへ》が，統一において止揚されることがないからである。両極化は病理的なものにまで高まることがありうる。広場恐怖症は公の場に対する恐れにあって，患者を外なき内へと投げ返す一方で，閉所恐怖症では閉ざされることへの不安から，患者の立場や生活の場が内なき外のなかへと消え失せてしまう。類似した意味で，E. ミンコフスキーは，〔進行性〕麻痺患者と統合失調症患者という二人の患者の障害のある空間体験について語っている。前者は，瞬間的に《ここ》に固定されたままであり，他方で後者は，《ここ》を平均化してしまうことから空間への繋留が極端に弛緩してしまっている[5]。肌という境界の微妙な機能については，すでに以前に語られている。肌の浸透性の特性が妨げられるのは，肌が甲冑のように硬直化したり，逆に，あらゆる境界が消えてなくなるほどに開いてしまう場合である。

　最後に，現代において，秩序の境界をどう取り扱い，どう評価するのかについて眼差しを向けると，多様な局面で相反する像が生じることになる。長い間，妥当するとされてきたのが，境界が開かれ，それどころか廃棄され，境界設定に際し，堅固なものに代わる柔軟な処置が，明確に利益を生むということであった。だが，機能が変化しても境界は境界であり続けている。獲得と損失は，一方だけの記載ではありえない。人は走ってきて壁に頭をぶつけることもあれば，網の柔らかい糸にもつれることもある。境界の開放に関していえば，可能性の意味の一面的な優先は，無関心に行き着くことになり，それが発病させるように働くのは，既存のものにしがみつこうとする，がさつな現実の意味の優先と同様である。現在の像が相反するようにみえるのも，科学技術上の命令の定言的な圧力のもとで，実践的な諸可能性の拡大が，行動の厳格な定式化やプログラム化を伴うからである。人生の本〔Buch〕から，人生の予約の記載〔Buchung〕へ，また，与えられた保証から硬く閉ざされた保証へとは，ただの小さな一歩で届い

---

　5) わたしがこの所見を繰り返し引き合いにだしたのは，私たちの空間体験の両極的性格やそれに対応する行動障害を性格づけるためであった。とりわけ『生活世界の網目で』188頁，204頁を参照。

てしまうのは，どのように機能するかということが，私たちに遭遇し，語りかけるものを圧倒してしまうときである。

　境界の踏み越えのさまざまな形式の分析は，二つの問いを残すことになり，それらの問いに，今後の章において従事することになる。すなわち，一つは，第三者の指示のもとでの秩序の問題系の先鋭化，二つは，秩序そのものにおいてカオス的なものの分散を求めることであり，それらは，さまざまな秩序形式の形成にともにその責任を果たしているといえる。

5．規則の第三の審級

決して自明でないのは，規則の審級を第三者の形象と結びつける，しかも，ただ手始めにだけではなく，持続的に結びつける試みである。これに関わる考察は，秩序の問題系に新たな転換をもたらすことになる。私たちは，秩序の生起を，境界線を引くという観点から考察したのであり，それは，同時に境界の内を作ることと外を作ることで内部と外部を生じさせるのである。そこから法外な形式の異他性が生じるのであり，それは境界の踏み越えにおいて決定的な表現を見出す。この秩序は，そのすべてを同一視する力を行使して，私たちのあいだで，そして諸々の事物とともに生じるすべてに働きかける。その秩序は，何かとして現れ，何かに向けて努力するものすべてに刻印されるのであり，こうした図式化し，カテゴリー化する影響力は，評価と数量化のうちで，日付けと局在化のうちで，さらには因果的な帰責関係のうちでその姿を現す。こうしてさらに続けて，この秩序づける力を私たち自身や他者にも拡張することができ，誰もが，ある特定の役割において誰かとして見做され，対処され，誰でも〔Jedermann〕という，すべての特定の役割を超える超形態にまでいたるのであり，この《誰でも》は，理性的に導かれる自己として普遍的な役割を果たすだけではなく，みずからの自己活動において特有の尊厳を要求する。存在の規則と当為の規則を厳密に区別するときでさえ，二つの合法則性は，なお，一つの一般的理性のうちでともに機能するのであって，その際，この理性をどれほど形式的，あるいは具体的と評価するかには無関係である。目標が充足された全体的秩序だけでなく，規範的に先鋭化された根本的秩序も，

5. 規則の第三の審級

踏み越えへと誘う。確かに，すでに示唆したように，規範的な規準が立てられる場合，逸脱が問題になるが，なお規範的規則も特定の使用領域や領土に帰属する限りで，実践的規則の場合にも，踏み越えが問題になるのであり，しばしば違反が問題になるのが常である。理性法則が従属する一般妥当性は，内部と外部との差異，固有のものと異他的なるものとの差異を無効にするだろう。理性法則は例外もアウトサイダーも知らないのである。それはただ，自分自身を閉め出すことになるアウトローの没理性性を知っているだけである。このとき，規範的に根を下す秩序は，目標を規定されたコスモスに等しいのであり，そのコスモスは——アリストテレスがはっきりと確かめたように——秩序に逆らう運動や無秩序のもの，無秩序〔άτακτον〕という形式のほかには，いかなる外ももたないのである（『自然学』Ⅲ，6，207，a 8）。並外れた形式とともに，忘我的，分割的な形式の異他性も相対化されはするが，二つの形式を包括し，包摂する一般的なものに関連して相対化されるまでであろう。

しかし，そうはいかないこと，すなわち，私たちに遭遇するものすべてが，他者において私たちに要求しているものまで含めて，一般的な規範〔ノモス〕に組み込まれたり，一般的な法に従属したりすることはないことを，私たちはくりかえし示そうとした。慣習と命令としての《さしずすること》もつ二重の意味がすでに示唆しているのは，法則が他者やさらには自分自身への関係を維持して，その関係は事物の一般的な秩序のうちにも，目的の一般的な帝国のうちにも，みずからの確固とした場所を見出すことはないということである。他の要求に依拠するような法則は，ヤヌスのような二面性をもっており，そのとき，法の声が語りだす命令の力は，それが指令する規約と一致することがないのである。他者の訴えから法の間接要求への道を，私たちはこの研究の第Ⅲ章で歩んだが，今はそれを逆にたどり，妥当する諸秩序から，その秩序が具現化する審級へと遡及的に問うことになる。

ジンメル，サルトル，レヴィナスにおいて登場する第三者の形象は，そのつどさまざまな装いと，それぞれに特殊な比重をもちながら，注目すべき移行の形象を呈示している。そうした第三者の形象はさまざまな役割を果たしており，他者たちが対話の主題になる第三人称から，参与したりしなかったりする証人を経て，それ自身，制御したり，分配したり，調停し

たりしながら介入できる秩序の審級にまで至る諸役割である[6]。ここで最初に私たちの関心を惹くのは，秩序の審級であり，とくに実践的法則の審級である。後者は命令と禁止に分節化されており，それらは，特定の行為や行為を怠ることに対する規則を定める。命令や禁止を表明する者は，常に〜の名の下に，それを行い，何かについて〔für etwas〕権限がある，また何かに〔zu etwas〕権能があるといった審級を引き合いにだす。命令する者が自分の意志以外のものを引き合いにだすことがないとき，まさにこの者が法になる。その法が命令の文法学に属しているといえるのは，主張された事態が言明の文法学に属しているのと類似した仕方においてである。その正当性が議論の余地のないような命令は，疑うことができないような事態に比較できよう。そのような議論の余地のなさは，疑わしさを抑圧することによって，したがって，疑わしさを間接的に容認することによってのみ到達できる。自分自身を内容とするような言明の働きとして，不可謬性のドグマの行為遂行的な力の行使には，議論の余地のなさの実用性の行使が相応することになろう。しかし，最後の審級は，訴訟手続きが終わるのであっても，審級に留まるのであり，問うことを中断することができるわけではない。言語なき妥当の純粋な理念性と妥当性なき言語の事実的な実在性との間に，第三者という審級が収まっているのであり，それは，法の代理となる純粋な理念性にも，また，法的に決められたことにも還元できない。フロイトは，超-自我という審級をオイディプス的な家族構成から導き出し，カントの定言命法に「オイディプスコンプレックスの直接的な遺産」（GW, XII, 380頁）を見出すが，その彼さえも，超-自我の形成を親の人格との単なる同一視に還元していない。彼が確定するのは，「このように，子供の超-自我は，本来，両親を模範とするわけではなく，両親の超-自我を模範として築かれており，それと同じ内容で充たされ，それは伝統の担い手になるのであり，世代を超えてこうした仕方で継続する時代をまたいで存続するすべての価値づけの担い手となる」（『フロイト全集 XV』73頁）。もちろん，長期的で集合的な伝統との同一視も，何かを

---

6) 詳しくは『応答の索引』II，13-14を参照。『異他的なるもののトポグラフィー』第5章，とりわけレヴィナスに関しては，パスカル・デルホーム『第三者』（2000年），さらにジンメル，フロイト，ラカン，サルトルに言及した著作として，トマス・ベドルフ『第三者の次元』（ボッフム大学の博士論文，2002年）を参照。

5．規則の第三の審級

支持する人々とその人々が支持するものとの間の代理表象的な差異を解決済みとして片付けることはできない。「秩序がある」という不可避的な根本事実は、「法がある」ことを含意しており、その法は、純粋に理念的に存立したり、純粋に実在的に存立したりすることはない。通常は、第三者に積極的な中立性が帰されるが、それは、第三者という審級がわたし自身と他者との抗争に直接関わらないというわけではなく、調整するように働くという意味においてである。等しさが権利や正当性の本質的な特徴として、どのような基準で測定されるかにかかわりなく妥当するのは、理由がないことではない。第三者の役割は私たちにも馴染みのものであり、法を制定する立法者や、判決を下す裁判官や、法の遵守を監視する検閲官（とりわけフロイトの場合がそうである）といった伝統的な役割からして慣れ親しんでいる。そして、第三者が審級の名において何かを述べるときのその審級を、ロゴス、理性、良心、人倫あるいはまさに法と呼ぶ。しかし、第三者という審級を特徴づける移行性格が消失してしまうのは、第三者の人格を、単なる表向きの形式として、つまり、匿名的な法の純粋な機能や純粋な妥当性においてその完成状態に達している形式として、取り扱うときである。

決して自明なこととされないのは、第三者の法にそうした力を認容することである。ニーチェの『ツァラトゥストラ』（KSA4, 30頁）とともに、「汝なすべし」という「大いなる竜」に「わたしは欲する」を対置できるかもしれない。誰もがそのように決断するならば、そこから、さまざまな意志の中心が対立しながら登場する諸力の領野が生じることになる。その一般的な法は、闘争の法ということになり、そこで、みずからを欲するだけでなく、その対抗する力を自分の力にすることができるような強い敵を欲することになる。その場合、答えることは相手の突きをかわすことに等しいといえ、それは、例えばクライストの戦う熊の場合のように、最高度の完成にあっては、もはやけん制攻撃をしかけるといったものではなく、相手の突きが生じるとき、すでにそこに届いているからである。ここで問われるのは、このような答え以上の答え〔Überantworten〕がなお、意志に帰されうるかどうか、また、力に満ちた表明は、表明の力のうちでみ尽くされているのかどうか、もし、そうでないとすれば、意味と力は、要求の場合と同様、互いに一つになっているとすべきではないだろうか。や

はり，法道徳からのニーチェの離反は，かわらず正しいのであり，というのも，法道徳は，そのつど「支配する道徳」に依拠しており，道徳を「問題として」把握することがなく，あたかも，あらゆる要求の背後に一つの支配要求がないかのようにみなしているからである。(KSA 5の106頁を参照)

しかし，みずからの支配力を背後で行使することのない第三者の法とは，どのようなものでありうるのだろうか。第三者という形象は，自己分割や自己二重化との関連で詳しく言及された二重のものという形象と同じように，問題をはらんでいる。そこで，避けるべき把握の仕方とされたのは，分割の本質が何かがただバラバラになることにあり，二重化の本質が単に何かがもう一度，起こることであるかのような把握である。そこで妥当したのは，自己やその自己の他者への関係を正当に評価するために，あらかじめ与えられた諸統一への固執を打ち破ることであった。第三者の場合には，別の危険がある。ほとんどの場合，中性で登場する第三者は，分岐することに対する治療薬として役立ち，より高次の統一ないしは深みにおいて再発見される統一として働き，統一化や和解[7]の審級として，あるいは――それほどでもないとしても――対立し合う力を統一可能にする審級として働く。第三者のうちで私たちが出くわすのは，すべてを結合する隠れた中心としての純粋培養における総合である。この中心から見れば，自分に固有な自己は他者の自己と同じように，他者のもとでの，他者とともにある自己として現出する。個々の意志の闘争主義は，共同精神や共同意志の対話主義に転換し，この対話主義は，平等性のうちで仲介者（μέσον）を目指しており（『ニコマコス倫理学』V，9を参照），アリストテレスの推論を，中間項（μέσον ὅρος）をめぐる三段論法として，思弁的な高みへと祭り上げることに呈示されている。何かが第三者を通じたこうした統一化に対抗するのであれば，それは，触発の《どこから》と応答の《どこへ》との間の原分割であり，それは，私たちの間で起こっているすべてのことにおいて繰り返されている。他者は第三者として登場し，その第三者は～の名において語り，あらゆる秩序と同じように，等しくないものを等しいと見なすような秩序の名のもとに語るのであり，それによって，同等

---

7) 英語では，償い at-one-ment〔一つにする〕という。

5. 規則の第三の審級　　　　　　　　　　　　　　　　　　　287

性の要求や同等性の期待に，不平等という契機，すなわちアシキア〔ἀδικία〕を刻印する。アルファという最初の文字や In や Un のような接頭辞は，ここでは剥奪の表現として，修正されるべき欠如として，存在すべきではないものとして理解されるべきでなく，成立とともに一つのこととして生じるような秩序の境界の踏み越えを指示するものとして，したがって，私たちの関わっているあの法外な異他性の表現として理解されるべきである。《最も正当なことは，最も不当なことである〔summum ius summa iniuria〕》という周知の言い回しは，秩序を極端にまでもたらし，法-外なものを秩序に合併しようとするすべての試みに対して向けられた抗議として理解されるべきであろう。あらゆる秩序は，特定の観点を具現化したもの，すなわち，みずからに特有な光学と固有の遠近法，つまり，そうあって別様にはないということをもつような視野でないことはないが，それ以上のものでもない。普遍的な射程を要求する諸秩序は，決して，こうした制限の例外とされることはなく，特定の道徳は，一つの道徳的観点〔moral point of view〕に制限されるのであり，それは，道徳的正当化をのがれるような駆り立てる諸力をその土台にもつ。私たちがそれに従って生きる秩序を，私たちがそのなかで生きる秩序へと転換するとする〈精神の持ち主の王国〉は，そのように獲得されうることはない。道徳的共同体は，観察者のシステム論的共同体に致命的なあり方で近づくような道徳裁判官の共同体となるであろう。

　私たちのあいだで生じるものすべてに，秩序をおおいかぶせる誘惑を遠ざけるならば，このことは，次のことを意味する。すなわち，第三者の審級の導入は，まさにかの自己を分割や二重化から生じさせる自己分割や自己二重化のプロセスと同じように，分割的に考えるべきであるということである。二つになることが三つになることのプロセス，すなわち，いわば構造的な〈三重化〉と組み合わさっており，それは，何かが数の上で三倍になることから区別できることなのだ。こうした第三者審級が単に外的に付け加わるのでないのは，自己と他者の完璧な二者性〔Dyade〕が存在して，秩序を創設するような原罪によってその唯一性を奪われるかのように生じるのではないのである。他者から生じる要請や要求は，応答する者にただ応答するよう強いるだけではなく，開かれた接合の解明の際に示されたように，応答することをまさに別様にではなくそのように，応答するよ

うに強制する。それなくしては，何ものも，どこか向かう先も，誰も存在しないような意義の構造や目的方向のうちで，ある特定の〈応答の運命〉が沈殿する。そこに属するのは，他者の，まさにこの他者への変転，特定の応答可能性を選び，別の応答可能性を排除することにおける変転である。一瞥してそこに見出されるのは，第三者の男女（中性的形式での他者〔autrui〕）が複数で登場することであり，それがそうあるのも，たださらに多くの他者がいるからだけではなく，私たちがその要求に応答するこの異他的なるものそれ自身が，ふたたび他の自己たちのなかのある特定の自己であるからである。しかし，こうした複数化する記述に対しては，よくよく用心しなければならない。

　私たち自身や他者をグループの一員と見なすなら，私たちはすでに，今まさにその発生が問われている社会的秩序の地盤を動いているのである。したがって，複数性は既存の人格の複数として理解されるべきではなく，触発と要求の領層における真なる複数化として理解されるべきである。選択は，フッサールが表現するように，「触発的レリーフ」という形式を示している，ないしは，私たちが言うことのできるように，要求とは，要求がそれを生じさせるとともに生成するような要求の野から生じるのである。あらゆる秩序を壊す異他なるものの要求の単一性は，文脈に合った，あるいは規範的な配属という意味で相対化されるわけではなく，複数のなかの単一性として登場する。

　社会的に「確定されていない動物」のこうした状況が，強いることになるのは，いわば確定そのもの，優位と遠近法の導入，「等しくないものを同等とすること」，「比較できないものを比較すること」などであり，まさに，秩序を秩序たらしめるものである。法外な異他性は，「群れ」という社会的秩序のうちで消失するのは，この秩序の発生が忘れられ，第三者の視点が蔓延するときである。その際，比較的どうでもよいといえるのは，牧人による導きが内的な制御として生じるか，外的な制御として生じるか，また，秩序が考えうるかぎり最高のものと自称するか，あるいは単に機能する秩序と自称するかである。こうした考察すべてに応じて，どのようにして一人が秩序のなかに入り，そこから出るかと問いをたてる者は，不当な問いを立てることになろう。もしも第三者の視点が存在しないのであれば，まるで，ただこの第三者の視点だけが存在するとするときと同様に，

5. 規則の第三の審級

このような問いは，無効になるであろう。他者としてのあなたから他者たちの一人としてのあなたや私への移行の〈不思議さ〉，すなわち，他者の要求から第三者の審級への移行が，気がつかないうちに起こってしまうのは，私があなたとともに私たちについて語るときや，私があなたを他人の眼で見るとき，また，私があなたを私がつけたのではない名前で呼ぶときであり，そして，この移行が生じるのは，すべての人にそれなりの仕方で生じることを一緒に熟慮するときでもある。第三者は常に働いているのだが，ただ，まさに，当人とほとんど一体化した隠された後見人としてのみ働くことが多い。

この《ほとんど》というのがほとんどに留まるのであり，それは，自我が，両親という第三者の審級，要求し，禁止し，罰する審級を，超-自我という形式のうちで内面化する場合にもそうである。「私たちの両親の関係の代理」として，すなわち「内面世界の，エスの弁護士」として，かの代行機能を行使する審級を，私たちは第三者に帰したのであり，この審級はフロイトの場合，自我の分割の結果として生じている。その自我は，自己分割の経過において，「自我の一部が他の自我に対置され，自己を批判的に評価し，いわば客観にする」(『フロイト全集』XIII巻，264頁)。その際，重要な事実は，第三者の秩序が自己に具現化していて，それでいて，なお，それを異物的な何かとしてとどめて置くことである。分裂の箇所，とりわけエスと超-自我の間の分裂の箇所は，消えることがない。私たちの研究の出発点となったパトス的生起は，超-自我という審級によって一面的に支配され，制御されたりするわけではなく，ある意味でその君主に報復するといえ，それは，特有のパトスという形式において，すなわち，まさに自分で受け入れたものである法のもとでの苦悩においてである。理性，秩序，道徳の働きの範囲で出会う異他性を，法外な異他性と規定するとき，したがって，そのつどの秩序を超えるものとして規定するとき，私たちは注目すべき現象に突き当たることになる。すなわち，まさに特定の衝動の欲求を抑圧し，限界づける審級は，それ自身部分的には，私たちの射程と私たちの制御する意識の外部に置かれているのである。こうした秩序の自己隠蔽は，秩序がただ外部を産出するだけではなく，それ自身が外部審級を形成するように働くのであるが，私たちはこのことに，これからも携わることになる。

さらなる問いが関わるのは，法の審級を超-自我とするフロイトの特徴づけである。いったい，どうして超-自我なのだろうか。すでに触れたように，いわゆる超-自我は，両親の人格性と決して一致するわけではなく，また，両親の人格性それ自身，超-自我〔Über-Ich〕の制御に曝されているのであるから，超-汝〔Über-Du〕から出発してもいいのではないか，あるいは，無意識の集合化の後押しをうけることなく，超-私たち〔Über-Wir〕から出発することもできるのではないのか。フロイト自身仮定するように，私自身の中において他者の自我の理想の「参与」が見出され，逆のかたちで類比的なことが妥当するのであれば，いわゆる超-自我は唯一のものとはいえず，やはり，自己に固有のものと異他的なるものからなる相互的な内在の重要な存続体，つまり，メルロ＝ポンティがキアスム〔交差〕や融合的社会性と呼ぶものとなろう。もちろんこのことは，家族，グループ，民族といった私たちが，総体として，同じ法のもとに苦しむという可能性をも含んでいる。

　最後に，個々人のあるいは，グループの法の審級との関係について言えば，ここで，とりわけ，集中性が常軌を逸することを通して，平衡関係を崩すとき，いかなる平均値にやすらうこともない極性化と過激化が際立ってくる。法の効果が意味するのは，第三者の法のもとでの一様の従属は，法に対する無政府主義的な反乱に対置されることである。第三者の審級を通じた回り道を回避する無媒介的な他者との対決，容易にテロルを招くこと，他者が法と，また，法が他者と同一視されるとき，爆発を誘発する混合となること，こうしたことは，法の力や法の暴力のもつれた有効性に属しているのであり，この効果はあらゆる法の妥当の背景においてその有効性を展開している。

6．侵犯の二義性

経験の間の生起に介入する秩序はどれも，境界を設置し，外を遮断することで，そうした介入をおこなう。秩序というのは，等しくないものを等しく見なし，等しくないものを全体の一部分や法の一事例として扱うことで，間の生起から何かを創り出すが，誰も，そして何も，その秩序が創り出

6. 侵犯の二義性

たものに完全に埋没することはない。その限りにおいて，私たちに秩序を踏み越えるように誘うだけではなく，むしろ，秩序の境界はいつもすでに踏み越えられている。この踏み越えは，〔誰かによって〕創設されることで起きるし，さらには〔既存の〕秩序が保持されることでも起きる[8]。したがって，踏み越えのこうした基本的な形式は，選択できるものではなく，命じられることも禁じられることもできない。このことは，法の通達に関しても妥当する。法の声を聞くことが，法令に属するのでないことは，規則の遵守がそれ自体で法に即した行動を意味するわけではなく，また，志向性そのものが目的を目指す行為に由来するのではないのと同様である。それによって，除外されるのは，すべての事柄を一つの包括的な目的に統一する全体秩序であり，同様に，すべての人の行動を例外なく一つの根本秩序のもとに従属させるような根本秩序である。結局のところ，除外されるのは，私たちすべてが純粋に包括的な大文字の私たち〔Wir〕に一体化されることである。伝統的な定義にしたがって，正義ということに，等しいものを等しく，等しくないものを等しくなく扱うべきであるということが含意されている限り，等しくないものを等しく扱うことには，「不正義」の契機が内在している。そして，あらゆる秩序がその選別的性格に依拠して特定の要求を退ける限り，その秩序は「暴力性」の契機を含んでいるのである。すべての秩序をなにもかも一緒に扱っているという非難が，わたしに向けられるかもしれない。わたしはこの非難を引き受けるつもりである。というのも実際に，秩序そのものの〈存在〉に属する根本的な視点が複数あるからであり，そのなかには，秩序の外部とか，そのつどの秩序の拡張や改良によっては止揚できない法-外な異他性とかが含まれているからである。こうした決定的な地点で及び腰になる人は，秩序が秩序として放縦の限りを尽くすことに加担することになる。

にもかかわらず，秩序の境界の踏み越えと無制限の拡大とに，違反と法外性とに，二義性が付きまとっていないかどうかという問いが生じる。私たちが法律の規則を破るといった特殊な侵犯について考えるときはことさら問われることになる。侵犯はそのままただちに侵犯なのだろうか。犯罪はそれほどたやすく，阻止，侵害，突発，断絶，関係の中断といった言葉

---

8) デリダがその著作『法の力』（47頁）で示唆しているように，妥当する法はただ適用されるだけではなく，そのつど新たに裁判官によって作り出されうる。

に翻訳されうるのだろうか。私たちがすでにこうした問いに近づいていたのは，触発から訴えへの移行に際して，暴力の侵害としての殺人といった極端な事例を考察したときである。明らかに，暴力行為とは，あらゆる秩序に即した行為に帰せられる暴力性より以上のものを意味する。したがって，暴力行為は〔暴力性から〕区別されなければいけない。だが，どのようにして区別されるのだろうか。

　まず，アリストテレスの時代以来，倫理的行動と実践的な行動を規定するだけでなく，制度として沈澱してきている古い区別があり，例えば，民法と刑法の違いといった区別である。私がここで考えているのは，『ニコマコス倫理学』の第5巻でお馴染みの分配的〔distributiv〕正義と矯正的〔korrektiv〕正義の区別である。前者において問題になるのは，義務と権利，機会，立場，負担の分配と再分配などであり，それらは，私たちが特定のことを行ったり，話したり，享受したりすべきであったり，そうしてよかったり，そうすることができることに導くことになる。端的に言えば，社会生活での分担が問題になっている。この分配の秩序の境界が侵害されるときには，特定の個人やグループが不利益を被ったり，優遇されたりすることになり，このようなあり方で，不正に扱われることになる。この不正義が不正義であるのは，等しいものが等しくなく扱われる限りにおいてである。この不正義は，等しいもののもとでの秩序に関して，相対的な不正義としてありつづけるが，この秩序によって，あらゆるひとが，被害者の場合も同様に，自分の権利を主張することが可能になる。そのような分配の秩序が許容するのは，その秩序をさらに改良することであり，この改良の土台となっているのは，すでに言及されている《多かれ少なかれ》の規則である。最適性への問いとこの最適なものの規定に関するさらなる問いを，しばらくの間，度外視するなら，いまのところすでに以下のことが確定されうる。すなわち，限界状況と境界的事例，つまり非常事態と悲惨さとがあり，そこでは，生の可能性が削減されるのみならず，生の不可能に近づいているのである。ここにおいて，第一の前者の不正義の形が第二の後者のそれに移行する。

　矯正的正義が力を発揮するのは，人生の機会の分配だけではなく，身体と命，名誉と尊厳，したがって，私たちすべてがそれ自身からなり，それ自身に対自的にあるものが，真に問題になるときである。生活上の分担や

6. 侵犯の二義性

権利に関係する不正義が絶対的不正義へと増強するとき，それが絶対的と言われるのは，それが他のものによって代価されえない限りにおいてである。すでにアリストテレスにおいて，明白で残忍な暴力だけではなく，詐欺の陰謀が，そうした不正義に属しているのであり，両者とも個人の行動を超えて，政治の歴史に深い溝を刻んでいる。そうした事例においては，等しいものが不等に扱われるのではなく，違反者やあるいは，犯罪者が，他者を同類でないものとして扱うのである。その者は他者を手段として，なにかのために役立つものとして，邪魔になるもの，利用したり，あるいは避けられたりするものとして扱うのである。ここにさらに，公に行使される理論的ごまかしが付け加わり，不正義を覆い隠す。他者の同等の身分を剥奪したり，他者を奴隷（「生きた道具」）や下等な人間の身分におとしめたり，異他性と敵対性との間を揺れ動く反人間〔Gegenmensch〕の身分におとしめる。そこには，犠牲者がある役割へと転化されてしまうことも含まれており，例えば一人の有色人種が有色人種として殺害されたかのように見做されるということがある。実際には，一人の人間が，有色人種であるという理由で殺害されたにもかかわらずである。そのような不正義の場合，それは，有利なものと不利なものの間ではなく，犯罪者と犠牲者の間にかかわる不正義が起こっているのであり，それらは，もはや改良できるような秩序がその根底にあるのではなく，むしろ，そのような不正義が唯一，償いうるのは，——これといえども一定の限界においてではあるが——傷ついた秩序が犯人の処罰によって回復されるという方法によってである。犯罪行為に対する判決は，《多かれ少なかれ》を許容する《よりよい—より悪い》という等級に方向づけられるのではなく，《あれかこれか》という基準に方向づけられる。撲殺は謀殺よりよいとはいえず，ただ行為の前提と状況からみて，わずかに重くないだけである。その際，比較検討されるのは，どれほどその行為が適切と認められるかではなく，誰かにその行為を帰すことができるかどうか，どの程度帰すことができるかである。情状酌量は犠牲者を生き返らせはしないし，その行いをよりよいものにするのではなく，ただ，非難の度合いをわずかに和らげるだけである。アリストテレスはそれに応じて，分配の比率を保障する幾何学的正義と，できる限り損害を償う算術的正義を区別している。

私たちがそれによって，近づくのは，アナログ的に機能するコードとデ

ジタル的に機能するコードとの区別であり，境界線を引くときのさまざまな鋭さの度合いに相応している。社会的で宇宙的な全体秩序が規範的な基本秩序に立ち返れば立ち返るほど，イエスかノーかの立場決定へと比重が移っていく。しかし，そうした移行が現実のものになるまでには，長い行程が後にされている。プラトンとアリストテレスの時代にすでにギリシャ人は，統一的に，dike〔正しさ〕，dikaion〔正しいもの〕，dikaiosyne〔正義〕などについて語るように，正義と権利の間に連続性を認めることや実質的〔material〕正義と形式的〔formal〕正義との厳密な区別を戒めている。誠実であることと正当性は個々人の人生において交じり合っており，法的正当性として妥当するとみなすのは，統治が公共の利益を整える共同存在である。善き生と幸福な生の領域の近代的な相対化は，カントによってその明確な表現が見出されるが，それと同時に生じたこの領域の多元化，すなわち，単純な最適化を排除する多元化とあいまって，さまざまな意見や好みやさまざまな伝統を巡る価値に関わる論争に委ねることを強いることになる。このことによって権利の領域が開かれ，その領域は手続きの形式的正当性にその基準を見出し，さらにそれを超えたところで基本的権利に結びつき，それはその定義からして，明文化と具体化に関して以外は，自由処分に任せられることはない。その限りで，法治国家は古典的な正義の意味における正しい国家なのではないが，人権と国民の権利の方向づけにおいて，それ自体で決定した境界を義務づける国家なのである。もちろん細部について考えるならば，歴史的な様式や事象的様式の問いが山積することになる。しかし今回，法の境界の踏み越えと侵犯を新しい光のもとにもたらすには，この荒いスケッチで十分である。

　私たちが考察の出発点とした疑念は，以下のように厳密に表現できる。人生の物質的な目的に照準が向けられた秩序に関して該当しうるのは，私たちがいつもすでに秩序を乗り越えていて，そのつどの目的設定や諸規則のうちに充足する場所をもたない意味の過剰が存在することである。生活世界や生活様式の全体は，つねにただ一つの選択的な全体を形成しているのであり，その境界はただ暴力的にのみ閉鎖されうるにすぎない。改新は，つねに予想されうるのである。根本秩序に関しては，別のように思われる。そこに束ねられているのが，必然的な諸条件であり，それなくしては秩序が存在しえず，私たちの誰も〔三人称としての〕特定の彼ないし彼女とし

6. 侵犯の二義性

て認められることはないであろう。根本的規範を犯す人は，もはや法-外なものの中でさえ動いているようには見えず，自己を端的に，自分で作り上げたカオスという無秩序で，無法の，不道徳な，平穏を欠く状態に身をおくことになる。言語を用いるどんな人にも例外なく当てはまる根本的規範，たとえ人がそれに対して反対意見を述べたときにでもなお有効なような基本的な規範は，外部のない秩序を形成する。それは私たちすべてを包括する基本的な合意を構成する。この根本的規範の境界を侵害するものは，自分自身に有罪宣告するのである。結局のところ，事実上の規範は，どんな偶然にもかかわらず，根本的規範の実現のための条件に属することから，それを踏み越えることは，同一の根本的規範に服することになる。秩序の境界を踏み越えることは，踏み越えられない規範の境界の内部における踏み越えとしてのみ正当化されている。そのとき，正当化できない踏み越えは侵犯と呼ぶことができよう。生産的な秩序の妨げとか，秩序を衝撃にもたらすことなどのもつとされる栄光は，剥奪されることになろう。失われた名誉ゆえの犯罪とか，失われた幸福ゆえの犯罪は，所詮，犯罪に留まる。それによって，天才的な犯罪者の美化に歯止めがかかる。

　犯罪の美化には，それがつねに犯人の運命からみているという厄介なところがある。実際に，そのような美化が問題になりえるということはない。ラスコーリニコフが「良心の苦しみで血が流れるようだ」といったところで，なんの役にもたたない。犯罪において単なる悪事より以上のことが行われたと言い切れるわけでは決してなく，同様に，決してそれで済むといえないのは，社会がある程度まで犯罪行為をともに生み出すといった主張である。しかし，決定的に重要な点はそこにあるのではなく，私たちが外部，過剰，《より以上》と呼ぶものの二義性にあるのである。私たちが異他性の一次元として導入した法-外なものは，私たちにとって意味として比較的馴染みのないものに，たえず《より以上の意味》が存在することに由来するのではない。法-外なものは，また，秩序がその反対に転換するように導くような反意味があることに由来するのでもない。異他なる者は，すべてが逆になっていて，またもとに戻すことができるような〈転倒した社会〉〔monde renverse〕の住民ではない。そのような逆戻しは，せいぜい，ある特定の立場への固執から解放できるだけである。法外な異他的なるものとは，誰かが言ったり行ったりすることの妥当要求の否定から帰

結するのではない。そうではなく，異他的なるものの法外な性格は，むしろ言うことによる言われたもの（意味，規則，正当性要求を含む）の踏み越えの中に宣告されているといえ，この言うこととは，遭遇と応答の分割のなかで自分自身をズラしており，こうした仕方で他者の要求の中に染み込んでいる。自分に固有のものや共通のものが異他なるものによって問いに付されることで，ひとつの秩序がみずからの来歴を否定することが妨げられる。

　このように問いに付すこと自身，異他なるものを通して問いに付される秩序とともに変化する。実のところ得るものがないといえるのは，存在忘却の歴史を異他性忘却の歴史と翻訳してみたり，民主主義と独裁政治とを，かつてのアメリカ主義とボルシェビズムとのように，時代的な暗がりに沈み込ませてみたりすることである。区別することが大事なのであり，それは，暴力の契機についても妥当する。正当な暴力（1）があり，それは秩序の中で，秩序に即して登場する。それは，不当な暴力（2）に対抗し，不当な暴力は第一のものに対置されている。それと区別されねばならないのは，順序だった暴力（3）であり，それは，徹底した効力に基づいて，秩序の力そのものに付随している。わたしはこの暴力を繰り返し暴力性と名づけてきたが，それは，語りや行いを純粋な暴力に変化させることなく，それらに付着することを暗示するためであった。最後に，秩序の具象化に由来する暴力（4）がある。具象化が生じるのは，不当な暴力と順序だった暴力との違いがなくなり，ある特定の偶然の秩序が唯一の秩序として登場することによる。その際，全体秩序が問題になるとき，この具象化は全体主義的な暴力という形式を取る。レヴィナスがこのことを視野に収めていたのは，彼が無限と全体性を対立させ，存在論を戦争論と同一視するときである。彼はさまざまな政治的，社会的な秩序を十分に区別していないために，たとえば他者を役割と機能に還元する行政上の暴力や，他者を人的資本として扱う経済的暴力が，他者を抹消すべき何かとして扱う殺人的な暴力と融合してしまっている。レヴィナスがその残忍さを目撃し，もっとも近い場所で感じた例の時代には，机上からの殺人，綿密極まりない殺人行政にことかかないという事実は，暴力が直ちに暴力であるとすることを正当化するものではない。暴力が全体主義的暴力と同一視されないときにはじめて，暴力現象の多様性に対する感受性が目覚めてくるのであり，

私たちは歴史のなかでも，また現代においてもその多様性を問題にせねばならないのである。何度も指摘したように，法律の規則による法の声の過度の強調は，普遍的な法律至上主義に導くことになり，当為をコード化された当為の状態に還元することが，複合的な機能主義を生んでしまう。言うことと行うことを規範主義的，機能主義的に経路化することや，私たちのパトス的先史を抑圧することに対して，その暴力の効力を批判的に指摘することは，私たちが規範とコードを，完全に管理され，ネットで張り巡らされた世界という黙示録的な薄明に沈み込ませることを意味するのではない。むしろそれが意味するのは，規範主義，つまり，他者の要求を含めたすべてのことを，妥当性に方向づけられたコミュニケーションの諸境界，あるいは機能するシステムの諸境界へと包み込んでしまう規範主義に対抗することである。

7．秩序への再編入

等しくないものを等しいとみなす秩序は，等しくないものを排除することによって等しいものを内に含める。その秩序は，内の領域と外の領域を作り出す。しかし，単なる境界による囲い込みと境界からの排除で事が済んだわけではない。もし，秩序づけそれ自身から境界が生じるのでないのならば，境界は外から設けられたにすぎないことになろう。境界は，境界設定がそれ自身をそれそのものとして概観し，制御するのであれば，単にその暫定的な性格をもつだけになろう。これに対して，自己限定のパラドックスは，秩序の境界とそれを踏み越えることが秩序の内部で生じるということにその本質をもつ。全体とは，単に全体として立ち現れるから，全体であるわけではなく，最初のものとは，単に最初のものとして立ち現れるから，最初のものであるわけではない。秩序がすべてを内に含むとするのは，単に，すべての形相をその内部に写し取っているというアリストテレスにおける魂のような仕方においてではなく，秩序は，ある仕方で，自分自身を内に含んでいる。そして，秩序という出来事は，それに関連したすべてのものを伴いつつ，ある意味で，秩序の存続とその諸規則の内に代弁されている。ここで想定されるのは，真正な代弁という意味での再現前化

〔Repräsentation〕が，ここにその起源をもっているということである。というのも，単に与えられ，単に妥当であるだけのものがあっても，それは自分自身を代理させる必要などなかったはずだからである[9]。ここで問われるのは，それはどのようなあり方での自己内含であり，個々の場合，その自己包括は何を意味するのか，ということである。

　その自己内含に出来事の性格を与える再編入の形象に私たちが出会うのは，それとは予測しない有名な箇所だったりする。『国家』第7巻のプラトンの洞窟の比喩は，二重の空間図式で展開している。哲学者に要求されているのは，見解を獲得した後，彼がわざわざ苦労して離れてきた洞窟に戻ることであり，それは，彼に適切な教育や教養形成を通して〔洞窟の外への〕上昇を可能にした共同体の内部で執政官の役割を受け継ぐためである。このような行き来をプラトンは上昇，下降と記述している。この洞窟のような居住の喩えは，同時に出る，入るの区別に近づいている。上下の区別が内外の区別を抑圧することは，概観的な観点がパノラマ的な眺望になろうとすることと関連している。全体の一瞥は，観察者の視線を即座に光の海の中に吸い取ってしまうので，観察者の自己内含のパラドックスは消えうせてしまう。同様に，バロック教会の天井の壁画を眺めるものが，静観して眺められるのも，眺めあげることによって，よく見れば，視覚的に足元の床が取り去られているにもかかわらず，教会にいるということが，眺める者に再び思い返されるからである。下降が再下降として呈示されるという事実を通して，空間的視点が時間的な視点によって補われる。哲学者は，彼が出てきた共同の住まい（συνοίχησις，『国家』520c を参照）に戻ってくる。しかし，最終的に，出発の方向は，観るという地上の場所への魂の想起による帰還という仮定を通して逆向きになる。哲学者の上昇はすでに再上昇を描いているのであり，それは肉体の牢獄の状態への転落を逆向きに取り戻そうとすることである。そのようにして，『パイドロス』の広大なエロス論において，概観が同時に根源的に観ることとして現れているのである。したがって，地上的な秩序へと踏み込むことは，転落の特徴を帯びることとなる。こちら側はせいぜいのところ彼岸の反照にすぎなく，悪くすると，彼岸の，すなわち，逃げ込むべき避難所である「彼方」の歪

---

[9] 上述Ⅰの6を参照。自己限定のパラドクスについては，『語りの多声性』第8章，第9章を参照。

7. 秩序への再編入

んだ像なのである（『テアイテトス』176b）。プラトンにおける二つの世界の間の旅は，彼を引き合いに出すよくある二元論よりも洗練されているようにみえるが，道標を立てる起源と目的からなる循環は，依然として疑わしいものに留まっている。

フッサールの『危機書』では，生活世界の数量化に全面的に反対しつつも，プラトンの精神を引き継いではいるが，事柄は別様にみえている。超越論的主観のパラドック，つまり，その主観が同時に世界のうちの客観であり，社会性の構成員として見出されることが導き出すことは，世界的―社会的な世界の還元を通して捉えられた超越論的知が，世界内の実存の時間的な流れのなかに流入するということである（59節参照）。超越論的な能作が，世界的，社会的に実現された存続する意味のうちに沈澱するのである。この流入の源泉は，純粋な自己現在に求められはするが，自己関係性のパラドックスが，生き生きした現在の自己解明と自己定題化のあらゆる試みを否応なしに取り込んでしまっている。自己自身として構成されるものは，ある意味で，すでに自分自身を証明しているものである。自分固有の経験の中に織り込まれていることが見出される。ところで，超越論的な自己基礎づけのパラドクスは，規範的－実践的な基礎づけの試みの前でも躊躇することはないのである。カントは，アプリオリな原理を私たちに供与している『人倫の形而上学』の導入部（A10-11）で，まさにこの形而上学に関係づけて，次のように説明して，「そのようなもの〔形而上学〕を持つことそれ自体，義務である」といい，それに続いて，「すべての人は，概して暗黙のうちにではあるにせよ，それを持っている」という。暗黙のうちにというだけでなく，それを持っているということそのものが，プラトンにおけるプラトン的な起源の忘却を思い起こさせる。この二つの見解とも，ある根本義務を指摘しており，この義務は諸義務の中で，ある意味で，自己自身に命じているのであり，それによって，この根本義務が確定する義務の規則体系の中に消失しているものである。

ニクラス・ルーマンにあって，最終的に，そのシステム理論は自己言及的に設定されており，観察の全体的操作は，諸観察から生じたシステムに引き入れられているが，そこでは，はっきりと再編入〔Re-entry〕が表現されていて，それが起こるのは，秩序の諸能作自体が再度，観察され，そのようなやり方で存続するシステムに挿入されるときである。基礎づけ

の放棄とともに，避けがたい諸パラドックスが背負い込まれるだけでなく，それとして肯定され，さらに先鋭化されるのは，諸パラドックスのなかに，矛盾なくしては言い得ないことが示されるからでさる。しかし，この場合に示されるものは，ただ，機能的な諸秩序の境界にすぎない。

　それほど労なくして展開されえたようにみえるこれら三つの素描は，何を求めることが大切で，とりわけ，何を避けるべきであるかということをも指示している。ここから多くの問いの系列を定式化できる。本来的な真の秩序からの転落という性格をもたない再編入は，どのようにありうるのだろうか。例えば，超越論的な原-自我による二次的な世界化や共同化という意味において，あるいは，自己所与する法への従属において，あらかじめ超越論的に可能とされ，規則づけられているのではないような再編入は，どのように考えられうるのだろうか。一つの領層から別の領層へと変転する形式的な操作に制限されることなく，分離すると同時に結び付け，私たちの経験自身をそれ自身から分節化するような分割的性格を証示する再編入を，私たちは，どのようにして探り出すことができるのだろうか。

　私たちが事象により近づくことになるのは，ここでも，言明することにおける言うことと言明への分割から出発するときである。言うことは，言うことと言われたことの分割とともに，言われたことの中に立ち現れるが，その分割は，接続詞の〈これをもって〔hiermit〕〉と〈〜ことで〔indem〕〉によって橋渡しされているが，閉ざされてしまうわけではない。「これで〔hiermit〕私は…を約束します」という表現は，発話することが，自分自身について話すことなく，自分を表明している[10]ことを意味する。語りのこうした二重性は，すべての語りの審級に該当し，自分自身と他者の間で進行している間の出来事に関わるすべてにその影を落としている（Ⅳの5を参照）。

　自分に固有な自己に，直接関わり合い，何らかの要求をつきつけ，そこに向けて答える，そのような他者から考察を始めよう。再編入の本質は，何かや誰かが外部から内部に達することにあるのではありえない。というのも，秩序の外部には文字通り何もなく，また誰もいないのであり，つまりは，何かがあったり，誰かがいたりはしないからである。これまで明確

---

　10)　語りやその言語学的把握の自己関係性や自己二重化については，『応答の索引』Ⅰ章，3を参照。

7. 秩序への再編入

に示されたように，秩序の境界を踏み越えるものや秩序の基準からそれるものは，まさに踏み越えや逸脱自身における以外にはどこにもありえない。対照の現象や対照化の現象は，それらが，二つの本質存在へと瓦解し，一つは限界線の此岸に，他はその彼岸にあるかのようにみなされるとき，その対照的性格を失うことになる。内部に入ってきて秩序の内部に立ち現れるもの，それは差異そのものに他ならない。ここで，大文字と小文字の助けをかりて，他者に関しては，大文字の他者〔Anderen〕と小文字の他者〔anderen〕という言い方をする。ここで私はラカンに従うのだが，精神分析的に特有の視点にただ移行することや，ラカンからの示唆を借用に転換させることのないようにする。頭文字の選択は，秩序の内の他者と秩序の外の他者の間に関連があることを指示することにする。この大文字と小文字による差異の表示が暗示するのは，差異が否定として，あるいは相対的な他者性として捉えて，弁証法がひとつのもののなかに他なるものを，すなわち，テーゼの中にアンチテーゼを発見できるようにすることなのではない[11]。秩序が異他的なるものの経験に介入するのは，そこで何かが何かとして思念され，ひとつの規則に従って取り扱われ，何かが求められ，何かの中に描写されたりすることになることを通してである。第一章ではこの差異を，記号的な差異，欲求的な差異，そして代〔理〕表象的な差異と性格づけた。志向や欲求や代〔理〕表象の中に生じる何かとともに，まさに秩序を踏み越え，そこから逸脱していくものが，秩序のなかに入り込む。私たちは，それ自体として存在しないものを，図式，定式，役割，言明へと置き換える。

　大文字の他者にとってこうしたことが意味するのは，男性の他者，女性の他者，第三人称の他者などが区別されていること，私たちが出会うのは，特定の場所に住み，特定のグループに属し，社会的地位をもち，特定の役割を果たしている誰かとしての男性の他者であったり，女性の他者であったりすることである。小文字の他者 (a) の他者性は，相対的なものである。この他者性が作りあげられるのは，私たちに固有な望みや表象や期待や解釈，などからである。その意味で友は古来から私たちが求める財に属し，それに対して敵は私たちが避けるべき弊害に数えられる。定言命法は

---

11) 大文字や小文字で書くことは確かに底意がないわけではない。それは小宇宙と大宇宙という意味で集中を規準にして理解されることもできる。

他者を，利用を内に含む「単なる手段としてではなく」関わるよう命じている。そして，つきつめると，ある特殊な他者知覚があり，それは，私たちの自己自身を映し出す投影から自由でなく，また，異他的なるものを私たち自身に同化してしまう内省化から自由なのでもない。固有のものと異他なるもののこの絡み合いは，分配と命令の規則とによってほぐされ，この分配と命令の規則が，異他なるものを固有のものから区別するだけでなく，共通なものに組み入れたり，従属させるための条件を作り出している。ここにおいて私たちがぶつかるのが，同等化したり，調整したりする第三者という審級である。共属関係の半径を宇宙にまで拡張するような一般性さえ，すべての人が，誰かとして，また，人間として，あるいは理性をもった生き物として，あるいは被造物として扱われることを妨げはしない。過激な大文字としての他者（A）の他者性が初めて立ち現れるのは，男性や女性の他者が誰かというあり方を止め，さらに一つの〈私たちすべて〉というものに引き入れることがないとき，すなわち，私があなた自身に，すべての考えられうる《として》であることを超えた単一性という形式において出会うときである。

どのようにしてこの秩序の外部が秩序の内部のうちに現れ，表現されるか，しかも，包括的全体の一部として，また一般的な規則の一事例として妥当するということなしに，そうなるかを問うてみると，そこに私たちが見出すのは，不在のもののために現存するもの，現出しないもののために現出しているもの，到達できないもののために到達できるもの，属していないもののために属しているものへの指示である。ここにおいてかの代表項〔Repräsentamina〕と代理〔Substitute〕が有効性をもち，それらのうちでは，何かや誰かが間接的な媒介的なあり方で自己を描写している。そのような呈示の審級としては，名前，像，記号，痕跡，シンボル，儀礼などを挙げることができる。これらのある審級を他の審級とはじめから対抗させて，例えば，名前やシンボルを像と，痕跡を記号と対立させることにはあまり意味がないように思われる。ここで一般的に問題になるのは，境界の形象〔Grenzfiguren〕であり，それらは境界領域にあるすべてのものと同じように，バランスをとることに終始している。まさにこのことからして，名前，像，シンボルなどに関して論争があるのであり，そこではどのような代表項，例えばキリスト教的，イスラム的，あるいは共和党的な

7. 秩序への再編入

シンボル形象が公共性を持つべきかといった代表項の制定が問題にされるだけではない。議論が行われるのは，すでに，全体的にみて両義的な性格を示している審級の身分についてである。像や名前の禁止は，像や名前がひとつの役割を，しかも重要な役割を果たしていることを前提にしている。それは，すべての禁止が誘惑する力と禁止するものの面目から禁止する力を養っているのと同様である。

秩序の外部と内部の境界は，さまざまなあり方で移り動いており，その際，三つの極端な可能性が描かれる。境界形象はそれ自身，第三者の，伝達する媒体の形式，シンボル〔二つを-合わせる（Sym-bolon）〕という形式をとり，他者の異他性は一つの契機に縮小させられ，固有のものと異他的なものの間の境界は内側に変化する。境界形象はそのつどの秩序の内部で支えをもとめ，代理表象項は代理されたものに近づき，最後には，秩序の外部をあちこち迷い歩いて，秩序の中でのあらゆる支えを断念するまでに求めることもありうる。ここではっきりするこの両義性は，このような事象〔そのもの〕に含まれている。こうして，名前が呼び名と慣習的な記号の間を振動しているように，像は色彩や形のないものに近づいたり，あるいは逆に単なる決まりきった型に近づいたりする。そのようにして，権力を象徴するものが文化的資産になったり，逆に，単なる消費物になってしまったりする。こうして，身体に関わる図章〔エンブレム〕は呪文的な性格を持ったり，単なる身体の一部や器官として扱われたりしうるのである。社会的な環境のうちでこうしたことが帰結するのは，人がその人の役割と同一化されたり，逆に職業から脱落した者や職業に革命を起こす者といったふうに様式化されたりすることである。そのような極端な例の間には多くの多様性があり，文化や時代によってさまざまに分岐している。ここでも妥当することは，過激主義が派閥的な画一主義に転換することである。法外なものが秩序だったものから遊離すると，それは，現実離れした，実生活から離れたものであるとしても，一つの固有な秩序として発展する。境界形象は，それに対して，ヤヌスの頭のようであり，二つの方向を見やる。レヴィナスが，他者に関連して人間の顔について語るとき，この顔も間の形象として考察すべきであろう。私たちと対面する他者は，単なる仮面の担い手より以上であり，またさらに後頭部に光輪をもつ別世界からの形態以上のものである。単一の大文字の他者（A）は，他者とともに他者

のもとにいる小文字の他者 (a) 以上のものを意味するが，自分自身が体現すべき役割なしでは無にすぎない。他者の異他性は，それが純粋な到達不可能性，無所属性のなかに純粋な不在として蒸発してしまうとき，仮現説的〔doketistisch〕*な特徴を帯びる。その他者性をあらわす他者の唯一性はまさに，比較不可能なものであり，その比較不可能なものは，同等化としての比較の中で〔それとして〕明るみにもたらされる。内世界的で社会的な秩序のなかへの再編入は，内部と外部の境界を止揚することはなく，境界それ自身を見えるもの，聞こえるもの，言明できるものにする。自己限定のパラドクスは失われることはなく，それどころか逆に，再挿入とは，ある秩序へ踏み込むことを意味するのであり，その秩序においては，他者は他者として決して過去に存在したことがなく，また未来にも存在することがないのであり，また，私たちすべては，はじめから，不在でありながらそこにいる者として，あるいはそこにいながら不在の者として，その秩序に属しているのだ。どの程度，そしてどのような形でそこに居ることと不在の契機が強調されるのかは，秩序の多様性に属することがらであり，それを取り扱う際には，一面的で世俗的な信条主義に警戒せねばならない。

　秩序への再編入に該当するのは，単に，二重の異他性における男女の他者だけでなく，脱自的な異他性における私自身でもある。遭遇が訪れ，それに答える大文字の自己 (S) は，小文字の自己 (s) に対置され，この小文字の自己は，他者と同じようにある身分と習慣を身につけ，さまざまな役割を担っている。すでに言及された《私が〔Ich, je, I〕》と《私を〔Mich, moi, me〕》の差異は，すでにリヒテンブルグとニーチェにおいて現れ，G. H. ミードにおいて専門用語として導入され，また，フッサールにも取り上げられ（『フッサール全集』第 4 巻，235 頁参照），さらに「言明することの自我」と「言明の自我」の二重性において言語学上の表現を見出しているが，この差異は，自己の分割より以上のものを意味している。それは，私自身が大文字の自己として，私が発生と存続に関与したその秩序に再帰することを意味している。この再編入は，私があなたに話したり，同時に，私についてまたあなたについて話したりするすべての言語行為において繰り返されている。その中であなたが私に出会うその役割なくして

---

　*) ギリシャ語 δοκειν (dokein 仮象) に由来し，イエスは，仮の姿として十字架にかけられ，苦しみも感じなかったとする説。

7. 秩序への再編入

は，あなたは誰でもないように，いかに流動的で希薄であろうとも，ある特定の同一性なしに，私は私自身ではない。ハイデッガーが強調するように，(『存在と時間』114頁) 自己性〔Selbstheit〕を自同性〔Selbigkeit〕，自分性〔Ipseität〕を同一性〔Identität〕から区別するべきではあるが，同時に，その一方なしでもう片方はありえないのである。よく引用されるランボーの「私は他人」という文は，私自身が自分に遠くから触れる境界形象であることを指示している。

　私たちの境界についての観察を続けることにしよう。自分自身の身体や事物だけが異他性の過激な形態に参与しているのではなく，時間と空間もそこに参与している。話のなかで明に暗に示される，経験や語りの瞬間的場所としての《ここ》は，即座に局在化されて，地図に書き込まれるが，それと同様に，《今》は，経験やあるいは語りの瞬間として時を記され，カレンダーに登録される。等質的な空間秩序と時間秩序を本来的でないとか，通俗的なものであるとして片付けてしまうことにはいかなる根拠もない。通俗的なのは，せいぜい，そのような秩序へと固定化することである。《ここと今》は，自分自身を開かれたものにする時空間‒領野に入り込んでいる。存続する時空間の諸領野とその場所論と年代学からみて，《ここと今》は《どこか別の場所》と《いつか別のとき》として現れる。私は，自分が知っている場所に，完全に居合わせているということはないのであり，そしてまさに，離所性〔Dislokation〕は隔時性〔Diachronie〕を前提としている。生きられた時間と内的な時間性そして，生きられた空間と内的な空間性のバランス作用が妨げられるとき，時空的な間隙は分裂へと固定化してしまう。そのとき，時間と空間は一方で，外世界的な《どこにもない》空間と《いつでもない》時間とに，他方で，内世界的な《どこか》と《いつか》に分解してしまう。

　やっと最終的に，こうした問題系にあって，秩序自身が当該の問題とされる。この章の始めに私たちは秩序のプロセスと秩序の存続態を区別した。秩序の自己境界づけのパラドクスはこの点に跳ね返ってくる。この跳ね返りは，大文字の秩序（O）の創設は，これが創設する小文字の秩序（o）のなかに書き留められていることに表現される。この再編入なくしては，秩序の歴史というもの，秩序がみずからの起源に遡及的に関係し，いつも遡及的に関係している歴史はないことになろう。共同体を形成する祝祭日

や記念日は，つねに繰り返される始まりの反復の中で，集合的記憶の形成に貢献している。しかしこの記憶形成は，すでに，それら自身を繰り返すことそのものの効果に従属している。公共の生活や私的生活を形づくっているシンボルや儀礼は，すべての反復と想起のさいに不在にとどまる出来事を支持している。というのも，遭遇としての出来事は，あらゆる自分のものにするこころみに先行しているからである。この条件下でのみシンボルや儀礼はその未来をもつ。

　内部と外部との差異の再編入が，この差異に根ざす秩序の中へ再編入することは，紛争の火種を作る。というのは，はじめから決して完全に〈秩序のなかに〉なかったものは，秩序の中に決して完全に統合されることはないからである。このロゴスは異質学〔Heterologie〕の特徴を備えており，他のロゴスではなく，ロゴスそのものの他者性の特徴をもつ。このことは，他者への到達を妨げると同時に堅持するような関門や障壁についての問いに通じている。さらにそこに導かれる問いは，個体病理学的，社会病理学的な逸脱〔回避〕に関する問いであり，それらは，秩序に即したものと法外的なものの間の不安定な均衡を，あらゆる秩序からの過激な退出によるにしろ，また特定の秩序への完全な固定化によるにせよ，絶えず妨げるのである。このような問いに対して，精神病理学や社会病理学，とりわけ精神分析学が本質的な寄与をしうるのであるが，私は，ここでは，以上の示唆をしておくことで甘んじたい。

8．秩序の敷居の下をいくこと

偶然の状況のもとで発生し存続し続けるような諸秩序は，それ以上に，秩序の諸境界を踏み越えるものを示すだけでなく，自己の背後をも振り返り，秩序のプロセスにおいて前提にされていて，決して止揚されていないような無秩序をも指示している。秩序づけられるべきものは，秩序に移行するが，決して完全に秩序の中に消え去ることはない。というのも，あらゆる秩序は，そのようであり他ではないという規則の支配下にあるからである。秩序創設という出来事をともに包括するような全体秩序だけが，また，立法という出来事をもとに規則づけるような根本秩序だけが，このような偶

8. 秩序の敷居の下をいくこと

然性を免れている。それに即して区別されねばならないのは，そのつどの秩序の境界を踏み越えていく超秩序的な法外なものと，秩序の内部にあるそのつどの秩序の地盤の上でまさにこの秩序の基準に矛盾する，内秩序的無秩序なものと，秩序が本来そこに由来する，外秩序的な秩序づけられていないものとである。この秩序づけられていないものに，従来〈カオス〉という言葉が向けられているが，私たちの関心は，ここに向けられる。

私は，敷居現象と敷居経験から出発して，下部現象〔Hypophänomen〕の領域に近づいている[12]。敷居は，ほかの秩序のもとへ移行する境界のように横断することはできず，むしろ，上部と下部を分ける下の境界を作り上げるものだ。敷居の下には，何かがそこから立ち上がったり，沈み込んだりする領域がある。誘引と退去の間の，自己分与と自己二重化の，結合と踏み越えと逸脱などの間の形象は，その継続を上昇と下降という両極間の運動のうちに見出す。秩序の外部と同じように秩序の下部もまた，経験それ自身をも含めた間の生起のすべての審級に触れている。敷居経験という用語は二重の意味をもち，敷居を越えてゆく経験と，越えられる敷居境についての経験の両方を意味する。敷居の下部で現れる異他性を私たちは敷居的〔liminal〕*)異他性と呼ぶ。

敷居は移行現象そのものである。敷居にとどまるものは，こちら側にも，またあちら側にもいない。〔しかし，〕ある意味では，私たちは，いつも，敷居をまたぐときにもそこに留まっているともいえる。というのは，ひとつの敷居というのは道のりの間の一区間以上を意味するからである。敷居は動きを止め，動きは連続的に敷居を越えて続けることはない。なぜなら，こちら側とあちら側は同一の規則が妥当しないからである。私たちが敷居を越えるときに達成する状態というのは，先取りできる目的ではなく，また，あらかじめ計算できるような因果的結果でもない。敷居はまた，私たちの能力を挑発するような障害とも違う。抑制の敷居〔Hemmschwelle〕と私たちが呼ぶものは，それ以上のものを意味し，私たちの歩みを躊躇さ

---

[12] このモチーフについては，以下のわたしの詳しい論述を参照。『薄明のなかの秩序』A章，6，『意味の敷居』序言，『語りの多声性』200頁以下。

*) 民俗学者V. ターナー（V. Turner）によって主張された，個人やグループ間の分離，敷居，編入の三位相の内の，第二の位相を意味し，敷居を通しての移行という中間の特性をもつ。

せ，路上の石のように私たちを躓かせたりする。敷居の現象は，言葉になっている例を考えてみると具体的になる。シンボルを強く意識した時代に高くしてわかるようになっているドアの敷居や門の敷居は，神殿の敷居のように，古来より，聖なる場所と世俗的な場所を分けているが，今日でもなお，公共の領域と私的な領域を分けている。もし敷居が全くないのならば，『ビッグ・ブラザー〔Big Brother〕』〔私生活を覗く趣味の番組〕の大騒ぎは意味をなさないだろう。私たちが敷居を跨ぐのは，毎日，毎晩，眠ったり，起きたりするときであり，思考や沈黙に耽るときも，感情に圧倒されるときもそうである。地平の彼方に境界現象としてあるのは，人生への入場としての誕生と人生と世界からの退場としての死である。それに加えて，新しい年代への移行，新しい社会的地位や職業への移行，年を取っての引退など，フランス語でとりわけ有名な隠棲〔retraite〕における別離がそこに加わる。敷居が越えられるのは，また，突発的にあるいはゆっくりと普通の状態から錯乱状態に入ったり，その逆であったりする場合であり，例えば病気になったり治ったりするとき，興奮から沈静への変化，あるいは感覚的な，また狂宴の際のエクスタシーにおいて，あるいは発作的暴力といった場合である。通常の経験においても，刺激と情動の波や私たちの反応を規制する感覚と抑制の敷居に，私たちはいつもぶつかっている。これらの敷居が敷居の価値評価の形式において測定されることは，諸感覚が単なる感覚装置として機能することを意味してはいない。目を開けたり閉じたりして，私たちの視線に何かがぶつかることと，ランプのスイッチを入れたり切ったりすることを同一視すべきではない。というのは，視線の中に入ってくるものは〈私たちを道連れにしている〉からである。すでに，ある形象が背景から浮かび上がるといった通常のことですら，私たちを敷居に関わる生起に引き込んでいる。何かが背景から現れ，また，そこに消えてゆく。このことはすなわち，何かが，経験の中で形態を獲得する，あるいは，失ったりするが，それは事物がその属性をもつというように，その形態を持つのではないということを意味している。形式化や変形や脱形式化などのプロセスは，その中で経験されるものが輪郭をとりつつ，絶えず敷居を跨いでいる。だからこそ決して誇張といえないのだが，メルロ＝ポンティ（1945年，245頁，独訳250頁）は，感覚を目覚めと眠りと，そればかりか，誕生と死と連結しているのである。そのアウラが日常

生活を貫いているような力強い敷居の経験は，古くから，通過儀式に伴われており，この儀式は，変換の規則と取り違えられてはならない。ポール・ヴァレリーが確認したように（『カイエ』第一巻，937頁），敷居は，「制御の喪失」によって特徴づけられる。「喜び，絶望，敗北，うろたえ——そしてその無害な形式——すべての内発的で集中した諸現象，エネルギッシュな意味以外のものではない」——私に言わせれば，パトス的な意味以外のものではないといえよう。敷居的な異他性のなかに，私たちの志向と努力，私たちの意味作用と欲望そのもののパトス的な背景が，境界経験の形式において現れ出てくるが，その境界経験は，上昇と沈降のなかで，一貫してパトス的な性格を証示するのであり，パトス的過剰を示すだけではない。

9．秩序とカオス

私たちが敷居の下部にあるものをカオスとみなすとき，それは暗闇の中の暗闇や単なる秩序の欠如を意味するのではなく，もちろん，秩序に反することを意味することはない。むしろ，敷居の諸経験の中で現れ出てくる，敷居の経験において特定の形態を受けとるような秩序の《そこから》を意味している。これらの形態は，私たちが別の言葉を話すようにするという意味での別の秩序に属するのではない。秩序の敷居の下部における異他的なものは，ある種の影の領域を形成しており，夢の言語のズレや圧縮に比べられるのであり，それは，夢を見るものが決して学ぶことなく，せいぜい第三者からの直接的ないし間接的な助けによって初めて解読できるのである。カオスは，特定の秩序という観点によって，さまざまなあり方で性格づけることができる。

　まず，宇宙生成論と宇宙論の間にあるとも言うべきカオス概念の歴史に眼をやると，一連のモチーフがそこから取り出されてくる。カオスはさしあたり，ぱっくりと口を開けている深淵（χαίνειν 欠伸をする）（1）であり，ヘシオドスにおいてタルタルスの暗黒界と関係づけられていて[13]，後に，地獄の奈落の表象が伴われることになる。次にカオスは乱雑さ（2）

---

13) 『神統記』116, 700, 814。

を意味しており，カントも言うようなごった返しであり，盲目で方向もなく，注ぎこまれては攪拌されたものである。すでにストア派においてこの意味は偽語源学的にギリシャ語の（χέεσθαι かき混ぜて攪拌される，確実に注ぐ）から派生したものとされ，後世においてヘブライ的聖書的な〈Tohuwabohu〔無秩序〕*〕〉と融合することになる。カオス的なものの表象は最後に，生のもの，形状のないもの（3）と関連づけられ，オヴィディウスの『変身物語』の冒頭において，世界は生の，秩序のない，あるいは，不分明な固まり〔rudis indigestaque moles〕のカオスから発生している。第一の意味が——母胎からの誕生に似て——世界の秩序が深淵から姿を見せ，発生し，成立するといった表象の領域に属するのに対し，第三の意味は，生の形態なき質料からの秩序の製作ないし，産出を思い起こさせ，父性的な製作行為に類縁的であり，大混乱という第二の意味は創発的なモデルとも製作的モデルとも統合することが可能である。黄金時代から青銅時代への変遷のなかで，労苦の多い耕作の豊穣な自然は廃れていき，カオスの抑制は段階的形式を取ることになる。宇宙生成論的，宇宙論的な表象の世界は，神生成論的，神学的な表象で下塗りを施される。深淵からの発生は，神がすべての中のすべてであるという汎神論的な解釈に近づき，生の質料に形を与えることは，神的な造物主〔デミウルゴス〕や秩序づける理性からなる人格神論的で理神論的な表象に近づく。宇宙生成論的な説明から宇宙論的な説明への移行にあって，深淵は空っぽの空間に変化し，その一方で，乱雑さは，混乱とか複雑さという状態で，また，第一質料という生の始まりにおいて，生き残っている。プラトンの『ティマイオス』において，世界の成立が無秩序〔ἀταξία〕から秩序〔ταξια〕への移行として描き出しているが（30a），私たちはそこに創発的な秩序の契機や造物主的な秩序の契機を見出す。こうして，世界霊〔Nus〕と必然〔Ananke〕との間に第三の類としてのコーラ〔Chora〕が出てきて，それは乳母に似て，すべての生成を受け入れ（49a），まさに，受ける入れる能力をもっている。なぜならコーラは，それは存在するにあたり形態や形式がなく〔ἄμορφον〕，すべての形式や形態を受容できるようにあり続けるからである（50d）。それに対し，『国家』（519a）の教育計画で求められるのは，子

---

*) tohu-wa-vohu, は，ヘブライ語で，「荒野−と−空虚」という語義をもち，大きなカオスと混乱を意味する。モーゼ書に由来する。

9. 秩序とカオス

供時代から魂を，石や野生の植物のように正しく切り整え，剪定されることなのである。

　宇宙生成論と宇宙論の歴史についての補足によって，どのように私たちがカオスを経験の縁や破損箇所に追いやってきたのかという問いは，ますます切迫してくる。神話は，相次ぐ説話を通して，まだカオスが支配していて，秩序が行き渡る以前のうす暗い先時代に私たちを導く。時間軸を空間に移動させると，そこから生の世界と死の世界，昼の光と夜の闇との重なり合いや従属し合いが生じる。光と闇の隠喩は，両方の表象世界を貫いている。それに対して，宇宙論的な解明はカオスの抑制に通じている。その際，放ちやったものを再び飲み込むように脅かす深淵は，受け入れの場所，滞在の場所，あるいは空虚な容器へと変化し，形のない形相の母は質料因としてコスモスの形づくられた世界へと結び付けられる。神話的な表現のなかでカオスとしてまどろんでいたものは，コスモスの構築材料として，また，存立の場所として，そして，製作の材料として使用されるか，あるいは，反コスモスという脅迫的なヴィジョンとして絶対的外部に追放される。秩序づけられないものは，こうして，宇宙に組み入れられ，その諸法則に従属させられ，この秩序への組み込みと従属化が失敗すると，秩序づけられないものは無秩序のものという形式を受けとることになる。もちろん，限定のないもの〔アペイロン〕のような不穏な形態があり，それは，その限界のなさのうちで深淵という特徴を保持している。経験の現象学は，いつもすでに一つの秩序の内部を動きながらも，完成した秩序に根づくことを避けて，中道を見出さなければならず，その中道とは，まるで，いまだいかなる秩序もないとするような神話と，あたかも端的にロゴスが存在すると信じて生きる正統のロゴス〔Ortho-Logos〕[14]，もしくは，神秘的な《あたかも〜かのような》を論理化するとする神話のロゴス〔Mytho-Logos〕との間の中道である。私たちが秩序の敷居を潜り抜けるときに通る敷居的な異他性は，あらゆる異他性と同じく，すべてか無かという規則に逆らう差異の経験に由来している。自分に固有の言葉を話す神

---

14) この意味で，フッサールにとっては無秩序も原現象であり，例えば一様の視覚野から際立つ「斑点の重なり」（『フッサール全集』第11巻，134頁）という仕方で感性的に把握されうる。単に一つの形式があってもそれはいかなる形式でもないのであり，この基礎的な過程に注釈を加えることができる。

話的なモチーフはそれでもって消えてはしまわないが，それは経験の言語への翻訳を必要とする。

　浮上と沈降との間の形象にもっとも固く連帯している深淵のモチーフから始めよう。この深淵性はそのもっと強い形態において，人間的実存全体に該当する。深淵は，自己存在，世界への投錨，共同世界への共属性を震撼させる。それが告知されるのは，驚愕，不安，めまい等の感情のうちにおいてであり，それらは，パスカル，ボードレールのような著作者，シェリングやキルケゴールやハイデッガーの思想のうちでとくに注目され，カントや当然フロイトにおいて欠けるものでもない。ここでは代表して，経験自身からめずらしい花が咲くかのように日常性から逸脱したビジョンを見せている一人の作者から引用する。『分身』[*]の物語においてドストエフスキーは，主人公が分身との最初の出会いを無底に向けての脅迫的墜落として記述している。

　「この瞬間に，彼は深淵の淵に立つ人物に似ていた。その者は，墜落の直前で，床が足元ですでに揺れているように感じ，次の瞬間には深みに墜落するかもしれない。この者は，このことすべてを知っていて，そのような自分を見ているにもかかわらず，いまだなお確固とした地面に飛びのく力も沈着さもなく，ぱっくりと開いている深淵から眼差しを背ける意志の強さもない。それどころか深淵は彼を引きつけ，そのまま離さず，最後にはほとんど自分から，ひたすら不可避の墜落を早めようと，飛び込もうとするほどに。」(1975年，72頁)。

　このテキストに私たちは，すでに本書の別のところで出会った多くの異他性のモチーフをふたたび見出す。深淵的なものの吸引と誘引力，平衡感覚の喪失，主人公におそいかかる〈不吉なこと〉への束縛，《すんでのところ》への自分自身の行いの制限——これらすべては，彼に付きまとい，夜道ですれ違う一人の未知の人物によって引き起こされ，彼は，その人物に自分自身を再認するが，同時に再認することもない。

　「彼の夜の友人は，彼自身以外の誰でもなかった。ゴリャートキン氏自身であり，別のゴリャートキン氏であるが，やはりゴリャートキン氏自身である。一言で言って，いずれの点からしても，彼は，分身と呼ばれるも

---

　[*]　ドストエフスキー『二重人格』小沼文彦訳，岩波文庫，1981年。

9．秩序とカオス

のだった」(76頁)。

　深淵性は多くの面を持っている。それは，情動的な視点をもち，深淵が誘惑したり，不安を引き起こし，ぱっくり口を開けるといった視点だけではない。私たちの実践的行動も巻き添えをくい，床が足下で揺れたり，底なしのところに陥り，そこから世界を動かす確固として立場を見出していない。認識論的問題が思い起こされるのは，ある立場をとるための諸根拠が十分でなく，充足理由の原則が仮定的なものと判明されるときである。結局のところ，私たちが深淵的なものに常に近づくことになるのは，何かが何かとして背景から浮かび上がり，前面に出てくるときなのだ。背景が現在において根底として留まるのは，そこから知覚や行為の形象が際立つということなのであり，また，知識それ自身は，背景の知識によって，すなわち，それに適応した状況のもとで適合する知識によって，――あるいは，適合しないとしても，補足的番組のようにスイッチを入れれば済むような知識としてではなく――担われているのである。言葉の連鎖の広がりは，深淵〔abysus〕，大地〔fundus〕，基底〔fundamentum〕，そして理性〔ratio〕に及んでおり，これらはさまざまな種類の根底と深淵性であるか，これらが一致するのは，成立し，存続し，自身の内にあり，私たちに対抗するといったすべてのことが，落下の運動に晒されていることにおいてであり，また，これらすべてのものが，不安定さと両義性のもとに置かれている，つまり，〈事柄の根源〔Grund〕を極める〉とか〈没落する〔zu-grunde〔底へ〕gehen〔行く〕]〉などのよく話される言い方で表現されることにある。存在する秩序は，揺らぐことのない基礎に根ざしているのではない。

　秩序づけられていないものは，あらゆる秩序の根底や背景を形成するだけでなく，秩序そのものにも，そのひび，亀裂，隙間にも姿をあらわす。それは秩序敷居から外へ出てくる。そのつどの秩序の中に〈カオス地帯〉が広がっている。ここに，立ち現れる乱雑さのモチーフは，絶対的な大混乱としてではなく，境界づけの弱まった形式のうちに，浸透と融合として，ズレや凝縮や突き上げや重なりにおいてであり，それらによって導かれるのが，彼，彼女といった誰もが完全にそれ自身であることはなく，何も完全にはそれ自身ではなく，また，何ものも完全に自らの場所や自らの時間に存在することがないということである。《適合・適切な場所への事柄の

配列》（キケロ『義務について』[*] I, 40）という秩序の古い定義は，これによって明確な限界にぶつかる。ここに属するのが，習合主義やキアスム的な絡み合いや相互内属の社会形式でもあり，その結果，自分固有の自己と異他的な自己とがカオス的な分与を含有することになるのである。

　類似したことが，個々の存在の境界づけや輪郭づけやその構造化やその規則の規定性にも当てはまる。経験の地平に自己として登場するものは，他のものと絡みあわされているだけではなく，完全に一義的にそれであるものなのではなく，むしろ積極的な未規定性の基底となっている。まさに，いかなるものも，それが属し，ないし従属する秩序によって完全に規定されることがないからこそ，何かがそれそのものであること，あるいは，それそのものが，何であり，いつそうであり，どのようにそうであるかは，ある意味で開かれたままである。このような未規定性は，非常に多様な一般原理のうちで表現され，ポリモーフィズムにおいては，過剰規定や過少規定によって特徴づけられ，それは，開かれた意味形成や規則形成という形式のうちで，また不鮮明さの度合いやほつれた経験の周辺において表現されている[15]。

　最終的に言及されるべきは，関連の弛緩，すなわち不結合〔Diskonnektion〕であり，それは，あらゆる合成を拒む純粋な無関連性と混同されてはならないが，中断と休止という形で開かれた結びつきや逸脱や分岐のための余地を残している。

　したがって，無数の形式があり，その中で，カオス的なものが，諸秩序に，解消しえない余剰として，また，使われていない潜在力として，あるいは障害として浸透している。まれでないのは，このような多重性が表現される混交形式である。ここで私は，最近の現象学の領域に見出される幾つかの事例に制限してみたい。

　フッサールが今述べられた下部現象に近づくのは，彼が「偶然の事実性」（『フッサール全集』第 1 巻，182 頁）に数えいれている無意識，睡眠，死，運命などの限界経験の途上においてである。さらに彼がそれらに近づ

---

[*]　キケロー『義務について』泉井久之助訳，岩波文庫，1961年，78頁。
[15]　現代哲学における，多様な「未規定的なものの肯定化」について，以下を参照。ゲルハルト・ガム『カテゴリーからの逃避』1994年。思考の多様性の尺度は，フッサール，メルロ＝ポンティ，カストリアーディス，H. シュミッツから，ヴィトゲンシュタイン，クワインを経て，デリダ，ルーマンにまで至っている。

9. 秩序とカオス

くのは，受動的な意味形成の形式や，理性の目的論を傷つけることのない意味の考古学の形式においてである。

不安という気分のなかで自らを告げる無に関するハイデッガーの省察のうちで，転回をも含めたハイデッガーの思惟の道が反映している。彼の講義『形而上学とは何か』（1929年）では，無はさしあたり，存在者が「むしろ無でない」ものとして際立つさいの引き立て役でしかない。しかし，後に書かれたこの講義のあとがきでは，様子が違っている。「存在者にとって他なるものとしての無は，存在のベールである」（1955年，51頁）。「現存在の深-淵〔Ab-grund〕」としての自由が，無のモチーフに随伴している。「現存在の深淵性」や「深淵の開示」は現存在の被投性を特徴づけており，それは，自分自身に対して自由という生起が「無力」であることを，すなわち「遠くに向けて聞き取ることができる」ことの中で答えに目覚めている生起の無力を特徴づけている（『根底の本質について』1955年，53及び次頁）。それによって，秩序の敷居が踏み越えられ，あるいは潜り抜けられるとき，どのような意味でそのようなものについてそもそも，語られうるのだろうか。このような存在の思惟を私たち自身の試みと結びつけるためには，事柄を明らかにする多くの中間的措置が必要となろう。

レヴィナスの初期の作品『存在から存在するものへ』において私たちは始めて「〜がある」（il y a）に出会うが，それは恐るべき《顔のなさ》であり，存在者なしの存在である。「存在（Sein）は本質的に異他的であり，私たちを驚かす。私たちは，夜のように窒息させる抱擁に苦しむが，存在はなにも答えない」（28頁，独訳24頁）。それは匿名の流れ，単調な現在である。「諸事物と諸存在者は，カオスにみずからの存在をたゆたわせ，私たちに触れる。それらはまるでもはや世界ではないかのように。」（同上，97頁，独訳72頁）。『全体性と無限』において，原素こそが，なにかや誰かへの区別以前に秘密の力を行使し，「非人格的なものそのもの」として，神話的に解釈された「顔のない諸神，対話することのない非人格的な神」として働き，その結果，「不確実性の深淵」や「享受における深淵」が立ち現れことになる（115頁，独訳202頁以降）。個別者が主体になるのは，それが夜の束縛を振りほどくことによってであり，サルトルにおいて常に繰り返される自由の行為として現れる剥ぎ取り〔arrachement〕においてである。『存在のかなた』では，「〜がある」の匿名のどよめきは，私たち

が「他者のための存在」の前提条件になっている。「無意味性を通しての意味の重なり」において，「感受性——自己——が，始めてその底なしの受動性のうちで現れ出てくる」(209頁，独訳357頁)。匿名の存在は，パスカルの無限の空間の沈黙を，レビィ・ブリュールの意味でのいわゆる原始人の神話的な関わりと同様，さらにはゾラにおける事物の裸の物質性を包括し，そしてすでに述べられたごとく，それは，暴力で歪められた他者の顔つきを通して現れ出てくる。あたかも，カオスの呪いがまさにこのカオスによって伝染するかのようである。さらには，これによって，深淵性のまったく特定の経験が記述され，解釈されていることは論争の余地のないことである。事象そのものへの解釈をとりあげると，存在者がそこから現れ出て，そこに戻って沈下していくかのような領域を否定存在論化するという歪んだ領層に陥ってしまう。

　メルロ＝ポンティにおいても深淵性はさまざまな方向性のうちでその姿を見せている。この著者が『知覚の現象学』において，物の本性の根底〔fond de nqture inhumain〕(仏語，独訳347頁)について，私たちに働きかける引力と斥力の彼岸にあるものの物質性について語っている一方で，後に彼はシェリングに近づきながら，「生の存在，野生の存在」に言及している[16]。これもまた多様に理解することができ，「野性の意味」として，したがって，「生まれつつある状態〔statu nascendi〕」にある意味 (1964年，仏語，独訳203頁) として，あるいはいかなる「表象」も汲み尽くしえない，すべてに「到達」し，あるいは「荒々しい意味」をそそのかすような，また，「多形態主義」を自らのうちに含む存在として (306頁以降，独訳203頁以降)，また，対象と意義がそこから立ち現れる地平としての存在 (仏語，独訳133頁) として理解され，しかも，この理解は，私たちが習得している文化の諸分割の背後や下部にある (仏語，独訳162頁)。また，「深淵」としての存在も欠けることはなく (108頁，独訳107頁)，「沈黙の深淵」として (233頁，独訳232頁)，くりかえし不在として，裂けることとして，巻き込むことなどとしての存在である。このような仕方で秩序の

---

16) これに関しては，1956-1957年の自然講義を参照。そこでは，シェリングの自然把握が詳しく論じられ，ベルクソンやフッサールに関する，そのテーマに対応する論述が続いている (『自然』仏語59頁以下，独語60頁以下)。さらには『メルロ＝ポンティと文化科学』(レグラ・ジュリアーニ編，2000年) におけるアンチェ・カプストの注釈を参照。

9．秩序とカオス

範例を拒否するそうした思考は，より細かな差異化を必要とする。つまり，さまざまな異他性の次元を区別することが，そこへ至る道となるだろう。

　意味と規則，志向と習慣を飛び越えることなくそこから踏み出していく現象学にとって，カオスは常に秩序の背面や下面としてのみ，また，根拠づけの試みの内部の根本根拠性や深遠性としてのみ立ち現れることができる。秩序が存在するように，カオスも存在し，純粋な秩序というものがないように，純粋なカオスもない。秩序が秩序の生起と秩序の存続態とに二重化するだけではなく，カオスもまた，プロセス（大文字のCH）または名称をもつ審級（小文字のch）として立ち現れる。つまり一方では，裂けることや境界が交差することや境界の不分明になることとして，他方では，浮上と沈降が向かう《どこへ〔Worauf〕》と《どこに〔Worin〕》や際立ちや分断の《どこから〔Wovon〕》，また，空虚として，何かではないもの，何にも役立たないものとして，無として，消失段階における秩序として，二重に立ち現れている。カオスが自己自身に関して最小の差異をもたなければ，純粋なイデアのアポロ的形而上学を純粋なパトスのディオニソス的形而上学と取り違えてしまうこととなろう。すなわち，誰によっても生きられることのない「生きること」，そして誰にとっても起こることのない「生起すること」と取り違えられ，その結果，それは，それ自身，無名の何かへと上昇し，その権威を補償的非合理性に負うことになる。私たちは，このことを，生の哲学のある種の形式において知っている。ここで言及された差異は，以前の秩序関係の場合と同様，両極性を排除しない。カオス的なものがほとんど不可視にとどまる通常の状態があるように，暴動，破局，転換点など，そこでカオス的なものが極めてはっきりと，見落とすことのできない明確さで現れる場合もある。文化的，社会的な秩序の意義の交錯をマグマと捉えるならば，このマグマは，完全に組織化されていないカオスか，完全に秩序化された世界という二者択一からも逃れている。カオスが組織化されていることは，完全な未規定性を排除するために，それだけで充分である。逆に，それ自身がいまだ秩序づけられておらず，つねにあたらしく秩序づけられるといったものは，分別された要素から成り立っている集合の階層性に対立している[17]。カオスが自らの所在を明か

---

17) コルネリウス・カストリアーディス『想像的制度としての社会』第7章を参照。

すのは，ひとつの秩序が別の秩序の中に移行したり，ある秩序が別の秩序に転換したりする諸位相のうちにおいてである。ホッブスとカントが暴力的な変化に対置した抵抗，逆行的な暴力の源泉としての無政府〔主義〕に対する抵抗が忘れないようにさせているのは，秩序はつねに新たに危険にさらされていて，あらゆる行政〔政府〕は，無政府の契機をその内部に持っていることである。最近のカオス理論は，力動的なシステムのカオス的状態を計算によって包摂するが，その状態を消滅させることはない。もっとも，この理論は経験の現象学に直接転換されうるものではない。しかし，そのような理論を成立させる秩序の思考は，数学的な物理学の領域を超えて，学ぶところがある。批判的な移行箇所と分岐点で形成されるカオス地帯の仮定は，秩序とカオスが互いに排除せず，矛盾しないこと，そして，計算可能なもののなかにさえ計算不可能なものが待ち受けていることを指示している[18]。既述の境界経験は，対置される諸可能性を指示している。私たちは，底なしの音型展開[*]の現実化のなかにすべての燃えかすや不可解さを置き去りにする純粋な理念や形態にだけに近づきうるのではなく，逆に形態を欠く根底という極限事例にも近づきうるのであり，それは色彩や形状のない「無底」であり，ヤコブ・ベーメから始まる神秘主義において，同様に，カオスと結びつけて考えられている。すなわち，「無底の眼，永遠のカオス」である[19]。

絵画もまた，純粋な〈地色絵画〔Grundmalerei〕〉[**]に向かって進みうるのであり，そこでは，対象を描くのを断念するだけでなく，すべての輪郭をもつ形象をも断念し，地がブラックホールに変化し，火炎信号，あるいは，ある種の地殻に変化するまで到達し，そこでは，形があるものは，クレパスや裂け目としてのみ，あるいは，ある種の断層の重なりとして，また，火口風景として，ハレーションとして，オーロラとして立ち現れる。マレヴィッチの黒い四辺形，ロスコの色彩の柱やデローネイの光の円盤を

流動化と固定化のあいだの変換を暗示する〈マグマ〉という火山の譬えは，用心深く用いられるべきである。さもなければ，存在の形而上学が生成の形而上学によってただ置き換えられるにすぎないことになる。

18) イリヤ・プリゴジン，イザベレ・シュテンガー『自然との対話』1986年，第Ⅴ章と第Ⅵ章を参照。
  *) 楽譜上の音の長さである音価を微妙に変化させてメロディーを展開すること。
  19) 『哲学の歴史辞書』の「カオス」の項目における文献指示を参照。
  **) 下地のみで表現する絵画。

9. 秩序とカオス

非形象的なものと名づけるだけでは不十分であり，そこで問題になっているのは，地そのものに擬似形象的特徴を与える絵画であり，見られるものなく見るというパラドクスに近づき，その結果，見えるようになることそのものが，見られるものという特徴を備えることになるような絵画である。描きうるものの縁に留まる絵画には，しかし，ある危険がともなう。その危険とは，描きえないものとその描写の間の緊張が低下したり，消失するや否や，形をもったものに固執したり，装飾的なものに堕落する危険である[20]。敷居に関わる異他性もまた，対照によって生きている。もしも人生すべてが夢だったとしたら，この夢は別の人生というにすぎないだろう。

　この章は秩序境界の踏み越えから始まった。秩序の敷居を潜り抜けることは，私たちをカオスの雑多な働きの様式に対面させ，改めて，はじめの地点につれ戻すことになった。「オーケー〔in Ordnung〕！」と決していえないものが，逸脱と踏み越えの余地を残す。並外れた異他性は，敷居にある異他性と浸透的な結びつきにある。法外なものは，秩序づけられていないものから養分を得ている。しかしこの秩序づけられていないものは——幻覚的な欲望や不安の諸表象を除いて——決して直接的に把握されえず，むしろ，余剰としてのみ把握されるべきであり，その余剰において，《もはやない〔Nichit-mehr〕》と《いまだない〔Noch-nicht〕》とが，合致することなく接しているのだ。

---

20) こうしたことは，西洋の抽象的な芸術や東ヨーロッパの構成主義の消耗現象のうちで観察されうる。その際に，イコン画の「大きな超越」に刺激を受けたマレヴィッチのスタイルの絵画が問題とされ，変形させる視覚様式の〈小さな超越〉が支配的であるブラックやピカソの絵画とは別の仕方において，ここで述べられた問題に近づいている。ここには，政治の場面で平行するものがある。日常が，あるもったいぶったものであれ，あるいは，建設的なものであれ，黙示録的なものに転換してしまうのは，中間的な審級が貧弱にでき上がっているときである。中間派の治政が劣悪の場合，自分が設けた固有の秩序に囚われてしまう恐れがある。

VII

精神分析上の経験の炸裂

───────

　精神分析はこれまでの考察のなかで，何度もその姿を現してきたが，それは，匿名の，時たま訪れる客に過ぎなかった。精神分析への扉は半開きのままであった。この扉をもっと開くなら，片手間には扱うことのできないような問いの洪水を引き起こすことになる。とはいえ，この章の基礎にある目論みは，ささやかなものであり，はっきり目的づけられたものである。この目論見は制限されたものであり，私たちの現象学的分析に紛れ込んでいた精神分析の手がかりとなる要素をはっきりと取り上げることに尽きる。したがって，私は私自身のテキストをもう一度精神分析の眼で読み直し，多くのことを深化させて，別様に新たに問い詰めてみる。私が『応答の索引』のなかで「リビドー的身体」というタイトルのもとで試みた応答的な講読を，ここで繰り返すべきではない。それに代えて私が重点を置くのは，経験のパトス的な背景や基底，そして，その分割的な裂け目である。それに相応して前景に出てくるのは，意味と意味の歪曲，衝迫と抑圧，衝動と衝動運命，トラウマ的外傷とナルシチズム，エロス性と超自我といったモチーフである。他人から始まる精神分析の出発点を形成しているのは無意識であり，それはフロイトにとって精神分析の入り口となっている。ここで問われるのは，まさにここから，フッサールとともに私たちが他者経験と呼ぶものへの架橋がなされうるかどうかである。もしもそうした架橋がなされるならば，フロイトの精神分析は民族学と並んで，異他学〔Xenologie〕のある一つの特殊形式として理解されうる。だが，このことが意味するだろうことは，精神分析の規準となる諸形式に対して，精神分析のさらなる可能性に充分な重要性を与えるということである。私はこう

した問いとともに諸々の論争の領野に踏み込むことを十分に承知しており，しかもその論争の領野は昨日今日に生じたわけではなく，これまでに，分析家と同様，さまざまな流派の哲学者が寄与をしてきた領野である。わたしはこの論争の野を考慮に入れるのは，問題となる事象の問いとして得策と思える限りにおいてである。とりわけ，ジャック・ラカンとの立ち入った論争はこの章の枠組みを超えてしまうことになり，わたしはここでもごくわずかな指摘で満足したい[1]。

1．精神分析の哲学上の不快さ

誰が精神分析を恐れているのだろうか，どうして哲学者が恐れているというのだろうか。フロイトが「精神分析への諸抵抗」に関する著作を必要と考えた時代は，最終的に過ぎ去ってしまっているのだろうか。答えはただ，それがどのように受けとられるかによるといえよう。私たちはこれまでの間に，フロイトの同時代人よりもはっきりと，フロイトがかなりのためらいをもって，逃避作戦をもとりながら，診察と科学と一般的な文化的方向の間に求めた道を見ることができる。道しるべとして哲学がなかったわけではないが，しかし，フロイトは哲学への関係を曖昧にし続けたのであり，彼がおそらく知っていたし，あるいは少なくとも予感していたのは，精神分析が哲学をぐらつかせるが，それにとってかわることはなく，せいぜい

---

1) 基本的な方向性を示す著作をいくつか補足的に示唆しておく。わたしの『フランスの現象学』(1983年，第二版1998年）では，フランス語で書かれた比較的古い試みについて詳しい論述があり，それらはとりわけ影響力のあるものとされ，ラカンによって特有な刻印を獲得しているといえる。現象学，解釈学，批判理論と並んで，分析哲学もが——こうも言いうるが——鋭敏化に寄与したといえる60年代や70年代の問題状況の正確なレジュメは，アルフレッド・シェプフの入門書『ジークムント・フロイト』(1982年）に見出される。ラカンによって呼び起こされた新しいアプローチの試みにおいては，フッサール，ハイデッガー，メルロ＝ポンティ，レヴィナス，デリダが，さらにはデカルト，カント，ヘーゲル，シェリングが重要な役割を果たしているが，こうした試みは，ベルナルド・バース，ルドルフ・ベルネット，ファビオ・キアラメーリ，ハンス＝ディーター・ゴンデク，ペーター・ヴィドマー，スラヴォイ・ジジェクのような著者の多くの研究に見出される。わたし自身は，ラカンとの集中的な対決やその解釈を避けて，補足的なコメントで満足することにする。というのも，詳しい顧慮をするとこの章の範囲を超えてしまうだけではなく，フロイトに直接言及することが，事象への多少とも理論的に不備のある接近を許容しうるからでもある。

1. 精神分析の哲学上の不快さ

のところ哲学を先送りし，放置しておくことができるだけであることである[2]。

　重要であるのは，フロイトがどこでどのようにして始めるかである。彼が繰り返しはっきりと確認するように，彼が始める諸現象は，経験の正常な歩みを打ち破るような現象であり，さしあたりは人工的につくりだされた催眠状態から，次いで日常の間違いの現象や毎夜の夢体験から，最後にはノイローゼの症状といった現象から始めている。正常の学問的なやり方からすれば，「科学活動の適切な出発点は……現象の記述のうちにあり，この現象はさらにグループ分けされ，分類され，連関のなかに組み入れられるものである」（『フロイト全集』X巻，210頁）というように見える。だが，正常性は，障害や異常や病理のうちで，まさにその限界にぶつかる。こうして無意識という鍵となる現象にも妥当するのが，「意識分析」は，もちろん意識哲学も，襲ってくる問題を解決できないということである。（『フロイト全集』XIII巻，293頁）。フロイトが活動しているのは，ある専門学科に属する問題領域のなかではなく，新たな学科（学際的―）を成立させるような定題化の敷居の上においてである。

　しかし，異常なものは，やはり，つねに特定の正常性から際立つものである。この正常性は諸々の機能を継承している。それは新たな経験や新たに記述されうる経験の背景を形成するだけではなく，特定の記述概念や記述言語をも提供するのであり，それらの概念や言語はたしかに充分ではないが，しかしその支えがなければ，どんなに新たな発見も暗闇に沈みこんでしまうことになる。どこからこの不可避的な諸概念を持ってこようというのだろうか。フロイトがみずからに与える答えは，「どこかからであり，たしかに新たな経験だけからではない」というものであり，そのような概念はそれゆえ「慣習という性格」をもち，すべての根本概念は，「恒常的な内容の変化」を経験している（『フロイト全集』X巻，210頁）。別の箇所でフロイトは補助的構築，虚構，思弁について語っており，それらはその開示力において確証されるべきとされる。デカルトが暫定的道徳をあてに

---

　2) フロイトの精神分析の哲学史的な前提については，以下を参照。ウィルヘルム・W・ヘメカー『フロイト以前』（1991年）の収集を参照。周知のように，ヘルバルトの心理学は，フロイトがギムナジウム時代にG. A. リンダーの『経験的心理学の教科書』で学んでいたものであり，一連の見出し語を提供している。

するように，この研究者も，確証した研究方法の限界に突き当たるときに，暫定的概念設定に依拠している。次のようにも言えよう。フロイトはつぎはぎの作業をしており，この手仕事〔bricolage〕のための素材がもたらされるのは，かなり異なった領域から，彼の時代の心理学や生理学から，また，日常のイメージや文化的な実践から，さらには，多かれ少なかれ匿名的であるような哲学の精神性から生じている。現象への近さが決定的に重要であり，そうあり続けており，これがフロイトを一貫して現象学の創始者と結びつけている。このことを強調するのは無駄ではない。というのも，ここでも，感性の喪失へと逃げ込む過剰の概念昇華の危険が迫っているからである。

　私たちはさらに歩みを進めなければならない。フロイトはあらゆる革新的な研究者と同じように，眼差しを異常なものへ向けるだけではなく，むしろ，無意識にかこつけて生じる異常なものを，正常なものと病理学的なものとの関係を新たに規定するための端緒としている。こうして『ナルチシズム入門』という研究において強調するのは，早発性痴呆症やパラノイアのような臨床上の現象を経由して，自我心理学についての洞察を獲得する必然性である。さらに彼が注記するには，「私たちはまたもや，正常なものの見かけ上の単純さを，病理学的なもののゆがみや粗雑さから推察していくのでなければならない。これによって，臨床の外部での接近の道が，すなわち器官の病理や憂鬱症や性的愛の生活に相応した考察が，排除されることがないのである。」(『フロイト全集』Ⅹ巻，148頁)。にもかかわらず，このことが意味するのは，正常な現象が異常化を経て明らかになり，認識されうるというだけではなく，正常なものが異常なものや病理的なものの芽をふくんでいて，正常なものと病理的なものとの境界線を明確に引くことができないということである[3]。

---

[3]　こうした見方がフロイトの時代にそれほど新しくはなかったことは，先の脚注で引用された教科書の次の文章が示している。「精神の病が驚くべきもの，説明できないものであるのは，それが正常な精神生活とのあらゆる類比の外部にあるかぎりである。にもかかわらず，より詳細な研究によって確信されるのは，精神の失調の始まりが健康と見做される精神生活の内部においてすでに多様に見出されうることであり，そして，本来の精神の病は，私たちが日常生活において私たち自身や他者において観察の端緒をもつものを，大きな目立つ尺度で示すにすぎないことである」ヘメカー，1995年，118頁における引用。それに対してブレンターノは，正常性の一義的な優位について語っている。『経験的立場の心理学』第1巻，58頁を参照。精神分析の歴史を超える正常性の問題系については，トーマス・ロルフ

1．精神分析の哲学上の不快さ

　正常性の限界への問いは精神分析と哲学との論争のただなかへと導いてくれる。そもそもそうした問いが立てられることそのものは，自明のことではない。フロイトの側でのためらいに相応するのは，哲学の側面での彼の遠慮であり，そうした遠慮はさまざま動機を源泉としている[4]。私は，ここで特徴ある事例に考察を限定したうえで，方法的な観点から始めることにする。精神分析を遠ざけておく最も普通のやり方は，分業である。私たちは精神分析家に，異常なものの，とりわけ病理学的なものの専門家という役割を任せ，精神分析家は，それを精神病理学，精神医学，神経医学というほかの形式によって区分けする。

　クラウス・デュージングのような超越論的意識哲学者が精神分析的な押し付けがましさから身を守るのは，（全3ページにも渡って）これらすべての発見を経験的な心理学に帰属させ，精神分析的な臨床経験の一般化を非難することによってである。精神分析がいかなる意味での脅威を提示するものではないことは，「古典的な主体性の理論」の水準にまったく達していないからとしている（『自己意識のモデル』1997年，36頁から39頁を参照）。

　エルンスト・トゥーゲントハットは，それでも，どうにか，フロイトを彼自身の分析的な言語に翻訳しようと努めている。無意識であるのは，それについて私たちが「いかなる知識も」もっていないというのではなく，「直接の，無媒介的な知識をもっていない」心理的経過や状態であるとしている（『自己意識と自己規定』1997年，13頁）。フロイトとフッサールはそこでは，言語分析的な自己意識批判の同系列に貶められ，とりわけ反省的な主観―客観図式が標的にされる。最後には，自我の審級への組み入れが，「自分が自分へと関係すること」を単純に排除する物象化のプロセスとして解釈されている（同上，148頁及び次頁）。主導テーマである「自己規定」にとって，精神分析からはもはや学ぶべきものがないので，安心して，このことには取り組まないと弁明するのである。

　アドルフ・グリューンバウムのような頑迷な学問論の専門家は，フロイ

（1999年）の包括的な単著を参照。そこでは，フロイトがジェームズ，フッサール，サルトル，フーコーの系列で扱われている。わたし自身はこうした問いを『正常化の限界』（1998年）という異他性研究の第二巻において詳しく論じている。

　4）　以下の例はたいていドイツ語圏からのものである。フランス語の領域やその影響圏にとっては，反対の方向性が生じ，全く別様になっているともいえよう。

トの試みをはるかに真剣に受け取るが，ただ人格性や精神病理学や精神療法に関する臨床的に基礎づけられた理論としてのみ受け取る。フロイトの試みは他の（自然）科学的な理論形成に従属するものであり，（それに失敗し，）それゆえ〈思弁的な〉メタ心理学のがらくた以外，多くの見るべきものは残らないとした（『学問論的な意図の下における精神分析学』1987年，15頁参照）。フロイト自身，「思弁的な精神分析学の上部構造」を，「間近な観察に与えられているもの」（『フロイト全集』XIV 巻，58頁）のために犠牲にする用意があるとしていることが，身体の症状をまるで残った足跡のように取り扱い，一般的な因果関係の理論を病因学に統合するために，口実として利用された。ハーバーマスやリクールの解釈学的なフロイトへの接近の試みについての判断が完全に否定的な結果であるのは，自明のこととなる。

　しかしそれほど早く，解釈学と精神分析学との関係を片付けるわけにはいかない。真実への迷いの道や回り道を学習のための道として真剣に受け止めるものは，失敗と病理学的な誤りの形式もまた，経験的な意味以上のものを認めることになる。とはいうものの，それにまつわる動揺はここにおいて限度を保ったままである。ハンス＝ゲオルグ・ガダマーが，とても稀なことなのだが，精神分析学に軽く触れるとき，傍注に記して，精神分析の診断を「口実」や言い逃れとし，その背後に「真の意味」が隠されているとしている。それは「歪んだ理解の例」であり，「テキスト理解の正常な事例」にはなんの影響を及ぼしえないとする（『ガダマー』フォーゲット，1984年，43頁から45頁）[5]。個体と社会的疎外現象に大きな重きを置く批判理論の代表者としてのユルゲン・ハーバーマスにとって，公共のコミュニケーション空間がアルファでありオメガである。「無意識はそれに対して，公共のコミュニケーションから取り消されている」（『認識と関心』，1973年，291頁）。そして何より重要なことは，解釈によって「コミュニケーションの障害」を取り除くことであり，「主体から逃れ，脱コミュニケーション化された言葉の私的な部分」を自己反省によって近づきうるものにすることである（同上，279頁及び次頁）。フロイトのメタ心理学

---

[5] ヘルマン・ラングは，1973年の大きな貢献をなしたラカンについての著作において，相応する開放性を顧慮してはいるが，ガダマーの対話によって媒介された言語の生起とラカンの厳密に変質化した無意識という言語との境界が消えるという結果をともなっている。

1．精神分析の哲学上の不快さ

において，そのような「脱コミュニケーション化された言語との和解」が意図されていないことは（同上，300頁），決定的な欠陥として記されている。ポール・リクールは，解釈学者のなかでは，フロイトを「疑いの達人」として強く信用しているのだが，彼においてすら，反省的な意味の再習得，つまり意識化することが，最後の言葉として受け取られている。このときには，「意識を放置すること」が「再習得の身ぶり」として現れているのであり（『解釈について』，1965年，62頁，独訳65頁），フロイトの「反-現象学」は単なるすべての精神分析的疑念を払拭する解釈学的な現象学への前段階を形成しているにすぎない[6]。

　一般的に精神分析にみずからを関係づけようという特徴をもつこのような試みが，そのさまざまな違いにもかかわらず，すべてに共通することは，それらが，すべての異常なものや病理的なものに負けることのない正常性を端緒としていることである。その正常性が投錨されているのは，びくともしない自己意識のうちにであったり，学問的な説明のモデルのうちにおいてであったり，伝統によって担われている相互理解の共同体において，また，批判的に中断されるコミュニケーションにおいてであったり，反省的な意味の習得においてであったりする。投錨地は，場面の変換によって規定されているのではなく，場面の変換は，せいぜい，舞台裏で起こっているのである。精神分析学がふとどきななにかをもっているとしても，それは，このようなタイプの哲学に対してではない。

　哲学的にふとどきとされるものが失われるのは，哲学者が立場を変えて，精神分析の腹話術氏のように登場し，諸モデルが，フロイトが退けることのない基礎概念の発見的マトリクス〔母胎〕以上のものを提供するかのように振舞うときでもある。同様に事態が好転するといえないのは，精神分析学者が問い詰められないままの学問性の背後に閉じこもったり，哲学的な諸命題を学問性で縁取ったり，あるいは，自己分析の形式において自分に固有な基盤の作成を希望する汎精神分析的な暗号哲学を構築するときである。ところで，精神分析の精神分析というのは，フッサールやオイゲン・フィンクがもくろんだような現象学の現象学と同様，特にうまくいく

---

[6]　もちろん，リクールは，こうした一連の批判を終え，同時に弱めていくが，そこに留まってはいない。しかし，わたしが見るかぎり，彼の解釈学的フロイト批判のはっきりした修正はいかなる形跡もみられない。

ものでもない[7]。精神分析学が哲学に対しての挑発を呈示するのは，その基本モチーフ，つまり生，意識，自己，自我，身体，他者，空間，意味，規則，法，エロス，死などを他に還元したり消去したりするのではなく，それ自身のやりかたで，新しく映し出し，熟考し，したがって，精神分析の探針〔ゾンデ〕を哲学の核心に置き，哲学者が無害のまま放棄できるような前哨に向けるのではないときのみである。それ自身のやり方で，ということが意味するのは，精神分析が，最終的な審級において，なんらかの日常的，文化的，学問的な正常性をみずからの「神」として，そこに撤退するのではなく，正常性と異常性の境界，つまり，そこで諸秩序が成立し，すでに確定ずみのプログラムが経過するのではないような場所に留まることなのである。

　逆に，精神分析学からの挑発を受け，ぶつかってくるものを感受することのできる哲学とは，どのような哲学だろうか。この問いもまた，一面的に立てられた問いである。精神分析学によって挑発されていると感じる哲学は，自分自身の思考において，同様な挑発にさらされているとみる，そのような哲学だけである。フロイトが控えめに距離をとった哲学にのみ固執する者は，哲学自身がこれらの諸前提からすでに遠く遠ざかっていることを見逃しており，この見落としは，フロイト自身，伝統的な理性信仰の非難に晒されているとみていることの見落としなのだ。カストリアーディス，ドゥルーズ，デリダ，フーコー，アンリ，リオタールや，そして最後にラカンがフロイトの思考から受けて取る刺激は，私たちがこれまで紹介してきたほかの著者が受け取るものとは違ったものである。一般的に主張できるのは，意識の純粋性や自我の自立性や隙のない意味の組成や生の文化的な飼いならしや道徳の妥当性の要求に疑問符をつけるのに，前もって，精神分析が必要とされるのではないことである。特定のところで，ある哲学がある精神分析と重なっているといった個所は多くある。しかしこのことが相違を排除するのでないことは，ちょうど，視覚上の盲点を排除することはないのと同様であり，相違は，そのつど対立する側面に帰属しうるといった風にみることはできないのだ。哲学の側からはっきりとした精神分析学との論争に取り掛かるとするなら，ここでもまた，フッサール

　7）　現象学の自己関係性については，『ドイツとフランスの思考連関』第4章を参照。

の提案に従い,「真の方法と作業を行う」(『フッサール全集』第6巻, 228頁)のがよいといえる。それも,フロイト自身,多くの場合に暫定的な意味を認めていたにすぎない理論の教示するものに向かう前にである。決定的な重点が置かれるのは,フロイトがそこから出発している,あの日常的な,そして非日常的な現象であり,それが現象学的な仮の宛名として現れていることも稀ではない。

2. 意識の自己別離

「精神分析の第一の合言葉」としての無意識的なものから考察を始めよう(『フロイト全集』XII巻, 239頁)。フロイトが始めから疑いをもたなかったのは,彼が心理的なものと意識との結びつきの止揚によって,すなわち,無意識の経過と無意識の表象の仮定とともに,まさに,無意識の思考と無意識の意志があるという主張とともに,単に哲学者だけでなく,自分自身に対しても,過度の要求をしているということである。すでに『夢判断』の第7章の終わりにおいてこのテーマが呈示され,これはその後も継続するテーマになった。ここで,無意識の理論をその漸次的な形成過程において再度,紹介する必要はない。私たちにとって問題になるのは,自己関係と自己退去との間の混合であり,それは,意識の自己別離というパラドクス的な言い方で暗示され,すでに以前,重要な箇所で出会っていた問題である(Vの2, 3を参照)。

　無意識的なものの土台を突き崩す働きは,無意識的なものが意識の捕獲作用から免れていることを前提とする。それほど良い表現ともいえない〈無意識なもの〉は,良い面もあり,すでに言及したパラドクスに目覚めているように促し,中立的な定式化にそれを埋没させてしまわないようにできる。そこで無-意識的なもの〔Un-bewußten〕の接頭語〔無(Un)〕にまずは注視してみよう。これが単なる意識の否定〔接頭語〕として理解されるならば,意識の優位性は崩れないままである。それが矛盾する対立だったとしたら,無意識的なものはたしかに純然たる意識の欠損であることになり,それが相反する対立であれば,意識の弱められた形式であって,この形式が限界値に近づいているということになろう。もしそのように見

れば，意識の哲学者達は，無意識的なものが意識という概念を前提にすると主張することに何らの困難さももたないのであり，それは，オイゲン・フィンクがフッサールの『ヨーロッパ諸学の危機と超越論的現象学』の補講 XXI において主張しているのと同様である。このような否定的な定義の困難を避けようとすれば，そこに残る可能性は，無意識なものを意識の変種として理解する可能性であり，それはすでにブレンターノによって[8]，そしてフッサールによって完全に拒否された「意識されてない意識」といった《どっちつかずのもの》として理解されるのである。「〈無意識の〉内容」があって，後に始めて意識されるという仮定は，「意識はどの位相においても必然的に意識である」(『フッサール全集』第10巻，119頁) という確認に出会うのである。それに対して彼は，「原意識」や「原統握」を容認し，それらは，統握作用と同一視されてはならないとするが (同上)，この「究極的な意識」を「〈無意識〉の意識」と呼ぶことができても，それは引用符の中においてだけである (同上，382頁)。フロイト自身もそのような《どっちつかず》を相手にしない。それどころか，彼自身，そのような「気づかないもの」を意識から排除することによって，フッサールを超えていく。なぜなら，《どっちつかずのもの》によって「心理的なもの一般に存在する唯一の直接的な確実性をだめにしてしまうからである。それについて何も知らないような意識は，無意識の心的なものより以上にばかげたもののように思える」(『フロイト全集』XIII 巻，243頁)。「意識されない心的なもの」は，同様に，その疑わしい《どっちつかずのもの》，つまり，主観的な経験と客観的な経過の混交に終わるように思える。『心理学の基礎の批判』(仏語，1928年，独訳，1978年) においてゲオルゲス・ポリツァーは，同様な批判を表明し，このような仮説は人格的な体験を非人格的なプロセスに物象化してしまうと異議を唱えている。彼はそこから次のように結論づける。「無意識的なものは仮象にすぎず，無意識から不在性と潜在的なものに関係せずに，有効的な現在に関係するような積極的概念を形成する試みは，失敗に終わっている」(1978年，174頁)。この著者は，主観が同時に役者と観客でありえないような行為や人生の劇的事件において選択性を見据えている。夢の内容は，夢見ているものにとって意

---

[8] 『経験的立場からの心理学』第1部，第2章を参照。無意識的意識や無意識的表象への問いは，「内的意識」という表題のもとで，かなり詳しく検討されている。

2. 意識の自己別離

識されているのでも，意識されていないのでもない。というのは，その人は，夢見ているのであって，その夢を表象しているのではないからである[9]。確かにフロイト自身は，無意識的なものを前意識へと翻訳し，意識に突き進むことの本質が，「いわば，オリジナルが並存したままの書き換え」にあるという仮定，すなわち，一つの理念が，所在する場所を変えるかのような仮定には逆らっている（『フロイト全集』II巻，III巻，617頁）。しかし，そうすることによって諸々の困難が解消するわけではない。

ポリツァーの反対意見が示しているように，無-意識的なものは，表象に基づく知識と結びついている。私たちは，非-意志的なものから出発するべきだろうか，それとも，正当にも，非-恣意的な体験と行為から出発すべきではないだろうか。アリストテレスが彼の行為論において ἀκούσιον〔不本意〕を ἑκούσιον〔本意〕に対立させているように（『ニコマコス倫理学』III, 1），外的な強制と状況的な無知の契機は，一つのものとなっている。〈非知識的-非意志的〉というように描出することが妥当するとはいえないだろうか。フロイト自身，繰り返し，無意識的な，また，意志されたのではない諸表象と諸思考について語っており，それはすでに，夢判断の顕著な箇所において語っているのである（『フロイト全集』II巻，III巻，106及び次頁）。とはいうものの，仮に私たちが知識を出発点にするときでさえ，さまざまな知識の形式があって，無意識的なものが即，理解できないものと一致するということはないのではないだろうか。

周知のように，〈意識〔das Bewußtsein〕〉や〈意識して-あること〔das Bewußt-sein〕〉や〈意識してある〔bewußt sein〕〉は，分けて表記した形容詞的な用法において明らかなように，18世紀の言語的発明物である。ギリシャ人にとって自明であったのは，共に気づくこと〔συνείδησις, σύνεσις〕と共に知ること〔συναίσθησις〕によって伴われているが，一つ

---

9) こうした初期のフロイト批判の大きな影響については，『フランスの現象学』417頁以降を参照。ラカンも1946年のテキストで，将来は無意識的なもの，この「無力と不可思慮の概念」が，「想像上の様相」ゆえに断念されるという希望を表明している（『エクリ』182及び次頁，独訳『著作集II』159頁，161頁）。さらには，無意識的なものは，定義の変更を受け，意味の連鎖として，他者の言説として，「欠損の概念」（『ゼミナールXI』，28頁，独訳32頁）として，また，「実現されないもの」（32頁，独訳36頁）として，「回避するもの（évasif）」（33頁，独訳61頁）として，運命，すなわち「失敗した出会い」として，トラウマ（54頁，独訳61頁）として，神の無意識性（58頁，独訳65頁）として，いずれにしても，積極性として定義され，欠乏として定義されることはない。

の知識にその本質があるのではないような，努力することと運動することから出発することであった。これは長い間ラテン語のconscientia〔意識〕にも妥当し，この言葉は，特殊な意味である良心をも内に受け入れるものとなった。フロイトの精神分析は，したがって，近代の負い目を課された近代的伝統を引き継いでおり，それはマルクス，ショーペンハウアーやニーチェなどの著者によって，長く問いに付されたものである。ここで言及されるべきは，ウイリアム・ジェームズでもあり，彼は『心理学の原理』（I, 304頁）において，思考の流れの基礎に単に一人の思想家を押し込むことを避けるために，「知識の流れ〔stream of *Scious*ness〕」*)という表現を提案した。現象学の内部ではマックス・シェーラーが比較的早い時期にそれに対する逆のテーゼをとりあげ，同時に多くの批判もみられるが，フロイトとの結びつきを，特に彼の『共感の本質と諸形式』において確立した。意識の哲学は，メルロ＝ポンティが後に哲学者の「職業的詐欺行為」と呼んだ構成的意識の仮説を含め（『シーニュ』227頁），すでにフロイトの時代でも賛否両論であった。

　結局，無意識的なものは，自己意識の反省性なくしては考えられない。もし無意識的なものが「本来的に実在的な心理的なもの」に他ならないのであれば，また，それによって，「外部世界の実在的なもの」（『フロイト全集』II巻，III巻，617頁）と同じように知られていないものであったとしたら，自己解明へとつながるような前意識へのいかなる「翻訳」も可能ではないことになろう。もし，その所有者がそれについて何も知らないようないかなる意識（『フロイト全集』VIII巻，434頁）も考えられないとき，容易に推測されるのは，そのかわりに無意識的なものを，それについてその所有者がなにも知らないような表象，知識，あるいは思考と定義することである。というのも，自分自身について意識している誰か，あるいは，少なくとも意識しうる誰かに関係してのみ，無意識的なものは「意識することができない」（『フロイト全集』II巻，III巻，619頁）ものとして現出しうるからである。そこにおいて私たちは，《自己-無意識的なもの〔Selbst-Unbewußtsein〕》に関わっているのであり，これは，無意識的なものと端的な意識との関係に似た問題を投げかけるのである。

---

　*) ジェームズは，自己-意識〔con-sciousness〕から，自己が切り離された意味で意識〔sciousness〕という表現を用いている。

2．意識の自己別離

　フロイトが，今日におけるまで謎めいた花を咲かせている意識と自己意識の理論の罠から逃れているのは，彼が〈無意識的なもの〉の発見から，多くの詭弁的と思える異議に特に気に留めることなく，大きな利益を獲得することによるものである。〈無意識的なもの〉は自己を複製している。まず，記述的な無意識的なものから始まり，それは曖昧なカテゴリーではあるが，心理的な出来事を，顕在的なものか潜在的なものか，また，気づかれているものか気づかれていないかに整理するために役立つ。無意識的なものは，例えば忘れられたものと同様，隠されたものの中に存在し，間の時間において，意識の内にはなくとも，「心の生において現在的」である（『フロイト全集』Ⅷ巻，430頁）。これがすべてであるとすれば，事実上，無意識的なものは隠れた意識〔Kryptobewußtsein〕に近づいている。これと別のものは，無意識的なものの力動的な形式である。フロイトが催眠術的あるいは神経症的な現象や分析における抵抗などの現象から出発して達した仮説は，無意識の思考は必要なときに再度現れるために隠れたもののなかに沈んでいくだけではなく，むしろその「生き生きした諸力によって」意識から閉め出されている（『フロイト全集』Ⅱ巻，Ⅲ巻，436頁）。無意識に働いている心的力の圧迫の中で意識された体験が，意識の効能へと変容する（『フロイト全集』Ⅱ巻，Ⅲ巻，617頁）。その効力のあり方は，分岐へと導かれ，一つは，いまだ意識が可能であり続ける前意識に，もう一つは意識ができないと証示される無意識的のものへと分かれる。この区別は，二つのグループが争いを決着するような分類と捉えることはできず，むしろ，プラトンの魂の区分にみられるように，審級は，抗争から結果として生じるのである（『フロイト全集』Ⅷ巻，435頁参照）。そのとき，本来の意味で無意識的なものは，単に潜在的なものではなく，抑圧されたものである。最終的に自我も超自我も部分的に意識から退去していることから，無意識的なものは，同時に抑圧するものとして現出し，このような多様な機能のうちでシステム的〔systemisch〕な無意識的なものと呼ばれ，第二のトポスのエス〔Es〕として，意識へのあらゆる明確な関係を失っている。名詞的に立ち現れる無意識的なものに残されたものはもはやなく，無意識の性格は，多義的な質となる（『フロイト全集』Ⅷ巻，245頁）。意識と同じように，無意識的なものも，その形容詞的な形を再獲得し，それはあらゆる存在論化を排除する。意識性そのものが症候となる（『フロイト全

集』X巻，291頁)。それと同様に，フロイトは，無意識性をなおざりにすることに対して警告している。「というのは，意識されているかいないかという特徴が，深層心理の暗闇における唯一の光であるからである」(『フロイト全集』Ⅷ巻，245頁)。そのようにして無意識も，分析的な仕事を通じては解決できない差異として導入される。「意識は自分の場所にとどまり続けるが，無意識も意識に上りつめるわけではない」(同上，249頁)。とはいうものの，とりわけ世界とエスの間の「境界存在」として媒介するべきものである自我に，「エスの継続する征服」を申し立てることがいまだなおできるのであろうか(同上，286頁)。

　フロイトはあえて尾根歩きをしようとする。もし意識が無意識のメカニズムによって，そして，「わたしが考える」が「エスが考える」によって置き換えられるならば，意識の自己別離のパラドクスは単純な別離に変容してしまうことだろう。精神分析は，フロイトが予測できなかった《ふとどきさ》を失うことになろう。メルロ＝ポンティ[10]が正当にも「観念論的な逸脱」を警告するとき，今日では，「客観主義的な逸脱」が新しい，そして決して小さくない危機であり続けている。行動療法にいくつかの戦略上の弾薬を提供したともいえる行動主義的な諸変種は，ブラックボックスが開けられ，単なる外的な行動が適応され，操作されるだけでなく，思考自体がシュミレーションされるようになって以来，多少なりとも無害になったように見える。〔しかし，〕このことは，重大な帰結を導くことになる。「エスが考える」がその変革の力を失うのは，エスが規則の循環や志向的な諸システム，あるいは，保存容量を配備するようになったり，自己が単に体系的な自己言及として存続するときである。「無意識の思考」という理念が，平凡なものへと堕落してしまうのは，あらゆるコンピュータやコンピュータ形式によって考えられた脳が思考し，フロイトの技術的に直感されたモデルが単に技術上の要求から使用可能とされる場合である。

　ジャック・ラカンから学ぶべきは，固有の諸力を超える諸力の場における，また，固有の必要性を超える支配構造におけるフロイトの自我の配置

---

10) A.エスナールのフロイトについての著作 (1960年) の序文でもそうである。ドイツ語訳は，レギュラ・ジュリアーニによって編集された著作『メルロ＝ポンティと文化科学』の中に収められている。

2. 意識の自己別離

づけが正当とされないということであり、このことは、コギトをその頂点にまで先鋭化し、そこでコギトが固有の他者性とまさに他者によって綴られる自己性を自覚し、他律性において、他者の法への従属を、他者への単なる従属と区別されるものとして再認することである[11]。私自身の試みは同じ方向を向いているが、現象学的な所見に立脚して、記号表現の鎖の絡み合いからのみ〔事態を〕取り出しうるのではなく、身体的な自己やその感性やそのイメージ形成の力に重点を置いている。決定的に重要な問いとは、さらに次のように表現される。どのように、消極的な意味でなく意識にむすびつけられているのではない無意識的なものが考えられるべきかという問いである。どのように、反省において自分自身に戻ることなく、反省的に自分自身に向き直っているような自己を考えることができるのだろうか。最後に、どのように、自分自身のもとではじめることができると信じている知の全能を、打ち砕くことができるのだろうか。それに加えて、意識のマグナカルタ〔大憲章〕ともいえるものを、言語の、またコミュニケーションの、そしてメディアのマグナカルタに置き換え、「すべては…」という全能にしがみついても、事態は一向、好転しないのである。

ソクラテス的な「教示された無知」の形式へと導く、デルフィ神殿のモットー「汝自身を知れ!」から始めよう。「わたしは、わたしが知らないことをも知っていないと思う」こと、これが、ソクラテスが自分でいうように、「ほんの少しだけ」、自分が他の人より知恵をもつとしているのであり、その他の人とは、質問を重ねる中で、自分たちが知らないことを知っていると思っていることが分かってくるのである(『ソクラテスの弁明』21d)。ソクラテスがしばしば非難されたのは、彼がすべてを覆いつくす知の雪崩れを引き起こし、意-識〔Be-wußtsein〕において知っている者自身に追いつき巻き込んでしまうということであった。すべてを知らない、

---

11) これについては、広大な論戦を張り、しかも、包括的な哲学的言説による過剰な思弁性を伴う例として、アラン・ジュランヴェイユの『ラカンと哲学』(独語、1990年、仏訳、1984年) を参照。とりわけカントとハイデッガーに関係づけられたものとして、ハンス=ディーター・ゴンデクの『不安、構想力、言語』(1990年)、カント、ハイデッガー、メルロ=ポンティの交錯におけるラカンについて、ベルナール・バースの『物から対象へ』(1998年)、サルトル哲学を下敷きにしたラカンについては、アンドレアス・クレモニニの『コギトの横断』(バーゼル大学での博士論文、2001年) を参照。バースはその著書の序言ではっきりと、哲学と精神分析の交差というプログラムを企てている。すべての著者のもとで中心になっているラカンは、とりわけ後期のラカンである。

ということはまだ知らないとかもう知っていない，すなわち，欠陥の表現ということにもなろう。それは，あの著名な「私たちは知らない，そして先々，決して知ることはない〔ignoramus et ignorabimus〕」という表現で永続の状態と説明してもそのことに変わりない。しかし，無知はある境界知として捉えることもでき，したがって，退去の経験や存在における不在の経験や近さにおける遠さの経験として把捉されうる。それに対する異議として，《知らないと-思う》ということへの回避によって，無知への憶見が紛れ込んでくる，そして，《知らないことを-知っている》への変転によって，なおも，完全な知の知や思考の思考〔νόησις νοήσεως〕という「意識された思考」への転換を見込んでいることを意味すると主張することもできよう。何も知らずに無知であるという定式は，確かにこのパラドクスを強めることになるが，それが解消されてしまう可能性という犠牲を払わねばならない。ソクラテスの無知に認められる信じることや思うこと（οἴεσθαι）は，違った風にも理解することができるのであり，自分自身を対象にし，その事態が完全に確実ではないとする命題的に把握された知識としてではなく[12]，常に休むことなく自己自身を逸脱していく知の行為の表現として理解できるのである。このような《信じること》はフッサールによって用立てられているドクサに近づくことになり，ドクサは然りと否かのどちらかに決められる前段階の知識なのではなく，つねに，事後的に分かるような〈原知〔Urwissen〕〉なのである。もう一歩先に進み，《知っていると信じること》を，言表されたもの，したがって，言われたことの中で生じ，同時にそのことから退去するような《言うこと（言表すること）》に帰することができよう（本著，263頁参照）。これに加えて，無知とはプラトンにとって，これから何かを入れるような，まだなにも入れられていない空の容器といった状態なのではなく（『饗宴』，175d），その無知は知への欲求のなかで気づかれるのであり，したがって，そのような体験された欠如のなかにある（『メノン』，84c参照）。《何も知らないと思っていること》は，このような仕方で，非常に複雑な，自分自身において同質的な知の自己対象化に繋ぎ止められている自己意識の諸モデルの下をかい潜っているのである[13]。

12）ヴォルフガング・ヴィーラントにおけるこうした狭隘な知識理解への批判は，『プラトンと知の形式』（1982年）を参照。

2. 意識の自己別離

　無意識的なものとは、それが経験からの退去と考えられるならば、どこか別のところに蓄えられている知が、脈絡の無い無意味なことに晒されるといったことはないだろう。ラカンが、無意識なものの無〔Un〕を「無概念〔Un-begriff〕」として、すなわち、「欠陥の概念」として扱うことで（『ゼミナール』XI 巻，28頁，独訳32頁），フロイトとともに，フロイトを超えて踏み出したこの一歩を、ハンス＝ディーター・ゴンデク（1990年，12頁）は以下のようにまとめている。「（…）意識から退去して、にもかかわらず知られている何ものかがある。――それはパラドクス的な無意識の知というべきものであり、本能ではなく、かなり知的な手続きであり、しばしば〈無意識の思考〉と言われるのだ」。この著者は続けて、「精神分析は――ラカンによる刷新を通して――近代的な自己意識の配備としての自己反省を中断し、そして乗り越えることを一つのこととしている」。この中断は主観の「止揚されることのない主観における（自己-）退去」へと導き、乗り超えが起こるのは、この主観が「この退去とその効力を及ぼす条件下において活動すること」にある。フロイト自身、そのような解釈に近いものを呈示していて、「精神神経症において欲動の代理表象〔Triebrepräsentanz〕は抑圧によって意識的な影響から退去されてある」（『フロイト全集』X巻，251頁）。もしくはそうなる前の無意識的なものは、意識がこの無意識的なものと対決されるとき、意識に対して、「完全に異他的なものとして、対立して現出し」、意識によって拒絶される（『フロイト全集』Ⅷ巻，243頁）。フロイトが無意識の領域を「内なる外国」と呼ぶとき（『フロイト全集』XV 巻，62頁），彼はそれによって、他者経験を暗示していて、この他者経験は、一貫して、フッサールによって主張された「原初的な到達不可能なものの到達可能性」に関係させることができる。そして、意識が《自身の-もとに-あること》が、「自身からの〔von sich〕不在である対自的な不在、すなわち、自己との距離を通しての自己との接触」（1964年，246頁，独訳248頁）において掘り崩されているのを、メルロ＝ポンティが見るとき、彼が正当であるといえるのは、確かに無意識的

13）こうしたさまざま多層に渡る議論の要約は、クラウス・デュージングのすでに言及された著作にみられる（1997年）。この著者は、フッサールの地平論を受け入れ、少しずつ拡張することで、たしかに単純で直接的な自己関係から退行してはいるが、前意識と無意識との区別は、視野に入っていない。

な意識ではないが,「意識の無意識的なもの」を「その中心的な盲点〔punctum caecum〕,無意識的なものを意識にする盲目性」として評価することである（同上，308頁及び次頁，独訳321頁）。すべて記憶を絶した暗闇の中に沈めてしまうような単純な機能の剥奪は,「私たちはこの複雑な操作の結果だけを手にしていて，それについてなにも知らないプロセスの洪水のなかにいる——ないし，それについて技術者だけがなんらかのことを知っている」(同上，285頁，独訳294頁）とする科学技術的―生理学的な表象と同じく，恐れる必要のないものとなるだけである。

　退去としての無意識的なものというこの解釈において，フロイトの前意識的なものと無意識的なものとの区別に注意を向けるべきである。「意識できない」こととして描写されるものが意味するのは,「明確性の段階」(『フロイト全集』Ⅷ巻，242頁）に置かれていて，最終的には暗闇の否定に導かれるような境界経験より以上のものである。同じことが妥当するのは,「決定できない」ことと呼ぶことができる諸プロセスである。無能力性もまた，純粋な欠陥として理解すべきではなく，固有の能力と可能性の挫折としてのみ，すなわち，自分に固有な無力を告げるだけではないような抵抗として理解すべきである。外からだけ診断されるような暗闇，あるいは必然性それ自体は，夢想者や神経症患者に文字通り，まったく関わらない。ここで発言を求めているのは，純粋な衝動の力学や衝動の経済にはいかなる場も見出されないような他者性である。ラカンとレヴィナスにおいて見出せる欲求と欲望の厳密な区別が不可欠なものとして証示される。自身を知への欲望としての知に帰属させるような欲望は，最終的にその知を掘り崩し，それが学問論のなかで二重化することもなければ，絶対的な知識のうちで完成することもないのである。退去と自己退去はある特定の抵抗を出発点にしており，端的に抵抗〔一般〕を出発点にするのではないという事実は，さまざまな諸次元の中を動き，偶因的な性格を決して払拭することのない異他性と一致している[14]。

3．歪曲，抑圧，そして断念

フロイトがそうしたように，無意識な思考と意志を，したがって，理解か

3. 歪曲，抑圧，そして断念

ら退く表象や自由に使用することのできない努力を見込んでみるとき，そこから私たちの第I章の研究を規定した問題系に橋を架けることができる。私たちは，そこで，意味することと欲望をもつことの二重の響きから出発して，諸経過あるいは諸作用がパトスの背景において働いていることを示そうと試みた。このパトスの働きは，まさにそれがそうあるように，意味を欠き，目的を欠くあり方で，あらゆる志向的，解釈学的，そして，欲求的循環を打ち砕くものである。私たちに出くわすものは，志向されておらず，求められてもおらず，また，法のように規則だってもいない。フロイトが，パトスと激情に新しい重点を置く学者に属することは疑いないが，彼のその重点の移動の仕方が，多くの疑問を残していることもまた同様に，疑いがない。すでに述べられているように，私たちは現象学と精神分析が交わるところを突きとめることで満足する。ここでフロイトから提供されるのは，意味形成と衝動の諸力との関連であり，それも，退去との特定のあり方での一致における関連である。

　まず，批判的なコメントを述べる。フロイトのメタ心理学的な枠組みは重い抵当を負っている。これは，すでにはじめから，実在的な外界と心的な内的世界との並行論に関わっており，それに相応するアンチテーゼとして，現実性原理と悦楽原理，外的刺激と本能的刺激，因果的な刺激と解釈可能な意味など，また，それに由来する課題である，カオス的な衝動の動きを理性と思慮によって調教することに関わっている。これらは，イギリスの経験論と19世紀の心理物理学の伝統に由来し，現象学的な分析においてはもはや持ちこたえられない伝統的な暗黙の前提である。フロイトが彼の衝動理論において身体的なものと心的なものの境界を動いており，したがって，この地点において二元論の下を潜っているということは疑いがない。しかし，どのようにこの境界が考えられえているのかに対しては疑問

---

　14) これに関しては，ファビオ・キアラメーリの『欲望の破壊』(2000年) を参照。この著者は，欲望の系譜学を要所とすることで，欲望と異他性とを架橋し，その際，ポール・ヴァレリーの『カイエ』(第二巻，1361頁，独訳，第6巻，554頁) からのモットー "L'étrangeté est le vrai commencement. Au commencement était l'étrange."〔「異他性は真の初まりである。初めに異他的なものがあった」〕に依拠している。ヴァレリーは注で，"Et il y a bien des gens en qui il ne revient pas."〔「そして，異他的なものが回帰することのない多くの人々がいる」〕と書き加え，再度訪れる異他性は，それによって，二番目の素朴性に比べられる二番目の異他性ということになろう。

が生じる。ここで問題になるのは，生物学的-器官的なプロセスを除外することなのではなく，そうした生物学的-器官的なものが，心理的と呼ばれる経験と「並んで」その場所を占めているのかどうか（『フロイト全集』XI巻，435頁参照），あるいは，その生物学的-器官的なものの下部に，その「器官的な基盤」があるのか（同403頁），それともむしろ，その生物学的-器官的なものは，まず方法論的に定められた度外視や技術的に制御された分離を通して単なる物〔的身〕体をそれ自身から分別するのか，ということだけが問題なのである。カストリアーディスは，繰り返し，フロイトの「依存」という概念を使用して，心理学的，社会的創造の生物学的な組織化への関係を特徴づけようとしている（1975年，392頁，独訳481頁）。依存とは，フロイトがヒステリー的症候の形成の根底にあるものとした「身体的な対応」に対立するものである（『フロイト全集』V巻，200頁）。この二重の動きは，1から2をつくることもなく，2から1をつくることもない組み立ての内部のズレとして理解することができる。自己自身に対してズレていくものは，よく言うように，一度で出来上がるものではない。これに反して，方法論的に物〔的身〕体の構築を事象そのものに関して行い，それを身体と取り替えるならば，このようなやり方は止め処がないこととなり，心理学的な地平に留まって，心理的-化学的なプロセスとそれに相応した処置にまで進まない理由が見出せないことになる。このことにおいて，〈科学主義的な〉フロイトは，生の哲学を信奉し，中途半端に生物学的処方を行う彼の同時代人よりも首尾一貫している。生きているものの優先性は人間-生物学的にのみ根拠づけられるのであり，純粋に生物学的に根拠づけられるのではない。もしそうだとすると必然的に生物主義的になる。というのは，生物学的な生の概念には自己相対化の力が欠落しているからである。それに対して，もし二つの世界，内的世界と外的世界のドグマにしがみ付くならば，心理的なものは，フッサールの『危機書』（66節）がはっきりと示したように，「補完的な抽象」の産物にすぎないという主張になる。また，ポール・リクールに倣い，この妥協的な心理—物理学を「混交的言説」に置き換え，解釈学的でエネルギー論的な構成要素を融合させる要求をしたとしてもそれは，十分な効果をもたらすとはいえない。リクールがみずからのフロイト書のなかで使っている「意味を求める諸力」とか，「意味に変化するエネルギー」などの定式化は（1965年，153頁，

3. 歪曲，抑圧，そして断念

384頁，独訳161頁，404頁），解釈学的な錬金術に聞こえるだけであり，それらは，もとより，デカルトの生理学的な変化の曲芸ともいうべき松果線を思い起こさせる[15]。リクールが重きを置いているフロイトの「衝動代理〔Triebrepräsentanz〕」という考えも，鋭敏な二義性にとりつかれている。生物学的な衝動が，一つの何か，固有なあり方の実在性をもったものである場合にのみ，どのようにそれが意識の中に再現前化するのか，と問われることだろう。しかし，たとえば，自発的でなく，また何かに向けられるのでもなく，だれにも欠乏として体験されないような空腹とは，一体何だというのだろうか。いわゆる性衝動にも似たことがいえる。その際，私たちは，マックス・シェーラー（1966年，53頁から55頁）とともに，無目的な努力とそれに相応した努力の継続と，目的を持った努力を区別できるのであり，この区別により，私たちは，像，あるいは，意味によって導かれた努力へと進み，目的に即した意志に至る。この意味では，ほかの部分では完全にやりすぎといえるシェーラーのフロイト批判は，正しいといえ，（1973年，198頁から200頁），別のあり方で，このことはミシェル・アンリの精神分析の生の現象学的な見直しにも妥当する[16]。そのような不首尾は，私たちが現象にそって評定するならば，避けることができる。

フロイト自身，こうしたことをまさに行っているが，それは，障害の現象によって，つまり，期待されたものや習慣化したもの，あるいは許容範囲の領域からこぼれ落ちているようなものによって導かれることによるの

---

15) ビルギット・フロストホルムは，力と意味，量と質との関連を，メルロ=ポンティの統合的な構造概念から作りあげようと試みる。『身体と無意識』（1978年），152頁から165頁を参照。こうした功績のみられる研究が苦しみ，病んでいるといわねばならないのは，「疎外の思想家としてのフロイト」と「統合の思考家としてのメルロ=ポンティ」とを対置させるとき（135頁，138頁），両者における身体的自己退去や自己分割の契機を僅かしか顧慮することがないことである。

16) ミシェル・アンリにとって，純粋な自己触発や生の力としての衝動は，表象されえないものそのものを意味しており，その結果，衝動代理表象の基礎にあるあらゆる無意識の理論は，その事象を逸している。にもかかわらず，この著者は，精神分析を内省から区別するすべての迂回性や事後性から距離を取り，生のパトスを現場で〔in flagranti〕把握できると信じることで，過度の批判になってしまっている。これに関し，「失われた始原」（という副題が付けられている）へと遡及する『精神分析の系譜』（1985年）と，それに対する『哲学展望』34巻（1987年，156頁から158頁）における私の批判的コメントを参照。ルドルフ・キューンは，ここでもまた，別のところでも，ミシェル・アンリの弁護をしている。とりわけ，精神分析の修正については，『触発としてのコギト。デカルト―フロイトの現象学的メタ系譜学について』（2000年）

である。こうして，そのはじめに現れるものを，私たちは障害の現象学，あるいは異常なものと病理学的なものの現象学と名づけることができる。それは，診断的な眼差しと治療的な会話を呼び覚ます目立った異常性である。もしフロイトの言うことを真に受けるならば，志向と欲求の現象学との関係は明確になる。彼の努力が意識的に意図するのは，失敗や夢や病気の症候の意味，つまり表面に現れている外見の背後に隠れている意味を究明することである。これが具体的に意味するのは，はじめは「意味を欠くアイデア」もしくは「目的を欠く行為」として現出するもののなかに（『フロイト全集』XI巻，278頁），願望的思考や願望的行為の痕跡を担う無意識的思考や意志を取り出すことである。私たちが現象学的に意味と欲望の間の関係として取り出したものが，これによって中心的テーマとなる。フロイトが活動させている力動的な心理学は，ヘルバルトを思い起こさせるだけでなく，彼方から，フッサールの発生的現象学を思い起こさせるのであり，その距離はそれほど遠くないので，問題を探るための糸口があちらこちらに見える[17]。

　失敗には，言い間違い，書き間違い，聞き違い，読み違い，忘却，喪失，困惑，摑み損ねなど，したがって，すべての意味の脱線が属しており，その動詞的な形式は，接頭語〈ver〉——によって内的な親近性が認められるものである（『フロイト全集』XI巻，19頁，これに関連して，ウェーバー，1978年，5頁，125頁参照）。フロイトが勧告するのは，このような諸表出や諸行為を，偶然の諸現出として，例えば，注意力散漫，あるいは疲労として片付けるのではなく，それらに一つの意味を認めることである。きっかけはしばしば偶然ではあっても，このきっかけの利用は，偶然ではない。夢においてそうであるように，一つの単語は別のものに置き換えられるのであり，リヒテンベルクによって書きとめられているように，「angenommen（受け入れられた〔子供〕）」と「Agamemnon（アガメムノン）」*)とが取り間違えられたり，想定される言葉が歪められ，「Vorschwein」**)とい

17）エルマー・ホーレンシュタインの『連合の現象学』（1972年）が，フッサールの意味や意識の分析の学問論的背景に広大な広がりを持たせ，フロイトの無意識的なものや不随意的なものの理論で結んでいることは，理由のないことではないのだ。
　*）「angenommen（受け入れられた）」とギリシャ神話の英雄「Agamemnon」とが取り違われている。

3．歪曲，抑圧，そして断念　　　　　　　　　　　　　　　　　　343

ったできそこないの言葉が生じてしまったり，また「begleitdigen」[***]，と言ってしまったり，もしくは混合変種的な単語「Selbstübereinschätzung」[****]が生じたりする。ちなみにこれはわたしが一度，あまり評価していない同僚について，手紙で書いたときのことだが，(「むだに，この校正者〔同僚のこと〕は，〔aufgefaßt, 把握したという代わりに〕aufgepaßt, 注意した〔つまり，注意しなかった〕」と書いてしまった。間違った，あるいは容易に推測できないような意味は，力のぶつかり合い，妨害し，妨害された諸傾向の干渉し合いから，意図とそれに対立する意図との妥協として，また，意志と意志しないこと〔Nicht-Willen〕から生成する。意味づけすることと欲望すること，ないし意味と衝動は，フロイトにおいて，他の意味論におけるよりもより緊密な関係にあるものとして捉えられている。というのも，フロイトは，ここにみられる諸研究のほとんどに対して，〈意味〉を〈意図〉や〈傾向〉と同一視しているからである。しかしながら，それとは無関係にも，あらゆる意味の理論が純粋に認識論的な領域を外に向けて指示するような縫い目がある。その縫い目は，何かとしての何かの意味が，誰かにとっての有意義性に移行するところに見出される[18]。さらに，ここにおいて混入してくるのは，経済的な観点であり，この観点は，質的に異なる意味の領域をその異質性にもかかわらず，変換可能にし，まさにそれによって，葛藤可能にする。そのようにしてのみ，フルートの音が考えを邪魔したり，不快な臭気があらゆる光景を色あせるものにするといったことが考えられるのである。印象は，他の印象より，より真であったりより善くあったりすることなしに，より強くあるのだ。

　すべての間違った造形に備わる葛藤を孕んだ二重の意味は，このような間違いを以下のものから区別する。それは，知覚上の錯覚や間違った仮定

[**]）「Vorschein〔現れ〕」の換わりに，「Schwein ぶた」という蔑みの言葉が入れ替わっている。

[***]）「begleiten〔付き添う〕」を間違って，g を読むことなく，leiten が leidigen にいれかわり，「beleidigen〔はずかしめる〕」に代わっている。

[****]）「自己過大評価（Selbsteinschätzung〔自己評価〕）」の語に「über〔過大〕」が紛れ込んでしまった。

18）重要性の構造は，もちろん，誰かにとっての単なる意味よりも複雑である。『薄明のなかの秩序』53頁から60頁を参照。

のように，経験するうちに矯正されうるものと異なり，後の成功により取り返すことができるような失敗や誤った試みとも区別され，嘘をつく人の二重底であることが見え見えであるような嘘や，私たちが謝罪するような社会的過失とも異なり，また，〈Versprechen〔約束する，という意味と，言い間違える，という二つの意味がある〕〉や〈Verhören〔尋問すると聞き違えるという二つの意味がある〕〉などのような端的な同音異義語などとは区別されるのであり，このような意味の二重の意味をフロイトが完全に無視するのは，どの意味が思念されているかは，文脈がはっきり示しているからである。この文脈を開き，通常の意味の一義化に逆行しようとする人は，単なる言語表現を，興味深い境界例を描写する言語遊びに変える。このように，人がそこに陥ってしまう意味の二重性と，人が求める意味の二重性とがある。意味の二重性は，潜在的な意味においても二重である。それにもかかわらず，問われてくるのは，〔意味の〕この二重性は，私たちがはっきりした誤った行為から区別した，すべての体験と表現の仕方に拡張しているのかどうかという問いである。失敗してしまうことが単なる知覚の錯覚や間違った前提や実践上の挫折や言葉の上での不注意やでたらめの発言以上を意味するということは，すべてのこのような体験と表現の仕方が，症候的な失敗のしでかしと無関係であることを意味するのではなく，また，それらが，正常の能力の純粋状態においても立ち現れるということを意味するのでもない。私たちの防御を突き抜け，私たちの意図を妨げ，私たちの発言の意味をズラし，歪めるような障害は，正常な場合にも属することになり，そのようにして，障害のない経過は幸運な例を描写しているということになるのだろうか。これに似た疑問は以下の考察に伴い続けることになる。

　錯誤行為において，瞬時性と時間経過性は特別な役割をもっている。失策は急に現れる。忘れた名前は場合によって，再び，思い出される。失敗してしまうことは，また，持続性を持つことがあり，紛失した，あるいは置き忘れた手紙がどんなに苦労してもみつけられない場合があり，誤配された手紙が着かないこともある。そのような失策は一般にパトス的な性格を備えている。それらは，よくそういわれるように，私たちの〈下を潜って進行し〔unterlaufen〕〉，まるで下の方で，私たちの中の別の人が話したり，行為したりしているかのようであり，にもかかわらず，表向きまっ

3. 歪曲，抑圧，そして断念

たくできなかったことに対しても謝罪するということがつねである。日常の作法の中で，ゴフマンが研究したように，大声で宣言される道徳的な誓いや法廷上の告白などより，より多くの知恵が隠されているとするなら，フロイトが正しいと思うことだろう。さて，今度は，外的な行為の下部を潜り抜けることに制限することなく，むしろ私たちを別の夜の世界と人生の陰の側面に移し替えるような夢についての考察に切り替えることにしよう。夢作業の働きと，その逆向きの夢判断の働きについて繰り返し描写する必要はない。ここでは，私たちにとって重要な，意味の歪曲と願望の充足の連関にテーマを限定することにする。フロイトがここでも出発点にするのは，夢は門外漢にとって理解できず，不条理で，奇妙なものとして現れること，そして，だからといって，夢は，無意味であったり，単に身体的な類のものではなく，隠された意味を含んでいるということである。表に現れる夢の内容の暗号化は，歪曲の性格をもち，それは一つの表象を別のものに置き換え，それによって，識別できないようにする歪曲という性格を持っている。したがて，何かが現出するが，それ自体としてではなく，覆い隠す形式において，まるで，それが偽装や変装によって管理する力から逃れるかのようにしてである。その際，巧妙な描写の技術が使われており，それについてはこの後，述べられることになる。歪曲が夢の体験に介入するのは，何か隠すべきものがあるときだけであり，それが，何かを語りたいが，それを語ってはならないときだけである。きっかけは，再度，葛藤状況から生じるのであり，つまり抑制を欠く願望とそれを抑制する防御の間の葛藤や，検閲による葛藤から生じるのであり，この検閲の介入は夢の内容にすき間や空白を残し（『フロイト全集』XI巻，139頁），その検閲は，分析にあって，分析を受ける者の抵抗において，自らの存在を知らしめる。夢の意味を形成するのは願望の充足であり，他方，願望の断念は意味の歪曲に導く。夜の夢はしたがって，いつも昼の夢のある種の特徴を備えているが，それは，昼の残余物が加工されるからだけではなく，検閲が夜になっても休むことがないからである。歪曲されていない，あるいはほとんど歪曲されていない夢は，幼年の子供時代か，退行し幼児性の初期段階に戻っている大人においてだけ見出される。したがって，夢の歪曲は，歪曲されていない可能性によって計られるのであり，それは，たとえその可能性が遠い太古に遡り，歪曲された夢の分析の後にやっと地平に立ち現

れるとしてもである。それにもかかわらず，狼男についての分析にはっきり現れているこの《あとから分かること》は，決して偶然の迂回路として観察することはできないのである。

　フロイト自身，夢をすべての健康な人の失策と同じように現れる症候として扱っているが，その夢とともに，私たちは，パトス的なものが病理学的なものへと増長してしまう「苦悩の症候」の領域に片足を踏み入れている。次のような諸症候，例えば，病理的な就寝儀礼があり，すべての考えられる限りでの騒音を除去し，正確な枕と布団の配置など，正常の眠りのための準備を過剰に超えている，合理的にもはや理由が見つけられないレベルで区別しようとする症候であり，また，神経症的な洗浄強迫があり，衛生的に正当化できる清潔さへの配慮を越えてしまっており，現実の危険とまったく結びつけることのできない犬，猫，ネズミ恐怖症など，人生において失敗したものの満足を補う代償，変更されたシナリオとしてのみ理解できる。症候は，抑圧の回帰，表象，および無気力の原因の増大を抑制する情動の回帰を示す。しばしば，奇妙なイメージや刺激と結び付いて現れる症候は，「未知の世界からの脅威的な訪問者」のように現れる（『フロイト全集』XI巻，287頁）。その訪問者に，病人は無力に引き渡される。失敗と似て，症候は，抑圧されまた抑圧するもの双方の代表者としての妥協案を形成する（同上，311頁）。フロイトはこのことを，転移神経症に関係づけ，そこでは，客観形成がナルチシズム的自我執着に対して，勝っている。現象学的に言って，神経症的症候は過剰に正確な物事への関連性のうちで，志向的な意味形成に依存しており，それに対して，ナルチシズム的神経症，あるいはナルチシズム的精神病は，自己形成のプロセスに近く位置しており，この私たちが共有している世界基盤から離れている[19]。そして，最終的に，一体どこから，抑圧と補償による充足を生み出す機能不全が由来するのかと問うてみるとき，フロイトにおいては実在性が示され，その実在性は，固有の自我と，超-自我の形式にある他者の要求を代理する諸審級とともにある。その実在性とは，まさに最終的な捕捉から免れて

　19）　アンジェロ・エスナールは，これに対応して，神経症を共通の世界内部での寄生的な振舞いの様式と性格づけ，それに対して，精神病を私的世界の新たな形成への試みと性格づけている（エスナール1960年，319頁及び次頁。それについて，『フランスの現象学』424頁を参照）。

いることからして，機能不全なしの人生は美しい夢や，それ自体，抑圧から由来する願望の形象以外のものを意味しない。したがって，治癒の道が通じているのは，「無意識的なものを意識的なものに置き換えること」，すなわち「無意識的なものを意識的なものへと翻訳すること」が抑圧を止揚し，症候形成の条件を除去することになることである。それらの治療にもかかわらず解消できないもの，それはまさに，多くの障害現象と妥協形成を呼び起こす，願望と，願望の断念との間の葛藤であり，治療とは，ただ「病因的な葛藤を正常の葛藤に」変えるのみである（同上，451頁）。異常性は，正常性のうちに場所を得て，多かれ少なかれ偶然の周辺領域に留まり続けることはない。病因的な葛藤とそれに対応する症候の形成の源泉は一度きりで止めることができないので，フロイトは，目的である治療を，「病気であること」の実践的意味を操作するような実践として相対化する傾向にある。理論的な観点からみて，人間はすべての労苦にもかかわらず，存在するのだという見地からして，「私たちはみな病気である，つまり神経症的であるといえるのは，神経症的な症候の形成は，正常の人間においても指摘しうるからである」（同上，373頁）ということができるのである。この「生の病」の治療とは，新しい人間を作り上げ，新たな世界の創設にあるのではなく，——フッサールの超越論的反省と同じく，——それ自体，変化させる働きを及ぼすような意識化，すなわち，古くからある人間や世界の意識化においてあるのである。強制できない機能不全の見解は，断念をその結果として持ち，それは，避けがたい運命を受け入れるということであり，「自分自身を真実へと教育すること」（同上，451頁）の中で，解放する力に任せることなく，《考える葦》としての理性の誇りを保つことである。

4. 意味形成と願望充足の彼方

いまや私たちが到達した点は，この力動的な心理学がすべての専門的な学問的要求を超えて，ある一つの衝撃力を展開している地点であり，この力は，理性的目的論の長い伝統に匹敵するのであり，その際，理性によって抑制された願望の充足が，プラトン，アリストテレス，またはヘーゲルよ

りも，むしろホッブスやヒュームに近いという事実にもかかわらず，そうあるのである。同時に，見落とされてならないのは，すべてのフロイト的基礎概念が，まるで彗星が尾を引くように，区別，ニュアンス，疑問符などをうしろに引きずっていることであり，そこに，スコラ的な閉塞性に抗するフッサールの飽くことのない分析との親近性があることである。しかし，ここで試みられている精神分析と現象学の分析とのテーマを重ね合わせる追奏〔Engführung〕は，過剰な意味的含蓄なしでは実現されえないことなのである。

　この研究のはじめにおいて，意味づけることと欲望をもつこととの相互錯入，そして志向と欲求との相互錯入から始まる道程が踏み出され，その道程は，意味と目的が同時に彼岸と此岸に局所づけられていなければならないような他の出発点へと移動していったのである。精神分析の歴史においても同じような変転がくっきり浮かび上がっているが，とはいえその変転の諸前提が異なっており，膨大な翻訳の苦労を代償とした。そこにおける必要な修正は，フッサールの現象学の場合のように，分裂した像を残すことになる。

　多様な失策や夢の思考や症候などを，障害効果という概念でまとめるとき，私たちが付け加えなければならないのは，そのすべてが意味と力のアマルガム〔融合〕を形成することである。意味というのは，私たちが何かを言ったりしたりするときに，単純に私たちが考えている何かなのではないのであり，その際，多かれ少なかれ隠された諸動機が忍び込んでくることがあるとしてもである。それによって，意味内容とその妥当性の要求が内的に侵害されるということはないのである。精神分析的に究明されるべき意味は，むしろ力の働き合いの効果として，同時にまた妥協として立ち現れるのであって，それというのも，いかなる綜合も，異質な諸力の競合の働きを規則づけることがないからである。「なぜ君はそれを今ここで言うのか」という問いは，核になる問いとして現出し，この問いは，真理の内実を消去するのではなく，その内実を，特別の場合のみ，固有に，真理を目指すようなある生起に結びつく核になる問いである。私たちによって選ばれた言葉遣いによれば，これは，何かが何かとして現出し，ある特定の意味で，とはいっても，この《として》は，境界における〔a limine〕何かの表現であり，《何かにおいて》，つまり一つの特定の衝動客観のなか

4．意味形成と願望充足の彼方

に求め荒れるものである。これは言語的に言って，意味と表現の機能が，区別される前に，融合していることといえ，しかも，事実上，この区別なしには，何の知の専門領域も存在しないといえよう。このような，精神力学的な転轍〔ポイント〕箇所は，意味概念の短縮を犠牲にして成り立っており，その短縮は，誠実であろうとする現象学者や解釈学者には隠れて働いていることに，容易に気づかれないのである。夢解釈において，意味概念はまずもって，消極的に導入され，心理的なものを単なる身体的なものから区別し，心理的なものの解釈可能性を確かにするようになっている。積極的に到達しているのは，すべての夢がその意味を願望の充足に見出していることである[20]。夢判断は，どのようなあり方でそれが起きるのかを示すという課題の前に立たされている。それが起きる，ということは分析の暗黙裡の前提に属する。後の『精神分析入門講義』でフロイトは，──すでに述べられたように──〈意味〉は多くの場合〈意図〉あるいは〈傾向〉によって置き換えられるという立場に立脚している（『フロイト全集』XI巻，33頁）。この把握がさらに特殊化されるのは，症候の意味，たとえば神経症的な強制行為が「どこから」と「どこへ」もしくは「何のために」に等値される場合である（同上，286頁，294頁）。目的を挙げるだけでは十分ではなく，それはその由来によって補われている。というのも，症候は，無意識的なものの中に沈んでいる人生の状況からその動力を得て

---

[20] こうした完全に世俗化された，最終的には致命的なものになる目的因〔finis ultimus〕は，ある種の神学的特徴を含んでおり，この特徴はラカンのもとで，否定的で消去された形態で再現し，あらゆるシニフィアンのそのシニフィアンへ，欠如において男根によって象徴化された欲望する主観としてのその主観へ，その大きな他者の欲望やその事物へと転化している。「事物」はもはや，あらゆる愛の客体のうちで求められたものではなく，それらすべてのうちで不在を嘆かれ，失われたものであり，そうしたものとして見出され，享受されたものである（アウグスティヌスの《神の享受》を参照）。「あらゆる事物はいずれにしても，〈事物〉との出会いの機会である」と，ジュランヴェイユはこの思想を要約している（1990年，280頁）。根源的な喪失と失われた根源との境界はどこを走るのだろうか。どこを経てその喪失が，根源を破砕する特定の喪失になるのだろうか。単一のものを複数のものにするために，諸分割や諸破裂の働きと大文字と小文字の働きで十分であろうか。ジュランヴェイユのような著者のもとで，そうしたことに対する答えは見出されない。彼の最高度に体系化された解釈は，次のような確信で終わっている。「現実的なものが存在し，それは，全体真理が可能であるという理由でのみ部分的真理に該当する。部分的な真理に該当する実在的なものが存在するのは，ひとえに，完全な真理が可能だからであり，実在的なものが出来事になるのは，ただ，完全に現存する真理が破壊するからである」（1990年，613頁，強調は筆者による）。

いるからである。このような見方が帰結するのは、事物（や他人）の要求が、ナルティシズム的な欲望の要求の陰に置かれるということである。それだけではない。意味の概念の、ないしフレーゲとフッサールにおけるノエマの果たす媒介的役割と、内的実在性と外的実在性の対立と主観と客観の対立を背後にする媒介的役割は、その力を発揮することはない。この役割は、完全に表現の問題におしやられる。とはいうものの、無意識的なものが触発的、視覚的、あるいは言語的に捉えられているかどうか、またどの程度捉えられているのか、という争点の問題は、そのような欠陥を素通りする。

　今や認められるべきは、意味概念の短縮が多くの発見の裏面を形成していることである。人はフロイトの否定に関する論文をフレーゲのそれと同時に読めるし、また読むべきであり、その双方の方向から得るものを得るべきである。より問題を含んでいるのは、少し別の事柄であり、精神分析学の心臓部にむけられた、根本的な意味の二重性で精神分析を苦しめていることがらである。精神分析学の心臓部に向けられている問題は、それとは別である。この二重性は、すでに無意識的なものに関する考察において私たちに面倒を負わせたものである。そこで問題になるのは、あの何かとして思念された何かが何かの中で求められたり、避けられたりして、まさにそこにおいて、間違われたりするその何かである。この間違うという動詞〔Verfehlen〕にみえている Ver-は、Un-と同じく、曖昧にニュアンスを変え、すべての意識されたものを掘り崩し、不気味さ〔Unheimlichkeit〕のなかで、抑圧の標識として作動する（『フロイト全集』XII 巻、259頁）。すでに述べたように、フロイトは雑多な障害効果の解釈において、むき出しの願望充足の可能性を問題にしており、その願望充足は、衝動を担う諸表象と欲情の抑圧や意味の歪曲にエネルギーを供することはもはやないのである。「夢の歪曲はつまり夢の本質には属してはいない」（『フロイト全集』XI 巻、126頁）と簡潔に述べられているのは、子供の夢が例として引き合いに出されるところであるが、それはもちろん、通常通り、無条件の例証というわけではない。それと同じように、失策や症候の際にも、仮定せねばならないであろうことは、それらが立ち現れる言動や心理的経過の本質に属さないということである。私たちの想像が思い込ませるような事柄の妨げられることのない享受における、完全な願望充

4. 意味形成と願望充足の彼方

足の状況が，事実上の限界に突き当たるということは，フロイトもプラトンと同じく承知しており，それについては多くの言葉を費やす必要はなかろう。無意識的なものの認識においても，無意識的なものの加工においても，事情は似ている。心理的な内的世界の内的な諸客体は，物理的な外的世界の外的な客体と同様，現実においては，それが現象するようには存在しないことが，フロイトにカントを見やるきっかけをつくることになる（『フロイト全集』X巻, 270頁）。これらが，私たちが引き受けざるをえない条件性である。条件の構造の震撼がそこから由来するというのでないのは，それが単なる物自体から由来するのではないのと同様である。

別の選択肢が仮定することがあり，それ自体にあって，そして最善の条件において，例えば〈不死なるものに〉到達可能であるといったように，何かが間違えられるというのではなく，何かが間違えられるとは，それが，実際に生きられた，あるいはもっと良い言い方をするなら，身体的に経験された不可能性の形式において何かが退去するということであるという仮定である。この何かとは，まさに失敗の空白の場所を形成している何かでないもの〔Nicht-Etwas〕であろう。欠けるものは余白のままに留まろうし，それが起こるのは，別の場所ではなく，まさにそれがないところで起きていることになろうし，このことは，この論考で常に言われてきた時間と空間のズレという意味において起きているのである。それによって，すべての失策や夢の形成，そして症候はある二重の基盤を獲得するのだが，この二重の基盤は二重の意味の二重の基盤というのではなく，意味付帯性の中の無意味性と，目的希求性のなかの無目的性という二重の基盤である。フロイトが鮮明に分析しているあのすべての症候的な障害効果は，決して意識化の欠如に基づくことのない，無底の，薄明を帯びた性格を持っている。それは欠陥を伴う意識化にいかなる場合も触れてはいない。例えばそれは，シーザーの機を逸したクレオパトラとの別れ，バルバリーナの失われた針[*]，裏切り者の約束であり，西洋全域での「先世界的状態」への入り口である就寝の際の〔「おやすみ」の〕儀礼，転がっていく子供の木の

---

[*] 原文では Zelinas とあるが，筆者（ヴァルデンフェルス）によると Barbarinas（バルバリーナ）の誤りで，「フィガロの結婚」第4章第1場でバルバリーナの歌うアリアの内容が「ささいな失くした物（針）」であり，それをモーツァルトが「痛みのアリア」に高めたという意味を持つ。

糸枠，マジックメモの消えた痕跡，不安からの自宅の壁への執着，公共の場の広がりに対する恐怖，メランコリーな人の自我貧困，偏執狂の追跡される眼差しやそのほか諸々である。ここで最後に，悲しみの克服という顕著な場合を例にしよう。『悲哀とメランコリー』では，「現実性の検証によって，愛の客体はもう存在せず，すべてのリビドーをその客体との結びつきから解く，という要求が告げられる」とある。一度受け入れられた「リビドーの位置」を離れるということに対する概念的反抗に対して正常化がもたらされ，「正常なこととは，実在性に対する尊重が勝ちをしめることである」（『フロイト全集』X巻，430頁）。ここで問題になるのは，第一に死者との関わり，葬式，埋葬，記憶の儀式，記憶の政治などなど，他者の突然の死に絡み付いているものに関係していることではなく，不在と非実在，喪失と「実在喪失」の斜めに見られた同一視の疑わしさが問題になるのであり，この同一視は，裸の実在性に立ち戻ることによってのみ一貫しうるものなのである（同上，444頁）。ここで未決定にしておきたいのは，フロイトのこのテキストがどの程度別の読みを受け入れるかということであり，事柄の選択性を素描することに限定しておくことにする[21]。

　決定的な点は次のように表現することができる。何かとして思念された何か，そして何かの中において努力された何かは，それ自身思念されているわけでも，努力されているのでもなく，より一層，それは，敬意を要求する実在性として与えられているということはないのである——私たちがすでに与えられた，真性な種類のもの〔sub specie veri〕，良い種類のもの〔sub specie boni〕として見られ，最高善〔summum verum〕と最高真〔summum bonum〕の頂点に達するものとしてそれに向けて努力され

---

21) ラカンが遂行したことを，天才の技と呼ぶことができる。彼が精神分析の調整システムを変更したのは，「実在的なもの」を想像的なものと象徴的なものの此岸にではなく，彼岸に設定することによってである。未規定性や非抑制性の残滓としての剥き出しの実在性は，あらゆる規定や表象を逃れる欲求の原-因〔Ur-Sache〕へと転換される。確かに，必要とされるのは，概念の高度な錬金術といえ，知覚複合の同化不可能な部分としてのフロイトの事物（『精神分析の構想』1895年，全集補遺，457頁）やカントの物自体から，ハイデッガーの目的から解放されて世界を創設する事物——物が物化する——の存在論を経由して，条件づけられないものへと，つまりフロイト的事物からラカン的な事物へと至るようにする，そうして，その分枝となる対象aへと至るためである。これに関しては，ジュランヴェイユ（1990年，第4章）における欲求，客体，事物の関連の体系的な解釈や，ベルナール・バスの『事物から対象へ』の熟練した再構築を参照。後者では，しかし，フロイトの前史が，カント化された「純粋欲求批判」の一部になってしまっている。

4．意味形成と願望充足の彼方

る，という形態の秩序の中で動く以外においてである。この場合，それとして思念され，特定の目的対象のなかに探し求められるものは，理性の萌芽に等しいものとなり，その萌芽は単に豊かに展開することになるだけである。ここでは，以前の記述を思い起こし，そのような秩序を横領された不正な秩序として説明するだけで充分である。これに対抗して働くのは，意味志向の《として》と変圧機にたとえられる努力目的の《のなかで》であり，それらは，いまだ意味を持っていない何かが意味をもつように，また，いまだ目的ではない何かを目的になるように調達している。このことは，平凡な家の階段や夢の階段に妥当し，平凡な猫と同様に恐怖症の不安がる動物や，普通の咳と，口蓋を特定の身体症候として機能させる神経症的なヒステリー患者の咳き込みに妥当するのである。意味の《として》と努力の《のなかで》Aは，現象することがその周りを動いている中心軸を記しづけている。それら自身が現象に現れることはなく，それ自身退去していく意味と目的の生起の盲点と死角を描いているのは，それらが意味と目的の此岸から始まり，またいつもすでにはじまっているからであり，また，まさにそれだからこそ，その双方を超えているからである。そこには，すべての症候に先行する差異の徴候が暗示されている。というのも，わたしが記号表現的で欲求的な差異と名づけたものなしには，意味と目的にふさわしく統一することのできるものはなにもないからである。フロイトが描く障害効果は，障害の出来事であり，それを通して，経験の正常な行程が破砕され，異常なものの深淵が裂け目を見せるのである。このような出来事が私たちに遭遇するのは，より良い知とより良い意志に抗してである。

　フロイトが再三私たちに分からせようとするのは，正常のものと病理的なものは互いに近くに並んであることである。したがって，病因的な障害と区別されなければならないのは，——すでに述べられた理由により——正常なものではなく，むしろ生産的なものと記されるべき障害であり，ここで生産性といわれるのは，ここで患者から応答する人への移行に成功し，新たな何かがそこから生まれるということである。病因的な原源泉が求められるのは，もはや，実在性が私たちの願望の充足を拒絶するところではなく，何かが私たちを拒否し，退去し，保留のままにしておくところであり，私たちはこの拒絶を，それに対して防御し，あるいは，それから逃れ

去ろうとすることで，持ちこたえることはないのである。原抑圧は，願望充足の境界をいつもすでに越えているといえ，このことは，三章で詳細に述べられたように，欲動〔Af-fekte〕や要求〔An-spüche〕の意味において超えているといえよう。逃亡地点と防御の方策は，さまざまな形式を提供している。私たちがここで考察の対象にしている意味と目的の形成の範囲に留まるならば，ある極化が際立ってくる。一方で，私たちが見出す可能性は，誰かが存続する意味や目的の構造，ないしそれに相当する規則性に固着し，その結果，此岸の意味と目的において私たちに遭遇するすべてが，それ自身，意味と目的の構造に統合されることである。ここから成立するのは，強制的な過剰正常化の諸形式である。他方，無意味なものと無目的なものへの逃避が出現しており，その際，諸遭遇が直接探し求められ，引き起こされることになる。プラトンの「ロゴスへの逃避」とは逆に，「シンボルからの逃避」，について語れるかもしれない。ここから結果するのは，真の異常化の特定の諸形式である。ここで，哲学的な疾病記述学を企て，それによって病院への道を節約しようとするのが問題ではないが，それでも，臨床的な病像に入りこむことができ，またすでに入り込んでいる諸観点を提示することは可能である。一般的な因果性が特定の因果規則性と符号することがないように，病気がある特定の諸病像と諸病因と重なることもない。フロイトが伝えようとすることが明瞭でも決定的でもないのと同じように，精神分析学の動向の歴史が証言するのは，分析的な解釈と治療の現実関係性への問いが今日に至るまで黙り込むことがないことである。順応あるいは解放という選択の道はもうずっと以前から不十分だということが示されている。

5．不可能な補償としての症候

一体どこから障害効果が現れるのかという問いが再度，記述，表象，代理（本著 I, 6 を参照）の側面から別様に立てられるのは，より詳しく症候の形成を調べてみるときである。わたしは症候を，フロイト自身が提案しているように，失策行為と夢の内容を含むという広い意味で理解している。古典的な医学において症候は，ある特定の疾患を表現する，器官における

5. 不可能な補償としての症候

明らかに目につく現象にあてはまる。フロイトは，この考え方に，身体に基盤をもつ心的生活の力動性に関連づけることで，特別な意味を与えた。そのような症候の特別なところは，症候は告げられている箇所だけ表示しているのではなく，これを機能的に補完しているのであり，それは，火から出る煙が，火の熱放射と光放射火を受け継ぐようなものなのであり，しかも誰でも，煙が燃えているのでないことは知っているのだが[22]。この補償機能は身体症候にも当てはまるのであり，例えば，視界障害が発熱症状を示唆したり，あるいはフッサールが想定するように，物理的な経過が「取りなしている」心理的な働きを告げ知らせるものとして役立っている（『フッサール全集』第4巻，276頁）。とはいえ，フロイトは補償形成のメカニズムと補償充足の機能を区別している。ここでも，意味充実と願望満足が緊密に関係している。補償充足は，あの実際の衝動の充足の箇所と，失策行為や夢や症候に意味を与える願望充足の個所に位置する。この意味は，充足に対立する防御力をだまし，検閲のバリアを通り抜けるために，補償形成によって歪曲される。症候は，このようなあり方で，フッサール的な，何かを表示する無意味な標識と，何かを思念する有意味的な記号とに二分することを免れている。望むなら，ここで問題となっているのは，その背後にいかなる意識された志向もない指標だ，ということもできる。この症候が描いているのは，まさに意識されていない思考であり，欲求されていない意図である。

なにが補償されるのかを，より正確に問うならば，それはまず，そこからうまくいけば逃れうる外的な実在性でもありえず，そこから決して逃げられない内的な身体的実在性でもありえない。補償されるのは，「衝動を

---

22) ここは，メラーニー・クラインの意味での「部分客観」の場所であり，その客観は，全体客観の実在的部分ではないが，実在的には存在しないものを換喩的に代理するときでさえ，それはシニフィアンでもない（カストリアーディス，1975年，393頁，独訳482頁）。これに対応するのがメルロ=ポンティの想定であり，彼は肉的-物〔的身〕体的「紋章〔エンブレム〕」を，すなわち存在者の想定であり，それを貫いて，存在への開けが生じる（『見えるものと見えないもの』323頁，独訳338頁）。類似したことが妥当するのは，ラカンによる対象aの導入であり，それは胸，排泄物，声，眼差しとして，「純粋な開示の機能を備えている」。このようにいうのは，ベルナール・バース（1989年，73頁）であり，メルロ=ポンティ，ハイデッガー，ラカンの間のこうした位置に繋がりを付けようとしている。後期メルロ=ポンティのもとでの精神分析の存在論的変換については，さらにハンス・フォン・ファベックによるメルロ=ポンティにおけるエロスと性の包括的研究（1994年）を参照。

代〔理〕表象するもの」，すなわち表象や情動であり，そこにおいて衝動がその心理的な面を告知している。症候形成は，心理的意味的なものであり，ビリヤードの玉が他の玉を押しのける場合のような，実在的で因果的に支配された経過なのではない。これから示す2，3の例がこの補償形成の広がりを描くことができるだろう。

夢判断においてズレが立ち現れるのは，「ある特定の表象の，連合において近くにある他の表象を通しての補償」としてである（『フロイト全集』Ⅱ巻，Ⅲ巻，334頁）。失策行為が起こるのは，「別の，期待された，あるいは意図された行為の位置」（『フロイト全集』XI巻，28頁）にである。神経症では，症候が，患者の性的充足に役立つのは，「それらが人生の上での欠乏の充足のための補償である」（同上，309頁）からである。神経症的な不安が正常の情動を補償するのは，それが，一般的に流通する貨幣であって，すべての情動刺激と交換され，または交換しうるものである」（同上，419頁）ことによる。狼男は狼に最終的に，彼の第一の「父の補償」を見出す（『フロイト全集』Ⅶ巻，58頁）。

もしそれがすべてだったとしたら，補償形成は表象連鎖や情動経済の内部で生じているだけのことになろう。それは記号表現の連鎖や言葉の鋳造にとどまることになろう。しかしそうではなく，実在性は間接的にその働きをみせているのであり，すなわち実在的に影響する経過という記号において働いており，この経過は，内的，外的な刺激の橋を渡り，身体的な夢と衝動の源泉として症候形成の端にも姿を現している。実在性はさらに，まさに実在性に顧慮する実在性にかなった行為にも働いている。刺激依存性は，索引の記号論的概念に相応し，この概念は，対象との実在的関係を証示し，また，この刺激依存性は，さらに，記号解釈において実在性を尊重することにその対応物を持っているのに対し，文字の物質性に相応している。実在性への客観的な基準に即した関係が，フロイトを促し，神経症的な不安を「現実の不安」と対置させ，不安情動を，誕生と母との現実的分離と関係する「原初不安」に至るまで追跡させることになる（『フロイト全集』XI巻，408頁から412頁，XV巻，94頁）。ときとして，「現実-自我」と「快楽-自我」が区別され（『フロイト全集』X巻，228頁）[23]，神経

---

23) この難解な問題の研究については，「快楽-自我-現実-自我」『精神分析用語辞典』（ラプランシュ，ポンタリス，1973年）やS.フロイトの全集第3巻，97頁の注を参照。

5. 不可能な補償としての症候

症と精神病の「現実喪失」が「現実的前時代」にまで遡り追跡される（『フロイト全集』Ⅷ巻，367頁）。ここで私が引用したいのは，1924年の小論『神経症と精神病における現実の喪失』の箇所であり，そこでは，病理学的な現実性への関係と正常の場合のそれが，次のように特徴づけられている。「神経症患者は現実性を否定しない。ただ，それを知りたくないだけである。精神病患者はそれを否定し，それを補償する道を探す。正常である，あるいは〈健康である〉ということを私たちは，神経症患者のように現実性を否定はせずに，精神病患者のようにそれを変更しようと努力し，その双方の反応を統一する行動のことをいう。目的に合った，正常の行動はもちろん，外的世界における外的な仕事の成果へと導き，精神病患者のように，内的な変化の作成で満足することはない。それはもはや自己形成的ではなく，外界変容的である」（『フロイト全集』Ⅷ巻，365頁及び次頁）。神経症の現実疎隔化と精神病の現実否定は，現実性の歴史の中に属しており，そこにおいて現実の喪失は，「現実を補償するもの」を創作することによって返答されている（同上，368頁）。この同じ歴史に属するのが，正常の行動に帰属する現実性に働きかけることである。

　何が症候形成において補われているかをもう一度問うならば，現実性そのものは以前と同様，締め出される。その本質は，症候と似てないわけではなく，異他的なものの働きかけと自分自身の仕事の間の妥協においてある。それは定義上，他のもので補うことが不可能なものである。補償されるのは他のものを通した現実性との関連だけであり，もし現実性喪失を真面目に受け取るならば，それが意味するのは，喪失が競われるということ，すなわち，単なる補償は，本当の補償によって置き換えられるということなのである。「エスがあったところで，自我は生成すべきである」。補償のこの補償は，補償についての言説を多義的にする。別のものの場所に来るものは，もともとあるべきもの以上でありうるのであり，それは否定の否定について知っているのと同様である。今述べられた文は，周知のように，多様な方向において読解されうるが，確実に意味しないといえるのが，エスの審級が自我の審級に変化したり，取り替えられたりするのではないことである。要求されているのは「一度に遂行された〈意識化〉ではなく，意識されたものと無意識のものとの間の他の関係なのだ」（カストリアーディス，1975年，143頁，独訳177頁）。抑圧されたものを意識することは前

意識された中間項に該当する。先に引用された文が帰結するのは,「意識は自分の場所にとどまり続けるのであり,無意識が意識に上りつめるのでもない」(『フロイト全集』XIII 巻, 249頁)。したがって,分析的な仕事によって現実性の喪失が取り戻されるとき,それは現実性への原関係を前提にするのであり,この原関係は,歪曲や失敗や抑圧によって刻印されてはいないのである。症候とは,補償の諸形式であり,それは,すでに一度なんらかのあり方であった何かを補うのである。このことは,病理学的な現実性喪失と現象学に即した著者達の言う自己もしくは存在忘却が等しくなるわずかな点である。しかし,他方,すでに衝動願望を手に入れて,それにより姿を変えていないような純粋な現実性は,意味の無い,人畜無害な,無差別の純粋な X ということになろう。カントの物自体とは違ってそのようなものが考えることさえできないのは,すべて思考はその原動力を特定の衝動エネルギーに負っているからである。もし現実性喪失を自然科学的な知識によって補填しようとするなら,そこにまさにかの不整合が姿を現すことになるのであり,フロイトはこれが,患者の無意識的なものと分析家の意識の間に裂けて開いているのを目にするのである。「私たちの無意識的なものに関する知識は患者の知識と同価値ではない。私たちが彼に知識を伝えても,彼はその無意識的なものの箇所にもつのではなく,その同一のもののそばにもつのであり,ほとんど変わるものはなにもない」(『フロイト全集』XI 巻, 453頁)。失われた始原への道はなく,残っているのは,フッサールが「遡及的問い」と名づけたことだけである。このことは,今や,症候とは,何ものも補償することのない,あるいは,決して存在しなかったものを補償する補償形式を意味するのだろうか。分析が関わっているのは,浮遊する解釈や意味の無い解釈,オリジナルの無いコピーや自己言及的な構築物,なにも拒絶せず抵抗をまったくしない現実性といったものとでもいうのだろうか。おそらく,フロイト自身はこのような常識-ニヒリズムをそれ自体症候として扱っただろうし,おそらく彼が異議を申し立てたであろうことは,それによって,秩序づけられた行動と失策行動,夢と覚醒,正常なものと病理的なものとの差異がひとつにまとまってしまい,あらゆる治療と真実性の要求が崩壊してしまうだろうということである。

とはいえ,問われてくるだけでなく,絶えずさまざまに問われてきたの

5. 不可能な補償としての症候

は，強固な現実性と，非現実性に触れている柔らかい現実性との間のそのような選択性が，事象に即しているのかどうか，あるいは症候形成において，本当に何かが別の何かによって置き換えられ，取り替えられているのかどうかという問いである。私がここでもう一度指摘したいのは，意味概念の短縮であり，それを通して，意味が衝動に結び付けられた表象の内容と欲動の程度へと還元されることである。その意味をもう一度次のようにまとめる。すなわち，何かが何かとして現れるということ，思念され，あるいは，規則づけられてあるということは，なにかがこうのかわりにそう，このようなものとしてのかわりにそのようなものとして立ち現れることを内含していることであり，また，何かが，ここのかわりにそこにおいて求められる，もしくはこの誰かのかわりにその誰か，例えば「…あらゆる女性にヘレナを求める」ということである。この《として》と《なかで》の不安定性，このぐらぐらした蝶つがいという，病理的な極端な場合にのみ完全に固まってしまったり，逆に継ぎ目がはずれてしまったりする不安定性がもたらすものは，把握すべきまた，努力すべき現実性は，ただ，この，あるいはその意味においてのみ，この目的対象あるいは，あの目的対象においてのみ効力は発するということである。原断念について語ることは，まったくもって可能なのであるが，それは，いかなる志向もどんな努力もそのまま，完全に満たされることがないということを想定する限りにおいてである。さらに，私たちが，経験の生起に根源的ズレを帰属させることができるのは，何かが，いつでも，それが何であるかとして，別の何かである限りにおいてであり，また，それが決して完全にその場所にあるということがない限りにおいてである。同じように，私たちが原凝縮にぶつかるのは，何かがいつもすでに，その何かとしてあるもの以上である限り，しかも，何であるかというそのすべてが，ぶちまかれたおもちゃ箱のように目の前にさらけ出されていることなしに，そうある限りである[24]。空白，追放，遮蔽は経験の開放的構造と現実性に属しており，フロイトは，それ

---

24) メルロ＝ポンティは，繰り返し経験や言語に関して，錯綜した圧縮（épisseur）について語っている。カストリアディスのもとでは，そこから意味のマグマが生じている（1975年，457頁から463頁，独訳559頁から566頁）。カストリアーディスは，これに対応して，無意識的なものの一面的な言語論的ないし言語的解釈に反抗している（同上373頁以降，独訳457頁以降）。その際に問題になるのは，何かがシニフィアンに先立つかどうかではなく，ただちに前提できない鎖の項の離散性である。

を表象要因の組み合わせによって苦労して見つけだそうとしている。人が正常の，歪曲されない，本来の現実性から出発するとき，枝は枝であり，はしごははしごであり，部屋は部屋であるので，そのように，それぞれの描写をオリジナルである性的なものに戻って翻訳されなければならないのは，実のところ，二つの言語間での翻訳のようである（『フロイト全集』Ⅱ巻，Ⅲ巻，283頁）。より適切なのは，フロイトが症候分析において露にしている，尋常ではない読解の想像力と読解技術を，真正の他言語性，すなわち，多様な現実性の間を動き，敏感な翻訳の限界にぶつかるような他言語性に役立てるべきではないだろうか。

これによって私たちは，描写の領野，ないし代理表象とそのさまざまな様相の領野に足を踏み入れることになる。フロイト自身，症候の補償形成を性格づけるために非常に多彩な比喩を用いている。それに属するのが，政治的，法律的な代理の諸形式や，経済学的-エネルギー論的な交換諸形式，そして表記システム，像や活字のメディア，それも字義通りの意味でのシステムやメディアである。像や語や文字を，同時にイメージ的でシンボリックに，誰かのために描写されるメディアとして捉えるならば，重層化と優越化の可能性が結果として得られるのであり，しかも，ある媒体が他のそれと補償されたり，視覚と像と語の表象がちょうどドミノ牌のように，あちこちに動かされることなくしてなのである。有名なスローガン，「無意識はある言語として構造化されている」は，洞察として証示されているのであり，言語学的転回の印としてではなく，この転回は，新たな深淵が開かれているところに，新たな大地を見出すことを望んでいるのである。フロイトが私たちに教えようとしているのは，言語は逆に無意識的なものの側からも考えることができることであり，あるいは，私たち自身の言い方をすれば，それ自身から免れていくなにかとして考えることもできることだ。この退去が言語様式の媒体に限定されるということは，どこにも書かれてはいない。

私たちの扱っている問題との関連で勧められるのは，症候形成への緊密な関係にある言語的な仲介のこのような観点を率先することである。私たちの考察を始めるのは，事象あるいは事物と語の諸表象の相互の区分であり，この区分は，すでにフロイトの初期作品と『夢判断』において現れていて，後の『無意識について』（『フロイト全集』Ⅹ巻，294頁から303頁），

5. 不可能な補償としての症候

『自我とエス』（『フロイト全集』Ⅷ巻，246頁から250頁）においてはっきりと配置されて論じられている。問題を含む事物と語の表象間の転換は，知覚と情動から記憶を経て言語と思考へと移っていくという発生的段階秩序と同じように考察外にして置くことができよう。より重要でより納得がいくのは別のことである。フロイトは，意識的な，そして前意識の表象に物的な表象と言語的表象のふたつの結びつきに帰属しているが，他方，彼は，無意識の表象を事物の表象に限定されていると見ている。統合失調症の過剰な言語表現は，失われた客体との関係をそれに相応する語の表象によって固定する努力，すなわち，事物のかわりに，言語で満足しなければいけないという労苦として現出する。ところでフロイトがそこに見るのは，抽象的な思考の危険であり，「私たちの哲学が予期せず，統合失調患者の作業の仕方とその表現と内容に関して相似性をもつ」ことである（『フロイト全集』Ⅹ巻，303頁）。その強烈性において，プリンツホルン・コレクション*)の絵画作品との類似を思い起こさせる例を二つ挙げておく。「目は正しくない，目玉を回転させている。……彼は偽善者，目玉回転者だ。彼は目を回した，今彼は回した目を持っている，それはもはやその目ではなく，それは別の目で世界を見ている」。ほかには，位置の変容の例があり，「彼女は教会に立っていて，突然，グッと押すものがあり，彼女は，誰かが彼女を立たせたように，別様に立たなければならない。まるで立たされたかのように」（同上，296頁及び次頁）。統合失調症的な現実の移転は，そのゆがんだ形で明らかになり，何かが言葉になるのであって，言葉の中に住んでいるのではなく，したがって，何かが言葉から追放されることがありうるように，逆に事象が言葉によって「過剰に充満されている」ということもある。「言葉で捉えられていない表象，あるいは過剰になっていない心理的行為は〔統合失調症患者の中で〕無意識に抑圧されたものとして残留する」（同上，300頁）。それに付け加わるのが，語と文字が諸知覚と運動を仲介するだけではなく，それ自体音響的，視覚的，力動的な像において立ち現れるということである。言語像はいつでも像言語に転換しうるし，言語物体はいつでも，身体言語に転換しうるのであり，それも，その一つの観点が別の観点に重なるということはなしにである。まさにそれ

---

*) プリンツホルンは，ハイデルベルクにて，精神障害者たちの芸術作品を収集した。

だからこそ，成立するのが，夢の思考が形象化し，語や名前が物象化し，そしてヒステリー的な不安が具現化することであり，それも，厳密な意味で補償が語られることなしにである。というのも，一方がもうすでに片足を別のところに踏み入れていて，語は，「多様な表象の結び目」（『フロイト全集』II巻，III巻，346頁）として，症候形成の冒険へとすでに予定づけられているからである。フロイトはこの発見を過小評価していて，いわゆる現実神経症をデカルト的な二つの世界の言語に貶めている。頭圧，痛みの感覚，器官的刺激といった症候は，フロイトによると，「いかなる〈意味〉も，いかなる心理学的な意義も」もっていないのであり，それは中毒や禁断状態と同じく純粋な身体的な事象である（『フロイト全集』XI巻，402頁）。身体自身に身的物体性の観点を認める身体理解は，そこに，身体言語の痕跡が発見されるのであり，身体言語は，外的な身体において働くのではなく，身体的な自己，すなわち，その自己退去に基づき，特定の部分の分割や《ずらし》を許容する身体的自己において働いているのである。

最終的には，目的としていた予測を述べる事が残されている。症候とは，椅子取りごっこ〔Bäumchen-wechsel-dich-Spiel（立つ場を変えて取り合う遊び）〕のように，単に何か別のものと置き換えられるのではなく，それは自分自身を通して，何かを置き換えることであり，さまざまな代〔理〕表象のレベルにおいて行われる。症候が不可能な補償ということができるのは，思念され，努力されるものが存在するのは，それが意味付与と目的設定を免れることによってであるからである。それがオリジナルな補償であり，デリダのいうところの補充（supplement）であるのは，これがはじめから意味形成と目的発見に参与している限りにおいてである[25]。病理的な症候形成の主な源泉は，挫折を作り出す現実性と，補償充足を探し求める願望の間の軋轢にではなく，むしろ，意味と欲望に内在している原断念に耐えられないということなのである。

---

25) この点や後続する章に関して，デリダによる『エクリチュールと差異』のフロイト論文を参照。その論文でこの著者は特有のやり方で，叙述の空間としての経験の〈空間〉を取り戻しており，〈根源的遅延〉というモチーフを彼の初期のフッサール研究にまで遡ることも行われている（1967年，302頁，独訳312頁）。

6．トラウマ的な影響

　原断念は，いわばある空洞を作り，そこから私たちに衝突し，要求し，パトス的な形態の中に現れるものが，外に出てくるのであり，このパトス的なものは，意味と欲望の背景を作り出し，意味と目的よりも古く，かつそれらを超えて外に発している。私たちの現象学的-精神分析学的な二重の講読はここにおいて，一章の終わりですでに告げられていた情動とトラウマ化についてのフロイトの理論に導かれる。意識の暗黒化と自我の弱体化はここにおいて頂点であると同時に転回点に到達する。ここにおいて私たちは「いわば深淵の縁」に立ってもいるのであるが，それは単に，カント的に言うような，人類の歴史の原初への旅における無限の可能性の深淵の縁ではなく，把握できない現実性の深淵の縁なのである。

　メランコリーやナルシズムに似て，トラウマ化というモチーフも過剰な使用によって意味が希薄化する危険にさらされている。フロイト自身において，トラウマ化はまず体験の病理学的な特殊形式を呈示している。その際，平準的な例は，時間的に規定された戦争神経症や事故神経症であり，後者では，列車衝突や地震などにおいて生じる一方，幼児性神経症があり，フロイトは狼男や，患者ドーラなどの症例において描き出した。しかし，正常の体験の亢進の形式としてトラウマ化はこの正常な体験に影響を与えるのは，トラウマ化が，正常性をその固有の危険性とその人工性のうちに照らし出すことによるのである。「苦しみから学ぶということ」はここにおいて本来の意味を勝ち取り，それは病院の境界を踏み越えている。フロイトがその内部でトラウマの現象を解明している枠組みは，まずは，神経症学が提供しており，それは私たちを「トラウマ的な出来事」や「トラウマ的な体験」や「トラウマ的な状況」の抑圧と対決させている（『フロイト全集』XI 巻，283頁から285頁参照）。ここでは，驚愕，および不安神経症と誕生トラウマが特別な役割を果たしている。ここに加わるのが，メタ心理学的な思弁であり，それは，「トラウマ的な刺激」に心理身体的なシステムの内部でその位置を示すものである（『フロイト全集』XIII 巻，29頁）[26]。この思弁の根底にある心理物理学的な，もしくは心理身体的なモ

デルを文字通りに解釈するならば，私たちは，もう一度，すでに却下された二つの世界の表象に陥ってしまうことだろう。これが意味するところは，情動あるいは感情は内側から直接私たちの意識に押し寄せ，または押し寄せないということ，また実在的な興奮の経過，すなわち「量的-質的に別のもの」が「快と不快として」自らを気づかせるということになろう（『フロイト全集』Ⅷ巻，249頁）。この経過は「大きなＸ」の未規定性にとりつかれていて，この大きなＸは，ある種の内的な物自体と特徴づけられ，それについて知ることはなにもなく，この否定的な形式であっても，諸表象に関係づけられたままに留まることになろう（同上，31頁）。純粋に経済的なトラウマ的刺激の解明は「相対的な量に関する問い」にだけ関係するといったことになろう。「刺激量の大きさだけが，その印象をトラウマ的な契機となし，快楽原則の働きを麻痺させ，危機的な状況にその意味を与える」（『フロイト全集』ⅩⅤ巻，100頁）。それによって，トラウマは電気のショートか，水圧の過重と同じようなものになってしまう。したがって，私たちはこの水圧のモデルから，私たちに遭遇するトラウマ的な出来事を言葉へと書き換えるときの示唆としてのみ受け取ることにしよう。これは，あの「他者」にもいえることであり，この他者は，私たちの体験と行動の意味の枠組みを破壊し，私たちの願望を挫くのである。

　フロイトの精神分析が私たちに対決させるトラウマ化は，複雑な生起を形成していて，私たちはその生起からいくつかの現象学的に重要な特徴をとりだすことができる[27]。その際，決定的に重要なのは，どのように多くの異なった要素が協調して働いて，トラウマ的な神経症を呼び起こすことになるのかということである。フロイトは，トラウマ概念の使用に当たって，当然のように，器官の損傷や負傷の臨床的な現象から出発しているにもかかわらず，彼は心理的な驚愕の体験と驚愕を誘発する出来事への固着

---

26) 以下においては，とりわけ次の諸節を参照にする。トラウマ的ノイローゼの理論については，『精神分析入門講義』（1916/17年），『フロイト全集』ⅩⅠ巻，282頁から285頁，375頁から381頁，409頁から412頁。『新たな結果』（1933年）『フロイト全集』ⅩⅤ巻，99頁から101頁，事例研究としては，『子供のノイローゼの歴史から』（1918年），『フロイト全集』ⅩⅡ巻，メタ心理学的枠組みについては，『快感原則の彼岸』（1920年），『フロイト全集』ⅩⅢ巻，9頁から11頁，23から34頁。

27) フロイトにおける，決して一義的とはいえないトラウマとトラウマ的ノイローゼの身分については，『精神分析用語辞典』（ラプランシュ，ポンタリス，1973年）の「トラウマ」の項を参照。

6. トラウマ的な影響

に重点を置いている。しかしそれは、「同時に苦しまれている損傷や負傷」が軽んじられているかのようにではなく、むしろフロイトは考慮している可能性は、「大きな傷が トラウマを通して」（強調は筆者による）弱まり、苦しみにある器官のナルシズム的な過剰占有が刺激の過剰を拘束し、それが神経症の発生を妨害するという可能性である（『フロイト全集』XIII 巻、10頁ないし33頁）。外傷は相対的に無害のものや我慢できるものと判明するだけでなく、そこから悦楽を引き出すことも可能なのだ。

それはしかし驚愕にはあてはまらない。すでにフロイトは『夢判断』において、一次的な充足体験に対立するものとして、知覚刺激としての外的な驚愕体験を挙げており、これ知覚刺激は、痛み惹起の源泉となる（『フロイト全集』II 巻、III 巻、605頁及び次頁）。もしトラウマ的な驚愕を経済的に定義しようとするならば、まずもって算定不可能な過剰なものから出発するのでなければならないだろう。驚愕は不安と恐怖の増大した形式として捉えられ、迫り来る危機に関係しているような情動に属するものである。「不安は状態に関係していて、客体から目をそらすが、それに対して恐怖はまさに注意をまっすぐ客体に向けている。驚愕はそれに対して、特別な意味を持っているようにみえ、つまり、不安における準備態勢によっては捉えられない危険の影響を浮き彫りにさせようとする。だから次のようにいうことができうる。人間は不安を通して驚愕から身を守る」。このように、『精神分析入門』に言われていて（『フロイト全集』XI 巻、410頁）、これに似たことが、『快楽原則の彼岸』にも見出され、「驚きは（…）準備していないときに人が危機にさらされるときに陥る状態のことであり、驚きの契機を強調する」（『フロイト全集』XIII 巻、10頁）[28]。主観的な状態と客観的な対象という伝統的な分類を度外視するならば、そのとき言えるのは、不安は自身の状態に執着するのに対して、恐怖は異他的なるものに向けられているということである。自己への関係と異他的なるものへの関係という形式における二重の方向づけは、本来、身体の存在様式をなしているものである。決定的な危険さとは、何か（あるいは誰か）から生じるの

---

28) したがって、ジュランベイユはそれに応じて、無意識的なものを、予料されえない意味、それゆえ充実も幻滅も起こりえない意味を介して定義している（1990年、43頁、52頁）。そのとき問われるのは、どのような意味で単に予期されていないものではなく、予期しえないものの場合に意味という言い方ができるかということである。

ではない。つまり，期待する何か，多かれ少なかれそのようなものとしてそれを表象において先取りしたり，それに対して警戒し，自分をまもり，防御したり，そこから逃げることのできる何かや誰かからではない。決定的な危険さは，わたしを驚かし，そのような意味でわたしの予想と予防措置に先行するものである。それは，まさにわたしたちを文字通り，狼狽させるものである。この出来事を特定のエネルギーと刺激の経済に属したものとして整理し，快を刺激量の減少，不快を増大として捉えてしまうと（『フロイト全集』XIII巻，4頁），驚愕はシステムの単なる存続の危機やシステムの安全装置の機能不全に萎縮してしまう。何かに脅かされていると感じることができるのは，何かを問題にし，同時に，自分自身に関わる本質存在のみである。そうでなければ，フロイトがそうしているように，外傷について語る意味は無いのであり，彼は，確かにすべての外傷がトラウマではないが，すべてのトラウマが外傷の形式を持つと理解することにおいてである[29]。

トラウマ的な神経症を特徴づける固着化という第二の契機が直接関連するのは，呆然状態における驚愕であり，先時間性ないし，早期時間性であり，そこにおいて，驚きが私たちの予測を妨げ，私たちの準備に先行している。ここにはトラウマの歴史について考察するきっかけがあり，その位相が重層的に重なり，相互内属的にズレこんでいる。その際，決定的であるのは，トラウマ的な生起は，はじめから，トラウマ化された人がそこに固着するトラウマ的な出来事と，先時間的なトラウマ的な出来事に固着するトラウマ的な体験とに，分割していることである[30]。トラウマ的な出来事があとから影響を及ぼしているトラウマ的な体験は，以前体験したことが覚醒する想起に比較できる。通常妥当することだが，現在的な現在と現在化された現在が合致するが，それはただ「差異において」合致するのであり，現在と過去の野の間に，「相互に抑圧し，交互に隠蔽する関係」が

---

29) 不安，恐れ，驚きという問題連関については，ハンス—ディーター・ゴンデクの『不安，構想力，言語』(1990年)を参照。この著者は，フロイトの不安理解をキルケゴールやハイデッガーの理解と対比している。フロイトの不安の理解が，実在的な危機の状況に由来することや，彼が目的に適った不安とそうではない不安を区別していることへの批判がなされており，この批判によれば，不安における世界を開示し，実存を揺るがすアスペクトが正当に扱われていない。同著197頁から222頁を参照。

30) 〈出来事〉と〈体験〉は，フロイトによって術語的に区別されてはいない。

6. トラウマ的な影響

あるのである（『フッサール全集』第15巻, 641頁）。覚起する現在と再び覚醒される過去との間のこの自由な力の争闘は, 固着において鎮められるのであり, 重点は一方的に過去に移されている。そこで私たちが見出すのは, 事実上離婚の関係にある主人にしがみつき, その関係を症候の形で継続しようとし, 署名と贈り物を「だれも私から何も受け取ることはできない」として拒むまでになる女性である。そこで見出されるのは, 父親への性的固着化を, あらゆる結婚の機会を受け付けないことで, 持ち続けようとする若い女性であったりする。それは「まるで過去のある断片に固着し, そこから自由になろうなどとは思わず, そのことからして, 現在と未来から疎外されている。それは, 昔, 人が重い運命に耐え忍ぼうと修道院に入る習慣があったのと同じように, 病気の中に隠れようというのだ」（『フロイト全集』XI巻, 282頁）。このような道程において, 偶然の出来事が必然的な宿命となり, 経験の自由な地平の可能性は修道院か監獄の壁へと硬化する。「確定されていない動物」は「病理的に確定した動物」として自己を見出すことになる。

このトラウマの歴史を, 驚愕の始めの地点にまで戻すと, そこから明らかになるのは, トラウマのこのような歴史は, 私たちが志向的な分析や, 解釈学的な理解で処理できるような意味の歴史ではないということである。もしフッサールの格率, すなわち, 始めは「純粋な, いわゆる沈黙の経験」があり, それが「固有な意味の表出にもたらされるべきである」（『フッサール全集』第 1 巻, 77頁）が妥当するとすれば, 人は, 経験が事後的に前もってもっていなかった意味を獲得するという「表現のパラドクス」を考察に持ち込まねばならない。フロイトが何度も強調するのは, たとえば狼男の幼児性神経症の分析において, トラウマ的な出来事はその意味を事後的な理解に負っていて, この理解は, 原出来事が夢と症候に残す事後的な作用に依拠していることである。意味はそれ自体が効果であるのは, 事後的な理解が, トラウマ的なショックを前提とする限りにおいてである。意味が単なる効果以上のものであるのは, トラウマ的な出来事が, そのすべての無理解性にあっても, 理解を求めるようなトラウマ的体験に転換する限りにおいてである。フロイトは, 中間の道, すなわち, 神経症的な状況がすでにその意味をもっているという仮定とその逆の仮定である, それはまったく意味をもたず, 遡及的な「遡及的想像」や遡及的解釈や再構成

にその意味を負うとする仮定との間の道を求めている。遡及的道の代わりに，フロイトが一貫しようとするのは，例えば子供時代の早期の歴史が，「幼児的な核」と固有な「副次的産物〔Beiwerk〕」を証示すること，トラウマ化された夢がそこに流れ込む，残存する現実性に意味が付与されてきて，それが「記憶の中で現実性を要求する」ということである（『フロイト全集』XI 巻，330頁及び次頁，354頁）。私たちがここで関わっているのは，純粋な意味でも，純粋な作用でも，また，純粋な構築でもない[31]。

そのようなものとして抑圧され，症候的な残余作用の中にだけ生き延びているトラウマ的な出来事の固着化が結果するのは，「原風景」が再上演という結果を生むのであり，そこでは，同じ出来事が違う仕方で回帰する。フロイトはこのことを狼男の幼児期神経症の分析においてとりわけ印象的に描いており，一つ一つ風景が続いていく。原風景（一年半後），グルーシャの風景（二年半後），誘惑の風景（三年半後），狼男に現れる動物恐怖（四年後）宗教的な内容の強迫的な症候の立ち現れ（四年後以降）そして，フロイトが省略している成人後の神経症的な疾患である。これに分析的な風景が場として付け加わり，その場に，この話がそれ自体として登場し，再現実化するなかで，その歴史の終わりを見出すことになるが，この終わりは，さらに続く終わりである。というのも，はじめの地点の偶然性が以後の再発の温床になっているからである。この実際に体験された苦悩の歴史は，それに固有の劇的緊張を示しており，子供の知的成長がトラウマの座標系を変更し，同一のトラウマが繰り返し，その作用が強まるというだ

---

31) メルロ＝ポンティのいう表現のパラドクスを念頭に置きながら，ファイビオ・キアラメーリ（2000年，74頁）がレヴィナスとパースと関連づけているような，欲望のパラドクスという言い方をできるかもしれない。根源的喪失は，原想像や原神話にとっての結晶の核を形成するが（ラプラシェ／ポンタリス1964年，独訳1992年），それ自身，ファンタスマではない。ラカンの意味での実在的なものは，想像と象徴の彼方ではなく，内部で発生していることを考慮するなら，狼男の話への注釈は，ここで言われたパラドクスという意味で理解される。「現実的なものは想像を支え，想像が現実的なものを支える」（『ゼミナール』XI 巻，41頁，独訳47頁）。カストリアーディスは，一歩先に論を進め，「徹底的想像」の先世界的で先自我的な世界の「原状態」を「心的現実性」として説明している。欠如のパラドクス的なものは，あの根源的な欲望-表象-世界（1975年，401頁，独訳491頁）の表象不可能性にある。こうした統一との破れは，等根源的な他者性の欠如においては，オートポイエーシス的な突発性としてのみ考えられる。こうした徹底的な想像の理論の創造説的特徴を，わたしは別の箇所で示唆したが（1995年，II 章），ここではその理論はその精神発生的源泉をもっているように思われる。

6. トラウマ的な影響

けではなく，これが「新鮮な出来事」と「新たなトラウマ」として立ち現れ，後の狼の夢における性交の観察に現れるのである（『フロイト全集』XII 巻，144頁）[32]。それだけでも，ここではトラウマの歴史だけに関わるのではなく，同時にひとつの原風景がその反響を見出す一つのトラウマ的な歴史に関わるといえるのである。

次の問いは，トラウマの質的な刻印に関わる。医学における器官的損傷の分野からのトラウマ概念の由来は，トラウマ化を第一義的には外因性の作用として把握するべきだということを示唆している。すなわちそれは，外からやってくる何かとして，超-速〔Über-raschung, sur-prise〕の驚きの速度と突然性を伴い，この驚きは，力の計測のように，私たちの表象力と防御力を上回るだけでなく，私たちを麻痺させ，防ぎようのない異他的な作用に曝されている。このような時間の要因，すなわち，トラウマ的な体験が自身の外部から始まるということは，フロイトの心理身体的なモデルにおいて手短にしか語られていない。ここでは生きている有機体は刺激防御を伴う生きた水泡として現出しており，この水泡は，「水泡を破裂させるに十分に強い興奮によってトラウマ化される」（『フロイト全集』III 巻，28頁及び次頁）としている。防御層の侵入する特定の個所の破裂という喩えや刺激量あるいは，「強すぎ」たり，「大きすぎる」音という刺激量を伴う洪水といった喩えは，刺激量に関わる経済的操作に相応している。それは自己保存のモデルに対応しており，その自己保存は現実性に対してその諸力を確かめ，異他的なものの要求に動揺されることはない。同時にフロイトは，すべての驚きに備わる先時間性から発達の早期性へと移行することで，通時的な観点を用いており，その時間性は，「完成していない発展の幼児的諸時間」になり，「細胞分裂において把握されている萌芽資質に宛がわれる針の一刺し」（『フロイト全集』XI 巻，376頁）に等しい。この傷は，上昇した過敏性を内に含む高められた損傷性の段階において結果として現れる[33]。

---

32) これについては，1896年1月1日のウィルヘルム・フリース宛てのフロイトの手紙への付録における対応する考察を参照。トラウマ的先史の性体験に関して，フロイトは「記憶があとから解放されて，それに対応する体験が働いたときよりも強くなる」特異な可能性について語っている（フロイト，1986年，170頁）。1897年11月14日の手紙をも参照。そこでは，フロイトははっきりと，正常な仕方で登場する「非ノイローゼ的」事後性を認めている（同書，303頁）。

フロイトは，子供時代の初期経験からの，誕生の際に現れ，母との離別に随伴する不安効果に向かって弧を描く。その不安は。生理学的に（内的呼吸の）血液交換の休止と狭隘さの感覚とともに現れるが，これをフロイトは，危機の状況に似て，トラウマ的契機を内に含んだ最初の不安として描いている。この不安は「誕生のひな型」に即して，トラウマ的な諸状況において更新される。この不安は再び新鮮に，抑圧に対立して，新しい不安として立ち現れる。抑圧にあっては，不安は，単に過去に経験した危険な状況の信号としてのみ作動するのである。したがって，トラウマ的な，あるいはトラウマの様式をもつ出来事の繰り返しは，神経症的な症候の形式における繰り返しと区別するべきである（『フロイト全集』XI 巻，411頁及び次頁，XV 巻，100頁及び次頁）。誕生も発する原不安は，幼児的な恐怖症へと変化し，まずもって，失われた愛着対象が外的な諸対象と諸状況によって置き換えられるような暗さと孤独の不安へと転換する。このこととの関連でフロイトは子供と養育者との印象的なやりとりを引用している。子供「おばちゃん，話しかけて。こわいの」おばちゃんがそれに答えて，「それで何になるの？　わたしが見えないのに。」子供は最後に「誰かが話してくれると，まわりが明るくなるの」。それについてのフロイトのコメントは，「暗がりでの憧憬は，暗がりへの不安へと改造された」（『フロイト全集』XI 巻，422頁，ウェーバー，1978年，第8章も参照）。また，ここで言及されるのは，乳幼児が経験する「脱習慣化のトラウマ的に作用する体験」であり（同上，380頁），また，部分的に現実的で，部分的に想像された誘いを生む風景が，トラウマ的な，あるいは，少なくともトラウマ的な色合いをもつ両親からの分離の歴史に属することである。最後に，離別と悲哀を生きることは，トラウマ的な分離の歴史に連なることになるが，それは，トラウマ的なノイローゼに発展するとは限らない（同上，285頁）。父母からの結びつきの分離から始まる，愛した人物との別離〔分離〕に執

33）　ジャン・ラポランシェが，フロイトの場合，異他的なものの「知らせ」（私たちの言い方では異他的なるものの要求）の欠如が，事後性という天才的発見が最終的に，延期される作用と遡及的に働く解釈との不十分で矛盾するカテゴリーへと崩壊していってしまうことのいくということの責任を負うという指摘に，反論するのは困難である（1996年，27頁，42頁，注47頁，88頁，注31）。このような時間のずれのパトス的-応答的な理解の可能性に関して，上記，第4章4を参照。ラポランシェはその代わりに，ワルター・ベンヤミンによって展開されている翻訳という特有の概念を利用している。

6. トラウマ的な影響

着するトラウマ的な特徴が，外的な侵入する作用と大きく異なるのは，その際まずもって，自己に固有な領域と異他的な領域の区分，したがって，暴力的な侵入が問題になるのではなく，自己関係と異他的なるものへの関係の双方を可能にする紐帯が引き裂かれることが問題であるからである。すでに述べられた自己防御はそのような二重の関係をすでに前提している。この二重の関係は，快楽の一貫した経済において，共通の多様性の欠陥のため，その居場所を見出すことはない。異他的なものは，構成的で，単に相対的でない役割を果たす限り，固有なものに，自己を清算することはない。夢は「願望充足の試み」を描写するにすぎないというような文章は，他者の要求という観点からも理解されうる（同上30頁）。同様のことが，痛みは「内的な知覚と外的な知覚の中間的事物である」（『フロイト全集』XIII巻，250頁）とか，自分の身〔的物〕体は，外的なそして内的な知覚が発する場であるといった想定を他の方向に，すなわち，内的関係と外的関係が相互内属的に働き合う身体的感覚の方向へと導くのである[34]。とのとき，自分自身に固有のものと異他的なものとの分離自体，原初から存続する縫い目の無い一つの統一の分裂なのではない。私たちがただ遡って想像し遡って解釈しつつ，トラウマ的な原風景に関係づけようとするときの事後性は，継ぎ目のない原統一や神聖なる先世界といった仮定を排除する。フロイト自身が強調するように，誕生と転生願望は，幸福の頭巾[*]に包まれていたときへの憧憬なのでる（『フロイト全集』XII巻，133頁）[35]。

私が最後に，もう一度，フロイトのトラウマ化の構想の可能な一般化について詳細に立ち入るのは，それが私たちの現象学的─精神分析的な二重の講読にとって決定的な意味を持っているからである。まずもって，尊重

---

34) このことはすでに，1895年の『構想』に基づく初期の反省にも妥当する。そこで，知覚が始まるのは，「苦しみを引き起こすので，人を叫ばせるようにする諸客体」であり，「叫んで知らせること」は逆に，敵対的に体験された印象を記憶に刻み付けるような客体の性格づけに役立つのである。こうした記述は循環的にのみ読解されうる。というのも，叫びもまた，外的作用と内的表現との間の「中間的事物」であり，言語もまた，つねに特定の音を立てる客体に執着している」（『フロイト全集』補遺巻，457頁）からである。作用と感性と意味のこうした絡み合いは，確かに，心的機関の心理物理学的モデルの表象から解放されうる。フロイトの第二の場所論をメルロ＝ポンティに結び付けて，二重の「身体心理学」と解釈する可能性については，ブリギット・フロストホルム『身体と無意識』（1978年）94頁から119頁を参照。

[*] 破れた羊膜嚢が新生児の頭を包むことが，幸福の頭巾と呼ばれている。

せねばならないのは，フロイトの言うトラウマ的な体験は，彼の臨床的―治療的な原初の彼の関心に忠実に，第一に，抑圧された衝動の要求がトラウマ的な神経症に導かれるその形式を顧慮していることである。ここで問題になるのは，遇有的諸体験であり，正常のやり方では解決に「失敗してしまう」体験である。あらゆる性的な固着，たとえばよくある「少女の父親への愛着」をトラウマ的と呼ぶならば，この呼び方はその内実を失ってしまうだろう（同上，284頁）。このことからして，フロイトは，あらゆる外傷をトラウマ的と，そして，あるゆる過去への固着とあらゆる現実性と不縁の不安状態を神経症的と名づけるのを控えるように促がしている。一般化の半径は，「幼児的原時間」（『フロイト全集』XII巻，41頁）への立ち戻りと幼児的神経症への考慮とともに拡大する。あらゆる成人の神経症は幼児の神経症の土台の上に築かれるという仮定を度外視すれば（同上，133頁），子供時代初期はとりわけトラウマ的出来事に対するひ弱さで際立っている。トラウマ的な出来事の先時間性に与えられる特別な役割を眼にして，特定の原風景を幼児の先時間に置き移すだけでは十分ではない。むしろ注意されねばならないのは，この先-時間がトラウマ的，ないしはパトス的な出来事によって刻印されていることである。破損されるだけで，負傷されうることのないは事物には，固有の先歴史はない。フロイトが指摘するのは，心的生起の，意識されたものと無意識的なもの，そして前意識的なものへの場所論的な分類は，子供には，限られた範囲でしか当てはまらないということである（同上，139頁）。このことが意味するであろうといえるのは，意識だけが発生をもつのではなく，無意識なものと前意識なものも発生をもつということである。それによって，意識されたものは，無意識的なものになること〔無意識化〕を内に含み，あらゆる意識化が内

---

35) このことについて，ファビオ・キアラメーリ（2000年，128頁及び次頁）は「内在性と超越の絡み合いにおいて，幼児は母親からの距離を他者からの分離としてではなく，分離された主観の同一性の構成に先立つ，自己に固有なものの引き裂かれとして体験するのである。自己に固有なものと異他的なものとのこのような最初の共属性のうちで，欲望は社会的結びつきの単なる心的な根として生じるのであり，その結びつきが想像するのは，大混乱（すなわち，分離）に先立つ均等性と調和の段階が再生できるとするものである」と述べる。この著者は，この連関において，カストリアーディスにおける個人の社会的-歴史的な制度〔性〕や，わたしが何度も引き合いにだすメルロ=ポンティの交錯の理念に依拠している。こうしてキアラメッリは，自己に固有なものと異他的なものとの交錯は，決して徹底した他者性に矛盾しないというわたし自身の想定を強化している。

6．トラウマ的な影響

的な限界に突き当たることになる。最終的に一般化の半径が完全に一般的なものに開かれたものになるのは，フロイトが誕生と離別不安と，原分離が継続する分離のプロセスにトラウマ的な契機を認めるときであり，また似た連関において母親との分離と父親との和解をすべての人にとって生じる課題として認め，その課題は，しかしめったに「理想的な仕方で，すなわち心理的にまた社会的に正しい仕方で」解決されることがない，と認めるときである（『フロイト全集』XI巻，349頁）。

そのような理想的で正しい解決がそもそも可能なのかどうかということ，そしてここでは単なる課題の解決が問題なのかどうか，という問いが私たちをこの問題の核心に導く。すべての負傷，そして臨床的な意味でのトラウマ的な負傷もまた，遭遇，すなわち，その当事者になることから始まるのだとすると，そのとき私たちは快楽と現実性原理の彼岸の出来事にぶつかることになる。つまり，私たちが何かとして表象し，何かに向けて努力するもの以上の何かにぶつかるのであり，その意味でそれは何かではないものである。印象でさえ，無害なデータ的，あるいは，物質的なもの以上のものであり，同様に，思いつきや〔Ein-fälle〕[36]考えもそのようなものであって，それは単純に人が持つものではなく，自ら切迫して〔auf-drängen〕きて，厄介な場合には，抑圧する〔unter-drücken〕傾向性のあるものであり，それは，フロイトがトラウマ分析に関する方法論的考察のなかで先鋭化させている通りである（『フロイト全集』XI巻，第6講義参照）。このパトス的な過剰は快の獲得と快の断念や自己衝動と対象衝動の均衡からのがれ去る。ことの本質は，トラウマ的な，あるいはトラウマ的様式の出来事に耐えることのできない強さの欠乏にあるのではない。しかしながら，パトスの私たちの表象と努力への関係と，意味と欲望への関係に関して，確かに違いはあるものの，フロイトの情動理論に橋を架けることができるのであり，それは，心理的に結ばれているものと，自由に動く情動量とを区別し，表象のない情動と情動のない表象の可能な分離を見込んでいるのである。正常の体験と行動において，私たちは，直ちに，結びついたパトスと関わっているのであり，私たちがそこから触発を受けるものは，特定の意味連関と目的構想に届いているのである。何かが何かと

---

36) ラカンのフランス語 incidence〔偶発〕による訳語と，それについて，ウェーバー1978年，57頁及び次頁を参照。

して理解され，何かに向けられて努力される。解き放たれたパトスについて語るのは，この〈何か〉がそのような諸連関から遊離するときである。この関係連鎖の緩みは，人がコントロールを失う，いわゆる情動の表出と情動の行為においてに起きる。極端な場合には，意味を欠く〈盲目〉の欲望に近づく。逆に，私たちが，凍結したパトスに関わるのは，意味が欲望から遊離し，欲望がある種の使用電流に還元されるときである。欲望を欠く意味において，その分裂は逆の極端に至ることになる。病理学的現象はこのように，パトス的な生起の横溢や固着として捉えることができ，トラウマ化についても類似のことが妥当する。

傾向性としてありうるのは，主観の一般的なトラウマ化可能性と，遇有的なトラウマ化されることとの個人的で特殊な運命を区別して，トラウマ化現象の一般的意味を考慮することである[37]。こうして，臨床的なトラウマ現象の単純な一般化と可能な希薄化を予防することになろう。しかしながら，経験的に確かめられる習慣性と取り違えられてはならない一般的なトラウマ化可能性と傷つきやすさへを引き合いに出すことは，私たちを超越論的な，あるいは準超越論的な可能化〔論〕への軌道へ連れ戻し，出来事のパトス的な性格から鋭さをとり除くことになってしまうだろう。そのことから私は，個人的な，あるいは遇有的なトラウマ化について語る代わりに，単一の諸遭遇について語ることを優先したい。諸遭遇は，負傷と暴力性を内に含み，それを超えて，相応する症候から読み取られうる可変的なトラウマ的持ち分を証示している。〈新鮮な〉遭遇に内在する負傷は，負傷とトラウマ化が相互内属的に，合致することなく移行する境界領域を形成するであろう[38]。

---

37) この意味で，ハンス＝ディーター・ゴンデクの，ルドルフ・ベルネットにおける「トラウマ化された主観」へと関連づけた「トラウマ」の記述を参照。

38) これらと比較できるような連関，すなわち，主観の分割や欲望を生み出すような対象 a の構成において，したがって，病理学的傾きをもつプロセスにおいて，ベルナール・バースが引き合いにだすのは，超越論的-経験的という対立を免れる「先経験的出来事」と「先-経験的経験」であり，彼はこの領層において，ラカンの事物とメルロ＝ポンティの肉を接近させている。バース，1998年，とりわけ38頁，84頁及び次頁を参照。

7．他者の中に自己を求めるナルチス

トラウマの先時間的出来事が私たちを経験の深淵にまで導いてきた後に，ここで，経験のさまざまな審級と他者性のそれに相応する側面に視線を投げてみよう。わたしは，第5章で詳しく扱った自己関係と他者関係との相互内属に結びつけたい。伝統的な言い方をすると，ここでは自己と他者の関係，主観性と間主観性，または，わたし好みの言い方をするならば，固有の，そして異他的な自己の関係が問題になる。しかし，これはフロイトがそれによって事象に接近したカテゴリーではまったくない。他者性のモチーフでさえ，フロイトにおいては，間接的に，もしくは付随的に立ち現れている。これについて，幾つかの例を取り上げよう。自己の成長の行程において，外界は「快の部分」と，「その人に不縁な部分」とに分類されていく（『フロイト全集』X巻，228頁）。子供において，母親に対して，自分自身の物（的身）体の一部が「異他的な客体のように」，対置して現れる（同上，156頁）。観察妄想にとらわれてしまったものは，彼が観察者の「不快な力」を彼に異他的な何かとして，外部に移し置くことにおい思い間違ってしまう（『フロイト全集』XI巻，444頁）。神経症患者には，自分の野性的に繁茂した表現形式が自分に異他的なものとして出現する（『フロイト全集』X巻，251頁）。気づかれないこととは反対に，無意識的なものは意識に，一般的に「完全に異他的なものとして，対立的に現出し，それは意識によって端的に拒否されることになる（『フロイト全集』XIII巻，243頁）。そして最終的に，エスは一般的に「その自我の異他性」として特徴づけられ（『フロイト全集』XIII巻，243頁），フロイトからすると，徹頭徹尾，異他なるものの心理-地勢図が展開されうることになる。この心理地勢図は，内部と外部の差異を内部に移し込む可能性を内に含んでいる。それに相応するのが「内なる外国」（『フロイト全集』XV巻，62頁）の表象であり，同じものが「不気味なもの〔Unheimlichen〕」の表象であり，それは，「心地のよく〔heimlich〕」「心地よさ〔Heimischen〕」の中に立ち現れることからして，特別な二面性を告知している。しかし，他方，不気味なものにあって暗くなる心地よいものは，「目新しいものでも異他なる

もの」でもなく，抑圧を通して「疎外化された」抑圧されたものである（『フロイト全集』XII 巻，254頁）。このことは，二重の仕方で回帰するのであり，物質的な現実性の場合の現実性への回帰として，また，心理的な現実の場合の現実性への回帰としてである（同上，263頁）。精神分析にとって，その疎外を逆戻りさせることは，留保されるに留まっている。「異他的なものは，何もあなたの中を経過したのではなかった。あなたの魂の生活の一部があなたの知識と意志の支配を免れたのである」（同上，10頁）。それに対して不気味な（Unheimliche）ものの侵入を，異他なるものが私たち固有の欲望を文字通り襲いかかる（heimsuchen）ような生起として考察するなら，異他性の徹底さは弱められるといわなければならないだろう。異他的なものが，——ジャン・ラプランシェ（1996年，19頁）が考えるように——「環境に適応，再統合する」傾向があるのは，フロイトがそうするように，異他的なものを，抑圧の単なる回帰，したがって，事実上の疎外の形式に帰属させるとするときである[39]。にもかかわらず異他的なものは，第一義的には場所的に「外なるもの」（羅語 *extraneus* 英語 *strange(r)*, 仏語 *etrange(r)* 参照）として解釈され，「異他的なものの地勢図」を必要とする。他者に対する問いに関して，その問いは経済的な，そして場所的な諸モデルに隠れてしまい，このことは，単なる別の種類の語彙の問いなどではない。比較的容易な家族を創設するエディプスコンプレックスや，臨床的な転移の状況からはじめ，間主観的な，あるいは，社会的な地盤に立脚するべきかもしれないが，わたしはより石の多く，さまざまな疑念にもかかわらず，豊かな成果を約束する，ナルシズムの道の選択を優先する。この道は，フッサールの超越論的独我論とも，彼がすでに固められた社会的な秩序においてはじめるのではないことにおいて一致している。

　ナルシズムは快楽を糸口にした自我の理論として特徴づけることができ

---

39) ファビオ・キアラメーリは，不気味なものと異他的なものとの連関を繰り返し解明し，同じ結果に至っている。1994年と1998年の彼の論文と，新たに『欲望の破壊』2000年，第4章を参照。この著作は，「不気味なものの侵入」を扱っており，その際に，フロイトと並んで，シェリング，オットー，ハイデッガーのもとでの類似したモチーフを顧慮している。フロイトへの決定的な批判は，124頁，140頁を参照。また，アンティエ・カプスト『触ることのない接触』（1999年，205頁から214頁）をも参照。そこでは「不気味なものの変革」とそこから生じる「多重の意味の振動」が，フロイトとメルロ＝ポンティとの関連を打ち立てる端緒となっている。

7．他者の中に自己を求めるナルチス

よう。それが端的な快楽主義とは遠く隔たっているのは，もっともうまくいく場合ですら，自我には，「長い快楽への回り道」である，快楽の延期や断念や我慢が要求されるからである（『フロイト全集』XIII 巻，6 頁）。ナルシズムの理論的な構想は一まとまりにフロイトによって発展させられ，多くの個々の問題が挙げられているが，それはここでは，考慮から外すことができる。私たちの目的にとっては，主導的な観点を取り出すだけで十分である[40]。

　フロイトにとっては初めに「心理的原初状態」があり，それは二つの基本的な極が重なるところ，すなわち，自我（主観）-対象（非自我，外界）と快-不快（『フロイト全集』X 巻，226頁及び次頁）ということで際立っている。これが意味するのは，自我は快として体験され，外界は無関心に体験されるということであり，このことをフロイトはまさにナルシズムと名づけている。ここで語られる自我（＝自我１）は，特別な自我-審級（＝自我２）には相応せず，相応するのは，多くの個所で（例えば『フロイト全集』XVX 巻，423頁）私たちの自己（unser Selbst）と名づけられているものである。決定的なのは，自我が衝動の観点から考えられていて，衝動が自我から考察されているのではないことである。自我そのものが，情動的，リビドー的なものである衝動対象として立ち現れ，衝動を支配するような衝動主観としてではない。自我は「快-自我」として現出し，同時に生じる「現実-自我」からの際立ちには，まずもって，配慮することはない。第三の極性である，フロイトが後に性の差異と結び付けた能動-受動も，自我を自律的な作用中心へと変化させることはない。むしろ，言えることは，「自我-主観は外部の刺激に対して受動的であり，自分自身の衝動を通して能動的」であり，この特異性もまた「駆りたてられること」，すなわち衝動刺激に対して防御のしようがなく（『フロイト全集』X 巻，226頁及び次頁），衝動を際立たせる逃亡反応による「克服不可能性」から理解されねばならない（同上，213頁）[41]。自我機能のエスによる相対化が

---

[40]　私はその際，以下のテキストに依拠する。『ナルシズム入門』1914年，『衝動と衝動の運命』1915年，『精神分析入門講義』の第26講義とフロイトが『快楽原則の彼岸』1920年で企てた修正による補足。

[41]　ゲーテの余韻だろうか。「おまえは，そうでなければならず，おまえは自分から流れ去ることはできない…」といわれるが，しかし，そのように語るのは，いかなる巫女も預言者でもない。

ここですでに準備されている。文法的にみて，自我はもはや空腹，渇きや性的要求を表現する文の主語としては適当ではない。他方，ナルシズム的に刻印された衝動の生起はそれ自体の中で鎮まっているのではない。自我がまずもって配慮することのない現実性は，同時に，私たちに無能さを負わせる審級である。こうして，「心理的な原状況」は，同時に自我衝動と性衝動との間の原葛藤として描写され（『フロイト全集』XI 巻，363頁），つまり，自己保存が目的である非社会的衝動と，生の存続を目的とする性衝動との葛藤として描写されるのである。後にそこには死の衝動と生の衝動との対立が現れる。この葛藤が発病的であるのは，フロイトにとって次第にきっぱりとした立場表明をすることになる，彼の根底にある二元論が，いかなる統一を創設する，あるいは，和解する第三者によっても止揚されないからである。これをもってその自我が，自我の審級という狭義の意味の自我として，また「唯一の不安の場所」としてその本性を現すのは，自我は外界の危機と超自我の非難に身を晒しているだけでなく，自分のリビドーにも身を晒しているからである。これは，そこから逃れることのできない内的な危機を呈示するものである。確かに，自我リビドーと対象リビドーは双方とも，同じリビドーの大きな貯水池（『フロイト全集』X 巻，258頁）から汲み上げられ，ある充足を別のそれと置き換えたりすることが許されてはいるものの[42]，さまざまな欲求の間の緊張はそれを通して緩和されるということはない。

　フロイトはさまざまな衝動の力の間に葛藤をその基礎として設定することで，はじめから単なる分類図式から抜け出している。共時的に見て一つの力の場で起こっている葛藤は，通時的に見た場合の位相のズレとなり，そこでは多様な風景が重なりあっている。ここから結果として生じるのが，・一・次・的・ナ・ル・シ・ズ・ムと・二・次・的・ナ・ル・シ・ズ・ムの区別である。二次的ナルシズムが自我リビドーと対象リビドーの分岐を前提とするのは，二次的ナルシズムがこの分岐を部分的にあともどりできても，一次的ナルシズムはこの分岐に先行することによる。二次的ナルシズムは原状態の再現を目的としているが，それは，もっとも，衝動克服の歴史の一部として常に再現されるべき状態と分離したままに留まることにおいてである[43]。

---

[42]　学術版『自我とエス』の付録II，『著作集』III，327頁以降を参照。

7. 他者の中に自己を求めるナルチス

　再現の試みはさまざまな形をとりうる。これはまず正常な生活の領域で起こる。私たちが毎晩，ゆっくりと世界から自分自身へともどっていく眠りのなかで，「子宮内の生における浄福の孤立の像」を呼び起こす願望が満たされる（『フロイト全集』XI 巻，432頁）。器官の病は，リビドーが取り上げられ，病気の身体部分に役だてられるという結果を引き起こす。正常性の境界は心気症の病弱性に触れる。ナルシズムは，最終的に，その特別な力を，男性的と女性的との対象選択のタイプが区別される恋において使いきる。フロイトによれば，男性的な選択は依存するタイプを結果し，ここでは，自我リビドーは避けがたい性的過大評価のため，対象リビドーの背景に隠れる。女性的な選択はそれに対して，自分の人格を模範とするようなナルチス的なタイプに分類される。「そのような女性は，厳密に言って，自分自身だけを，男性が彼女を愛するように強く愛する。彼女の欲求は，愛することに向かうのではなく，愛されるということに向かう。（…）」（『フロイト全集』X 巻，155頁）。わたしの関心を引くのは性別に関する伝統的な類型にしたがう見方ではなく，むしろ二者択一の形であり，そこで，言及された二つの極の第三のもの，つまり受動性と能動性の極の第三のものが貫いていて，一つの確かな，それについてはこれからまだ今後説明されるべき欲求強制が遂行されていることである。愛の運命は，結局のところ，ナルシズムと強く結びついている。愛の占有が「自我にとって正しし」ものとなり，いかなる抑制もない「現実の幸福な愛」は，すべてがきちんとするという可能性を提供している。対象リビドーは対象に回帰し，対象リビドーは，自我リビドーに反対しないので，その状況はその双方に区別がなかった原状態に相応する（同上，167頁）。ナルシズムは，両親のナルシズムが子供らしい両親愛のなかに再生するとき，このような方法でともに満足することもできる。母親もそれで完全に満足する。「彼

43）カストリアーディスが提案するのは，全体としての自己が，すべての主観と客観への，また，自我と他者へのすべての分離に先立って「全体的影響」を生じさせている原状態を，原初的自閉症と呼ぶことである。というのも，第一次のナルシズムは，なおも，反省性や排除の契機をいつも含蓄しているからである。宇宙的な一つにして全体なるものは，したがって，みずからが舞台に上がる心的幻覚としてふたたび成立する。「表象不可能なもの」を実現しようとする試みは，怪物的な「統一化の妄想」で終わらねばならない（1975年，394頁から405頁，独訳484頁から497頁）。確かにそうかもしれないが，やはりここでも，第5章で検討された問いが生じる。根源的な自己分割なくして，そもそも，自己や相応する自閉症について語ることができるだろうか。

女が産んだ子供のなかに自分自身の身体の一部が，ひとつの他なる対象として目の前に現れ，そこに彼女は，すべての対象愛を，自分のナルシズムから捧げることができる」（同上，156頁）。ナルシズムはその良い結末に，その昇華された逃げ場を見出し，そこにおいては自己愛が脱性的な理想の自我に執着する（同上，161頁）。

しかし，ナルシズム理論の硬い核心は，病理学的な現象が成しているものである。フロイトは次のようにそれを保障して確言する。「この私たちが苦心している自我心理学は，自己知覚のデータではなく，リビドーの場合のように，自我の障害と破壊の分析に基礎づけられてあるべきである」（『フロイト全集』XI巻，438頁）。その際，決定的に重要な点は，リビドーがつねに現実的な，あるいは想像上の対象に移されるかする移転神経症と，リビドーが対象から戻ったあと，情動的結束点の欠如のために，治療が壁の前で滞るようなナルシズム的神経症（または単に精神病）（同上）との区別である。例としてさまざまなパラノイアの形が列挙され，誇大妄想，追跡妄想，他者が自己妄想の鏡の中に現れるパラノイア，あるいは，失われた愛の対象との「ナルシズム的な同一化」を通して，すべての両義的な感情を自我に振り向けるメランコリーなどが挙げられる。自我リビドーと対象リビドーの葛藤は，自我リビドーに有利なように，この遡及が自分自身に引き寄せる病理学的なすべての結果を伴いながら解決する。

水という流動的な媒体に自身の鏡像を再認し，また，自分自身の画像だということに気がつかず，そこに捉えられてしまい，ついには自分自身の深淵に墜落するナルチスは，自分自身を求める人の側にいる。彼は世界の中心にいる「主観」とは遠く隔たっている。私たちが「主観」と名づけ，自分自身を「わたし」と名づけているものは，自分固有の発生をもつだけではなく，異常なものから自身を切り離す正常化から結果として生み出されるものであり，しかも，それが完全に遂行されることはない。この自己発見と自己錯誤に際して，他者は構成的な役割を果たし，そしてこのことは単に自我の多数化としてなされるのではなく，その他者は，欲情され，禁止し，対抗し，抗争し，このような形で，はじめから，情動によって満たされた他者である。その結果として，あらゆるパトスは，自己感，共感，反感という性向によって溝が刻まれ，これらは認識論的な確認とモラルの正当化にもたらされる境閾のずっと下の方で生じている。このような臨床

7. 他者の中に自己を求めるナルチス

に基づく視点の持つ，自己経験と他者経験の哲学的な研究のためのとてつもない重要さは，明白であり，同じように明白であるのは，そこから発する生産的な不安定さである。しかし，そのことは，フロイトのメタ心理学そのものの何度も繰り返される再始動と解明の試みを暗示する，非常に多くの問いが残されていることを排除するものではない。否定できないのは，精神分析学の創立者が仕方なしに使っている哲学的な松葉杖は，大変壊れやすく，とても使い古されていることである。

このことが妥当するのは，二つの経験の源泉の経験主義的な経路を動く，最初からある主観的な内的世界と客観的な外的世界との二元論だけでなく，大げさに自らを告げる原エゴイズムにも該当する。いくつかの例がその例証となろう。子供の魂のエゴイズムを再現させる夢は，「絶対的にエゴイズム的」とすでに『夢判断』にあり（『フロイト全集』II巻，III巻，274頁），このことは，それらの夢が唯一私たちの願望に従う，ということから帰結する。もし他の人がその夢に現れるとしたら，その背後には夢見る者自身が隠れていて，その者は，他の人と同一視し，夢の中で起こる利他的な動きでさえ，エゴイズム的な根本傾向を変化させることはない（同上，277頁及び次頁）。検閲に反対するものも，「際限の無い，そしてなりふりかまわぬエゴイズム」の表出として理解され，本来の自我が夢の中の主人公になる（『フロイト全集』XI巻，143頁）。この自我の中に隠れている子供は，「まず自分自身を愛し，後になって，他人を愛し，彼の自我の何かを他人のために犠牲にすることを学ぶ」（同上，208頁）。これは性の成熟さにも反映している。「性的満足はまず個人の私的な事柄である」，と『トーテムとタブー』で言われている（『フロイト全集』IX巻，91頁）。中期の作品における自我がまだエスを内部に包含しているということを考慮に入れても，厳密な，近代的なエゴイズムと利他主義の対立が存続している。この対立は，固有のそして他なる興味，あるいは願望が互いに相殺し，その結果，利他主義が純粋なエゴイズムの正反対として現出し，まさにそれを前提にしているということで際立っている。――このように証明されたのである。

しかし，エゴイズムとナルシズムとの関係はどのようなものであるのか。これに関し，説明している箇所が『精神分析学入門』の講義にある（『フロイト全集』XI巻，430頁から433頁）。フロイトはまず自己保存衝動，あるいは，自我の衝動と関係のある関心と，自我を性的衝動の対象にむける

リビドーを区別している。「（…）ナルシズムはエゴイズムに対するリビドー的な補完物である。エゴイズムと言うとき，人は個人にとっての利益を注視する。ナルシズムと言うとき，人はリビドー的な満足について考えている」。その二つの関係の仕方は区別されているが，エゴイズムと対象リビドーは，「リビドー的な対象における満足が自我の要求に属する限りにおいて」，まったく共同しているといえる。愛はエゴイズムの愛の要求を満足させる，ということができ，自我は，自我のリビドーが他者に向かっているとき，いかなるものも許さない。「エゴイズムはこのようなすべての関係において独立したものであり，定数であり，ナルシズムは変化する要素である」。別の箇所において「初めの現実‐自我」が設定され，それは，影響しうる外部と，克服しがたい内部の間の自己経験的区別の上に築かれ，快をすべての上に置く「純化された快‐自我」に変身する（『フロイト全集』X巻，228頁）。エゴイズムとナルシズムの区分において，私たちは古くからある快と利益の対概念を見出す。しかしその2つは，もはや一つの一般的な，一つの良きものの中に集約され，自己を，自身を超えて導くような目的に向かって統合されることはない。重要な点はむしろ，快楽に満ちた自己充足と葛藤する自己保存である。フロイトが推測するのは，この自己保存の努力と性的衝動が神経症における分岐に導くのではないか，ということである。この神経症が人間に動物に対する特権を与え，「神経症になりうる能力は，人間のその他の天賦の裏面のようである」（『フロイト全集』XI巻，429頁）。エゴイズム的に弱められたナルシズムが意味するのは，自我は自己愛によって形成されるのではなく，初めて愛した相手の優先を享受しているに過ぎず，その限りにおいて，自己‐性愛があらゆる性愛の核を形成している（同上，431頁参照）。しかし，すべてに自己保存と自己満足を探し求める自我がこの衝動の生起を制御し，影響を与えることができないとしたら，一体，そのような自我は，どのような自我であるといえるのだろうか。これは最終的に，エゴなしのエゴイズムなのではないだろうか？『自我とエス』という作品において，自我にその多様な依存性が帰せられ，前線〔における抗争の中〕の控えめな位置が与えられているが，そこでは，ナルシズムの修正も行われている。「初めにはすべてのリビドーがエスの中に堆積する。その間，自我はまだ形成されている最中であるか，あるいは，弱い存在である。エスがリビドーの一部分を，性的

7．他者の中に自己を求めるナルチス

な対象の占有に送り込み，強められた自我がこの対象リビドーを征服しようとし，愛の対象としてエスに自分を押し付けようと試みる。自我のナルシズムはそのように，二次的な，対象から逸脱したものである」(『フロイト全集』Ⅷ巻，275頁)。

自我が自分自身を他者のうちに求めるという曲がりくねったこの道は，快が自我や自己の理論に合った糸口を果たして提供しているのかどうか，という疑問を呼び起こす。ナルチスは二重の蒸発，すなわち，自己自身の蒸発と他者の蒸発とに苦しめられている。

第一の自己の蒸発においては内的な自己限定が問題になっている。初めのエゴイズムとナルシズムとの，そして，功利的観点と快楽主義的観点との相互補完性は，さまざまな理由によって納得できるものではない。自我衝動の圧迫のもとで自己保存に励むといった「現実-自我」は，奇妙な構成物であり，自身の構成的性格を拒んでいる。自我，あるいは自己は，一次的な現実性として前提されているが，それは，その現実性としては，一つの葦が話し始めようとしているかのような自我の性格を身につけることができないでいる。自己性愛あるいは自己愛の中に欲求を，自己自身のもとで，自己自身を通して満足させる「快-自我」による純粋な補完は，似たような困惑に陥る。というのも，純粋な「リビドーの分配」は自己を考慮できても，構成することはできないからである。それを度外視しても，ここで現実性と快楽の二重性を闘争から導き出す可能性が失われてしまう。というのは，外的な現実性からのように，自分自身の衝動から逃れられない自我は，そこで現実性の把握と快楽の要求をお互いに分離することができるようないかなる割れ目も見出さないからである。ナルシス的衝動の目的対象は選択として与えられておらず，この目的対象は，そこに固有な自我が現れることもあるような可能な衝動対象のみにしか関係しない。自我衝動という概念はそれ自体，二重の意味をもっている。この衝動は自我から出ているのかそれとも自我に向かっているのか？ いずれにしても，自我はすでに前提されているだろう。あるいは，両方とも同時にあてはまるのだろうか？ そうだとしたら自我は自身のうちで分割されていることになろうし，それ以上に，その分割の効果といったものとなろう。

事実，初めのエゴイズムと自我の関心は，後にさらに張りつめられたナルシズムによって吸収される。この奇妙な自我は，「自分自身の衝動を通

して能動的」であるということにおいて主導権を持ち，衝動の固有性に，コギトの場合の固有の身体に似た問題を私たちに課しているが，この自我は，世界とエスを媒介し，その衝動の力を，かの両性具有の自我衝動にではなく，エスに負っているような「境界存在」に転落させられる（『フロイト全集』XIII巻，286頁）。しかし，それ自身，二次的と位置づけられる「自我のナルシズム」は，必要に迫られて一次的な，先自我的ナルシズムに遡及的に指示される。この先自我的ナルシズムにおいて，神話的形象の自己愛や自己鏡像化は，残余することはない。もちろん，対象への関係がそれ自体すでに間接的な自己関係であるというのなら別ではあるが。実際のところ，「リビドーの大きな貯水槽」はさ迷っているといえ，あるときは自我（同上55, 55頁及び次頁）のなかにその居場所を見出し，またあるときはエス（同上258頁）のなかに，最後には，「それ以上に無関心な自我-エス」（『フロイト全集』XVII巻，72頁）のなかに見出している[44]。しかし，フロイトが出生以前の生までに遡って追跡しただけでなく，死の衝動と結び付けているこの無関心性は，情動的に占有されているいかなるものも，後に残すことはない。もっとも，無そのものとともに，パトスが無感覚の中に沈みこむというのならば別ではあるが。死の快楽自体でさえも，死ぬものと死んでゆくものを前提とするのであり，死んだものを前提にするのではない。それなしではナルシズムが文字どおり顔のないものになってしまうような自己の自己限定は，初めの，そして無関心の状態のなかに求められうるのではなく，自分自身を触発し，この自己触発の中で分割し，部分となる自己のなかにおいてのみ求められうる。それはつまり，自我が単なるエスの分与と見做されることはできず，自我とエスの審級はむしろ，自己差異化の産物として，すなわち，自己分割と自己配分の結果として理解される，ということを意味しよう。このプロセスは，まさに，この分割から，また分割において現れ出てくる自己の他，なにも前提することはない。これはすでに述べられた，自己がそこにおいて退去する自己-無意識〔Selbst-Unbewußten〕と一致することになろう。これは，そこにおいて自己関係と自己退去を分離することができない自己の身体性に相応する。

　あとに残るのは，外部の自己限定と他者関係の問いである。エスがその

---

44) これについては，注42で言及された付録を参照。

7. 他者の中に自己を求めるナルチス

リビドー的な使者を送るという確定は，神話的なものと境を接している。フロイト自身，退行や原初のものの再現を目指している衝動が，自分自身からはさらに発展することはない，ということは意識していた。そのために必要であるのは，「外的な，妨害する，道をそらせるような影響」(『フロイト全集』XIII 巻, 39頁）であり，それについては，繰り返し語られていた。根源的な生の方向の変更は強制されたものである——「必要に従わされ，自身の衝動に従うのではなく」。しかしそのような外部からの妨害は自我のリビドー的な優位を断絶することなく，まったく逆に，その妨害はこの優位を前提にする。ナルシズムが「一般的な，そしてそこから後に，対象への愛が形成される根源的な状態である（…）」(『フロイト全集』XI 巻, 431頁）という『精神分析入門』に見出される主張は，後にも，その核心において，保持されている。自我そのものが性的対象として現れるとき，それは「最も高貴な」対象として現れる（『フロイト全集』VIII 巻, 56頁）。ルソーの用語を用いれば，私たちは次のように表現できる。エゴイズム的な自分に対する愛（*amour proper*）は利他愛的な他者愛と取り替えることができるが，原エゴイズム的な自己愛（*amour de soi*）はそれができない。この意味で，わたしは他者において最終的に自分自身を求める。まさにそれゆえに，自己性愛はあらゆる性愛の核なのである。

しかし，それによって他者としての他者は蒸発してしまう。まだこれから説明されるべき超自我の役割は度外視するにしても，男性や女性の他者は多様な変容をもった性的な対象として現存していて，対象リビドーによって占有されているが，男性や女性の他者は，他者として分割の傾向，すなわち固有の自己と異他なる自己を分離しながらも，同時に，互いに関係づけている分割において立ち現れているのではない。他者が隣人として現れている1895年の初期の『構想』において，その事象は次のように描写されている。「隣人の複合性は二つの構成要素に分けられる。そのうち一方は恒常的な組成によって強い印象を与え，事物として集合して存続するのに対して，他方は記憶の作業を通して理解される，すなわち，固有の身（的物）体からの知らせに帰還されうる（『フロイト全集』補巻, 426頁及び次頁）。好意的なジュランベイユ（1990年, 227頁）のコメントもまた，疑念として表現しているのは，対象と事物の分離がラカンのそれに相応する区別と同じであるのではないかということである。他者の基本的な身分は

非-自我の身分であり，それに留まる。この非-自我に向かっている性的衝動を，人は非-自我-衝動と名づけることができよう。ナルチズム的に基礎づけられた他者は一方で世界的な対象の身分に関与していて，外界に属しているが，他方，それはわたしから借用された自我の身分を享受していて，他者はその身分をわたしの「対象占有」，ないし，さらに古い対象との同一性に負っている。対象の選択は二重の結果になりうる。というのも，人間は「二つの始原的性的対象をもっているからである。自分自身と世話をする女房である」(『フロイト全集』X巻，156頁)。この二番目の女房の場合も，やはり，わたしに関係していて，わたしの栄養摂取，わたしの世話，そしてわたしの保護に関係している。このように，他の性別の他者性は二つの衝動構造から獲得される。このことにおけるいくつかの事柄は，フッサールの『デカルト的省察』の第五章における他者の構成を思い起こさせ，人はほとんど，超越論的なナルシズムについて語る傾向をもつことになるかもしれない[45]。――フッサールにおいてはただ，異他性が到達不可能性として亀裂を見せていて，この到達不可能性は，すべての構成の試みにもかかわらず，世界的な対象と固有の自我からの二重の演繹からは免れている。糸口としての快楽，したがって，その本質からして私にとって願望可能なものでありうる願望できうることに留まると，そのとき失われる可能性は，ナルシスが他者を求め始める前に，他者を自分自身にいるのがわかることであり，他者が「移植」と「侵入」の形式において生き生きと，ナルチスの中に現存することである(ラプランシュ，1996年，109頁から113頁) 反対にその可能性を認可する場合，他者は分身の身分を獲得するが，その声と視線は――偏執狂の被視妄想とは違って――自己観察の上に形成されるのではない。この分身ということの不気味さは，もはや異他的な自我が友好的な形態において，あるいは，「驚愕の像」として固有な自我の個所に現れるということに限定されない(『フロイト全集』XII巻，246頁

---

[45] このことは，もはや外的な比較を超えている。両者の場合において，他者の実在性への問いではなく，他者の超越論的ないしナルシズム的「構成」への，第一の場合には有意味であり，第二の場合には快の誘引や妨げであるような構成への問いが立てられる。もちろん，原初的なナルシズムは，個人的ないし集合的になされる二次的なナルシズムの反応形式と混同されるべきではない。このことは，フッサールの自我論が実践的に関心づけられたエゴイズムと同一視されるべきではないのと同じである。しかし，やはり，遡及的投影は，それによって排除されているわけではない。

から248頁）。病因的な分割や分散や二重化のプロセス，そして投影と内観もまた，他者経験がナルチスの自分自身への回り道以上のものを意味するとき，他の光のなかで照らされることになる。

8．超-自我の他なる声

外部世界とエスと並んでフロイトは超自我を，自我を使用し，その扱いにくい身分を脅かす第三の支配的審級として観察している。ここでは私たちは，そこにおいてもはやナルチスが彼の願望の充足を見出す，愛の対象としての他者と出会うわけではなく，相続された社会的秩序を代理表象する他なる監視の目と他なる禁止の声という特質における他者と出会うのである。このことから，結果として生じるのは，訴えと法の声，そして第三者の審級との関係であり，これらの共同の働きについて，私たちは，Ⅲの5から7，そしてⅥの5において研究した。このことが該当するのは，秩序の境界を越境するときその働きを発揮する異他性の法外な形態でもある。精神分析の視点がこの問題系について本質的なことを言いうるということは明白である。多くの部分でニーチェの道徳の系譜学を思い起こさせるフロイト的な道徳批判の長所の本質は，道徳的，宗教的，社会的な秩序の妥当性に関する問いが，徹底して，その由来，その作用の力，その破壊力についての問いに結び付けられていることにある。なぜ私たちは道徳的であり，そうあらねばならないのか，と言う問いそれ自体が，道徳的に答えられるのではなく，疎外化する臨床的な視線にさらされている[46]。同時に決定的な役割を演ずるのは，道徳的な秩序の具現化である。このすべてにおいてフロイトは一次的な願望への方向づけを確かに保持する。しかし，願望はもはや外部世界の厳しい現実の前で挫折することだけではなく，超自我とともにエスの「他の外部世界」がその支配領域を拡大する（『フロイト全集』XIII 巻，285頁）。自分固有の家屋のなかの異他性が増殖し，これ

---

[46] ニーチェの場合にもフロイトの場合にも，道徳の系譜学は，道徳の創設を，単に道徳が道徳以外の起源に由来するとすることから分別する細い尾根の上を進んでいる。両者の道徳批判者にとって，特別な道徳的残忍性があることは，残忍性の何が道徳的であり，それゆえ人間的でもあるのかという問いに答えることから，私たちを解放することはない。

により，機能不全は一つの新しい社会的性質に達するのである。原初的なナルシズムは取り下げられるのでも復旧されるのでもなく，消せない火のようにくすぶり続ける。快楽の糸口をしっかり持ち続けることにより，道徳秩序は新しい光の中にもたらされるが，それでも，他に期待できないように，重要なことはここでも，暗闇にとどまり続ける。

　超-自我は，そのなかで，よく知られた動機の軌条の諸系列とともに走行する複雑な審級を言い表している。それが始まるのは，夢の検閲からであり，この検閲は，無意識的なものの境閾を監視し，ふとどきな願望は寄せ付けず，諸願望を作り変え，変装された形でしか通過させない。この力動的な機能はタブーのなかで存続し続ける。聖なる畏怖は，接触禁止，呼称禁止，食事禁止，近親相姦禁止などのタブーにおいて表現され，はっきりとした輪郭をもった儀式と象徴を必要とし，それに対する不服従は，自らに復讐することに等しい。それは私たちを，支配者，敵，死者など畏怖を要求する形象として傑出させる古代の人類の歴史段階へと遡らせる。フロイトにとって決定的なことは，このタブーがあらゆる理由付けをなしで済ましていることである。それらは，そこに居合わせる者にとっては当然のことであり，しかも，外部の観察者にとって不可解なことである。フロイトはそこに良心と罪の意識の先形式を見ている。良心とは，すなわち，「私たちの内に存続する特定の願望の動を拒否する内的知覚」であり，罪の意識とは，「そのような行為の内的拒否の知覚」である。双方，その正当性の証明なしに，直接的な勘という媒体の中で遂行される（『フロイト全集』IX巻，85頁）。今やフロイトが出発点とする仮定は，その禁止の背後，すなわち，タブーの背後と同様，道徳的禁止の背後に，それに対応する情動が潜んでいるという仮定である。なぜなら。「誰もそれを行うことを欲さないことを，人は禁止する必要もない」からである（同上，87頁）。殺人の欲望がなければ，殺人の禁止はただ，無駄なだけである。通常，誰もそのような殺人の刺激を自分の内に見出さないので，ここに抑圧が見られるのである。同時に立ち現れる良心の不安は同じ方向を示し，タブーに病因学的な性格を付与する。

　フロイトが彼の著作『自我とエス』において力強く踏み出している次の一歩は，彼を超-自我の仮説に導いている。この用語の新たな刻印は，慣れ親しんだ，良心，権威，伝統などの用語を二つ目のトポス論から新しく

8. 超-自我の他なる声

規定しようとする努力から説明される。超-自我の成立は，私たちを個人的であると同時に集団的な前時代に置き換える。それは一人一人に刻印される家族構成に遡及し，それを超えて，この構造に沈澱している系統発生的な先歴史を遡及的に指示している。この自我の「形成の歴史」から次のような幾つかの重要な観点が選び出されるべきである。自己保存の努力が関わっている幼児の困窮性〔助けなさ〕は度外視して，フロイトはエディプスコンプレックスの基礎事実を浮き彫りにする[47]。

　エディプス関係の「三角構図」とともに（『フロイト全集』XIII 巻，259頁以降），願望と願望対象の二項関係に割り込む第三者の位置が立ち現れる。子供の「初めての愛の対象」としての母に対する関係に内在する願望は，障害にぶつかる。ここで問題になっているのは，現実性の変化の中で，非常の場合は，自らの適応によって克服されうるような外的な障害ではなく，父の禁止という内的障害であり，まず去勢の脅威と同時に現れる近親相姦の禁止である。この葛藤から生じる超-自我は自我に対して「内的世界の弁護士，エスの弁護士」として対置する（同上，264頁）。その際，ここで問題となっているのは，願望の身分であり，許されないこと，できないことである。エディプスコンプレックスは，敵対的な感情を伴う父との同一化と，親密な，しかし性的な接近を諦めた母への愛によって克服される。この配属関係は，父への親密な態度，母への敵対心といった場合の，肯定的なエディプスコンプレックスが否定的なそれによって補完されることで，複雑化する。ここから結果するのは，元社会的な諸感情の根底的な両義性と両性性であり，この両性性は，特定の条件下ではホモセクシュアルの傾向を持つ。この事象がさらに複雑になるのは，エディプスやエレクトラの状況における幼児に，原初的な母との結束を父との結びつきにとりかえるという要求をすることを通してである[48]。私たちにとって重要なの

---

47) いつもと同じようにここでも「生物学的要因」へと関係づけられるが（『フロイト全集』XIII 巻，263頁参照），わたしはそれに注意を払わないでおく。「生物学的要因」を人間学的著作に統合すること，また，それによって可能になる統合の解体は，プレスナー，メルロ＝ポンティ，カストリアーディスのような著者のもとで考え抜かれている。これについては，シェップ，1982年，第 III 章，5 を参照。

48) 『フロイト全集』XI 巻，126頁及び次頁を参照。「妻性（Weiblichkeit）」（33講義の表題）といった表現が，多くの疑問符をもって見られるのは，正当なことである。しかし，忘れられてならないのは，フロイトが，性の役割や発生に関して，一般的に人間的なものや動物的なものを超えて，問題設定の敷居を踏み越えていった第一人者であったことである。

は，第一に禁止審級との同一化である。『自我とエス』という著作には次のような記述がある。「エディプスコンプレックスの抑圧は明らかに簡単な課題ではなかった。両親が，とりわけ父親がエディプス願望の実現の障害として認識されることから，幼児的自我は，この抑圧の働きに対して，自分自身のうちに同じ障害を作り上げることにより，自らを強める。その際，幼児的自我は父の力を借り，この借用は非常に深刻な結果をもたらす行為である」（同上，263頁）。この抑圧としての内面化のプロセスの性格は否定的に妨害したり，生産的に促進する諸力の言語を要求する。

単なる借用が問題である，ということは，他なる諸力が働いていて，そこに留まっている，ということを意味している[49]。同一化から生じる超-自我は上位に置かれた審級として確立する。この超-自我〔Über-Ich〕に付与されたÜber〔超〕は，理想的—自我または自我理想——後のラカンと違いフロイトは双方〔超-我と理想的-自我〕を正確に区別していないが[50]——の形成によって，第二のニュアンスを獲得する。理想，すなわち，18世紀に人間の完成の担い手となり，古いプラトン的な追憶を呼び起こし，フロイトがいまだ超人に付与されていると認めるこの理想のうちに（同上，44頁参照），自我は自分自身を超えて成長していく。しかしこの理想形成は衝動抑圧に結びついていて，それにより願望敵対的な性格を含んでいる。これが妥当するのは，その対象を拡大したり高めたりする理想化だけでなく，一つの別の，性的なものから離れた目的を求める昇華である。同一化とは，要するに，エスによって諦められた対象が生きのびるような仕方とあり方であり，それによって「自我の性格は，対象の選択の歴史を内に含んだ，諦められた対象占有の沈澱である」（同上，257頁）。このように説明されるのが，超-自我は，両親から教育者，教師，理想人物へと移りゆ

---

[49] ファビオ・キアラメーリは，原抑圧の一面性を正当に批判している。その一面性は，「欲望の独我論」と結びつき，それによって，心とって外的現実性が出来上がることができる以前に，外から心に侵入しようとするのである。「原抑圧は，個人の心が共通世界の公共空間に通じることを，それによって，快感原理の妨げられることのない領域の中断への通路を際立たせる」（2000年，133頁，140頁及び次頁も参照）。これに対応するのが，すでに述べられた自己に固有なものと異他的なるものの等根源性や交錯である。社会的秩序の創設や個人の心へのその移植に関しては，この著者は，コルネリウス・カストリアーディスのもとでの精神分析と社会理論の絡み合いに依拠している。私たちがみたように，この絡み合いも問題を逃れているわけではない。

[50] 『エクリ』におけるラガシュへのコメントを参照

8. 超-自我の他なる声

き，常に非個人的な伝統と運命の中に自らを沈積するということであり，これはフッサールが意味の堆積を性格づけるかの沈澱と比較できるのである。このように生じるのが，道徳的検閲としての良心であり，それは，同じ自我理想との同一化を通して，一つの社会的性格を得る（同上，265頁）。にもかかわらず，この理想形成と禁止の諸秩序をナルチス的な始まりに結びつけている糸は切れない。自我が自我理想の中に投影しているのは，「彼本来の理想がそこにあった子供時代の失われたナルシズムの代償である」（『フロイト全集』X巻，161頁）。自我理想は最終的に理想-自我の願望に帰還する。

事例の厳しい吟味はここでも，正常性の歪曲された像として現れる精神病理学的な現象を提供する。とりわけ病因学的な道徳の性格を明るい光のなかに照らす現象があり，それはすなわち病的な罪悪感である。正常とみなされる罪悪感は，自我と超-自我もしくは自我理想との緊張に基づき，それに相応する自我の有罪判決において批判的な審級を通して表現される。批判的審級が同一化の途上にあって内面化される限りにおいて，その有罪判決は自己の有罪判決と同じである。自我はしかし，それが同一化されるものであるのではない。自我は非道徳的なエスに拘束されている。別の表現をすると，人間とは多かれ少なかれ道徳化された存在であるが，道徳的存在（カントにとって神聖なもののみそうであるように）ではない。ここには，裂け目が口を開けており，それは，人工的にのみ閉じられる，すなわち，道徳が超道徳に増強してしまうことにより，病的な懲罰必要性が創出されるなかで，病因的傾向そのものを担うことになってしまう。「エスはまったく無道徳的である。自我は，道徳的であるように努力している。超-自我は，超道徳的でありえ，それでエスのみそうあることができるように残忍になりうる」（『フロイト全集』XIII巻，284頁）。それによって，道徳に関する苦悩は，道徳によって病気にまで増強する。フロイトは超-自我の過酷性，厳格性，残忍性を真っ黒な色で描いている。メランコリーを患う人において自己非難は自己破壊と自己消去まで上昇する。なぜなら，ここにおいて怒りが妥当する失われた対象は，同一化を通して自我のなかで受けとられるからであり，その破壊的な力において超-自我は「死の衝動の純粋培養」となるからである（同上，283頁）。ヒステリー患者は超-自我の苦をもたらす非難から抑圧によって逃れるが，他方，強迫神経症患

者は，攻撃をひとつの代理対象にぶちまけることによって，自らを救う。すべての場合において，抑圧された葛藤が加工されないまま再活性化することによって，自我と超-自我の間の緊張が緩まる。

　意味深いさらなる現象は，超-自我の作用の仕方より，むしろその作用の力に関わる現象である。問題となっているのは観察妄想であり，それは，とりわけ偏執狂において現れ，フロイトが彼の『ナルシズム入門』において病的な良心の傾向をそこに見ているものである（『フロイト全集』Ⅹ巻，162頁及び次頁，さらにⅩ巻，444頁，ⅩⅤ巻，7頁）。患者はすべての行動が観察され，監視され，批判され続けていると感じ，彼らは3人称で彼らに話している声を聞く（「また，彼女はそれを思った」「彼はいま行ってしまう」というように）。フロイトがそこに見るのは，そこにおいて両親が声によって影響を及ぼし，その結果，自己観察と自己監視が異他的なものとして外部に投影されているという状況への退行である。両親の本源的な声と可能な超-自我の声による参与に関連して，フロイト自身，超-自我の「聞かれたことから」の由来を指摘しているが，しかしそれは遠くまで及ぶ一貫性には導かない。超-自我の内容は，彼が前意識に保持していた聴覚に負っているものと，無意識的なものに属する占有エネルギーとに分解する（『フロイト全集』ⅩⅢ巻，282頁）。どのような方法で，聞かれた語りが聞き手に触発し，接触し，その結果その人の願望が「障害」に突き当たることになるのか，今や示されなければならないのではないだろうか。このような作用は単なる「内容」に起因するのでないのは確かだ。

　私たちの現象学と精神分析学の重ね合わせは，またしてもここにおいて意味深い交差点に到達する。わたしが結びつけるのは，まず父的な声として次第に大きくなり，良心の声と偏執狂の幻聴にまだ残響している声である。他なる声を聞き取るとは，単なる聴覚に，そして聞いたことの理解に尽きるわけではない。「聞くこと」には《～に向けて聞く〔Hören auf-〕》，最も厳しく，また理解できない禁止のなかにも現れるような要求を聞くことがある。禁止に妥当する側面においては，《だめと言うこと》〔Neinsagen〕は《だめを聞くこと》〔Neinhören〕に相応する。そうでなければ，禁止は単なる驚愕体験やショック体験と区別できないことだろう。その意味でわたし自身の分析においては要求の出来事と要求の内実の区別をし，法律にヤヌス的な2つの顔を与えた。法の声は制定法令と一致はし

8. 超-自我の他なる声

ない[51]。フロイトが正当にも強調するのは，禁止の仮借のなさと無根拠性であり，この禁止は，タブーのアウラによって取り巻かれており，遠くはなれた儀式や儀礼や慣例の匿名的な地帯にまで達している。にもかかわらずここですでに問題になっているのは，威信を展開し，純粋な暴力性を通して遂行するシンボル的な創設と整備である。

支配者と死者がタブーの関門の背後へと退くことが，彼方を構成し，不快の産出と罰による罰則だけでは説明ができない接触の境閾を作る。古代の禁止のなかにさえも，先応答〔Vorantwort〕を挑発する先要求〔Voranspruch〕が潜んでいて，それはフロイト自身利用しているリビドー的な先選択〔Vorwahl〕と比較でき，彼がその選択をそこに移している幼児の，そして人類の先時代（Vorzeit）に属する。この接頭語，先〔Vor〕は，何かがまだそこにない，ということを意味しているのではなく，そのようなものとして〔als solche〕その何であるか〔es, was es ist〕がまだない，ということのみを意味している。もしそうでなかったとしたら，事後性は線条的な時間理解によって均等化されてしまうことになろう。禁止は，フロイトが説得力のある理由で示しているような内的な諸前提をもっている。禁止自身，事実上それに相応する欲望を前提にしている。とはいえ，禁止に表現される要求は同じように，因果的に帰結する反応と混

---

[51] それに応じて，後期のラカンは，「小さな法（loi）」と「大きな法（Loi）」を区別している。前者は超-自我の規律から成り，それゆえ近親相姦の禁止のように，第一には禁止的，罪悪感を挿入するような性格をもっており，後者は他者の欲望を抑制する。社会的法文という意味での禁止は，わたしの可能性を制限する一方で，「大きな禁止」は私を不可能なものと対面させる。とりわけ『カントとサド』『ゼミナールⅦ，精神分析の倫理』を参照。これについては，ジュランベイユ，1990年，254頁から274頁，ならびにハンス＝ディーター・ゴンデク，ペーター・ヴィドマーによって編集された『精神分析と倫理。定言命法から欲望の法則へ』1994年，とくに118頁，153頁から158頁，224頁及び次頁を参照。しかし，問題になるのは，社会的想像やカストリアーディスの意味での制度化する社会をなおざりにしたときに，社会的秩序の領域はあまりにも強く，社会慣習的なものへと押しのけられてはいないかということである。規約的なもののなかで生じるかどうかという問いが生じる。ジュランベイユのような著者たちは，対応する分析を経験主義としてたやすく片付けるようになっている。そうなると，「言語という非経験的概念」が求められているかもしれないところで，「フロイトは，優れた経験主義者として，法の外的起源を証明した」ということになるのである（ジュランベイユ，1990年，259頁）。カストリアーディスのフロイト批判は，より決定的にニュアンス豊かなものである。彼は，制度を心の機能から導出する試みに抵抗しているが同時に，社会化は心理発生的次元をもっと強調している（1975年，417頁，独訳511頁及び次頁）。しかし，他者が「私的世界と公共世界との重なる部分」に配置されうるかは（同書，421頁，独訳517頁），疑わしいと言わねばならない。

同されるべきではない，応答を前提としている。フロイトが両親の子供への影響をひとつの文に要約するとき，すなわち，「この現実の不安は後の良心の不安の前駆症状である」（『フロイト全集』XV巻，68頁）というとき，彼は自然主義的な推論誤謬を犯している。なぜなら，現実の脅迫は何かが起きることを妨げ，それは禁止に強勢を与えはするが，禁止を発令することはできない。それは，何か行われるべきであるとか，してはいけないとか，ということに，決して，働きかけることはできない。この「～すべきである」〔Sollen〕と「～が許される」〔Dürfen〕は次のような警告を思い起こさせる。それは，「おまえは，そのように（父のように）あるべき〔sollst〕である」とそれと同時に起こる禁止である「そのように（父のように）あってはなら〔darfst〕ない」であり，フロイトはそこに，「自我理想の二重の顔」を見つめている（『フロイト全集』XIII巻，262頁及び次頁）。「エスであったものにわたしはなるべきである」というモットーになっている倫理的な推進力も，このようにしては，効を奏することはないだろう[52]。

　それ以上に問われねばならないのが，願望対象と禁止審級への分岐と母性的と父性的という両親の分類は初めから疑わしいのではないかということである。なぜなら，その役割分担が一つの特有な市民社会の家族構造を反映しているからだけでなく，それ自体において疑わしいからである。私たちの以前の考察が弁護しているのは，男女の欲望された他者は，ナルチス的な願望とその幻覚的表象に抵抗する要求を掲げることであり，しかもこの要求は，確かに，第三者の禁止と戒律において表明されはするものの，それらによって作り上げられるのではないのである。欲望の場所は，人が所有したり，断念できたりする現実の愛の対象で満たされることはなく，同じように，法の場所も，人が失脚させたり，殺したり，和解したりできるような現実の支配者によって占有されることはないといえよう。他者の

―――――――

52)　これについては，ラカンが周知の命題の強調点を変え，「べき」が強い重みをもつようにした。"Là où c'était […], c'est *mon devoir* que je vienne à être"〔「それがあったところで，私が存在しにやってくるのは私の義務である」〕（『エクリ』417頁以下）。あるいは"[…] là comme sujet *dois*-je advenir"〔「そこでは主体として，私は到来せねばならない」〕（同上，864頁，独訳『著作集Ⅱ』242頁）。多義的に〈ねばならない〉に対立して，"Là où fut ça, il me *faut* advenir"〔「それがあったところで到来せねばならない」〕（同上524頁，独訳50頁）。

8. 超-自我の他なる声

要求のなかにおいて第三者の共同要求が増大することもあり，その要求は積み重なり，紛争を引き起こすようになり，極端な欠陥の様式を許してしまい，たとえば，他者が完全に異なった他者に増強されたり，任意の他者に編入されてしまうことになったりしうる。性の差異の過度の形態化に関する疑問は疑問のままにとどまる。生物社会学的に前もって描かれた役割分担に訴えようとしても，それは，偶然的な性の秩序に屈服することになろう。その秩序において，さまざまに異なった優勢関係があったとしても，明確な階層性があるわけではないからである。フロイトが子供において認める両性性は部分的に積み重なり，部分的に抑圧する，変化を伴う諸秩序の方向を示している。

　これらすべてのことの背後には，私たちがすでにそれについて取り組んだ問いがある。快の糸口は，超-自我の声においてもはっきりしてくる異他的なるものの要求を正当とみなすために，十分であるといえるだろうか。非社会的な快-自我の社会性への道は，必要なものを供給する養育者と愛する人に対する，始まりの時期の依存を超え，自ら拡張し，父的権威との同一化を通り超えて，非人格なものにまで継続する。このようなあり方で，自身の願望に囚われた存在が社会性の道へと導かれる。それにもかかわらず，この同一化は自己同一化に留まっている。男性と女性の他者がその役割を果たすのは，彼や彼女が愛され憎まれる限りであり，彼女がその慈悲深さを示し，彼が近親相姦的願望や，対抗する願望や最後には，ありとあらゆる願望に対して障害を道に置く限りにおいてである。超-自我は，自我に道徳的な関門を設け，自我の理想形成に寄与することで，「エスの弁護士」として立ち現れる。ナルチスが他者のうちに最終的に自己の顔を見るように，彼は，反響として，第三者の声のうちに最終的に自らの声を聞く。「個々の魂の生活のなかでもっとも深いところに属するものは，理想形成により人間の魂の最も高いものとなる…」（『フロイト全集』XIII 巻，265頁）。多くの深淵が口を開ける，もっとも深いものと最も高いものとの結びつき，そして，残忍性と理想性との結びつきは，最終的に，異他的なもの〔Fremdes〕を避けがたい自己疎外〔Selbstfremdung〕として認可する願望の循環のなかに囚われ続ける。フロイトは，原抑圧によって始まる疎外〔Entfremdung〕の不可避性を固持するという点において，自分を彼の革命的な敵対者の戦いの目的とは区別している。とはいうものの異

他的なものとしての異他的なものが自己自身を示すのは，ただ，精神分析のなかに現れるものが別の読み方をされるとき，つまり，異他的なものに，ある真性の別の場所が容認されるときのみである[53]。

9．自己自身との抗争における生

この章の最後の考察は経験の総体的力動性に取り組む。地下から影響し，変転したあり方で表出する駆動する力，自我において繰り返し口にのぼろうとする言葉を先回りして言い，手綱を手から奪い取る力は，精神分析的な労苦の基調音を形成している。20年代にこの問題は独自の先鋭化をなし遂げる。綱領宣言的な著作『快楽原則の彼岸』は新しいテーマを呈示する。ナルチス的に囚われたアルカディア〔桃源郷〕に死が侵入する。《私もアルカディアにいる〔et ergo in arcadia〕》[*]。サド・マゾ的な快楽の構成要素が重みを持つ。これらすべては，生理学と化学の慣れ親しんだ像言語で充分でない限りにおいて，それに固有な像言語を用いる人類発生的な観点と結びついている（『フロイト全集』VIII巻，65頁）。フロイトは私たちの負担を軽くするように，この後期の衝動理論を半神話的な思弁として片付

---

53) 精神分析の側からとくに，私たちの側に近づいている読み方は，何回となく示唆されたように，ジャン・ラプランシェのもとでみられる。繰り返し襲ってくる「ナルシズム的再中心化」と「ナルシズム的再閉鎖」に直面して，彼は「コペルニクス的段階」を固持し，そこでは，「小さな乳幼児が他者を巡って生きており，自分が告げ知らせるものに関して受動的である」（『終わらないコペルニクス革命』1996年，32頁）。他者を際立たせる他者性は，無意識的なものの他者性と対応しており，すなわち，「内的異他性」が「外的異他性」と対応しているといえ（同上，XXXI頁，独訳32頁），その結果，プトレマイオス的な再中心化は，いつもすでに遅れてやってくるのである。「無意識的なものである他なるものは，その徹底的な他性において，他者を通じてのみその存続体をもつのである」（同書，25頁）。こうしたことは，その非対称性があらゆる自己固有の自発性に先行するような「原誘惑」に依拠している（同上，83頁）。無意識的なものというその特有の形式を示す誘惑は，私たちが5章で検討した，退去するものの魅惑と関連して考えることができる。他方，〈告知〉あるいは，シニフィアンの「語りかけの観点」（同上，164頁）は，私たちのもとではIIIで詳細に論じられたモチーフを取り上げている。具体的-身体的な（大きくも小さくもない）他者から始まる精神分析をめぐるラプランシュの苦労について，その事後的な示唆は，イリス・デルマンに負っている。

*) 「私もアルカディアにいる〔et ergo in arcadia〕」の「私」を「死」とする解釈があり，「アルカディアにも死がある」という意味に読み取れる。

9. 自己自身との抗争における生

けようとする。そのように彼は注意深くそれを紹介するのだが，彼が使っている生物学的な類比は，科学主義的ユートピアのはっきりした傾向を現している。にもかかわらずフロイトは私たちの負担を大きくもして，哲学的議事日程の運びへの移行を難しくする。というのも，彼をこの思弁にせきたてている諸現象は，たとえ単純化された，そして歪曲された観点が忍び込んでいるにせよ，作り事ではないからである。この章の締めくくりとしての現象学と精神分析学の突合せは，私たちが5章の終わりに投げかけた問い，すなわちあらゆる秩序のカオス的な背景と根底を巡っている，異他性の閾下における諸形式を浮かび上げさせる問いの近くに私たちを導く。

フロイトにおいてもカオスは欠落していない。エス，かの魂の特別な自我の異他性によって際立っている僻地は，「興奮に沸騰する釜」[54]にたとえられる。

私たちがここで関係しているのは，「私たちの人格性の暗い近づきえない部分」である（『フロイト全集』XV 巻，79頁及び次頁）。よく引用される「エスがあったところに，自我が生成しなければならない」という文は，ラカン的な脚色なしでも，自我の強調と領土獲得の要求と読むことができる。しかしこの干拓作業は死霊との戦いのようなところがある。

この戦いは，死の衝動と生の衝動のなかでの自我衝動と性衝動の再解釈を通して，新しい次元を獲得する。衝動はフロイトにおいて従来から保守的なものであり，初期状態を復元することをその目的とする。衝動が無時間的とされるのは，衝動充足がそれ自体猶予を許容せず，本能の生が決して自身を超え行くことがなく，あるいは自身の背後に引きこもることもないからである。衝動は言うなれば，つねに自身に戻っているといえるが，この言い方でさえ，言いすぎであるのは，衝動は，根本において自分自身を離れたことがないからである。これは死の衝動において顕著である。「すべての生の目的は死である」そして逆に向けていうならば，「生の無いことは生よりより以前であった」（『フロイト全集』XIII 巻，40頁）。このテーゼの説明は，フロイトがその立場をとる，エネルギー論的‐快楽主義

---

54) ファビオ・キアラメーリは，欲望の騒がしいマグマ的で連合的な構造を適切にも，カオスの「居心地悪さ」と性格づけている（2000年，89頁，141頁）。人間は主人でないだけではなく，自分の家にいる客であり，さらには申し出ていない客である。まさにそこから欲望が生じるのであって，オイケイオン〔οἰκεῖον〕という固有の家において生じるのではない。

的な生の理解を提供する。プラトンとアリストテレスが生動性を，それ自身その目的に向かって動くという本質に帰属させる一方，フロイトがその本質が生き生きとしていると観察するのは，それが快楽充足から出て，自分自身をそれ自体において，そしてそれ自身のなかに探すような本質である。興奮の差異の緊張は自己充足のうちに解体され，その結果，生き物は死と類似した静止状態に戻る。いまやエロスと名づけられた生の衝動は，衝動がそれを目指すことで，それに対抗して働くことになる，すなわち，愛の対象との融合を通して生を生み出し，次々に渡していくことが，自己固有の体験の犠牲の上で生じるのである。つまり，個体は性的充足とともに同じように緊張のない，そして死に似た静止状態に戻るので，ここにおいても死の衝動が優位を獲得する。プラトンは，初期状態の復元の欲求を証明するために証人として呼ばれている。しかし，これが意味するのは，失われた，両性具有的な一つの全体を呼び起こすアリストファーネスの神話だけが『饗宴』から引用されていて，エロスが自己自身を超えて希求し，単に子孫と仕事だけを残すのではないディオティマの説話は無視されている。

　全体的に見て，奇妙な像が生じてくることになり，衝動がそこに向かうそのものの本質が，「生の発生を通して妨害された状態の復元」（『フロイト全集』XIII 巻，269頁）にあるということなのである。生の発生と再生そのものが，障害として表れ，生の衝動が「平和を乱す者」として導入され（同上，69頁），エロスも同様に，「平和を乱す者」として振舞う（同上，289頁）。外的な，妨害し，偏向させるような影響なしでは，生のさらなる発展はありえないことになろう。その発展は生に回り道を強いるが，これは「死への回り道」（同上，41頁）であり，それに留まる。なぜ死ではなく生を好むかという問いは，事実をもって答えられている。この解決を幸福なものとさえ呼ぶことができないのは，幸福とは，生が静止する場合だからである。

　この生の鎮魂歌を黒いファンタジーと虚無主義的な生の態度に帰せようとする人は，フロイトからその誤りを正されることになる。フロイトが示そうと試みるのは，対象リビドーと自我リビドーの対立がそこで再生産されている，生の衝動と死の衝動の極性が，愛（優しさ）−憎悪（攻撃）の極性と結ばれているかどうか，またどのように結ばれているかである（同

9. 自己自身との抗争における生

上，57頁）。この2つ目の極の対は新しいものを提示するわけではない。すでに『衝動と衝動の運命』の研究において，愛と無関心の極性を可能にする自我—外界の対立が，愛—憎悪の対立によって補完されており，この対立は，愛の対象の引力と反発の交互作用において表現されている。快楽充足の道を邪魔する対象は，初めから，異他的なものと憎まれたものであり，それは無関心においてその先行形態のみをもつ。憎悪は，すべて他なる，妨害する外部のものに対して向けられていて，そこからナルチス的な快楽充足の機能不全が始まり，したがって，憎悪は，衝動の断念を要求する愛の対象に対しても向けられている。この意味で憎悪は愛より古く，憎悪は，ある部分は愛の同伴者であり，ある部分は，先行するものとして，愛から憎悪への，また，憎悪から愛への交互的変身において立ち現れる。そしてサディズムもまた，性的な関係にあって，先行するものとその構成要素として，この連関に属している（『フロイト全集』X巻，229頁から232頁，またXIII巻，271頁参照）。新しいことは唯一，サディズムとその対をなしているマゾヒズムが死の衝動から理解され，この死の衝動が生を保持しているエロスとは反対に，衝動対象の侵害を目標とし，そのことから，破壊衝動とも規定されるのである。

　この新しい解釈は最終的に，反復強制の観察に依拠しており，この強制は，いかなる快楽充足も内包せず，また内包したことがない，そのような諸体験に連れ戻す。快楽原理は外部から，現実性原理を通してのみでなく，同時に内部から，「非快楽原理」を通して問題にされるであろう。この否定的に響く用語は，『夢判断』において使用されるが，後に消えていく。死は力であり，死の衝動は否定的な量であり，純粋な生の剝奪でない。フロイトはこの反復強制を，再度，臨床的観察と治療において発見している。それは神経症患者においてであり，その患者は，強制的に，子供時代の失望体験に立ち返り，転移の中で，ありとあらゆる抵抗の徴候にもかかわらず，この体験が新たに活性化されるのである。この反復強制は，失望した人生の段階を反復する中で，運命の強制にまで強められることがありうる。事故神経症患者にあっては，トラウマ的な出来事に拘束され続けるのである。そのようなトラウマ，また，夢のなかで反復する子供時代の昔のトラウマは，いずれの場合も夢の願望充足原理を破ることになる。フロイトは最後に子供の遊びにおいて反復強制を指摘し，1歳半の子供が母の立ち去

りと帰宅を真似る《なくなる／ある-遊び〔Fort/Da-Spiel〕》の観察を通して，それを描き出している。この「快楽原理の彼岸」は，このテーマに捧げられた研究において，通常の経験領野に関係づけられ，死の衝動の仮説はまさにそこから決定的な動機の力を受け取っている。

　このように注意深く解明された発見の意義を否認しようとするのは不遜であるかもしれないが，そこから得られる大胆な理論的な推定はその確実性を検証されるべきである。もう一度，新しい基礎的な生と死の衝動の極性から始めよう。フロイト自身，彼の出発点を二元的と特徴づけている。しかしこれは条件つきでのみ当てはまることができる。諸衝動の間の戦いは闘技場を必要とし，それは「生自体」である（『フロイト全集』XIII 巻，269頁）。生に向けられた性的な「平和を乱すもの」を通して妨害されるものは，また同様に，「生自体」であるだろう。妨害は，自己妨害として自らを露呈し，その妨害が導くのは，生それ自身が自分との闘争に踏み込み，単に快楽を求めるのではないということである——しかし，とはいっても，いったい，何を求めるのだろうか，不快を求めるのだろうか。生が自分自身を妨害する，自分自身に抵抗するとは，いったい，何を意味しうるのだろうか。それが意味するのは，ただ，生自体が自分自身において一つではなく，異他的なものによって襲われていること，妨害において明るみに出る異他的なものから襲われていることであり，しかも，それは，妨害する何かとして，異他的なもの，敵対的なもの，憎悪されるもの，また破壊すべきものとして立ち現れる以前において，そうあることなのである。そのような自分自身との抗争に陥るような生の目的は，死そのものではありえない。なぜなら，自分自身を破壊するような生はいかなる目的も持っていないからである。エスについて言えることは，「エスは，何を欲するのかは言えない」（同上，289頁）ということであり，これがそうあるのは，まさに，私は，私に遭遇するものを，能動的にそれに対して立場を決める前に，受動的に体験しているからである（同上，21頁参照）。そのとき，反復は反復しえないものの反復を意味する。なぜなら，絶えず，事後的にのみ，実効性のあるもの，反復不可能なもの，同一のものとしてあるもの，したがって非同一なものとしてもあるものが繰り返すからである。反復強制が生じるのは，反復しえないものが誰かにとって，何か反復しえるものへと変化するときであり，恐怖症患者が不安対象に，フェティッシュな人

9. 自己自身との抗争における生

〔対物性色欲異常者〕がフェティッシュの対象にしがみつくようになるときとなろう。生の「躊躇のリズム」(同上, 43頁) とは, そのとき, 遅延する生の行程そのものであるだろう。自分自身に支えを求めるあらゆる自己保存は, 原喪失を埋め合わせようとする反作用として理解するべきであろう。引力と反発, 愛と憎悪, 優しさと攻撃が同様に, 別の光の中に現れるのは, それらが本当に, 解きほぐすことの困難なパトスと応答の複合体として理解されるときであり, その複合体において, 異他なるものと脅迫するものからの防御が決定的な役割を果たすのである。すでに自己保存は一つの「分解」の生産物であり, 同様に, 快として体験された自己触発であるといえよう。

最後に, 死もさらなる背景と関係づけられるだろう。死は, 睡眠とともに, 確かに力の衰弱, 差異の消滅と関係があるが, それ以上であろう, すなわち, 不在の経験であり, 立ち去りと再来の経験であり, あるいは, 去ったままであることの経験であり, それらは, 子供の《なくなる／あるー遊び》においてはっきりと目前に現れ, すべての別れ, 離別経験において, したがって, 葬儀において重要となっているものである[55]。「現実の死」に関わること, つまり日付が決められる, 世界のなかに《もはや存在しないこと》に関して言うならば, この規定がすでに属しているのは, 死が根源的な仕方で突き破っているような秩序へ再び入り込んでいることである。

---

55) フロイトが後期の著作『快楽原理の彼岸』の死の思弁に引き入れた「なくなる／ある」の遊戯は, 後世の読者を安穏のままにしておくことなく, 注釈の連鎖は, ラカンからバルトを経由して, デリダにまで及んでいる。欲望される他者の不在を練習することは, そうした人達のもとで, 特別な役割を果たしており, ラカンのローマ講演でもすでにそうである (『エクリ』319頁, 独訳165頁)。こうしたモチーフの影響力については, イリス・デルマン『死とイメージ』(1995年) の結びの章の像の分析を参照。

VIII

経験への技術の介入

　精神分析は，経験の奥底を開いて見せ，経験のさまざまな審級を互いに切り離し，またそのような仕方を通じて，経験する自己と経験される自己とを自ずから分割させ，それとともに，自己自身のうちに他者の痕跡を見出したのであった。そうすることにおいて，精神分析は，経験の現象学と親密な関係を保つことになり，精神分析によって発見されたもの及びその所見が端的に直観されたり，通常の仕方で理解されたり，自律した規定のもとに移されることがない場合でも，その親密な関係にとどまるのである。日常的かつノーマルな行動との絆が完全に断ち切られるとすれば，失策行為，身体上の徴候，迫害妄想は，不可解とさえいえないであろう。それらの行為や妄想は了解可能性とは何の関係もなくなり，それらがもつ人を不安にさせる効力も消失することになるだろう。無意識のものに関する精神分析は，このような切断を行うことなど決してないからこそ，精神分析は異他〔なるものの〕学〔Xenologie〕の一変種と見なされうるのであり，この異他学は，異他的なものの現象学と競合し，衝突もするが，ただちに矛盾しあうということはないのである。こうした理由から，これまでの章で行われた事象分析を現象学と精神分析の重なり合い，しかも〔現象学と精神分析の〕双方で影響関係を強めていく重なり合いのなかへ合流させる可能性が，成立するのである。

　現象学と技術論が，〔精神分析と〕類似の仕方で，お互いに関係づけられるかどうかは，疑わしい。無意識のものという「内なる外国」に対比可能な「合い言葉」を，技術というものは示しているのだろうか。これは，技術ということで何を理解するかに関わってくる。「経験する〔Erfahrungen machen〕というごく日常的な言い回しを，通常以上に文字通りに受け取ってみるならば，私たちがいろいろ体験する〔durchmachen〕経験に対して，私たちが作り上げる経験，もしくは作り上げられる経験というものが，際だってくるのである。ここではじめから暗示されている可能性は，技術が，強調された形での《遭遇する》ということも含めた私たちの日常的な経験を凌駕しているということである。経験を完璧に技術化してしまうならば，日常的な経験は消滅するだろう。あとに残るのは，有体的な〔leibhaftig〕経験の見せかけだけである。技術に関して悩むというのは，経験が最終的な抵抗をしているということであり，かつ同時に技術による自己克服の宣言でもある。それは最後の神たる，鎖から解き放たれたプロメテウスである。これは別段新しいものではないが，ただある種の神話の現実化が近づいていることを意味する。これによって私たちは，現在の論争的状況へ身を置くことになる。この論争は，つねに，ある静止した論点に通じることになり，そこでは，経験の技術化と，経験の道徳化，もしくは法制化がいかなる媒介も経ずに，ぶつかり合っている。妥協は，先行的に進化する生命工学といった形式において考えられ，そうした生命工学は，生命倫理学のうちにその代償を，また，生政治学〔Biopolitik〕にその執行機関を見出すのである。しかしながら，現象に関して根本から検証することもなしに，人間の価値と権利を防衛しようとするような，埋め合わせだけを目指す倫理学ならば，技術の優位について，技術そのものから問うてみることなどできないだろう。

　私たちが念頭に置いている，そしてこれまでは時折軽く触れられただけの，もう一つの選択肢，それは現象工学[1]という道を進むものであり，技術が経験に介入していくところではどこでも，現象工学の足跡〔が見出されること〕を期待することができる。こうした介入が意味しているのは，技術が経験に役立つということでも，技術が経験を追い越し，専門的システムを通して行為を制御するということでもない。以下の議論によってわかるように，また《中に-踏み込む〔Ein-schreiten〕》という語と同じように，身体に関係する，身体技術的に形態化されている原関係〔Urbezug〕を堅持している《介-入する〔Ein-greifen，中に入って-摑

---

1) この表現は，ガストン・バシュラールの認識論から援用している。ただし，その〔バシュラールの議論の〕目標設定を遵守し，それに制限するということはしない。

む］》は，ある中間野を構成している。干渉し合う諸々の出来事，それらの生成が短い間であろうと，あるいは長く続こうと，そうした出来事の野を構成しているのである。そのとき，何が介入するのかということと，どこに介入されるのかということの間の関係が問われることになる。こうした差異が消えてしまうと，介入が侵害〔Übergriff，不当な干渉〕へと変わるのであり，そうして，技術がはびこることになる。〔それによって〕示されるもの，しかじかに経験されるものが，作り出されるものと一致することになるだろう。こうした平均化が生じないとき，予想されうるのは，技術化の最中に非技術的なものという破損個所や空隙が口を開けるということである。ただしこの非技術的なものは，反技術と混同されてはいけない。〔こうした事態に〕相応する現象工学的な二重分析のための手がかりは，あの分割的な経験の亀裂のうちに探し求められる。経験の亀裂は，かわるがわる，有意味的，欲求的，規制的，代表象的，応答的な差異として特徴づけられてきたものであり，触発と応答という原分割においてその緊張力が最大に達するものである。ここで推測されうるのは，この亀裂地点においては経験の技術化が始まるだけでなく，そこから経験を汎技術的に圧倒してしまうことに対する抵抗が生じうるということである。技術の〔介入のための〕着手点を問うてみると，私たちは再び異他性によって浸透された経験の中心へと導かれる。私たちはそのような経験の中心を，パトスと分割という中心的なモチーフによって解明するように努めていく。最初から技術的介入を免れるような何かが存在しないとすれば，実利的に如何に有利であろうと，また，道徳的‐法的な異議申し立てをしたところで，時間をかけても，そのような〔技術的介入を免れるような〕ものを期待することはできないだろう。

　ここで私たちを待ち受けている多大な問い，すなわち，研究および発明のスピードが激しく加速することによってさらに増大する多大な問いが，私たちにとって取り扱いうるものになるのは，目標を定め厳格に〔問題の〕選択をする場合だけであることは，明らかである。精神分析の場合と同様に，私たちは，先になされた経験に関する分析のなかで獲得してきた主導的な視点に依拠する。まず第一に問題となるのは，現象学と技術論との重要な継ぎ目を際だたせることである[2]。その際，私たちが一般的なテクノロジーの立場を越えて，生命工学に特別な重要性を認めるのは，単に

アクチュアルな問題であるからという理由ではなく，生命工学が経験の根本に触れるものであるということを考慮してである。私たちがパトスと名づけるものは，ポイエーシス的あるいはオートポイエーシス的な視点のもとで考察されるとき，なお存在理由をもつのであろうか。パトスの技術について語ることは，意味があるのだろうか。技術論的ユートピア主義が，失望に対抗しうる《まだ-ない〔だけ〕》という言葉を最後の言葉として持ち続けるとき，分割の亀裂から，すなわち，先行性と事後性との交錯からいったい何が生成するというのだろうか。テクノロジーそのものが万能ではないことが示されえない限り，私たちが出来るすべてのことを，必ずしもするべきではないとするのは，徒な願いであるように見える。

1. テクノロジーのパラダイム，統合され，支配され，解き放たれた技術

経験がもつパトス論的，応答的，分割的側面を技術と関係づけようとするならば，私たちは，この場面でどのようなカテゴリーが適切であるのかを理解しなければならない。発生，作成，自己組織化という3つの基本カテゴリーは，それぞれに厳密な択一の関係を叙述するのではなく，補足しあい，重なり合い，混じり合うものである。〔歴史上〕多くのものが先だって登場し，他のものはそれに遅れて登場し，その結果，より先に存在していたものが変化して再び現れたり，あるいは，新しい文脈のなかで存続したりする。奴隷制度，魔女信仰，官職譲渡は，確かに，私たちの過去に属するのだが，それでも，私たちは今でも，フォークとナイフを使って食事をとり，電気のこぎり，自転車，鉛筆などを，より洗練された技術的可能性を携えているにもかかわらず，用いているのも事実である。技術の使用そのものは，私たちがロボットやバイオニック的存在〔サイボーグ〕にでもならない限り，技術的であることはない。しかし，技術史のなかに書き加えられ，技術の構想だけでなく，技術の形式についても，それらを複数

---

2) この問題系の一般的な背景に関して，私は別の箇所で議論を展開した。私が指示するのは，『他者の棘』（1990年）第9章，『正常化の境』（1998年）第2章と第9章，『意味の敷居』（1999年）第4章である。

1. テクノロジーのパラダイム，統合され，支配され，解き放たれた技術　　407

	秩序形式	基本操作	原型（プロトタイプ）
古典的パラダイム	技術の自然への合併	自分で使うための制作	道具（直接的，間接的運動体）
近代的パラダイム	技術による自然の支配	他なる諸力の利用	自動機械
超近代的パラダイム	疑似自然としての技術の解放	自己調整	自動機械
		自己組織化	システム／環境

図10　技術のパラダイム

化するという結果をもたらすさまざまな配置状況〔Konstellation〕が生じてくる。最終的に否定できないのは，技術の哲学（神学も）が，将来に関するヴィジョンを与えているにもかかわらず，例外なく技術の発展に遅れを取っていることである。哲学にとって脅威的になっている状況は，技術-論〔Techno-logie〕としての技術が，それ固有のロゴスを誇示し，多様に，技術万能主義的欲求をもって主導権を取ってからである。

　以下において私は，技術に関する3つの巨視的なパラダイムから考察を始める。それらのパラダイムは，生の実践に対してそれぞれが異なる関係をもっていることによって際立っており，さまざまに異なった自然理解に依拠している。これまでの章と同様に，私は理念類型に対応する方向づけを素描することで満足する。というのも，事象的解明を歴史的詳述によって覆い尽くしてしまうことがないようにするためである。(図10を参照)。

　第一のものは，古典的パラダイムと名づけられる。それが，的確に強い影響力をもってはっきりと示されるのは，アリストテレスにおいてである。このパラダイムでは，技術はポイエーシスから理解され，他の目的を達成するのに役立つことが自己の目的であるような何かを作り上げる際の熟練が，技術である。原型〔プロトタイプ〕となる技術的装置は，道具，徹底的に機能的な造形物を意味するオルガノン〔器官〕である。テクネー〔技術〕の領域に所属するのは，作用因と目的因を自らの外にもつものすべてである。したがって，自ら動くことなしに，動かされるものがテクネーに属するのである。テクネーは目的に至るための行程や手段に関係するが，目的を規定することや目的を措定することそのものとは関わりがない。このような仲介のプロセスが，何ごとかが達成されようとし，実現される場面で，つまり，組み立てたり，話したり，コミュニケーションしたり，計算測量したり，絵画制作や音楽を作り出すような場合に立ち現れる限りで，

テクネーという領域は道具〔Werkzeug〕という狭い範囲を超え出て，その結果，私たちが測量器や楽器〔Instrument〕という言い方をするのも，ほとんど自明のこととなる。このとき決定的なのは，ポイエーシス〔製作〕をプラクシス〔実践〕に従属させて捉えることであり，この場合のプラクシスとは，当該の目的を自らのうちに担っている真正な行い〔Eupraxie〕を意味し，〔目的の〕達成あるいは実行の際に，それにふさわしい手段および行程を用いるものである。たしかに行為は，それが象徴的かつ制度的に形態化されてきたことに基づいて言えば，完全に人為性という契機を有している。しかしながら，生の全体のなかへ行為が組み込まれ，あらかじめ与えられている目的に行為の照準が根本的に合わせられることによって，行為は，一般的な目的へ向かって進んでいくピュシス〔自然〕に関与するのである。ピュシスとは，それ自身から動くもの，自分自身の目的に向けて展開し，私たちとは無関係に生成し消滅していくものすべてを，包括するのである。それは，作り出すことのできない《何かに向けて〔Woraufhin〕》とすべての産出の《どこから〔Woher〕》を形成している。

　テクネー〔技術〕とピュシス〔自然〕の調和は，目的の連鎖，ないしは目的の入れ子状態を辿ってみるとき，はっきり自覚される。製品の品質は，それを道具として使う際に発揮され，製品の使用は，行為という形で遂行され，生の全体へと組み込まれる。生の全体は，さらにピュシスという目的秩序，つまり語義から言えば成長と誕生を暗示するナトゥーラ〔natura〕という包括的な目的秩序に関係している。一切の人為的生産は，自然的発生というプロセスに結びつけられている。すべての人為的介入は，自然の全体によって包摂されている。他者の手によって作り出されたものは，ハイデガーの言葉で語れば，自ずから生じてくるものを指示しているのである。幸福な生とは，所有財産のようなものではなく，エネルゲイア，繰り広げられる活動のことであり（『ニコマコス倫理学』第9巻，9章1169b29以下を参照せよ），幸福な生を生きる生物は，なおのこと人工的な産出物ではなく，自然の産物である。〔しかしながら〕テクネーには，自然を仕上げるという簡単ではない課題が残っている。それは，自然を模倣し，自然を補い，自然が自らの目標に到達していない場合に手助けをすることによってである（『自然学』第2巻，8章199a15-17，『政治学』第7巻，

1. テクノロジーのパラダイム，統合され，支配され，解き放たれた技術

17章1337a1-3を参照せよ）。技芸，特に美的芸術とコスモス的自然との争いは，自然から糧を受け取るのであるが，それには限界がある。〔だが〕単なる〈生活手段を〉生の目的と取り違えてしまうような「目的秩序の倒錯」によって，この限界は踏み越えられてしまう。人間の思い上がりで，自然によって与えられた限界が踏み越えられてしまう。イカロスの墜落が示すように，自然は人間が思い上がるようなとき復讐してくる。「没落の前におごりあり」という格言は，生きる上での知恵のようなものを書き留めているのである。

このように整然と秩序づけられ，目的論的に規定されたコスモス〔調和的自然〕は，ある種の限界に突き当たるのであり，この限界自体，多くの箇所でぼやけている。自然そのものは，予期せぬ出来事や怪物のような存在から免れてはおらず，このような負担を負わなければならない。いわば，光が存在するための陰の部分に当たるものである。ここに属するのが，生活実践的側面であり，アリストテレスは，生きることができない存在を見捨てること，例えば〈奇形〉児を遺棄することに，何ら疑念をもつことがなかった[3]。時計仕掛けのような装置ではなく，芸術作品に比される自然にとって，試作品や失敗したスケッチが評価されることがないのは，創作活動の絶頂にとどまり続けることなどない芸術家にとってと同様である。奇怪な産物，混合からなる産物に対していだく戦慄は，寓話的な怪物やキマイラ〔怪獣〕を生み出すことへとつながっていく。古代の神話はもちろん，中世の教会の帯状装飾や柱頭に描かれた悪事をするグロテスクな悪魔たちが，そのような選出の継続に分類される。このような，一部は空想的で一部は現実的な出来損ないが，秩序の周縁部に，秩序がいわばほつれてくるところに，住み着くことができる一方，破損箇所が，つまり，諸技術の完全な〔自然への〕組み込みを疑問視する個所が存在するのである。

---

[3] これに関しては，『政治学』第7巻，16章1335b19-26を参照。そこでは手短にかつ的確に以下のように述べられている。「作り損なったもの〔Mißgebildetes〕（$πεπληρωμένον$ 語義的にはゆがんだ者，肢体不自由者を意味する）を育てる必要はないというのは，法である」。アリストテレスが言いつくろうかのように使用するこの中性名詞によって暗示されているのは，それ自身が完全に発展したり，運動したりすることができないもの，したがって非自然的なものが問題だということである。消極的優生学は，幸福 $εὐπράττειν$ と良き生活 $εὐζῆν$ のために向けてある。注釈者 E. ベッカー（オックスフォード1961年，327頁）の指摘によれば，アリストテレスは通常行われていた遺棄という行為を制限しようとしていたが，それはとりわけ女子に当てはまる，ということである。

一つには，道具を使用する際に自然の力がはじめから関与しており，この部分は次第に大きくなっていく。手斧やハンマーを使いこなし，それらの遠心力を利用する手の直接的な運動と，投擲弾が飛行していく際の力と軌道や，家畜の牽引力とその忍耐力に頼る間接的な運動とは，区別される[4]。外部から動かされる人工的な物と，自ずから動く自然存在との対立が弱まってくるのは，このまったく通常となった自然の協力〔Mitwirkung〕を考えるときである。この協力は，例えば私たちが道具で負傷したり，道具が生産工程を妨げるといった場合，いつでも反対力〔Gegenwirkung〕として正反対の働きをすることもある。協力するものは，つねにたとえわずかであっても固有の作用力と固有の重要性をもっている。働かされ，操作されるもの，まったくの道具ではなくて道具として機能するもの，それは外部から動かされるものであるが，ある段階までは自分自身で動くものでもある。私たちが作動させる運動は，決して完全に〈掌中に収められる〉ことはない。〔私たちによって〕引き起こされた自己運動といった混合形態を，アリストテレスは，労働力に還元された奴隷たちを「魂をもった道具」と定義し，自分自身で動く自動機械の可能性を考えているとき（政治学1巻，4），暗示していたのである。ヘファイストスやダイダロスの熟練は，生きた物〔の製作〕を巡って競っている。それはちょうど生き生きとしたものを描くことで最高の可能性に達し，ピュグマリオンのうちに自己の理想像を見出すような画家，生命あるものをありありと描く人ツォグラフォス〔zographos〕[*]に似ている。このような熟練は，技術に関して時代を先んじる予見の例として興味深いだけでなく，テクネーとピュシスとが限界を踏み越えてしまったことを記録に残すこととなっている。この限界を超えることが，人間にとっては初めから広く行われていたことであったのだ。技術的活動と自然的経過のこうした初期の段階に

---

　4) ここで，また以下に続く部分においても，その発展の基礎となる図式と，また個々の技術段階の原型的な特徴づけに関して，古生物学に依拠したアンドレ・ルロワ゠グーランの論述，『身ぶりと言葉』第8章〔邦訳『身ぶりと言葉』荒木亨訳，新潮社，1973年〕を参照。
　[*] キプロス島の王ピュグマリオンは，理想の女性（ガラテア）を彫刻した。その彫像に恋し，次第に衰弱していったので，愛の神アフロディテが見かねてピュグマリオンの願いを叶え，像に生命を与えた，というギリシア神話から。ギリシア語の画家〔zographos〕は，生命〔zo〕を描く人〔graphos〕を意味する。

1. テクノロジーのパラダイム，統合され，支配され，解き放たれた技術　　411

見られる総合に適合する事実として挙げられるのは，技術がある程度まで自然化するだけでなく，逆に自然もある段階まで技術化されるということである。このことは，プラトンが特定の身体部位を機能する器官として考察する場合にも，示されている。それらの器官は一種の自然の道具として目的にかなうように整備されている（国家編1巻，342aを参照せよ）。これはまた，世界全体を神デミウルゴスの，神という制作者の仕事と解釈する技術－神学にも相応している。けれどもテクネーとピュシスが交差し，技術的自然〔Techno-Physis〕を形成するだけでなく，ポイエーシスとプラクシスの境界が，そのはっきりとした輪郭を失うことになる。プラトンが，個々のものの実践的な協力の上に構築される《ポリスの統治構造》を，巨大な芸術作品として構想するときには，この境界の輪郭が失われるのである。ハンナ・アーレント（1981年，31節）が正当にも，クレームをつけたように，そのこと〔ポイエーシスとプラクシスの区別が曖昧になること〕によって行為は，産出に従属することになる。だが，今日に至るまで問われているのは，ポイエーシスとプラクシスをカテゴリー上区別しようと目論んでいる以上に，統治の実践と統治の技術がより強く相互に関連しあっているのではないかということである。

　自己運動にもとづく構築されているピュシスの秩序のなかで，最終的に弱い側面が開示されてくるのは，自然がテクネーによって補完されるときである。補完されうるのは，何かが欠如しているがゆえに，それだけで全体を形成しないものだけである。したがって，そうしたものは補完に依存している。ここに，デリダが語った意味での補充〔Supplement〕のモチーフが告げられるのである。補充とは，なるほど補っているだけだが，しかしこのように補充を行うことによって代替不可能な，したがって本源的なものなのである。ここから生じてくるのは，自然の秩序が補完や交換を必要としているのかを問うことであるが，その問いは，私たちが第二のパラダイムへ移行すると新たな緊迫感をもって立てられることになる。

　近代初期に定着し始める近代的パラダイムは，その力動的な性格にもとづいて，より的確に近代化のパラダイムと表示される。私たちの議論に重要な《近代化における技術の側面》は，〔技術以外の〕その他の側面と密接に結びついている。まず第一に，秩序の枠組みが変化している。主観は，物理的であると同時に社会的である自然がもつあらかじめ与えられた秩序

から自由になろうとして，精神，自由，文化の領域と自然の領域，つまり自然物体と自然必然性からなる領域を分割するのである。精神の領域にあっては，主観が主観として支配しており，自然の領域には，主観は他の諸力を利用して介入していくのであるが，主観はそうした二つの領域の間に分割をもたらすのである。先行的に与えられる目的構造と目的生起〔Zielgeschehen〕に，産出活動が組み込まれることはもはやなく，連続的に実践へと移行することもない。目標を設定し法則を与えるものとして現れる理性的主観の自由裁量権限に，〔産出活動の目的への〕組み込みは従属することになる。自然は，目的を外部にもつ道具という地位へいわば落ちぶれるのである。この目的とは，人間的なものでしかありえないのである。以上のようにしてカントでは，理性の行為と「自然の行為」（純粋理性批判 B575頁），自由からの因果性と自然因果性とが反定立的に対置しあうのである。目的論は義務論の影のなかへと入り込んでいく。なぜなら，何かがどれほど良いものであるかということは，何かがどのようなものであるべきなのかを決定する規則にもとづいて測られるからである。物質的なものとしての自然がそれ自身，産出から考えられる限り，自然はさしあたりまず，すべての産出のうち（まだなお）産出不可能な残余部分へと還元される。

　二つの領域の間の分割は，事実上，架橋されるが，それはいつであれ，行為ないし産出活動が能動的に自然へ影響を及ぼす，もしくは受動的に自然からの影響を受けるときである。技術が自然へ影響を及ぼすことは，他の諸力を意図的にかつ計算して用いることによって生じる。その際，学問と技術は協力して働き，発見と発明はたえず移行し合う。しかしこのことは，認識論的目的設定と技術的目的設定とがまったく一致するということを，意味しているわけではない。技術上の計算の限界が見出されるのは，新たなものは新たなものとして発生するのであって，産出されるのではないことにおいてであり，それは立ち現われるのであり，創発するのであって，結果として生じてくるのではない。だからと言って，このことは，新たなものが根拠なく生じてきたという意味ではなく，むしろ，十分な根拠は見出せないということである。革新は，産出活動における産出不可能な過剰と言い表されうる。これは，オートポイエーシスを議論する際に改めて出会うことになる重要な契機である。さらに付加されるのは，技術遂行

1. テクノロジーのパラダイム，統合され，支配され，解き放たれた技術

の領域において生じる移行である。重点の移行が，道具の直接的および間接的な運動から，水力，風力といった自然の力を利用する自動機械へと生じさせるのである。そうした自動機械は，手動で使われるのではなく，操作される。それはスイッチを入れたり切ったりされるのであり，一定の制御機構を前提にしている。自然の機械化は，生のプロセスが機械的運動に適合させられる限り，脱生命化へ通じる。騒々しく生を猿真似する自動装置による，脱生命化とは逆の〔技巧的〕生命化のプロセスも始まっている（マイヤー・ドラーヴェ〔Meyer-Drawe〕，1996年を参照）。

　二つの領域を相互に隔てる分割を事実的に架橋することは，媒介する審級が欠けていることから生じる二元論の破棄を意味するのではない。このことから生じてくるのは，認識論的，実践-道徳的，実践-技術的なすべての努力を襲う動揺，今日まで続く動揺である。自然を加工することは，周知の心身二元論に直面する。二元論の意味するところは，一にして同一の影響作用が，一人称の現象的体験としても，また同様に実在的，エネルギー論的プロセスとしても考察されるということである。その際，エネルギー不変の法則は，精神もしくは心の側面からの〔自然の側への〕実在的干渉を一切問題にしない。実践的企てとしての自然を支配することについて妥当することは，あらゆる行為は実践的-道徳的な命法に従いもし，また同様に技術的-自然的な規則に従属もするということである。目的設定は完全に実践の側へと帰属するので，自然法則的経過に関わるすべての技術的命法は，仮説的な《もしならば-そのとき-命題〔Wenn-dann-Sätze〕》である。そこでは，自然を自然法則によって計算すること，その自然法則は，自由律から溝をもって分離されていることが含意されている。認識的二元論がデカルトによって的確に表現された一方で，実践的な二元論は今日までカントの見方が基準となっている[5]。「考える葦」が服している二重簿記は，次の問いを未決のままにしている。すなわち，一部は，自らが自身に与える諸原則にしたがって自ずから成立し，また一部は，「幸運な偶然」のおかげで妥当することになる諸規制に基づいて産出されるX，こうしたXがいったいどのような性質を有しているのかという問いを未決のままにしているのである（カント『判断力批判』B XXXIV を参照）。

---

[5] 実践的二元論の視点に関しては，カリール／ミッテルシュトラース，1989年第9章を参照。

この分割に由来する動揺が継続するのは，生そのものがこうした網の目をすり抜けていくという理由からだけではない。《あたかも-という-考察〔Als-ob-Betrachtung〕》による目的論的な再評価が，何の変化をもたらすこともないのは，結局のところ，その主観性に虚構が拘束され続けるからである。したがって，ライプニッツやスピノザの混合構想が存在するのは驚くにあたらない。ライプニッツは，モナド論による総体的計算書を書き上げ，スピノザは，同一化せねばならないような何かを必要としない同一性において，このXを精神と自然との《あれも-これも〔Sowohl-als-auch〕》において合併させるのである。これと同様に，驚きに値しないのは，一面的な観念化あるいは逆に一面的な物質化のうちに救済を見出そうとすることであるが，その場合この二つの極論は，一方が他方に完全に吸収されることが決してないことに病んでいるのである。このことに関する一番良い事例を与えるのは，人間（もしくは精神）が彼自身の仕事の産物からいわば疎外されていることである。疎外は，第一の自然の支配と第二の自然の支配とを堅持しようとする最後の試みとして，現出してくる。疎外が意味しているのは，中間項や媒介の審級が増大した結果，人間が自己の生産物のうちに自身を再認することなく，最終的には力が無力へ，支配が被支配へと転倒することへ通じていくことである。だがこのような黙示録的音調は，支配へと調律された基本メロディーをいささかも変更するものではない。自然を支配するという枠組み内で疎外が考えられている限り，それは，自分自身が作り出す異他性に制限されているだけの話である。

　今日技術の領域ではっきり現れてきているものに，超近代的パラダイムというタイトルを付けることができるだろう。そのタイトルは，近代が過熱し，それ自身の前提を超え出て進行していることを暗示するものである。これはどこへ向かって進行しているのか，それが問題である。ためらいながらも私は，新しいパラダイムについて語っているが，それは，より適切に言えば，単なる説明のための見取り図に対比されるパラダイムの見取り図について，語るといった方がよいだろう。あるパラダイムが別のパラダイムによって急速に追い抜かれていくことを単なるタイヤ交換のようなものだとする考えを度外視すれば，この超近代的パラダイムは，古い糸と新しい糸がもつれ合った玉虫色の構築物であることが判明する。私たちが描く見取り図の方向性は，実際のところ，推測される傾向に制限されている。

1. テクノロジーのパラダイム，統合され，支配され，解き放たれた技術　　　　415

　新しいテクノロジーが手に入れる枠組みに関して，さしあたり言えば，近代の二元論は克服されたのではなく，中性化されたという印象が迫ってくる。これは，技術か自然か〔ars sive natura〕という形式で，技術-自然か自然-技術かという形式で生じてくるのであり，そうした形式のうちでは，自然的契機と技術的契機が相互作用しているといえる。技術を自然秩序へと包括すること，および技術による自然の近代的な支配は，次第に技術の解放に座を譲っていく。この解放は，一部では，文字通り現存する諸制約から自由になることと受け取られ，また一部では〔技術の〕傍若無人な進展を誘発するものというように，強調されて理解されている。また一部では，新しい可能性の解放として歓迎され，一部では，〔何でも〕思い通りにできるものが独り立ちしたと危惧され，あるいは運命として認められたりする。こうしたより一層新しい展開はいずれにせよ，二義的なものであり続けるのである。技術の解放が生じるとすれば，こうした普遍化された技術がもはや敵対者を見つけることがないというときである。《技術そのものを除いて，技術に対立するものは何もない〔Nihil contra artem nisi ars ipsa〕》，〔技術をめぐる〕新しい状況を，このような古い格言になぞらえることができるだろう。この格言がもつ神学的な言外の響きは，それにパロディーがもつ不愉快な響きを認めたとしても，まったく不適切というわけではない。放任され，一般化された技術が，私的生活および公的生活のすべての細孔を通して侵入してくるのである。

　このような外的な束縛から解放された技術に，最も端的に相応する基本的操作は何であるかを問うてみれば，私たちは，自己組織化にぶつかることになる。それは，すでにカントが生の秩序形式として挙げていたものである（カント『判断力批判』B292を参照）。自己組織化とは，秩序づけのプロセスにおいて秩序が自己産出されることを意味する。さしあたり生命技術に特化された自律性として生じるものは，オートポイエーシス，すなわち自己産出として，産出という古典的な形式と直接的な関係をもっている。〔これに対応する〕新しい技術の原型となっているのは，まず第一に自動機械であり，それは，エネルギー供給による自己運動を越えて，自己制御，自己調整を行うことができる自動機械となっている。単なる物体の力は別として，大脳の機能が機械に委譲される。身体の拡張である道具は，命令機能，制御機能の外化によって置き換えられる。この外化は，もはや

種別的な身体器官にではなく，中枢神経システムに定位しているのである。このシステムという術語は，新しい技術的整備を的確に反映している。力を消費する機械から，情報を処理する機械へと重点が移動した結果，脱物質化および脱物体化が生じている。それによって，物〔的身〕体的活動と機械的実行との裂け目が深まっている。このことは，情報処理もまた，エネルギーを消費していることを考慮したときでさえ，妥当する。物〔的身〕体の技術と機械技術との隔たりがさらに増大していくのは，機械的に実現されたプログラムの実行は，物〔的身〕体の活動の場合のように，単に規則を含んでいるというのではなく，むしろ厳格に規則に従って経過することによる。だが，機械化から形式化および数学化までの振れ幅を動く振り子は，周知のように，システムという方向へ回転した。システムというプロセスは，外的エネルギーと情報を，「トリヴィアルな機械」[*]とは違って，もはや処理加工するのではない。むしろ周囲の環境世界との交流のなかで自己を組織化するものであり，この組織化は，システム保持という活動のうちで共時的になされるだけでなく，システム展開という進行のうちで通時的にも行われている。自然の発生と人為的な産出との対立は，自己組織化において止揚されたかのように見える。自己組織化の内部で，支配するものと支配されるもの，制御するものと制御されるものとが同一のシステムに属しているからである。階層的支配モデルのこのような修正は，古典的な秩序表象〔秩序のイメージ〕に遡及的に接近することとなるが，そうした接近には明らかな限界がある。上で言及された中和化は，生命を技術的に解釈し，同時にテクネーを生命論的に解釈することを容認し，その結果，生命の技術化と技術の生命化が同時に重なる。バイオテクノロジーという概念は，生命過程に介入する技術と，技術形態をとって経過する生命過程との間で，すなわち，生命-技術〔Bio-Technik〕と技術-生命〔Techno-Bios〕の間で玉虫色に輝くのである。自己組織化あるいはオートポイエーシスというモデルは，近代のパラダイムにおいて分散した諸項〔disjecta membra〕を再びつなぎ合わせているように思われる。すなわち，生命的な自己運動という形式でのピュシスと，《である-状態〔Ist-Zustand〕》だ

---

[*]　情報工学の用語。「計算能力」が内部状態を有するか否かで，ノン-トリヴィアルな〔Non-Trivial〕機械とトリヴィアルな機械が区別される。ノン-トリヴィアルな機械は，入出力に限定されない多様な動作が可能なものである。

1. テクノロジーのパラダイム，統合され，支配され，解き放たれた技術

けでなく，《〜べき-状態〔Soll-Zustand〕》をも考慮した規則としてのロゴスと，そして，自己性〔Auto-〕としての主観，つまり，このような秩序成立の自己関係性としての主観，最終的には，あらかじめ与えられているのではなく，むしろ一定の条件下で生じてくる秩序の偶然性といった諸項をつなぎ合わせているのである。

　技術の領域へ，すなわち，生が次第に物理学的-技術的モデルを通して排斥されているように見える技術の領域へと，生をこのように連れ戻すことは，また，かつての脱生命化，脱物質化に対置されるこのような技術の生命化は，徹底的に二義的なものである。超近代的パラダイムと呼ばれるものは，汎技術的な思い上がりという誘惑に単に屈するのではなく，ハイブリットな混合形成物として自らを示し，まさにそのことから自らの力を受け取ることができるといえよう。けれども，事態をこのように評価する際には，なお幾つかのことが顧慮されなければならない。

　生命工学がテクノロジーの全領域を占拠しうるという想定は，ばかげたものであろう。それだけでなく，ナノテクノロジーにおいて新しい研究の最前線が開かれている物理技術もあれば，コミュニケーション工学，法工学，映像工学なども存在する。一般化された技術は，分散された技術として現実のものとなっている。生命科学が新たな主導的学問分野に昇進していることが確かだとしても，生命科学がその他の学問分野を排除しうる，もしくは支配さえできるといったことが意味されているのではない。にもかかわらず〔私たちが〕注目し続けるべきであるのは，バイオ科学が生命的なものを考察し取り扱うことに関して一つの枠組みを単に提供しているだけでなく，自然に関する別種の環境世界的把握を促進し，その結果，生命過程は，物理的-化学的に規定されるべき基底層の上に置かれる経験の高次の層へとただちに分類されることはなくなった，ということである。環境世界としての自然は，物理学的なミクロのプロセスなしに考えられないものではある。しかし，それは一つの特殊な構造であり，単に一層複雑な構造をもつといったことなのではない。私たちの問題にとって，生命工学が特別な関心をひくのは，それが生きられた経験に，文字通り肉迫する〔身体に迫る〕ものだからである。

　今後，慎重に避けねばならないとされるのは，技術批判にあたって，その方法，モデル，実践，理論を生命観的で世界観的な外的推定によって批

判しようとすることである。メカニズムや目的性やシステムが，機械論的世界像や目的論的世界像やシステム論的世界像から区別されねばならないのは，世界像は実験によって検証されたり，誤りを証明されたりできないものであるからだけでも明らかである。一方で，言及された巨大なパラダイムは，科学的諸仮説や哲学的・神学的解釈や政治的・経済的諸規定，さらに日常的諸表象からなる集合体を形成している。それらは，フーコーの術語で言えば，言説〔Diskurse〕と言説編成〔Dispositive〕として規定されうるような集合体である。他方で，学問の実践に対して，偽りの意識や関心に導かれた不十分な自己解釈を立証するようなイデオロギー批判という古くからの手段は，もはや役立たないのであり，このことが明らかになるのは，実際に営まれている技術主義が，自らの成果を通じて正当化され，自分自身を越え出ていくような生についての思慮や評価や，そこに由来する生の規定が，上部構造，あるいは付属品として片付けられてしまうときである。

　解き放たれた，それ固有の歩幅にだけ合わせて進んでいく技術に対する反応は，さまざまである。試みることができるのは，古典的な自然把握へ，すなわち，技術に基準を設定し，同時に一面的に抑圧された自然との新しい共生を許容するようなピュシスへ立ち戻ることである。〔しかし，〕この可能性が頓挫するのは，あらゆる秩序の偶有性においてであり，その技術によって発生する《自由な余地〔Spielräume〕》は，自然秩序へと立ち戻ることのうちには収まりきらないのである。さらに試みることができるのは，近代の特定の実践上の成果を固守しようとする試みであり，それは，それ自身技術的に生産されることのない個人の願望や関心から出発することによってであったり，もしくは，かつては道具的理性と呼ばれ，最近ではシステムプロセスと名付けられているものを，コミュニケーション理性，つまり，その実践的な妥当性要求が，技術に関するあらゆる言説において前提されているようなコミュニケーション理性と結びつけることによってである。近代の二元論の新アリストテレス主義的な変化のうちで，生の全体性へ連れ戻される一方で，新カント主義的変化の代表者たちは実践的二元論を保持し，しばしばデカルトの認識的二元論との一時的停戦をも締結してきた。この二つの秩序形式は，もちろん純粋にそのまま，立ち現れることはほとんどなく，たいていは一定の混合形態で，実践哲学の復権にお

1. テクノロジーのパラダイム，統合され，支配され，解き放たれた技術

いて公倍数をもつ混合形態において登場する。最後に，技術に関するハイデッガーの思索に言及しなければならないが，ハイデッガーの思索も二義性なしとはいかない。表象する思惟と産出する思惟の調和は，なおあまりにも強く産出のパラダイムに捕らわれたままである。他方，ハイデガーが，技術を《立て-組み〔Ge-stell〕》と解釈して，技術の道具論的および人間学的規定に抵抗するのは，そうした技術の規定を存在の歴史的命運〔Seins-geschick〕に組み込むことによってである。私には，存在-技術論的なものから存在史的な解釈へと通じ，人為的な作用を匿名的な生起と取り替える転回〔ケーレ〕は，技術そのもののうちに展開されているあの《自由な余地》を顧慮していないように思われる。転回のカーブを非常に長く設定し，技術の彼岸からの救済を期待する者は，技術を悪魔のように見ることで汎技術的終末論を助長させる。〔私にとって〕より納得がいくのは，技術に関するハイデッガーの問いの端緒，すなわち「技術の本質」あるいは，——より適切に呼ばれるべきは——技術の歴史的な編成そのものは，技術的に捉えられることはないということである。

テクノロジーが，一切を包括し，自己自身を根拠づける存在-神学〔Onto-theologie〕という立場へ戻るべきないとすれば，テクノロジーは自らが技術であると示している場所を，空けておくのでなければならない。そのような場所と箇所を経験のうちに見出そうとすることが，以下の詳論の課題となるだろう。中心的な問いは，私たちがそれによって触発され，それに対して答えるものとは，産出されるような何かなのか，という問いである。さらなる問いは，自己とは，自己組織化や自己産出による単なる産物なのか，もしくは，あらゆるもの，技術による介入からも逃れる他なるものに関しての自己として構成されるのか，という問いである。異他的なるものを占有する異他〔的なものに関係する〕テクノロジー〔Xeno-technologie〕がこの異他なるものと厳しく対抗するとき，それでもなお生じる問いは，テクノロジーが異他なるものの侵入に関与しているかどうか，もしくはどのように関与しているのかという問いである。支配への努力，支配に関する知を中断する無力性は，私たちの思考や意志が逸脱してしまう無意識的なものと類似の役割を果たしているといえる。

2．技術論的還元と現象工学の挑発

現象工学との交点を探索することは，第Ⅰ章の議論を振り返って言うと，経験の基礎構造のもとで始められるだろう。その基礎構造とは，意味することと欲すること，一般的に語るならば，認知と欲求という二つの軌条に分かれるものである。こうした境界領域への通路が開かれるためには，技術論的還元が必要であり，それは，一方で，体験された現象を機能する技術へと吸収してしまうことを回避し，他方では，技術的なプロセスと対象を現象として考察することで甘んじることのない還元である。このように考察することは，技術に対して距離を取ることを前提しているが，その距離がなんとか問われうるのは，真正な現象工学を想定することによってである。すなわち現象工学が意味しているのは，技術的契機が現象という領域内である役割を果たし，それによって現象がいわば技術という色に染められるということである。こうして，技術論的還元は，現象学的還元の一構成部分であり，一般的な経験構造を明るみへもたらす形相的，もしくは構造論的還元と比較可能だといえよう。

　身体技術的な側面を含んだ現象工学のこのような開始点は，一連の帰結を引き出している。心的メカニズム，心的機構，心的機能あるいは心的なシステム〔といった語〕は，専門用語としてだけでなく，日常心理学においてもよく語られるが，そうする代わりに〔現象工学によって〕経験そのものの人為的成分を主題化する可能性が生じるのである。現象学的還元という方法に依拠することは，私たちが技術モデルを一面的に還元主義的に考察することを防ぐ。もちろん，そうした還元主義的傾向は十分に認められるが，技術モデルや機構を私たちの経験の単なる「貧困化した像〔イメージ〕」と結びつけてしまうならば，そうした像にはまり込んでいる捏造を誤認することになり，また文化の内部で機能する自然と比較可能な，経験のうちで作動している技術の存在を見落としてしまう。技術によって引き起こされた経験の貧困化に関して語られうる限り，私たちが経験についてもつ像だけでなく，経験そのものが貧困化している。技術は，表明的に技術-論的〔techno-logisch〕な形式を受け取る前に，経験のインフラ

2. 技術論的還元と現象工学の挑発

〔施設〕に属している。技術は，経験に介入するものとして把握される前に，経験に介入しているのである。

　現象学と工学が現象工学という表示で一つにされるとき，ここには調停的で温和な相補性があるように見えるかもしれないが，それは精神分析の場合と同様，容認されがたいことといえる。さまざまなメタ技術的パラダイムを通覧することで示されたように，現代においてもたえず増大している，技術から発せられている特有の挑発がある。こうした挑発の増大プロセスは，テクノロジーの調整する領域をたえず変更しており，それが，最終的に挑発がどこに成立しているのかについて語るのを難しくしている。今なお悪魔論的な空想世界に属するゲーテの「魔法使いの弟子」は，統合されるべき技術という古典的なパラダイムが裂けてしまう転機を予感させる。問題は，生産された製品が生産者に抵抗するとか，生産者自身が手段と目的を混同しているといったことではもはやなく，むしろ生産物が固有の生を展開していることなのである。悪魔論的であるといえるのは，生産物を擬似的-主観，ホムンクルス*⁾，ミニチュア人間と捉える解釈である。だが，技術の「不気味さ」が一層深いところにまで及ぶのは，従来は主観にゆだねられていたように思われる諸能作〔作業能力〕を，技術が主観なしに成就していることによる。それによって，それ自身固有なものおよび信頼のおけるものにおいて，すなわち，理性と自由の領域において，再び「内なる外国」が開かれてくる。

　精神分析の場合とは違って，決定的な役割を果たしているのは，パトス，すなわち私たちを触発し誘発するものではなく，ロゴス，古典的な定義で言えば人間存在の〔本質〕決定的な属性と見なされるロゴスである。ロゴスは，テクノ-ロゴス〔Techno-Logos：技術-論理〕として，機能的〔関数的〕ロゴスであり，それは諸要素を互いに結びつけるが，この結合システム，あるいは結合ネットワークは最初の洞察および最終目的にもとづいて確定されるということはない。古典的理性の用語で言えば，ロゴス，思考力〔διάνοια〕，言説的理性〔ratio〕は，分析的悟性へ還元される一方，

---

*⁾　錬金術師による人造のこびとの意味。心脳問題においては，カナダの脳外科医・神経生理学者ワイルダー・ペンフィールド（Wilder Penfield, 1891-1976）が「脳のホムンクルス」を主張した。これは，大脳皮質の運動野や体性感覚野と身体部位との対応関係にもとづいて描かれた脳の中のこびとのこと。

看取する知性〔νοῦς〕もしくは知性力〔intellectus〕ないし，法則を与える普遍的関心に導かれた理性は，技術論的に見て，そこにふさわしい場所が無い状態である。それに相応して，超近代的なテクノロジーは，知能，計算機，制御，情報，認知といった操作概念を用いるのである。厳密に機能的な合理性は，もはや，誰かが何かに役立てるというときの何かに携わることなく，「何？」「誰？」「何のために？」といった照準そのものが，存在するすべてが他のものとの関わりのなかで規定されることによって，機能〔関数〕化される。関数方程式 y = f(x)は，たしかに空位〔= x, y という変項〕がさまざまに充塡され，さらに個々の充塡〔変項に値が代入されること〕がさまざまな実在的条件下にあるような定式であるが，それでも，機能的ロゴスの同質性が損なわれることはない。この還元は，文字通り，一般的な計算可能性において計算どおりに働いているのである。

　だが近代的主観に対する挑発が生じているのは，これとは別のところに，つまり，これらすべてが，私たちの知と意欲なしに機能し，同時に物質化されているということ，思考機械があって，それが働く際にコンピュータのように人工的に生産されたものか，脳のように自然的に成立したものかどうかは相対的にどちらでもよいということのうちにある。思考機械と脳の働きが対比され，相互に高められる限り，こうした違いは重要性を失う。デカルトのコギトは，意識によって遂行されるすべての作用を含むことによって，すでに，計算する思考作用以上のものを含んでいたのと同様，思考機械も計算機にとどまりはしない。思考機械は，すべての体験様式，行為様式が機能的に計算可能な働きをもたらす限り，それらの様式に対して機械主義的プログラムを広げるのである。これはもちろん，作業機械や状況判断システムに対して当てはまるが，感情機械に当てはまるかどうかは，これから問われるべきであろう。同時に，テクノロジーが暗示しているのは，理性的動物がもつ合理性に制限するのではなく，動物性そのもの，すなわち自己運動，自己組織化としての生をプランに組み込んでいることである。技術からの挑発が先鋭化するのは，思考機械が生命機械ないしバイオシステムへと変じて，その結果，私たちの生と世界が全体として技術形態の特徴を帯びることになるときである。

　こうした問題系は，それがもたらす影響に関してほとんど計り知れないものであるが，経験のロゴスへ議論を集中することによって，私たちはそ

の問題系に接近していく。その際，私たちは二段階で議論を進めていく。まずは表象主義的，規則定位的なパラダイムを考慮し，次にそれのコネクショニズム的〔連結主義的〕改訂を考察していく。この改訂の結果，精神的〔noologisch〕世界のロゴスから，フッサールによって請求された「感性的世界のロゴス」（『フッサール全集』17巻，297頁），つまり感性的世界の技術という方向へと，〔議論の〕重点は移行する。それによって，ヴァレラが唱えた神経現象学の道へ行き着くことになる。問題となるのは，もはやコンピュータは（まだ）何ができないかといったスタンダードな問いに答えることではなく，むしろ技術化が始まり，場合によっては空をつかむことになるような断面を検証することである。段階的に議論を進めることによって私たちはたやすく，方法的に意図された経験の機能化と制限のない機能主義を区別できるのである。

3．志向性，シンボル的表象，規制回路

まず第一に問われるのは，どのようにして，かつどの程度まで，意味作用と欲求作用が純粋な機能へ還元され，それに伴い物質化されうるのかという問いである。その最初の手がかりをすでに提供しているのが，経験の現象学である。現象学が打ち砕く見せかけは，経験が関わっているのは，完成した形であらかじめ与えられている事物からなる世界であり，ただ受け取られるだけの諸事物，ただ利用され，あるいは享受されるだけの，完成済みで与えられている財であるということである。つまり，経験が事物と関わるのは，あたかも感覚的入力データと運動的な出力との中継局のようであるという見せかけを破壊するのである。現象学的に考察すれば，経験の本質は，何かが何かとして立ち現れ，それによって有意味となり，何かが何かのうちで求められ，欲求する価値あるものとなるということにある。一般的にいって，経験が進行するのは，経験がそのつど何かをねらっていて，かつ誰かに何かが欠けているときなのである。これは，根源現象のうちの一つに属し，志向性として知られている。根源現象とは，一切の現象のうちで同時に示され，現象の現象性を形成するものである。経験を表現する場合にはいつでも，根源現象が前提されている。というのも，それな

しには，文字通り経験されるべきものが存在しないことになり，経験を行いうる者がだれもいないことになるからである。私たちはまず規則に定位した機能化に関して議論するのだが，その及ぶ範囲は広い。規則にしたがって何か規定されたものとして反復される何かが，それが語音，ゲームの駒，色の差異，欠如状況，状況判断問題，情報あるいは個々の人間であれ，そうした規定された何かが，存在するところまで及ぶのである。だが経験の決定的な特徴づけを考察するや否や，〔この規則に関わる考察は〕はっきりした限界に突き当たる。

　意味作用の側から議論を始めよう。「何かとしての何か」，これを表意的差異と呼ぶことにするが，それは，独立しているがともに変化する二つの項目 X と Y の間の関係にではなく，私たちが分割と名づけたもののうちに成立する。すなわち，区別されるものが，まさにそのうちで成立してくる真正かつ特殊な相互分離のうちに成立する。表意的な《として》は，そのうちに意味あるいは意義や真理が存在している経験のつなぎ目，もしくは蝶番として機能する。意味が〈存在すること〉は，もっぱら，主観的な意味付与作用へと還元されることはないように，客観的な与件の現存と同一視されることもない。何かが何かとして現出するという〈事実〉が，事実的与件の量を増加させることがないのは，何かが原因として作用するという〈事実〉が因果連鎖の次の項目を付け加えて，それを長くすることがないのと同様である。《として》は無でもない。というのも，《として》がなくては，何も存在しないことになるからだが，それは〔また〕何ものかでもない。もっとも，この《として》が，経験記述の二次的なレベルにすぎず，その記述におけるカテゴリー，規範，価値をも，諸事実として取り扱うことができるとするなら，話は別である〔そのとき何ものかとなっている〕。ここで問われた意味の出来事の機能化の本質は，いまや，表意的差異が機能に即して変換されることのうちにある。この変換は次のように生じる。何らかのものが，経験が経過していくなかで，繰り返し何かとして現出することによって，その当のものになるとき，その何かは，現存する与件へと変化する，という仕方である。一部はあらかじめ与えられ，一部は後に習得されるレパートリー〔＝システムで使用できるものの範囲〕，すなわち，基本的な知覚パターン，空間-時間的な方位づけ図式，言語的シンボル，結合規則，メタレベルの枠組みを含んだレパートリーにもとづ

3. 志向性，シンボル的表象，規制回路

いて，存在する何かは，規定された何かとして同一化され，特殊化，局所化，時間化され，その他の与件と並列化されるのである。このようにして，もみの木はもみの木として再認され，伐採されるべき木として目印を付けられ，〈年輪〔Baumuhr〕〉によってその樹齢が規定され，樹皮を検査することでその木の健康状態が確かめられる。暴風の被害を受けた森林の一部に数えられる場合もあり，こうした森林についての諸観点は，より広い視点やより広いクラス分けのシステムを通して，補足されうる。現出するものは，それ自身が〈固有なそれ自身〉において現出しているのではなく，それとしては特定の適応規則に従っている代表によって代理されて現出している。要素的で，ニューロン的にあらかじめプログラムされた代理表象は，「リアル-モデル」と呼ばれ，能動的行動や抽象化といった高次レベルに遡及する複雑なモデルと対比される。そのとき志向性は，純粋にニューロン的に経過していく認知能作と言語シンボル的に媒介された認知能作の間で，中間的地位を占めることになろう。こうして，脳，意識，認識というテーマに対する基本的叙述は次のようになる（エーザー，ザイテルベルガー〔Oester/Seitelberger〕，1988年，96頁）。すなわち，知覚は，「周囲世界へ向けられた志向的作用であり，抽象的な現実の等価物を独立に生み出し，行動のうちへ持ち込む作用である。この独立してということの意味は，抽象化プロセスの形態化の規則が，発生的に制約された脳構造とその活動様式のうちであらかじめ与えられているが，個々の経験と学習を通じて，持続的に適応，変様される」[6]ということである。認知の成果をどれほど個別に判定することができるとしても，このような機能主義的見方では，一定の機能法則にしたがって何かが他の何かと結合されていることは，明らかである。認知が成立するのは，物理的実在が対応する心的表象へ，特定の変換法則や対応法則を通じて置換されることによってであり，これらの

---

6) これに関しては，ゲルハルト・ロート『脳とその活動』1999年，31頁以下を参照。著者は，認知に関して，次の区別を行っている。(1) 純粋に生理学的な出来事，例えば細胞膜とシナプスにおけるプロセス。(2) 個々の細胞レベルでのニューロン的プロセス。例えば，特殊な波長に応答するものである。(3) 恒常性の形成や図-地の区別などの前認知的，先意図的に経過するプロセス。(4) さまざまな高次レベルでの認知的で有意味的プロセス。フッサールやメルロ＝ポンティにならって，志向性を，単なる作用志向性を超えて広く理解すれば，前認知的と呼ばれるプロセスは，それに含まれるであろう。このように理解することは，意味付与が意味探求のうちへより強く組み込まれ，パトス的作用へさかのぼって関係づけられるという長所をもつことになるだろう。

法則は，物理的実在でも心的実在でもなく，カール・ポパーの意味での第三世界に属する。私たちが選択した表現で言えば，志向の《何へ〔Wonach〕》が，高位にある，理念的もしくは規制的な《何か〔Was〕》として統握されるという意味である。このことがその首尾一貫性をみせるのは，それが，実在世界のプラトン的二重化に導き，諸機能が存在論化されるときにおいてのみである。

　物理的-心理的変換の方向が逆になるのは，本能欲求行動を考察してみるときであるが，それは，単に反転で片付けることはできない。なぜなら，第Ⅰ章で示されたように，努力したり，欲求することは，意味志向を補足するだけではなく，それに内在しているからである。まずは，欲求的差異について考察していこう。欲求的差異は，欠如しているもしくは不在である何かが，「何かのうちで」目指されていることのうちに存立する。この欲求的な《〜のうちで》は，表意的な《として》と同様，経験の中軸に属する。努力が目指している《〜へ向けて〔Woraufhin〕》は，伝統的な表現で言えば，良ク見ルコト〔species boni〕，すなわち何かがよいものとして目指される〔という意味での〕顧慮は，追加として目指される第二番目もしくはそれ以降の良きものではなく，むしろそのつど目指されることで，目指されているものであり，良いとされるまさにそのものを標示している。これは，基本的な自己保存努力に対しても，また同様に幸福〔になろうとする〕努力に対してもぴったりと妥当する。努力と欲求を機能的な欲求行動へ変換すること，それは認識を機能的な認知へと変換することに相応するのだが，その変換が成立するのは，《〜へ向けて〔Woraufhin〕》，したがって，あれこれのうちで目指されているものが，目の前にある願望の目標へ変わることにおいてである。つまり，期待されうる，もしくはもたらされうる状態，現に生じている欲求が満足される状態へ変わることによって，この変換は成立する。このような目標がそのうちで求められる当のものが，目指されている目標から分離されるのは，目的に応じて設定され採用される目の前にある手段と方法という形式においてである。来るべき状態を特定の願望目的だと規定するためには，また，与えられた事物，プロセス，行動様式を適切な手段であると規定するためには，評価的，規範的，道具的，実効的，認知的な構成要素からなるレパートリーが再び必要となる。すなわち，何が良いかだけでなく，より良いものをも規定する評価尺

3. 志向性，シンボル的表象，規制回路

度，他者からの期待や要求に行為を合わせる規範的規準，さらに，目的と手段を差引勘定したり，エネルギー消費を考慮し，見込まれる結果とリスクの見積もりを可能にする合目的的な計算が必要となるのであり，最終的には，目標となる行為の実行ないし手段の使用を導く操作図式や行動図式が必要なのである。このようにして，行動の進行が計画され実行されうる。これは，パートナーや職業を選択する場面でも，また日常的な仕事のプロセスや自由時間の過ごし方にも該当する。価値合理性，規範合理性，目的合理性を際立たせつつ区別することは，第一次の目標と二次的あるいは三次的な目標との区別を許容するような目標の組織化に関わっていることである。欲求的行動の基礎をなすレパートリーは行為制御的なレパートリーであるがゆえに，顕現的なノウハウ〔Know-how 手段の知〕は含蓄的な事態の知〔Know-that〕の背後に隠れる。このように真に実践的な知を形成することは，アリストテレスの伝統から言えば自明の理であり，柔軟性の備わる情緒心理学のうちにも見出されるものである[7]。しかし，こうした形成は，行為経過の機能化および技術化の要求，及び，それらの諸規則の明確化と抵触することになる。計算機モデルは，「ノウハウ」を「事態の知」へと組織的に変換することを強制しているのであり，これこそヒューバート・ドレイファスが，彼の有名なコンピュータ研究のなかで再三指摘している事態である。

　実践的行為の機能化は，認知と欲求の関係がそれ自身機能的に規制されないとするならば，行きづまりになってしまうだろう。しかしながら，この認知と欲求との連携は，経験の認知的な軌条よりも一層強く欲求的な軌条に関連するという困難さにぶつかる。意味構造と意味機能とを，ある程度，誰かに割り当てられているはずの志向的作用から，切り離すことができる。発明が発明であるのは，発明者のことをまったく顧みなくとも，可能である。このような匿名化は，欲求の領域ではありえない。食べ物が足りていない誰かがいなくて，空腹とはいったい何だろうか。不正に腹を立てる誰

---

7) これに関しては，すでに言及したクラウス・シェラー〔Klaus Scherer〕の研究報告（1990年）を参照。著者は，対応する諸機能に関係づけられるさまざまな情緒要素を区別している。その諸機能とは，刺激評価，システム制御，行為準備，反応と意図とのコミュニケーション，並びに，反省とコントロールとの間のコミュニケーションである。ここで示されているように，方法的に反省されたモデル形成は，体験と行動の現象工学を単なる行動工学へ還元することを，防いでくれるだろう。

かがいなくて，怒りとは一体，何でありえようか。どこか他のところに居たいと願う誰かがいない憧れとは，何だろうか。一般的な快楽計算をする功利主義者にとってさえ，個人の願望や生活関心が問題であるときには，機能化は限界に突き当たる。個人の願望や生活関心は，制限されうるが，秩序づけられるものではない。主観的欲求の機能化を妨げる実践的な障害が克服されるのは，誰かによって体験された欲求が存続する需要へと改変されるときだけであり，それはちょうど，ディーター・デルナーがEMOという機械を製造する際に行ったことである（上記，49頁参照）。私たちの議論が出発点にしたのは，誰かに何かが欠けていて，その人が何かのうちに求めようとすることである。この根源現象がくずれている事態があり，この事態とは，何かが目前に存在しない，あるいは，プログラムにもとづいた当為-状態〔Soll-Zustand〕に即して必要とされるものが存在しなかったり，生じないということである。主観を動かすいかなる衝動力も必要とされないのは，欠如感が不均衡状態のうちで再定義されるときであり，この状態は，存在-状態と当為-状態の差異から算出される。そのように機能的に構築されたシステムは，立ち現れる機能障害を通してのみ，その限界へ達するのであり，システム障害やシステム危機でさえ，こうした仕方で機能的に定義される。なぜなら，システムは成立するのか，しないかであり，「システムが破綻に値する」ことでも，存続に値することでもないからである。努力の目的づけということにおいて後に残るのは，プログラムに相応しい結果だけである。認知と欲求との連携が保証されるのは，パターン認識，名称検索，徴候，分析，統計学的計算といった認知機能が，それ自身実践的課題として扱われること，あるいは必要なときに実践的課題と結びつくことによってである。ちょうど，交通警告の標識に注意したり，目盛りを読みとるといった場合がそうである。形式的そして，機能的に考えるならば，問題になっているのは，制御回路であり，その回路内でデータが規則にしたがった記録と加工にもとづいて，規則通りにコントロールされた適合する行動を作動させ，その効果が，行動のデータベースを改訂する。理論-実践〔の関係の〕問題は，こうしたあり方では生じない。知が行為へ，行為が知へ変換されるが，それは，認知的もしくは情感的過剰が発生することのない変換である。驚異は，怒りの爆発と同様に，機能障害といったことになろう。また存在と当為の分割も塞がれてしまうのは，

3. 志向性，シンボル的表象，規制回路

規則が事実的に生じているものに記入されることが，あらゆる前もっての記述も〔Präskription〕空回りさせることになるプログラム〔Programm 先記述〕いう形での記入であるからである。「存在と真理と善とが〔互いに〕置換される」という古い命題は，インプットとアウトプットの交換可能性のうちに，技術論的な共鳴を見出す。

さて残っている問いは，機能的モデルの物質的な実現についてであり，それは，脳のような自然に発生した機械的装置であれ，コンピュータのように人工的に生産された機械であれ，この実現について問われる。手短に考えを述べよう。サイバネティクス，情報理論，システム理論，コンピュータ理論，神経学，言語学といったさまざまな分野を横断して，古典的な認知主義的パラダイムへと到達した道があることは，よく知られている。同じように分野を横断することは，このパラダイムの根本特徴に妥当し，このパラダイムは，内部工学的な精巧さと個別モデルに対する多様性にもかかわらず，共通のアルファベットを使用しているのである[8]。ネウェルとサイモンが名づけた物質-シンボルシステムが，物理的性格をもつ物理的シンボルというベースを意のままに扱うことができるのは，物理的シンボルが，すべての記号と同じく，シンボル的性格を示すさまざまな仕方で物質化される限り，そして，何か他のものを，すなわち，実在的なものに関係づけられた入出力とシステム自体の内的状態を代理表象する限りである。シンボルの集合は，要素的パターンおよび複合構造を含んでいる。シンボルによる操作は，アルゴリズム的もしくは手続き的な操作規則にもとづいて行われる。この規則に従ってシンボル表現が生み出され，改変，結合，対比されるのであり，コピーされたり，削除されたりする。制御メカニズムは，個々のプロセスが互いに調整しあうように，また必要であれば条件に見合ったアクションが作動するようになっている。あらゆる計算の場合と同じく，問題になるのは純粋に構文論的な形式，つまり記号使用を確定し，解釈を通じてはじめて意味論的性格を受け取る構文論的形式である。最終的に必要になるのがプログラムであり，それは，特定の課題を設定し，課題解決に対する計算的形式を計画し，相応する機械を技術的に構築する（ゴールド，1998年，67頁）。シンボル操作は，その内部で〔課題

---

[8] 以下については，人工知能研究の哲学的側面に関するペーター・ゴールドの貢献を参照。ゴールド／エンゲル，1998年。

の〕解決を図ることが重要である一つのある専門分野に向けて設定される。そして知性〔インテリジェンス〕とは，まさにこの探究能力のうちにその本質がある。人工機械では，目的の設定が必要である。「目標設定は，知的なシステムに対して，問題の配置という形態で先行的に与えられる。システムは，同様にあらかじめ与えられている枠内で，それら諸問題の配置に適切な解答を見出すようになっている」（同書，79頁）。

　脳を自然の機械と見なすというのは，プログラムが生まれつきあらかじめ与えられているということを意味する。このことを度外視しても，神経生理学的プロセスは，機械的に制御されたプロセスと同じように扱われるのであり，つまり脳による情報処理と見なされうる。中枢神経系とその環境間で，情報交換が成立しているのである。その際，「交換されている記号情報の間には，代理という関係があり，いわば環境がもつ堅固な物質通貨が形象的な神経通貨へと換金される」（エーザー，ザイテルベルガー〔Oester/Seitelberger〕，1988年，72頁）。それに応じて，物理的-化学的な刺激が情報伝達になるのは，その刺激が神経シグナルにコード化され，繰り返し生じる神経興奮パターンにおいてプログラム化されていることによる。問題として残るのは，脳を機械的に制御された神経プロセスおよび神経状態の中枢回路と見なすことができるかどうかではなく，むしろそう見なすことがどこまで可能なのか，という問いである。こうした問いがまさに，はじめて立てられるのは，情報理論的モデルもしくはそれと類似のモデルが，人間の行為レベルに代入されるときである。テオ・ヘルマンが心理学に関して次のように確認している。「心的事象を，直観的-技術的，あるいは直観的-身体的事象へ存在論的に還元することは，経験科学にいかなる持ち場ももたせない不完全な形而上学になってしまうだろう」（1964年，658頁）。

　このような存在論的還元主義が，特有の技術論的還元によって回避されるとして，なお問われるのは，認知主義という表象主義的かつ規則定位的なパラダイムが主導的役割を果たすとき，経験は何へと還元されることになるのかという問いである。この問いの解答に接近するのは，私たちが経験のそれに相応した技術化を規格化の技術的変種として理解するときである。すなわち，実践的社会的な規格化に，形式的だけでなく実質的にも対応するような変種として理解するときである[9]。古典的な人工知能研究が

取り組む専門領域の選択は，そのことを物語っている。問われるのは，既知のパターンの再認，チェスのような規則ゲームの遂行，規則形式の変換にほぼ等しい要素的な翻訳の能力なのであり，最終的には，問題設定とさらに問題の定式化がそのもとであらかじめ与えられる，狭義，あるいは広義の両方での問題解決なのである。いずれにせよ，プログラミングは存続している規則に依拠し，あらかじめ与えられた秩序の再現に制限されている。技術的に生み出されたメカニズムはそれとしては，技術的な着想力に依拠している一方，そのメカニズム自身は，機械的と呼ばれるのに充分であるような行動に近い状態にある。その際，その着想力は，最小限のものとなり，例えば，決まり文句のような言語使用や型どおりの笑いなどに見られるものである。いわゆる平凡なありきたりの機械の組み立ては，決してありきたりではなく，それは，日常言語の文法が日常的でないのと同じである。機能化のもとでは，秩序の発生は秩序の成立よりも重要でなくなるが，そうした機能化が進行することで，「不同者の同一者としての反復」（『薄明のなかの秩序』64頁を参照）は，端的な同一者の反復，規則に一致したものの反復へと変じていく。不同者という過剰は，機械の産出において技術的に，機械の取り扱いでは実践的にも，排除される。郵便切手の自動販売機やコンピュータに私たちが期待するのは，オリジナルの応答ではなく，計算に組み込まれた解答であり，時に計算の結果が私たちを驚かすときがあったとしても，そのように計算された答えである。機能化と規格化が問題を含んだものとなるのは，不同者という過剰が忘れられ，抑圧されるときである。人間という生き物は不確定的な存在であるが，それがこのように，人工的な確定によって補償されるのである。

4．意味地平，連合パターン，神経のネットワーク

周知のように，認知科学および認知工学は，表象主義的，規則定位的パラダイムに立ち止まってはいない。規則モデルの可能性の乏しさを批判して，コネクショニズム〔連結主義〕のパラダイムが生じてきた。それは神経ネ

---

9) これについては，オラフ・カルテンボーン『人工生命』（2001年）を参照せよ。その研究では，人工知能と身体政治学の連関の重要性が主張されている。

ットワークに由来するものである。このパラダイムもまた，秩序機能に依拠して議論を始めるが，これまでのパラダイムに対して，一連の対照的な点がある。情報の流れの直列型処理とヒエラルキー的階層化に対して，〔コネクショニズムでは〕並列型処理と処理中枢の分散的配列が対置される。少数の特殊なニューロンによる局所的処理様式は，グローバルな構造にとって変わられる。その構造では，〔ニューロンの〕より広範囲な分布，ニューロン間の隣接連関が決定的な役割を果たしている。個々のニューロンが互いに比較的独立して反応しているとする原子〔アトム〕論的処理様式は，ニューロンの応答がもつコンテクスト〔文脈〕依存性に席をゆずる。この依存性は隣接する脳領域の共同作用によってだけでなく，行動のコンテクスト〔文脈〕，例えば因果的に重要性をもつ注意の段階性によっても作り出されるものである。古典的な計算機モデルから神経ネットワークへの変転は，明確な重要点の移動を示している。以前は脳が計算機と見なされ，それに相応しいようにシミュレートされていたが，今では逆に，人工的なコンピュータモデルが自然のネットワークである脳に，これまで以上に方向づけられているのである。その結果もたらされたのは，技術的，工学的にモデル化された作業能力のより広範な柔軟性，開放性，空間時間的な力動性である。けっして廃れたわけではない思考機械モデルから思考ネットワークへの移行は，経験の現象学に対して少なからず挑発的である。増大する神経-生物学的な方向性は，神経-精神論的な方向性よりも生きられた経験に接近しているにもかかわらず，あるいはまさに接近しているがゆえに，挑発的なのである。しかし，この問題に立ち入る前に，コネクショニズムのパラダイム内でも，経験との接点を探ることは有益である。

　まず最初に，注意を促しておく。神経ネットワークの結節点として立ち現れるニューロンは，発火したりしなかったり，応答したりしなかったり，シナプスを越えて互いに結びついたりするが，こうした仮定は，物理的に実現された計算プロセスの仮定と同じ性格のモデルである。ニューロンプロセスから記述可能な経験体験や経験構造へとなめらかな移行が起こるといったことは，ここでも期待できない。もし，経験の現象学とのより親密な関係が存在するならば，それは，モデル化の様式のうちに探し求められねばならない。接触点を提供するのは，さまざまな種類の学習プログラムである。古典的なシンボル主義的パラダイムは，顕在的な規則のレパート

4. 意味地平，連合パターン，神経のネットワーク 433

リーに依拠している。なぜならそうした規則が存在しないと，物質的シンボルは何かを表象するシンボルではなく，ただの物理的出来事になってしまうだろうし，どんなプログラムも定式化できなくなるからである。このようなレベルで，実際に妥当しているのが以下の命題である。「模倣可能であるのは，すべて，つまり，十分明瞭に定義されるものすべてであるが，ただし，漠然とした思考の流れは，モデルという形で模倣することは不可能である」（I・コーレー〔I. Kohler〕，ヘルマン〔Herrmann〕による引用，1964年，657頁）。蓋然性の段階で行われる推測統計学的なプロセスも，もちろん漠然とした思考の流れに属するわけではない。通常の計算機は，端的に〈なすべきことを知って〉いなければならない。それに対して，コネクショニズム的パラダイムは，範例となる実例から出発することによって，シンボルよりも下位レベルで操作を行っている。「神経ネットワークにある特定のパターン〔pattern〕が呈示されると，ネットワークはそれに〔他の〕特定パターンを連合して反応する。ネットワークは，いわば，あらゆる提示されたパターンにパターンをもって〈応答〉する」（ゴールド，1998年，82頁）。それは，一定の秩序を成立させることのできるパターンの連合である。そのとき，先行するクラス分け規準によって可能となるパターン認識なしに，連合が起こっている。これによって，連合論がもつ古くからの問題へと私たちは連れ戻される。連合は，何らかの結合メカニズムを前提としており，まず第一に，類似性もしくは対照が前提され，さらに類似性は，ある類似の視点を必要とする。そうでなければ，どれもがどれかと似ていることになってしまい，連合は習得可能な秩序連関を創設することができないだろうからである。この問題は，以下のような解決が図られる。「ネットワークは，〔複数の〕入力パターンを，同じ応答パターンで応答されるお互いに類似のものと判定するかのように働く」と（同書，83頁）。それによって，問題は，応答の能作へとズレ込むことになるが[10]，この応答の能作そのものは，類似性を成立させるものとして，応答されるパターンと応答のパターンの間の類似性へと遡及的に導かれることはないのである。こうした連関がいわば，神経行動主義的に理解されるならば，

---

10) 応答性 Responsivität〔という概念〕が現象工学的な問題を呼び起こすものであるにもかかわらず，その誘惑的な親近性を過度に利用しないよう，私は「応答作業」という言い方をする。

因果規則に依拠せねばならないことになるだろう。だがそうすると，決定的に重要な出発点の仮説，すなわち，ネットワークは，最終的に「期待された行動を自分で習得した」（同書，81頁）という仮説と矛盾をきたすことになろう。もしくは，カントの「幸運な偶然」を頼りにすることになるだろうが，そのときは少なくともこの偶然がどこにあるのかが明らかでなければならないであろうし，そのとき，単なるパターンを形成するだけの物理的構造など，考えられえないのは確かである。当該の問いが未解決のままにとどまるのは，「学習するネットワーク」に外部の監視者があてがわれ，彼が「範例的に取り出される適切なパターンの選択」（同書，85頁）をあらかじめ決めることによってネットワークに学習目標を設定してやるときでも同様である。適合性を端的な結果にそのままあてがうのでもない限り，問題は未解決のままにとどまる。存在論的，認識論的な要求を，事実的に思い通りに操作できるもの，という技術的な視点へと制限する意図は，上述の著者にはない（同書，50-56頁を参照）し，私たちも同様に，それでは満足しないのである。

　したがって，経験の現象学へと移行することにしよう。そこでは連合が自らの居住権を所有しているだけでなく，その他のコネクショニズム的な視点が独自の役割を果たしている。経験の基礎的分節化に含まれるのは，何かが何かとして一定の意味で現れ出てくるということだけでなく，何かを何かとして把握するどの志向も何か他のもののうちに求められる何かをねらっている，ということでもある。むしろ何かがあれこれのものとして現出するのは，それが他のものと一緒に立ち現れることによってである。自らの規定，クラスづけ，評価を外部から受け取ることのない規定された何かとして，何かあるものが立ち現れるのは，それが潜在的な意味形態の背景から現れ出てくることによってのみであり，他のものから解離しつつ，際だち，他のものと連合的に結びつき，空間-時間領野のうちで拡張することによってである。局所的な此処と今を越え出ていくグローバルな視点，同様に，すべての原子論的考察を《二次的なものを一次的なものとすること〔prius posterius〕》[*]として正体を暴くコンテクスト〔文脈〕性は，現象学と解釈学にあっては，意味地平，意味構造，指示連関，知覚領野，行

---

[*]　西洋哲学史上，重要な区別であり，例えば，トマス・アクィナスの認識論において，根源的に第一のものと，派生的に第二次的なものの区別がなされている。

4. 意味地平，連合パターン，神経のネットワーク

動領野として周知の通りである[11]。ヒエラルキーに配置された直列型のプロセスに固執することは，端的な前後関係を排除する非線形的な時間理解と相容れないのである[12]。さらには，この固執は，共感覚的かつ運動的な調整，両眼視の二項性，さまざまな水準で同時に生じている身体的コミュニケーションの多義性とも相容れない。亀裂を生む〔核心となる〕論点は，《一緒に Mit》《共 syn》《共に cum》にある。それがなければ，秩序連関は存在しないだろう（上記，第Ⅵ章，1）。前もってすでにある調整規則と相関規則に従うのではなく，むしろそうした規則を経験の進行につれて一緒に成立させるような連関が存在する。この連関の本質は，最終的に，多様な接続との開かれた連関，及び，予想した以上の規則的な結合の可能性を常に含む連結プロセスのうちにある（上記，第Ⅵ章，2）。このような意味で，アネクショニズム〔An-nektionismus, 接続主義〕と言うのも，不適切ではないだろう。最終的に，連合的意味形成と触発の間には，密接な連関が成立しており，この連関は，精神分析でも中心的な役割を担っている。この連関は，経験の生起的性格にもとづいており，経験は，エス〔Es〕という〔非人称的な〕性格において，あらゆる自我による能動的な態度決定やコントロールに先行しているのである。何かが何かを思い起こさせる，もしくは他のものを指示することにその本質をもつ根元的な経過的事象は，誰かに帰属する諸作用から，厳格に区別されている[13]。「感性的世界のロゴス」は，潜在的で背景的なパトスと不可分なのである。

　意味地平と指示連関のテクノロジー的変換は，経験の新たな機能化を通じて可能となる。他のものによって〈覚起〉されて現れ来る何か，そして，その何かがその何かの側で，他のものを〈思い起こさせ〉，それが経験の

---

11) ドレイファスが再三，現象学の内部で，表象主義的なもみ殻〔無価値なもの〕（フッサール，フォーダー）を実践知の体現（ハイデガー，メルロ゠ポンティ）という小麦から取り除こうと試み，ヴァレラとトンプソン（1992年，37頁以下）が彼に従っていることは，私にはきわめて誤っているように思われる。私たちが繰り返し引き合いに出しているフッサールの『受動的綜合の分析』を参照されたい。

12) これは，音響的もしくは視覚的刺激をただ処理して対応することに関しても，すでに当てはまることである。その際，〔刺激が〕意識化されるときに生じる遅れは，真の遅延〔Zu-spät〕であり，この遅延は，完成した世界がすでに前提されることなしには，観察可能な遅れに還元されえないのである。これに関しては，エルンスト・フローリー〔Ernst Florey〕『脳と時間』1991年を参照。

13) 古典語の imputatio（算入すること）は計算術に含まれないが，しかし（共に）計算すること，computatio との連関は完全に拒絶されてはいない。

うちに現前するときには，遠い過去からやって来るような何か，このような何かが技術的にシミュレート可能な経過へとはじめて，分節化されるのは，この何かがそこにある何か〔Vorhanndenes〕として受け取られ，さらにそれになおそこにある何かが付加されるときである。何らかの仕方で共属することなしに，一緒に現れている〔だけの〕多くの与件の結合として連合を把握する経験主義は，共属していないものを綴じ合わせるクリップを要求する，あるいは，それらを接合するセメントを要求するのである。そうであるがゆえに，神経ネットワークモデルも，結合メカニズムをめぐる問いを生じさせることになる。神経学的研究によれば，ここで生じている「結合問題」が結合ニューロンの発火によって解かれるかどうかは，疑わしいものとなっている（W. ジンガー2001年を参照）。そのとき誘惑的に響く考えは，〔いわゆる〕古典的な綜合だけでなく概観〔Synopse〕を，シナプスによって置き換え*)，1つの細胞の末端神経と他の細胞の隣接領域とを，シナプスの隙間を越えて結合する，文字通り，接触個所によって置き換えようとすることである。チャールズ・シェリングトンは，生命の，特に神経システムの自然的発生から，この術語の導入を考えついたのである（エーザー，ザイテルベルガー〔Oester/Seitelberger〕，1988年，5頁）。しかし問題なのは，神経ネットワークモデルがそれ単独で，次のものをシミュレートするのに十分なものであるかどうかである。すなわち，それは，目的設定に基づいて習得されるのではなく，原初に創設される生命の経過と，それに相応する生命連関とをシミュレートすることである。連合を触発および起動性から分離することは，「パターンによる応答」を認知的に干からびさせるのに役立つことになる。この点では，新しいパラダイムは，従来のものとほとんど等しいのである。

それゆえ，T. ウィノグラード，F. フローレス，H. L. ドレイファス，F. J. ヴァレラが，とりわけ初期ハイデッガーと初期メルロ＝ポンティによって展開されたように，現象学と解釈学との選択肢を持ち出すことによって，〔現象学に対して〕批判的な留保条件を主張するのは，驚くに値しない[14]。

---

*）綜合〔Synthese〕が，共に立てる〔syn-tithenai〕を，概観〔synopse〕が，共に見る〔syn-opsis〕を意味するが，こうした認知活動は，コネクショニズムに従えば，シナプス〔synapse＝syn-aptein 共に結びつける〕として捉えられるということ。

14）これに対しては，アンドレアス・K・エンゲルとペーター・ケーニッヒによる神経

4．意味地平，連合パターン，神経のネットワーク

コネクショニズムのパラダイムが非難を受けるのは，内的モデルという表象主義的な仮説を保持することによって，主観が，あらかじめ与えられた世界のなかに存在する引き離された受動的な観察者に格下げされているということによる。さらに指摘されるのは，原子論的な試みが複合的な構成要素〔モジュール〕の次元で保持されていること[15]，そして，コンテクストは単なる相関関係の統一を作りはするが，意味統一を形成するわけではないことである。このことは，上述の還元，つまり《共属する〔Zusammengehören〕》ということを《単に一緒に生じている〔Zusammenvorkommen〕》ことへと還元することに相応している。結局のところ，神経生物学的な試みに対してはみな，ある種の神経‐偏執主義という非難がなされる。そうした偏執は，脳状態がそれを有している人格から分離されるという考えに由来する。上で言及された著者たちが見出している一つの選択肢は，身体化され，行為に関係づけられた認識にある。このことは，私たちが始めたあの経験の現象学へと連れ戻させることになり，この経験の現象学にとって，今後の考察の基準となるであろう，別の動向が与えられたことになる。今語られたもう一つの選択肢〔身体化された認識〕から，その正当性が奪われてはならず，一定の段階ではあれ，このような実践的な技術の方向性は，必要不可欠なのである。けれども，新しい種類のテクノロジーの実践への組み込みを再度試みることは，その諸可能性を過小評価していないかどうか，その試みが，逆に，私たちの関心の中心である《経験のパトス的背景》を十分に顧慮しているかどうかが，問われることになる。

学的知覚パラダイムの批判的総括，ゴールド／エンゲル，1998年所収を参照。この討論からの最も重要な議論が，ここではまとまった形で見出される。身体性と認知の関係については，同じ巻のバルバラ・ベッカーの論文と，オラフ・カルテンボーン『人工生命』（2001年）を参照。

[15] これに関しては，フッサールのゲシュタルト理論に対する類似した内容の批判，『フッサール全集』第Ⅰ巻，76頁以下〔邦訳『デカルト的省察』浜渦辰二訳，岩波文庫，2001年，77頁以下〕，『フッサール全集』第Ⅴ巻，156頁を参照。〔ただし〕この批判の正当性は別の問題である。

5．テクノロジー的アプリオリ性という記号における自己産出

　自己産出，およびそれとの類縁的関係にある自己組織化を私たちは，超近代的技術パラダイムの鍵になる動因として解明してきたが，この概念は，一層柔軟性に富み，生命〔現象〕により近接する認識構想〔概念〕を探し求める際にも，立ち現れてくる。ここで疑問の余地があるのは，秩序づけるものを欠いた秩序づけ〔Sichordnen ohne Ordner〕の概念そのものではない。この概念は，力動的システムという物理学の領域でも重要性を認められており，問題なのは，むしろ自己産出やオートポイエーシス概念の方であり，オートポイエーシス概念は，ウンベルト・マトゥラーナが生物学に導入したときから，極端な構成主義者やそれと精神的に類縁性のあるシステム論者たちによって熱狂的に受け入れられてきている[16]。オートポイエーシスの理念が，計算機モデルとネットワークモデルから区別されるのは，単に経験がもつ特定の秩序形式が技術論的形式へと移し込まれるということにおいてではなく，むしろ，その経験の認識が，ときとして，生物学的な認識よりもより謙虚であったり，時には経験一般よりもより謙虚でないように捉えられるといった仕方で，新たに構想されることにある。厳密に理解すれば，もはやモデルについて語ることはできないのは，諸システムが存在するとき，オートポイエーシスが生命そのもののように生じるとするときである。このことに何の変化ももたらさないのは，そうした発言がシステムを記述する観察者に要求されるときでも同様である。それによって私たちが近づくのは，生命そのものに照準を合わせる生命工学の問題である。以下ではまず，自己産出というプロジェクトにまつわるいくつかの難題について語っていくことにしよう。私がドイツ語による概念表現を，ほとんどの場合に利用するのは，議論が特殊理論としてのオートポイエーシスという枠組みを超え出ているからである。

　自己産出という概念は，二重に前線を展開し，それに伴い，付け入る隙も二重になっている。こうした二重化は，この語が戯れている二義性から

16）　これに関する議論は，ここではこれ以上詳細に取りあげはしない。すでに言及された『正常化の境界』の最終章を参照されたい。

5. テクノロジー的アプリオリ性という記号における自己産出

結果するものである。

　自己産出のさしあたりの意味は，ホメロスがすでに〈オートマチック〉に生じると表現していた（イリアス XVIII, 376を参照）ダイダロスやヘファイストスの道具のように，何かが自ずから，自分自身で動くことである。オートマチックに生じるものは，内部から，それ固有の起動と先導性によって成立する。自己産出という新しい概念が，古典的な技術パラダイムと相容れないのは，この概念が，従来は自然的発生（$\gamma \acute{\epsilon} \nu \epsilon \sigma \iota \varsigma$）に与えられていたように思われる属性を産出（$\pi o \acute{\iota} \eta \sigma \iota \varsigma$）に要求していることによる。その結果もたらされるのが，人為的発生，もしくは少なくとも技術形式的な発生という，雑種の概念である。このことは没落という影の部分にも該当する。伝統的に言えば，自然消滅と人為的破壊は別々に立ち現れるものであったが，人為的消滅としての自己破壊の理念が芽吹いている。発生〔という語〕が生殖行為，分娩と語源が近いこと（上記, 83頁）に注意すれば，明らかになるのは，人為的な産出という理念が，単に生と死を引き起こすという意味をはるかに超えていることである。こうした理念は，伝統から言ってもまったく異質というわけではないとしても，それは，ただ創造神のために残されているだけであり，聖書の形態で語れば，自然の魔力との関係は断たれており，したがって近代のパラダイムを先取りしているが，同時に生を与えかつ生を奪う誰かとして，技術論的パラダイムを背後にしている。

　だが，自己産出はまったく別の意味ももっている。それは，自分を自分自身によって産出すること，技術が自己反省的になるような一種の人為的自然発生（$\gamma \acute{\epsilon} \nu \epsilon \sigma \iota \varsigma \ \alpha \grave{\upsilon} \tau \acute{o} \mu \alpha \tau o \varsigma$）である。《制作の制作（$\pi o \acute{\iota} \eta \sigma \iota \varsigma \ \pi o \iota \acute{\eta} \sigma \epsilon \omega \varsigma$）》は，自己原因といった難解な思考形態によって用意されたが，かつて神を第一動者と表現した《思惟の思惟》（$\nu \acute{o} \eta \sigma \iota \varsigma \ \nu o \acute{\eta} \sigma \epsilon \omega \varsigma$）の技術的なバリエーションといえよう。けれどもこのような自己産出は，目に見えて複雑になっている。自己産出は，オートポイエーシスの自己を産出しつつ，自己関係をみずから成し遂げなければならない。それに加えて，産出が遂行される際の規則も産出しなければならない。仮にそうした諸規則が存在しないとすれば，オートポイエーシスは，カオス的に沸き立つこととなんら変わらなくなってしまうだろう。したがって自己産出は，技術論的に理解されるべき自律という特徴，一般的な表現で言えば，自己制御，自己組織化

という特徴を備えていることになる。伝統的なデミウルゴス〔＝世界形成者〕や技術者たちは，対応する宇宙発生的課題から免れていた。なぜなら彼らの産出は基本パターン通りになされ，パターンそのものを作り出す必要はなかったからである（例えば，ゴルギアス503d，ティマイオス28a を参照）。このことは，神の「オートポイエーシス的技」が「事象そのもの」を作り出す（ソピステス266a を参照せよ）時でさえ妥当する。自力と自動論的〔autologisch〕という要求を背負わされたオートポイエーシスは，しかし，近代の技術パラダイムとは抗争に陥る。この近代のパラダイムは，自由で実践的な主体に基づいており，この主体は，みずからの行為において，また間接的に，その産出活動においても，自分自身がみずからに与える規則に従うが，法律機械や道徳機械といった仕方で規則を産出するわけではない。こうした観点で自己産出が意味しているのは，それなしには責任を負われるべき産出が存在しなくなるような産出者が，自ら自身を産出するということ，そして，産出者は，産出者と産出されるものが一つになったものであるということである。自由な主体と普遍的理性という二本の柱に支えられている近代的思考の基準から言えば，自分自身による自己の産出という概念は，一致しえないものを無理矢理に結びつけた雑種概念であるように見える。

　オートポイエーシスが主張する過剰な宇宙発生論的，自動発生的側面を，古くから定評のある諸見解を思い出して緩和するのは，容易なことであろう。人為的発生という事例において，異議が唱えられ，自然への人為的な介入はすでに自然を前提しているとされる。土壌の堆積，種の発展，感覚の発達，脳の分布化〔Arealisierung〕が生じたのは，地質学，化学，神経生理学の専門研究者が〔理解のための〕秩序を用意するまで，それを待っていたわけではない。「頭上の満天の星空」は多くの人に驚きを引き起こすことではないかもしれないが，星空は依然として，自分自身の驚異にとっては十分なのである。自然が行った多様な発明を考え合わせるならば，それは当の昔からノーベル賞の有力候補者であっただろう。こうした自然現象はすべて，人為的な記述言語においてのみ生じるとする議論は，私たちが有意味に語ることのできるすべてのものは意識のうちで生じ，構成的な意識条件に服するという古典的な想定と，まったく等しいものである。自己自身による自己自身の自己産出という二番目の捉え方を覆すためには，

5. テクノロジー的アプリオリ性という記号における自己産出

　自己意識の反省モデルに対する従来の反論を技術論的に適合させて、自己自身を産出する自己とは、すでに自分自身を前提しているか、もしくは無限遡及へと巻き込まれるかのいずれかであると主張するだろう。産出する行為がもつ諸困難のうち、表象する思考作用のアポリアだけが繰り返すことになる。だがこのような仕方で行われているのは、退却支援の戦闘でしかなく、それは事象解明にほとんど貢献することはないのである。そのような戦闘は、新たに審議されるべき事象をただ断片的にしか捉えない古典的なパターンに従って、現代の解放された技術を測るということになろう。自己産出という理念がどれほど疑わしく曖昧であろうとも、重要なのは、産出と産出を行う自己を、実践されている技術化の観点から問おうとする試みである。

　技術化の主要な戦略の本質は、自然的発生と人為的産出の対立を止揚することなく、その対立を通底し、中性化することにある。私たちが語った技術論的還元は、多かれ少なかれ、自発的に生じるのである。それは、*機能的-技術論的なアプリオリ*という標語のもとにあって、《どのように〔Wie〕》という語で表現される。つまり、どのように機械は機能するのか、システム、制御装置、ネットワークはどのように機能するのかと表現されるのである。ここに属するのが、それをどのように行うのかに関する知、技術的な*ノウハウ*である[17]。《*なす*》ことと《*なる*〔sich machen〕》こと、言語にそくして定式化すると、*作ること*〔faire〕と*作られること*〔se faire〕は互いに接近する。技術-論〔Techno-Logos〕は、機能的な諸規則ないし連合パターンからなる上述のレパートリーにおいて、具体化される。フーコーが『言葉ともの』で行うように、私たちは疑似-アプリオリについてより厳密に語るべきである。なぜなら、こうした基準は、それそのものが物質化されるからであり、単に与えられた物質に適用されるだけでなく、さらには歴史的に変遷していく言説編成〔Dispositive〕へ組み込まれるからである。どんな機械も他の機械をシミュレートできる（ゴールド、1998、92頁を参照せよ）ということを、最終的に考慮するならば、《*技術のアナロギア*〔analogia artis〕》というような何かが一貫して生じているのであり、そこには、伝統的な《*存在のアナロギア*》が技術論的新版を

17）プラグマティズムはポイエーシス〔制作〕という一つの領域にではなく、実践の領域に位置しているにもかかわらず、ここからプラグマティズムとの親近性が生じてくる。

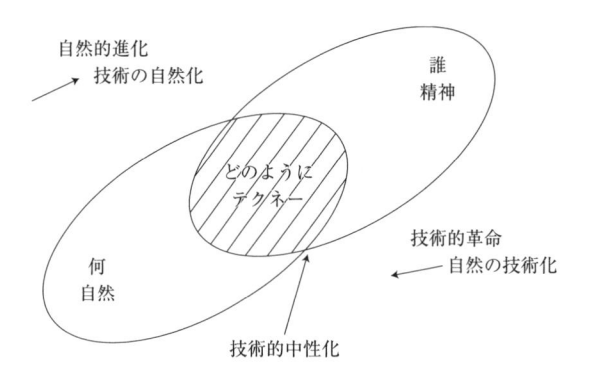

図11　自然―テクネー―精神

重ねているといえる。

　自然性と人為性の区別の中性化は，さしあたり自然の技術化という一面的な傾向で起こってくる。すなわち，それは生命の技術化を含めて，精神の技術形態的な特徴を拠り所にして生じてくる。だが事態がそこに留まるとすれば，私たちは単に産出の範囲を拡張しているにすぎない。拡張によって，自然を支配するという近代のプロジェクトが続行し，強められるだけなのである[18]。実際，多くのケースがそのように記述されてはいるが，しかしすべてがそうなのではないし，それが決定的なことでもない。自己産出の説明に使われた《人為的発生》という混合概念は，発生と産出の間を揺れ動いている。またこの概念は逆の方向へも転じ，技術の自然化，心的装置も含めた自然化を表している。クワインによって唱えられた認識の自然化，あるいは精神の一般的な自然化は，認識論に必要な支えを提供しているといえる。自然への技術的介入は，逆に自然そのものの理解に影響を及ぼすのである。

　自然は，発明し，計算し，さいころを振る。それは前もって与えられたレールの上を走っていくわけではなく，単なる外部からの命令に従っているのでもない。こうした見解はそれほど新しいものではないが，自然の創造的特徴が強調されている決定的な確かさが新しく見える。「母なる自然は美しく，あなたの産物の見事さよ」，機械時代の冒頭でもなお詩人はそ

---

18) このプロジェクトそのものが，技術の評価に含まれており，単なる記述に分類されることはない。

5．テクノロジー的アプリオリ性という記号における自己産出

う語った。超近代的な自然は，たとえそれが独自の美を獲得しているにもかかわらず，無条件に美しいわけではない（クラマー，ケェンプファー〔Cramer/Kaempfer〕，1992年を参照せよ）。〔自然の〕母性はいろいろあるなかでの一つのメタファーとして現れているに過ぎない。それは，技術がいわば自然への，フロイトの適切な表現を使うなら，「譲歩」[*]せざるをえないことを排除しない。技術革新のプレスト〔速いテンポ〕は，自然進化のアンダンテ〔ゆるやかなテンポ〕という共鳴盤をもつ。技術と自然の交差は，借用して擬人化することなく，自然的技術という言い方を許容する。それはちょうど，私たちが身体知〔wisdom of the body〕[**]や，さらに数段階進んで日常物理学について語るのと同じ具合である。包括的なメカニズムは，連続的発展を弁護することなく，こうしたキアスム的交差を許容する。〈発展〉という語は，新しい響きすら獲得している。生命体はロゴスに対して，通常受け取られてきたよりもずっと密接に関係している。もはや生物存在がロゴスをもつかもたないかということではなく，身体化されたロゴス，生命-ロゴス〔Bio-Logos〕，特に神経-ロゴス〔Neuro-Logos〕として現れているのである。このロゴスは，どよめき進む生命の流れといった非合理主義と総体的に共有するものはなく，かといってただちに生存競争の手段と同一視されることもないものである。一つの秩序が生き続けるという事実は，それが生き続けているがゆえに秩序であるということを，即座に意味するわけではない。いずれにせよ，機能的技術的な《いかに》という主導理念にあっては，語っているのが自然なのか精神なのかは相対的にどちらでもよいことになっているかに見える。二つの方向でたえず拡張していく機能的-技術的中間ゾーンでは，たえず緊張関係が生じているにもかかわらず，中立性が支配している。

---

[*] 心身症の患者が，感情を表現することができず，記述することができないことから陥る身体上の変化（感覚の変質）を「身体上の譲歩〔somatische Entgegenkommen〕」とフロイトは名づける。

[**] この語は，W. B. キャノン Cannon の著書〔Wisdom of the Body, Kegan Paul, London, 1932, 邦訳『からだの知恵』舘鄰・舘澄江訳，講談社，1981年〕に由来し，自律神経や免疫系などの不随意的な機能を指していると思われるが，さらにフランシスコ・ヴァレラが『身体化された心』（邦訳『身体化された心：仏教思想からのエナクティブ・アプローチ』田中靖夫訳，工作舎，2001年）で主張している身体化された行為・認知のことも念頭に置かれているだろう。

このような中性化が存在するにもかかわらず、依然として自己に関する謎が残っている。謎は、人為的に引き起こされた発生という理念にも、自然に発生する産出という理念にも、同様に含まれている。さしあたりは、粘り強く、次のように主張することができるだろう。《どのように産出されるか》へと還元することは、いかなる《即自的なもの〔kath' auto〕》をも許容しないことであり、その還元は、即自的に存続するものをすべて排除する。産出者を超えるような誰かが存在する余地はなく、また、産出されるものを超えるような何かが存在する余地はない。誰と何を問うこと、すなわち自立的な自己、あるいは、逆に〈事象そのもの〉という自立的な存在を問うことは、機能から規定される機能の担い手を述べることによって答えられるだろう。18世紀下半期にはじめてその名で呼ばれるようになった役員〔役割を担った人 Funktionär〕は、当人を役員としている資格を除くと、特性のない男なのである。これによって私たちはすでに、社会技術の領域に足を踏み入れていることになる。だが、機械的存在という狭い領域にあってすら、ハードウェアが「物質の形式」になる（ゴールド、1998、93頁）ということが妥当する。その形式とは、数学的な要素を度外視すれば、アリストテレスが物体の心的形成化において考察した形式化された素材〔適切なヒュレー—οἰχεία ὕλη〕と比較されうるものである。デカルトの第6省察で引用された《心—水夫》については、もはや語る余地はない。なぜなら、宇宙船に乗員が乗り込んでいるかどうかという問いは、そもそも技術的諸様相に含まれるからであり、それはちょうどマルクスにとって労働者が、経済的には資本化された労働力としてのみ換算されているのと同じである。

　以上のことはすべて正しいかもしれない。しかし従来からの差異を中性化することは、還元によって獲得された《どのように》という中間領域そのものがどのように規定されるべきなのかという問いに、答えることはない。方法的な中立性を、存在論的同一性と取り違えてはならない。そのような取り違いが先行するとき、機能的な《どのように》は何（もしくは擬似神話的な誰）へと固定化されてしまい、その結果、機能化がそれ自身の前提の背後に後戻りすることになってしまう。同時に、問題が生じ、技術の存在論化はそれとしてどのような機能を負うのかと問われることになろう。私たちは循環に陥っている。テクノロジーの領域内で、技術を端的に

前提せずに，技術を技術として語ることを可能にする分割が生じたのであれば，一つの打開策が示されたことであろう。メルロ＝ポンティが『知覚の現象学』序文で現象学的還元について主張したことと同様のことが，ひょっとすると技術論的還元にも当てはまるかもしれない。すなわち，現象学的還元が，まさにその完全な遂行が不可能であることを，それ自身の前提を見えるようにすることによって，決定的な教訓として示したということである。要求された自己産出の自己が，私たちに手を貸すかもしれない。オートポイエーシスがテクノロジーの転回点を提示するかもしれない。しかし，転回がどこへ通じているのかが問題となる。

6．自己関係，自己退去，自己言及的システム

これまでのケースと同様，根本的なのは，この自己がそもそも機能的な合理性の枠内で定式化され，それに対応して機械的にシミュレートされるかどうか，という問いである。ないしは，自己に関する何かが技術的装置や構築物へと取り込まれ，神経生理学的に実現されるためには，どのような変換が必要かという問いである。この問いが，これまでと同じような連関で問われるのみならず，より一層緊迫感をもってくるのは，単に経験のもつ特定の秩序構造だけに該当するのではなく，経験そのものが危機に瀕しているからである。この経験は，少なくとも自己性という原初的な形式がなければ，経験が単に登録可能で，かつ操作可能な諸経過とされることで，経験の特性を失うことになってしまうのである。

　第Ⅴ章での議論に立ち返ってみて，そこで私たちが認めるのは，自己はオートポイエーシス的な見方を阻止するような基本的特徴を備えていることである。私たちが間接的な仕方でしか接近できない自己とは，何ものかでも，誰かでもなく，それが自己自身から退くことで，自身を示すものである[19]。

---

　19)　ロバート・シュペーマンが，この〔何かと誰かの〕区別を端的に与えられているとしているが，彼がそれをなしえているのは，存在‐神学的な外部パースペクティブを採用し，この区別を差異経験と差異化の実践から展開することを怠っているからである。根本的だがエッセイ風に書き上げられた著作『諸人格』(1996年) を参照。そのサブタイトルは，「〈何か〉と〈誰か〉の区別に関する試み」である。私は，以下で生命倫理学を論じる際に，この区別が実際にもたらす帰結に関して話題にするつもりである。

こうした自己退去は，それを志向する以前に，自分に降りかかる自己触発，パトスと結びついている。パトスが他のどこかから到来する何かである限り，それは同時に，自己性の循環をうち砕く異他的なるものの触発として呈示される。誰の遭遇かを問うことは，誰に帰属する作用かを問うことに先だっている。原分割，したがって，自己は分割を越えてのみ自己自身と触れあうという事実は，時間-空間的な自己のずれへと通じていく。それは純粋な外的パースペクティブ〔観点〕も，純粋な内的パースペクティブ〔観点〕も同様に排除する。自己関係と自己分割が同時に起こることは，真正な他者関係を支持し，通常の二元論を免れる身体と無意識的なものの構想を約束している。だがまず問題となるのは，自己の機能化とその機能化の技術的変換の可能性と不可能性である。

　明白なことだが，自己分割し，自己触発することによって立ち現れてくる自己は，一切の形式のポイエーシス〔制作〕に，直接的なきっかけを与えることはない。欠如を産出するのに，欠如を存在状態へと変化することなしに，どうして産出することができようか〔できはしない〕。パトス，触発を生み出すのに，触発するものの側へ移行することになしに，どのようにして生み出すことができようか。《何かに向けて》の応答を実行するのに，前もってそれを応答の規則やパターンに組み込まずに，どうやって，実行することができようか。さまざまに異なる自然システムと人為的システムの境界を越えて，特に魅力的に思われる鍵概念として挙げられるのは，自己言及性もしくは自己関係性という概念である。

　その際，自己言及性は，伝統的な哲学概念である反省を排除，ないし，少なくとも抑圧しようとする。その意識論的な理解において，反省は主観を前提しており，その主観は顕現的に自分自身やその体験やその世界を内省し，これを自分自身が遂行する作用のうちで行うのであり，この作用そのものが，再度反省可能なのである。反省の概念は，少なくとも二つの問題を投げかけている。この概念は，自己意識，したがって，知の形式と密接に連関し，同時に自己客観化のアポリアに通じている。つまり自己客観化は，すでに自己を前提しているがゆえにたえず遅れて到来し，〔しかも〕，客観化というそれから後の作用に依拠していることから，生じるのが早すぎるというアポリアである。それに対して自己言及性概念は，柔軟かつ広範囲に適用できるという長所をもつ。この概念は，自己自身への関係性の

6. 自己関係, 自己退去, 自己言及的システム

操作を支える概念であり, この関係性は, 遂行知に結びついているのでなければ, 個人の関係作用に結びついているのでもない。自己言及性が適応するのは, 複雑なシステムがそれに固有な諸要素と相互作用し合うところ, また, この諸要素同士も互いに反応し, 最終的にシステムの現在の状態が過去の状態と結合するようなところはすべてである。

新種の中心的な一事例を提供するのは, 脳である。脳は, 単に線型因果性の意味で外部刺激に反応するのではなく, また循環型因果性の意味で, 遠心的な外への影響が, 求心的な内への影響へと転換するのでもなく, 機械的に語れば, 自分自身のプログラムを規定しながら変更するものでもある。こうして脳は, 意味を与えかつ同時に価値評価するシステムとして作動する神経ネットワークとして描写される[20]。意味は, 物理的な信号がニューロン的認知システムへ選択的に影響を及ぼすことを支持し, 価値評価は, 一部生得的で, 一部は獲得された基準形成を支持し, その基準によって, 感覚的興奮は測られるのである。このことは, 例えば感性世界の形成に対して次のことを意味する。個々の感覚質に対する処理行程は確定しているが, それは, 感覚様態間の差異, 物体と非物体の相違, 対象と背景との, 自己の運動と他者の運動との差異が, 内部系統による差異判定〔Differenzialdiagnose〕を通じて次第にくっきりと形作られてくることによって確定するということなのである。こうした意味論的, 操作的な完結性は, 「環境と脳との対話」を排除するものではなく (W. ジンガー, 1991年, 118頁), それが阻止しようとするのは, ただ, ニューロンによる応答が, 単にエネルギー論的に引き起こされた反応へと還元されることである。「脳は, …環境に対して, 問いを立てる。…そして感覚器官を通して興奮パターンを, 環境から受け取る。興奮パターンは客観的情報という意味での応答ではない。それはシステム自身が自らに与えなければならない応答可能性への舞台装置にすぎない」(ロート, 1991年, 364頁。1996年, 105-108頁も参照)。情報理論やサイバネティクスの明確な規定をとりあえず脇に置いてみると, この神経生物学的な試みは記述の仕方においては, 従来の生物学が行ってきた行動研究とかなりの範囲で重なっている。それは, 行動の循環性, 内部組織の交差結合, ニューロンによる代替性, ゲシュタ

---

20) 私は, ゲルハルト・ロート, ヴォルフ・ジンガーによって主張された研究の出発点を例として引き合いに出す。

ルトおよび構造化の能作，感覚的行動と運動的行動がもつ自己組織化の類似形式という点で際立っている[21]。自己言及性という構想は，必要な変更を加えるならば，他領域のシステムにも見出される。例えば，社会的世界という共同的構築物に関係する社会システムや，公理による構築が基礎づけの限界に直面している形式数学のシステムなどである。パラドクスの蔓延はこうした自己関係性と関連しているのだが，それは先行的に存在する基盤においても，普遍的な規則にも，すべての諸関係を展開する全体においても，止まらず作動し続けている。

だが，こうした自己言及における自己が何であるのかという問い，オートポイエーシスが成立するのかという問いには，まだ解答が与えられていない。引用した「システムそのものが自分自身に与えなければならない応答」といった命題は，さらに説明が必要である。自己言及は，非常に安易に，自己同一化と混同されてしまう。自己同一化は，反省的関係〈xRx〉〔= x が反省して x を捉える〕の結果，生じるのだが，その端的な同一化との違いは，二つの関係項が質的に同じか，もしくは個体的に同一という点である。例えば，このことが意味しているのは，x が単に何かを見，触り，判定し，同一化したり産出したりするのではなく，まさに自己自身をそうしている〔= 見，触れ…〕のである。この〈自己自身〉に分岐点がある。文法的に考察すれば，この自己自身は，他動詞の補足語になる目的語〔= 目的格の対象〕ではない。むしろ，「洗う」〔= 自分の身体を洗う Sichwaschen〕「喜ぶ」〔= 自分を喜ばす Sichfreuen〕「振舞う」〔= 自分に態度をとる Sichbenehmen〕「述べる」〔= 自分を表現する Sichausdrücken〕「とどまる」〔= 自分をとどめる Sichaufhalten〕といった動詞の自動詞的な性質をもった再帰動詞をなしている。喜んでいる人は，喜びをもっている人が誰であるかを問うことはない。反省的自己意識のアポリアが示すように，〈みずからを知る〔Sichwissen〕〉を「自己に関する知」へ変えるように惑わしているのは，言語である。文法に依拠するがゆえに，

---

21) これについては，正当にヴァレラも指摘しているが，メルロ＝ポンティ初期の著作『行動の構造』の現象学的側面に関して参照。比較的新しい情報理論やバイオサイバネティクスの端緒は，『自然』というタイトルで出版された後期メルロ＝ポンティの講義において，顧慮されている。注目すべき事実としては，長らくゲシュタルト原理は意味法則によって古くさいものとなっていたが，ゲシュタルト理論のモチーフがニューロン研究においては再び取りあげられている，ということがある。

6. 自己関係, 自己退去, 自己言及的システム

〈主語〉から逃れられない。ニーチェの有名な格言はこのように読み替えられるだろう。このことからして, 自己性もしくは自身性〔Ipseität〕が同性〔Selbigkeit〕ないし同一性の特殊形態と混同され, 自己言及が言及的指示〔Referenz〕の個別形式の一つとして扱われるのである。こうした混同の由来は, 遡って, ジョン・ロックが自己を時間的隔たりと状況の変化を超えて同一のものとして保持される何かと定義したことにある。自分自身を制御し, 自分自身について知り, 自身に一定の特徴を割り当て, それ自身の能力を評価する存在として, 自己が性格づけられるならば, それは確かにもっともなことだが, やはりそれ自身という語〔Sich〕は, その求められている異質的〔heautologisch〕言い方を隠してしまう同語反復的な言い方によって, 奪い取られてしまうことになろう。

しかし, 自己言及モデルの使用は, その使用法に改めるべき点が若干あるとしても, 〔これまでとは〕異なる方向へ進んでいってもいる。自己言及の自己自身とは, 他動詞的作用の対象ではなく, もっぱら, 諸操作の特性として現れ, 一般に, 境界線を引くプロセス, つまり, 自己限定, より詳しく言えば, 自己を境界線内部に定め, 他者を外部に設定するプロセスと必然的に結びついている。後者〔他者を境界の外へ設定〕は, 内-外の差異, トポロジー〔場所論〕的に非対称的に規定された差異, すなわちそれによって関係項のうちの一方が特権化, 強調化される差異を構成する, つまり, この差異をそこから区別がなされる場所として構成する。この区別されるということが, 単に与えられている区別という水準に格下げされ, 内部-外部〔の差異〕が相対的な位置規定へと格下げされてしまうのは, 内的なものが, 場所ではないとき, つまりとどまる場所, 何かが区別される場所でないときである。そして, 自身〔Sich〕がそれ自身として現れることがなくなるのは, それが区別されるものの場へと連れ戻されないときである。自身, あるいは自己とは, 基礎的クロノトポス〔＝時空論〕（バフチン, 1997年, 342頁, 366頁を参照）との関連なしには考えられない。再帰的操作と従来の反省的意識作用との違いは, 〔前者で〕初めから問題になっているのが, 一致や反射ではなく, 回帰という点である。《…へと戻る》ことは, 少なくとも最小の差異を前提とした同一化のための必然的条件ではあるが, 同一化そのものを意味するわけではない。ここで暗示されている隔たりの性質が, 自己言及を必然的に解き明かす際の決定的な要

因になるだろう。

　自己が，あらゆる同一化に先行する自己限定に由来するとすれば，自己産出からはいったい何が生じるのか。生じるとするその結果が興ざめなものになることは，オートポイエーシス概念から神秘主義的味わいを取り去ろうとする[22]提案を充分に考慮に入れるとき明確になる。自己産出と自己保存は，明確に区別した方がよい。自己産出は，すでに物質の領域に適用されている自己組織化の概念に近いものであろう。マンフレッド・アイゲンとヘルマン・ハーケンの研究で構想されたように，物質の自己組織は，パターンを形づくる構造が立ち現れることのうちに表明されてくる，そうした場合，境界設定は不安定なままであり，物理的システムは，そのうえ，容器の様に「押し付けられた輪郭」をもっている。それに対して，有機体において自己組織化は，自己保存という形で強化されていくのであり，この自己保存は，相対的に安定した境界線をもたらし，「自律的な輪郭」を成立させる。私たちがこの区別を理解する仕方は，内部空間を領域内に定めることと境界の外に外部領域を設定することが同時に生じるようなシステム的自己が，すべての場合に成立するという仕方である。物質的なパターンもまた周囲の領域へと，隔たりなしに，移行しているのではないことは，諸力が，諸力の野へと分散化し，単に，変化が同質の空間内で生み出されるのではないということではっきりする。この自己組織化に関して私たちがいえるのは，組織化を行うものなしに，独りでにそれ自身から組織化が遂行されていることである。それに対して，有機体の自己とは，その自己性を高めていくものである。それは，水流のなかで渦が発生するように，自己形成のうちで端的に成立するのではなく，むしろ自己自身を保持し，引き続き形成していくことに対して影響を及ぼす。有機体の自己は，背景から際だつ図のように，自己の輪郭づけの内に，単に含まれているだけではない。そうではなく，境界線を保持し，境界を越えての交流を規制し，内部空間の差異の洗練化において，自己は文字通り，自己関係の審級

---

　22) エーザー／ザイテルベルガー〔Oester/Seitelberger〕，1988年，47頁以下を参照。また，ロート1996年，80頁以下も参照。前の二人は，ロートの初期の作品に関係づけている。注目すべきは，依然として，ヘルムート・プレスナー『組織的なものの諸段階』における境界の考察であり，私は「敷居の経験と境界設定」に関する論述で，その考察を引き合いに出した。『語りの多声性』9章を参照。

6. 自己関係，自己退去，自己言及的システム

を作り出す。例として考えられるのは，本書第Ⅱ章で論じた皮膚がもつ接触機能，境界づける働きであり，あるいは，身体図式の形成や自己刺激に感応する遡及的告知と〔それに対応する〕神経生理学的相関者である。その力動性によって単なる自己保持を超えている〈有機体の自己保持〉の特徴とは，何かが単に独りでにそれ自身から成立するのではなく，自己自身を通して作り出される，ということである。以上のようにして，発生プロセスと産出プロセスが重なり合っていく。

自己組織化のこうしたプロセスが自分自身を理論として獲得するという段階まで，〔組織化の〕系列を高め続けてみるとどうなるだろうか。そのときシステム理論は，（さしあたり？）進化の最終産物となるであろう。それは，いわば進化に固有なトレードマークとなるだろう。だが，そうすると，機能主義は自己存在論化という危険に身をさらすことによって，みずからの嘘を罰することになる。存在する唯一の《何〔Was〕》は，機能的な存在そのもの〔ipsum esse〕としてたえず存在−神学的な欲望を充たす《いかに》であるだろう。首尾一貫する機能主義者は，機能的な手段で自分自身を相対化するという技巧的な仕事をやり遂げなければならないのである。

再び手がかりは，自己言及にある。それは自己組織化，自己保持，自己確定において，単純な同一化という図式をもはや放棄する。出発点となる課題をもう一度確認しておこう。自己は機能化，技術化されるのか，されるとすればどのようにしてなのか。答えは，機能的諸関係の多様化と一般化を通じてなされる，というものであった。その結果，個別のプロセスが依存するのは，もはや一定のプログラムと課題設定ではなく，むしろ自己自身をプログラム化する全体なのである。こうした一般的機能化は，これまで以上に不可視で，一定の命令中枢に依拠することが少なければ少ないほど，その影響力は一層大きくなる。この事態に相応するのが，ミッシェル・フーコーが私たちの社会に対して診断を下しているように，権力の権力者なしの遍在である。だがそれにもかかわらず，システム的構造の内部で，離隔的な分割が生じている。この自己，すなわち，システムが内的な視点を展開するために仮定せざるをえないこの自己とは，匿名的操作の属性である。それは，固有の貢献を顕在化することなく，システムが自己を変化させる操作である。さらにシステムは，それ自身から区別されること

なしに，何かがそのうちで区別される差異へと遡及的に導かれる。したがってこうした機能化を免れるものとは，すべてのシステム理論において前提されている次の事実である。システムは，独りでに自己自身によって成立するだけでなく，それ自身として現れ出てくる，ということである。この《として》が示しているのは，自己組織化のさらなる段階や位相のことではなく，秩序の生起そのものである。この場に立ち現れるのが観察者である。観察者もまた純粋に操作的に規定され，内/外の差異のうちで機能する自己言及を主題化するために不可欠な可能性となる。純粋に機能的に考察すれば，問題が自己観察か他者観察かということに何の違いもない。なぜなら自己の主題化は，同一性の問い，すなわち観察と観察されるものが同一の観察者に帰せられるかどうかという問いとは，直接関係しないからである。作動することそのものを暗さにずらしている盲点は，観察のどの視点からも異他的なるものの視線を作り出す。フロイトのエスに関してと類似したものが，機能するシステムそのものにも当てはまるのである。つまり，システムは，自分が行っていることを，語ることができない。自己は，自己言及，自己組織化，自己保持，自己確定といったよく使われている諸概念において前提にされているが，この自己を，はたして，機能的に規定することは可能なのだろうか。その答えは，機能的に規定できるとは，自己が，機能性そのものの限界を意味する限りにおいてであり，その限界とは，そのうちに何ものかを，つまり機能作用という事実を含まないということである。「私は世界の限界である」とウィトゲンシュタイン『論理哲学論考』において語られているのと類比的に，ここでは「システムは世界の限界である」と語られる。神経生物学に応用すれば，脳は，その脳の現実の限界であるとも言える。この結論を実際に導き出したのは，ゲルハルト・ロートである。彼の主著『脳とその現実』が，その頂点を次の仮説に見ている。すなわち，「実在的な脳」はその現実性とともに，私と私の「現実の脳」を構築物として作り出しており，しかも脳そのものは，私にとって永遠に到達しえないものと，されている。カントに準じて言えば，「脳自体」，フッサールでなら「作動する脳」ということができよう。限界の向こうに存在するのは，機能不全性であり，現実を他のものへ取り替えながら機能を切り替えるときだけ，こうした機能不全性に手が届くのである。操作的完結性そのものは，観察されうるだけである。観察が，反

語的になったり，詮索好きになったり，熱狂的だったりすることはないかと問うのは，間違っているように思われる。なぜなら，関与せずに行うことが特徴である観察の純粋性を，そうした問いは汚すからである。システムはそれを成し遂げ，システム論者が見た〔観察した〕のは，事態がそうであったことなのである[23]。

7．自然の発展と技術の発展との間に開かれた鋏

機能化と技術化のプロセスをもう一度議論してみるならば，オートポイエーシスの帳が取り払われるかもしれない。私たちが出発点としたのは，自然的および精神的プロセスをいわば機械的にシミュレートするという試みであった。しかもそのシミュレートは，制御回路形式もしくはネットワーク形式で作動する機械の構造をもち，かつ少なくとも輪郭が定まった目的をあらかじめ与えて一定の課題を立てるプログラムを組み込んだものであった。このような機械は，人間が手にする道具のように使用されるものではなく，モーターのようにスイッチを入れたり切ったりもされない。しかし，それでも，それは，探索や解決といった課題が与えられている場合でさえ，いずれにせよ，設定されるものである。プログラマーとしての人間が，万力の場合のように，機械の背後に立つことはないが，人間はなお手と頭を働かせてはいる。そのとき，特徴的なのは，抽象的な課題からより具体的な課題へと向かう傾向性である。この傾向は，計算問題を解く計算機から，センサーと〔外界への〕作動体を備え，空間的フレーム問題を乗り越えて，障害物を回避しうるロボットへの傾向として生じている。もしくは，精確な計算を遂行することから，状況的に似た自由度，曖昧な集合，近似値をあらかじめ計算するファジー理論という柔軟性に富んだ法則に従う計算機へと向かう傾向も存在する。このような諸傾向の再度の分割点となるのが，自然性と人工性との差異をシステム的に中性化することにおい

---

[23] フッサールの「無関心な傍観者」やヘーゲルの「純粋な看取」との類似性は，無視することはできないだろう。それは以下の問いを引き起こす。ルーマンのシステム論が，どの程度まで，フッサールおよびヘーゲルの現象学の機能化として理解できるのか，またそうした機能化が挫折するのは，どの個所においてか，という問いである。

てであり，それによって，物理的自然の力動的なシステム，生命システム，社会的政治的システム，形式的システムがいわば並行的に転換されていることである。技術はもはや自然に即して作業するのではなく，近代芸術と同様，自然と平行して作業をすすめる。独自のプログラムを書き続けるシステムは，プログラマーを不要にするのではなく，その居場所を指定するのである。システムは設置されることはない。なぜなら，設置役自身がシステムによって位置づけられているからであり，設置そのものが心的もしくはコミュニケーション的システムによってコード化されるからである。機械に対して，それは結局効果なしで終わるものであっても，攻撃を仕掛けてみてもいいかもしれない。しかし，システムと闘うことは，はじめから見込みがないように思われる。というのもシステムは，抵抗面を示すことはないからである。だがひょっとすると，以上のことは，こんなに明瞭に進展することは決してないような諸傾向の，単なる予測にすぎないのかもしれない。

　自然化された精神をも含んだ自然の技術化と，自然的発生と人為的産出の混合のうちにたえず増大していく切断面を有した技術の自然化との二重の傾向にあってさえ，一つへと収斂することは起こりえない。収斂が可能であるとすればそれは以下の場合だけであろう。すなわち，人為的産出そのものが自然に与えられた前提を取り戻すことによって自然的発生へ移行するか，逆に，自然的発生がみずからの目的を意識することによって産出へと移行するという場合である。だがこのような宥和が生じるためには，根本においてすでに〈主観〉である〈実体〉が必要であり，また，単に一切を差し引き計算するのではなく，一切のものを和解させる〈精神〉が必要となる。こうした精神なら，古代の言い方では，ヌースもしくは霊〔spiritus〕を傾聴するであろうが，最近，使われている《精神〔mens〕》，もしくは心〔mind〕という言い方には耳を傾けることはないだろう。このようなすべてを包括する精神の欠損において，そして，また，同様に，能産的自然〔natura naturans〕と所産的自然〔natura naturata〕の両方であるような自然の欠損において，上述した二重の傾向は，方向の違いのもとにある。この違いは，対極化，極端化や揺り戻しにおいて告知され，一義的な物理-技術的な進歩の歴史もしくは退行史を排除している。

　古典的な対立項，テュケ〔Tyche 運命〕とテクネー〔技術〕を取りあ

7．自然の発展と技術の発展との間に開かれた鋏

げてみよう。二つは両極にあり，一方が一方の側に傾くことはない。これは評価が二つに分かれることにおいて示されている。自然な発生の側で立ち現れる偶然は，発見という富を確実に約束し，直接的な利用可能性をはるかに超えたさまざまな可能性を約束する。他方，偶然は，カオス的なもの，見境なき暴力的なものへ行き着くこともありうる。それは，私たちにふりかかってくる遭遇に近く，また，そもそも受動に，あるいは，荘重な威厳に対置される優美な優雅さに結びつけられる。逆に技術が結びついているのは，規則性，精密性，明瞭性，手段の節約を携えている産出活動である。他方，技術は，必要以上の細部へのこだわりやあら探しや貧困さへと退化することもありうる。技術は，その計画策定に長けていることに基づいて，より強く，経験の能動的な面と結びついている。それらのことを度外視すると，自然な発生と能動的な産出のそれぞれの持ち分の割り当ては，不均衡に分配されている。技術が自動−技術という形で技術者の存在を侵害すればするだけ，〔技術者の〕介入の可能性は高まる。この自動−技術は，単に自ら，それ自身によって成立するだけでなく，それ自身で自己に手を出そうとする。地層の褶曲や火山の爆発と地理学の関係，動植物種の発生と植物学や動物学，そして動植物育成法との関係，最終的に，人体と医学的な人間学や医学療法との関係，これらのものは，自然史と技術史の結びつきの増大を描写している。自然と技術の鋏〔の開き〕は，ますます狭まっているように思われる。

　脅威と受け止められるこのような発展が絶えずそこに行き着くことになるのは，自然と技術の融合という脅威への反応において，〔両者〕の対極性が対立にまで高められることである。こうして自然性と人為性は互いに争い，エコロジー主義という極端，ないし技術万能主義といった極端な考えへせき立てられていき，ここで，両極端は一致することになる。純粋な自然として求められた自然ほど，人工的なものは他になく，逆に技術が第二の自然というあり方へ変ずるのは，自然というライバルを失ったときである。裏口を通って戻ってくるのは，自然だけでなく〈技術〉もである。極端なものと渡り合うことは，動揺する運動に導くことになり，惑わされたあげく，対立を止揚したという幻想を見やる偏見へと行きつく。メルロ＝ポンティは，歴史の領域で，後期マルクス主義の弁証法という形態がもつ有害な両義性を暴き出した。すなわち，一方で宿命論的に，歴史を強

固な法則にしたがって成り行きまかせにし，他方では主意主義的に出来事の経過に介入し，私たち人間が「意識的に歴史そのものを作り出す」時を約束しているのである。技術との対応の仕方もまた，こうした弁証法の冒険から自由ではない。技術もまた宿命論者と主意主義者をもっているのだ。その際，問われるのは，転換の場であり，そこで，両方の傾向が，必然的な仕方で一方の傾向を全体として一つにすることはなく，交差し合っているのである。

　これに似た不安定な中間的状態が，現在行われている諸研究から見て，明らかとなる。私たちは，自然と精神の，もしくは自然と文化の差異を技術的に中性化することは，技術的なアプリオリに属するものと見なしてきたが，この中性化は，二つの極端な捉え方，すなわち，純粋に客観的で実在的プロセスと純粋に主観的な人為的作用とを排除する。前者は，外的な視点に立つことによってのみその連関が理解される純粋に外的条件に拘束されることになろうし，他方，後者では，唯一，反省的な内的視点にとってのみ接近可能であるような内的意味規則と価値基準に従うことになろう。自己組織化と自己産出のさまざまな形式は，二つの極端な考えを不十分なものとして現出させる。それによって，再度，連関が混交したものとなっている転換の場所が問われることになる。この問題が覆われたものになってしまうのは，理論的立論と実践的介入をシステムに帰属させ，それら〔理論的立論と実践的介入〕がシステムを観察し，システムに介入していくとするときである。それぞれの態度決定を押さえつつ，単に立場を変えるだけでは，それで事が済むとはいかない。なぜなら，ここで問題になっていて，さらに今後取り組まれることになる決定的な問いが，未決のままだからである。それに対して重要であるのは，ここに開かれている分割をまさに当のものとして探査することである。経験の現象学的分析において繰り返し，用いてきた分割という構想が，内にある外と外にある内という可能性を解明にもたらし，内と外の両者が合致するのでなければ，諸部分に分解するのでもないということが明らかにされよう[24]。予想されることとして，たえず探し求められ，たえずそれから逃れていく自己は，その居場所ないしは非-場所〔Nicht-Ort〕をもつことであり，この場所は自我

---

24) こうした迂回路的な思考様式の生成については，ペトラ・ゲーリンク『外部の内部-内部の外部』1994年を参照。

という司令センターと混同されてはならない。私たちがこの不確かな場所に近づいていくのは、まず、認識論的な異他的なるものの観察の諸事例、次に、実践的な異他的なるものへの対応という諸事例から出発することによって、しかも、消尽点と転換点としての生命工学による介入という極端な可能性をともに考慮することによってである。

8．他人の脳の神経生物学的な観察

猛烈に発展していく脳研究は、技術の消尽点に位置している。それは、技術が単に自己言及モデルを使って作業するだけでなく、ある意味、それ自身、自己言及的になるからである。ニーチェがすでに目にして、指摘していた可能性だが、「私たち人間は、自分自身を実験に晒している」（批判版全集3、294頁）ということが、目前に迫っている。問題なのは、これが詳しくは何を意味しているかである。私たちは、神経生物学の認識論的性格を手がかりにして、議論を始めよう。その認識論的性格は、神経情報学および神経工学と不可分である。というのも、神経生物学は工学モデルを用いるだけでなく、その研究の進展を多分に〔工学的な〕測定観察法に頼っているからである。例えば、電子放射断層撮影法や核共鳴スペクトロスコープ〔視準器〕などがあり、それらを用いて脳内の血流や代謝の局所的な高まり〔の観察〕を通して、脳の活動を間接的に探り出すのである。しかし、このことは、遺伝学の分野といった他の諸領域においても同様だが、〔工学的手法による〕認識成果が、技術や治療への応用から独立に、固有の意義をもつことを排除するものではない。検査は、有効利用以上のことを意味しており、この有効利用は、害を与える可能性と分離することはできないのである。

　これまで少なくとも、どのコンピュータシミュレーションよりも優れた自然システムとして脳が考察されてきたが、その脳は自己組織化の生起に配属される超近代的パラダイムにぴったり適応している。問題であるのは、多様に差異化され、かつネットワーク化されている環境の構築である。こうした構成能力は、物理的な因果作用にも、心的作用にも還元されえない。前提されているのは、システム上の自己、つまり、自己形成の動きのなか

で環境から際だってくるとともに，環境を能動的に形態化する自己である。このような意味で，私たちが取り扱うのは，自己-学〔Selbst-Wissenschaft〕なのである。この自己が生命システムとして扱われている事実を考慮してみると，人間と動物の違いは，遺伝的に備えているものの場合と同じく，相対化される。まさにそれゆえに，生-ロゴス〔Bio-Logos〕について語ることができる。だからといって，〔人間と動物に〕対応する脳の解剖学的，機能的な差異が研究対象領域の上で何の役割も果たしていないことを意味しているのではない。ただその差異は，《いかに》の差異化に，すなわち，自己組織化の仕方に還元されるのである。このことに相応するのが，機能的，技術的なアプリオリであり，それは《いかに》を越え出て《誰》と《何》を問うことを排除するのである。だが，このことが，研究状況やその研究実践の背景に，同様に妥当するわけではない。認識論的に，もちろん法律的に考察して，重要な違いをなしているのは，研究者が関わっているのが実験動物なのか人間である被験者であるかという違いである。現象学的経験と技術的調整の接触点が私たちにとって問題であるので，〔ここでは〕主として人間の脳を神経生物学的に研究することに関係づけていこう。

　研究上の配置づけは，二つの破損個所を認めることを可能にする。この破損個所は，デカルト的二元論を現代的な装いでよみがえらせる突破口として，多様なあり方で役立っている。この結果，自然支配，異他性の克服という近代のパラダイムが，再び割り込んでくる。一つの裂け目は，被験者の側に見出される。二元論的に考えると，その裂け目によって，主観的に体験される作用およびその状態と，主観が自分自身の体験によっては知ることのない神経プロセスとその状態とが区別される。ここに，古典的な心と身体の二元論が再認される。二つ目の裂け目は，実験者のポジションを被験者から切り離す。この二元論的な理解に即せば，神経学者が接近できるのは，神経プロセスと外的な行動面であって，内省にゆだねられたままの体験という側面ではない。これは，古典的な自己の心と他者の心の二元論に相応する。だが事態を詳細に検討してみると，新デカルト主義的な提案は，実は困惑を解消するためだけのものであって，そうした解消は新しい研究状況を正当に評価していないことが，暴露される。

　被験者の側から議論を始めよう。通常，一人称の視点と三人称の視点，

8. 他人の脳の神経生物学的な観察

あるいは体験の視点と観察者の視点が区別され，それによって，脳の所有者と脳研究者の関係を正当に評価しようとする。心的な，メンタルな領域から物理的領域への，もしくは逆方向の「存在論的跳躍」(ロート，1991年，361頁を参照) は，ジレンマに直面するであろう。一方では，因果的な相互作用を認めなければ，単純な知覚でさえ，自分で遂行する運動のように説明がつかなくなり，他方で，心的因果性は，エネルギー保存法則に抵触し，物理的出来事には空白がないという前提と矛盾することになるだろうというジレンマである。存在論的二元論は，自分自身の前提によって破綻する (ロート，1996年，278頁以下を参照)。それに対して，二つの視点の要請は，それ自身，それぞれに異なった記述体系と帰属様式で満足している。こうして研究者は，被験者自身の体験によっては何もわからず，知ることもできない事柄を，彼に帰属させ，逆に被験者は，他者観察から免れるものを体験している。被験者はこの他者観察と他者帰属性の結果を引き受けることができる。だがこれは，外部からの視点という迂回路を前提している。一方，自己観察，自己帰属性では逆に，ある自己を，つまり，自己自身を観察し，自己自身に何かを帰属させる自己を前提にしている。こうした自己の経過性は，自己帰属性を自己意識と分けもつことになる。かつてフェヒナーがしたように，自己関係と他者関係は複線となって経過すると語ったとしても，そのことは，内部観察と外部観察に交互に従い，その二つを互いに結びつける X が何であるかに，答えるものではない。脳研究は，脳外科と同じく，被験者たちが「彼らの脳」について語ることを認めるとき，自明なものとして，そのような〔内部観察と外部観察をつなぐ〕紐帯を前提にしている。〔これに対して〕反論して，私は他者から手に入れたもの，それが絵であれ，家や私の名前であれ，そうしたものを「私の」〔もの〕と呼ぶことができる，といえるかもしれない。だが，被験者が自分の脳を，神経工学者による移植のおかげだと想定することは，ばかげたことだ。したがって，私にとって，この脳を「私の脳」と呼ぶことを認める特別権限があるとせねばならないのは，ちょうど，デカルトが，ある特定の物体を「私の身体」と呼ぶ権利を一般に私に認めるのと同様である。身体がなければ，私はいかなる物体ももつことができない。というのも，所有とは，ここと今における具現化に結びついた自由裁量を前提しているからである。〔また〕反論して，脳は身体と同様，一つの存在であ

り，それは私自身にとって外的で異他的なもので，自分が掛けている眼鏡のように単に慣れ親しんでいるだけだ，ということもできよう。だがこうした推測は，神経生理学の基本的な諸仮定に，著しく矛盾するだろう。というのも，それらは，すべての私たちの行動の能力と習性が，したがって「脳の所有」も，ニューロンの経過にもとづいている，という仮定を含んでいるからである。

　したがって，私たちは，認識論的ジレンマに直面することになる。一方で，脳研究によって承認されているのは，香りの質，色の質，痛みの体験，感情，約束行為，あるいは確信といった非常に多くの被説明項はどれも，体験する誰かが存在しなければ，端的に無意味であり，これらは，神経学とは異なる記述体系に属するということである。その一方で，同様に主張されているのは，神経学的出来事と心的出来事との統一は，まさに統一として体験されないことである（ロート，1991年，369頁）。そこで支配するのは，「体験上の深淵」である（1996年，131頁）。〔しかし〕このことは，こうした統一が存在することを排除するのでもない。引用された著者〔ロート〕が，その神経生物学の理論で，この理解しがたい統一に，迫ろうとするのは，脳に，物理化学的かつ心理主義という二重の記述に従属することと，「神経マシンとしての脳」と「認知的脳」を区別することの提案を通じてである（1991年，366頁）。これによって，脳はたえず，しかも単に換喩的にではなく，動作主名詞のうちで，脳として立ち現れることになる。すなわち，自分自身のもとで何かを体験する脳として，ある状況のうちに存在し，状況を価値判断し，自己帰属と自己記述の能力をもち，最終的に，意識的なものと無意識的な脳プロセスを区別するための標識として，主観的体験の状態を用いる脳として，立ち現れるのである（ロート，1996年，296頁）。そうなると，脳は，「内なる眼」を備えたかのいかがわしいホムンクルス，説明すべきものを前提する，すなわち操作的環状もしくは横断的ネットワーク以上のことを意味する自己関係，内的関係を前提しているホムンクルスと，ほとんど等しいものとなる[25]。非常に特殊な「メタ表

---

　25) エンゲルとケーニッヒは，これと連関して，A. ケニーに関してホムンクルス誤謬について語っている（ゴールド／エンゲル，1998年，184頁）。ホムンクルスの議論は，テキストで引用された著者たちによってほぼ一致して拒否されているが，ホムンクルスがいつのまにか新たに再登場することまでは排除しきれていない。

象」という大胆な構築，すなわち，「同期的状態として領域を包括する形で現出する非局所的な，力動的形成体（…）」[26]や，システムがそのつど周りの環境のうちで心的に自己を様態化した結果である現象的自己の成立[27]が，主張されるかもしれない。しかしそれは，粗悪な弁証法という形式をとり，目的語的属格である自己を主語的属格に取り替える，またその逆も行い，古典的な自己意識モデルよりも技術的に優れているかもしれないが，それ以上の説得力があるわけではない。裂け目が，単に文字通り，二つの方向で横切られているにすぎない。もちろんモデル操作による研究が，こうした古くからの謎を解き明かす必要はない。だが，今はできないが最後にはこの謎解きに成功するかのように振舞うべきでもない。その結果として，前述のヴォルフ・ジンガーの講演にある，エミル・デュ・ボア・レーモンの有名な自白*)には，ただ事実の上での無知が残っているだけだ，とすることはできない。決して，何かが研究から落ちていることが問題なのではなく，唯一問題であるのは，その自己は，本当に，機能的な，そして結局，技術的に解決されるべき何かであるのかという問いである。

身体的自己の身分と発生に対して行った以前の考察が提示した二者択一は，二元論を超えるのではなく，その背後に回るのである。自分自身から逃れることで自らと関係する自己に，外側から分割が生じるのではない。むしろこの原分割は，自己の発生と同時に起こる。この生きられた分割は，分割を主題化することに先立っている。自己分割は身体的自己から，たえず反省によってのみ捉えられる自らの体験と行為を取り去るだけでなく，自らの体験と行動を現実化する身体機構をも取り去るのである。まさにそれによって，身体は身体物体〔Leibkörper〕として描写されることとなるが，それは純粋な媒体としてではない。身体物体である身体も，多かれ少なかれ私自身の身体であるが，その固有性には異他性が混入している。こ

---

26) ベルリン–ブランデンブルクアカデミーの講演で，ヴォルフ・ジンガーは語っている（2000年2月23日付フランクフルト・アルゲマイン新聞を参照）。

27) クレマー〔の著書〕1996年，148頁で，トーマス・メッツィガーは語っている。詳しくは彼の著書『主観と自己モデル』（1993年）を参照。

*) エミル・デュ・ボア・レーモン〔Emil du Bois-Reymond, 1818-1896〕は，ドイツの物理学者・生理学者。1872年の講演「自然認識の限界」において，意識はその物質的条件から導き出されず，説明することもできないこと，物質の究極の本質は不可知であると主張し，私たちは多くのことを知らないだけでなく，知ることができないとした。

こから，取り去られているという退去の性格を強調した無意識的なものという構想への橋渡しがなされる。無意識の構想がなぜ，別のやり方で脳研究の領域に適用してはならないか，その理由は明確ではない。もし，脳科学者が，私たちの大部分の脳機能には意識が伴っていないことを指摘するならば，そのとき，意識された思考や行動との関係が前提にされており，しかもこの関係は，単なる事実的な相関関係はもちろん，単なる因果的影響をも超えた関係である。〔脳と意識との〕デリケートな共属性が存在しなければ，私たちの世界や自己との関係を内側から形成するそのつどの無意識的なものと，自分の知や意志が関わっていない《単に知られていないもの》との区別が，なくなってしまうだろう。

　これに加えて，《自己のズレ》について語るように促してくるものとして，身体的-物体的自己の時間的次元がある。身体的自己が歴史と前史をもつとすれば，身体器官としての脳も同様である。実際，脳内の出来事をいわば歴史的に捉えることは，ごく普通に行われている。例えば，ヴォルフ・ジンガーが指摘しているように（1991年，118頁），「前史全体がともに決定しているのは，個体発生の発展プロセスにおいて，次の分岐点でどちらの枝がたどられるべきなのかである」。脳内の出来事にあって，確定したプログラムを現実化するだけではない「決定」が下されるのであれば，そのプログラムは共時的な状態全体の単なる連続ではない通時的〔時間〕軸に組み込まれる。歴史が因果的な発展系列と異なるのは，前史が前史として実効性をもち，歴史が自己自身へ立ち戻るからであり，先行する状態の働きを単に共に持ち合わせているだけでないからである。だが前史というのは，通常，そしてこれまでもそうだったが，歴史の先行する位相以上のものを意味している。すなわち，初期的歴史，意識的な形態化や想起の及ばないところにあり，精神分析の原風景と同様，事後的な働きのうちでのみ把握できるような深層の歴史を意味している。それに相応するのが，脳の段階的発生である。欲求的，動機誘因的な人格の形成層のニューロン的な基本構造として，また嗅覚の座として機能している大脳辺縁系は，最初の2，3年のうちに発展する大脳部位である。この初期的大脳部位は，特に「無意識的」と表示できる。というのも，それらの部位は，意識的意図的な体験様式に対応する前頭葉に局所化される機能とは異なって，もっとも変化に対する耐性が高いものとして証明されているからである。ヴォ

8．他人の脳の神経生物学的な観察

ルフ・ジンガーはこのことを，ごく幼少期の記憶喪失と関連づけたが，それが意味しているのは，学習のための文脈的な状況が記録されるエピソード的な記憶がまだまったく形成されていないということである[28]。強い確信が形成されるのは単に認知的，主意的にではなく，情緒的に彩られた態度にも由来するので，根本において何が意図され，意志されているのかを言うことはまったく容易ではない。脳発達の初期的歴史とその継続的活動は，対応する精神分析の洞察と明らかに近いことが示されている[29]。

ゲルハルト・ロートが認知と感情の分離不可能な統一を主張するとき，同じことが考えられている。その結果，大脳辺縁系を「進化系統上のより古いもの」と見なし，皮質下構造を合理的な新皮質の支配に従属させることを禁じている*)。重要なものとそうでないものを区別する大脳辺縁系の「評価システム」がないなら，一切の知性的機能は，生のなかの居場所を失うだろう。パトスなしには学習 Mathos**) は存在しない。こうして，合理性と感情との病的な解離の結果を性格づけることができよう。もっとも，ここで問われるのは，快と不快というカテゴリーや生存能力への方向づけと，大脳辺縁系の働きが示される「随伴する感情」への限定が，あらゆる価値評価に先行するあのパトス的出来事に匹敵するかどうかである。感情は，「濃縮された経験」である。これは，ロートの著作の重要な章を締めくくった，きわめて的確な表記である。だが，パトス的と見なされた感情は，濃縮された経験以上である。すなわち，現在起こっている初期的歴史の最深部の経験である。

以上のことによって議論は，一人称に帰属する体験の視点へ，より一般的には，力動的な脳理解において前提される自己の性質へと，連れ戻される。トーマス・ネーゲルがこれと関連して，「それが，…であるとはどの

---

28) 註26で引用された講演テキストを参照。
29) 神経学的な無意識の身分については，ロート，1996年，31頁，219頁以下を参照。エルンスト・ペッペルは，時間性の方途を経て多様な非-意識的なものの問題に迫っている。『意識の限界』（1997年）19章を参照。
*) 大脳の深部，中心部にあたる辺縁系，皮質下構造〔扁桃体，中隔核など〕は，進化的に古く，発達の早い段階で機能する〔無意識的な情感など〕。知覚・認知・学習・記憶・思考など高度な情報処理を行う大脳皮質（脳の表面分）は，皮質下構造によって支えられているとされる。
**) パトス（受難，生きる中で身にふりかかってきた出来事）を通じて，知を獲得していく，というアイスキュロスの悲劇『アガメームノン』の一説より。

ようなことか」と問いを投げかけて以来，還元不可能な体験の核心部の問題が，クオリアというテーマとして論じられている。こうした根源的性質を擁護する者にとって重要なのは，そのつどの主観，しかもその主観のみが直接接近可能な，ただちに確かな端的な体験状態である。伝統的な感覚主義の語で言うと，前対象的な自己意識である。これが意味しているのは，洗練された言語論理的装備を除けば，ヒューム以来，実際それほど新しいことでもないのである。機能的な神経物理学は，ここで限界に突き当たるように思われる。というのも，端的な性質は，関係的に構築されたネットワークの網の目から抜け落ちるからである。似たようなことが規則にも当てはまる。個別的な性質は表現不可能であることから，規則づけられない。規則はどれも典型的な事例に基づくからである。この種の究極的所与を批判する人は，制御された電子工学的自己観察の可能性を証拠として持ち出す。それはかなり早い段階に自己脳内鏡〔Autozerebroskop〕のアイディアで予感されていたものであり，これによって，自己の心と他者の心の対立の鋭さが失われることになろう（ロート，1996年，274頁以下）。このことは，機能的な《いかに》のプロセスを主張するために，前もって与えられている《何》-形式の静態論を解消する試みのうちで継続される。結果として，主観の諸状態は，状態の形式へと変換され，この形式は，ベクトル空間内で，トポロジー的特性という形式において計算可能とされるのである。これに加えて，視覚体験がなくとも色の識別行動が可能であったり，痛みの受容が，個人の体験連関を欠くことがあることを考慮してみると，最終的に，「誰か」とは「表象的フィクション」だと判明する。このような結論に達しているのは，「誰もいない」という挑発的なタイトルの論文を書く（クレマー『意識』1996年に所収），トーマス・メッツィガーである。挑発もときに有益だが，マルティン・クールテンが同じ巻で，意識として，すなわち感覚質的現象性，「何らかの仕方での-対して-存在〔Irgendwie-Sein-für〕」（同書17頁，クオリアの身分については，22-26頁）として擁護していたものの機能が，ここでは明らかに奪い去られている。この《対して》は，実際，データと現象の機能的なネットワークに遡るのではなく，意味作用と欲求作用に書き入れられている《として〔Als〕》と《において〔In〕》と同様，現象化そのものに，したがって間接的には神経学による現象の加工にも関与する審級である。直前に言及した著者

〔クールテェン〕が，結局最後には現象性という根本的事実を，多くの他のものと同様，自然な社会的，文化的「出来事」として軽視するとき（同書32頁），彼は，別種の言い逃れを考えたにすぎない。〈意識〉という概念が，流行の帽子のように，文化的な生産物であるというのは，何かしら本当のことではある。だがこうした主張なら，同じ連関で解釈学的な母体として論じられる〈歴史〉も，自然な社会的もしくは文化的なものと見なされるだろう。これは後代の後継者争いではないのか。

　決定的に重要なのは，別の事柄，すなわち，体験された状態（もしくは状態の形式）へと立ち戻ることが自明視されていることである。志向的でないもの，意味構造，評価構造に関して機能化されないものは，状態として残存する。何かが表象されるところの対象性に対して，現在化されている状態性が対峙する[30]。こうした議論には，根本的な欠陥があるように思われる。何かとして経験され，解釈され，扱われるもの，ないし，何かのうちで求められるものが，表意的差異もしくは欲求的差異から引き算的に取り去られてしまうからである。その何かは，利用されない石材のように意識に重くのしかかるか，あるいは，主観の在庫品として意識の自己に留保される，となるからである。こうした事態にふさわしいのが，感情や情緒に機能的な補助作業が割り当てられ，「志向性の酵素」，「生きる需要という目標をあたえるもの」，もしくは原初的な行動準備と能力の「指標」としての何かであるとされることである（エーザー／ザイテルベルガー〔Oester/Seitelberger〕，1988年，105頁，114頁）。もっとも，この２人の著者が指摘するように，コンピュータと違って脳は，自己の本体〔身体〕のうちに，経験という豊かな資源と具体的な生の課題を見出すのであり，逆に脳システムは，一生に渡り中断されることのない摂取，すなわち文字通りでの情報処理によって，「個体的実在の宇宙的形態統一」を仕上げることに貢献する（同書，104頁以下）。自分の身体がもつ感情的背景，それなしには自分の脳も当の脳でないような背景が，自己として経験される自己と，その機能によって定義される単にシステム的な自己とを区別する。そのとき，自己が自己としていかに経験されるか，いかに自分との距離を獲

---

30) 現象学的な側面から，またきわめて疑わしい形でフッサールを引き合いにだしながら，フェルディナン・フェルマンは，そう語っている。「志向性と状態的意識」，クレマー『意識』1996年に所収。

得し，他者に応答するか，その仕方のうちに人間的自己と動物的自己の区別が求められるべきとされている。

　それには，以下のことが属している。すなわち，志向的作用を越えて私秘的もしくは内的状態が帰属させられる何か，もしくは誰かとして，自己が規定されるのではなく，むしろ自己は，…に出くわし，…に応答しながら，自身から脱している，ということである。つまり，この〔出くわす〕何かに〔Wovon〕と，〔応答する〕何かに〔Worauf〕は，操作化可能な意味基準と価値基準に支配されることはない。意味や目的を欠いたこの過剰分は，機能的に見れば，機能障害，障害現象として現れる。しかしまた，この過剰分を無機能と言い表すことも正しいだろう。なぜなら，意味作用や努力作用の登場それ自身は，有意味的でも価値的でもないからである[31]。自己言及的システムの操作的完結性に，下部操作的な，つまり物理学的-エネルギー論的な開放性が対置されるのが一般的だが，パトスもしくは遭遇は，超操作的性格をもっている。それは意義や価値を欠いているが，意義や価値とは異なる端的な因果的刺激ということでもない。大脳辺縁系にニューロン的に基礎づけられた感情として，好奇心，不安，攻撃性が分類されるならば（エースター，ザイテルベルガー〔Oester/Seitelberger〕，1988年，61頁），自然のものであれ，人工のものであれ，自己言及的システムは，好奇心や不安といったものを発展させることができるのかどうか，という問いが立てられる。そうした感情が機能的に理解可能な働き，自己保持的もしくは性質保持的な働きを行使することが，機能的分類からそうした感情そのものを導出できることを意味しているわけではない。痛みに関しても同様である。痛みは〔システムの〕操業障害と見なすことが可能であり，痛みが事実的に個人の痛みの感情を失っているときも，神経的に一定の疾患状況が存在する。しかしこれによって，痛みの体験とはまさしく〔システムの〕操業被害に他ならない，ということはできない。〔痛みによる〕苦しみには，驚きや不安と同様，計算不可能な過剰分が含まれているのである。

　このような経験のパトス的な性格を，いわゆる体験の視点に加えるなら

　31）本書，第Ⅰ章，6および10を参照。エルマー・ホーレンシュタイン（クレマー『意識』1996年，203頁）の場合とは違って，「無機能的な」というこの規定は，随伴現象にではなく，現出作用そのものに関係するものである。

8．他人の脳の神経生物学的な観察

ば，この視点は条件付きでかろうじて，一人称の視点と呼べるだろう。なぜなら，私〔Mir〕に何かが生じてくるそのような私に，自我〔Ich〕が由来するからであり，この何かの生起は，「それが起こる〔Es geschieht〕」という形式をもち，これに私は関与しているのだが，ただし行為者としてではなく，〈受苦者〉としてである。状況の主人でも，自分自身の主人でもまったくない自己の状況は，歴史的に考察すると，デカルト的二元論とスピノザの一元論の中間に定められるだろう。というのも，単一性も二元性も勝利を収めることはないからである。私は私の身体であるだけでなく，私の脳でもあり，当の私であるものは，私から大きく退去している。「大文字の私〔ICH〕は，他者である」は，神経生理学的な意味をもつ命題である。

　こうした連関において，神経生物学の観察と測定は啓発することが多い。それらが示すのは，「準備段階」や意志作用や行為運動に割り当てられるそれぞれの脳プロセス間で，時間的ズレが生じることである。この時間的ズレは，大脳皮質システムと大脳辺縁系の配分が重なり合う多層に渡る起動力の生起からして，意志作用が端的な原因であるという考えに対立することになる。意識的な決意は，一つの契機にすぎない。ゲルハルト・ロート（1996年，30頁）は，神経現象学的な混成言語を用いて，この事態の要点を次のようにまとめている。「何かを行う直接的なきっかけが生じるのは，意識的決意からではなく，大脳辺縁系の〈深淵〉からである」。「主観的に感じ取られる意志作用」と「内的起動力から行為を遂行する脳の能力」とを対置することで，私たちは脳という作用因を主張する軌道へ戻ることになる。これに対して，オリバー・ザックスは，彼が診てきた患者の一人，痙性脳麻痺の60歳の女性のケースを紹介して，生きられた経験の近くにとどまろうとする。その患者は，後年，それまでは文字通りどう扱ってよいか，まったく分からなかった自分の手を発見することになるのである。アレクサンダー・R・ルリヤとクルト・ゴールドシュタインの学派に属する神経心理学者が思いついた案は，まず手助けしながら〔患者に〕介入するのではなく，食べ物を遠ざけるなどして，患者自身の力で手の運動を誘発させようというものであった。この試みは驚くほど成功し，ファウストの引用をアレンジしてその心理学者は事態を解説している。「はじめに行為があった」のではなく，「はじめに刺激がある」。それに続けて，

「行為や反省ではなく、刺激がある。それは行為や反省よりも明確だが、同時に謎めいたものである」。刺激が謎めいているのは、どこか他のところに由来するからであり、そうした刺激に道を開く者に対しても謎めいているのである（『妻と帽子をまちがえた男』第5章「手」）。

このことは、すでに第二の裂け目、神経生物学の研究体制に書き込まれた裂け目を示している。それは、被験者と実験者の間に走る裂け目であり、他者観察がもつ異他性という性格に関係する。心身二元論の訂正は、自己の心と他者の心の二元論へ直接に影響を及ぼすものと、予想される。本書第V章でこの問題群に関しては十分論究したので、ここでは研究上の必要に応じて問題群を特殊化することで足りるだろう。被験者と実験者との関係の記述は、一般に、システムごとの前提に基づいている。

1. 相互システム的な関係の要点が意味するのは、単に何かが自分に固有な周囲世界において観察されるだけでなく、システムが、すなわち、今述べられている、自己自身を限定し、自分の環境に意味と価値を与える神経生物学的システムが観察される、ということである。問題になるのは、他のシステムにあって、自己固有の機能にもとづいて何が可視的であるのかということである。観察が向けられるのは、自然的もしくは人為的に産出された経験へであって、経験のうちで与えられたものへ、ではない。観察するシステムと観察されるシステムの違いは、領域の相違にではなく、行為遂行的な態度と観察的態度の相違、ないしは作動する意味作用、価値作用、結合作用とそれらの主題化の相違にもとづいている[32]。

2. 他者観察に含蓄されている異他性は、観察者としての私に到達できないものとして定義される。それに迫るためには、相応しい操作がまず必要である。自己言及的システムの操作的閉鎖性は、社会的な作用という領域で言えば、操作的独我論へと通じていく[33]。神経生物学的に言えば、他者の脳システムは、最終審において、私の脳の構築〔機能〕へと遡及する。それがただ最終審においてであるというのは、神経学の対象としての脳が、当然ながら集合的に産出された構築物を意味するからである。

---

32) このような態度の多様性の詳述に関して、私の著作『身体的自己』〔邦訳『講義・身体の現象学』〕6章を参照。

33) 構築主義的色合いの独我論に関しては、ハインツ・V・フェスター、1993年、47頁以下、215頁以下を参照。

8. 他人の脳の神経生物学的な観察

3．異他性が構成されるのは，固有の再契約としてであるが，それは適切な状態やプロセスを他者に帰属させること，特に他者をその当人の環境とともに表示するような状態と作用を帰属させることによる再契約である。この帰属は基準に従って行われるが，観察者にとって，場合によっては自己観察者にとって，こうした仕方でそのようなもの〔適切な状態やプロセス〕として接近できる何かへ，彼が適用する基準によってなのである。ここに生じてくる問題は，他者の意識の場合，その事実性から意識が現存すると決定を下せるかどうか，あるいは意識そのものの出現が自然な，社会的文化的な現象にすぎないのかどうか，という問題である（クールテェン，1996年を参照）。神経システム的取り組みが帰結するものは，社会的な帰属実践〔他者に意識を帰属させること〕が，最初の，また最後の決定権をもつものではない，ということである。なぜなら，それは個別に仕上げられる系統発生的な先行形式を越えて，偉大な生物に対応する集合的脳を前提しているからである。

4．相互システム的関係が，特殊な形式の相互主観的関係にあるのは，その関係が，被験者が自分の側で，実験者を観察できるような相互的な関係であるときである。その一方で，実験者は，他者の帰属を自己のものとして引き受ける状況にあり，その結果，異他性が自己システムにも確定することになる。

5．他者を他のものとして構成することが，コミュニケーション的態度のための基盤を形成するのであり，その態度において，私たちは相応する基準を適用しつつ，お互いを受取人としている。神経生物学的に語れば，個々の脳は「他人の複数の脳」と関係するのである（ロート，1996年，334頁）。他なるエゴの措定〔Position〕が，他の脳として再帰してくるが，この他性が単なる多様性から区別されるのは，脳に自己を，すなわち，その他者のうちに再度見出されるが，同時に見出されることのない自己を，こっそり入れ込むときである。ニコラス・ルーマンが好んで用いたおなじみの定式「私は，おまえが見ていないものを見る」は，厳密に取ると，まずコミュニケーション段階に適用される。観察によって知られるのは，私，彼，彼女，それ，だけである。他者観察の領域では性差も低下し，性中立的な区別の結果を端的に前提している差異，現存する発生的に設定された差異にまで，低下する。そこでは，システム的ロゴスと伝統的なそれとは

区別されない。それゆえ理解されなければならないのは，次のことである。神経生物学の研究状況を描写する場合に，一人称の視点と三人称の視点とが動員される一方で，二人称の視点について語られることはない，ということである。このような前提では，二人称は，実際二つの違った視点からの派生態にすぎないであろう。すなわち，私は，私と同じようななにかを見る。このなにかを汝と名づける。D・C・デネットにおいては，三人称視点から生じるこうした研究する眼差しは，一人称の視点が従属させられる存在へと向けられており，この眼差しは「異他的現象学〔Heterophänomenologie〕」の基盤となっているのである（『解明される意識』4章を参照）。他者はそのとき，原理的に，デカルトの機械-疑惑の現代的変様体であるゾンビ-疑惑にさらされる。

　これに関連して，注目すべき事実に言及しておきたい。すなわち，〔顔の〕表情に特化した大脳皮質面とそれに対応する表情のニューロン群が存在する，ということである。それらの一部は〔顔の〕特徴に定位し，一部は個別に調整されており，それらが欠如すると，古くから知られている失顔症になる（ロート，1996年，171-174頁，ペッペル，1997年，160頁以下を参照）。この種のニューロン的特殊化がもつ特性は，猿でも証明されているが，それは複雑な徴表の結合を再認するという問題ではなく，むしろ徴表グループの選択的「評価」の問題なのである。そうした評価がなされる際，大脳辺縁系の特定の作用が予想されるのだが，単にそれだけでなく，システムを超え出ていく，もしくはシステムに揺さぶりをかける作用が予想されている。おそらく，特殊な反システム的興奮がなければ，顔は把握できないのである。

　他者言及に関するこのようなシステム的取り扱いは，神経生物学的および類似した研究の流れの枠内で活用され，こうした流れはさまざまな領域で同時に生じている。すなわち，実験手順の配備，環境や行動の側面や神経プロセスを相関させ，測定する観察，被験者に課題が与えられ，当人の自己観察を伝える際のコミュニケーションの内実，評価および場合によっては治療への適用，といった領域で生じている。一面的な役割分担は，被験者と実験者のコミュニケーションに制限を加えるものとなる。もっともそれは，観察者が引く境界線と，生命システムが自ずから引く境界とが決して一致しないということを度外視するのではあるが。観察されたシステ

8. 他人の脳の神経生物学的な観察

ムと観察者は，なるほど同じ物理的作用にさらされているが，しかし前もってすでに一つの共通な環境をもっているわけではない。

経験の二元性，根源的な一人称的視点と，三人称的視点をとることによってしか接近できない過程という二元性と同様に，ここでも立てられる問いは，自己によって体験されたものと他者のうちで観察されるものが合致するX，それは何であるのかという問いである。確定した形で与えられる共通性が議論の対象にならないのは，そうした共通性は，自己自身を組織化していくシステムを範例とする根本仮定に矛盾することになるからである。この問いが，自己システムという基盤において立てられるとすれば，個別的な固有性が，自己の身体や脳の場合と同様，完成したものとして与えられていると前提されていることになるだろう。そうなれば，操作的独我論は，存在論的独我論にまで固定されてしまう。堅固な共通性と閉鎖的独自性の間に，第三の可能性が示されてくる。すなわち，ある範囲内で個々の脳を貫いて，同一の意味が信号に帰属させられ（ロート，1996年，335頁），これと類似のことが，価値評価に対しても当てはまらねばならないとする可能性である。カントの言葉では，このことは「幸運な偶然」として承認されるかもしれないが，それもまたもや，脳による構築物にすぎないのではないのか。もう一つの選択として，他者との真正な境界画定，および自己経験と他者経験の等根源性に対応する選択肢が，二重の自己，つまり他者のうちでの自己の根源的二重化のうちに成立するとはいえまいか。この二重化によって繰り返し開かれる裂け目に，他者経験が，生成的には他者観察も根ざしているといえ，しかも，裂け目がそのことによって，閉じられることはないのである。《いかに》への機能的な，技術的に調整された還元は，〔ここでその〕限界に突き当たる。性別の異なった他者が誰であるか，そして，私は誰であるかが示されるのは，すでに先立って生じている《なにによって〔Wovon〕》出くわしているのかということと，事後的に答える，《それに向けて〔Worauf〕》ということにおいてである。これは，いかなるノウハウによっても，いかなるシステム独自の能力によっても克服されないものである。他者からの要求が騒音と見なされることがあるということは，境界現象がもつ二義性に属すのであり，境界現象が，秩序づけの領域にその居場所を見出すとは，まさにそれによって秩序の領域の外部に住みつくことなしに見出すことなのである。人はえてして，こ

のような問い，および類似の問いを倫理的価値判断や法的な範囲規定にゆだね，内属する諸研究をその領域から引き離しておこうとしがちかもしれない。そのような境界線を引くことがきわめて困難であると立証されるのは，私たちが，生命システムについての，技術的装備を必要とする他者観察から，生命への意図的な技術的介入の可能性へと変更するときである。技術に精通した学問と学問に支えられている技術との間や基礎研究と応用研究との間に，はっきりとした境界線を引くことは，ほとんど不可能なのである。しかしそれができないからと言って，どちらかの側に重要性があるのか，ということまで排除されるわけではない。以下では，生命学から，生命の実体に関わろうとする生体-工学〔Bio-engeneering〕への重点の移動について考察してみよう。

9．他者の物〔的身〕体の医学的治療

身体的自己をそれ自身から切り離し，他者の自己を自分自身の介入から遠ざける裂け目についての問いは，生命工学による介入の近年にみられる諸可能性を考え合わせると，新たな鋭さに達している。道徳的-法的な判断に関する問題に着手する前に，ここで本来的に生じていることが何であるか，見つめるべきであろう。現象学と経験の現象工学は，まず第一に，新しい問いが出てくる周辺領域に光を当てるよう顧慮するつもりである。技術が単にうわべだけで現象に迫っていないのであれば，生命工学的な介入は，私たちに，私たち自身，いったい誰であるのか，身体を生きる存在である他者は，私たちにとって，またお互いにとって誰であるのか，という問いをつきつける。

　経過していくプロセスや成立している関係への介入は，一般的に働きかけ〔Bewirken〕として理解することができる。それは，変化しながら事物の運行に介入することによって，観察，記述，説明といった認識的実践を超え出るものである。もちろん観察も状況を変化させ，特に，複雑な測定手続き，研究手続きを伴うケースではなおさらである。それでこそ，認識的実践と言われるのである。しかしこうした変化は，外科手術や遺伝学での淘汰検証などのように変化がはっきり意図されている場合とは，事情

9. 他者の物〔的身〕体の医学的治療　　　　　　　　　　　　　　　　　473

が異なっている。ここで区別されなければならないのは，何かからの働きかけ〔Bewirken von etwas〕，したがって，状態の変化，もしくはプロセス経過の方向を変えることと，誰かに影響を及ぼすこと〔Einwirken auf jemanden〕，すなわち，影響を被る誰かに，その影響が割り振られ，要求され，力ずくで強制されることとの区別である。この影響を及ぼすことは，目標とする状態をもつだけでなく，それを受け取る人をもっている。言い換えれば，影響の《いかに》を問うことは，《何を》という問いだけでなく，《誰に》の問いを挑発する。このような意味で，他者への影響が語られる。それは，私たちが通常，他者経験や他者の言葉について語るのと同じである。

　重要なことに関わる問いは，特定のケースで，そもそもそうした他者への影響が存在するのかどうかという問いである。社会的な影響は，私たちのすべての行動と同じように，初めから一貫して，技術的な特性をもち，今問題にしている場合には，社会技術的な特性をもっている。というのも，影響の《いかに》は，影響に関する《何のために》，《誰に》，《誰が》によって充分に規定されることはないからである。取り扱い方が見出されるのは，事物，自分の物〔的身〕体，他者との関わりのうちで，である。さらに働きかけは意味作用と欲求作用の循環へ組み込まれてくる。というのも，影響は一定の仕方で理解，解釈され，目指され，避けられ，評価されるからである。こうしたことは，単にその結果では測れないものである。他者への影響は，認知的や欲求的プロセスを超えて及んでいく。それは，パトス的背景にまで拡がっていき，例えば，注意を呼び起こしたり，感動や魅了という影響だったり，驚きや不安が生じたり，笑い，悲しみを引き起こしたり，快，不快，喜びと痛みを生み出したりするようにである。すでに論じられているように，古典的なレトリックの本質は，結局言葉による影響作用の研究にあるのではない。オースティンが主張する言語行為〔doing things with words〕は，単なる行為ではなく，私たちが他者に向けて行うことにたえず関わっている。しかし，この他者への影響が，その限界をもつのは，他者自身に起こったことと，あれこれの仕方で他者が応答しなければならないことのうちにおいてである。この《それによって〔Wovon〕》と《それに向けて〔Worauf〕》が，実践的に目指される《何のために〔Wozu〕》，ないし，技術的に自由に扱える《いかに》へと変換さ

れるならば，そのとき私たちが語ることになるのは，操作的機械的な行動についてであり，この行動は，自己操作もしくは自己規格化によってより強化されることになる。ここに属するのが，社会的生活上のいいごまかしであり，それを通して，たえず他者の要求は，標準の規準へと引き下げられるか，もしくは黙らされるのである。だがいかなる場合でも，誰かへ影響を及ぼすことと何かによる働きかけが一致することはない。拷問や殺人でさえ，他者からの要求に対する倒錯した応答なのであって，社会的な自然現象ではない。これに関しては，暴力についての私たちの分析において詳しく論じられた。

　さらに議論を一歩進め，医師による治療という特殊な事例を取りあげてみよう。これは一貫して，他者の扱い〔Fremdbehandlung〕として理解されなければならない。ある意味でこれは動物医療についても当てはまるのだが，本考察では，多岐にわたる個別的問題による負担を減らすために，人間への医療に議論を限定する。人間の医療は，道徳的，法律的に考えても，固有の条件にしたがっている。動物性と人間性の差異は，そのものが文化的に変わりうるものであり，差異化という問題の多いプロセスに由来するものとは言え，完全に考察から除外することはできない。というのも，その差異が人間の規定に不可避な形で関与しているからである。神経生物学の他者観察で現れる被験者と実験者の関係に相応するのが，人間医療の領域での患者と医師の関係である。一般に治療が開始されるのは，心理身体的存在である誰かが，触手もしくは機械による診断上の働きに委ねることによってである。すでに，治療という枠組みそのものが，問題ないものとは決していえないが[34]，こうした他者の扱いは，制度的にも保護されている境界を自らに設けている。患者には，保護だけでなくそれを越えて一定の権利を認める法的地位がある[35]。何かに苦しみ，助力や鎮痛を求める患者の自己は，現実にさまざまな仕方で縮小されていく。例えば，物〔的身〕体が臓器へ分解され，臓器はまた細胞の塊として扱われるときなどで

---

34) この論題に関する私の論文「他者としての患者」を挙げておく。『正常化の境界』所収。

35) 動物の保護だけでなく，動物の権利について語る傾向が生じている。だが，ほとんど誰も，人間に関して人間の保護で満足したり，〔動物園に対応する〕「人間公園」について考えたりする人はいない。保護の必要性には，生存のために保護の必要性を充足させる以上の要求がすでに含まれているのではないか。

ある。だが，自己は決して完全に消え去ることはない。病人として苦しんでいるのであり，単に病気の一覧表に登録されるのではない患者の自己が否定されれば，〔そもそも〕発病も治療も存在しないことになるだろう。患者の自己が単に治療対象であるのなら，神経生理学的なプロセスは，コンピュータ上の電子プロセスのように，無意味なものとなるだろう。コンピュータは思考できるのかとさまざまに論じられている問いは，コンピュータは苦しむことができるかどうかという問いに深められねばならないだろう。

　ただしこれと連関して，いくつか制限を設けておくことが必要である。医師による治療には，はっきりとした格差が存在する。病気は通常，軽いか深刻であるか，短期的か慢性的かで区別される。その際，〔その区別は〕治癒の可能性や苦痛が耐えられる程度のものかなどを基準とする。ここに，病気と共に生きるということに関して，さまざまに異なる可能性がある。このような違いが測られるのは，身体という有機体がどれほどのダメージを受けているのか，またそのダメージは，周辺部か局所的に限定された部分か，中枢部か，全体としてなのかという基準で測られる。患者に対して問われるのは，苦しんでいる自己はどの程度傷つけられているか，どれくらい患者は，自分を病人として自覚しているのか，私たちにより選ばれた言語で定式化すれば，不快さと苦痛に遭遇している患者が，どのくらい，応答者として自分の声で，独力で，応答することができるのかと問われるのである。患者が自分の希望を表明し，自分の権利を主張することができないときには，家族，国家勤務の医師，救護者が，事情が許せば，〔患者の〕代わりを務めるのが普通である。つまり，彼らが患者に声を貸し，代わりに行動するのである。こうした代行が特別な事例でないことがよくわかるのは，生殖，出産，気絶，昏睡，死といった極限状態のことを考える場合である。助産，応急手当，死の幇助が語られるという事実が，それが他人任せになってしまうときでさえ，そうした限界状況にあっても他者の扱いという性格が保証されることを示している。このことが，ある程度，すべての治療処置に妥当するのは，すべての治療処置が病人自身の身体の力を頼りにしているからである。発生すること〔Generierung〕が単なる産出でないように，人を再び快復させること〔Regenerierung〕は，単に何かを修理することではない。ほとんど指摘する必要もないことではある

が，ことわざのように言われている，火を燃やすことと切ることが手作業という限界内にあった時代以来，医師による治療の範囲と強度が，限りなく増大してきた。増大の段階は，弱い薬と強い薬の処方，摘出，内移植，移植といった集中的手術から，大脳神経への介入，呼吸や栄養摂取といった基礎的生命機能の人工的な引き起こしや維持といったところまで及んでいる。医師の治療は，恒常的に，治療の限界にまで接近しており，控訴人で受け取り人でもある患者が視野から外れるような，病人なしの病気の治療といった限界にまで近づいている。古い冗談「手術は成功したが，患者は亡くなった」が，冗談でなくなるのは，痛みに苦しむことが，登録可能で制御可能な有機体の状態へと，また，病気が身体の機能障害へ還元されるときである。こうした還元に抵抗するためには，功利計算もしくは道徳的法律的な規範から養分を得る「接ぎ木倫理学」では足りないのである。ここで相応しいものは，より単純で同時により求めるところの多いものである。医学といった，苦痛とその治癒を期待することから始まる治療的取り組みは，一貫して応答的なものとして制定されており，実践的な目標設定や制作的な介入を越える要求に関係づけられて，応答するのである。ただしその要求は，目標設定や介入のうちでのみ明らかとなる。「他者という視点からする医療的な自己解放」が，医師の職域に含まれており，外部から課せられるものではない[36]。もちろんこれによって，前述の境界線が踏み越えられることを排除するものではない。この踏み越えが起こるのは，例えば苦痛の緩和の処置が，苦痛の重圧が動機ではないような身〔的物〕体の細工や創作へ移行するとき，などである。これによって，私たちは，バイオテクノロジーによる他者への影響の敷居に立っているのである。ここに，粉飾された新しい問題が立ち現れるのは，特定の機会に医学上の人間の目標が引き合いに出されるときである。生命医学は，生命工学なしには

---

36) クラウス・デルナー『良き医師』（2001年）を参照。技術との関わりにおいて，「技術-モラルのバランス」に著者は賛成している（310頁以下を参照）。彼は，新しい手段や技術を評価する場合に生じる「熱狂の半減期」をあらかじめ考慮するように勧める（298頁）。経験豊かな精神科医のこの書物は，医療倫理学を，単なる応用倫理学，ハイフン〔で複数の事項をつないだ〕倫理学へと還元する動向への新鮮で活力のある批判を含んでいる。これは60年代以降，生命倫理学と呼ばれているものにはっきりと距離を取っている（299頁を参照せよ）。同じ方向を目指す哲学的考察としては，マルティン・シュネル『他性の表示としての医療倫理学』（2001年）が挙げられる。デルナー，シュネルのいずれにおいても，重要な役割を果たしているのは，レヴィナスである。

存在しないが，しかし，だからといって，それは生命工学の挿し木の枝にすぎないのだろうか。

10. 生命工学の生命実体への侵入

生命工学，ここでは人間工学という高次の形式で論じられている生命工学の場合にあって，他者への影響について語ることにする。他者への影響とは，医学での他者の扱いとは違って，生命体の損傷を治療し，生命体の活動と状態をより有益なものにするだけに限定せず，生命プロセスを直接産出し，改変，改善し，選択することに取り組むものである。このことは，生命的なものそのものを産出し，使用し，消滅させるといった最終的な可能性をも背景にもっている。進化生物学，遺伝学，（最近の言い方で）生体臨床医学，バイオサイバネティクス〔生物自動制御論〕，生体工学からなる緊密なネットワークは，多くの繋がりが編み込まれているので，経験とテクノロジーの間の切断面，着手面を一貫した主題として問い続けることは，容易ではない。したがって以下では，上昇効果について集中的に考察していく。上昇効果とは，生命とテクネーとの衝突から生じ，生命倫理学と生政治学の議論の課題となり，道徳的，法律的な議論が緊密に展開するようになる事態のことである。ある意味で，ダーウィンの進化生物学が呼び起こした論争が繰り返されるのだが，この論議は次の高次の段階で起こるのである。まず第一に考えられるのは，実際多くの人がそう考えているのだが，ゲノムの解読が，種が発生する場合の突然変異や自然淘汰といった研究仮説からなる複合体を描写している，すなわち，世界観的な混入と解釈を通して，道徳的もしくは宗教的な問題を投げかけるような複合体を描写しているという考えである。けれども，より理解しやすいのは，治療上の大枠となる条件から生命工学を分離して，テクノロジーにとって自由な余地を作り出すと考えることであり，この自由余地は，別様の方向性と規範化を欠いていることから，ただ自己技術的に配備されているだけであることになろう。私たちが進化そのものを手に取る瞬間が，近づいているように思える。だが，この私たちとは，いったい誰のことなのだろうか。

生命工学の他者への影響とは，次のような事態にまで導いていくように

思われる。すなわち，誰かへの，人間的自己への影響，より一般的に生命存在への影響は，何かによる働きかけへと変転するという事態である。しかし，さまざまに生物学的に粉飾された生命形而上学がもつビジョンを度外視すれば，生きている生物，感受的で自己運動する存在として生を体験する個体的な生物なしに生命は存在しないことから[37]，その影響は自己自身へ広がっていき，自己のもとでの何かに限定されることはない。こうした理由から，〈他者への影響〔Fremdeinwirkung〕〉という表示は適切だと思われる。操作的介入を超えて，生きている自己を目指す生命工学ならば，それによって，他者産出（と他者否定）のパラドクスに接近することになるだろう。オートポイエーシスはいわばヘテロ〔異他的〕ポイエーシスへ移行することになろう。すなわち，単に作品を，しかも自分で作り出すのではなく，他なる自己を産出するポイエーシス〔制作〕へ移行するのである。となると，生命工学がそのとき意味しているのは，生そのものが，自己の生と他者の生に内在するパトスとともに，一つの制作物，作り物になっている，ということである。ギリシャ語で画家は ζωγράφος〔zographos〕，生を描く人と言われるのと同じように，生命工学者は，ζωγρποιήτης〔zopoietes〕，生を作り出す人と表示されるだろう。だが上記のパラドクスは，アンチテーゼの一つの項を消し去ろうとするとき，悪矛盾のパラドクスとなろう。自己が，決定的な観点において，それ自身で成立せず，自分自身から，もしくは自分自身によって成立してくるものでないとすれば，それがなお自己的なものであるためには，外部からその規定を受け取るしかない。その自己は，自己性と生動性に関する私たちの考えをすべて，ご破算にしてしまう。文法的に考察すると，属格的目的語として登場するだけの自己の産出は，事物を産出することと，もはや区別されなくなってしまう。それに加えて，ヘテロポイエーシスは，その産出物から見れば，自己組織化が他者の組織化の背後へ退くように，オートポイエーシスの背後に回ることになろう。

　だが実際のところ，生命工学的処置は単純に何かを産出するのではなく，むしろ基本的プロセス，基礎的構成要素，プログラム，したがって，胚細

---

37) これに関しては，アリストテレス『政治学』7巻，16，1335b19-26を参照。その箇所で，〔何かが〕作動し始める時点をアリストテレスは，生の表示である感覚〔アイステーシス〕の発生に依存させている。

10. 生命工学の生命実体への侵入

胞，幹細胞，遺伝子，胚細胞連鎖へ影響を与えるのであり，それらを，促進，増大，抑制，結合，分離，挿入，隔離などを行いながら，そうした影響作用を行使する。その結果，生あるものが成立し，成長し，変異し，死んでいくのである。したがって，自然な自己組織化プロセスが，完全に前提され，設定されている。介入が行われるのは，〔自然との〕協働作用〔synergetisch〕としてであって，一面的な作用〔ergetisch〕ではなく，また情報提供的，形式変換的に〔in-und transformativ〕行われるのであって，単一効果的〔einfach energetisch〕にではない。その限り，問題は人工的な媒介によって自然的進化を継続させることだというのは，正しい。この進化はすでに，部分的連続性を前提している。こうして，進化生物学者や遺伝子工学者によってたびたび指摘されているように，遺伝子は原細胞の発生以来，ほとんど変化していないのであり，人間の全染色体は，ハエや酵母菌と差し引きで符合するのである。さらに，自然の遺伝的なふるまいは浪費的である。母親の生体と受精した卵細胞の共生は，すべてのほ乳類にあっては，遺伝的プログラムの実行のために必要なのである。人間と動物の照合はさらに引き延ばされ，人間と動物の掛け合わせさえ，その可能性は排除されていないのである。それはこれまで行われてきた異種配合が多大な困難に突き当たっているとしても，である。以上のことから，生命工学そのものが進化論的一元論へ組み込まれるという結論が，帰結する。一例だけ挙げれば，レイ・クルツヴァイルは，特定の技術的動向の最終地点を予想し，治療目的のクローンを夢見ることをはばからない。こうしたクローンが実現すれば，「私たちの身体を若返らせ，私たちはほとんど無限に機能を保持することができるのである」[38]。より慎重な者たちもいる。例えば，フーベルト・マルクルは，文化秩序の創発的進化を強調し，そこから次のような推論を展開した。「進化の過程で，自由な判断と行為によって遺伝的な自然の必然から解放された人間は，自然が動物の領域で遺伝的プログラムによって処置していることを，それが正しいと認めた上

---

38) テクノロジーに通暁した『魂をもった機械の時代』の著者は，インタビューに答えてそう語っている。2000年7月5日付「フランクフルト・アルゲマイン新聞」に掲載。身体を飛び越えている技術の高邁に関するその他の証言は，ケーテ・マイヤー・ドラーヴェ『機械の鏡のなかの人間』1996年，オラフ・カルテンボーン『人工生命』2001年にも見出される。

で，行うことができるのである」。それと同時に，この指導的な生物学者が反対するのは，「一群の遺伝子の保有によって人間存在を，それだけによって確定すること，遺伝組成の特性のうちに存在する偶然の不幸を，高度に道徳的なものとして価値づけ，意志を無視して受け取ること」，すなわち彼が生物学主義の烙印を押すものである。しかし，依然として疑問とされるのは，要求された「判断と行為の自由」と生物−技術者の単なる研究の自由を区別するものは何かという問いである[39]。まさに問われるのは，生命工学は，生そのものに直接関わり，単に他の仕方で継続しないことによって，進化プログラム，学的に習得されるべきプログラムを妨害しているのではないか，という問題である。

　医師による治療が，他者の苦しみに由来する他者の扱いとして描写されるのと同様に，他者の生への介入は他者への影響として理解されなければならないだろう。これが妥当することは，遅くとも，「判断と行為の自由」を要求する他の人格の身体的不可侵性が侵害されるときである。人間の歴史と自然史の連関が強調されればされるほど，また，精神作用と身体メカニズムのデカルト的切断が不適格なものだと示されればされるほど，他者への影響を単に物〔的身〕体的なものに制限することは，一層疑わしいものに思われてくる。だが，ここでは人間生物学〔Humanbiologie〕を引き合いに出すだけで充分と思えるかもしれない。経験の二重化，一人称視点と三人称視点への二重化が実践的−技術的な予描のもとで繰り返されることを，念頭におけばよいのかもしれない。しかし，これが意味しているのは，他者への影響の対象が，同時に，自己の関心および主導性を備えた主観として登場するということ，したがって人間を生物として生物学的に規定することは，人格としての道徳的−法的な規定によって補完されなければならないということであろう。こうした規定が付加されると，あらゆる亀裂が発生するにもかかわらずプログラム的連続性と相乗作用的協働を認識させる進化論的一元論の上に，すでに言及された実践的二元論が重ね合わさ

39）マルクルの，ベルリン・マックス・プランク協会での講演を参照。2000年6月25日付「フランクフルト・アルゲマイン新聞」に掲載。もしくは，ガイヤー，2001年所収，189頁。後の発言で講演者は，ハーバーマスに従うことで言及されていた不備を補っている。南ドイツ新聞2001年10月31日の寄稿論文を参照。さらなる〔この領野の〕方向づけのために，同じ著者の『文化課題としての自然』1986年を参照。

10. 生命工学の生命実体への侵入

れることになるだろう。その際，さしあたり問題になるのは，人間的人格がいかにより詳細に規定されるかではなく，むしろ人格が生物学的，生命工学的連関から現れ出てくることである。細胞は何かに役立つが，人格はそうではない。人格は高貴な伝統にしたがって尊厳をもっているが，価格はつかないからである。

しかし，まさに，この生命工学的な介入こそ，この実践的二元論を予想もできないほどに，問題視することになる。二つの視点ないし記述様式から出発する限り，そうした二つが少なくとも，カントがアンチノミー論で論じたようには，互いを排除し合うことはないと想定することが許されよう。すでに他者観察において指摘したように，二つの視点で現れるはずのXは，転換地点がないならば全く規定されないままである。その地点では，自己の体験作用に由来するものが，他者観察の影響下にあるものと交差している。技術による他者への影響の場合，事象は本質的により複雑な形で描写される。いくつか例を挙げてみよう。人工授精，移植，胚の冷凍，選択，消費，細胞栽培場や精子バンクの設立，遺伝子連鎖の改善のために胚細胞連鎖に介入すること，細胞核移植による再生，人間と動物とのハイブリッドを生み出すこと，知的障害をもつ人を使った実験，人格をニューロン的に変化させること，集中治療病棟での人工呼吸器の取り外し，これらは，現在行われているものや，かつて行われていたもの，将来起こりうるものであるが，これらすべてが関わっているのは，身体をもった生物であって，何らかの現出様式などではない。試験管といった人工的条件下〔in vitro〕の胎児と生体内〔in vivo〕での胎児の区別でさえ，その存在様式と存在場所に関係する。これら様式と場所は，異なる現出系列に組み込まれるものであるが，だからといって単なる現出様式と取り違えられてはならない。パースペクティブ〔遠近法〕的な現出様式は，知覚の領域に由来するものだが，知覚的パースペクティブでさえ誤解のきっかけになる。周知のように，知覚されたものはさまざまに捉えられ，記述され，理解される。一方，知覚はそもそも，生じているものである。単に錯覚や幻覚が問題となっているときには，知覚は生じておらず，正反対の帰結によって示される別のものが起きているのである。同様に，行動や産出物もさまざまに，分類，解釈，判定されるが，何かを現実のものにする行為や産出行為そのものは，単なる解釈以上のものである。被害者は死ぬが，それは解

釈による死ではない。故殺や誤審ではなく，謀殺であったことが判明しようとしまいと，その人は死んでおり，再び生き返ることはない。〈現実性〉や〈実在性〉という名をもつ，解釈に左右されない未知なる X を経験に押しつけることが重要ではないことに，注意すべきである。本当に問題となるのは，誰かに遭遇することが，意味形成物，目標表象，構成物より以上のものであり，体験様式や行動様式には汲み尽くされない被った影響であることだ。この結果，生命工学的介入や，さらに生きている人間の生命，死，不可侵性とは関わるが，単なる生物学的な徴表や社会的な役の割り当てには関与していない医学的介入もまた，直接的に倫理的なものであり，また法律的に重要なものだと証明されることになる。ここで目指されている影響は，単なる付随的影響や後からの影響を超えたものとなる。原子爆弾の製造と使用が切り離して考えられないように，それらの影響に関しても，事情は同様である。わかりやすい例を挙げるならば，脳死が死の判定基準として，また臓器摘出の開始合図として取り決められるとき，行動のシナリオが下書きされているのであって，生や死に関する仮説が提出されているのではない。上記の判定基準は学的知識と技術的設備を前提としている。しかし基準そのものが意味しているのは，行動の指示であって，学的-技術的な識別の目安ではない。ただし，死をまさしく自然な出来事と定義し，死に遭遇することを消し去るような死生学のもとで，死んでいく場合は，事情は異なるが。生命の初期段階およびその胎生学的な理解にとっても，類似のことが当てはまる。世界へと到来すること〔Auf-die-Welt-Kommen〕は，世界のうちで起こる自然な出来事に尽きるものではない。

　どのような種類であれ，殺人に三人称的視点で関係することはできない。殺人は，一緒にいる人間が問題である限り，犠牲者にとって一人称的に遭遇したものへ，殺人犯が彼に二人称で与えたものへ，直接に波及していく。生と死が問題であるとき，「単に手段として」だけでなく「同時に目的そのものとして」誰かを扱うという可能性は，消えてしまう。生命を用いた実験に，研究の自由を理由として持ち出すことは許されない。なぜなら，そうした実験は，殺人の自由をそれだけで要求してしまうからである。研究に役立ってはいるが，純粋な研究からは隔たっている動物実験でも同様である。生命科学がこのように「高度に道徳的な」問題へ巻き込まれる結

果になったのは，どのようにしてなのか，自問されている。人間のゲノムの解読，胎児成長の詳細な解明は，「生命という書物」に対する予期せぬ洞察をもたらしたのではないか。その洞察は「頭上の満天の星空」と同じ驚嘆を呼び起こすはずのものである。それとともに，生命に役立つ治療の展望が開かれるのではないか。また優生学の机上演習でさえ，多大な生命の可能性を目指すことになるのではないか。楽観的な研究者たちがヒステリックな悲観主義として片づける，生をめぐる恐怖の叫びはどこから来るのか。これに対してさまざまな答えがあるかもしれないが，一つの答えは，生命の支配は古くから死の支配をともに含んでいたというものである。生を与える人は，生を奪うこともできる。生を評価する人は，良かれ悪しかれ，他人の生の価値を切り下げる。消極的優生学なしに積極的優生学は存在しない。偶然の不幸なしに，偶然の幸福はない。生命工学と統合する生命科学は，文化的な専門領域区分という方法ではもはや解消できない諸問題を投げかけている。

11. 胎児から人格へ

近年，生命倫理学について語られるが，それはさしあたり，新たな倫理学的課題領域が成立していることを意味している。このとき，この新しい課題はどのように理解されるのか，生命倫理学は，生命科学，生命工学とどのように折り合い，倫理学の一般的課題とどのように関わるのかが，次に問われる。というのは，良き生をめぐる古典的な問いは，たとえ生物学的な側面を含みもっているとしても，単に生物学の問いではないからである。これらの問いが，その必要な鋭さを獲得するのは，生命工学が倫理学的領域に直接及ぼす影響に議論を結びつけるときである。これらの問いが，その特別な切迫さを獲得するのは，生命の発生，発展，中断，終了に生命そのものが関与しているときである。これらのことが明らかにしているのが，どうして，胎児のステータスや死の幇助をめぐる問題とは対照的に，ゲノムの解読に倫理委員会の発足が必要とされないかということである。精子バンクの設立は，誰も直接損害を与えられていない限り，今のところ，好悪の問題として扱われる。だからといって，生政治学と生経済学が急展開

し，法的な問題も結局必ず発生することが除外されるわけではない。生命の発端をめぐる問いが前面に出てくるのは，有意義なことである。なぜなら誰も存在しないところでは，生の機会や生の権利を問うてみても，無意味だからである。

　技術に定位し，経済学的に関心の高い研究に対して余計な制約を負わせることがないよう，生命倫理学の問題を緩和しようとする試みは，もっともなことである。一番簡単な解決を提供するのは，段階モデル，位相モデルである。その頂点の値は，単なる何かと明確な誰かとして，また法律用語で言えば，物件と人格として，あるいは修辞的に一層効果的な定式化をすれば，細胞の塊と尊厳ある人間として規定される。考える葦というパスカルのパラドクスは，通時的な時間軸へ移行すれば，いつかあるとき，葦は考え始めるといえるであろう。このような発展モデルは，中間段階の可能性をすべて認める。このモデルは，何かが誰かになる空間時間的な敷居を指し示す。この敷居は，通常，境界領域によって取り囲まれており，そこでは諸区別はぼやけているが，人為的な一義化によってのみ，その明瞭性が作り出されるのである。進化論の立場をとる生命科学者，生命工学者は，ポイエーシス的-相乗作用的展望のうちで，つまり機敏に未来に対応しながら，可能性の実現にむかう。その実現は，内的，外的な適切な条件に依存し，例えば「授精の段階的変化」を経るのである。この発展の進行は，際だつ分岐点によって区切られる。すなわち，精子と卵細胞の融合，子宮への着床，9週間後の臓器発達の完了，3か月後の大脳機能の発達，最後は誕生，といった分岐点である。さらにこれに続くのは，漸生説的〔epigenetisch〕な経験依存的な脳の構造様式の複雑化であり，これは思春期に終わる。ひとたび達成された誰かという状態も，その生命の可能性が一時的に減少させられたり，死が引き起こされ確定的に終わりになるとき，何かという状態へ再び近づくのである。すでに言及された進化論的一元論は，《誰か》を高度に組織化された特有の《何か》と見なす可能性を有している。だがこの一元論は，生命工学者が法廷で，殺人，過失致死，殺人幇助について責任が問われなければならなくなるとき，遅くともその時には，その限界に出くわす。実践的二元論が，一元論を取り戻し，この一元論が，もっとも強固な唯物論者をさえ取り戻すのは，人格性の理論的否定が実行される，まさにそのときである。ここでは，この一元論者にと

って，自分の行為をいかに評価するかとは独立にその責任が問われる《自由意志の否定者》より，事がうまく進むわけではない。有罪判決を決定論的な出来事と見なす悲しい勝利だけが，一元論者に残ることになろう。

　段階モデル，位相モデルが実践に適用されるのは，だれかある人としての誰もしくは何かが，極限的事例では，殺害能力のあるものと見なされ，そう扱われることが，決められているときだけである。さらに私たちは発展モデルと関係していることからして，これがいつから，ないしいつまでそうであるのかが，確定されなければならないのである。生命工学が直面していると思われる生命倫理学の論争全体は，事実的に認められている社会的な帰属の実施方法の領域へ移行する。その実施は，文明化された諸関係のうちで法的に支えられ，型どおりのものになり，また否認の実施方法においてその裏面が示される。こうして，すでにホッブスが強調しているように，何かが殺人もしくは窃盗と見なされること（『市民論』I, 16を参照）が成立する。こうした実施方法は，異論の余地があるケースでは，正当化された区別を認める判定基準に依拠している。したがって，生命工学の介入をめぐる生命倫理学の争いは，原理的問いが中心となる。すなわち，人間の尊厳を帰属させること，生命の権利を容認することの基礎にある判定基準はどのようなものか，という問いである。さらにまた，どの生命体ないし，生命段階がそれに該当するのかという事実的な問いも中心となる。判定基準のカタログは，なじみのものである。それは重要性の違いによって，以下のものを含んでいる。一般的合理性，個々の自己意識，自己の願望と関心，自己規定および将来的意味としての自由などである。特に最後に挙げた自由は，生き続けようとする願望が問題であるときに重要である。一方，感覚，特に痛みの感度ははじめから問題になっていない。なぜならそれによって動物との境界が曖昧になるからである。こうした判定基準にもとづいて人格は，単なる人間存在から区別される。人間存在はホモサピエンスという種の構成員として原理的には他の動物種から区別されないものである。人格だけが，生きる権利を含めた，権利の担い手として，権利要求を主張することができる。このような厳格な二分割の結果として，胎児や知的障害をもつ人はいうまでもなく，新生児さえ生きる権利がないかのように見なされることになる。ピーター・シンガーはこうした結論を明確に引き出している数少ない論者の一人である。「新生児は，自分自身が

将来をもちうる，あるいはもたない存在であると認識することはできない。したがって，生き続けようという願望ももっていない」。したがって，必然的な分岐点を慎重に定め，子供を「おそらく1か月間は，完全に法的な生きる権利がないものと見なすこと」は合理的であるように思われる（シンガー，1984年，170頁及び次頁〔邦訳『実践の倫理』山内・塚崎訳，昭和堂，1999年〕）。この1か月後の時点からはじめて，子供を死なせることが子供の殺害と言われる。このとき制限を設けることが適切であるとすれば，それは子供を死なせることが及ぼす他者，両親，養育人への影響からなのであって，死なせることがそれ自体で非難すべきことであるからではない（同上，173頁参照）。

　こうした厳格な帰結が引き出されることは，現代の立法者によっても，ほとんどない。その理由は，人が二種類の存在から出発するのではなく，段階的発展から議論していることにある。このことは，人格の状態を後へも前へも引き延ばす可能性を生み出す。すなわち，初期の位相をまだ人格ではない前-人格に分類し，後の，退化した位相をもはや人格ではない後-人格に分類することによってである。遺伝子工学の考察はさらに，発展を初めから相互進化であると理解することで，イギリス経験論者の厳密に個人主義的なモデルを修正するよう促している。そのとき特別な役割を果たしているのが，胎児と母体との共生であり，母体は生成しつつある生命にただ場所を提供し，栄養を与えているのではなく，これまでほとんど研究されてこなかった範囲で，新しい生の個体的な特徴の形成に貢献しているのである[40]。

　しかしながら，私たちが目にするのは，人格生成のプロセスを考慮したこのような橋渡しの原理も，生成する生命，死にゆく生命の的確な取り扱いをめぐる論争を決して終わらせることはないということである。ある人が物件，単なる生物を見出し，同じところで他の人がすでに，もしくはま

40）　発達生物学者クリスチアン・ニュスライン-フォルハードの寄稿論文，2000年10月2日付フランクフルト・アルゲマイン新聞を参照。フーベルト・マルクルは，初期胎児の着床に関して次のように語っている。これこそ，「母親が成長していく子供である胎児と，他にはない社会的な，そう語ることも可能なように，〔共生という〕語義としてのコミュニケーション関係を結ぶ」ときであり，その帰結として，「胎児に対する介入，母親の同意（最良の場合は父親のも）をえていない介入はどれも，母親がもともと有している人権の侵害でもある」（南ドイツ新聞2001年1月31日）。

11. 胎児から人格へ　　487

だ，人格を見ているという可能性がたえず生じている。しかも，功利的な下心なしに，こうしたことが起こると言えないのは，胎児の幹細胞を代替組織を作り出すために利用する可能性や，遺体から臓器を摘出する可能性は，望まれた結果になるまでずっと〔何かに人格を〕帰属させるねじを回し続けるようにそそのかすからである[41]。何かが誰かとして取り扱われる場面では，それに対して誰かを何かとして扱う可能性も否定されてはいない。「胎児の物象化」が行っているのは，ただ現状を回復しているにすぎないだろう。肉を食べるが動物愛護者である人がいるように，胎児の消費に関与するが，胎児〔の権利〕擁護者であると宣言する人も存在可能である。キェルゴールは，これを近似的なもの〔das Approximative〕と呼んだ[*]。

　私はこうした論争に直接干渉するつもりはない。むしろ，そうした行詰まり状態へと導き，生と死の問題において是が非でも期待されるわけでもない妥協案を示すようなやり方を，まずは再検討することが適切だと思われる。すでに暗示しているように私たちは，概略が示された段階モデル，位相モデルにおいて，帰属させるという実施方法と関係しているのであり，この実践は，産出の技術や共同産出とも異なるものである。だがこの帰属は，特有の性質を持っている。ここでは，一定の資格認定にもとづいて誰かに権利が認められるといった二次的帰属が問題なのではない。ここで重要なのは本源的な帰属，つまり，何かが帰属される誰かに，当人を《誰かにする》ステータスをまず授けるような帰属なのである。他者経験という概念に依拠して，これを他者帰属〔Fremdzuschreibung〕と名づけることにしよう。それは経験と類似したパラドクスに至るものであり，帰属不可能なものの帰属という表現が的を射ていることになろう。しかし，こうしたパラドクス的な先鋭化がなくとも，〔ここには〕重大な欠陥が残った

---

[41]　これに関しては，例えばクラウス・デルナーを参照。「どの進歩でも同じことだが，臓器移植は，二つの可能性の条件を要求する。すなわち，技術的なもの（できる）と倫理的なもの（許す）である。技術的な可能性が与えられた後に，倫理的な可能性（「臓器の新鮮さ」という問題もあるが）が，脳死を人の死に解釈し直す1969年のハーバード委員会の天才的な発想によって，生じたのである」（2001年，302頁）。

[*]　経験的事物や歴史的事実に関する認識は，何らかの前提にもとづいてなされるが，前提の正当化は完結せず，無限遡行に陥る。キェルゴールは経験的事実に関する真理は，近似値，近似的なものになると主張した。

ままとなる。

　第一の欠陥は，何かが，すなわち一定の資格が課せられ，ないしは要求される担い手，基体が，前提されていることにある。これは，人間はロゴスを操るがゆえに他の生物に比べ特権化されているとした古典的な定義を，思い出させる[42]。人間の尊厳が帰属させられる細胞の塊もしくは感覚なき細胞の集合といった度を超えた定義は，それ相応の問題を示すことになる。

　次の欠陥は，問題となっている事態へ巻き込まれないように見える他者帰属という形式が，生命発生，精神発生を単なる時間図式に従属させてしまい，しかも，時間線上に始点と終点をマークし，その区間を間にある点によって分割することが問題となっているかのように見なしていることにある。むしろ，以下の事実から出発すべきではないのか。すなわち，生きつつ応答し，応答しつつ生きる生き生きした自己は，意識していようと，無意識的であろうと，これまでの連関ですでに話題にされていたすべての先行的なものと事後的なものを伴う前史と後史〔Nachgeschichte〕に関係している，ということから出発すべきではないのか。人格というステータスの潜在性に関しては，前もって自分自身にとってあるもの以上の現勢的な自己から出発しないならば，先行的な諸制約の無限系列へ陥ってしまうのである[43]。さらに人格化する権利の称号を授与することが，出来事と状態の連続へと関係づけられるとすれば，イギリスの可能的〔潜在的〕な国王であるチャールズ皇太子は国王となる権利をもつわけではないと主張するピーター・シンガーは正しいことになる。「なにをもって，潜在的な人格が人格の権利を有するべきとされるのか」（1984年，165頁）。重大な転機とは新しいものを浮かび上がらせるだけではなく，創発的に新しいものは古きものへも影響を及ぼす。こうしたことは，非線形的な時間性，すなわち，通常，歴史と呼ばれている時間性を前提にする。優先的な結合点，すなわち一定の時間区分を特権化し，そのきっかけとする《出来事そのものの形態変化と改造》が存在しないとすれば，胎生学者が行う分岐点の設

　42）　この定義づけに関して，階層形式でかつ加算的に理解されることがあまりないことは，度外視しておく。

　43）　この点について，私はロバート・シュペーマンに賛成するといってもいいのだが，このもう一つの選択肢は，「人格は，可能性の超越論的条件である」（1996年，262頁）ということができるのだろうか。進化論が超越論に置き換えられるならば，角を矯めて牛を殺してしまう〔原文：風呂の水と一緒に子供も流してしまう〕のではないか。

11. 胎児から人格へ

定は，結局恣意的なものとなってしまうだろう。そうした分岐位置では，確定的にあらかじめ与えられた境界と恣意的に設定された境界との二者択一は，事象に即していないものとして示されるのである。

まだなお決定的な問題として残っているのが，帰属そのものである。それは，帰属の審級と定義の力を前提している。審級と力は何に由来するのか。再び，帰属に起因するものとされるならば，無限遡行へ陥ってしまう。もし他のものに起因しているとするならば，そのとき問題になるのは，この前-帰属的に現れる他なるものが，単に僭称された帰属の構成要素以上のものであるとすれば，それはどのような外観を示すのかという問いである[44]。

第一の可能性は，事実的状況に依存している実用主義的帰属が，形式的な認定に置き換えられることで成立するだろう。認定にもとづくなら，何かが帰属させられる誰かが，すでに所有しているものしか，例えば譲渡不可能な人権といったものしか，帰属させられない。この人権は，放棄不可能なものである。放棄すること自体が，当の人権を要求しているからである。この論争で問題となっている生存権も，こうした基本的権利に属している。認定が他者に割り当てられるだけでなく，同時に他者に向けて宛てられているものであるかぎり，それは承認の一形式として描写される。独自の問題を投げかける承認の対話的性格（上記，第Ⅴ章，1）を度外視すると，私たちは存在論ないし存在-神学の軌道にはまりこんでしまう。伝統的に，人間の本質や生得的な自然法が，語られることになる。しかし，経験的に理解し，一切の神学的，形而上学的な諸前提を振り払って，「最終審として個人の関心」（ヘルスター，1991年，19頁）に依拠することも，やはり決して経験的とはいえない人間学的前提に，依然として拘束されている。存在論的諸関連が，はっきりしない，曖昧な形で立ち現れてくる。例えば，ロバート・シュペーマンが最近行われた討論で，以下のように認めるときなどがそうである。すなわち，「人格のステータスは，与えられ

---

[44] 「根源的現象」として付加される属性のアポリアに関しては，ゲサ・リンデマンによる集中治療病棟での生と死の技術的構築に対する最近の研究を参照。私は，まもなく出版されるこのフランクフルトでの教授資格論文を参照すべきことを強調しておきたい。そこでは，死の観点から経験への技術的介入が論究されているが，それは私自身の研究でただ付随的にしか語られてこなかった側面である。

るのではなく，どの人格も自分の権利にもとづいて人格集団へ加入することに左右される」。「まさに，人格のステータスは生物学とはまったく関係ないがゆえに」，この加入は「自然発生的」なものと見なされるべきであり，道徳法則の意味で人間であるものにとって，「定義禁止」でなければならない，と認めるときである[45]。しかし，偶然性と帰属プロセスに内在する諸力を厄介払いできないのは，「真理と存在は交換可能である」という古い命題にしたがって，存在-人間学的になされる言表作用を，主張された言表の内容へと解消させようとするときも同じである。要求された定義禁止が，存在-人間学に否定的な色合いを与えている。だが，単に権威のある形で生じるだけでなく，存在論的要求を正当に評価しようとする定義の禁止ならば，定義されえない〈何か〉が存在するということに由来しなければならないだろう。定義不可能なものがもつ未規定性も，やはり特定の定義の実施に依拠しており，それに遡って関係しないとすれば完全に空虚なものとなるだろう。少なくとも，誤解を招きやすい，生物学とまったく関係がないとする人格への依拠は，生物学を破砕する代わりに，むしろ硬化させてしまうだろう。というのも，生物学もまた人格とはまったく関係しないとして，生命倫理学と生命工学との塹壕戦が継続されるだろうからである。この戦いは，人間は神の被造物，似姿であるといった考えが，疑いもなく背後で働く支えになるとき，生命神学的に強化されることになる。それは，技術的な他者への影響，実践的な他者帰属，あるいはずっと昔から技術的-制作的といった意味合いをもつ日常的な子作りにも[46]見出される類似のパラドクスが，あたかも自由へと解き放たれた被造物には存在しないかのように，考えられることになるからである。

　穏健な中道を期待させるのは，討議理論のバリエーションである。ここ

---

　45) 2001年3月21日付フランクフルト・アルゲマイン新聞ないし，ゲイアー，2001年，78頁以下を参照。その箇所で，2001年1月18日付『ツァイト』誌（ゲイアー，2001年，41頁以降）でもすでにそうだったが，シュペーマンはN. ヘェスター，W. ケェルスティング，P. シンガーといった著者たち，及び，「討議的共同体」の擁護者たちに批判的な態度を取っている。たとえ，主張された論証が考慮する価値をもつものであったとしても，背景となっている人格理論には，目的論的，義務論的，対話的，神学的な側面が，ほとんど説得力なしに，混ぜ合わされている。

　46) ギリシャ語の τέχνον〔tekhnon〕〈子ども〉，語義としては〈産物〉は，τεύχειν〔tenkhein〕「産出する」と同根であり，そこから τεχνοποιία〔tekhnopoia〕「子どもを産むこと」語義「子ども産出」が派生している。

11. 胎児から人格へ　　　　　　　　　　　　　　　　　　　　　　　　　491

で根本的な事柄は，人格のステータスを保証する性質を偶然的に帰属させることでも，本質的なステータスの基準値を確認することでもなく，どんな対話にも内在的な態勢，すなわち相手の論に耳を傾けるという態勢である。重要なのは，かなり多くの批評家たちが想定しているような，討議能力を証明することや対話への通路を対話によって規制することではない。むしろ，討議能力を実際に試してみることである。その試みには，論証がたとえ何に由来しようとも，それに耳を傾けるという態勢も含まれる。そうした態勢そのものは，討論を越えたものである。そうでなければ，この態勢が論証的に正当化されない事実的制限を討論に設けてしまうことになるだろう。この限りで，討論はどれも先取り的であって，潜在的に考えれば，将来の両親にとって将来の子供である胎児もこの討論に含まれる。すなわち，法的に規約化された社会形式にとって基準になる道徳的共同体に，胎児も含まれるのである。生物学者や生命工学者でさえ，規定された規範に従う社会的存在，ないし研究者，技術者である限り，彼らがそれを認めようと認めまいと，討論に拘束されているのである。「見えない教会」もしくは「精神の王国」が，世俗化された人権共同体という形で生き続けている[47]。改めてユルゲン・ハーバーマスに関する詳細な議論へ立ち入る気持ちは，私にはない。ここでの関心事は，〔ハーバーマスが扱う〕最近の問題のうちで技術に関連があり，生命倫理学にとって重要な側面だけである。著者〔ハーバーマス〕は，「人格が身体のうちで具身化される」といった想定を付加しているが，それは「中心と周辺，自己的なものと異他的なものという基準意味」，「自己への配慮」，「生産的解答」の可能性などと結びつけられている。したがって彼が扱っている想定は，討議理論の地盤上で生じてきたものではないし，そこに必要な滋養分が備わっているかどうか，確定していないのである。そこでは，前人格の生が道徳と法に対する「類的倫理的環境」という評価がなされているのであり，道徳のこのような類的倫理的埋め込みは，個々人において高められている妥当性要求に由来するのではなく，むしろこの要求を支えているのである。「全体における道徳の判定は，それ自身は道徳的ではなく，倫理的，類的倫理的な判断である」と語られる（2001年，124頁）。「生育してきたものと作り出さ

---

47) ユルゲン・ハーバーマスの最近の著作『人間の将来』2001年〔邦訳『人間の将来とバイオエシックス』三島憲一訳，法政大学出版局，2004年〕を参照。

れたもの」の区別は人間学的と表示され,発生上の偶然と世代性の連関のアリストテレス的に把握された「自然発生性」との肯定的な評価とともに,次のような経験の諸層が呼び起こされてくる。すなわち,もはや,解放を目指す努力と普遍化への傾向の単なる前段階に分類されえない階層にある経験が,呼び起こされるのである。ハーバーマスはハンス・ヨナスを引き合いに出しているが,ロバート・シュペーマンも,存在-神学的な支柱のことを度外視すれば,近くに位置している。将来に関与する者たちの関心を先取りし,擁護しつつ,代わりに主張することは,他者に対して責任をもつ可能性と必然性を教えている。全体的にみると,人格のプログラム化を目指す技術的プロセスとの連関は防衛的性格が強い,と言わねばならないだろう。これまで論じられたモチーフは,以下の考察でも重要な役割を担うが,ただし,経験にのみ裏打ちされた行為理論,コミュニケーション理論にとって成功かもしれないあり方とは,別の仕方で,その役割を果たすことになる。

12. 誕生と死の薄明のなかで

誕生と死が,生命,特に人間の生命そのものが危険にさらされる出来事である限り,それらは詳細な議論に値する。経験の現象学は,ここでもまた,司法手続きを手本として個々の出来事,事態,整備,操作,行為を決疑法的に[*],記述し,説明し,評価することで満足することはなく,むしろ,それらの諸現象が立ち現れてくる領野に光を当てようと努める。立てられる問いは,誕生,死,生はどのように語られるのか,そしてどのように語りえないかである。このように問うことによってのみ,長期的に,ここで絶えず関与している他者の要求を,生命発生学的,生命工学的なプロセスから明示し,単に外部からの善意に頼らない見込みが存続するのである。

　誕生と死は,世界のうちで単に日付と場所が確定でき,それによって何かもしくは誰かが生まれ,消えていくような出来事ではない。それらはそ

---

[*] 決疑法〔Kasuistik〕とは,一般的な道徳的・倫理的原理を個々の事例にどのように適用するか,について分析するもの。

12. 誕生と死の薄明のなかで

うした出来事でもあるが，それがそうあるのは，観察する眼差しと差し出される手にとってであり，眼差しや手は，生殖と死の〔臨終に際しての〕技術的装備のうちで強化され，整えられている。こうした技術は，生命の核心に触れるものだが，それを産出するわけではない。日常的理解からいって，また非日常的にも，誕生と死とは，生きている存在が世界へと来たり，そしていつしか，その世界を離れ去っていくことである。「この世界すべてが一つの舞台であり，人間は男も女もみなただの役者にすぎず，役者たちはそれぞれ舞台へ登場し，退場する」[*]は，有名な一節である。フッサールでも，人格は誰もが「登場」し「退場」する（『フッサール全集』第Ⅳ巻，103頁〔邦訳『イデーン II-I』立松・別所訳，みすず書房，121頁〕）と語られている。しかしながら，単に環境の中へ帰属させられるだけでなく，世界そのものと関係する人間存在にあっては，世界がある意味で人間とともに始まり，終わるということが付加される。完成済みの構造化された世界，自ずと変転していく世界経過が存在といえるとすれば，ただどこにも由来しない眼差しに対してだけであるが，そうした全体を概観する眼差しですら，その視点と視野がなければ，眼差しでありえず，それら視点と視野を超えて，眼差しが眼差しになっているのである。したがって，誕生と死は，単なる世界内の出来事ではない。それらは，性起すること〔Sichereignen〕として，すなわち，ただ単に次々と生じるのではなく，誰かの身に起こることで，より濃密になり，自身に立ち返る出来事として，記述されるのでなければならない。自己というものがなければ，生きたものに関する一切の語りが無効になってしまうのだが，そうした自己は，当事者性の《何によって》と応答の《何に向けて》を区別するあの原分割のうちに，住みついているのである。根源的な機能の担い手，権利の担い手を依然として想定し続ける実体存在論は，こうした根源的な出来事を捉え損ねてしまう。パトスや触発は，一定の性質，作用，傾向，最終的には意図や権利が前もって帰属させられる担い手など，もっていないのである。パトスは産出物ではない。自己自身による産出物でもなければ，他者によるものでもない。自己生成というプロセスにおける決定的な移行は，パトスの《誰に》から応答の《誰が》への，〈私の身に起こる〉から〈私が行

---

[*] シェークスピア『お気に召すまま』〔原題 As You Like It〕第二幕第七場での有名な台詞。

う〉への移行である。その道のりは，何かから誰かへと真っ直ぐ通じているわけではない。晴れ渡った空から展望が開かれ，声が響き渡るように，自我や人格が現行犯で捕まえられると考えるならば，それはあまりに単純である。こうした奇跡的-自我は，捉えようと思っても，すでに早すぎたり，遅すぎたりしている。空で赤方偏移が起こるように，自我のズレ〔偏移〕が発生している[48]。どんな眼差しも声も自己自身に先行し，自己自身から退去していく。ただ何かあるものが先に起こるのであれば，それは私に何の関わりもないことになる。胎生学においても，前人格段階や初期段階が語られるが，そのときはいつでも，そうした言い方が有意味であるのは，自己の前史から出発している場合に限られ，この前史は，自然の歴史を，したがってまた，私たち自身の内部にある自然な異他性という形で，細胞過程と発生的コード化をも含みもっている。こうした前史が存在するがゆえに，ハンナ・アーレントが死すべきこと〔Sterblichkeit〕に対置した生まれるべきこと〔Gebürtlichkeit〕が（1981年，167頁），死すべきことと同様，生そのものに属するのであり，それは，たとえば大変革や危機といったときに，出来事という性格を濃密にする雰囲気として生に属するのである[49]。これは空間と時間に彩りを与える。誕生と死は起こる。それらは場所を形作り，空間-時間形成に貢献する。このことは，地図やカレンダーに再登録という形で記録されることにも，分娩と臨終という行為にも，最終的には人口統計グラフへの掲載にも先だって起こっている。「私たちの年代の数え方では〔西暦〕」という普通の世俗化された表現は，こうした年代表記の基礎に，公的な出来事があることを，忘れさせる。すなわち，キリストの誕生以前と以後，ブッダの死後，預言者マホメットの逃避後，ローマ建国紀元，あるいはフランス革命の以前と以後（の失敗した改革の試み）といった出来事である。こうした誕生の出来事が〔年代〕計

---

48) これは，外面的な比喩にとどまらない。というのは，宇宙論的な観察と測量は，取り戻し不能な遅れにおいて行われているからである。マンフレッド・シュテクラーが適切に「空への眼差しは，過去への眼差しである」と定式化しているように，眼差しは「可視性の周縁部」で動いている。それは，M. ハンペとM-S・ロッターが編集した，諸学における経験の形式に関する巻に掲載された論文のタイトルである（2000年，198頁）。

49) ハンナ・アーレントは，生まれるべきこともしくは出生性〔という概念〕（『活動的生活』，1981年，83頁を参照）から行為論への橋渡しをしている。「新たな開始としての行為は，誰かとしての誕生に相応する」（167頁）。この場合，行為には誕生と同じく，自己の開始のために他者から空間を開く前開始〔Voranfang〕があるかどうかが，問われる。

12. 誕生と死の薄明のなかで

算できないと言われるのは，年代表記がそうした出来事そのものに由来しているという意味においてである。零年がいつも《より以前〔Vorher〕》を遡及的に指示していることは，再度，前史を思い起こさせ，この前史は歴史そのものに内在しているのであって，単に先行しているのではない。このことは，胎生学の年代表記と一致しない胎児の生命時間が存在することを，意味しているだろう。時間に向けられたこうした考察は，細胞塊のうちに人格の微量元素を探り出す考察よりはるかに広範囲なものとなるだろう。それは，「生命という書物」を，章ごとに進んで，端的な《まだ-ない》において始められ，まさに端的な《もはや-ない》で終わる代わりに，この書物のページを前へ，後ろへと繰ることを許すような考察である。

さらに付け加えると，誕生と死は単に共同世界のうちで生じるだけでなく，誕生や死に際して当人に起こることは，なんらかの所作が始まる前にすでに，そのつど他者に〔とって〕ともに遭遇が生じているのである。出生前の生命は，期待という時間的な広がりのなかで展開され，死後の生は，別離と想起という広がりのなかで継続する。これらは，〔単に〕経験を補足するものではなく，むしろ期待と想起が構成的に働くことで，誕生が誕生として，死が死として捉えられるのである。すべての経験を際だたせる内的な時間のズレは，こうして生の余白へと超え出ていき，前生命〔Vorleben〕と後の生命〔Nachleben〕という明確な意味をもつ。自己の経験と他者の経験は，他のどこにあってもそうだが，ここでも一致することはない。しかし両者は，重なり合う。この重なり合いは世界へと広がっていく。期待と想起のうちで，誕生と死は一定の周囲領野を獲得する。誕生と死は，単純に全員に共通するわけではないが，自己の世界と他者の世界の重なり合いから生じてくる生活世界の地平へと入り込んでいく。それらは，その〔世界への〕入退場の位置として，さまざまな誕生および葬儀に関する儀式が行われ，誕生日と死亡日において公に存続する敷居といった境界の出来事の形式において標示されているのである。誕生および死という敷居は，すべての敷居と同様に，単なる領域画定や状態変化以上のものである。というのも，領域確定や状態変化は，何かに，誰かという特性をはじめは，認め，次に再びその特性を否認するかのように，まるで死ぬ場合に，あたかも生命のリールが逆回転するかのようにして，記載されるからである。すべての異他性を忘れさせるこうした他者の帰属〔Fremdzuschreibung〕は，すでに年齢というさまざまなリズムにふさわしくない。他者の誕生や死を体験することは，まずもって〔他者に〕諸遭遇の〔自分への〕遭遇として生じる。ここに〔なんらかの〕関与があるとすれば，それはまずパトス的出来事そのもの，パトスのパトスのうちにあり，そうしたパトスは，一切の共感や同感よりも深いものである。他者の誕生と死が私たちに遭遇するのは，私たちがそれに対してどう答えようと，つまり喜んだり，びっくりしたり，拒絶の態度を示したり，失望したり，不幸を喜んだり，あるいはよくあるように曖昧な態度をとろうとも，それらに依存するものではない。こうしたパトスの力は，関係の近さに依存している。誕生と死は，両親，子ども，親族，友人といった近しい身辺で起こる。すでに胎児と母体の共生的近さのことが指摘されていた。だが誕生と死は，それ単独ではないが，かなりの程度，出生の年次によって規定される世代継承の中心的要素でもある。上で述べた〔時間的〕地平は，単に胎児や死体の数をカウントし，個体化のプロセスが決定済みの既成事実として前提されているとき，すべて，消失していく。

　誕生と死が期待および想起の地平に埋め込まれていることは，しかし，他者の単一性のうちにその限界をもつ。〔誕生を〕期待されているのは，一人の子どもであって，〔特定の〕この子ではない。もしそうでないならば，実際のところ好き勝手に，ある胎児は他の可能な胎児に相殺されることにもなろう。それは，例えば計画された休暇旅行のために，延期された手術と同じように，妊娠を中絶によって延期するのが賢明だと思われるように差し引き勘定できることになろう。ピーター・シンガーはこうした例を持ち出し，人間胎児の比類なさと称されているものを論難している。シンガーにとっては，人間の子も，犬の子も特性の上で違いはない。実際，《比類なさ》とは，単なる一回性であり，この概念の基礎には，「精子と卵細胞の最初の受精は，反復不可能な一単位の情報を作り出している」という想定がある（1984年，167頁）。もしそうだとすれば，自然そのものが胚の浪費という形で行っているのと同じように，《比類なさ》を気兼ねなく放棄することができるであろう。複製クローンも，ためらう必要はないことになる。一度起こった何かが，二度ないし三度産出されてはならないとする理由は，いかなるものか？　ここで注目してきた，そして複製クローンに向けられた疑念の基礎にある《比類なさ》が関係しているのは，現に

存在する何ものかではない。「これは何か」という古典的な問いに答えるものはすべて，一定の性質を有している。だが，「おまえは誰か」という問いでは事情は異なる。こうした問いが有意味に，しかも時間的に先行して，または事後的に，立てられるような場面では，確定的な答えは与えられない。なぜなら，問いが目指しているのは，答えではあっても，答えの内容ではないからである。この問いにとって重要なものが〔答えるために〕必要な情報であるとすれば，例えば相手にパスポートの提示を求め，当人を同定することで答えが与えられるだろう。他者に向けられた期待，あるいは，他者そのものに向けられた期待は，期待されたものの内部で期待不可能なものに突き当たるのである。そうだからこそ伝統的に，子どもが負担になるときや，意図していた家族計画より先になったときでさえも，子どもは授かりものと言われるのである。期待されうるものとは，ある範囲内で計画的に先取りされうるものである。こうした計画が他者の単一性を消し去ってしまうのは，期待不可能なものという過剰が期待できる何かとして扱われるときである。シュテヒリーン〔『シュテヒリーン湖』〕の簡潔な言葉「カッツラー夫人は期待して待っている」[*]は，何かしら滑稽である。なぜなら，ここでは子どもを期待することが習慣になってしまっているからである。精子バンクに，その寄贈者が肌や眼の色などに関して選び出されて保証された由緒正しい精子を注文することに疑念が浮かぶのは，計画されたり，選ばれたりすること一般にあるからではなく，──多かれ少なかれ，カップルが成立するときには，意識的に行われている──子孫を見積もり可能な収入に合わせようとするデパートのカタログのようなものに近づくことにある。こうしたことは，〔しかし〕まったく新しいことなのではない。すでにカール・クラウスは，「一夫一妻制〔Monogamie〕」を「婿入り・嫁入り〔Einheirat〕」と訳すことを提案していた。ゴータ家〔貴族の家系〕は，精子バンクのカタログよりも上等だったにすぎない。その際，選択するように働きかけたのも確かである。死者との別れでは，単一性は違った現れ方をするのであり，故人をめぐる悲しみや思い出などにおいて現れる。後の歴史は，前史にはない規定性を有しており，このことは，遺骸があることにも妥当している。にもかかわらずここでも，想起

---

[*] ドイツの小説家テーオドール・フォンターネ（1819-1898）の作品『シュテヒリーン湖』の一説から。

のうちに想起不可能なもの，すなわち，世界のなかに誰かが，あるいは，何かが存在しないという事実に還元されないような不在が存在する。自分の両親，子ども，友人を失った人は，自分自身の一部を失ったのである。まさにそれゆえ，フロイトが《喪の作業〔Trauerarbeit〕》と呼んだものが〔自己の〕内面へ向けられるが，外面的で多かれ少なかれ代替可能な喪失の場合では，その作業は後を引かない。誕生日や命日など記念の場所や日は，個人史および集団の歴史という沖積地にあって島のように突出したものだが，もし誕生と死においてただデータの入出力が問題であるとすれば，そうした記念は意味を失うだろう。顧慮されるのが事実だけならば，祝われることはない。誕生や死の際に執り行われる儀式は，正常化できないものを正常化するというギリギリの段階を動いている。正常化が広まるとき，儀式は空疎化する。

13. 代理の経験

誕生と死という境界的出来事のうちで，自己の経験と他者の経験が重なり合うという考えは，さらに解明を要する。というのも，他者の誕生と死をともに経験するだけでなく，それらの扱いとその扱いの技術的整備状況が視野に入り込んでくるからである。

　代理とは，第Ⅰ章で私たちが経験の代〔理〕表象〔Repräsentation〕との連関で解説した複合的形態である。それが意味しているのは，一つのものが他のものの位置もしくは座に就くことであり，代表することである。交換可能な機能が問題であるならば，一方を他方で代替するといってもよい。人格それ自身は，代理されはするが，代替不可能なものと見なされている。代理ということでそうしたポジションチェンジを考えるならば，代理はさまざまな形で頓挫する。私がその代理をする人が誰もいないのならば，代理は空回りするだけである。胎児は細胞の寄せ集めにすぎず，自身の意思表明などもっていないと主張する人は，代理の可能性を排除している。逆に代理が頓挫するのは，自分自身の意志をもって自己を擁護する誰かがいるときである。彼を代理しようとする者は，彼の後見人であろうとすることになるだろう。代理に余地を残す中間的な可能性は，まだなお自

13. 代理の経験

己の意志をもって語らず，一時的あるいは持続しても，結局最終的にはもはや語らないような誰かがいることによって，成立する。初期および末期の生命状態にある人間，もしくは帰責能力が減少した状況，状態にある人間がそうである。このような他者のポジションの引き継ぎは，暫定措置であることを意味する。誰かが他者の席を，自分自身のものに変えることなく，取っておくことで，この引き継ぎは成り立つ。制度上の模範となるのは，他者のために自己の意志で発言し，他者の利益と要望を代表する後見人である。厳密に考えると，弁護士のイメージはうまく当てはまらない。というのも，弁護士や，代議士によって私が代理してもらっているのは私自身だからである。こうした形の権限委譲は，自己自身の投票能力を前提しているので，仮に自分自身を未成年として，自分の投票権の活用させないようにしても，ここで関心を払う必要はない。だがこのような立場関係を取ることに合意しているときでさえ，生命倫理学および生命工学の決定的な問いに関しては，例えば胎児の代理をすることは認められるのか，認められるとすればいつかといった問いに関しては，まだ何も決着がついていない。このことこそが，ユルゲン・ハーバーマスのような討議論者を促して，類的倫理へと向かわせるのである[50]。

代理が能動的な態度-表明および，代理するものと代理されるものとの明確な区別に拘束されているという構想は，はじめから高すぎる見積もりをしており，社会の発生という決定的な段階を飛び越えてしまっているといえるだろう。それに対して，代理経験が語られる場合，それは，私が自分自身でありかつ自分自身の居場所にいるところで同時に，他者に対して態度を取る前に他者の立場にあることを意味しており，また，逆に他者は，彼が私に対して何らかの態度を取る前に，他者は私の立場にある。私に何かが遭遇することで経験が始まるならば，他者経験の始まりは，他者に何かが遭遇するのと同じように，私に〔そのことが〕遭遇することである。〈の前に〉ということは，時間的先行としてではなく，自己経験と他者経

---

50) 近年，さまざまな側面から再び考慮されている人類という概念は，確かに，さらなる解明を必要としている。人類と人間という種は互いにどのような関係にあるのか。人類の統一と連関は何に基づくのか。個人と類の関係はどのようなものか。世代性および世代継承はどのような役割を果たしているのか。友愛〔兄弟らしさ Brüderlichkeit〕というスローガンに関しての事情はどのようなものであり，〔姉妹間の〕友愛〔姉妹らしさ Schwesterlichkeit〕は一体どこにあるのか。

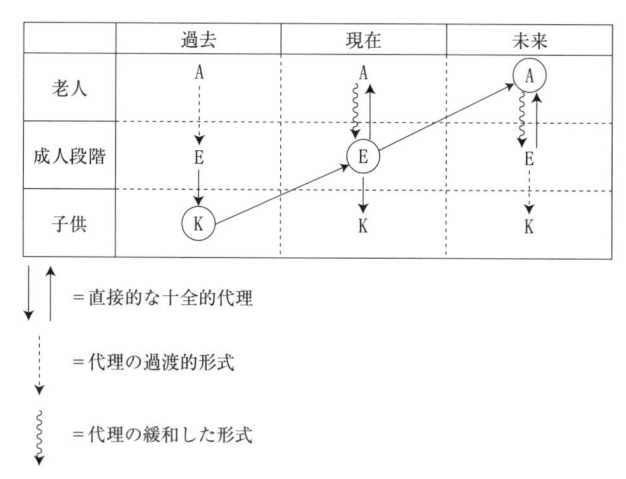

	過去	現在	未来
老人	A	A	Ⓐ
成人段階	E	Ⓔ	E
子供	Ⓚ	K	K

↓↑ ＝直接的な十全的代理

↓↑（点線）＝代理の過渡的形式

↓↑（波線）＝代理の緩和した形式

図12　世代的重なり

験の重なりと時間的ズレとして理解されねばならない。この経験は，出生性，世代性，死すべきことといった根本現象にとって特徴的なものである。ここで問題になっているのは，本源的な代理であり，それが私自身であるもの，他者がそれであるところのものに対して構成的である限り，本源的なのである。世代の連続にとって，これは年代が互いに内属的にズレ込んでいることを意味している。

　自身の前史と後史は，祖先および子孫の現在史と互いに関連し合うので，各人誰でも生きている間に，代理をするし代理されもする。早くに亡くなった人もこうした〔代理の〕推移に関係している。さもなければ，その人の生は断片的とはいわれず，単に短いだけになってしまうだろう。世代の継承に必然的に含まれていることとして，自身の歴史と共通の前史，後史との上記のような絡み合いは家族関係を超えて広がることが挙げられる。こうして，子どものない人にも子どもはいるのであって，ただ老齢になったときに彼らに対して責任を持つのが，他者の子どもだという点で違うだけである。「家族の絆」という言い方は，カール・クラウスが書きとどめているように，両義的なことを示している。このことは一切の素朴な美化を排除する。レヴィナスが他者との関係を一般的かつ本質的に代替，他者に対して責任を負うことと捉えるとき，こうした素朴な美化とは無縁である。この代替は，私が他者に対して感じる同情や哀れみよりもずっと原初

13. 代理の経験

的に，また他者に対して示すどの好意よりもずっと原初的に開始されている。本源的でラディカルな代理とは，私が自分のうちに他者を，他者のうちに私を見出すことへ導き，彼らの影を宿し，おそらくは彼らによって殴られ，逆に，彼らは私にそうされることへ通じていく。こうして，この代理は，代理不可能なものの代理というパラドクスのうちで，頂点に達する。汝が存在し，私が存在しえない場所に，私は存在する。私は他者の立場に完全になることも，もしくは逆に，他者の立場から完全に離れることもできないまま，私はそこに存在する。喪の作業に関するフロイトの分析のうちに，いくぶん弱められてはいても，このパラドクスが呼び覚まされている。

　遭遇から生じる経験は，たえず，特段の無防備さ，無力さという特性をもつ。私たちが出くわすものは，防御や予防のためにとる措置を突破する。これは，特に生命の初期段階と末期段階，窮状状態のときに起こる。だがその背景には，私たちの身体状態に当てはまる一貫した傷つきやすさがある。さしあたり命を守ること，生きることへの援助が問われているところで，生きる権利を得ようと争うならば，私たちは経験からはるか遠いところに行きついている。どれほど自分で事前に準備していても，自分の能力で埋め合わせることのできない助産，老齢介護，救護措置は，固有な形式の代理，すなわち代理行為を含んでいる。この行為を的確に表現すると，援助もしくは補佐であり，すなわち，できるだけ自分自身を再び取り戻す協力である。それは，父権主義や母権主義に内在する過保護という形で，最終的には支配へと変わっていく[51]。時に死を招く暴力にまでなる傷害でも，もちろん訴訟は起こる。だが重要なのは，誰かに傷害が加えられたことではなく，法律に対する違反である。違反が法への傷害〔Rechtsverletzung〕とも言われるが，問題になっているのは別のこと，すなわち市民間で発生し，議論によって決着がつけられる紛争であることについて，思い違いすることはないのである。犯罪の被害者であっても，生きている限りは，適切な専門知識を用いることで，弁護士が提出するのと同じ論拠を主張することができるだろう。それゆえこうした〔弁護士などによる〕代理は，代理経験や代理する行為とは違って，二次的なのである。弁護士

---

[51] たしかに母権主義には，他者への配慮に由来する逆の態度も認められる（K. デルナー，2001年，326頁を参照）。

は，上位のレベルに位置しているだけで，求めに応じて，そうしているのである。

　こうした観点から現在の生命-討議を見てみると，たしかに〔そこで〕すべてのことが生じているのだが，しかしそれは，パズルの個々のピースがどのように組み合わされるのか，さらには組み合わされるのかどうかもわからないようなジグソーパズルのなかで生じているのである。私たちがそこで見出すのは，物体，生命体，人間という古典的な区別，実験室でのテストの限界に際して起こる帰属討議，根本法則や民間宗教的十戒を持ち出したり，研究の自由を主張したり，研究されているものの経済的有用性，医療的治療の予想をしたりすることである。しかしまた，緩和された期待や，これらの討議を小人の戦いであるとする進化的-技術的な大局のビジョンも見出される。経験の代理する形式へと遡及することで，こうした窮地と不十分な選択肢から，抜け出ることができるだろう。研究理論的に利用された一人称と三人称の視点の違いを，取りあげてみよう。胎児は自我ではないし，生じてくる生命の母親は，胎児を何かとして捉えるために必要な距離をもっていない。これまで，幾度となく言及されてきた胎児と母体の共生は，一般的な戸籍簿には適合しない[52]。引き続き，帰属プロセスを引き合いに出して議論していこう。この帰属プロセスは，往々にして，胎児とは，まるで流星が天から降下してくるのと同じといった印象を引き起こしかねない。代理という視点が，このような一面的な帰属プロセスの下をかいくぐって働いているのは，自己に固有なものが他者へ，他者が自己に固有なものへと記入されているからであり，しかもそれは，遺伝子のアルファベットで書き込まれているのである。先行する事情を説明するために，たえず問題となり，そこに立ち返ることができる《危機にさらされた他者》のために，他者の立場を弁護士のように引き受けることも，代理の視点によって相対化される。他者は，私たちが彼を支持するようになるまで待ってくれない。他者は私たちの期待を打ち壊し，不可能なことを要求する。

　経験へのこうした還帰，すなわち私たちが作り上げているのではなく，一貫して行っている経験へと還帰することは，前技術的空間，自然発生的

---

[52] レヴィナスの倫理学における母性が果たす役割については，サビーネ・グュルトラー『原初的倫理学』（2001年）を参照。

13. 代理の経験

なものが人為的なものによって形式化も，あるいは変形もされていない空間のうちを，私たちが動いているということを意味するのか。決して，そうではない。文化史へ眼差しを向けるとわかるように，誕生，病，死は，昔から人為性から自由だったわけではない。時代遅れに聞こえるかもしれないが，今日でも月カレンダー*)，浄めの儀式，助産婦道具一式，多産を願う儀式，臨終の仕方，棺の形などが，〔出産や死に関して〕思い起こされ，忘れてならないのは，鉄製の拷問器具や武器庫，毒薬という密かな暴力などである。生と死はいつも〔起きるのだけでなく〕なされてもいたのである，しかも必然的に。自分の出生と死に関わり，他者の死に関わる存在，原野の草のように（たとえこの比較がそれなりの真理を示しているとしても）ただ生まれ，枯れていくのではない存在は，基本的な〔人〕生のプロセスを自分自身で調整するように強制されているのである。そうした調整には，技術による生の補填という形式も含まれているが，それはよく見られる機能補完器具の使用といったことをはるかに超えている。書籍文化も，記憶の負担を軽くしただけでなく，変化させもした巨大な移植組織と見なすことができる。書籍文化が初めから読み物の過度の消費に対して警告を発していたのも，理由なくしてではなかったのだ。今日のデジタル的な映像制作は，感性の領域で〔書籍と〕対比可能な役割を果たしている。ある段階まで，私たちの経験は，技術〔による〕作品である。このことは，人為的に行われたものと自然に生じたものがたえず混じり合う《誕生，老化，死という歴史》にも当てはまる。問題が生じる場面とは，人為的な産出物が蔓延するところや，生きようとする要求や生存権が失われることになる人工的生命と人為的死へ接近するときである。ここにある機能化は，正しいかもしれないが，幸福にはつながらない，また，法に準じないものである。残るのは，どのような選択肢だろうか。

どの程度のものであるのかまだ予測できてない生命−討議は，先行きのある諸視点が見失われてしまうような決疑法**)にとどまり，成果なく終わってはならない。そうした結末を避けようとして，原理を立て，それを適用することで，結局必要な抜け道を設けてしまうようにしても無理であり，

---

*) 月の満ち欠けを記したカレンダー。ドイツでは，「満月に出産が多い」と一般に言われている。

**) 決議法については，本著，482頁の訳注を参照。

むしろ，そのうちで諸問題が立ち現れてくるような生命の諸連関に注意が払われねばならない。そこで，私たちが試みたのは，誕生と死に私たちが出くわすところで，それらを探し求めることであった。それは，私たちの前史と後史，世代継承の錯綜のうちで，しかも独特の容赦なさで迫ってくる遭遇という形式のうちで，探し求めることであった。具体的な事例で言えば，愛護〔Schonung〕が見られ，生きているものが成立してくる場面や個別の権利に解消されない一群の要求から際だちつつ他者による要求が告知されてくる場面では，どこでも愛護が認められる。身体をもった存在は，初めからその存在がそこから生じてきた環境世界なしに，私たちと出会うことはない。これは，生がいわば生き続ける権利を獲得しなければならない試験期間を仮定することに反対することになる。愛護とは，それ自身で活動するものを承認しようとする行為を意味する。しかし，私たちがまったく成長に介入しないといったことや，成長するものを成長させるにまかせるといったことは意味していない。産児調整をはっきりと諦める場合でも，それは自然発生的にではなく，むしろ積極的な不履行という形を取る。愛護が明確に意味しているのは，成長していく生を，任意の目的のためにそれによって実験したり，他の目的のために利用したり，なんらかの材料のように使ったりする何かとして扱わない，ということである。これは些細なことにこだわっているのとはまったく違う。生きているものを意図的に長期にわたって利用することと，生命の発生の際，一つの生命が他の生命，たいていは母親の生命と衝突するという例外的な場合とは，区別されるのである。この衝突は，ほとんど女性たちがそう告白することはなくとも，一つの抗争であり続ける[53]。

　事態のこうした見方に対して，さまざまな反論がなされる。さしあたりの反論は次のものである。まだ人格と呼ばれるべき権利の担い手だとはわからない《生成しつつある生》が掲げる要求は，病に苦しんでいる患者，激しく苦しんでいる患者の正当な治療要求に比べて，重要であるとするに

---

[53]　このことは，戦争行為，その他の国家によって正当化された強制的措置にも当てはまる。たとえ，暴力が国家もしくは国家間の独占的な支配にあるとしても，暴力は暴力である。原則的に堕胎に反対している人は，暴力否定あるいは死刑廃止に傾いていると見込まれる。だが事実は，逆の場合もしばしばある。これは道徳についての二重記載に由来する難しい問題である。

13. 代理の経験

はあまりに弱い，というものである。上記の治療要求に疑念をもつ人はほとんどいないだろう。だが，いわば治療に関する公正な生命工学を，他の一切の目的から切り離して抽出することは，困難である。長期に渡って，治療上の副作用を回避できているバイオ製品は存在しないのである。こうした開かれた有用性は，技術の優越性である。技術そのものは道徳的な操作にそぐわないし，逆に技術にモラルを期待すべきでもない。技術者が技術者以上であることは，別の問題であり，この点に関して私たちを助けることはない。こうした〔技術の〕有用性をめぐる疑問を度外視してみて，立てられる問いがある。それは，生成しつつある生を，取り扱い可能な量〔quantité maniable〕と見なすことが可能であるかどうか，しかもそこから生まれてくる生命そのものを侵害することなしに，つまり先-自我というステータスから自我を剥ぎ取り，こうした仕方で固有の前史を強奪することなしに，可能であるかどうか，という問いである。人間〔Homo〕とホムンクルスを区別するものは，いうまでもなく，ホムンクルスが自身の前史をもっていないという事実である。自分の身体の異他性は，異他性の産出において，他なる物体の異他性に，完全に還元されてしまうだろう。受肉の働きとしての誕生と生殖を争わせて漁夫の利をえようとする人は，誕生という行為と出生証明書の発行を混同している[54]。

補足的な反論として，愛護と私たちが呼んだ事柄にははっきりとした境界線がないことから，あらゆる生への介入は結局のところ，生に反することに陥らせるという疑いが生じる，という反論が考えられる。これに対しては以下のように回答することができよう。生命工学と生政治学がその成り行きを規制する規格化プロセスは，統計的変化という仕方で広がっていくのであり，そうした変化は，命令や禁止というルールでは捉えられないのである。〔そのプロセスが〕合理的である限り，一定の傾向〔生に反する傾向〕が，形式的な手続きのように徐々に顕在化していく前に，それに対して抵抗するのは，大変有意義であるように思える。無害に思われるき

---

[54] フォルカー・ゲルハルト『人間が生まれる』（2001年）を参照。この論争的著作では，人間の誕生を賞賛することはすべて，厳格な産児増加提唱論〔Natalismus〕に含まれる。あたかも，出生前の生命を逆に賞賛することは，出生率の低下を招くことになるかのように。「誕生の賞賛」に反対して述べることは何もないが，しかし誕生をバイオ戦略的に利用することには，反論がある。

っかけから生じ，それが集積され，突然エスカレートするような影響作用が存在する。統計調査や目的づけられたケーススタディは，認知的，実践的な妥当性要求の検証よりも，はるかに，経験のもつ驚きの効果に近似しているのである。正確な予測やプランから逃れていき，その結果は限定的にしか予見できないプロセスを考慮すれば，判決が自らに制限を課している「疑わしきは被告の利益に〔in dubio pro reo〕」をもじって，「疑わしきは生体の利益に〔in dubio pro vivo〕」という標語から出発することは，十分に意味がある。

　生きているもの，それに類比して死に行くものにも思いやりのある関わり方を心がけるならば，私たちは，生のプロセスを過剰に法制化することを回避する。前史という薄明のうちで成立し，後史という薄明へ消え去っていく生は，胎児を，潜在的な王位継承者のように即位を待っている人格候補者として扱うといった誤った試みから，私たちを解放する。正直なところ，こうした考えや類似の考えは，私にも非常にゆがんだものだと思える。人間の発祥場所は実験室だという考えに対して，「生殖」を「工場での生産物」と同等と見なす「粗暴な生物学主義」だと烙印を押すことは，実際たやすいことである（ゲルハルト，2001年，24頁）。出生前の全領域を生物学的なものへと押しやるこうした激しい批判は，明らかに，現在，疑問になっている当のものを前提にしている。すなわち，事実的な存在が支配的である自然史と，意志および当為が手本となる文化史への区別を前提にしている。自己目的である人格を引き合いにだすことで，たとえその目的という言い方が古くさい，それはそれとして問われる必要のある目的論的考えを呼び起こすとしても，そこに，道徳的大陸がその視界にあるように思えてくる。他の目的に対する利用を排除することは，一つ大切なことである。だが，他者からの要求が私たちに代償として求める尊重，しかも暗黙のままにとどまる尊重は，すべての《なぜ》と《何のために》を超えたものであるのかもしれない。同じような事情にあるのは，生の肯定（あるいは否定）である。この肯定と否定は，単なる自然の事実へ向けられるものではないが，だからといって，命令に従うわけでも，評価に由来するのでもない。ひょっとすると，生命-討議が多分にスコラ的に聞こえるのは，生命発生という新しい《ワイン〔問題〕》が，不十分な実践哲学という《古い皮袋〔解決案〕》に注ぎ込まれているからであろう。

結局のところ，非常に新しいバイオ-革命によって投げかけられた諸問題とは，刑法が口を挟まなければならない生と死に関する問題だけではないのである。生命の殺害や保護という周辺領域において主張されるべきであるものと同様の根拠から，次のような提案と決意が可能であろう。すなわち，精子バンクや人工授精一般，一定形式の過度な医療供給あるいは苦痛の必要以上の克服を断念したり，すべてがうまくいくことを望まないということの提案と決意である。しかもこれは，幸福な生の問いでは場違いである禁止条項と法的通達なしに，行われる。現に存立している可能性をこのように断念することが支持されるとすれば，それは何によってであろうか。家計の調整を単なる自然の宝くじ〔といった偶然〕にゆだねるような単なる願望でないことは確かである。私が度外視するのは，自然という「大きな薬局」はおそらく私たちの利益のために，景気に左右される事業よりも短期的な計画を練ることはないだろうということである。一層重要なのは，別のこと，すなわち，すでに繰り返し熟考されてきた偶-然〔Zu-fällen〕と思い-つき〔Ein-fällen〕の重要性であり，そこでは，法外な他者からの要求が明確になる。つまり，そうした要求は，生の規格化において消えていく危険に晒されているのである。新生児が歓迎され，死にゆくものが別れを告げられる儀式が，書類上の記載とデータの保存にほぼ等しくなっているときでさえ，生は引き続き進行していく。この近似化は，生き生きした言葉が腐植土のようにそこから生じてくる前言語〔Vorsprache〕の喪失ということができよう。〔誕生への〕挨拶と〔死者へ〕別れを告げることは，こうした敷居の領域に属している。生は，このような挨拶や別れなしにも進行するが，そのような生は，いかなる生といえようか。生は自分自身を守るすべを心得ていると信頼するように助言する人もいようが，このこと〔生の自己防御〕は，恐ろしい奇形の形で起こりうるのであり，それは，〈生〉ということだけでは，ほとんど悪魔払いの文句以上のものではないということを度外視しても，である。

14. 技術から逃れていくもの

現象学とテクノロジーの境界領域を通っていく歩みは，ますます経験の核

心部分へ通じていき，さらに多くの問いを呼び起こしたので，まとめることができないほどである。だが最後に，私はもう一度導入として定式化された問いを呈示することにしたい。それは，精神分析における無意識的なものと同じ仕方で，テクノロジーを駆り立てる鍵になる根本動機が存在するかどうか，という問いである。これに答えることは容易ではない。なぜなら，テクノロジーがさまざまに異なるパラダイムを貫いているからである。それでも，最後のパラダイム，すなわち，技術の解放として言い換えられたパラダイムにとどまることにしよう。本来的な脅威は，かつて技術官僚〔テクノクラティー〕と表現されていた技術による権力ではもはやなく，むしろあらゆる権力者自身の手に余るようになり，手に負えなくなる技術の力にある。異他性が退去現象であるならば，解放された技術そのものに内在する特殊な異他性の観点が，ここに明らかになる。異他テクノロジー〔Xenotechnologie〕がいったいどのような外観を示すものとなるか，私にはわからない。産出も制御もされえない何かが存在するとすれば，それは可能にされえないもの〔Nichtzuermöglichende〕としての異他的なもの，異質なものである。だがこのことは，テクノロジーそのものが異他性の源泉になることを，排除しはしない。これが意味しているのは，テクノロジーは反作用を引き起こし，私たちを挑発と直面させるのであり，私たちの方はその挑発に対して〈立ち位置をきめる〔stellen〕〉のでなければならない，ということである。こうした意味で，そしてこの意味でのみ，私はハイデガーに同意する。ハイデガーは技術を，「現前する何か」とは違って私たちの表象や指示に影響されず，そのうちで「異様な」ものとして示されてくる「運命」や「立て-組み〔Ge-stell〕」と考えているからである（『同一性と差異性』24頁）。

　こうした状況に対する反応はさまざまである。反技術的な反作用は，いくぶんドン・キホーテ的な傾向を有している。というのも，敵対者の諸力から生じるあらゆる反作用は，水車に水を与えるように，当事者をますます勢いづかせるからである。前技術的な保護地域への逃避は，いずれにしても初めから問題にならない。なぜなら，技術的設備と関係しないものなど文字通り何もないからである。何か技術から逃れるものを欲することは，何か意識から剥奪することを欲するのと同様，無駄なことだろう。何らかの仕方で〔aliquomodo〕すべては技術である。しかし問題なのは，この

14. 技術から逃れていくもの

技術の様態〔何らかの仕方〕である。それゆえ，私たちは技術論的還元について語ったのである。それは，現象学的還元に似て，世界全体に対する態度を主題化しており，もはや世界という地盤の上を動いていないのである[55]。最終的に残っているのは，超技術的な共同活動への誘惑である。その共同活動は，一切の技術的なものを極限にまで押し進め，すべてのものに手を出す技術熱狂主義に自己の良心を与え，あるいはそういった必要を感じなければ，その楽しみを与えるような共同活動である。プラトンだったならば，おそらく，熱狂的な愛好者が皆そうであるように，遊び半分に遊びを楽しみながら多くのことを発見するという技術愛好者〔φιλοτέχνικοι, philotechinikoi〕について語ったであろう。私たちが，現象工学というタイトルで立てたものは，別の方向を指し示している。示されてくるすべてのものが，現象工学という語の，広く完全な意味において徹底して技術的に産出され，技術という形式で発生するのであれば，そもそも技術に対して，あらゆる種類の技術者自身が語っていないような何かを語ることは，困難であろう。それに対して，私たちに示されてくるものを，技術的な付属物から切り離そうと試みるならば，それだけ一層私たちは，技術の影響に対して無防備に晒されることになる。自称，純粋な思考ほど，技術的なものは他にないのである。

私の念頭に浮かぶ打開策は，厳密な意味で打開策ではない。なぜならそれは技術から出ていく道ではなく，むしろ技術が自分自身を放棄するまで，繰り返し，技術の内部へ入り込んでいくものだからである。これは困難な企てではあるが，それに対して私が，これまで，若干のサンプルを提出できていればよいと思っている。技術のうちに際立ってくる奇異なもの，それを私は非技術的なもの〔Atechnische〕，非機能的なもの〔Afunktionale〕と言い表している。そのことで理解されなければならないのは，技術的なものから逃れていきながら，まさにそれを通じて技術との特殊な関係を保持するもの，である。それは，政治に無関心なもの〔Unpolitisches〕ではなく，むしろ政治的なものの裏面である非政治的なものや，非感覚的なも

---

[55] このことを，ハンス・ブルーメンベルクは，技術的なものをより高次で，より後に到達される生活世界の階層へと追い払う他の人々よりも早く，理解していた。『生活世界と生活世界という観点での技術化』（1963年）を参照。なお現在は再版されて，『私たちが生きる現実性』（1981年）に収められている。

の，非経済的なものなどと類似している。有名なソフォクレスの合唱歌の言葉で言えば，解決不可能なもの〔Aporetisches〕が存在するのではあるが，それは，抜け道のなさとはいえ，すべてに熟練した抜け目のない人間，すべてにわたって才覚のある者〔Pantoporos〕の発明品に先行することはなく，むしろそのまっただ中で姿を現すである[56]。

　事態が単純にそのまま進まなくなる箇所を，微妙な偏差という形で目立せることができる。構造的差異の意味および有意味性，二つの要素もしくは三つの要素の回路が下す決定，自然発生的もしくは人工的なコードの言語的媒介，これらを区別しているものは何か。〔データの〕保存と消去が，覚えることと忘れることから区別されるのは，どこでなのか。人間の欲求の，《である-状態》と，《であるべき-状態》の検証可能な差異はどこにあるのか。皮膚の境界とシステムの境界を，また，手探りすることとキーボードを打つことを，接続もしくは遮断と，社会的交流，黙り込んで言葉を発しないことと発言の抑制を区別しているのは何か。機械的な命令よりも依頼が，放送がとぎれた時間よりも会話の中断が勝っているのは何か。暴力と憎しみの表現と，核爆発の違いは何か。こうした問いを続けていくことができるだろう。いくつかの決定的な箇所で，私は「原〔根本〕現象」という古くからの用語を用いた。この用語が適切であるのは，示されてくるものと，それがその人に向けて示される当のその人が，産出の機能的な《いかに》と自己産出の《いかに》をも超えていく場合である。このことが該当するのは，快を生み出し，苦痛を避けるあらゆる場合において，生の質的なトーン，色合いとして前提されている快と苦であるが，それは，また，現存する，もしくは盲目的に産出された評価基準に沿って計られることのない有意味性にも，当てはまる。問題なのは，微妙な偏差である。生活世界を弁護する人が，事態をあまりに単純化してしまうのは，技術というライバルを非常に大まかで初歩的なサンプルによって確定し，その結果，お互いに相違していることは根本的に相互にまったく関係がない，としているからである。それはちょうど，囲碁の棋士がチェスの棋士と対戦するようなものである。まったく絶望的なケースである。技術による多大な成果を弁護する人も同様に，事態を単純化しているのは，あの現象の過

---

56) ソフォクレスの場合，人間による介入を逃れていくのは，死である。「争いに先立って，争いから逃れることは存在しない」『アンティゴネ』361以下。

14. 技術から逃れていくもの

剰を，技術的な発展段階がまだ〔そのレベルに〕達していないこととし，創発を単に説明の不備と見なしているからである。宗教的，政治的な日和見主義という古い形態に取って代わった技術的日和見主義は，以前のものと同様に価値のないものである。それは，幸福計算を最終値予測計算によって補強しようとする「最後の人間」の目くばせに似ている。特殊な形式の精度を要求する微妙な偏差は，学的-技術的可能性が高まれば高まるほど，ほとんど何も指し示さなくなるが，だがこの些細なことこそ重大なのである。これをソクラテスのアイロニーになぞらえて，技術のアイロニーと言い表すことができよう。ソクラテスは，通常の知や価値のやりくりを，ディオゲネスのやり方にしたがって簡単に放棄することなく，効果的に問うたのである。

　私たちが示そうと試みたように，テクノロジーは，そのロゴスと規定が自己〔Auto〕へと広がるとき，新しい性質を達成している。その自己は，ずっと以前から生と結びつき，認知的，欲求的プロセスを越え出ており，パトスから生じ，他なる自己の要求のうちで二重化，多重化される。もちろん再び〔自己と他者の〕違いを主張することは可能であり，例えば，自己言及的操作と他者言及的操作の区別，また，自己触発と他者触発の違いなどである。だがここでは，それ以上のものが活動している。自己，すなわち自身の自己と他者の自己は，遠さと不在として独特の不可解さを含んだ空虚形式を指し示す。生の技術化があるとすれば，病因を病理技術によって代替するという技巧を要する仕事が成し遂げられなければならないだろう。それは，偶-然〔Zu-fall〕を介-入〔Zu-griffe〕へ，遭遇を単なる抵抗へ，病を進化のための維持費へ，手短に言えばパトスをポイエーシスへ変化させることであり，結局は，ポイエーシスをオートポイエーシスへ移行させることである。だがこのことは，微妙なアイロニーで満足することのない技術の報復へと不可避的に通じていく。報復は，パトスを技術によって支配するという試みが，技術のもとでの苦悩へと急変することで起こる。この苦悩を避けられない運命であると偽ることは，技術の経過に身を隠すことを意味するだろう。技術者はたしかにだんだんとそれを支配することはできなくなっていたが，しかし断固としてその経過に関与しようとしている。テクノロジーに関して形成された共同体のすべての構成員に当てはまる《技術のもとでの苦悩》はたしかに，かつて技術の恩恵と呼ば

れていたものの裏面，そして今日のバイオ-原理主義者たちが見ている呪いの言葉へと変わっていくものの裏面にすぎない。この苦悩はその他の苦悩のように，完全に取り除かれることはない。それはパトスの玉虫色に輝く性格に関与している。だが，生がそこで発生し，沈み込み，退去し，終わるあの領域，また予期できないもの，思い出せないものがそこで浮かび上がってくるあの領域の愛護は，期待できるのである。なぜ技術も盲点をもってはいけないのか。それ自身テクノロジーによっては入手不可能なこの非技術的なものは，厳密にいって，技術が自ら滑り落ちていく地点，チャンスと危険が同居し合っている地点であるだろう。

解説

「経験の裂け目」という《間》の出来事

山口 一郎

はじめに

この解説にあたってお断りしておきたいことは、ここで解明されようとする「ヴァルデンフェルス哲学」は、当然ながら、私個人の考える「ヴァルデンフェルス哲学」であることです。いかなる解説も、その個人の一種の応答にすぎません。とりわけ、まさに、現在生成しつつある独自の哲学への接近が、個人の限界を通してしか可能にならないことが強調されておかねばならないのです。

本著は、著者、ボッフム大学退官後、ほぼ、毎年のように、STW（ズールカンプ学術文庫）で執筆されてきた諸著作の中軸をなす、ヴァルデンフェルス哲学の成熟度を示す代表作といえます。著者自身が、これまで書かれた諸作品との関連を本著の「序文」で短く言及していますが、それらの関連が、本著でどのように深化し、発展を遂げているかという視点は、本著を読み解く指針となるといえましょう。

『経験の裂け目』と題する本著でいわれている「経験」は、いわゆるイギリス経験論でいわれる経験を意味しているのではありません。フッサールは、1922年と23年の講義である『哲学入門』（第三部、第6章）において「超越論的経験（Transzendentale Erfahrung）」という言葉で自己の現象学の立ち位置を語ろうとしていました。この「超越論的経験」が、近世哲学で語られる、とりわけ、カントにおいて明確な「経験と超越」の対比からしては、まったくの矛盾としてしか理解されないことからして、フッサールの意図していた「経験」の概念の独自性が示唆されることになりましょう。それと同様、ここでヴァルデンフェルスが展開する「経験の裂け目」というテーマで語られる「経験」は、事実としての経験（経験主義）ではなく、また、当然、カ

ントのいうそのような経験に対立する「超越性」を意味するのでもなく、それら「経験と超越」そのものが、成立してくる土壌としての、私たちの日常の経験そのものであり、生きた生活の記述の課題として与えられているのです。メルロ＝ポンティのいう「沈黙した経験を言葉にもたらそうとする」ときの現象学の課題とされるのが、生きた経験なのです。ヴァルデンフェルスは、このような「経験」に、彼の教授資格論文：『対話の〈間〉の領域』のときから、「間」という性格づけを行ってきました。生きた経験とは、私たちの「間で」起きているというのが、その根本的特性であるというのです。しかし、この「間」というのは、近世哲学の根本的パラダイムといえる主観と客観の対立構造が始めから存在して、その間に「間」があるというのではありません。志向性概念の根本性格である、当初に成立している「関係性」と同様に、つまり、志向性とは、主観が向ける客観への志向を意味していないように、「間」がすでに、初めから起こっていて、そこから主観と客観が生成しているというのです。

　ヴァルデンフェルスにあって、「間」は、まずもって、フッサールにおいて初めて真の哲学の問いになりえたといえる「相互主観性〔Intersubjektivität〕」の問いに対する、彼の応答の試みとして方向づけられます。この「間」は、相互に触発し合うといった意味の「共触発〔Koaffektion〕」という性格づけを経て、その「出来事」としての特性が明確にされていきます。そして、本著では、「遭遇と応答」という基本構造において最も豊かな表現力を獲得することになるのです。この《間》の現象学という性格づけは、現代哲学におけるヴァルデンフェルス哲学の位置づけを明確にするものです。この「間」は、汲めども尽きぬメルロ＝ポンティの「間身体性〔intercorporéité〕」という源泉をその糧としており、間身体性こそ、「感性のロゴス」の働く場であり、すべてのこの身体的土壌から遊離した言語中心主義は、経験の裂け目の開く奈落にその足場を失うといえましょう。

　経験は、本著で、「裂け目」として語られます。例えば、私たちが「生と死」という遭遇に晒されているということが、裂け目の現実を如実に語っており、このような遭遇は、「時空の裂け目」によって、その出来事性が性格づけられ、遭遇の先行性が、同時に、無意識をも包含した応答の事後性を通して、常に踏み越えられている「裂け目」でもあるといえます。

　この「裂け目」のさまざまな見地からの論述を、章を追って、私にとって興味深い論点を呈示していく前に、本著の論述の仕方の特徴を述べて置きましょう。3回の講義が背景となる彼の著作『講義：身体の現象学』（邦訳，

2005年，知泉書館)』は，講義の際の聴衆者の質問をも組み込んだ，分かりやすく解き明かすような論述となっていますが，本著はそれとは，性格を異にし，一文一文が，長年の原理的考察が凝縮された緊密な表現となっており，まさに，じっくりと繰り返し文章に対面して「読み解く」態度なしに，獲得しうるものは，皆無といわなければなりません。ヴァルデンフェルスは，自分の文章を特徴づけ，ニーチェの文章に準じた濃縮した（Dichten：詩作する）記述を旨としているとしています。

　さらに，ヴァルデンフェルスの古代，中世，近世，近現代の諸哲学，神学，文芸に関する見識の広大さと深さには定評があり，本著の訳出にあたり，まさにその真価に接し，改めて驚嘆するとともに，翻訳という課題の重大さを思い知らされました。各専門領域に通達している方々の訳出上の批判を受けねばならないといえましょう。

1．パトスの領域の確定，「感性のロゴス」ということ[1]

「経験の裂け目」を語るに際し，ヴァルデンフェルスは，第Ⅰ章で，感覚や感情，欲動の領域とされる「パトス」の次元を定題化しようとします。生きた経験に迫ろうとする記述は，特に，人間を見舞う，また襲う出来事としての「遭遇」の記述にあって，そのパトスの次元を本質的とみなし，ロゴスの領域に対して明確な領域確定をおこないます。その際，まずもって，「感情，情感，欲動」などは，志向性として理解されることはないというのが，ヴァルデンフェルスの基本的見解です。

　1）パトスは，本著の主要概念となる「遭遇」において与えられています。しかも，この章での遭遇の概念の規定において，先行的に「過ぎ去ったもの」という特性をもつとして，「時間のズレ」との関係で述べられていることは，最も重要であるといえ，まずは，この点から明らかにしていきたいと思います。

　ヴァルデンフェルスは，この点に関し，「過ぎ去ったものは，それが過ぎ去ったものとして準現在化される［vergegenwertigt］以前に，私たちを襲い，私たちを解き放ち，重荷を負わせ，あるいは軽やかな気分にさせる。その過ぎ去ったものは，それ自身，かの遭遇の領分に属しているのであり，遭遇は，いかなる志向的統握，あるいはいかなる再現前的再現，ないし再活性化によっても汲み尽くされることはない」(35) と述べています。

1）これ以降，文中の（　）内の数字は，本著におけるページ数を意味する。

①　この記述において，まず，論究されなければならないのは，「過ぎ去ったもの」が，志向性の規定である「〜として」を含んだ「過ぎ去ったものとして」と対比されていることです。この「〜として」現出する際の意識の働きとして「志向性」が理解されていることからして，この「過ぎ去ったもの」は，志向性を通して現出する何かとして統握されているのではない，というのです。つまり，ヴァルデンフェルスは，「として準現在化される」志向性の段階と，それ以前に起こっている「過ぎ去ったもの」を区別するのです。このことに共通するフッサールにおける「過ぎ去ったもの」は，「過去把持されたもの」と同一事態をさしています。しかも「〜として」という志向性の性格をもたないことは，過去把持が作用志向性である「統握作用-統握内容」として理解できないこととして，特有な志向性と規定され，それが，後に，ここで言われている通常の志向性にあって，「〜として」と規定される作用志向性である「能動的志向性」とは区別される「受動的志向性」と理解されていくのです。

　②　となると，ヴァルデンフェルスの志向性の概念の把握は，作用志向性として対象構成における「ノエシス-ノエマ」の構造をもつ，能動的志向性であることがわかります。そのとき，過ぎ去るものを「非-志向性」とみなすか，あるいは，「受動的志向性」と見做すかは，遭遇の先行性の理解にとって，今後，大きな，記述上の，また，接近法の違いとして明確になることになります。

　③　遭遇の性格づけにあたって，「私たちを襲い，解き放ち，重荷を負わせ，軽やかな気分にさせる」というとき，この章でテーマとされる「パトス（感覚，感情，欲動）」の経験の仕方が，ここに記述されているわけですが，このときの経験内容と経験のされ方が，「志向的統握ではなく，再現前的再現でもなく，再活性化ではない」という否定を通して，いよいよ，その経験の生じ方の如何（Wie）が問われることになるのです。

2．遭遇における感覚

パトスの領域の確定とともに，まず始めに論じられるのは，感覚，とりわけ，触覚が中心テーマとなっています。現在，脳科学でも解明不可能とされているいわゆる「感覚質」の経験領域です。周知のように，フッサールは，『論研』において，色という本質と広がり（空間）との相互基づけ，音という本質と強度との相互基づけ，さらには，感覚質一般と強度との相互基づけの関係を，感覚の本質規則性として論述しています[2]。この相互基づけの関係に

「経験の裂け目」という《間》の出来事　　　　　　　　　　　　　　　　517

ついて，ヴァルデンフェルスは，すでに，『対話の〈間〉の領域』において，指摘しているのですが[3]，ここで特に興味深いのは，感覚一般と強度の関係の問いになります。

　この感覚質と強度を巡り，ヴァルデンフェルスは，カントの感覚論を批判的に言及し，『純粋理性批判』で行う，「直観の空間-時間形態が秩序づけられる外延量［extensive Größe］」と「触発に該当する内包量［intensive Größe］」への二分割を問題視します。触発に関する内包量の強度（Intensität）を考察するにあたり，「純粋な測定可能性へ」と遡及的に還元させることができないだけでなく，単に「志向性に対立する」という対立性を通してだけでも，強度に接近できることはない，と見做しています（79参照）。つまり，感覚を数値による経験論的に語られる因果性解明の対象としての「状態（Zustand）」と理解することはできないばかりか，対象の本質という作用志向性に対立するといってみたところで，感覚の強度が理解することもできず，その「中間の道」に位置づけようとするのです（80参照）。

　その際，ヴァルデンフェルスの方向づけとして挙げられているのは，『受動的綜合』に記述されている「質的契機の強度のゼロ（XI, S.165）」とされます。感覚の内包的な質的強度は，数量化はできず，フッサールが「ゼロのキネステーゼ」（XV, S.606）を述べるときに示唆されている感覚質として，もっともそこに接近できると主張しているのです。この感覚質は，実は，先ほど述べたように，フッサール早期の『論研』における「色と広がり」，「音と強度」，「すべての感覚と強度」という相互基づけにおける感覚質であり，「実質的アプリオリ」とも称せられています。ということは，ヴァルデンフェルスの主張する質的契機の強度の「ゼロ」とは，『論研』において確証されている感覚質のアプリオリ（本質連関）が，発生の問いを通した「受動的綜合の分析」において「連合と触発」の原理的解明において記述されてきた質的「ゼロ」であるということを意味するのです。

　こうして，ヴァルデンフェルスは，明確に「中間の道」を，フッサールの発生的現象学への方向づけとし，それを豊かに展開しようとしているといえるのですが[4]，それが，最も明確に指摘されているのは，遭遇する感覚や感情という《間》の出来事を「分割」と「差異化のプロセス」と規定するとき

　2）E. フッサール『論理学研究』第二分冊，第III章の「全体と部分」の説を参照。
　3）相互基づけに関する言及は，『対話の間の領域』S.58, 161, を参照。
　4）ヴァルデンフェルスの発生的現象学への積極的言明は，論証にとって重要な個所でみられる。189頁を参照。

に，この分割や差異化のプロセスが，『受動的綜合の分析』で示されている「コントラスト」という原現象と表現されていることです。ヴァルデンフェルスは，「差異化のプロセスの真正なる特性は，フッサールが『受動的綜合の分析』において対照〔コントラスト〕を原現象として特徴づけるさいに強調され」(193)るとしているのです。

3．触発と訴え，道徳と法

「触発からアピールへ」とする第 III 章のテーマには，触発としての遭遇が先行しない応答は考えられないように，応答をすでに内に含まないような遭遇（触発）は考えられないという，時間のズレを介した遭遇と応答の相互内属の関係がその基礎に働いています。触発を受ける受け手としての人間は，訴えを介して，遭遇に応答するのですが，この現象をヴァルデンフェルスは，レヴィナスの倫理と対応づけて論じます。というのも，触発が訴えとなる現象を，暴力の現象を通して，「自己における他者」を描き出すレヴィナスの倫理こそ，この問題を突き詰めるに最適な立論であるからです。

　ヴァルデンフェルスは，レヴィナスの倫理を評して，次のように論じています。レヴィナスは，「トラウマ，妄想，パラノイア，そして特殊な迫害妄想といった臨床的表現や，人質といった政治的な暴力の行使や，告訴や出頭命令のような司法上の過程に依拠しようとし，最終的には，「他者の罪による受苦」でさえ，「他者の罪のための受苦」へと変化させるような忍耐を背負い込もうとする (1974年，161頁，独訳版278頁)」(161)。こうして，レヴィナスが，すでに，「自己の内に侵入している」「原初的受苦」としての他者の他者性を描き出しているとして，ヴァルデンフェルスは，一方で，レヴィナスの他者の他者性の主張を大変高く評価しています。他方，先に述べた遭遇と応答の相互内属の関係からして，「いかに，こうした動機が力強いものであれ，レヴィナスは，極端に走ってしまい，もはや経験の事象が適合しなくなっている。彼には，遭遇と呼びかけの間の区別，触発と訴えの間の区別，また，〈患者〉つまり要請の受取人と応答者の間の区別を曖昧にする傾向がある」(161)と批判するのです。この批判は一体何を意味しているのでしょうか。

　① この批判は，遭遇と応答の関係をめぐり，「《どこからの触発》から《何に向けての応答》への移行」(162)という触発から応答への関係が，レヴィナスにあって，「問題にされないだけでなく，応答することに，あらゆる遊動空間が認められないとき，この移行は遮断されてしまう」(163)こと

と表現されています。このレヴィナスの倫理における「応答」の欠如について，ヴァルデンフェルスは，『道徳のシルエット』という著作では，この論点を含んだ 4 つの批判点を挙げています。すなわち，レヴィナスの倫理は，第一に他者の他者性の不在を強調する「否定的倫理」であり，第二に，匿名的で無意識に働らく人間関係の力動性が欠如し，第三に「忍従の倫理」の強調による，今問題にされている「応答」の倫理の欠落，第四に，政治的構想力の過小評価のという 4 点です。これらから明らかなように，ヴァルデンフェルスの「遭遇と応答」という経験構造に含まれる倫理は，他者の他者性の一面的強調として特徴づけられるレヴィナスの倫理とは，明確に異なっているといわれねばならないのです。

② ヴァルデンフェルスは，レヴィナスに対する第二の批判点に見られる匿名的な人間関係の力動性に関して，メルロ＝ポンティの間身体性をその基盤にしつつ，頻繁に R. スピッツの「母と子の対話」を参照にしています[5]。本著では，母親の笑顔というアピールに応答する乳児，その乳児の応答がアピールとなり，母親が応答しかえすという関係のし合いの中に，すでに「無意識において」他者の他者性が自己の内部に侵入しているといえることを指摘しています。この議論は，第 VII 章での，フロイトの無意識論との関係において，より詳細に展開されるものです。

③ 「遭遇と応答」における倫理が問題にされるとき，レヴィナスにあって，応答の契機が遭遇に，つまり，触発に含まれていないということは，決定的な相違点を意味することになります。ヴァルデンフェルスが，他者性の議論を通して，レヴィナスに接近していったことは，ヴァルデンフェルス哲学の形成にあって，大変重要な展開とされるのですが，無意識における応答が定題化されないというレヴィナスの欠陥が明確に把握されていることが両者の根本的相違となっているのです。

4．経験のズレ

1） 生きた経験における遭遇は，不意の事故や暴力といった「底なしの多様性」(187) を示していて，その解明に向かおうとする場合，それにふさわしい厳密な方法論的考察が必須なものとなります。その際，ヴァルデンフェ

5） ヴァルデンフェルスは，シュピッツの指摘する「母子関係」について，『行動の[遊動]空間』では，247頁，『他者の棘』，54頁，58頁，『生活世界の網の中で』203頁，『規範化の境界』23頁，143頁，『講義・身体の現象学（邦訳）』259頁，『道徳のシルエット』，253頁，など，多くの著作で言及している。

ルスは，従来の近世哲学で理解されるイギリス経験論とは異なる，ベルグソン，ジェームズ，ドゥルーズといった新たな経験主義の方向性を示すとともに，先に述べたように，フッサールの発生的現象学の方向をとるとしています。この方法とは，「フッサールが『受動的綜合の分析』で行ったように，秩序を発生状態において〔in statu nascendi〕把握する試みとしても理解できる。（…）多様性は，秩序の確固とした地盤の上で運動するのではないような，秩序の多様化のプロセス」（189）として問われ，それは同時に，「分割〔Diastase〕の可能性」といわれる「《間》の可能性」の解明であるとされます。

　つまり，遭遇における経験の多様性は，その発生のプロセスをもち，またそのプロセスは，フッサールが論じた発生的現象学において解明されるとされるのです。しかし，発生的現象学の方法である「脱構築」の方法に触れられることはなく，むしろ〈間〉の生起の可能性としての「分割」の可能性の解明方向が示唆されるに留まります。また，ここで興味深いことは，この分割の可能性の問いが，「神経学的連結主義」との積極的関係において語られていることです。後の第 VIII 章でこの関係が詳論されることになります。いずれにしても，ここで重要なことは，遭遇といった経験に直面して，既存の確固とした「法と秩序」や，カントにみられる「良心の声」また，ハイデガーの「存在の呼び声や語りかけ」に依拠しようとしても，遭遇という触発を通して訴える「他者の訴えの不可避性」（134）を解明する方途は途絶えたままであることであり，方法として開かれているのは，「発生の問い」を通した解明法なのです。

　2）「遭遇の先行性と応答の事後性」としての「間の出来事」の開示は，「時空のズレ」という，その本質からして分割し，差異化する経験のズレの「原分割」においてなされています。ヴァルデンフェルスは，遭遇と応答の関係を，自他の相互干渉という交差（メルロ＝ポンティのキアスム）として理解し，それは，フッサールの「差異における合致〔対化が同時に自己隠蔽であること〕」とメルロ＝ポンティの「遠隔的な一致」と対応するとして，このような経験がズレと呼ばれるのは，「何かが同時に他なるものであることを意味する」（196参照）からであるとしています。

　ここでいうメルロ＝ポンティのキアスムとフッサールの対化は，いずれも自他関係の成立にあたって働いており，「対化が同時に自己隠蔽である」という点にその原理的鮮明さが示されています。対化とは，「受動的綜合の根源的形式」（『デカルト的省察』，邦訳，202頁）であり，自己の心身関係の成

立と他者の心身関係の成立が同時に生じ，しかもそのとき，自己の身体中心化が生じることで，自他の差異が生成すると考えられます。そこで生じる対化は，同時に，自己隠蔽であることは，後に「自己退去」として語られることになります。

　そして，ヴァルデンフェルスは，このズレが，「根本的に時間的な意味を獲得するのは，私たちが遭遇の先行性を，応答を生み出す働きの事後性とともに思惟する場合である（Ⅰの10を参照）」として，「先行性は過ぎ去った将来を含んでおり，事後性は将来の過去を含んでいる。その際，問題になるのは，もはや現在ではない単なる相対的な過去でも，いまだ現実ではない相対的な将来でもない。むしろ私たちは，絶対的な過去と将来に，つまり決して現在になることのなかった過去と決して現在になることのない将来に突き当たる。先行的であるのは，到来しつつ在ったものであり，事後的であるのは，既在へと成り行くものである」（198）と述べています。この遭遇と応答の時間のズレの内実は，次のように理解されるでしょう。

　①　当然のことですが，この遭遇と応答の時間のズレは，フッサールの場合と同様，直線的時間の流れ（客観的時間軸における前後関係）で理解することはできません。客観的時間軸上の時間点は，ヒュームの考える分割不可能な「時間点」と同様，学者による「絶対的構築物」（ヴァルデンフェルス『講義・身体の現象学』邦訳，139頁）に他ならないからです。また，時間軸上の前後関係において，過ぎ去った先行性が，「過ぎ去った将来」を含むことはありえず，また，事後性が，「到来しつつ在ったもの」という過去になり行くはずがないではないですか。経験の現象学における時間性の解明は，フッサールの『内的時間意識の現象学』にあるように，このような客観的時間の時間軸上の流れという臆断をまずは，カッコに入れ，「時が経つ」という根本的時間経験の普遍的意味構造を解明し，いつもすでに，遭遇し，応答している時間のズレとそのズレの生起に分析の照準を合わせるのです。客観的時間軸の前後関係を必然的に前提にする因果性によって，すでに生起している「遭遇と応答の時間性」に接近しようとしても，それは，原理的に不可能であるといわねばならないのです。

　②　「過去の未来」と「未来の過去」は，構造的に，『内的時間意識の現象学』の「過去把持－今－未来予持」における過去把持に含まれる未来予持，未来予持に含まれる過去把持というように理解することができます。しかし，この「今」を対象構成が生じる現在と理解してはなりません。ヴァルデンフェルスのいう現在になることのなかった「絶対的過去」と現在になることの

ない「絶対的未来」とは，意識の現在に，つまり現在の意識になることがないという意味であり，先に述べた「今」は，その意味で，意識されることのない「無意識の今」を含んでいることが，中後期のフッサールの時間論において解明され，受動的綜合の働きである「類似性や対照」の連合による成立が，無意識の受動的志向性において確証されてくるのです。したがって，「生き生きした現在」の未来の契機に決定的比重をおく，レヴィナスの「絶対的未来」，「まったく意外なもの」，「予期できないこと」という見解とは，異なっているといわれねばなりません。応答の事後性に，「既在へと成り行く」という「絶対的過去」が含まれているからなのです。

③　しかし，現在であったことのない絶対的過去と，現在であることのない絶対的未来とが，間の出来事を通して，「意識の現在」になることはありうることです。それをヴァルデンフェルスは，自己と他者との交差において「自己との出会い〔Sichtreffen〕」(196)といったり，PTSDの治癒において応答が成立するときであったりするとしています。なぜなら「応答は，応答の道がトラウマ的固定化によって封鎖され，それによって立ち現れる応答の喪失が起きるときでさえも，遭遇するものへと関係づけられている。(…) その逆に，苦しむものに突き当たるということは，可能な応答を指示している」(197)からなのです。このような意識の現在は，フロイトの狼男の分析（356以降を参照）にあるように，遭遇するものへの応答という無意識の次元での葛藤を経た関係性の実現が前提になっていることは，いうまでもありません。したがって，この先行性と事後性が相互に出会う (sich treffen) ということは，まさに，この隔時性（Diachoronie）においてであり，その出会う場所は，「そこにおいて私は自我として決して存在したことがなく，決して存在するであろうこともないような場所を示している」(198)とされ，このような場所をヴァルデンフェルスは「非-場所」(199)と呼びます。この非-場所における自己と他者の交差において出会う「自己」とは，当然，「自我」であったこともなく，あることもないのであり，むしろ「身体的自己」であるというべきでしょう。

5．自らの外へ，私たちの間で

間の出来事から出発して，異他性（Fremdheit）を定題化してきたヴァルデンフェルスにとって，近世哲学の主観性理論における自我，主観，理性，精神といった主要概念の克服が前提にされていることが，徹底して理解されねばなりません。そのことからして，真の異他性とは，「「接近不可能なものの

「経験の裂け目」という《間》の出来事　　　　　　　　　　　　　　　　　　523

接近」や「帰属不可能なものの帰属性」という定式化で表現されるパラドクスとしてのみ考えられている」(209) とされているのです。この第 V 章で解明しようとする，間の出来事の主要な要因である「自己退去」，「自己二重化」，「自己分割」，「非対称性」などは，このパラドクスという性格づけを共有しています。

　1)「自己退去」とは，一体，何を意味するのでしょうか。ヴァルデンフェルスは，遭遇という「何ものかによって襲われるすべてのところに見出される」ような「退去することで，退去するものが存在する」というあり方だとしています。具体的には，「異他なるまなざしであったり，呼びかけや傷を負わせる一撃，驚くべき着想，えぐるような痛み，容赦ない嫉妬であったりする」遭遇のとき，自己が退去することで，自己が存在するというのです。そのとき，「退去する」というのは，「自己に対しての退去」であるとされます。しかし，注意しなければならないのは，このときの「自己」とは，「主観」でも「自我」でもなく，先に言及したように無意識に根ざす身体的自己であることです。この退去が端的に現れているのが，私たちが，「触発され，そこへと何らかの仕方で答えること」(214) においてであるともいわれます。

　この触発の様相のなかで特に注目されるのは，無意識に根ざす「傾向性や魅力」といった牽引力です。この現象の考察にあたって，ヴァルデンフェルスは，再び，フッサールの『受動的綜合の分析』の触発理論を引き合いにだします。実は，フッサールは，その触発理論において，原触発としての，無意識の傾向性として，衝動志向性を開示することになるのですが，ヴァルデンフェルスは，ここで使用される「受動的志向性」としての衝動志向性の志向性という語の活用に一定の距離をもとうとします。長い引用になりますが，ヴァルデンフェルスは，「彼〔フッサール〕は最終的に，すべての志向的な作用の此岸に衝動志向性を設定するが，それは，彼が志向の概念を「受動的志向性」を承認するまでに拡張し (76頁〔邦訳同上，114頁〕)，ほとんど根本的に変革させることによってである。とはいえ，何ものか〔衝動〕によって駆り立てられていることと「ある方向性への綜合が生じること」(同上)，ないし，何ものかへ方向づけられていることと，何が共通しているというのだろうか。単純ではあっても，決定的な観点が，こういった仕方では再び失われてしまう。パトスとは，私たちが関わる何ものかなのではなく，それは関わること，ないし，関わりを受けることそのものであり，その〈非-無関心〔Nicht-Indifferenz〕〉を具現化するのであり，それなしには端的に何も

のも存在しえないのである」(219及び次頁)と述べているのです。

この「受動的志向性」を巡るヴァルデンフェルスの見解は，注意深く考察されねばなりません。

① ヴァルデンフェルスの志向性の理解は，基本的に，作用志向性としての能動的志向性です。この点，レヴィナス，アンリ等が，「志向性」と「非志向性」を対置する際，志向性をもっぱら，作用志向性という能動的志向性に限定して理解していることと類似しています。だからこそ，受動的志向性が，そもそも志向性の概念を「ほとんど根本的に変革させている」ということを，彼は，明確に認めているのです。しかし，彼は，触発を根底から，無意識に統合するとする原触発としての衝動志向性という用語に関しては，それを積極的に活用しようとはしません。その方向づける，関わるというあり方と遭遇の「受け取る」という根本性格が相容れないとするのです。他方，傾向性や牽引力が，無意識であっても，特定の何かに向かう傾向性であり，何かから発する魅力であることは，疑いきれません。にもかかわらず，ヴァルデンフェルスが「受動的志向性による綜合」という立場に立とうとしないのは，「触発」を「自己退去」と理解し，「退去することで，退去するものが存在する」という見解において，身体的自己から退くことではあっても，何かに向けて退くとはいえないことによるといえるのでしょう。退くことで，可能な方向性が始めて成立するといえるからなのでしょう。

② このとき問われてくるのは，ヴァルデンフェルスの「触発」の概念の理解に関して，彼が特定の触発が「惹きつける力」をもつことに言及し，フッサールのいう「触発的なレリーフ」について積極的に語っていることです。「何ものかによる触発的な占有は，触発的な自己占有を含んでおり，フロイトはこれを原初的なナルシズムとして解釈しようと試みている。さまざまな強度を伴って現れ，感情の爆発において最大に達し，無関心さや退屈において最小となる，この惹きつけることそのものが，パトスの力動的なアスペクトとして特徴づけられるであろう」(220)としています。ここで言われている「自己占有」の自己は，フロイトのいう自己のナルシズムにおいて働く自己とされ，この身体的自己の「自己関係」，「自己退去」の仕方の「如何に(Wie)」の現象学的解明の可能性が問われることになります。

2) ここで，「〈間〉の現象学」にとって，最も重要な課題ともいえる他者経験の問いが正面に立てられます。そこで試金石となるのは，他の多くの現象学者と同様，フッサールの他者経験論に対する応答の仕方となります。ヴァルデンフェルスは，『デカルト的省察』第5省察における受動的綜合で

「経験の裂け目」という《間》の出来事　　　　　　　　　　　　　　　　525

ある類似化としての「対化」を，異他的なるものにおける「自己二重化」に「接近させるもの」(236) としていますが，最終的に問われている「自己の中心部で露呈する脱自的異他性〔*ekstatische Fremdheit*〕」(231) と同一事態とはみていません。したがって，問われるのは，接近の度合いと，留まり続ける差異を明確にすることにあります。

　①　この自己二重化とは，遭遇が，自己分割として生起し，その自己分割の二重化が，「他者化のプロセス」とされ，「このプロセスは，他なるものへと通じているのではなく，むしろ，他なるものをいわば創り出すのであり，その結果，私自身が他なるもののもとに存在し，私は私自身を他なるものを通じてあらかじめすでに触発されていると感じるのだ」(239) とされています。ということは，自己触発がどのように生じているかということの記述がここに展開されており，しかも，この自己触発は，遭遇と応答の時間のズレにおいて語られているように，「移行」として次のように記述されます。「この移行の経験とは，私たちが時間の経験から知っているものであり，そこでは過去や現在，未来が相互に入り込み，相互に覆い合い，層をなしている。時間と同様に，異他性も移行のうちにある。自己と他なるものが相互に離れつつ出現することにおいて，異他性の特殊な形式が知られ，それを私たちは二重の異他性〔*duplikative Fremdheit*〕と名づけたいと思う」(240)。つまり，二重化は，移行現象としての時間の複層性というパラドクスを通して出現しており，この論点に関して，フッサールの触発論と次元を一にしていることは，疑いえないといえるのです。なぜなら，フッサールにおいて，時間の移行の現象は，最終的には，生き生きした現在の流れを留める原触発としての衝動志向性によって開示され，そこに「過去と現在と未来」の相互の重層的衝層構造が生起しているといえるからです。

　②　ここで重要な論点の一つは，遭遇と応答における自己と他者との「出会い (Begegnung)」の可能性です。このことは，フッサールの他者論において，『デカルト的省察』では，積極的に語られることなく，『イデーン II』の人格的態度論において，言及され，「相互主観性」を巡る『フッサール全集』第14, 15巻において論ぜられているテーマといえます。このテーマに関して，M. トイニッセンの『他者』と B. ヴァルデンフェルスの『対話の〈間〉の領域』において，他者論が論ぜられた頃より，ヴァルデンフェルスは，「触れ合い (Berührung)」という概念で，「出会い」を語ろうとしていました[6]。この点が，先ほど言及した，ヴァルデンフェルスのレヴィナスにおける応答の契機の欠如の指摘と重なってきます。ヴァルデンフェルスは，

「この異他性の二重の形式のうちで,固有な自己と異他なる自己は触れ合う」(241)と明記し,「それは遠さからの触れ合いである。自己経験と異他経験はキアスムやキアスマ〔交叉配列〕という仕方で重なり合う。精神分析によって探求された,取入れ〔Introjektion〕と投影〔Projektion〕,結合と解離,そして転移は,この《間の野》で起こっており,それと同様であるのが,私を挑発し,誘発する何か,私に向かって語りかける誰かへの「対象関係」という特殊化である。レヴィナスは『全体性と無限』で,他なるものからの分断とその関係の無関係さを,一面的に際立たせることで,あまりにも強く,社会的全体性と世界の全体性への方向づけを除去してしまい,私と他なるものの間で行き交う〔関係の〕糸を見失っている」(同上)と述べているのです。となれば,この「固有な自己と異他なる自己との触れ合い」が,如何にこの記述以上に,積極的に語れるのか,とさらに問われることになります。

6．作動する秩序

既存する秩序の生成を巡るヴァルデンフェルスの問いは,既存の秩序の判断遂行の審級として,「内面世界の,エスの弁護士」としての両親の代行機能であるフロイトの「超自我」に,審級における第三者の視点の生成の源泉をみています(289参照)。しかし,ヴァルデンフェルスは,秩序の生成の問いにあって,このフロイトの超自我に留まることはありません。彼は,「超自我」であることより,両親そのものも彼ら自身の「超自我」の制御に晒されている以上,むしろ「超-汝〔Über-Du〕」から出発する,あるいは,「超-私たち〔Über-Wir〕から出発することもできる」とみなし,自己と他者が初めから交差している「メルロ=ポンティがキアスム〔交差〕や融合的社会性と呼ぶもの」から出発すべきであると主張するのです(290参照)。メルロ=ポンティの「融合的間身体性」の視点が,秩序の生成についての基本的見解として,その有効性を保っているのです。

ヴァルデンフェルスは,暴力という形態を担ってしまう秩序が,その生成への問いを通して,秩序がその境界が常に踏み越えられ,それ自身から逸脱していることが判明するとして,超越論的原自我の可能性の条件と「法への従属化」(290)という世界の「存在と当為」への二分化を糾弾し,作動する秩序を作動する最中で捉えようとします。その際,先導する基本的見解は,フッサールの受動的綜合の働きである「対照化」,換言すれば,「差異化」で

---

6) B. ヴァルデンフェルス『対話の〈間〉の領域』263頁を参照

あるとします。「秩序の境界を踏み越えるものや秩序の基準からそれるものは，まさに踏み越えや逸脱自身における以外にはどこにもありえない。対照の現象や対照化の現象は，それらが，二つの本質存在へと瓦解し，一つは限界線の此岸に，他はその彼岸にあるかのようにみなされるとき，その対照的性格を失うことになる。内部に入ってきて秩序の内部に立ち現れるもの，それは差異そのものに他ならない」(301)というのです。

しかも，この秩序の境界の踏み越えとは，法的秩序が侵犯されてしまっているといった非日常性にのみ関わるのではなく，メルロ＝ポンティが「目覚めと眠り」だけでなく，「誕生と死」とに結びつけている，生き生きした現在の意味の生起としての「感覚」こそ，形態化のプロセスとしての対照化，差異化の根本的事例であるとされているのです（308参照）。第Ⅰ章で呈示されていた「感性のロゴス」が，感覚，感情というパトスの次元において，「対照化」ないし「差異化」のプロセスとして，社会秩序の，踏み越えや逸脱の現象の根底に働いていることが論述されているのです。

7．精神分析における経験の炸裂と無意識の現象学

ヴァルデンフェルスがこの章で問うのは，フロイトのいう無意識から現象学が取り扱う他者経験への架橋が可能か，という問いです。しかし，それは同時に，フロイトの言う「無意識」と現象学の他者論との関係の問いであり，現象学が「無意識」とどう関わりうるかという問いとも解釈できます。現にこれまで，豊かに展開してきた，現象学と精神病理学との生産的関わりのあり方が，改めて問われることになります。フッサール現象学が常に「意識の現象学」というレッテルを貼られていたことに対して，フッサール自身の言明する「無意識の現象学」の実際が，フロイトとの対照考察を通して明確になるのです。

1）まず，問題にされるのは，フロイトのいう意識と無意識の峻別ということになります。そのとき，本来の意味で「無意識的なもの」は，単に潜在的なものとされるのではなく，「抑圧されたもの」という特性をもつことになります。最終的に自我も超自我も，部分的に意識から退去していることにより，無意識的なものは，同時に抑圧するものとして現出し，このような多様な機能のうちでシステム的〔systemisch〕な「無意識的なもの」と呼ばれ，第二のトポスとしてのエス〔Es〕として，意識へのあらゆる明確な関係を失っているのです。（333参照）

ヴァルデンフェルスは，このような無意識的なものを「経験からの退去」

（337）と性格づけ，これと同一の規定をフロイト自身にみます。「精神神経症におい欲動の代〔理〕表象〔Triebrepräsentanz〕は抑圧によって意識的な影響から退去されてある」（『フロイト全集』第10巻，251頁）。もしくはそうなる前の無意識的なものは，意識がこの無意識的なものと対決されるとき，意識に対して，「完全に異他的なものとして，対立して現出し」，意識によって拒絶される（『フロイト全集』第13巻，243頁）」（337）のです。しかも，興味深いことは，すでに，この抑圧による退去という事象に，ヴァルデンフェルスは，フロイトの無意識とフッサールの他者との架橋の可能性をみていることです。「フロイトが無意識の領域を「内なる外国」と呼ぶとき（『フロイト全集』第15巻，62頁），彼はそれによって，他者経験を暗示していて，この他者経験は，一貫して，フッサールによって主張された「原初的な到達不可能なものの到達可能性」に関係させることができる」（同上），と指摘しています。この指摘は，重要であり，ヴァルデンフェルスの他者論の一貫性が，精神分析の領域においても妥当していることを告げているものです。

　2）　フッサールは，志向性の概念をその作用志向性，対象構成を超えた次元で，受動的志向性に拡大しているのですが，ヴァルデンフェルスが，無意識の欲望や衝動，そして本能を考察する際，受動的志向性の概念を活用しようとはしないことはすでに言及されています。ヴァルデンフェルスは，この章で第Ⅰ章を振り返り，「このパトスの働きは，まさにそれがそうあるように，意味を欠き，目的を欠くあり方で，あらゆる志向的，解釈学的，そして，欲求的循環を打ち砕くものである。私たちに出くわすものは，志向されておらず，求められてもおらず，また，法のように規則だってもいない」（339）と述べています。

　他方，精神分析の領域で，志向性の概念なしに解明不可能な領域が，的確に指摘されています。彼は，抑圧や夢における意味の歪曲など，精神病理学的な異常性のなかに，隠れた意味の働きや，抑圧の機構を探ろうとするとき，フロイトの旧態然とした「イギリスの経験論と19世紀の心理物理学の伝統に由来し，現象学的な分析においてはもはや持ちこたえられない伝統的な暗黙の前提」（同上）が克服されなければならないとします。そしてその際の指針になるのは，「現象学的に言って，神経症の症候は過剰に正確な物事への関連性のうちで，志向的な意味形成に依存しており，それに対して，ナルチシズム的神経症，あるいはナルチシズム的精神病は，自己形成のプロセスに近く位置しており」（346）というように，志向性概念と自己概念との照らし合わせにおいてこそ，神経症やナルチシズム的精神病に接近できるものなの

「経験の裂け目」という《間》の出来事　　　　　　　　　　　　　　　　529

です。

　3）　フロイトにおける「異他的なるもの」が問題にされるとき，ナルシズムという事柄が，鍵となってきます。ヴァルデンフェルスは，自我を快とし，非自我ないし外界を不快とする二元論を前提にするナルシズムにおいて，結局のところ自己と他者が失われてしまうと指摘します。「自我が自分自身を他者のうちに求めるという曲がりくねったこの道」にあって，「ナルシスは，二重の蒸発，すなわち，自己自身の蒸発と他者の蒸発とに苦しめられている」（383）と評します。というのも，ナルシスをナルシスとしているその自我は，世界とエスを媒介することで，必然的に先自我的ナルシズムに遡及的に指示されることとなり，そうすることで，ナルシスは，まさに「顔のないもの」となってしまうからです。しかし，自己の自己限定は，エスの分与としての無関心の状態に求められるべきではなく，むしろ，「自己がそこにおいて退去する「自己-無意識（Selbst-Unbewusstsein）」」と一致することとして理解されねばならず，「自己関係と自己退去を分離することのできない自己の身体性に相応する」（384）とみなすべきなのです。このとき，他者の蒸発が言われねばならないのは，ナルシズムにおいて，他者は世界的な対象の身分をもちつつも，その外界の対象は，「私から借用された自我の身分を享受している」（386）からであるとされます。

　ヴァルデンフェルスは，ナルシズムを論じるにあたって，「到達不可能性」としての「異他性」を認めつつも，フッサールの『デカルト的省察』における議論とナルシズムに発する「超越論的ナルシズム」という規定との間にある種の類縁性を見ていることが注意されねばなりません。この到達不可能性は，「世界的対象と固有の自我からの二重の演繹から免れている」（同上）とはされつつも，ヴァルデンフェルスは，なおも，そこに自我論からの「遡及的投影」を見ているようです。しかし，むしろ，フッサールの他者論は，彼のいうように，「ナルシスが他者を求め始める前に，他者が自分自身にいるのがわかることであり，他者が「移植」と「侵入」の形式において生き生きと，ナルチスの中に現存することである」（同上）という見解と共通していることを強調すべきであるように思われます。フッサールは，受動的綜合としての「対化」において原触発としての衝動志向性が，先自我的間身体性において働いていることを開示しています。ということは，ヴァルデンフェルスの「自己退去」と「他者退去」における遭遇と応答という間の出来事における時間のズレが，間身体的衝動志向性の働きとして分析されていることを意味するのですが，はたして，この対応関係がどのように考えられるかが，

これからの重要な考察の課題となるといえます。言い換えると，ここで言われている「他者が自分のなかに入る」という「自己における他者性」が，一体どのように，「入ってきているか」の解明に関わることになるといえるでしょう。

8．技術と経験，自己組織化の視点

現代の生活において，技術なしの生活は考えられないように，技術は，わたしたちの日常経験に深く介入してきています。この経験に介入する技術が問題にされるとき，さまざまな論点の内，一つの重要な論点は，デカルトの心身関係に関する二元論，カントの認識と実践の二元論が，ヴァルデンフェルスの提唱する「現象工学」においていかに解決されているかという論点です。つまり，自然と技術の関係の非二元論的領域の開示が論究されるのです。その際，中心的考察対象とされるのが，「自己組織化」ないし「オートポイエーシス」という生命に関する新たなパラダイムです。ここで問われるのは，本著の文脈においては，自己組織化の自己は，遭遇と応答の自己に対応できるのかどうかという問いになります。

　1) 問題のありかは，自然と技術の哲学的把握（パラダイム）の歴史を古代から現代までたどるなかで，すでに，カントが生の秩序形式として挙げていた「自己組織化」にあることが明確にされます。自己組織化とは，「オートポイエーシス」，すなわち，自己産出を意味し，周囲世界との交流のなかで，システム保持として共時的に，またシステム展開として，通時的にも行われ，「自然の発生と人為的な産出との対立は，自己組織化において止揚されたかのように見える」(416) と論じられています。問題はこの「かのように」の内実です。

　2) いわゆる「連結主義（コネクショニズム）」と現象学における連合との異同が論じられます。第IV章で，経験の多様性のプロセスにおいて「連結主義」の開かれた可能性について言及されていました。連結主義にあっては，神経のネットワークにみられるニューロンの広範囲な分布において，「ニューロン間の隣接連関が決定的な役割を果たしている」といわれます。ニューロンの応答がもつコンテクスト〔文脈〕依存性が問われ，解明の対象となっています。しかし，こうした連関が，「神経行動主義的」に理解されてしまうと，因果規則に依拠せねばならないことになり，ネットワークは，最終的に「期待された行動を自分で習得した」という仮説と矛盾をきたすことになってしまう，とヴァルデンフェルスは主張しています。(434参照)

他方，経験の現象学における「連合」は，認識の「何か」に関わる志向が
すでに，「何か他のもののうちに求められる何かをねらっている」(434) と
いうパトスの内に根ざしていることが指摘され，そもそも「何かあるものが
立ち現れるのは，それが潜在的な意味形態の背景から現れ出てくることによ
ってのみであり，他のものから解離しつつ，際だち，他のものと連合的に結
びつき，空間-時間領野のうちで拡張することによってである」（同上）とし
て，連合における類似性とコントラストの原理による，受動的綜合としての
連合の働きが明確に論述されています。ということは，第Ⅰ章でとりあげた，
志向性として性格づけられない「パトス」の働きが，連合と触発という受動
的綜合として規定されていることを意味するものであり，認識と欲求が相互
に働き合っているパトスの次元が，連合の規則性のもとに解明される方向性
が明確になっているといえるのです。ただし，ヴァルデンフェルスは，経験
に働いている連合と触発に相応している「連結主義」の領域と，「自己産出」
の次元とは，明確に区別しています。
　3) 自己組織化における自己と遭遇と応答における自己
　ルーマンのシステム論と，ヴァレラのオートポイエーシス論は，当然，区
別せねばなりません。ルーマンのシステム論は，オートポイエーシス論を社
会学に活用しようとしたものであり，とりわけ，コミュニケーション論への
活用が顕著といえます。ヴァルデンフェルスは，ルーマンのシステム論にお
ける「自己言及性」について，次のような的確な論述を行っています。自己
言及性は，「遂行知に結びついているのでなければ，個人の関係作用に結び
ついているのでもない。自己言及性が適応するのは，複雑なシステムがそれ
に固有な諸要素と相互作用しあうところ，また，この諸要素同士も互いに反
応し，最終的にシステムの現在の状態が過去の状態と結合するようなところ
はすべてである」(447)。ここで，問題にされるのは，まず第一に，ここで
言われている「諸要素との相互作用の仕方」といわれる「カップリング」の
働き方です。また，「システムの現在の状態が過去の状態と結合する」とす
るときの，結合の仕方であるといえます。その際，ヴァルデンフェルスの指
摘する，ルーマンの語る自己言及性の時間性の働きが，遭遇と応答における
時間のズレとどのような関わりがあるか，大変興味深い論点となります。
　① この時間性の問題は，この自己言及性の機能的操作概念である「観
察」における他者の理解の問題として，先鋭化してきます。第三人称の視点
からの観察において，自己言及性における異他性が如何に捉えられるかとい
う，ルーマンのシステム論に対する根本的な問いかけとなります。それをヴ

ァルデンフェルスは，すでに第III章の9において，「観察，根拠づけ，間接的確証」というタイトルにおいて，次のように述べています。

ルーマンにあって，「自己言及として区別において立ち現れる自己は，固有な自己でもなければ，異他的な自己でもない。異他的なものは，観察が観察と名づけられるために，第一段階の観察が第二段階の観察を必要とする限りで，時間上ずれた自己言及として現れるにすぎない。ここから結果するのは操作の連鎖であり，それは，多種多様な接続，連絡，挿入，環状接続等を許容するが，これらすべてが，亀裂を示すことのない可能性のネットワーク内に留まる」(170及び次頁)。

② 「亀裂を示すことのない可能性のネットワーク」という機能主義的経験の世界と，その根底に原分割という裂け目を通してのみ出来事として生起している経験の世界との相違は，明確なものといえましょう。観察において，時間上ずれた自己言及として現れる他者は，遭遇と応答において現れる他者とは，根本的に異なった他者であるといわれねばなりません。区別するという機能を担う観察という能動的綜合において，時間上ずれた自己言及として現れる他者は，観察の対象としての他者であるにすぎません。

③ 第一の観察と第二の観察との時間のズレが，遭遇の先行性と応答の事後性という「時間のズレ」と根本的に異なっていることは，遭遇における自己関係性と自己退去という原分割が，観察において認められることがないということの内にあります。操作の連鎖に原分割は介在しません。ここで欠けるのは，原分割の働く第一人称-二人称関係における二人称と一人称の視点です。ヴァルデンフェルスのこの論点に対する直接的な批判は，次の文章にみられます。「ルーマンが好んで用いたおなじみの定式「私は，おまえが見ていないものを見る」は，厳密に取ると，まずコミュニケーション段階に適用される。観察によって知られるのは，私，彼，彼女，それ，だけである」(469)。二人称の視点の欠ける「自己言及的システムの操作的閉鎖性は，社会的作用という領域で言えば，操作的独我論へと通じていく」(468)というのも当然の帰結ということになるのです。

4)「自己産出」をめぐるヴァルデンフェルスの，ヴァレラの「神経現象学」の方向性への詳細な言及はみられませんが，基本的方向づけとして次の共通点があげられるでしょう。

① これまで何度も主張されているように，またヴァルデンフェルス自身の，「私たちが繰り返し引き合いに出しているフッサールの『受動的綜合の分析』」(435)という言及にも見られるように，フッサールの「受動的綜合」

における連合と触発という視点が，本著において，縦横に活用されていることを挙げねばなりません。このことが，ヴァレラとの協働研究を展開したN. デプラスが論じるように，受動的綜合の基本形式とされる「対化」が，先に言及したオートポイエーシスの相互作用とされる「カップリング」と対応しているという指摘と結びつけられるとき[7]，ヴァレラのいう「神経現象学」の探求領域が次第にはっきりとした輪郭を見せ始めるといえるのです。

② ヴァレラのオートポイエーシス論は，ルーマンで欠落する二人称の視点を含んでいるといえます。この二人称の視点が展開されうるのは，ヴァレラの現象学に即した『現在-時間意識』の神経学的分析において，生命と環境との原コミュニケーションが，この時間性を通してカップリングとして生成していることが示されているからです。カップリングにおける時間性は，三人称的な諸観察の連鎖が経過する線状的な時間軸はもちません。

さて，これまでの考察を振り返り，本著の全体を通して見えてくるヴァルデンフェルス哲学の大まかな概要について述べてみることで，ひとまず，本論を閉じたいと思います。

1．ヴァルデンフェルスは，西洋哲学史全体に渡る広範な探求を土台にして，古代のコスモロギー，近世の主観-客観図式，現代の志向的関係性という基礎原理の変転の中に，現象学の探求の明確な方向性を呈示しつつ，私たちの豊穣な経験領野全体に関わりうる哲学を展開している。

2．精神分析の扱う無意識の領域や自然の技術化と技術の自然化が交錯する技術論の領域は，近世哲学の精神と物質の二元論では，原理的に解明不可能であることが，明確に指摘されており，この二元論の発生の起源に辿りうる発生的現象学の方向性が，呈示され，倫理，実践，認識のすべての分野に渡って，意味の生成の現場が力動的に捉えられている。

3．〈間〉の出来事の現象学が，「遭遇と応答の現象学」へと豊かな展開をみせ，その途上で，フーコーの「言説と秩序」やレヴィナスの「他者の他者性」といった問題領域を経るなかで，メルロ＝ポンティの匿名的融合的間身体性という土壌がさらに豊かになり，法外なもの，秩序をはみだすもの，暴力的なもの，生と死という，遭遇と応答がその緊張を高める経験の領域でさえ，そこで受け止めることのできる土台へと拡充されてきている。

---

7) N. デプラス：The rainbow of emotion, At the crossroads of neurobiology and phenomenology, Phenomenology and the Cognitive Sciences, 2008 所収参照。

4．現象学は，本来，個別科学の研究に原理的に開かれ，他の諸科学と協働研究が可能であるような学際的哲学という特徴をもつ。ヴァルデンフェルスは，その意味で，真の現象学者であり，他の諸個別科学に関する見識の高さは，とりわけ，第VII章，第VIII章にはっきり現れるだけでなく，それら個別科学の設問の特徴と限界ないし制約にも通じており，だからこそ，諸科学と哲学との協働研究の生産的意味があるのである。

 5．「時空のズレ」という原分割という視点は，とりわけ，その時間性を巡り，ヴァレラのオートポイエーシス論における「カップリング」に関連して，より詳細な記述が展開されることが期待される。カップリングと対化との原理上の同次元性は，遭遇と応答という間の出来事をその出来事の生成そのものに向けて問う発生的現象学の分析の方向性を示唆するものである。

監訳者あとがき

　この原著 „Bruchlinien der Erfahrung" が出版されて間もなく，この著作は翻訳しなければならないヴァルデンフェルスの最重要著作であることが判明しました。無意識をめぐるフロイトとの取り組み，技術と脳科学，オートポイエーシスとシステム論に正面から向き合い，独自の現象学の原理的考察を展開している，世界の現象学を牽引し，方向づける著作であることが即座に明瞭になったからです。とりわけ，「意識や実存」に中軸を置くとされるこれまでの現象学のイメージを根底から覆し，人間の無意識と脳神経学をも包摂しうる独自の「《遭遇と応答》の現象学」を，「原分割」という概念による原理的鮮明さのもとに，しかも，私たちの日常の豊穣な経験の現象学的記述として描ききっていることは，まさに現象学運動の革新的な展開を意味するに他なりません。その際とられる現象学としての問いの方法は，意味の生成を問う発生的現象学の視点です。この視点において，志向性の概念は，ヴァルデンフェルスの場合，その作用志向性による意味構成に限定されてはいるものの，それを単に否定して，「非-志向性」の概念に向かうのではなく，フッサールの『受動的綜合の分析』で記述されている「類似性，コントラスト，際立ち，触発的レリーフ，触発力，無意識の抑圧」などの現象に即して，パトスに根づく志向性そのものの生成の場に接近しようとしています。「遭遇と応答」が，志向性を大きく包み込みつつ，根底から支えているといえるでしょう。

　熟考を通して成立したテキストの内実の豊かさは，それに見合った集中と繰り返しの熟慮を通してしか与えられるものではありません。解説に記しましたように，ヴァルデンフェルス『講義・身体の現象学』は，講義録が基礎テキストになっていて，聞いて分かるような説明調の文章となっていますが，本著は，『行動の空間』以来の緻密で原理的熟考を経た緊密で重厚な文章となっています。このテキストを解読するのに，ゼミナールで

1年かけてじっくり読み解く努力が必要とされましょう。

　本著の翻訳が，5名の訳者によって始められたのは，原著が出版されて3年後，2005年だったでしょうか。その後，2006年の夏までには，ほぼ初訳は出揃っておりましたが，私の手許での，初訳稿全体の検討に長時間かかってしまい，出版が遅れてしまったこと，担当してくださった訳者の皆さんにお詫びせねばなりません。また，訳出にあたり，幾つかの疑問点を巡り，著者のヴァルデンフェルス先生とのメールのやりとりを通して直接，ご指示をいただけました。ここに先生に深く感謝申し上げる次第です。

　　翻訳の担当個所は，
　　　　山口一郎　　　序文
　　　　村田憲郎　　　第Ⅰ章，第Ⅱ章
　　　　中山純一　　　第Ⅲ章
　　　　稲垣　諭　　　第Ⅳ章，第Ⅴ章
　　　　吉川　孝　　　第Ⅵ章，第Ⅶ章
　　　　三村尚彦　　　第Ⅷ章

というそれぞれの担当となりました。全体の訳語の統一に関しては，訳者間の見解の相違もみられましたが，最終的に監訳者の責任で判断しました。

　なお，フランス語，とりわけフランス現象学に関する文献並びに訳語に関して，本学の同僚である永井晋教授にさまざまなご指摘をいただいたことに深く感謝申し上げます。また，事項索引，人名索引及び文献表作成の作業にあたり，各章の訳者の他，東洋大学大学院博士後期課程の武藤伸司君のご協力をいただきました。お礼申し上げます。

　先回の『講義・身体の現象学』の翻訳にあたってと同様，ヴァルデンフェルスの著作の翻訳に深いご理解をいただきました知泉書館の小山光夫氏，また，実務にあたってくださった高野文子さんに，心より，深く御礼もうしあげます。

　　2009年10月

　　　　　　　　　　　　　　　　　　　　　　　　　　山口　一郎

文　献　表

Abel, G.,（アーベル，G.）*Nietzsche, Die Dynamik der Willen zur Macht und die ewige Wiederkehr*, Berlin 1998.
Alter, No. 7/ (1999); *Émotion et affectivité*.
Angehrn, E.,（アンゲールン，E.）und B. Baertschie（B. ベルチ）*Emotion und Vernunft/Émotion et rationalité*, Bern Stuttgart, Wien 2000.
Anzieu, D.（アンジウ，D）*Das Haut-Ich*, übersetzt von M. Korte und M.-Lebourdais-Weiss, Frankfurt am Main 1992.〔邦訳『皮膚-自我』福田素子訳，言叢社，1992年〕
Arendt, H.（アーレント，H.）*Vita activa oder Vom tätigen Leben*, München 1981.

Baas, B.,（バース，B.）*Le désir pur*, Leuven 1992. —Deutsch: Das reine Begehren, G. Schmitz による独訳，Wien 1995年〔邦訳『純粋欲望』中原拓也訳，青土社，1998年〕
―*De la chose à l'objet. Lacan et la traversée de la phénoménologie*, Leuven 1998.
Bachtin, M. M.（バフチン，M. M.）*Die Ästhetik des Wortes*. Herausgegeben von R. Grübel, R. Grübel und S. Reese による独訳，Frankfurt am Main 1979.
Baudreillard, J.（ボードリアール，J.）*Der symbolische Tausch und der Tod*, G. Bergfleth, G. Ricke と R. Vouillé による独訳，München 1982.〔邦訳『象徴交換と死』今村仁司・塚原 史訳，ちくま学芸文庫，1992年〕
Becker, B.（ベッカー，B.）„Leiblichkeit und Kognition. Anmerkungen zum Programm der Kognitionswissenschaften", in: Gold/Engel 1998.
Bedorf, Th.（ベドルフ，Th）*Dimensionen des Dritten. Sozialphilosophische Modelle zwischen Ethischem und Politischem*, Diss. Bochum 2002.
Bergson, H.（ベルクソン，H.）*Œuvres*, Paris 1959.
―*Materie und Gedächtnis und andere Schriften*, Frankfurt am Main, 1964〔邦訳『物質と記憶』合田 正人／松本 力訳，ちくま学芸文庫，2007年〕
―*Einführung in die Metaphysik*, frz./dt., S. S. Gehlhaa による翻訳 Cuxhaven 1988
Blanchot, M.（ブランショ，M.）La part du feu, Paris 1949.
―*L'entretien infini*, Paris 1969.
―*L'écriture du désastre*, Paris 1980.〔邦訳『焔の文学』重信・橋口訳・紀伊国屋書店，1972年〕

Blumenberg, H. (ブルーメンベルク, H.) *Wirklichkeiten, in denen wir leben*, Stuttgart, 1981.

Brentano, F. (ブレンターノ, F.) *Psychologie vom empirischen Standpunkt*, 2Bde., Hamburg, 1955/59.

Bühler, K.. (ビューラー, K.) *Ausdruckstheorie*, Jena 1933.
—*Sprachtheorie*, Stuttgart/New York 1982.

Canguilhem, G. (カンギレム, G.) *Das Normale und das Pathologische*, übersetzt von M. Moll und R. Schubert, München 1974. 〔邦訳『正常と病理』滝沢武久訳, 法政大学出版局, 1987年〕

Carrier, M. /Mittelstraß, J. (カリール, M. / ミッテルシュトラース, J.) *Geist, Gehirn, Verhalten*, Berlin, 1989.

Castoriadis, C. (カストリアーディス, C.) *L'institution imaginaire de la société*, Paris 1975. —Deutsch: *Gesellschaft als imaginäre Institution*, übersetzt von H. Brühmann, Frankfurt am Main 1984.

Ciaramelli, F. (キアラメーリ, F.) „La nostalgia dell'origine e l'eccesso del desiderio", in: F. Ciaramelli, B. Moroncine, F. C. Papparo (Hg), *Diffranzioni. La filosofia alla prova della psicoanalisi*, Mailand 1994.
—„L'inquiétante étrangeté de l'origine", in: *Revue philosophieque de Louvain* 96 (1998), S. 512-524.
—*La distruzione del desiderio*, Bari 2000.

Courtine, F. -J. (クルティーネ, F. -J.) *Heidegger et la phénoménologie*, Paris 1990.

Cramer, E. und W. Kaempfer (クラーマー, E., E. ケンパー) *Die Natur der Schönheit*, Frankfurt/M. 1992.

Cremonini, A. (クレモニーニ, A.) *Durchquerung der Logik*, Diss. Basel 2001.

Critschley, S. (クリチュリー, S.) *The Ethics of Deconstruction: Derrida and Lévinas*, London 1992.

Dabag, M., und A. Kapust, B. Waldenfels (ダバーグ, M., A. カプスト, B. ヴァルデンフェルス編) *Gewalt. Strukturen, Formen, Repräsentationen*, München 2000.

Därmann, I. (デールマン, I.) *Tod und Bild*, München 1995.

Delhom, P. (デルホーム, P.) Verletzungen, in: Dabag/Kapust/Waldenfels 2000.
—*Der Dritte. Lévinas' Philosophie zwischen Verantwortung und Gerechtigkeit*, München 2001.

Dennett, D. C. (デネット, D. C.) *Consciousness Explained*, Toronto, London, 1991. 〔邦訳『解明される意識』山口泰司訳, 青土社, 1997年〕

Derrida, J. (デリダ, J.) *L'écriture et la différence*, Paris 1967. —Deutsch: *Die Schrift und die Differenz*, übersetzt von R. Gasché und U. Köppen, Frankfurt am Main 1972. 〔邦訳『エクリチュールと差異』〈上:若桑毅訳, 下:梶谷温子訳〉, 法政大学出版局, 1977/83年〕

文　献　表　　　　　　　　　　　　　　　　　　　　　　　　　　　　　539

　―*De la grammatologie*, Paris 1967. ―Deutsch: *Grammatologie*, übersetzt von H. - J. Rheinberger und H. Zischler, Frankfurt am Main 1974.〔邦訳『根源の彼方に――グラマトロジーについて』〈上下〉足立和浩訳，現代思潮新社，1972年〕

　―*Gesetzeskraft*, übersetzt von A. G. Düttmann, Frankfurt am Main 1991.〔邦訳『法の力』堅田研一訳，法政大学出版局，1988年〕

　―„Donner la mort" in: J-M. Rabaté und M. Wetzel (Hg.), *L'éthique du don*, Paris 1992. ―Deutsch: Den Tod geben, übersetzt von H. -D. Gondek, in: A. Haverkamp (Hg.), *Gewalt und Gerechtigkeit. Derrida-Benjamin*, Frankfurt am Main 1994.〔邦訳『死を与える』廣瀬浩司・林好雄訳，筑摩書房，2004年〕

　―*Auslassungspunkte*, übersetzt von K. Schreiner u. a., Wien 1998.

　―Le toucher, Jean-Luc Nancy, Paris 2000.〔邦訳『触覚――ジャン＝リュック・ナンシーに触れる』松葉・加國・榊原訳，青土社，2006年〕

Dornes, M.（ドルネス，M.）*Der kompetente Säugling*, Frankfurt am Main 1993.

Dörner, D.（デルナー，D.）Über die Mechanisierbarkeit der Gefühle", in: S. Krämer (Hg.), *Geist-Gehirn-künstliche Intelligenz*, Berlin/New York 1994.

Dörner, K.（デルナー，K.）*Der gute Arzt: Lehrbuch der ärztlichen Grundhaltung*, Stuttgart/NewYork, 2001.

Dreyfus, H. L.（ドレイファス，H. L.）*Was Computer nicht können. Die Grenzen künstlicher Intelligenz*, Frannkfurt am Main 1989.

　―„Was Computer immer noch nicht können", in: *Deutsche Zeitschrift für Philosophie* 41 (1993), S. 653-680.

Düsing, K.（デュージング，K.）*Selbstbewußtseinsmodelle. Moderen Kritiken und systematische Entwürfe zur konkreten Subjektivität*, München 1997.

Eden, T.（エデン，T.）*Lebenswelt und Sprache. Eine Studie zu Husserl, Quine und Wittgenstein*, München 1999.

Engel, A. K. und P. König.（エンゲル，A. K. / P. ケーニヒ）„Das neurologische Wahrnehmungsparadigma. Eine kritsche Bestands-aufnaheme", in: Gold/Engel 1998.

Escoubas, E. und B. Waldenfels（エクバ，E. / B. ヴァルデンフェルス）*Phénoménologie francaise et phénoménologie allemande/Deutsche und französiche Phänomenologie*, Paris 2000.

Fabeck, H. v.（ファベック，H. v.）*An den Grenzen der Phänomenologie, Eros und Sexualität im Werk Maurice Merleau-Pontys*, München 1994.

Fellmann, E.（フェルマン，E.）„Intentionalität und zuständliches Bewußtsein", in: Krämer 1996.

Figal, G.（フィガール，G.）*Martin Heidegger. Phänomenologie der Freiheit*, Frankfurt am Main 1988.

Fink-Eitel, H., und G. Lohmann（フィンク-アイテル，H. / G. ローマン編）*Zur Philosophie der Gefühle*, Frankfurt am Main 1993.

Florey, E. (フローリー, E.) „Gehirn und Zeit", in: Schmidt 1991.
Foerster, H. v. (フェスター, H. v.) *Wissen und Gewissen*, Frankfurt am Main 1993.
Forget, Ph. (フォーゲット, Ph. 編) *Text und Interpretation*, München 1984.
Foucault, M. (フーコー, M.) *La volonté de savoir* (Histoire de la sexualité I), Paris 1976, —Deutsch: Der *Wille zum Wissen* (Sexualität und Wahrheit I) U. Raulff und W. Seiter, Frankfurt am Main 1971. 〔『知への意志（性の歴史）』渡辺守章訳, 1986年〕
Frege, G. (フレーゲ, G.) *Logische Untersuchungen*, herausgegeben von G. Patzig, Göttingen 1966.
Freud, S (フロイト, S.) *Gesammelte Werke* (Imago), London und Frankfurt am Main 1940ff. 〔邦訳『フロイト全集』岩波書店参照〕
—*Studienausgabe*, hg. von A. Mitscherlich u. a., 10 Bde., Frankfurt am Main 1969-70.
—*Brief an Wilhelm Fließ 1887-1904*, Frankfurt am Main 1986.
Frostholm, B. (フロストホルム, B.) *Leib und Unbewußtes. Freuds Begriff des Unbewußten interpretiert durch den Leibbegriff Merleau-Pontys*, Bonn 1978.

Gadamer, H. -G. (ガダマー, H-G.) „Und dennoch: Macht des guten Willens", in: Ph. Forget (Hg.), *Text und Interpretation*, Frankfurt am Main, 1984.
Gamm, G. (ガム, G.) *Flucht aus der Kategorie. Die Positivierung des Unbestimmten als Ausgang aus der Moderne*, Frankfurt am Main, 1994.
Gehring, P. (ゲーリンク, P.) *Innen des Außen–Außen des Innen, Foucault. Derrida. Lyotard*, München, 1994.
Gelhard, A. (ゲルハルト, A.) *Das Denken des Unmöglichen, Sprache, Tod und Inspiration in den Schriften bei Mourice Blanchots*, München 2005.
Gerhardt, V. (ゲルハルト, V.) *Der Mensch wird geboren*, München, 2001.
Geyer, Ch. (ガイアー, Ch.. 編) *Bioethik*, Frankfurt am Main 2001.
Giuliani, R. (ジュリアーニ, R. 編) *Merleau-Ponty und die Kulturwissenschaften*, München 2001.
Glasersgeld, E. v. (グラザースフェルト, E. v.) *Radikaler Konstruktivismus*, übersetzt von W. K. Köck, Frankfurt am Main 1996.
Goffman, E. (ゴフマン, E.) *Das Individuum im öffntlichen Austausch*, Frankfurt am Main 1974.
Gold, P. (ゴールド, P.) Philosophische Aspekte Künstlicher Intelligenz", in: Gold/Engel 1998.
Gold, P. /Engel, A. K. (ゴールド, P./エンゲル, A. K.) *Der Mensch in der Perspektive der Kognitionswissenschaften*, Frankfurt am Main, 1998.
Goldstein, K. (ゴルトシュタイン, K.) *Der Aufbau des Organismus*, Den Haag 1934. 〔邦訳『生体の機能』村上仁・黒丸正四郎訳, 1970年〕

Gondek, H. -D.（ゴンデク，H. -D.） *Angst Einbildungskraft Sprache. Ein verbindender Aufriß Zwischen Freud-Kant-Lacan*, München, 1990.
―Trauma-Über Emmanuel Lévinas, in: E. Escoubas und B. Waldenfels（Hg.）*Phénoménologie française et phénoménologie allemande/Deutsch und Französische Phänomenologie*, Paris/Offenbach 2000.
―und P. Widmer, *Ethik und Psychoanalyse*, Frankfurt am Main 1994.

Gorling, R.（ゴーリング，R.） „〈Yo lo ví〉―Trauma und Übertragung", in: V. Borsò und B. Goldmmer (Hg.), *Moderne (n) der Jahrfundertwenden*, Baden-Baden 2000.

Großheim, M.（グロースハイム，M.） *Ludwig Klages und die Phänomenologie*, Belrin 1994.

Grünbaum, A.（グリュンバウム，A.） *Psychoanalyse in wissenschaftstheoretischer Sicht*, Konstanz 1987.

Gürtler, S.（ギュルトラー，S.） *Elementare Ethik, Alterität, Generalität und Geschlechterverhältnis bei Emmanuel Lévinas*, München, 2001.

Haar, M.（ハール，M.） L'obsession de l'autre. L'éthique comme traumatisme, in: *Emmanuel Lévinas* (Cahier de l'Herne), herausgegeben von C. Chalier und M. Abensour, Paris 1991.

Habermas, J.（ハーバーマス，J.） *Erkenntnis und Interesse*, Frankfurt am Main 1973.〔邦訳『認識と関心』奥山次良訳，未來社，1981年〕
―*Theorie des kommunikativen Handelns*, 2bde., Frankfurt am Main 1981.〔邦訳『コミュニケイション的行為の理論 上中下』河上倫逸訳，未來社，1985年〕
―*Die Zukunft der menschlichen Natur*, Frankfurt am Main, 2001.〔邦訳『人間の将来とバイオエシックス』三島憲一訳，法政大学出版局，2004年〕

Hare, R. M.（ヘア，R. M.） *Die Sprache der Moral*, Frankfurt am Main 1972.〔邦訳『道徳の言語』，大久保正健・小泉仰訳，1982年〕

Hegel, G. W. F.（ヘーゲル，G. W. F.） *Werke in zwanzig Bänden*, Redaktion E. Moldenhauer und K. M. Michel, Frankfurt am Main 1977ff.

Heideger, M.（ハイデガー，M.） *Sein und Zeit*, Tübingen[7] 1953.〔邦訳『ハイデガー全集2巻 有と時』辻村公一・H. ブフナー訳，創文社，1997年〕
―Die Frage nach der Technik, in: *Vorträge und Aufsätze*, Pfullingen 1954.〔邦訳『技術への問い』関口浩訳，平凡社，2009年〕
―*Vom Wesen des Grundes*, Frankfurt am Main 1955.〔邦訳『根拠の本質』大江精志郎・斎藤信治訳，理想社，1952年〕
―*Was ist Metaphysik?*, Frankfurt am Main[7] 1955.〔邦訳『形而上学とは何か』大江精志郎・斎藤信治訳，理想社，1952年〕
―*Identität und Differenz*, Pfullingen 1957.〔邦訳『ハイデッガー選集10 同一性と差異性』大江精志郎訳，理想社，1961年〕

―*Unterwegs zur Sprache*, Pfullingen 1959.〔邦訳『ハイデッガー全集12　言葉への途上』亀山健吉・ヘルムート・グロス訳，創文社，1996年〕
―*Was heißt Denken?*, Tübingen² 1961.〔邦訳『ハイデッガー全集　別巻3　思惟とは何の謂いか』四日谷敬子・ハルムート・ブフナー訳，創文社，1986年〕
―*Wegmarken*, GA9, Frankfurt am Main 1976.〔邦訳『ハイデッガー全集9　道標』辻村公一・ハルムート・ブフナー訳，創文社，1985年〕

Hemecker, W. W. （ヘメカー，W. W.）　*Vor Freud, Philosophiegeschichtliche Voraussetzungen der Psychoanalyse*, München 1991

Henry, M. （アンリ，M.）　*Généalogie de la psychanalyse*, Paris 1985.

Herrmann, Th. （ヘルマン，Th.）　„Informationstheoretische Modell zur Darstellung der kognitiven Ordnung", in: *Handbuch der Psychologie*, Bd. I/2, Göttingen 1964

Hesnard, A. （エスナール，A.）　*L'œuvre de Frued et son importance pour le monde moderne*, mit einem Vorwort von. M. Merleau-Ponty, Paris 1960.

Hoerster, N. （ヘールスター，N.）　*Abtreibung im säkulären Statt*, Frankfurt am Main 1991.

Holenstein, E. （ホーレンシュタイン，E.）　*Phänomenologie der Assoziation*, Den Haag 1972.

―„Die kausale Rolle von Bewußtsein und Vernunft", in: Krämer 1996.

Husserl, E. （フッサール，E.）　*Husserliana*, Den Haag/Dordrecht 1950ff.〔『フッサール全集（フッサリアーナ）』〕

Jakobson, R. （ヤーコブソン，R.）　„Die zwei Seiten der Sprache und zwei Typen aphatischer Störungen", in: *Aufsätze zur Linguistik und Poetik*, herausgegeben von W. Raible, München 1974.

―*Hölderlin. Klee. Brecht,* eingeleitet und herausgegeben von E. Holenstein, Frankfurt am Main 1976.

James, W. （ジェームズ．W.）　*Studies in Radical Empiricism*, New York 1912, Neudruck Cambridge, Mass. /London 1976.

Juranville, A. （ジュランヴェイユ，A.）　*Lacan und die Philosophie*, übersetzt von H. -D. Gondek, München 1990.

Kafka, F. （カフカ，F.）　*Hochzeitsvorbereitungen auf dem Lande und andere Prosa aus dem Nachlaß,* Gesamtausgabe in 7 Bänden, Frankfurt am Main 1983.

Kaiser, U. （カイザー，U.）　*Das Motiv der Hemmung in Husserls Phänomenologie,* München 1997.

Kaltenborn, O. （カルテンボーン，O.）　*Das künstliche Leben*, München 2001.

Kapust, A. （カプスト，A.）　*Berührung ohne Berührung. Ethik der Ontologie bei Merleau-Ponty und Lévinas,* München 1999.

―„Der sogenannte barbarische Rest der Natur und sein menschlicher Logos", in: Giuliani 2000.

文 献 表

Katz, D.（カッツ，D.） *Der Aufbau der Tastwelt*, Leipzig 1925.〔邦訳『触角の世界』東山篤規，岩切絹代訳，新曜社，2003年〕

Klass, T.（クラス，T.） *Das Versprechen. Zur Rhetorik sozialer Verbindlichkeit im Anschluß an Searle, Hume und Nietzsche*, Diss. Bochum 1999.

Klein, M.（クライン，M.） Die Psychoanalyse des Kindes, München/Basel 1971.〔邦訳『メラニー・クライン著作集2 児童の精神分析』小此木啓吾監修，誠信書房，1987年〕

Koffka, K.（コフカ，K.） *Die Grundlagen der psychischen Entwicklung*, Darmstadt 1966.

Krämer, S.（クレーマー，S.） *Bewußtsein*, Frankfurt am Main, 1996.

Kühn, R.（キューン，R.） „Cogitatio als Affekt. Zur phänomenologischen Meta-Genealogie Descartes-Freud", in: Trinks 2000.

Kurthen, M.（クールテン，M.） „Das harmlose Faktum des Bewußtsein", in: Krämer, 1996.

Lacan, J.（ラカン，J.） *Écrits*, Paris 1966.〔邦訳『エクリⅠ』宮本忠雄他訳，弘文堂，1972年〕

——Le Séminaire, Livre VII: *L'éthique de la psychoanalyse,* Paris 1986, —Deutsch: Das Seminar, B. VII: *Die Ethik der Pschoanalyse,* übersetzt von N. Haas, Weinheim/Berlin 1996.〔邦訳『ゼミナールⅦ 精神分析の倫理』小出浩之訳，岩波書店，2002年〕

——Le Séminaire, Livre XI: *Les quarte concepts fondamentaux de la psychoanalyse,* Paris 1973. —Deutsch: Das Seminar, B. XI: *Die vier Grundbegriffe der Psychoanalyse,* übersetzt von N. Haas, Olten 1978.〔邦訳『精神分析の四基本概念』小出他訳，岩波書店，2000年〕

Lang, H.（ラング，H.） *Die Sprache und das Unbewußte*, Frankfurt am Main 1973.

Lannoy, J.-L.（ラノイ，J.-L.） „D'une ambiguïté" in: *Études Phénoménologiques* VI 1990. S. 11-44.

Laplanche, J.（ラプランシェ，J） *Die unvollendete kopernikanische Revolution in der Psychoanalyse,* übersetzt von U. Hock, Frankfurt am Main 1996 (vollständige frz. Originalausgabe Paris 1992, Neuauflage 1997).

——Und J.-B. Pontalis, „Fantsme originaire, fantasmes des origines, origine du fantsme", in: *Les Temps modernes* 1964, Nru. 215, S. 1833-1868, —Deutsche: *Urphantasie, Phantasien über den Ursprung, Ursprünge der Phantasie,* übersetzt von M. Looser, Frankfurt am Main 1992.

——Und J.-B. Pntalis, *Das Vokabular der Psychoanalyse,* Frankfurt am Main 1973.

Leroi-Gourhan, A.（ルロワ＝グーラン，A.） *Hand und Wort*, übersetzt von M. Bischoff, Frankfurt am Main 1984.〔邦訳『身ぶりと言葉』荒木亨訳，新潮社，1973年〕

Lévinas, E.（レヴィナス，E.） *De l'existence a l'existant*, Paris 1981. —Deutsch:

Vom Sein zum Seienden, übersetzt von A. und W. N. Krewani, Freiburg/ München 1997. 〔邦訳『実存から実存者へ』西谷修訳, ちくま学芸文庫, 2005年〕
— *Totalité et infini*, Den Haag 1961. —Deutsch: *Totalität und Unendlichkeit*, übersetzt von W. N. Krewani, Freiburg/München 1987. 〔邦訳『全体性と無限 上下』熊野純彦訳, 岩波書店, 2005/2006年〕
—Difficile liberté, Paris 1963. —Deutsch: Schwierige Freiheit übersetzt von E. Moldenhauer, Frankfurt am Main 1992. 〔邦訳『困難な自由』内田樹訳, 国文社, 2008年〕
—*En découvrant l'existence avec Husserl et Heidegger*, Paris 1967. —Teilweise deutsch in: *Die Spur des Anderen*, übersetzt von W. N. Krewani, Freiburg/ München 1983. 〔邦訳『実存の発見』佐藤真理人他訳, 法政大学出版局, 1996年〕
—*Autrement qu'être ou au-delà de l'essence*, Den Haag 1974. —Deutsch: *Jenseits des Seins oder anders als Sein geschiet*, übersetzt von Th. Wiemer, Freiburg/München 1992. 〔邦訳『存在の彼方へ』合田正人訳, 講談社学術文庫, 1999年〕
—*Le temps et l'autre*, Montpellier 1979. —Deutsch: *Die Zeit und der Andere*, übersetzt von L. Wenzler, Hamburg 1984. 〔邦訳『時間と他者』原田佳彦訳, 法政大学出版局, 1986年〕

Lipps, Th.（リップス, Th.）　*Vom Fühlen, Wollen und Denken*, Leipzig[3] 1926
Llewelyn, J.（リウェーリン, J.）　*The HypoCritical Imagination. Between Kant and Lévinas*, London 2000.
Lobsien, E.（ロープジェン, E.）　*Kunst der Assoziation. Phänomenologie eines ästhetischen Grundbegriffs vor und nach der Romantik*, München 1999.
Lyotard, J. -F.（リオタール, J. -F.）　*Le différend*, Paris 1983.
—Deutsch: *Der Widerstreit*, übersetzt von J. Vogl, München 1987. 〔邦訳『文の抗争』陸井四郎・外山和子・小野康男・森田亜紀訳, 法政大学出版局, 1989年〕

Markl, H.（マルクル, H.）　*Natur als Kulturaufgabe*, Stuttgart, 1986.
Marquard, O.（マルカード, O.）　*Abschied vom Prinzipiellen*, Stuttgart 1981.
Merleau-Ponty, M.（メルロ＝ポンティ, M.）　*Phénoménologie de la perception*, Paris, 1945.
—Deutsch: *Phänomenologie der Wahrnehmung*, übersetzt von R. Boehm, Berlin 1966. 〔邦訳『知覚の現象学Ⅰ・Ⅱ』竹内・小木・木田・宮本訳, みすず書房, 1967/1974年〕
—*Signes*, Paris 1960. 〔邦訳『シーニュ』粟津則雄他訳, みすず書房, 1969年〕
—*Le visible et l'invisisible*, Paris 〔邦訳『見えるものと見えないもの』滝浦静雄・木田元訳, みすず書房, 1989年〕

—*La prose du monde*, Paris 1969, —Deutsch: *Die Prosa der Welt*, übersetzt von R. Giuliani, München 1994.〔邦訳『世界の散文』滝浦静雄・木田元訳,みすず書房,1979年〕

—*Merleau-Ponty à la Sorbonne, Résumé de cours 1949-1952*, Crenoble 1988, Deutsch: *Keime der Vernunft*, übersetzt von A. Kapust, herasgegeben von B. Waldenfels, München 1994.

—*Le nature, Notes. Cours de Collège de France*, Paris 1995./Deutsch: *Die Ntur*, übersetzt von M. Séglard-Köllner, München 1993.

Métraux, A., und B. Waldenfels（メトロー, A., B. ヴァルデンフェルス）*Leibhaftige Vernunft. Spuren von Merleau-Pontys Denken*, München 1986.

Metziger, Th.（メッツィガー, Th.）*Subjekt und Selbstmodell*, Paderborn, 1993.

—„Niemand sein. Kann man eine naturalistische Perspektive auf die Subjektivität des Menschen einnehmen?" in: Krämer 1996,

Meyer-Drawe, K.（マイヤー・ドラーヴェ, K.）*Menschen im Spiegel ihrer Maschinen*, München, 1996.

Montavont, A.（モタバ, A.）*De la passivité dans la phénoménologie de Husserl*, Paris 1999.

Musil, R.（ムージル, M.）*Der Mann ohne Eigenschaften*, Reinbek 1999.〔邦訳『ムージル著作集』加藤二郎他訳,松籟社,1992年以降〕

Nabokov, V.（ナボコフ, V.）*Einladung zur Enthauptung*, Reinbek 1999.

Nancy, J.-L.（ナンシー, J.-L.）*Die Musen*, übersetzt von G. Febel und J. Legueil. Stuttgart 1999.

—*Der Endringling*, übersetzt von G. Düttmann, Berlin 2000.〔邦訳『侵入者』西谷修訳編,以文社,2000年〕

Nietzsche, F. W.（ニーチェ, F. W.）*Kritische Studienausgabe* (KSA), herausgeben von G. Colli und M. Montinari, Berlin 1980.〔邦訳『ニーチェ全集』ちくま学芸文庫,1993年〕

—*Briefwecksel* (KBW) herausgegeben von G. Golle und M. Montinari, Berlin 1975. 以降

Oeser, A. und F. Seitelberger（エーザー, A./F. ザイテルベルガー）*Gehirn, Bewußtsein und Erkenntnis*, Darmstadt, 1988.

Oesterreich, T. K.（エスターライヒ, T. K.）*Die Phänomenologie des Ich und seine Grundprobleme*, Leipzig 1910.

O'Neill, J.（オニール, J.）„Der Spiegelleib. Merleau-Ponty und Lacan zum frükindlichen Verhältnis von Selbst und Anderem", in: Métraux/Waldenfels 1986.

Peters, M.（ペータース, M.）*Blick-Wort-Berührung. Differenzen als ästhetisches*

Potential in der Rezeption plastischer Werke von Arp, Maillol und F. E. Walther, München 1996.

Plessner, H.（プレスナー，H.）　*Philosophische Anthropologie*, Frankfurt am Main 1970.

―*Die Stufen des Organischen und der Mensch* (Gesammelte Schriften, Bd. IV), Frankfurt am Main 1978.

Plügge, H.（プリュッゲ，H.）　*Der Mensch und sein Leib*, Tübingen 1967.

Politzer, G.（ポリツァー，G.）　*Kritik der Grundlagen der Psychologie*, übersetzt von H. Füchtner, Frankfurt am Main 1978.

Ponge, F.（ポンジェ，F.）　*Le parti pris des choses*, Paris 1942. ―Deutsch: *Im Namen der Dinge*, übersetzt von G. Henninger, Frankfurt am Main 1973.

Pöppel, E.（ペッペル，E.）　*Grenzen des Bewußtsein*, Frankfurt am Main/Leipzig, 1997.

Prigogine, I.（プリゴジン，I.) und I. Stengers（I. シュテンガース）　*Dialog mit der Natur,* München^5 1986.

Proust, M.（プルースト，M.）　*À la recherche du temps perdu* (Pléiade), Paris 1954. ―Deutsch: Auf der Suche nach der verlorenen Zeit, übersetzt von E. Reichel-Mertens, Frankfurt am Main 1953-57.〔邦訳『失われた時を求めて』鈴木道彦訳，集英社，1996年〕

Ricoeur, P.（リクール，P.）　*De l'interpértation*, Paris 1965. ―Deutsch: *Die Interpretation*, übersetzt von E. Moldenhauer, Frankfurt am Main 1969.

―*Soi-même comme un autre*, Paris 1990. ―Deutsch: *Das Selbst als ein Anderer*, übersetzt von J. Greisch, München 1996.〔邦訳『他者のような自己自身』久米博訳，法政大学出版局，1996年〕

Riedenauer, M.（リーデナウアー，M.）　*Orexis und Eupraxia. Ethikbegründung im Streben bei Aristoteles,* Würzburg 2000.

Rolf, Th.（ロルフ，Th.）　*Normalität,* München 1999.

Rölli, M.（レリ，M.）　*Transzendentaler Empirismus*, Diss. Bochum 2002.

Roth, G.（ロート，G.）　„Die Konstitution von Bedeutung im Gehirn", in: Schmidt, 1991.

―*Das Gehirn und seine Wirklichkeit. Kognitive Neurobiologie und ihre philosophischen Konsequenzen*, Frankfurt am Main 1996.

Sacks, O.（サックス，O.）　Der Mann, der seine Frau mit einem Hut verwechselte, übersetzt von D. van Gunsteren, Reinbek 1990.〔邦訳『妻を帽子と間違えた男』高見幸郎他訳，晶文社　1992年〕

Sartre, J. -P.（サルトル，J. -P.）　*L'être et le néant,* Paris 1943. ―Deutsch: *Das Sein und Nichts,* übersetzt von H. Schöneberg und T. König, Reinbeck 1991.〔邦訳『存在と無』：『サルトル全集　Ⅰ，Ⅱ，Ⅲ』松浪信三郎訳，人文書院，1956以降〕

―*Bewußtsein und Selbsterkenntnis*, übersetzt von M. Fleischer und H. Schönberg, Reinbek 1973 (frz. 1948).
Scheler, M.（シェーラー，M.）*Der Formalismus in der Ethik und die materiale Wertethik*, Gesammelte Werke, Bd. 2, Bern/München 1966.〔邦訳『倫理学における形式主義と実質的価値倫理学』:『シェーラー著作集1, 2』吉沢・飯島・小倉訳，白水社，1976年〕
―*Wesen und Formen der Sympathie* (Gesammelte Werke, Bd. 7) Bern/München 1973.〔邦訳『シェーラー著作集8　同情の本質と諸形式』飯島宗享他訳，白水社，1977年〕
Scherer, K. R.（シェーレル，K. R.）„Zur Rationalität der Emotionen", in: H. Roessner (Hg.), *Der ganze Mensch*, München 1986.
―„Theorien und aktuelle Problem der Emotionspsychogie", in: K. R. Scherer (Hg.), *Enzyklopädie der Psychologie*, C/IV/3: Psychologie der Emotion, Göttingen 1990.
Schmidt. S.（シュミット，S.）(Hg.) *Gedächtnis*, Frankfurt am Main 1991.
Schmitz, H.（シュミッツ，H.）„Gefühle als Atmosphären und das affektive Betroffensein von ihnen", in: Fink-Eitel/Lohmann 1993.
Schnell, M. W.（シュネル，M. W.）„Medizinische Ethik im Zeichen der Andersheit", in: H. Friesen und K. Berr (Hg.), *Praktizierende Philosophie-Angewandte Ethik*, Emden, 2001.
Schöpf, A.（シェップ，A.）*Sigmund Freud*, München 1982.
Schütz, A.（シュッツ，A.）*Der sinnhafte Aufbau der sozialen Welt*, Frankfurt am Main 1974.
Searle, J. R.（サール，J. R.）*Intentionality*, Cambridge 1983.〔邦訳『志向性：心の哲学』坂本百大監訳，誠信書房，1997年〕
Seewald, J.（ゼーヴァルト，J.）*Leib und Symbol. Ein sinnverstehender Zugang sur kindlichen Entwicklung*, München 1992.
Singer, P.（シンガー，P.）*Praktische Ethik*, übersetzt von J. C. Wolf, Stuttgart, 1984.〔邦訳『実践の倫理』山内・塚崎訳，昭和堂，1999年〕
Singer, W.（ジンガー，W.）„Die Entwicklung kognitiver Strukturen -ein selbstreferentieller Lernprozeß", in: Schmidt 1991.
―„Wie gelangt Wissen über die Welt in das Gehirn?", in: Burkholz (Hg), *Materialität des Geists*, Weilerswist 2001.
Spaemann, R.（シュペーマン，R.）*Personen, Versuche über den Unterschied zwischen ›etwas‹ und ›jemand‹*, Stuttgart, 1967.
Spitz, R.（スピッツ，R.）*Vom Säugling zum Kleinkind*, übersetzt von G. Theusner-Stampa, Stuttgart 1996.
Stocker, W.,（シュトッカー，W.）„Am Rande der Sichtbarkeit, Zur Rolle der Erfahrung in der Kosmologie", in: M. Hampe und M. -S. Lotter (Hg.), „*Die Erfahrungen, die wir machen, sprechen gegen die Erfahrungen, die wir haben.*"

Über Formen der Erfahrung in den Wissenschaften, Berlin 2000.
Stoller, S.（シュトラー, S）und H. Vetter（H. フェッター）(Hg.) *Phänomenologie und Geschlechterdifferenz,* Wien 1997.
Straus, E.（シュトラウス, E.) *Vom Sinn der Sinne,* Berlin/New York/Heidelberg² 1956.
Tengelyi, L.（テンゲリ, L.) *Der Zwitterbegriff der Lebensgeschichite,* München 1998.
Trinks, J.（トゥリンクス, J.) (Hg.) *Bewußtes und Unbewußtes,* Wien 2000.
Tugendhat, E.（トゥーゲントハット, E.) *Vorlesungen zur Einführung in die sprachanalytische Philosophie,* Frankfurt am Main 1976.
―*Selbstbewußtsein und Selbstbestimmung. Sprachanalytische Interpretation,* Frankfurt am Main 1979.
Valéry, P.（ヴァレリ, P.) *Cahiers,* 2 Bde., Paris 1973-74. ―Deutsch: Cahiers/ Hefte, 6 Bde., Frankfurt am Main 1987-93.
Vanni, M.（ヴァニ, M.) *L'impatience des résponses: L'éthique d'Emmanuel Lévinas au risque de son inscription pratique,* Diss. Lausanne 2001.
Varela, J. V., und E. Tompson（ヴァレラ, J. V. / E. トンプソン）*Der mittlere Weg der Erkenntnis,* übersetzt von H. G. Holl, Bern/München/Wien 1982.
Vrhunc, M.（ウルンク, M.) *Bild und Wirklichkeit.* Zur Philosophie Henri Bergsons, München 2002.
Waldenfels, B.（ヴァルデンフェルス, B.) *Das Zwischenreich des Dialogs,* Den Haag 1971.〔邦語抄訳「対話の中間領域」『現象学の展望』所収、山口一郎訳、国文社、1986年〕
―*Der Spielraum des Verhaltens,* Frankfurt am Main 1980.〔邦訳『行動の空間』新田義弘他訳、白水社、1987年〕
―*In den Netyen der Lebenswelt,* Frankfurt am Main 1985.
―Ordnung *Im Zwielicht,* Frankfurt am Main 1987.
―*Der Stachel des Fremden,* Frankfurt am Main 1990.
―*Antwortregister* (= AR.), Frankfurt am Main 1994.
―*Deutsch-Französiche Gedankengänge,* Frankfurt am Main 1995.
―*Topographie des Fremden. Studien zur Phänomenologie des Fremden,* Bd. I. Frankfurt am Main 1997.
―*Grenzen der Normalisierung,* Studien zur Phänomenologie des *Fremden,* Bd. 2, Frankfurt am Main 1998.
―*Sinnenschwellen,* Studien zur Phänomenologie des Fremden, Bd. 3, Frankfurt am Main 1999.
―*Vielstimmigkeit der Rede,* Studien zur Phänomenologie des Fremden, Bd. 4, Frankfurt am Main 1999.
―„Aporien der Gewalt", in: Dabag/Kapust/Waldenfels 2000.
―*Das leibliche Selbst,* Frankfurt am Main 2000.〔邦訳『講義・身体の現象学』山

文　献　表

口・鷲田監訳，知泉書館，2004年〕

——„Das Phänomen des Fremden und seine Spuren in der klassischen griechischen Philosophie", in: B. Jostes und J. Trabant (Hg.), *Fremdes in fremden Sprachen*, München 2001.

Watzlawick, P.,（ウァツラウィック，P.），J. H. Beavin und D. D. Jackson, *Menschliche Kommunikation*, Bern/Stuttgart/Wien 1969.

Weber, S.（ウェーバー，S.）　*Rückkehr zu Freud*, Frankfurt am Main 1978.

Weinmayr, E.（ヴァインマイヤー，E.）　*Einstellung. Die Metaphysik im Denken Martin Heideggers*, München 1991.

Welsch, W.（ヴェルシュ，W.）　*Aisthesis. Grundzüge und Perspektiven der Aristotelischen Sinneslehre*, Stuttgart 1987.

Wieland, W.（ウィーラント，W.）　*Platon und die Formen des Wissens*, Göttingen 1982.

Wyschogrod, E.（ウィショグロ，E.）　"Doing before Hearing: on the primacy of touch", in: F. Laruelle (Hg), *Textes pour Emmanuel Lévinas*, Paris 1980.

Yamaguchi, I.（山口一郎）　*Ki als leibhaftige Vernunft. Beitrag zur interkulturellen Phänomenologie der Leiblichkeit*, München 1997.〔邦訳『文化を生きる身体——間文化現象学試論』知泉書館，2004年〕

Zeuch, U.（ツォイヒ，U.）　*Umkehr der Sinneshierarchie. Herder und die Aufwertung des Tastsinns seit der frühen Neuzeit*, Tübingen 2000.

人 名 索 引
(アルファベット順)

アーベル（Abel, G.）……27
アナクサゴラス（Anazagoras）……132
アンジュウ（Anzieu, D.）……101, 125-129, 132, 154
アーレント（Arendt, H.）……280, 411, 494
アリストテレス（Aristoteles）……10, 13, 18, 20-21, 40-48, 50-51, 54, 70, 73-74, 85, 91-95, 99, 103, 148, 152, 171, 187, 204, 211, 223, 225, 232, 236-238, 259, 283, 286, 292, 293, 294, 331, 347, 398, 407, 409, 444, 478
アウグスティヌス（Augustinus）……270, 349
オースティン（Austin, J.）……15
オースティン（Austin, J. L.）……150, 473

バース（Baas, B.）……322, 335, 352, 355, 368, 374
バシュラール（Bachelard, G.）……404
バフチン（Bachtin, M. M.）……176, 449
バルト（Bartes, R.）
ボードレール（Baudelaire, Ch.）……272, 312
ボードリアール（Baudreillard, J.）……235
ベッカー（Becker, B.）……409
ベケット（Beckett, S.）……249
ベドルフ（Bedorf, Th.）……284
ベッカー（Bekker, E.）
ベンジャミン（Benjamin, W.）……370
ベルクソン（Bergson, H.）……15, 27, 33, 116, 187-190, 196, 199, 316
バークリ（Berkeley, G.）……96
ベルネット（Bernet, R.）……162, 322, 374
ブランショ（Blanchot, M.）……38-39, 108, 165, 243, 259

ブルーメンブルク（Blumenberg, H.）……509
ベーメ（Boehme, J.）……318
ボールビイ（Bowlby, J.）……125
ブラック（Braque, G.）……319
ブレンターノ（Brentano, F.）……15, 21, 325, 330
ブーバー（Buber, M.）……191
ビューラー（Bühler, K.）……116, 119, 129, 216, 260
ボイテンディク（Buytendijk, F. J. J.）……63

カンギレム（Canguilhem, G.）……166
カリール（Carrier, M.）……413
カッシラー（Cassirer, E.）……27
カストリアーディス（Castoriadis, C.）……93, 314, 318, 328, 341, 355, 357, 359, 368, 372, 379, 389, 390, 393
ツェラン（Celan, P.）……246
キアラメーリ（Ciaramelli, F.）……162, 322, 339, 368, 372, 376, 390, 397
キケロ（Cicero）……314
コーエン（Cohen, H.）……80
クルティーネ（Courtine, F.-J.）……173
クラマー（Cramaer, F.）……443
クレモニーニ（Cremonini, A.）……335
クリチェレー（Critchley, S.）……162, 165

デールマン（Därmann, I.）……401
ダーウイン（Darwin, Ch.）……477
デローネイ（Delaunay, R.）……318
ドゥルーズ（Deleuze, G.）……15, 34, 80, 142, 188, 190, 193, 328
デルホーム（Delhom, P.）……159, 284
デモクリート（Demokrit）……273

人名索引

デネット (Dennett, D. C.) ……… 470
デリダ (Derrida, J.) …… 25-26, 87, 139, 164, 190-191, 193, 226, 269, 291, 314, 322, 328, 362, 401, 411, 418
デカルト (Descartes, R.) …… 48, 99, 109, 111, 172, 174, 198, 208, 215, 230, 322, 323, 341, 413, 418, 422, 444, 459
ディオゲネス (Diogenes) ………… 551
デルナー (Dörner, D.) …………… 57, 428
デルナー (Dörner, K.) …… 476, 487, 501
ドルネス (Dornes, M.) …………… 198
ドストエフスキー (Dostojewski, F.)
 ……………………………………… 312
ドレイファス (Dreyfus, H. L.) ‥ 427, 436
デュージング (Düsing) ………… 325, 337

エデン (Eden, T.) ………………… 27, 114
アイゲン (Eigen, M.) …………… 450
エンゲル (Engel, A. K.) ……… 437, 460
エピクロス (Epikur) ……………… 50

ファベック (Fabeck, H. v.) ………… 355
フェヒナー (Fechner, G. Th.) ……… 459
フェルマン (Fellmann, F.) ………… 465
フィヒテ (Fichte, J. G.) …………… 208
フィードラー (Fiedler, K.) ………… 72
フィガール (Figal, G.) …………… 19, 32
フィンク (Fink, E.) …………… 327, 330
フローレス (Flores, F.) …………… 436
フローレイ (Florey, E.) …………… 435
フォーダー (Fodor, J. A.) ………… 435
フェスター (Foerster, H.v.) …… 111, 468
フォンターネ (Fontane, Th.) … 277, 280
フーコー (Foucault, M.) …… 38, 418, 441, 451
フレーゲ (Frege, G.) ……………… 25
フロイト (Freud, S.) ……… 122, 125, 196-197, 220, 222, 233, 240, 452, 498, 501

ガダマー (Gadamer, H.-G.) …… 326-327
ガリレイ (Galilei, G.) …………… 48
ガム (Gamm, G.) ………………… 314

ゲーリンク (Gehring, P.) ………… 456
ゲルハルト (Gelhard, A.) …… 39, 165, 243
ゲルハルト (Gerhardt, V.) ……… 505
グラザースフェルト (Glasersfeld, E. v.)
 ……………………………………… 111
ゲーテ (Goethe, J. W.) …… 43, 212, 233, 241, 274, 376, 421
ゴフマン (Goffman, E.) …… 129, 147, 354
ゴールド (Gold, P.) …… 429, 433, 441, 444
ゴルトシュタイン (Goldstein, K.)
 …………………………………… 105, 467
ゴンデク (Gondek, H.-D.) …… 162, 322, 335, 337, 366, 374, 393
ゴーリング (Gorling, R.) ………… 177
ゴヤ (Goya, F. J. de) ……………… 177
グロースハイム (Großheim, M.) …… 18
グリュンバウム (Grünbaum, A.) …… 325
ギュルヴィッチ (Gureitsch, A.) …… 114
グュルトラー (Gürtler, S.) ………… 502

ハール (Haar, M.) ………………… 162
ハーバーマス (Habermas, J.) …… 119, 143, 150, 275, 326, 480, 491, 499
ハーケン (Haken, H.) …………… 450
ハレ (Hare, R. M.) …………… 113, 142
ヘーゲル (Hegel, G. W. F.) …… 38, 45, 53-54, 99, 187, 208, 226, 322, 347, 453
ハイデガー (Heideger, M.) …… 18-19, 27, 31, 49, 59, 63, 131, 138, 173, 178, 191, 193, 212, 216-217, 232, 268, 269, 305, 312, 315, 335, 352, 355, 366, 376, 408, 419, 435, 436, 508
ヘルムホルツ (Helmholtz, M.) ……… 111
ヘメカー (Hemecker, W. W.) … 323, 325
アンリ (Henry, M.) …… 200, 328, 344
ヘルバルト (Herbart, J. F.) …… 323, 342
ヘロドトス (Herodot) …………… 146
ヘルマン (Herrmann, Th.) ………… 430
ヘシオドス (Hesiod) …………… 182, 309
エスナール (Hesnard, A.) …… 334, 346
ホッブス (Hobbes, Th.) …… 45-46, 48, 54, 155, 198, 261, 317, 348, 485

ヘルダーリン（Hörderlin, F.）……38, 250
ホーレンシュタイン（Holenstein, E.）
　………………………34, 342, 466
ホメロス（Homer）……………236, 439
ホラーツ（Horaz）…………………125
ヒューム（Hume, D.）……15-16, 79, 125, 142, 190, 261, 348, 464
フッサール（Husserl, E.）……13-24, 26-27, 32-33, 37, 39, 59-60, 68-69, 74-80, 83-84, 98, 114, 116, 119, 152, 166-167, 188-193, 196, 198, 203, 219-220, 225-226, 228, 233, 235-236, 238, 250, 258-259, 264, 265, 304, 311, 314, 321, 325, 329, 336, 340, 342, 347, 348, 350, 355, 358, 423, 425, 435, 437, 452, 465

ヤーコブソン（Jakobson, R.）……34, 250
ジェイムズ（James, W.）………15, 188, 190, 325, 332
ヨナス（Jonas, H.）…………………492
ジュランヴェイユ（Juranville, A.）
　………335, 349, 352, 365, 385, 393

ケンプファー（Kaempfer, W.）……443
カフカ（Kafka, F.）…………91, 249, 251
カイザー（Kaiser, U.）………………78
カルテンボーン（Kaltenborn, O.）…431, 437, 479
カント（Kant, I.）…29, 31, 45-46, 54, 68, 77-78, 101, 138, 172, 175, 185, 188, 209, 220-221, 235, 246, 259, 265, 284, 299, 309, 312, 317, 335, 351, 352, 413, 434, 452, 471, 481
カプスト（Kapust, A.）…73, 81, 352, 376
カッツ（Katz, D.）……………………69
ケニー（Kenny, A.）……………142, 460
キルケゴール（Kierkegaard, S.）……312, 366, 487
木村敏（Kimura, B.）………………191
クラーゲス（Klages, L.）………………18
クラス（Klass, T.）………………250, 261
クライン（Klein, M.）……125, 129, 222,

355
コフカ（Koffka, K.）………………235
コーレー（Kohler, I.）………………433
コジェーヴ（Kojève, A.）……………38
ケーニッヒ（König, P.）…………437, 460
クラウス（Kraus, K.）…………497, 500
キューン（Kühn, R.）………………341
クールテェン（Kurthen, M.）…464, 469
クルツヴァイル（Kurzweil, R.）……479

ラカン（Lacan, J.）……24, 38, 54, 65, 82, 93, 108, 122, 141, 273, 301, 322, 326, 328, 331, 334, 335, 337, 349, 352, 355, 368, 373, 374, 385, 390, 393, 394, 401
ラング（Lang, H.）…………………326
ラノイ（Lannoy, J.-L.）………………165
ラプランシェ（Laplanche, J.）………127, 129, 356, 364, 368, 370, 376, 386, 396
ライブニッツ（Leibniz, G. W.）…79, 414
ルロワ＝グーラン（Leroi-Gourhan, A.）
　……………………………81, 410
レヴィナス（Lévinas, E.）……24, 37, 54, 59, 62, 81, 89-90, 92-93, 108, 121, 138-139, 155-163, 175, 178, 190, 193, 232, 241, 243, 249, 251, 255, 257, 259, 283, 296, 315, 368, 476, 500, 502
レヴィ＝ブリュール（Lévy-Bruhl, L.）
　…………………………………316
リヒテンベルク（Lichtenberg, G. C.）
　……………………………304, 342
リンデマン（Lindemann, G.）………489
リンドナー（Lindner, G. A.）………323
リップス（Lipps, H.）…………………18
リップス（Lipps, Th.）…………14-15, 92
リウェーリン（Llewelyn, J.）…………141
ロープジェン（Lobsien, E.）……34, 189
ロック（Locke, J.）………………15, 189, 449
ルーマン（Luhmann, N.）……275, 299, 314, 453, 469
ルリヤ（Lurija, A. R.）………………467
リオタール（Lyotard, J.-F.）…139, 246, 253, 328

人 名 索 引

マレヴィッチ（Malewitsch K. S.）…… 318
マラルメ（Mallarmé, St.）…………… 38
マルクル（Markl, H.）………… 479, 486
マルカード（Marquard, O.）……… 164
マルクス（Marx, K.）………………… 444
マトゥラーナ（Maturana, H.）…… 438
メルロ＝ポンティ（Merleau-Ponty, M.）
　　……… 18, 32, 40, 73, 81, 96-97, 114,
　　184, 187, 191, 193, 196, 200, 230, 270,
　　275, 290, 308, 314, 316, 332, 334, 335,
　　341, 355, 359, 368, 371, 372, 374, 376,
　　389, 425, 435, 436, 445, 448, 455
メッツィガー（Metziger, Th.）…… 461,
　　464
メイヤー・ドラーヴェ（Meyer-Drawe,
　　K.）…………………………… 413, 479
ミッテルシュトラース（Mittelstraß, J.）
　　…………………………………… 413
モタバ（Montavont, A.）…… 60, 80, 219
ムージル（Musil, R.）………………… 109

ナブコフ（Nabokov, V.）…………… 249
ネーゲル（Nagel, Th.）……………… 463
ナンシー（Nancy, J.-L.）…… 86-87, 216
ナートルプ（Natorp, P.）…………… 20
ネウェル（Newell, A.）……………… 429
ニーチェ（Nietzsche, F. W.）…… 13, 27,
　　35, 41, 87, 93, 137, 173-174, 210, 240-
　　241, 249-250, 261, 269, 285, 304, 332,
　　387, 449, 457
ノヴァーリス（Novalis）…………… 246
ニュスライン-フォルハード（Nüßlein-
　　Volhard, Ch.）………………… 486

エーザー（Oeser, E.）…… 425, 430, 436,
　　450, 465
エスターライヒ（Oesterreich, T. K.）
　　…………………………………… 225
オニール（O'Neill, J.）……………… 129
オットー（Otto, R.）………………… 376
オヴィディウス（Ovid）…………… 310

パラケルスス（Paracelsus）………… 212
パスカル（Pascal, B.）…… 103, 272, 312,
　　316, 484
パース（Peirce, Ch. S.）……………… 27
ペータース（Peters, M.）…………… 72
ピカソ（Picasso, P.）………………… 319
プラトン（Platon）…… 11-14, 20-21, 23,
　　31, 40-44, 48-49, 52-53, 59, 63, 70-
　　71, 83, 98-100, 104-106, 114, 123,
　　133, 146, 152, 155, 177, 185, 187, 193,
　　199, 212, 217-218, 221-226, 234, 243-
　　244, 246, 248, 252, 254, 260, 270, 294,
　　298, 310, 333, 347, 351, 354, 390, 398,
　　411, 440
プレスナー（Plessner, H.）…… 32, 105,
　　275, 389
プロチノス（Plotin）………………… 99
プリュッゲ（Plügge, H.）……… 63, 106
ポリツェル（Politzer, G.）………… 330
ポンジェ（Ponge, F.）……………… 132
ポンタリス（Pontalis, J.-B.）… 356, 364,
　　368
ペッペル（Pöppel, E.）………… 463, 470
ポパー（Popper, K.）………………… 426
プリゴジン（Prigogine, I.）…… 212, 318
プルースト（Proust, M.）… 142, 175, 269

クワイン（Quine, W. v. O.）…… 314, 442

リクール（Ricoeur, P.）…… 34, 95, 162,
　　178, 326
リーデナウアー（Riedenauer, M.）… 40
リーグル（Riegl, A.）………………… 72
ランボー（Rimbaud, A.）…………… 305
ロルフ（Rolf, Th.）…………………… 325
レリ（Rölli, M.）……………… 34, 80, 190
ローゼンツヴァイク（Rosenzweig, F.）
　　…………………………………… 190
ロス（Roth, G.）… 111, 425, 447, 450, 459-
　　460, 463, 467, 470-471
ルソー（Rousseau, J.-J.）…… 46, 173, 385

ザックス（Sacks, O.）……………467
サッポー（Sappho）……………221
サルトル（Sartre, J.-P.）……38, 56, 73, 89, 131, 139, 157, 228, 230, 249, 283, 315, 325, 335
ソシュール（Saussure, F. de）………193
シェーラー（Scheler, M.）……14, 17, 116, 332, 342
シェリング（Schelling, J. W. F.）……312, 316, 322, 376
シェーラー（Scherer, K.）…………18, 19
シュミッツ（Schmitz, H.）…………62, 314
シュネル（Schnell, M. W.）……………476
ショーペンハウエル（Schopenhauer, A.）………………………………332
シェップ（Schoepf, A.）……………389
シュッツ（Schütz, A.）……………40, 88
サール（Searle, J. R.）……16, 20, 150, 261
ゼーヴァルト（Seewald, J.）……90, 126, 129
ザイテルベルガー（Seitelberger, F.）………425, 430, 436, 450, 465
シェリングトン（Sherrington, Ch.）………………………………436
ジンメル（Simmel, G.）……………283
サイモン（Simon, H. A.）……………429
シンガー（Singer, P.）………485, 488, 496
ジンガー（Singer, W.）……436, 447, 461-463
ソクラテス（Sokrates）……123, 164, 335, 511
ソフォクレス（Sophokles）………138, 510
シュペーマン（Spaemann, R.）………445, 488, 492
スピノザ（Spinoza, B. de）……………414
スピッツ（Spitz, R.）……………125, 134
シュテンガー（Stengers, I.）……212, 318
スターン（Sterne, L.）……………15, 189
シュテクラー（Stöckler, M.）…………494
シュトラウス（Straus, E.）……17, 59, 69, 81, 87-88, 100, 189, 275

トンプソン（Thompson, E.）…………435
テンゲリ（Tingelyi, L.）……140, 193, 269
トゥーゲントハット（Tugendhat, E.）………………………………142, 148, 325

ユクスキュル（Uexküll, J. v.）…………75

ヴァレリ（Valéry, P.）………61, 240, 245, 309, 339
ヴァニ（Vanni, M.）…………19, 159, 165
ヴァレラ（Varela, F.）………435, 436, 448
ウルンク（Vrhunc, M.）………………33

ワトー（Watteau, J.-A.）……………176
ヴァツラウィック（Watzlawick, P.）………………………………153
ウェーバー（Weber, E.）……………162
ヴァイデマン（Weidemann, H.）………10
ヴァインマイヤー（Weinmayr, E.）………………………………212
ヴァイツゼッカー（Weizsäcker, U. v.）………………………………18
ヴェルシュ（Welsch, W.）…………72, 73
ウェーバー（Weber, S.）……342, 370, 373
ホワイトヘッド（Whitehead, A. N.）………………………………188
ヴィドマー（Widmer, P.）………322, 393
ウィーラント（Wieland, W.）…………336
ウィニコット（Winnicott, D. W.）……125
ウィノグラード（Winograd, T.）……436
ヴィトゲンシュタイン（Wittgenstein, L.）………265, 275, 314, 452
ウルフ（Woolf, V.）…………………249
ウィショグロ（Wyschogrod, E.）……73, 81, 139

山口一郎（Yamaguchi, I.）……………191

ツォイヒ（Zeuch, U.）…………………72
ジジェク（Zizek, S.）…………………322
ゾラ（Zola, E.）………………………316

事 項 索 引

(精神分析に関する事項は，個別に (＝PA) として，またテクノロジー〔技術論〕に関する事項は，(＝T) という略語が付されている。)

ア 行

〈間〉の出来事 Zwischenereignis ····················· 201-203
アプリオリ Apriori, 技術論的 technologisches ················· 441
　　——技術か自然か ars sive natura ···················· 415
異他性 Fremdheit 二重の duplicative ····················· 240
　　——脱自的 ekstatsiche ························· 231
　　——紋章的 emblematische ······················ 242
　　——法外の／正常の extraordinäre/normale ············ 271-272
　　——侵入的-退出的 invasive-exasive ·················· 216
　　——過激な／相対的な radikale/ralative ············· 208, 273
　　——第二の zweite ··························· 339
異他性の経験 Fremderfahrung ···················· 209, 271
異他性のモチーフ Fremdheitsmotive, PA において ············ 375
痛み Schmerz ·································· 68, 73, 94-105
　　——操業障害としての als Betriebsstörung ·············· 466
　　——PA において ························· 362, 365, 371
痛み／生の兆しとしての痛み／快 Schmerz/Lust als Lebenszeichen ········ 14-15, 40-43, 46, 220, 485, 510
一人称／三人称の視点 Erste-/Dritte-Person-Perspektive ···· 458, 463, 467-472, 480
言うこと／言われたこと Sagen/Gesagtes ············ 269-270, 296, 330
移行対象 Übergangsobjekt, 移行の本質 Übergangswesen ·········· 127, 132
依頼 Bitte ································ 147-149, 510
生まれるべきこと Gebürtlichkeit (Natarität) ················· 494
越境すること Überschreitung von Grenzen ················· 273
エゴイズム Egoisum ························ 381-383, 385-386
応答〔答え〕Antwort, 創造的な schöpferisches ··············· 269
応答の能作 Antwortleistung, T における応答パターン Antwortmuster ····· 433, 436
オートポイエーシス Autopoiesis ············ 415, 438-440, 445, 511
　　——／ヘテロ〔異他的〕ポイエーシス Heteropoiesis ·············· 478
思いつき Einfall, 印象 Eindruck ················· 215, 247, 373

カ 行

《〜がある》es gibt, (il y a) ･･･ 315
回避 Abweichung ･･･ 192-193, 271, 306
会話をリードすること Gesprächsinitien ･････････････････････････････････ 129
カオス Chaos, カオス的なもの Chaotisches ････ 172, 182-183, 185, 203-204, 295, 307, 309-310, 397
隔時性／共時性 Diachronie/Synchoronie ･････････････････････････････････ 59
過去 Vergangenheit, 想起できない unerinnerbare ･･･････････････････ 94, 198, 248
過剰な人格化 Überpersonalisierung／匿名化 Anonymisierung ･･････････････ 165
下部現象 Hypophänomene ･･･ 314
感覚すること／感覚 Empfinde/mpfindung ･･････････････････････････････ 20-21
感じること Fühlen, 志向的 intentionales ･･･････････････････････････････ 15-16
還元 Reduktion, 技術論的 technologische ･･･････････････････････････ 420-421, 445
患者／応答する者 Patien/espondent ････････････････････････････ 108, 112, 228
感情 Gefühle 主観的状態としての als subjektive Zustände ････････････････ 14-15
感情機械 Gefühlsmaschine ･･ 57, 428
キアスマ Chiasma, キアスム Chiasmus ･････････････････････････ 196, 241, 290
〔〜を〕聞くこと Hören auf ･･･ 151-152
傷つきやすさ Verletzlichkeit ･･･････････････････････････ 64, 74, 102-106, 160
帰属の実施方法 Zuschreibungspaktiken ･･････････････････････････ 459, 485-489
境界 Grenze, 境界線を引くこと Gernzziehung ･･････････････････････ 270, 274
　　　──／不安 Schrecke/ngst, 恐怖 Furcht ･････････････････････････ 365-366
共-感 Sym-pathie ･･･ 13, 98, 177
享受 Genießen ･･ 24
共生 Symbiose 胎児と母親の von Embryo und Mutter ･･････････････････ 486, 502
共同作用 Synergie, 共同作用の synergetisch ････････････････････ 410, 479-480, 484
空虚／充実 Leer/ülle 経験における in der Erfahrung ･････････････････ 22-23, 245
偶然 Zerfall, 遺伝的 genetischer ･･･････････････････････････････ 480, 483, 492
　　　──幸運な glücklicher ･････････････････････････････････ 413, 434, 471
　　　──生産的な produktiver ･････････････････････････････････ 28, 43, 455
苦悩 Leiden 道徳に関する an der Moral ････････････････････････････････ 391
　　　──法の下での unter dem Gesetz ･･･････････････････････････････ 289
　　　──技術の下での unter der Technik ･････････････････････････････ 511
経験 Erfahrung, 強い／弱い stark/chwache ････････････････････････････････ 28
経験論 Empirismus, 過激な radikaler ･････････････････････････････････ 190
形而上学 Metaphysik, アポロ的 apollinische／ディオニシス的 dionysische ･････ 317
欠如 Mangel 他者の欠存としての als Abwesenheit des Anderen ／主観的欲求
　　　としての als subjektives Bedürfnis ････････････････････････････ 48-57

事項索引

現象工学 Phänomenotechnik ……………………………………… 404, 420-421
言説 Diskurse, 異種的 heterologe ……………………………………… 253
言説 Diskurse, メタ審級としての als Metainstanz ……………………… 262
原風景 Urszene ……………………………………………………… 368, 371
原断念 Urversagung ………………………………………………… 359, 363
原分割 Urdiastase ……………………………………… 62, 194, 245, 285
原抑圧 Urverdrängung 退去としての als Entzug ……………………… 354
声 Stimme 呼びかけとしての als Ruf ……………………………… 117, 140
　　――母親の der Mutter ………………………………………… 126, 140
　　――法の des Gesetzes, 良心の des Gewissens ………………… 140, 173
　　――超-自我の des Über-Ich …………………………………………… 392
行為遂行的同語反復 performative Tautologie ………………………………… 152
抗争／矛盾 Widerstrei/iderspruch ……………………………………………… 152
告訴／悲嘆 Klag/nklage ……………………………………………………… 163
子供 Kind 両親の生んだものとしての als elterliches Erzeugnis …… 91-92, 491
　　――愛の対象としての als Liebesobjekt ……………………………… 380

サ　行

差異 Differenz, 欲求的 appetetiv, Tにおいて ………………………… 41, 426
　　――応答的 responsive ………………………………………………… 62, 111
　　――代〔理〕表象的 repräsentative …………………………………… 32, 285
　　――有意味的 signifikative, Tにおいて …………………………… 25-27, 424
再編入（リエントリー）Wiedereintritt 秩序への in eine Ordnung (Re-entry)
　　……………………………………………………………………… 297, 299-300
裂け目の位置 Bruchstellen 経験における in der Erfahrung …… 193-194, 205,
　　249-250, 289, 405, 409, 458, 468
殺害 Tötung, 殺害の禁止（殺人禁止）Tötungsverbot (Mordverbot) …… 155-165,
　　388, 482
死 Tod 不-可能性としての als Un-möglichkeit ……………………………… 139
　　――遭遇としての als Widerfahrnis ………………………………… 492-498
　　――無関心でないことの状態としての als Zustand der Indifferenz …… 384
死の衝動 Todestrieb …………………………………………………… 397-399
自我に疎遠なもの Ichfremdes ……………………………… 80, 110, 116, 248
自我衝動 Ichtrieb ……………………………………………………………… 383
自我のズレ Ichverschiebung …………………………………………………… 494
敷居 Schwelle ………………………………………………………… 274-275
　　――生誕と死の von Geburt und Tod ……………………………………… 495
自己 Selbst, 他者の anderes ……………………………… 91-92, 236-237
　　――／同一のものの Selbes ……………………………………… 304-305

事項索引

- ——システム的 systemisches ……………………… 465-466
- 自己愛 Selbstliebe ……………………………………… 385
- 自己意識 Selbstbewusstsein ……………………… 237, 337
- 自己感 Autopathos ………………………………… 174, 280
- 自己関係／自己退去／自己優位 Selbstbezu/elbstentzu/elbstvorzug ……… 229-231
- 自己拡張 Selbsterweiterung ……………………………… 238
- 自己言及 Selbstreferenz, システム的 systemisch ……… 446-453
- 自己組織化 Selbstorganisation ………………………… 416, 450
- 自己分割 Selbstspaltung, 自己区分 Selbstteilung ……… 229
- 自己二重化 Selbstverdoppelung 他者における im Anderen ……… 236-241
- 自己のズレ／自己圧縮 Selbstverschiebun/elbstverdichtung ……… 228-230
- 自己-学 Selbst-Wissenschaft ……………………………… 458
- 志向性 Intentionalität ………………………………… 19-24
  - ——受動的 passive ……………………………………… 219
- 事後性／先行性 Nachträglichkei/orgängigkeit ……… 58-62, 112, 128, 197, 327
- 自動機械 Automat …………………………… 410, 413, 431, 439
- 受動的形容動詞 Gerundivum …………………………… 113
- 循環 Zirkel, 欲求的 appetitiver ……………… 45, 47, 111, 116
  - ——自己性の der Selbstheit ………………………… 446
  - ——志向的 intentionaler, 解釈学的 hermeneutischer ……… 40, 111, 339
- 情感 Affekt, 触発 Affektion ……………………………… 12, 77
  - ——触発的レリーフとしての als affektives Relief ……… 13, 220, 288
  - ——両-触発としての als Bi-affektion ………………… 221
  - ——共-触発としての als Ko-affektion ………………… 177
  - ——自己触発と異他触発としての als Selbst- und Fremdaffektion ……… 86, 106, 110, 196, 231
  - ——アピールに変化した verwandelt in einen Appell ……… 128
- 証言 Zeugenschaft …………………………………… 176-179
- 症候 Symptom 不可能な補償としての als unmöglicher Ersatz ……… 362
- 情動 Emotion 新たな観点の下での in neuer Sicht ……… 17-19, 427, 463
- 譲歩 Entgegenkommen, 物理的 physisches ……………… 443
  - ——身体的 somatisches …………………………………… 340
- 将来 Futur, 第二の zweites ……………………………… 198
- 深淵 Abgrund, 背景 Hintergrund, 根底 Untergrund ……… 316, 318, 321
- 人格／物件（誰か／何か）Perso/ache (jeman/twas) ……… 120, 124-125, 131-132, 136-137, 168-168, 445, 484, 487, 494
- 人格化／物象化 Personalisierun/ersachlichung ……… 168
- 人権共同体 Menschenrechtsgemeinschaft ……………… 491
- 身体 Leib 紋章としての als Emblem ……………… 230, 302
  - ——他者の物的身体としての als Fremdköper ………… 505

事項索引

身体物体 Leibköper 原媒介としての als Urmedium ……………………34
　——自分の／他者の eigene/nderer …………………………236-238
　——異他性に貫かれた mit Fremdheit durchsetzt …………………461
侵犯 Übertretung 法の von Gesetzen ……………………………291, 295
神話 Mythos 神話-ロゴス Mytho-Logos ………………………311-312
ズレ Verschiebung, 時空的な zeiträumliche ………………………196-198
正義 Gerechtigkeit 同等とすることとして als Gleichsetzen ………290-291
性差 Geschlechterdifferenz …………… 84, 168, 241-242, 337, 379, 395, 469
正常化〔規格化〕Normalisierung T における in der T ……………430-431
正常主義［規範主義］／異常主義 Normalismu/normalismus ……… 280, 297
正常性／異常なもの／病理的なもの Normalitä/nomalie/athologischen PA に
　おいて in der PA ……………………………323-324, 326-327, 354
正当な感性 Orthoästhesie, 正当論 Orthologie／異種感覚性 Heteroästhesie,
　異種性論 Hetererologie ………………………………………22, 97
正統-対話学 Ortho-Dialogik …………………………………………259
生命機械 Lebensmaschine …………………………………………422
生命-技術／技術-生命 Bio-Techni/echno-Bios ………………………416
接触／離発 Kontak/istakt ……………………………………………83
接触禁止（タブー）Berührungsverbot (Tabu) ……………… 100, 102, 126
接頭辞 An- …………………………………………………86, 113, 120
先-自我 Vor-Ich ………………………………………………… 60, 505
先-／後歴史 Vor-/Nachgeschichte 自己の des Selbst ……488, 494, 497, 503-506
前言語 Vorsprache ………………………………………………507
前-／後-人格 Vor-/Nach-Person ………………………………………486
前時代 Vorzeit, 原時間 Urzeit, 幼児のそして集団的な kindliche und kollektive
　…………………………………………………357, 369, 372, 389
前方から引く力 via a fronte ………………………………………218
総-Syn-, 概観 Synopsis, 綜合 Synthesis ……………………182-187, 224
T における ………………………………………………………435
遭遇 Widerfahrnis …………………………………………………63
　——諸遭遇の von Widerfahrnissen …………………………………496
　——可能化以前の vor der Ermöglichung ……………………101, 108
疎外（化）Entfremdung ………………………210, 227, 376, 395, 414
遡及的問い Rückfrage 根源に向けての nach dem Ursprung ……………358

タ　行

退去 Entzug …………………………………………………211, 213-219
第三者 Dritte, de/as ……………………………………………284-285
　——オディプスの三角形における im Ödpusdreieck …………………389

──三重化による durch Triplizierung ……………………… 288
第三者の審級 Drittinstanz 法の des Gesetzes ……………………… 284
態度 Einstellung, 行為遂行的 performative
 　観察的 observative ……………………… 468
代理 Stellvertretung, 原初的 originäre／二次的な（代換）sekundäre
 　(Substitution) ……………………… 161, 501-502
代〔理〕表象 Repräsentation, 多様な意義における in vierfacher Bedeutung ……… 32
 　──／現前化 Präsentation ……………………… 26
 　──技術論的 technologische ……………………… 425
対話 Dialog, 同種性の homologer ……………………… 252-259
他者への影響 Fremdeinwirkung, 生物技術的 biotechnische ……………… 478, 480
 　──医学的 medizinische ……………………… 474
他者化 Veranderung ……………………… 240
助け Hilfe, 救いのなさ Hilflosigkeit ……………… 117, 129, 148, 389, 501
脱現前化 Depräsentation (Entgegenwärtigung) ……………………… 37
ダブル・バインド double bind ……………………… 153
単一性 Singularität 他者の des Anderen ……………………… 288, 496
誕生 Geburt, 遭遇としての als Widerfahrnis ……………………… 492-498
遅延 Verzögerung, 躊躇 Zögern ……………………… 61, 248, 467
力の働き Kraftwirkung 経験における in der Erfahrung ……………………… 77-80
秩序 Ordnung, 作動する fungierende ……………………… 264
秩序立ったもの／法外なもの／無秩序なもの／秩序づけられていないもの
 　Ordentliche／ußerordentliche／nordentliche／ngeordnetes ……………… 307, 311
注意 Aufmerksamkeit, PA において ……………………… 114-117
 　神経学において in der Neurologie ……………………… 432
《対》〔ないし二 Dia-, 対話の des Dialog, 隔時性の der Diachronie …… 243, 248-249
中性化 Neutralisierung, 中立性 Neutralität ……………………… 165-169
 　──技術論的 technologische ……………………… 442-445, 456
中断 Unterbrechung, 休止 Pause ……………………… 242-248
超-自我 Über-Ich ……………………… 284, 289-290
超対称性 Hypermetrie ……………………… 262
テクニック Technik, 一般化した generalisierte ……………………… 417
テクネー〔技術〕／テュケー〔運命〕Techn/yche ……………………… 454
テクノロジー Technologie 機能的ロゴスとしての als funktionaler Logos …… 421, 441
当為／意志 Solle/ollen ……………………… 45-48, 159, 285
同一化 Identifizierung PA における ……………………… 395
当事者であること Getroffensein ……………………… 58-59
闘争モデル Kampfmodell ……………………… 201
同等とすること, Gleichsetzen 同等ではないもの des Nichtgleichen, 比較でき
 　ないもの des Unvergleichlichen ……………………… 203, 258

事項索引　　　　　　　　　　　　　　　　　　　　561

道徳信仰 Moralglaube ··· 174
動物 Tiere 固有の身分を伴う mit Eigenstatus ················· 120, 127, 131
独我論 Solipsismus 操作的 operativer ······························ 468, 471
《として》Als, T において， ································· 25-26, 424, 452
トラウマ Trauma，トラウマ化 Traumatisierung ·········· 62-64, 161-162
　PA において ··· 363
　――／傷 Verletzung ·· 372
努力性 Zielstrebigkeit ··· 41-45

　　　　　　　　　　　ナ　行

ナルシズム Narzissmus ··· 376
　――崩れた gebrochener ·· 92
　――原初的／二次的 primäre/ekundärer ·························· 378
　――超越論的 transzendentaler ···································· 388
二元論 Dualismus 認識論的 epistemischer／実践的 praktischer ··· 413, 418, 480, 484
肉 Fleisch (*chair*) ··· 72, 89-90
二重化 Verdoppelung ··· 233-236
二重-自己 Doppel-Selbst ·· 471
二世界のドグマ Zeiwelten-Dogma PA における ················· 339-340
二人称-視点 Zwei-Person-Perspektive ···························· 470
脳 Gehirn，他者の anderes ··· 469
　――作動する fungierendes ·· 452
脳の歴史 Gehirngeschichte ····································· 462-463

　　　　　　　　　　　ハ　行

迫害 Verfolgung，迫害妄想（パラノイア）Verfolgungswahn (Paranoia) ········ 165,
　　241, 380, 390-391
パトス Pathos ··· 10-11, 63
　――制作物としての als Poiema ····································· 478
　――不可能な出来事としての als un-mögliches Ereignis ············ 191
　――自由の der Freiheit ·· 269
　――ロゴスの des Logos ·· 247
　――結びついた／解放された／凍結した gebundene/reigesetzte/ingefrorenes
　　　　　　　　　　　　　　　　　　　　　　　　　　　　······ 261-262
　――顔のない，また名のない gesichts- und namenloses ···· 121-122, 233, 247-248
　――人間に特殊な spezifisch menschliches ························· 61
パトス的なもの／霊知的なもの Pathische/nostisches ············· 17, 69
　――／病理学的なもの Pathologisches ···················· 159, 162, 166

パトスの発生 Pathogenese 134
パトス論 Pathetik 166, 170
離れ Ablösung, 分離 Trennung, PA において 84-87, 370
パラドクス Paradox 他者経験の der Fremderfahrung 209
　　――他者産出の der Fremdherstellung, 他者帰属性の Fremdzuschreibung
　　　　... 478, 487
　　――自己関係性の der Selbstzüglichkeit 297-299, 305
　　――本源的代理 der originären Vertretung 500
　　――表現の des Ausdrucks 39, 170, 368
　　――欲望の des Begehrens 368
　　――否定的命法の der negativen Imperativs 153
　　――無意識的なものの des Unbewussten 200, 336
非技術的なこと Atechnisches T において 509
非対称性 Asymmetrie／私と他者の間の対称性 Symmetrie zwischen mir und
　Anderen 59, 121, 163, 251-225
非-場所 Nicht-Ort 応答の場としての als Ort der Antwort 199
皮膚 Haut 接触領域としての als Kontaktzone 73
　　――物の der Dinge, 身体の des Leibes 89
皮膚-自己 Haut-Selbst 101
ピュシス〔自然〕Physis 408
描写の諸形式 Darstellungsformen 35-36, 302-303
病理技術 Pathotecnik 511
不可避性 Unausweichlichkeit 遭遇の des Widerfahrnisses 136
　　――危機的状況の einer Notlage, 強制の einer Nötigung ... 138
　　――要求の des Anspruchs, 依頼の einer Bitte 149
不気味なもの Unheimliches 375-376
触れられるもの／触れられないもの Berührbare/nberührbares 89, 95-101
触ること／掴むこと／触れること Taste/nfasse/erühren 68-69
触れること，接近としての Berühren als Annäherung 88
触れることへの恐れ Berührungsscheu 154
分割 Diastase 189-194
分割／区分け／分散 Spaltun/eilun/erstreuung 222-227
分身 Doppelgänger 55, 240, 386
物（的身）体の構築 Körperkonstrukt 340
分別 Dihairesis, 解離 Dissoziation 187-189, 224
返答 Rückantwort 128
法 Gesetz 声としての，そして規約としての als Stimme und Satzung 141, 173
法の力 Gesetzeskraft 262
暴力 Gewalt 宛てられた遭遇としての als adressiertes Widerfahrnis 163-164
　　――反暴力としての als Gegengewalt 160

事 項 索 引　563

　　　——要求を損なうこととしての als Verletzung eines Anspruchs……159
　　　——受苦する／禁じられた erlitten/erwehrte……163
　　　——暴力の諸形式 Formen der……296
　　　——顔のない／名のない gesichts- und namenlose……164
　　　——強固な／柔軟な hart/anfte……104
　　　——自然の／社会の natural/oziale……164
暴力性 Gewaltsamkeit……160, 291, 296
暴力の犠牲 Opfer der Gewalt……163-164
ホモンクルス Homunculus……421, 460, 505
翻訳 Übersetzung 移し−置くこととして als Über-setzen……268
　　　——無意識的なものの des Unbewussten……331, 347

マ 行

待つこと Warten, 期待すること Erwarten……248
未規定性 Unbestimmtheit, 積極的な positive……314
見られたもののない見ること Sehen ohne Gesehenes……319
魅力／反発 Attraktio/elulsion……212-213, 218-222
未来 Zukunft, 予期できない unerwartbare……94, 198, 248, 497-498
無意識化 Unbewusstwerden……372
無意識的なもの Unbewusstes 内なる外国としての als inneres Ausland……337, 397
　　　——意識の否定としての als Negation des Bewusstseins……329-330
　　　——自己退去としての als Selbstentzug……337-338
　　　——自己-無意識的なものとしての als Selbst-Unbewusstes……332, 384
　　　——脳の des Gehirns……460-461
　　　——記述的 deskriptives, 力動的 dynamisches, システム的 systemisches……333
無感覚 Apathie……115, 132, 174
無関心ではいられないこと（非-無関心）Nicht-Indifferenz……155, 165-166, 171, 175, 220
命法 Imperativ 要請としての als Aufforderung……113-114, 142-154
　　　——技術的な technischer……413
媒体［メディア］Medien　描写の手段としての als Darstellungsmittel……33-34
　　　——境界形象 als Grenzfiguren……302
　　　——無意識的形式化 als unbewusste Formation……360
　　　——感官の der Sinne……72-73
盲点 blinder Fleck……171, 452
物（自体）Ding (an sich)……77, 111, 351-352, 358, 364
モノローグ／モノパトス Monolo/onopathos……174
モンスター Monstern……409

ヤ 行

融合 Synkretismus, 社会的な sozialer ……………………………… 131-132, 290
誘惑 Verführung, 無意識の unbewusste ……………………………… 136, 233, 395
要求 Anspruch ……………………………………………………………… 118
要請の性格 Aufforderungscharakter …………………………………… 114-116
欲求／欲望 Bedürfni/egehren …………………………………………… 54, 428
余剰 Überschuß 意味と目的を欠くことによる aus Sinn- und Ziellosem ……56-57, 466
余剰 Überschuß 言われたこと（聞かれたこと，触れられたこと）における言うこと（聞くこと，触れること）の des Sagens (Hörens, Berührens) im Gesagten (Gehörten, Berührten) …………………………………… 151, 154
呼びかけ Anruf, アピール Appell ……………………………………… 117-118
――事物の der Dinge ……………………………………………………… 43, 132

ラ 行

倫理 Ethik, 否定的 negative …………………………………………… 266
倫理的なもの／道徳 Ethische/oral ……………………………………… 141
連結／結合 Anknüpfun/erknüpfung …………………………………… 265-266

監訳者，訳者紹介
山口一郎（やまぐち・いちろう）　1947年生まれ，東洋大学教授
三村尚彦（みむら・なおひこ）　1964年生まれ，関西大学教授
村田憲郎（むらた・のりお）　1971年生まれ，東海大学准教授
稲垣　諭（いながき・さとし）　1974年生まれ，東洋大学助教
吉川　孝（よしかわ・たかし）　1974年生まれ，高知女子大学講師
中山純一（なかやま・じゅんいち）　1975年生まれ，東洋大学博士後期課程

［経験の裂け目］　　　　　　　　　ISBN978-4-86285-070-6
2009年11月15日　第1刷印刷
2009年11月20日　第1刷発行

監訳者　山 口 一 郎
発行者　小 山 光 夫
印刷者　藤 原 愛 子

発行所　〒113-0033 東京都文京区本郷1-13-2　株式会社 知泉書館
電話03(3814)6161　振替00120-6-117170
http://www.chisen.co.jp

Printed in Japan　　　　　　　　　印刷・製本／藤原印刷